에듀윌과 함께 시작하면,
당신도 합격할 수 있습니다!

비전공자여서 망설였지만
한 달 만에 합격해 자신감을 얻은 20대

새로운 도전으로 ERP MASTER 자격증을 취득해
취업에 성공한 30대

아이들에게 당당한 모습을 보여주고 싶어
ERP, 전산세무회계 자격증 9개를 취득한 40대 주부

누구나 합격할 수 있습니다.
시작하겠다는 '다짐' 하나면 충분합니다.

마지막 페이지를 덮으면,

에듀윌과 함께
ERP 정보관리사 합격이 시작됩니다.

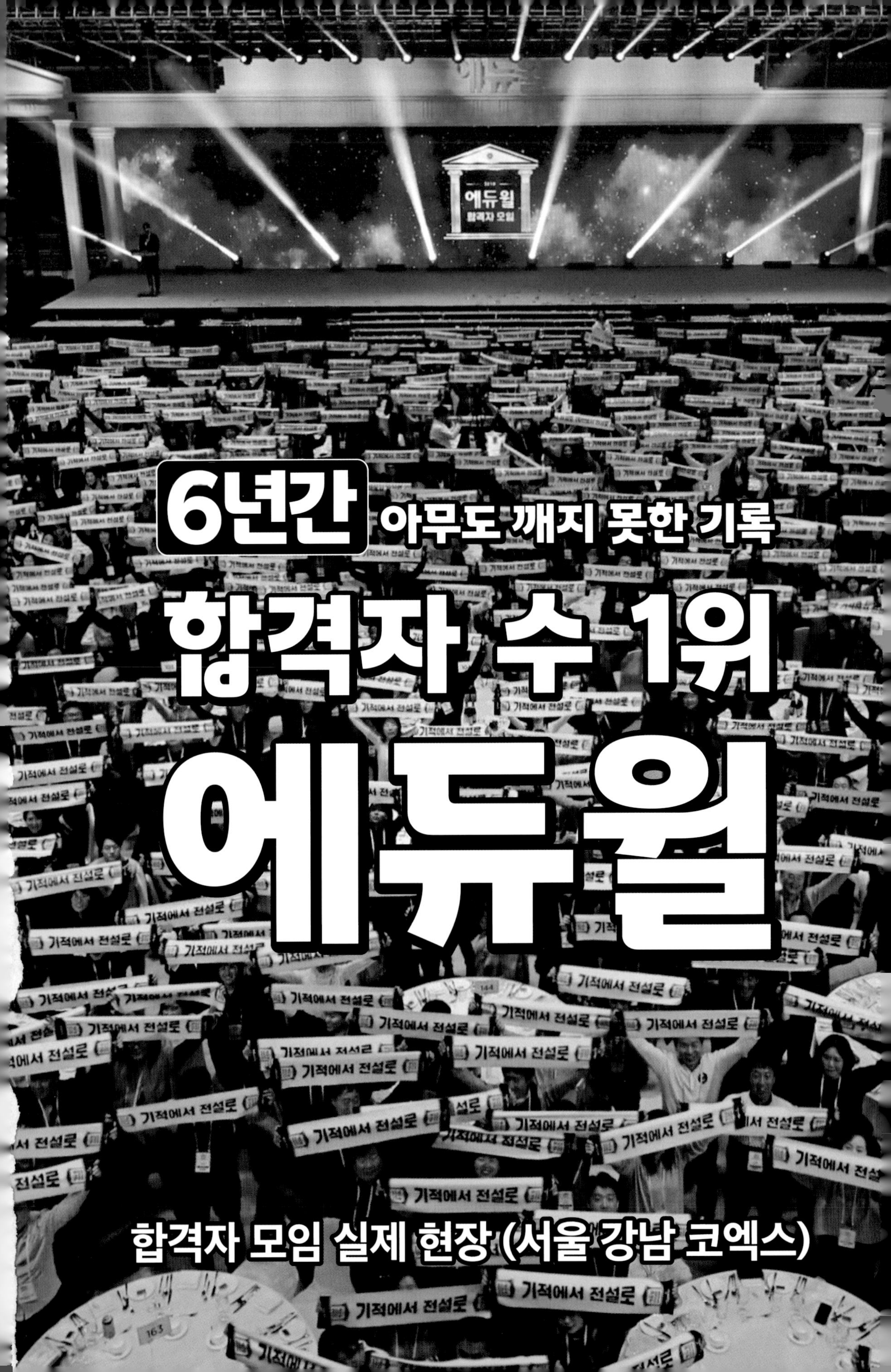

에듀윌
합격자 모임
6년간 아무도 깨지 못한 기록
합격자 수 1위
에듀윌
기적에서 전설로
합격자 모임 실제 현장 (서울 강남 코엑스)

KRI 한국기록원 2016, 2017, 2019년 공인중개사 최다 합격자 배출 공식 인증
(2022년 현재까지 업계 최고 기록)

에듀윌
합격자 오월
합격자 수가
선택의 기준!
기적에서 전설로
OPEN

에듀윌
합격자 모임
에듀윌과 함께하면 꿈은 현실이 됩니다
기적에서 전설로

판매량 253%* 수직 상승
누적 판매량 14만 부* 돌파

수많은 수험생이 합격의 비결로
에듀윌 교재를 꼽고 있습니다.

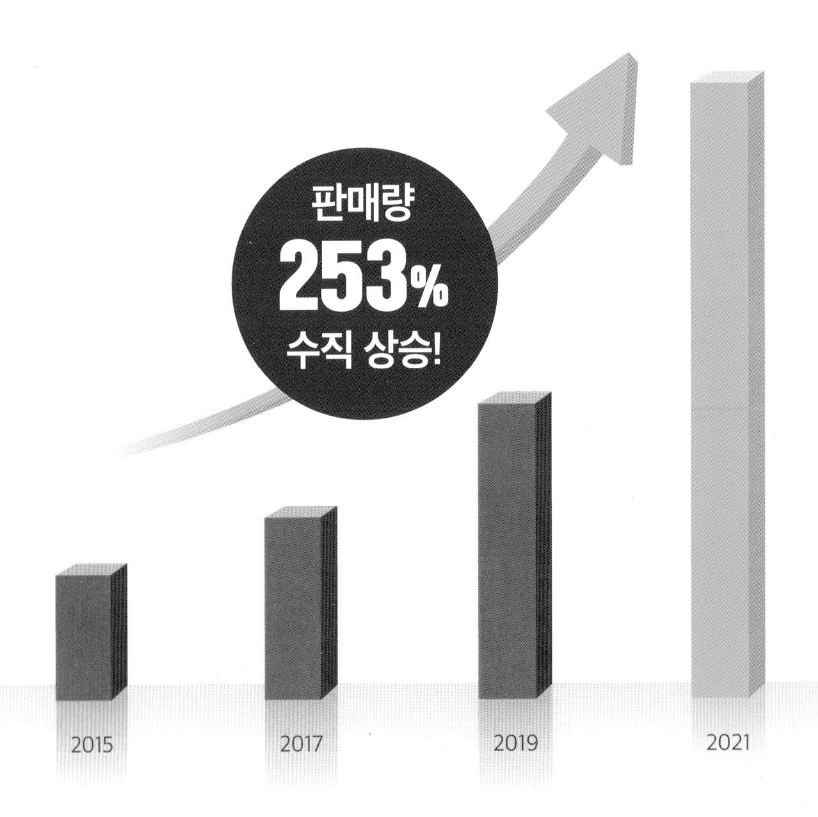

* 2015년 vs 2021년 에듀윌 ERP 정보관리사 회계, 인사, 물류, 생산 1, 2급 교재 판매량 비교
* 에듀윌 ERP 정보관리사 회계, 인사, 물류, 생산 1, 2급 누적 판매량 합산 기준 (2015년 2월 27일 ~ 2022년 2월 28일)

138개월*, 775회* 베스트셀러 1위
1~8위 순위 석권*

합격비법이 담긴 교재로
합격의 차이를 직접 경험해보세요.

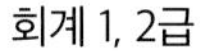
회계 1, 2급

인사 1, 2급

물류 1, 2급

생산 1, 2급

베스트셀러 1위
합산 기준

* 138개월, 775회 에듀윌 ERP 정보관리사 YES24 월별/주별, 알라딘 월간/주간 베스트셀러 합산 기준 (2016년 1월 1일 ~ 2022년 4월 5일)
* YES24 수험서 자격증 경제/금융/회계/물류 ERP 정보관리사 베스트셀러 1~8위 (2022년 3월 월별 베스트)
* YES24 국내도서 해당 분야 월별 베스트 기준(회계, 인사), 알라딘 국내도서 해당 분야 월간 베스트 기준(물류, 생산)

수강생 수 691%* 폭발 증가! 매년 놀라운 성장

수험생들의 선택이
합격의 차이를 만들어 가고 있습니다.

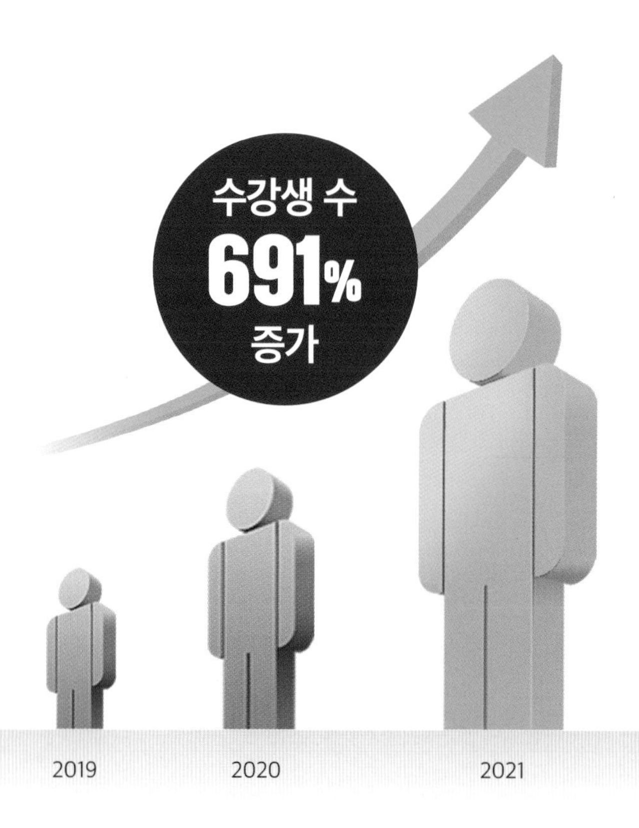

* 2019년 1월 vs 2021년 8월 에듀윌 ERP 정보관리사 온라인 수강생 증가율

강의 만족도 100%*
합격을 위한 핵심 강의

강의 경력 多! 합격의 정석!
ERP 전문가가 알려주는 합격비법

- 기초부터 고득점 취득까지 실력 향상을 한 번에!
- 합격비법이 담긴 핵심 강의로 단번에 합격!

단기 합격을 돕는 무료특강

1 ERP 초보 수험생을 위한 실무기초 특강
[수강경로] 에듀윌 도서몰(book.eduwill.net) 로그인 ···› 동영상강의실

2 확실한 개념 정리! 경영혁신과 ERP 특강
[수강경로] 에듀윌 홈페이지(www.eduwill.net) 로그인 ···› ERP 정보관리사 (신청일로부터 7일)

3 최신 1회분 기출문제 해설 특강
[수강경로] 에듀윌 홈페이지(www.eduwill.net) 로그인 ···› ERP 정보관리사 (신청일로부터 7일)

4 단기 합격을 위한 출제경향 분석 특강
[수강경로] 에듀윌 홈페이지(www.eduwill.net) 로그인 ···› ERP 정보관리사 (신청일로부터 7일)

* 에듀윌 ERP 정보관리사 유료 수강생 강의 만족도 조사 결과 회계 2급, 물류 1, 2급 (참여 인원 88명, 조사기간 2021년 6월 21일 ~ 2021년 8월 1일)
* 경영혁신과 ERP 특강은 회계, 인사, 물류, 생산 전과목의 공통 출제 범위로 동일한 강의로 제공됩니다.
* 2022 에듀윌 정책에 따라 강의 타이틀 및 콘셉트는 변경될 수 있습니다.

에듀윌 ERP 정보관리사 합격스토리

회계 · 인사 2급
물류 · 생산 2급

ERP 회계, 인사, 생산, 물류 2급 합격! MASTER 자격증 취득!

이○빈

전산세무회계 자격증 취득 후, 에듀윌 교재로 ERP 정보관리사 회계 2급을 취득했습니다. 교재 한 권으로 이론과 실무, 최신 기출문제까지 풀어볼 수 있어서 좋았습니다. 회계 2급 취득 후, 욕심이 생겨 다른 과목에도 도전하게 되었습니다. 처음 접하는 생산, 물류 과목에 대한 걱정이 많았는데 핵심 노트로 마무리하고 무료로 다운받은 실무 DB로 여러 번 연습한 결과 단기간에 합격할 수 있었습니다. 에듀윌 덕분에 ERP MASTER 자격증을 취득하고 자격증 부자가 되었습니다.

회계 · 인사 2급

에듀윌 ERP 정보관리사 한 권으로 일주일만에 합격!

윤○원

비전공자로서 처음 교재를 선택하는 것부터 어려움이 많았는데 고민 끝에 에듀윌 교재를 선택하였고 공부하는 내내 '괜히 베스트셀러 교재가 아니구나'라는 생각을 했습니다. 저 같은 비전공자도 독학할 수 있도록 용어 정리부터 시험에 자주 나오는 부분까지 따로 체크되어 있어 중요 내용 위주로 효율적으로 준비할 수 있었습니다. 에듀윌에서 제공하는 실무 DB를 활용하여 연습을 충분히 할 수 있었고 무료특강의 도움을 받아 자격증을 취득할 수 있었습니다.

회계 1급

에듀윌 ERP와 함께 A부터 Z까지 단번에 정리

이○민

이직을 준비하면서 지인 소개로 에듀윌 ERP 정보관리사 회계를 접하게 되었습니다. 회계팀에서 근무하면서 회계 이론과 실무 지식에 대한 정리가 필요했는데 에듀윌 덕분에 지식도 정리하고 ERP 자격증까지 취득하여 이직에 성공했습니다. 회사 생활과 병행하여 공부 기간이 3개월 정도 걸렸는데 맞춤 부록을 활용하여 틈틈이 공부할 수 있었습니다. 각 챕터마다 중요도 표시와 확인문제로 놓치는 부분은 없는지 체크할 수 있어서 좋았습니다. 여러분도 핵심 포인트와 자세한 해설이 담겨 있는 에듀윌 교재로 이직, 성공하세요!

다음 합격의 주인공은 당신입니다!

더 많은
합격스토리

ERP 정보관리사 생산 1급

합격 플래너

실제 수험생이 자주 하는 프로그램 Q&A

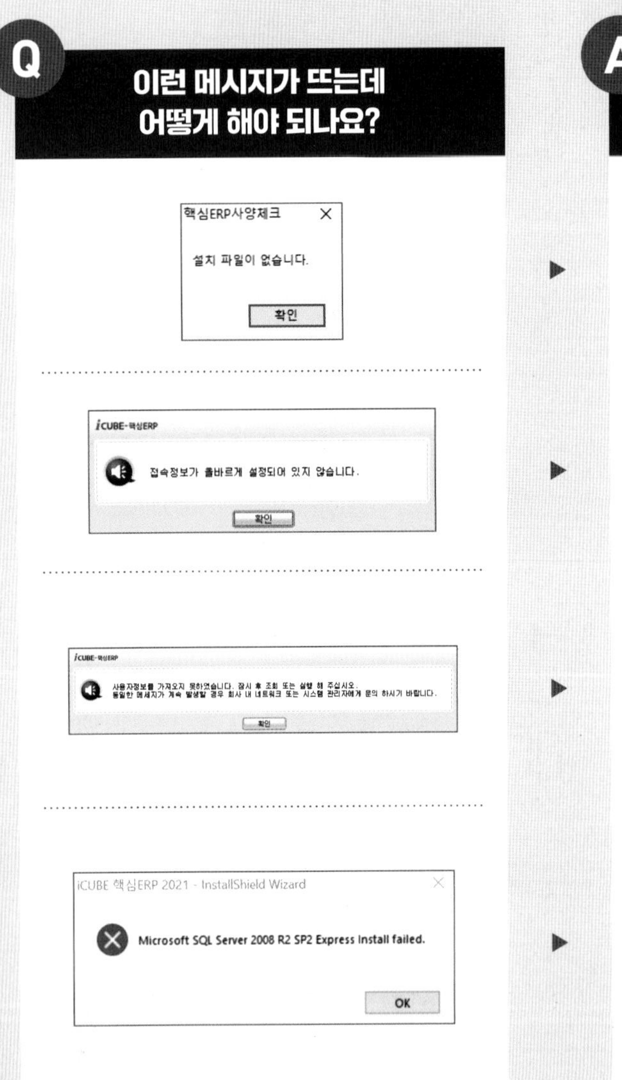

A 당황하지 말고, 이렇게 해결해요!

▶ 다운 받은 프로그램 설치 파일은 반드시 압축을 해제한 다음에 'CoreCubeSetup.exe'를 실행해야 합니다.

▶ 설치 프로그램 'CoreCheck.exe'를 클릭하여 '더존 핵심ERP 도우미' 창에서 'X'로 되어 있는 항목을 더블클릭하여 'O'로 변경해야 합니다.

▶ 최신 버전의 프로그램에서 이전 연도의 DB를 복원했기 때문입니다. 교재 내 실무 시뮬레이션 DB는 2022 버전, 기출문제 DB는 2021 버전 프로그램을 사용해야 합니다.

▶ ERP 프로그램 설치 파일 SQLEXPRESS 폴더에서 PC 운영체제에 맞는 SQL 파일을 확인하고 더블클릭하여 직접 설치해야 합니다.

- Win7, 8, 10 32비트: SQLEXPR32_x86
- Win7, 10 64비트: SQLEXPR_x64

더 많은 Q&A 바로 보기

※ 이외 프로그램 설치 관련 문의사항은 '핵심ERP 프로그램 설치 매뉴얼'을 다운로드 받아 확인하시기 바랍니다.
(에듀윌 도서몰 book.eduwill.net - 도서자료실 - 부가학습자료에서 다운로드 가능)

※ ERP 프로그램 설치 및 백데이터 복원 방법은 ERP 생산 2급 교재 118쪽을 참고하시기 바랍니다.

에듀윌이
너를
지지할게

ENERGY

세상을 움직이려면

먼저 나 자신을 움직여야 한다.

– 소크라테스(Socrates)

2022

에듀윌
ERP 정보관리사

생산 1급

PREFACE

저자의 말

"ERP 시스템에 대한 이해 및 활용이 가능한, 미래지향적 인력양성을 위한 자격증"

현대 기업의 업무는 유기적으로 연결되어 있어 여러 업무를 통합하고 전사적으로 관리할 수 있는 시스템이 필요하다. 중복업무를 줄이고 비부가가치 활동을 제거하기 위한 효율적인 경영을 위하여 많은 기업들이 ERP를 도입하고 있다.

이에 한국생산성본부에서는 전반적인 ERP 시스템에 대한 이해 및 활용이 가능한 미래지향적인 인력양성을 위해 ERP 정보관리사 자격시험제도를 도입하고, 그 능력과 수준을 평가하여 국가공인자격으로 인증해주고 있다.

ERP 정보관리사는 출제범위가 넓어 공부 방법이나 내용 이해에 어려움을 느끼는 수험자들이 있다. 어느 시험이나 열심히 공부하면 되지만 공부에도 요령이 필요하다. 이에 가르치는 사람이 아닌 공부하는 사람의 입장에서 책을 구성하려고 노력했다.

수험자의 입장에서 만든 본 교재의 구성은 다음과 같다.

첫째. 이론을 챕터별로 정리하여 한눈에 볼 수 있도록 구성하였다. 기출문제를 유형별로 수록해 자주 출제되는 내용을 파악하고 공부한 내용을 정리할 수 있음은 물론, 반복적인 문제풀이를 통해 저절로 문제를 외울 수 있도록 하였다.

둘째. ERP 정보관리사 실무 시험은 프로그램을 사용하기 때문에 충분한 연습이 필요하다. 교재의 실무 부분은 ERP 프로그램 순서대로 구성하였으며 교재에 수록된 실무 연습문제를 따라 학습한다면 각 메뉴에 대한 이해를 높이고 업무의 흐름을 파악할 수 있을 것이다.

셋째. 여러 기출문제를 제시하여 출제경향을 파악하고 자신의 것으로 만들 수 있도록 하였다. 각 문제별 상세한 해설을 통해 부족한 부분을 보충하고 복습을 할 수 있다.

넷째, 각 챕터별 중요 내용과 빈칸채우기 및 OX 문제로 구성한 FINAL 핵심노트를 수록하였다. 시험 직전까지 긴장을 늦추지 않고 집중해 좋은 결과를 얻기 바란다.

수업을 할 때마다 어떻게 하면 학생들이 이해를 잘 할 수 있을까 학생들 입장에서 생각해보지만 아직은 부족한 선생님이라 시간이 흐를수록 오히려 더 어려움을 느낀다. 이런 나를 믿고 따라와 준 학생들과 많이 부족한 나에게 할 수 있다고 많은 조언을 해준 분들, 그리고 부족한 교재 작업에도 항상 친절하게 이해해주고 같이 고민해준 에듀윌 관계자분들께 감사의 인사를 전한다. 마지막으로 항상 옆에서 든든한 버팀목이 되어주고 믿어주는 우리 가족 진심으로 사랑하고 감사합니다.

이 책을 보는 모든 분들이 ERP 정보관리사 자격시험에 꼭 합격하길 바라며 열심히 하는 여러분을 항상 응원합니다. 화이팅!

저자 최주영

[저자 약력]
한국생산성본부 ERP 공인강사
ERP 정보관리사 회계, 인사, 물류, 생산 1급 MASTER
주식회사엘티에듀 교육지원 팀장, 전임강사
선문대학교 경영회계아카데미 ERP 전문가 양성과정 부원장
순천향대학교 전산회계 과정 강사
에듀윌 물류관리사 전임교수

START

시험 안내

ERP 정보관리사 시험안내

1. 시험목적

ERP 정보관리사 자격시험은 기업정보화의 핵심인 ERP 시스템의 관리 및 운용을 위한 실무능력을 배양하여 궁극적으로 통합 비즈니스 프로세스 전문가를 배출하는 데 그 목적을 두고 있다.

2. 시험정보

• 시험과목 및 시험시간

과목	등급	응시교시	시험시간
회계	1급	1교시	• 입실: 08:50 • 이론: 09:00~09:40(40분) • 실무: 09:45~10:25(40분)
	2급		
생산	1급		
	2급		
인사	1급	2교시	• 입실: 10:50 • 이론: 11:00~11:40(40분) • 실무: 11:45~12:25(40분)
	2급		
물류	1급		
	2급		

➡ 시험 시간은 정기시험 기준으로 시험일정에 따라 변경될 수 있습니다.

➡ 같은 교시의 과목은 동시 응시 불가(예: 회계, 생산 모듈은 동시 응시 불가)

• 합격기준

구분	합격점수	문항 수
1급	70점 이상 (이론, 실무형 각 60점 이상)	이론 32문항(인사 33문항), 실무 25문항 (이론문제는 해당 과목의 개론 수준 출제)
2급	60점 이상 (이론, 실무형 각 40점 이상)	이론 20문항, 실무 20문항 (이론문제는 해당 과목의 원론 수준 출제)

• 응시료 및 납부방법

구분	1과목	2과목	납부방법
1급	37,000원	65,000원	전자결제
2급	25,000원	40,000원	

➡ 동일 등급 2과목 응시 시 응시료 할인(단, 등급이 다를 경우 할인 불가)

➡ 최대 2과목 접수 가능(단, 같은 교시의 과목은 1과목만 접수 가능)

• 시험 당일 준비물

수험표, 신분증, 필기구, 계산기(공학용 계산기, 윈도우 계산기 사용 불가)

3. 2022 ERP 정보관리사 시험일정

회차	원서접수		수험표 공고	시험일	성적 공고
	인터넷	방문			
제1회	21.12.22.~12.29.	21.12.29.	01.13.~01.22.	01.22.	02.08.~02.15.
제2회	02.23.~03.02.	03.02.	03.17.~03.26.	03.26.	04.12.~04.19.
제3회	04.27.~05.04.	05.04.	05.19.~05.28.	05.28.	06.14.~06.21.
제4회	06.22.~06.29.	06.29.	07.14.~07.23.	07.23.	08.09.~08.16.
제5회	08.24.~08.31.	08.31.	09.15.~09.24.	09.24.	10.11~10.18.
제6회	10.26.~11.02.	11.02.	11.17.~11.26.	11.26.	12.13.~12.20.

➡ ERP 영림원은 5, 11월 정기시험 시 시행

➡ 시험주관처에 따라 시험일정이 변동될 수 있습니다. 시험 전에 반드시 시험주관처 홈페이지에서 상기 내용을 확인하시기 바랍니다.

4. 수험자 유의사항

- **수험자는 수험 시 반드시 수험표와 신분증(신분증 인정범위 참조)을 지참하여야 시험에 응시할 수 있습니다.**

※ 신분증 인정범위

구분	신분증
초등학생	주민등록등 · 초본, 가족관계증명서, 건강보험증, 청소년증, 기간만료 전의 여권
중 · 고등학생	주민등록증(발급신청확인서), 기간만료 전의 여권, 사진 부착된 학생증, 청소년증(발급신청확인서), 장애인등록증(복지카드), 재학증명서, 학교생활기록부(인적사항이 포함된 해당 면, 학교장 직인 반드시 포함)
일반인 (대학생, 군인 포함)	주민등록증(발급신청확인서), 기간만료 전의 여권, 운전면허증, 장애인등록증(복지카드), 공무원증, 국가유공자증, 부대소속확인증명서(군인만 해당)
재외국민, 외국인	재외국민등록증, 외국인등록증, 기간만료 전의 여권, 국내거소 신고증(외국인인 경우), 영주증

– 모든 신분증은 유효기간 내의 것만 인정
– 신분증 사본, 모바일을 이용한 신분증명, 대학교 및 대학원 학생증은 인정하지 않음
– 중 · 고등학생 학생증은 본인 사진이 반드시 부착되어야 하며, 이름과 학교명이 식별 가능해야 함

- **수험자는 지정된 입실완료 시간까지 해당 고사실에 입실하지 않으면 시험에 응시할 수 없습니다.**
- **수험자가 다른 수험자의 시험을 방해하거나 부정행위(사후 적발 포함)를 했을 경우 당일 응시한 전 과목이 부정 처리되며, 당 회차(시험당일 모든 과목)뿐 아니라 향후 2년간 당 본부가 주관하는 모든 시험에 응시할 수 없습니다.**
- **시스템 조작의 미숙으로 시험이 불가능하다고 판단되는 수험자는 실격 처리됩니다.**

5. 생산 1급 이론 세부 출제범위

구분		내용
생산계획 및 통제	1. 생산을 위한 기초정보	(1) 생산에 관련된 기본적인 용어
		(2) BOM
	2. 수요예측	
	3. 생산 시스템	(1) 생산 시스템의 기본구조
		(2) 다양한 생산 시스템
	4. 총괄계획의 개념	
	5. 기준생산계획(Master Production Scheduling)	
	6. 작업의 우선순위 구성방법	
	7. 일정계획	
	8. 프로젝트의 일정계획	
공정관리	1. 공정(절차)계획(Routing)	
	2. 공정분석	
	3. 공수계획	
	4. 간트차트(Gantt Chart)	
	5. 작업의 우선순위 결정	
	6. 애로공정(Bottleneck Operation) Management	
	7. JIT 생산 방식(Kanban 방식)	
자재소요 /생산능력 계획	1. 재고관리	(1) 재고의 종류
		(2) 경제적 주문량(EOQ)
	2. RCCP(Rough Cut Capacity Planning)	
	3. CRP(Capacity Requirement Planning)	
	4. SCM(Supply Chain Management)의 개념	
품질관리	1. TQC와 TQM	
	2. QC 7가지 도구(Tool)	
	3. 6시그마	
	4. 통계적 품질관리	

6. 실제 시험 프로그램 화면

ERP 정보관리사는 이론, 실무 모두 시험이 CBT(Computer Based Testing) 방식으로 진행되며, 컴퓨터상에서 문제를 읽고 풀며 답안을 작성한다. 단, 계산문제가 있으므로 기본형 계산기와 간단한 필기구를 준비하는 게 좋다.

• ERP 정보관리사 시험 로그인 화면

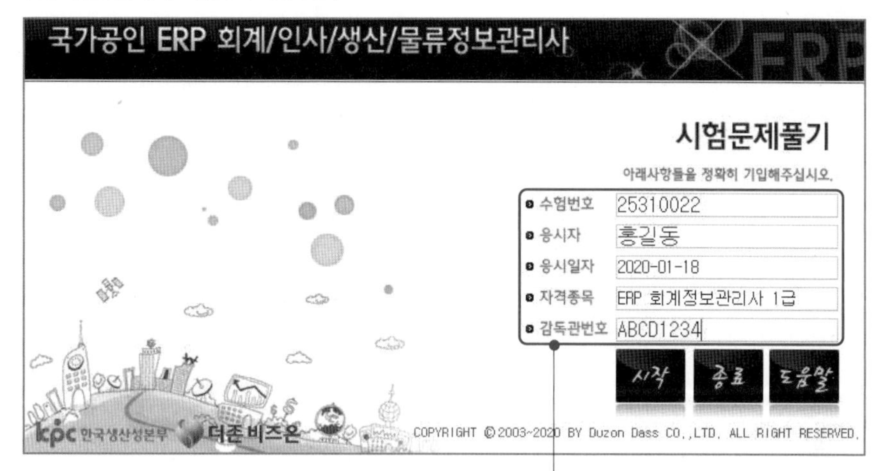

수험표에 기재된 내용을 참고하여 수험번호, 응시자, 응시일자, 자격종목, 감독관번호를 순서대로 입력한다.

• ERP 정보관리사 로그인 후 화면

로그인 후 시험이 시작되면 문제를 읽고 답안을 체크한 후, '다음' 버튼을 누른다. 우측 상단 '답안체크 및 바로가기'에서 원하는 문항을 선택하면 해당 문항으로 바로 이동할 수 있다.

취업에 강한 실무 자격증

1. 실무 자격증을 취득해야 하는 이유

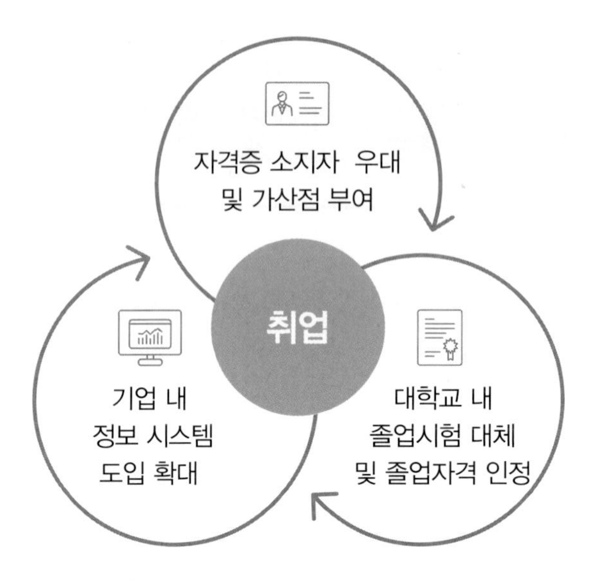

2. 실무 자격증, ERP 정보관리사로 시작!

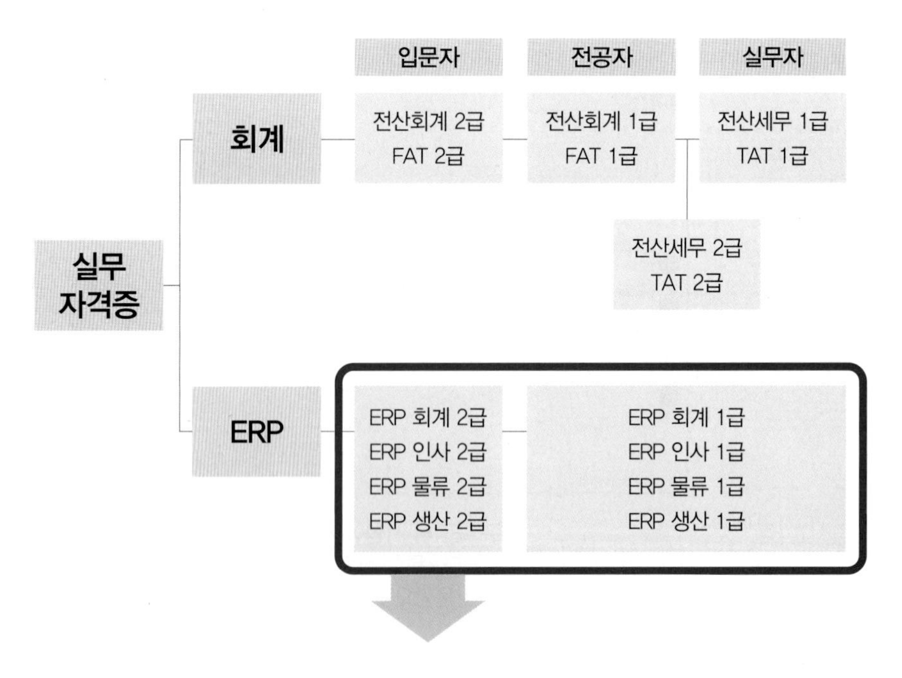

· 급수 관계없이 회계/인사/물류/생산 4개 모듈 취득 시, ERP MASTER 발급
· 1급 4개 모듈 취득 시, ERP 전문 강사 자격 부여
· 동일 등급 2과목 응시할 경우 응시료 할인

교수님이 직접 답하는 Q&A

수험생 & 교수님 TALK

수험생

ERP 정보관리사를 왜 취득해야 할까요?

정부 방침에 의거하여 대기업, 중소기업 불문하고 표준화된 업무 프로세스를 구축해야 합니다. 따라서 기업은 전사적으로 ERP 시스템을 도입하여 운영하고 있고, ERP 시스템을 이해, 활용할 수 있는 인력을 필요로 하기 때문에 ERP 정보관리사는 취업에 매우 유리한 자격증이라고 할 수 있습니다.

수험생

CBT, IBT 시험 방식이란 무엇인가요?

ERP 정보관리사의 시험 방식인 CBT는 Computer Based Testing, IBT는 Internet Based Testing의 약자로 컴퓨터를 이용해 문제를 읽고 풀며, 답안을 제출하는 시험 방식입니다. 한 수험자는 하나의 수험번호, 동일한 IBT 프로그램에 이론형과 실무형의 감독관 번호를 달리하여 접속합니다.

수험생

더존, 영림원의 ERP 프로그램 차이는 무엇인가요?

ERP 정보관리사 시험 시 더존과 영림원의 ERP 프로그램을 사용합니다. 프로그램상의 큰 차이는 없으며 다양한 기업에서 더존과 영림원의 ERP 프로그램을 사용하기 때문에 수험자들에게도 선택권을 주기 위해 시행되고 있습니다.

수험생

4과목의 자격을 모두 취득하면 좋은 점이 있나요?

ERP 정보관리사의 4가지 모듈을 모두 취득할 경우 ERP MASTER를 취득할 수 있습니다. 급수에 상관없이 4가지 모듈을 획득하면 발급이 가능합니다. 또한 1급으로 4가지 모듈을 취득했을 경우 한국생산성본부의 ERP 관련 강의경력요건 충족 시 전문강사로 인증받을 수 있습니다.

수험생

각 과목별 1급과 2급의 난이도 차이는 어느 정도인가요?

ERP 정보관리사의 각 과목별 1급은 해당 과목의 개론 수준, 2급은 원론 수준으로 출제됩니다. 문제의 난이도 차이도 있지만 급수별 출제 범위의 차이가 크기 때문에 ERP 정보관리사를 처음 접하신다면 2급부터 단계적으로 학습하시는 것이 좋습니다.

STRUCTURE

구성과 특징

시험에 출제될 내용만 담은 이론!

중요한 부분만 학습할 수 있는 구성!
핵심만 공부한다.

조금 더! 알아보기 밀어내기 방식과 당기기 방식

- 밀어내기 방식(Push System): 계획 생산이라고 하며, 일정량을 만들어 재고를 보충하는 방식
- 당기기 방식(Pull System): 고객의 주문에 의한 생산으로 공정에서 필요한 만큼 끌어당기는 공정 인수방식

(4) JIT의 7가지 낭비

① 과잉 생산의 낭비(낭비의 뿌리)
② 재고의 낭비
③ 운반의 낭비
④ 불량의 낭비
⑤ 가공 그 자체의 낭비
⑥ 동작의 낭비
⑦ 대기의 낭비

TIP 사람의 낭비, 시간의 낭비가 보기로 자주 출제되지만 7가지 낭비에 해당하지 않으므로 주의한다.

2. 칸반(간판, Kanban)

(1) 개념

① 칸반(Kanban)은 카드나 기록을 의미하는 일본어로 Just In Time을 실현시키기 위한 일종의 정보 시스템이자 눈으로 보는 관리의 도구이다.
② 부품의 생산과 운반을 지시하거나 승인하는 카드로 결품 방지와 과잉 생산의 낭비 방지를 목적으로 사용하며, 1매의 종이에 현품표(현재 있는 물품)의 기능, 작업 지시의 기능(운반 지시의 기능, 생산 지시의 기능), 부적합품 방지 기능을 포함시킨 것이라 할 수 있다.
③ 토요타식 생산 시스템으로 필요한 시기와 수량에 맞도록 적절히 제품을 만들어서 낭비를 줄이고 좀 더 신속하고 저렴하게 생산하기 위해 사용한다.

(2) 특징

① 당기기 방식(Pull System)이며, 수요가 발생할 때에만 작업 진행
② 재고의 최소화와 낭비 배제의 철학
③ 공급 리드타임 감소
④ 모든 공정의 생산량 균형 유지

(3) 종류

① **외주품 납품 칸반**: 외주 메이커로부터의 인수 부품에 사용되는 칸반
② **공정인수 칸반**: 공정 간 부품의 인수를 위해 사용되는 칸반
③ **협의의 칸반**: 공정 내에서 작업을 하기 위해 쓰이는 일반적인 칸반
④ **신호 칸반**: 프레스 등과 같이 설비 금액이 많이 들어 준비 교체 시간이 다소 걸리는 경우, 큰 로트를 만드는 생산 지시가 필요할 때 사용하는 칸반

기본 이론과 더불어 학습자의 이해를 돕는 부가적인 내용을 수록하였다.

저자가 직접 제시하는 TIP을 수록하여 효율적인 학습을 할 수 있다.

실전감각을 키울 수 있는 실무 시뮬레이션!

프로그램 사용이 관건인 실무 시뮬레이션!
풍부한 연습문제로 실전에 대비한다.

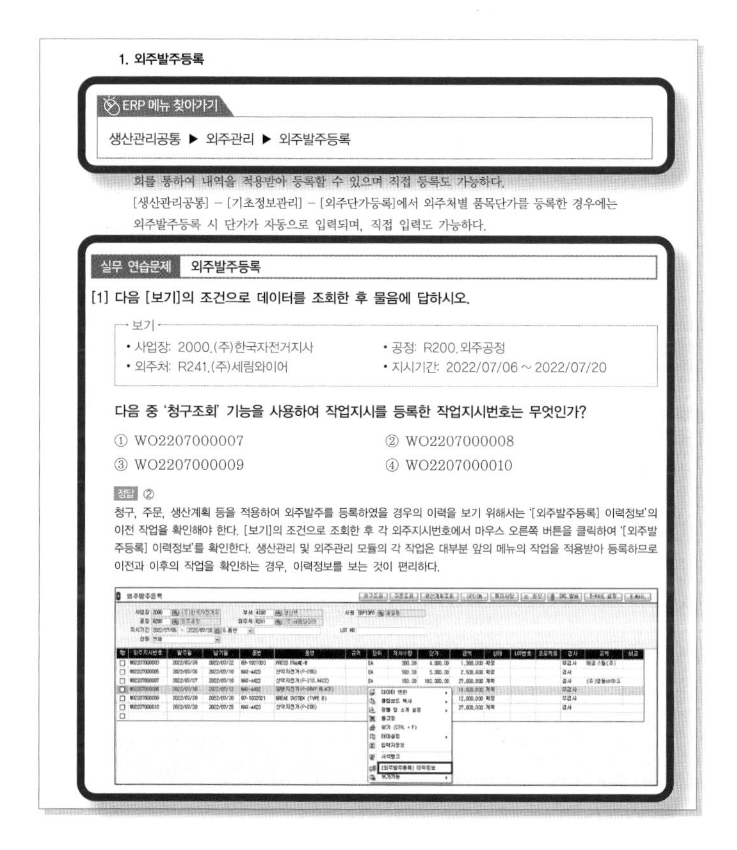
1. 외주발주등록

ERP 메뉴 찾아가기

생산관리공통 ▶ 외주관리 ▶ 외주발주등록

회를 통하여 내역을 적용받아 등록할 수 있으며 직접 등록도 가능하다.
[생산관리공통] – [기초정보관리] – [외주단가등록]에서 외주처별 품목단가를 등록한 경우에는 외주발주등록 시 단가가 자동으로 입력되며, 직접 입력도 가능하다.

실무 연습문제 | 외주발주등록

[1] 다음 [보기]의 조건으로 데이터를 조회한 후 물음에 답하시오.

보기
- 사업장: 2000.(주)한국자전거지사
- 공정: R200.외주공정
- 외주처: R241.(주)세림와이어
- 지시기간: 2022/07/06 ~ 2022/07/20

다음 중 '청구조회' 기능을 사용하여 작업지시를 등록한 작업지시번호는 무엇인가?

① WO2207000007 ② WO2207000008
③ WO2207000009 ④ WO2207000010

정답 ②
청구, 주문, 생산계획 등을 적용하여 외주발주를 등록하였을 경우의 이력을 보기 위해서는 '[외주발주등록] 이력정보'의 이전 작업을 확인해야 한다. [보기]의 조건으로 조회한 후 각 외주지시번호에서 마우스 오른쪽 버튼을 클릭하여 '[외주발주등록] 이력정보'를 확인한다. 생산관리 및 외주관리 모듈의 각 작업은 대부분 앞의 메뉴의 작업을 적용받아 등록하므로 이전과 이후의 작업을 확인하는 경우, 이력정보를 보는 것이 편리하다.

ERP 메뉴 찾아가기

생소한 프로그램을 보다 빠르게 익힐 수 있도록 해당 메뉴의 경로를 제시하였다.

실무 연습문제

실무 연습문제를 통해 ERP 프로그램에 익숙해질 수 있도록 하여 시간이 부족한 실전에 대비할 수 있다.

⊕ 시험 직전, 최종 점검할 수 있는 FINAL 핵심노트!

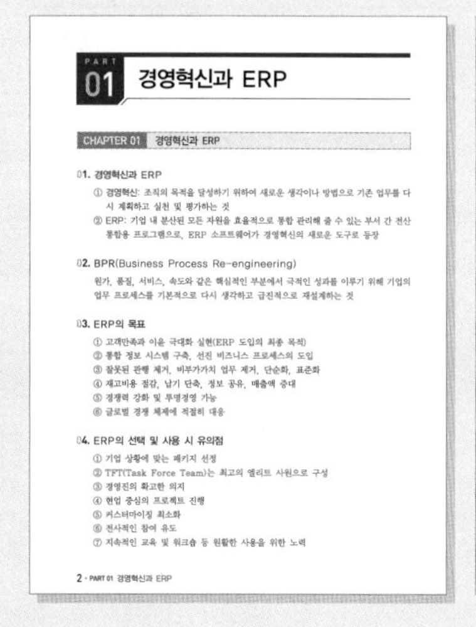
PART 01 경영혁신과 ERP

CHAPTER 01 경영혁신과 ERP

01. 경영혁신과 ERP
① 경영혁신: 조직의 목적을 달성하기 위하여 새로운 생각이나 방법으로 기존 업무를 다시 계획하고 실천 및 평가하는 것
② ERP: 기업 내 분산된 모든 자원을 효율적으로 통합 관리해 줄 수 있는 부서 간 전산 통합용 프로그램으로, ERP 소프트웨어가 경영혁신의 새로운 도구로 등장

02. BPR(Business Process Re-engineering)
원가, 품질, 서비스, 속도와 같은 핵심적인 부분에서 극적인 성과를 이루기 위해 기업의 업무 프로세스를 기본적으로 다시 생각하고 급진적으로 재설계하는 것

03. ERP의 목표
① 고객만족과 이윤 극대화 실현(ERP 도입의 최종 목적)
② 통합 정보 시스템 구축, 선진 비즈니스 프로세스의 도입
③ 잘못된 관행 제거, 비부가가치 업무 제거, 단순화, 표준화
④ 재고비용 절감, 납기 단축, 정보 공유, 매출액 증대
⑤ 경쟁력 강화 및 투명경영 가능
⑥ 글로벌 경쟁 체제에 적절히 대응

04. ERP의 선택 및 사용 시 유의점
① 기업 상황에 맞는 패키지 선정
② TFT(Task Force Team)는 최고의 엘리트 사원으로 구성
③ 경영진의 확고한 의지
④ 현업 중심의 프로젝트 진행
⑤ 커스터마이징 최소화
⑥ 전사적인 참여 유도
⑦ 지속적인 교육 및 워크숍 등 원활한 사용을 위한 노력

2 · PART 01 경영혁신과 ERP

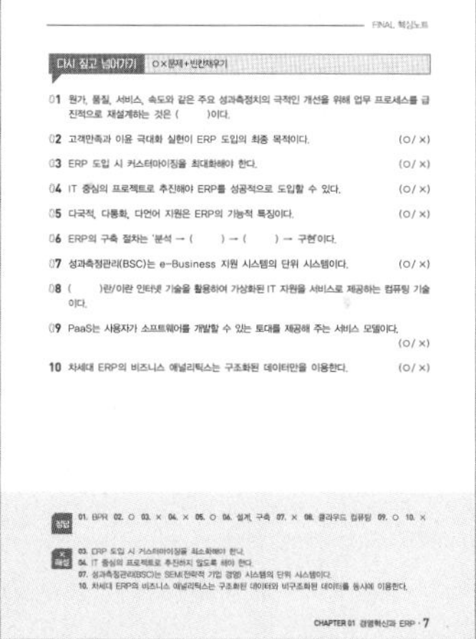
FINAL 핵심노트

다시 짚고 넘어가기 | O×문제+빈칸채우기

01 원가, 품질, 서비스, 속도와 같은 주요 성과측정치의 극적인 개선을 위해 업무 프로세스를 급진적으로 재설계하는 것은 (　　)이다.
02 고객만족과 이윤 극대화 실현이 ERP 도입의 최종 목적이다. (O/×)
03 ERP 도입 시 커스터마이징을 최대화해야 한다. (O/×)
04 IT 중심의 프로젝트로 추진해야 ERP를 성공적으로 도입할 수 있다. (O/×)
05 다국적, 다통화, 다언어 지원은 ERP의 기능적 특징이다. (O/×)
06 ERP의 구축 절차는 '분석 → (　　) → (　　) → 구현'이다.
07 성과측정관리(BSC)는 e-Business 지원 시스템의 단위 시스템이다. (O/×)
08 (　　)란/이란 인터넷 기술을 활용하여 가상화된 IT 자원을 서비스로 제공하는 컴퓨팅 기술이다.
09 PaaS는 사용자가 소프트웨어를 개발할 수 있는 토대를 제공해 주는 서비스 모델이다. (O/×)
10 차세대 ERP의 비즈니스 애널리틱스는 구조화된 데이터만을 이용한다. (O/×)

정답 01. BPR 02. O 03. × 04. × 05. O 06. 설계, 구축 07. × 08. 클라우드 컴퓨팅 09. O 10. ×

해설
03. ERP 도입 시 커스터마이징을 최소화해야 한다.
04. IT 중심의 프로젝트로 추진하지 않도록 해야 한다.
07. 성과측정관리(BSC)는 SEM(전략적 기업 경영) 시스템의 단위 시스템이다.
10. 차세대 ERP의 비즈니스 애널리틱스는 구조화된 데이터와 비구조화된 데이터를 동시에 이용한다.

CHAPTER 01 경영혁신과 ERP · 7

합격을 위한 마지막 스퍼트!

기출분석을 바탕으로 자주 출제되는 핵심 내용만 요약했다. OX문제와 빈칸 채우기로 학습한 내용을 최종적으로 점검할 수 있다.

CONTENTS

차례

이론

PART 01 | 경영혁신과 ERP

PART 02 | 생산이론

실무 시뮬레이션

PART 03 | 실무 시뮬레이션

기출문제

PART 04 | 최신 기출문제

PART 01

경영혁신과 ERP

CHAPTER 01 경영혁신과 ERP

CHAPTER 01

경영혁신과 ERP

1 경영혁신

1. 경영혁신의 정의

경영혁신이란 조직의 목적을 달성하기 위하여 새로운 생각이나 방법으로 기존 업무를 다시 계획하고 실천 및 평가하는 것을 말한다. 고객 욕구의 다양화, 기업 활동의 세계화, 정보 기술의 급격한 발전 등 급변하는 기업환경 속에서 기업들은 생존 및 경쟁 우위 확보 전략으로 ERP를 포함한 다양한 경영혁신 운동을 전개해 왔다.

2. 다운사이징(Downsizing)

① 조직의 규모를 줄이는 것이 목적이며 기업의 감량 경영을 통칭하는 개념이다.

② 인력 축소, 조직 재설계, 시스템 재설계 등이 있으며, 다운사이징의 결과, 비정규직 근로자가 출현하게 되었다.

3. 아웃소싱(Outsourcing)

① 경영 효과 및 효율의 극대화를 위한 방안으로 기업의 핵심 업무를 제외한 일부 기능을 제3자에게 위탁해 처리하는 개념이다.

② 기업은 핵심 업무에만 집중하고 나머지 부수적인 부문은 외주에 의존함으로써 생산성을 극대화할 수 있다.

4. JIT(Just In Time)

필요한 것을 필요할 때 필요한 만큼 만드는 생산방식이다.

5. 리엔지니어링(Re-engineering)

주로 정보 기술을 통해 기업 경영의 핵심과 과정을 전면 개편함으로써 경영 성과를 향상시키기 위한 경영기법으로, 매우 신속하고 극단적이며 전면적인 혁신을 강조한다.

6. BPR(Business Process Re-engineering)

BPR은 원가, 품질, 서비스, 속도와 같은 핵심적인 부분에서 극적인 성과를 이루기 위해 기업의 업무 프로세스를 기본적으로 다시 생각하고 급진적으로 재설계하는 것으로, 현재 하고 있는 일을 개선하는 것이 아니라 처음부터 다시 시작하는 혁명적인 개념에서 출발한다. ERP 도입의 성공 여부는 BPR을 통한 업무 개선에 달려 있다.

(1) BPR이 필요한 이유

① 복잡한 조직 및 경영 기능의 효율화
② 지속적인 경영 환경 변화에 대한 대응
③ 정보 IT 기술을 통한 새로운 기회 창출

(2) 'Best Practice' 도입을 목적으로 ERP 패키지 도입 시 시스템 구축 방법

① BPR과 ERP 시스템 구축을 병행하는 방법
② ERP 패키지에 맞추어 BPR을 추진하는 방법
③ BPR을 실시한 후에 이에 맞도록 ERP 시스템을 구축하는 방법

TIP 기존의 업무를 개선하기 위하여 ERP를 도입하는 것이지, 기존 업무처리에 따라 ERP 패키지를 수정하는 것은 아니다.

조금 더! 알아보기 BPI(Business Process Improvement)

BPI는 ERP 구축 전에 수행되며, 단계적으로 시간의 흐름에 따라 비즈니스 프로세스를 개선해 가는 점증적인 방법론이다. BPR이 급진적으로 비즈니스 프로세스를 개선하는 방식인 반면에 BPI는 점증적으로 비즈니스 프로세스를 개선하는 방식이다.

2 ERP(Enterprise Resource Planning)

1. ERP의 정의

기업의 업무 프로세스 재구축(BPR)을 통해 기업 내 분산된 모든 자원을 효율적으로 통합 관리해 줄 수 있는 부서 간 전산 통합용 프로그램인 ERP 소프트웨어가 경영혁신의 새로운 도구로 주목받게 되었다. 미국의 가트너 그룹에서 처음 불린 ERP는 선진 업무 프로세스를 기반으로 최신의 정보 기술을 통해 설계한 고기능성 업무용 소프트웨어로, 최신의 IT 기술을 활용하여 생산, 판매, 인사, 회계 등 기업 내 모든 업무를 통합적으로 관리하도록 도와주는 전사적 자원관리 시스템이다. 즉, 영업에서 생산 및 출하에 이르는 기업의 모든 업무 과정을 유기적으로 연결할 뿐만 아니라 실시간으로 관리하여 신속한 의사결정을 지원하는 최신의 경영정보 시스템이다.

2. ERP의 역할

① 기업 내에서 분산된 모든 자원을 부서 단위가 아닌 기업 전체의 흐름에서 최적의 관리가 가능하도록 하는 통합 시스템이다.
② 통합 업무 시스템으로 중복 업무에 들어가는 불필요한 요소를 줄일 수 있다.
③ 각종 업무에서 발생하는 데이터를 하나의 데이터베이스로 저장하여 정보 공유에 용이하다.
④ 투명경영의 수단으로 활용되며, 실시간으로 경영 현황이 처리되는 경영정보 제공 및 경영조기경비 체계를 구축한다.
⑤ 다양한 운영체제하에서도 운영이 가능하고 시스템을 확장하거나 다른 시스템과의 연계도 가능하다(개방성, 확장성, 유연성).

⑥ ERP가 구축되어 성공하기 위해서는 경영자의 관심과 기업 구성원 전원의 참여가 필요하다.

3. ERP의 목표

ERP 도입의 최종 목적은 고객만족과 이윤 극대화 실현에 있다.

① 통합 정보 시스템 구축, 선진 비즈니스 프로세스의 도입
② 잘못된 관행 제거, 비부가가치 업무 제거, 단순화, 표준화(복잡하지 않음)
③ 재고비용 절감, 납기 단축, 정보 공유, 매출액 증대 등
④ 경쟁력 강화 및 투명경영의 가능
⑤ 글로벌 경쟁 체제에 적절히 대응

4. MIS(기존 정보 시스템)와 ERP의 차이점

구분	MIS	ERP
업무범위	단위 업무	통합 업무
전산화 형태	중앙집중식	분산처리 구조
업무처리	수직적	수평적
데이터베이스 형태	파일 시스템	관계형 데이터베이스 시스템(RDBMS), 원장형 통합 데이터베이스
의사결정방식	Bottom-Up, 상사	Top-Down, 담당자

조금 더! 알아보기 **원장형 통합 데이터베이스**

ERP에서는 중복 업무를 줄이기 위해서 하나의 정보는 한 번만 입력되고, 입력된 정보는 어느 업무에서나 참조할 수 있도록 원장형 통합 데이터베이스에 보관된다. 원장형 통합 데이터베이스는 중앙에서 기업의 회계, 인사, 생산, 물류 등의 데이터베이스를 통합하여 기업 활동 전반에 걸쳐 있다(데이터가 자동으로 가공되지는 않는다).

5. 효과적인 ERP 교육을 위한 고려 사항

① 다양한 교육도구를 이용한다.
② 교육에 충분한 시간을 배정한다.
③ 트랜잭션(Transaction)*이 아닌 비즈니스 프로세스에 초점을 맞춘다.
④ 조직 차원의 변화관리 활동을 잘 이해하도록 교육을 강화한다.
⑤ 사용자에게 시스템 사용법과 새로운 업무처리방식을 모두 교육해야 한다.

***트랜잭션(Transaction)**: 컴퓨터로 처리하는 작업의 단위로 작업의 수행을 위해 데이터베이스의 연산들을 모아놓고 처리하는 것

3 ERP의 도입

1. ERP의 선택 및 사용 시 유의점

① 도입하려는 기업의 상황에 맞는 패키지를 선택해야 한다(다른 기업에서 사용하는 것 ×).
② TFT(Task Force Team)*1는 최고의 엘리트 사원으로 구성한다.
③ 경영진의 확고한 의지가 있어야 한다.
④ 현업 중심의 프로젝트를 진행한다(경영진 중심의 프로젝트 진행 ×).
⑤ 경험 있고 유능한 컨설턴트를 활용한다.
⑥ 구축 방법론에 따라 체계적으로 프로젝트를 진행한다.
⑦ 커스터마이징(Customizing)*2을 최소화한다(커스터마이징의 최대화 ×).
⑧ 전사적인 참여를 유도한다.
⑨ 지속적인 교육 및 워크숍 등 원활한 사용을 위해 노력한다.
⑩ 자료의 신뢰도를 높이기 위한 철저한 관리가 필요하다.

*1 TFT(Task Force Team): 회사의 새로운 프로젝트 추진 시 각 부서에서 인재를 선발하여 만든 임시 팀
*2 커스터마이징(Customizing): 커스터마이제이션(Customization)이라고도 하며 ERP 시스템의 프로세스, 화면, 필드, 보고서 등 거의 모든 부분을 기업의 요구사항에 맞춰 구현하는 방법

2. ERP 도입의 장점 및 효과

① 다양한 산업에 대한 최적의 업무 관행인 Best Practice를 담고 있다.
② ERP 시스템이 구축되기 전에 업무 재설계인 BPR을 수행해야 ERP 구축 성과가 극대화될 수 있다.
③ 비즈니스 프로세스의 표준화를 지원한다.
④ 이용자들이 업무처리를 하면서 발생할 수 있는 오류를 예방할 수 있다.
⑤ 재고비용 및 생산비용의 절감 효과를 통해 효율성을 확보할 수 있다.
⑥ 모든 기업의 업무 프로세스를 개별 부서원들이 분산처리하면서도 동시에 중앙에서 개별 기능들을 통합적으로 관리할 수 있다.
⑦ 경영학적인 업무 지식에 입각하여 각 기업들의 고유한 프로세스를 구현할 수 있도록 파라미터(Parameter)*를 변경하여 고객화(Customization)시킬 수 있게 구성되어 있다.
⑧ 차세대 ERP는 인공지능 및 빅데이터 분석 기술과의 융합으로 분석 도구가 추가되어 선제적 예측과 실시간 의사결정 지원이 가능하다.

*파라미터(Parameter): ERP 프로그램의 사용자가 원하는 방식으로 자료를 처리하도록 특정 기능을 추가하거나 변경하여 반영하는 정보

3. ERP 도입의 예상 효과

① 통합 업무 시스템 구축
② 불필요한 재고 감소, 물류비용 감소, 원가 절감
③ 고객 서비스 개선, 수익성 개선
④ 필요 인력과 필요 자원 절약, 업무시간 단축
⑤ 생산성 향상 및 매출 증대, 업무의 정확도 증대, 업무 프로세스 단축
⑥ 비즈니스 프로세스의 혁신, 업무의 비효율 절감
⑦ 최신 정보 기술의 도입
⑧ 리드타임(Lead Time)*1 감소
⑨ 결산작업의 단축
⑩ 사이클타임(Cycle Time)*2 감소
⑪ 투명한 경영
⑫ 표준화, 단순화, 코드화

용어 정리
*1 리드타임(Lead Time): 고객의 주문에서 납품까지 또는 생산이 시작되어 완성될 때까지 걸리는 시간
*2 사이클타임(Cycle Time): 반복 작업에서 1사이클에 필요한 시간

4. ERP 시스템 도입의 4단계 프로세스

ERP 도입 단계는 기존 시스템 개발 프로젝트와 달리 일종의 패키지 도입이 주를 이루고 있으므로 다음과 같은 4단계의 프로세스를 거친다.

투자단계 → 구축단계 → 실행단계 → 확산단계

(1) 투자단계

시스템에 대한 필요성 인지와 투자 의사결정이 이루어진다.

(2) 구축단계

① 투자 의사결정된 시스템에 대한 구축이 이루어진다.
② 기업에 적합한 ERP가 어떤 것인지 비교하여 결정한다.
③ 전사적 시스템에 대한 변화관리와 전문가 확보가 필요하다.

(3) 실행단계

① 시스템 사용단계이다.
② 도입한 ERP의 성과를 최대화시킬 수 있는 사용자 교육이 필요하고, 통합이 잘되어 기업에 맞춤화되어야 한다.

(4) 확산단계

① ERP 활용이 가능한 모든 영역에 확산이 이루어진다.

② ERP는 하나의 시스템 아래에 기능별 모듈이 존재하기 때문에 도입 후 전사적으로 고도화, 보편화될 수 있도록 확산되어야 한다.

조금 더! 알아보기 **총소유비용(Total Cost of Ownership)**

ERP 시스템에 대한 투자비용에 관한 개념으로, 시스템의 전체 라이프사이클(Life-Cycle)을 통해 발생하는 전체 비용을 계량화하는 것이다.

5. ERP 시스템 획득과 IT 아웃소싱

ERP를 자체 개발하면 시스템의 수정과 유지 보수가 지속적으로 이루어질 수 있으나 최근 ERP 개발과 구축, 운영, 유지 보수 등을 전문회사에게 외주(아웃소싱)를 주어 패키지를 선택하는 형태가 많이 나타나고 있다. ERP 패키지 선정 기준으로는 시스템 보안성, 요구사항 부합 정도, 커스터마이징(Customizing) 가능 여부 등이 있으며, ERP 패키지 선택 시 장점은 다음과 같다.

① 기업이 가지고 있지 못한 지식을 획득할 수 있다.
② ERP의 개발과 구축, 운영, 유지 보수에 필요한 인적 자원을 절약할 수 있다.
③ ERP의 자체 개발 시 발생할 수 있는 기술력 부족의 위험요소를 제거할 수 있다.
④ 검증된 방법론 적용으로 구현 기간의 최소화가 가능하다.
⑤ 검증된 기술과 기능으로 위험 부담을 최소화할 수 있다.
⑥ 향상된 기능과 최신의 정보 기술이 적용된 버전으로 업그레이드가 가능하다.

6. ERP의 성공적인 도입을 위한 전략

① 현재의 업무방식만을 그대로 고수해서는 안 된다.
② 사전 준비를 철저히 한다.
③ IT 중심의 프로젝트로 추진하지 않도록 한다.
④ 업무상의 효과보다 소프트웨어의 기능성 위주로 적용 대상을 판단하지 않는다.
⑤ 관리자와 팀 구성원의 자질과 의지를 충분히 키워 지속적인 ERP 교육을 실시한다.
⑥ 단기간의 효과 위주로 구현하면 안 된다.
⑦ 프로젝트 멤버는 현업 중심으로 구성해야 한다.
⑧ 최고 경영진도 프로젝트에 적극적으로 참여해야 한다.
⑨ 회사 전체의 입장에서 통합적 개념으로 접근하도록 한다.
⑩ BPR을 통한 기업의 완전한 업무 프로세스 표준화가 선행되거나 동시에 진행되어야 한다.

7. 상용화 패키지에 의한 ERP 시스템 구축 시, 성공과 실패를 좌우하는 요인

① 시스템 공급자와 기업 양쪽에서 참여하는 인력의 역량
② 제품이 보유한 기능을 기업의 업무환경에 얼마만큼 잘 적응시키는지에 대한 요인
③ 사용자 입장에서 ERP 시스템을 충분히 이해하고 사용할 수 있는 반복적인 교육훈련

4 ERP의 특징

1. 기능적 특징

① 다국적, 다통화, 다언어 지원
② 중복 업무의 배제 및 실시간 정보처리 체계 구축
③ 표준을 지향하는 선진화된 최고의 실용성 수용
④ 비즈니스 프로세스 모델에 따른 리엔지니어링
⑤ 파라미터 지정에 의한 프로세스의 정의
⑥ 경영정보 제공 및 경영조기경비 체계의 구축
⑦ 투명경영의 수단으로 활용
⑧ 오픈 멀티－벤더(Open Multi－vendor)

조금 더! 알아보기 오픈 멀티－벤더(Open Multi－vendor)

ERP는 어떠한 운영체제나 데이터베이스에서도 운영이 잘될 수 있도록 설계되어 다른 시스템과의 연계가 쉽다. 따라서 특정 하드웨어 및 소프트웨어 기술이나 업체에 의존하지 않고 다양한 하드웨어나 소프트웨어와 조합하여 사용할 수 있도록 지원한다.

2. 기술적 특징

① 4세대 언어(4GL) 활용
② CASE Tool 기술
③ 관계형 데이터베이스(RDBMS) 소프트웨어 사용
④ 객체 지향 기술 사용
⑤ 인터넷 환경의 e－Business를 수용할 수 있는 Multi－tier 환경 구성

5 ERP의 구축 절차

분석 → 설계 → 구축 → 구현

1. 제1단계 〈분석〉: 현황 파악

① AS－IS(현재의 업무) 파악
② TFT(Task Force Team) 결성
③ 현재 시스템의 문제 파악
④ 주요 성공요인 도출
⑤ 목표와 범위 설정
⑥ 경영 전략 및 비전 도출
⑦ 현업 요구사항 분석

⑧ 세부 추진 일정 및 계획 수립
⑨ 교육

2. 제2단계 〈설계〉: 분석한 결과를 구축하기 위해 준비하는 과정

① TO-BE 프로세스 도출
② 패키지 기능과 TO-BE 프로세스의 차이점 분석(GAP 분석)
③ 패키지 설치 및 파라미터 설정
④ 추가 개발 및 수정 보완 문제 논의
⑤ 인터페이스 문제 논의
⑥ 커스터마이징(Customizing, 사용자 요구)의 선정
⑦ 교육

3. 제3단계 〈구축〉: 분석과 설계 과정을 통해 이루어진 현황 파악 및 설정된 목표를 시스템적으로 구축하여 검증하는 과정

① 모듈의 조합화(TO-BE 프로세스에 맞게 모듈 조합)
② 추가 개발 또는 수정 기능 확정
③ 인터페이스 프로그램 연계
④ 출력물 제시
⑤ 교육

4. 제4단계 〈구현〉: 본격적으로 시스템을 가동하기 전에 시험적으로 운영하는 과정

① 시스템 운영(실데이터 입력 후 테스트)
② 시험 가동
③ 데이터 전환
④ 시스템 평가
⑤ 유지 보수
⑥ 향후 일정 수립
⑦ 교육

TIP ERP 구축 절차의 순서와 각 단계의 특징을 반드시 암기해야 한다.

6 ERP의 발전과정과 확장형 ERP

1. ERP의 발전과정

MRPⅠ → MRPⅡ → ERP → 확장형 ERP

① MRPⅠ(Material Requirement Planning): 1970년대, 자재 소요량관리, 재고 최소화
② MRPⅡ(Manufacturing Resource Planning): 1980년대, 생산 자원관리, 원가 절감

③ ERP(Enterprise Resource Planning): 1990년대, 전사적 자원관리, 경영혁신
④ 확장형 ERP(Extended ERP): 2000년대, 기업 간 최적화, Win-Win, 선진 정보화 기술 지원

2. 확장형 ERP

확장형 ERP는 기존의 ERP에서 좀 더 발전된 개념으로, 기존의 ERP가 기업 내부의 프로세스 최적화가 목표였다면, 확장형 ERP는 기업 외부의 프로세스까지 운영 범위를 확대한 것이다.

(1) 장점

① 개별적으로 고가의 시스템을 구축할 필요가 없어진다.
② 기존 ERP 시스템과의 통합 부담이 사라진다.
③ 기존 ERP 시스템의 효용이 상승된다.

(2) 단점

완성도가 부족하다.

3. 확장형 ERP의 구성요소

확장형 ERP는 기본형 ERP 시스템에 e-Business 지원 시스템과 SEM 시스템을 포함한다.

(1) e-Business 지원 시스템의 단위 시스템

① 지식경영 시스템(KMS; Knowledge Management System)
② 의사결정지원 시스템(DSS; Decision Support System)
③ 경영자정보 시스템(EIS; Executive Information System)
④ 고객관계관리(CRM; Customer Relationship Management)
⑤ 전자상거래(EC; Electronic Commerce)
⑥ 공급체인관리(SCM; Supply Chain Management)

(2) SEM(전략적 기업 경영) 시스템의 단위 시스템

① 성과측정관리(BSC; Balanced Score Card)
② 부가가치경영(VBM; Value-Based Management)
③ 전략계획 및 시뮬레이션(SFS; Strategy Formulation & Simulation)
④ 활동기준경영(ABM; Activity-Based Management)

4. 확장된 ERP 시스템 내의 SCM(Supply Chain Management) 모듈

확장된 ERP 시스템 내의 SCM 모듈은 공급자부터 소비자까지 이어지는 물류, 자재, 제품, 서비스, 정보의 흐름 전반에 걸쳐 계획하고 관리함으로써 수요와 공급의 일치를 최적으로 운영하고 관리하는 활동이다.

① 공급 사슬에서의 가시성 확보로 공급 및 수요 변화에 대한 신속한 대응이 가능하다.
② 정보의 투명성을 통해 재고 수준 감소 및 재고 회전율 증가를 달성할 수 있다.

③ 공급 사슬에서의 계획(Plan), 조달(Source), 제조(Make) 및 배송(Deliver) 활동 등 통합 프로세스를 지원한다.

5. ERP와 CRM(Customer Relationship Management, 고객관계관리)의 관계

① CRM(Customer Relationship Management)은 고객관계관리로 신규 고객 획득과 기존 고객의 유지를 중심으로 고객을 파악하고 분석하는 것이다.
② ERP와 CRM 간의 통합으로 비즈니스 프로세스의 투명성과 효율성을 확보할 수 있다.
③ CRM 시스템은 기업의 고객 대응 활동을 지원하는 프런트오피스 시스템(Front-Office System)의 개념이며, ERP 시스템은 비즈니스 프로세스를 지원하는 백오피스 시스템(Back-Office System)이다.
④ 확장된 ERP 환경에서 CRM 시스템은 마케팅, 판매 및 고객 서비스를 자동화한다.

조금 더! 알아보기 커스터마이제이션(Customization)

ERP 시스템의 프로세스, 화면, 필드, 그리고 보고서 등 거의 모든 부분을 기업의 요구사항에 맞춰 구현하는 방법

7 4차 산업혁명과 클라우드 ERP

1. 4차 산업혁명

인공지능(AI; Artificial Intelligence), 사물인터넷(IoT; Internet of Things), 빅데이터(Big Data), 클라우드 컴퓨팅(Cloud Computing) 등 첨단 정보 통신 기술이 경제와 사회 전반에 융합되어 혁신적인 변화가 나타나는 차세대 산업혁명이다.

2. 클라우드 컴퓨팅(Cloud Computing)

클라우드 컴퓨팅이란 인터넷 기술을 활용하여 가상화된 IT 자원을 서비스로 제공하는 컴퓨팅 기술이다. 사용자가 클라우드 컴퓨팅 네트워크에 접속하여 응용 프로그램, 운영체제, 저장 장치, 유틸리티 등 필요한 IT 자원을 원하는 시점에 필요한 만큼 골라서 사용할 수 있으며 사용량에 기반하여 대가를 지불해야 한다.

(1) 장점

① 사용자가 하드웨어나 소프트웨어를 직접 디바이스에 설치할 필요 없이 자신의 필요에 따라 언제든지 컴퓨팅 자원을 사용할 수 있다.
② 모든 데이터와 소프트웨어가 클라우드 컴퓨팅 내부에 집중되고 이기종 장비 간의 상호 연동이 유연하기 때문에 손쉽게 다른 장비로 데이터와 소프트웨어를 이동할 수 있어 장비 관리 업무와 PC 및 서버 자원 등을 줄일 수 있다.
③ 사용자는 서버 및 소프트웨어를 클라우드 컴퓨팅 네트워크에 접속하여 제공받을 수 있으므로 서버 및 소프트웨어를 구입하여 설치할 필요가 없어 IT 투자비용이 줄어든다.

(2) 단점

① 서버 공격 및 서버 손상으로 인해 개인정보가 유출 및 유실될 수 있다.

② 모든 애플리케이션을 보관할 수 없으므로 사용자가 필요로 하는 애플리케이션을 지원받지 못하거나 애플리케이션을 설치하는 데 제약이 있을 수 있다.

(3) 클라우드 컴퓨팅에서 제공하는 서비스

① SaaS(Software as a Service): 클라우드 컴퓨팅 서비스 사업자가 클라우드 컴퓨팅 서버에 소프트웨어를 제공하고, 사용자가 원격으로 접속해 해당 소프트웨어를 활용하는 서비스 모델이다. 기업의 핵심 애플리케이션인 ERP, CRM 솔루션 등의 소프트웨어를 클라우드 서비스를 통해 제공받는 것이다.

② PaaS(Platform as a Service): 사용자가 소프트웨어를 개발할 수 있는 토대를 제공해 주는 서비스 모델이다. ERP 소프트웨어 개발을 위한 플랫폼을 클라우드 서비스로 제공받는 것이다. 예 웹 프로그램, 제작 툴, 개발 도구 지원, 과금 모듈, 사용자관리 모듈 등

③ IaaS(Infrastructure as a Service): 서버 인프라를 서비스로 제공하는 것으로, 클라우드를 통해 저장 장치(Storage) 또는 컴퓨팅 능력(Computing)을 인터넷을 통한 서비스 형태로 제공하는 서비스 모델이다. ERP 구축에 필요한 IT 인프라 자원을 클라우드 서비스로 빌려 쓰는 형태이며, 데이터 클라우드 서비스와 스토리지 클라우드 서비스는 IaaS에 속한다.

3. 클라우드 ERP

클라우드 ERP란 클라우드 서비스를 바탕으로 ERP 프로그램을 제공하는 것을 말한다. 즉, 전산 자원을 쉽고 빠르게 이용할 수 있도록 데이터를 인터넷과 연결된 중앙컴퓨터에 저장해서 인터넷에 접속하기만 하면 언제 어디서든지 데이터를 이용할 수 있는 ERP이다. 따라서 개방적인 정보 접근성을 통해 데이터를 분석할 수 있으며, 원격근무 환경 구현을 통한 스마트워크 환경 정착이 가능하다. 웹(Web) 기반의 ERP에서 클라우드 기반의 ERP로 진화하고 있으며, 클라우드 ERP는 디지털 지원, 인공지능(AI) 및 기계학습(Machine Learning), 예측 분석 등과 같은 지능형 기술을 이용하여 미래에 대비한 즉각적인 가치를 제공하고 있다.

① 클라우드의 가장 기본적인 서비스인 SaaS, PaaS, IaaS를 통해 ERP 서비스를 제공받는다.

② IaaS 및 PaaS를 활용한 ERP를 하이브리드 클라우드 ERP라고 한다.

③ 4차 산업혁명 시대에 경쟁력을 갖추기 위해 기업들은 지능형 기업으로 전환해야 하므로 클라우드 ERP로 지능형 기업을 운영할 수 있다.

④ 클라우드 도입을 통해 ERP 진입 장벽을 획기적으로 낮출 수 있다.

⑤ 클라우드를 통해 제공되는 ERP는 전문 컨설턴트의 도움 없이도 설치 및 운영이 가능하다.

⑥ 고객의 요구에 따라 필요한 기능을 선택·적용한 맞춤형 구성이 가능하다.

⑦ 안정적이고 효율적인 데이터관리, IT 자원관리의 효율화와 관리비용의 절감이 가능하다.

4. 차세대 ERP의 4차 산업혁명의 핵심 기술 적용

① 향후 ERP는 4차 산업혁명의 핵심 기술인 인공지능(AI), 빅데이터(Big Data), 사물인터넷(IoT), 블록체인 등의 신기술과 융합하여 보다 지능화된 기업 경영이 가능한 통합 시스템으로 발전할 것이다.

② 생산관리 시스템(MES), 전사적 자원관리(ERP), 제품수명주기관리 시스템(PLM) 등을 통해 각 생산과정을 체계화하고 관련 데이터를 한 곳으로 모을 수 있어 빅데이터 분석이 가능해진다. 따라서 인공지능 기반의 빅데이터 분석을 통해 최적화와 예측 분석이 가능하여 과학적이고 합리적인 의사결정 지원이 가능해진다.

③ 제조업에서는 빅데이터 처리 및 분석 기술을 기반으로 생산 자동화를 구현하고 ERP와 연계하여 생산계획의 선제적 예측과 실시간 의사결정이 가능해진다.

④ ERP에서 생성·축적된 빅데이터를 활용하여 기업의 새로운 업무 개척이 가능해지고, 비즈니스 간 융합을 지원하는 시스템으로 확대가 가능해진다.

⑤ 차세대 ERP는 인공지능 및 빅데이터 분석 기술과의 융합으로 전략 경영 등의 분석 도구를 추가하게 되어 상위 계층의 의사결정을 지원할 수 있는 스마트 시스템으로 발전하고 있다.

5. 차세대 ERP의 비즈니스 애널리틱스(Business Analytics)

ERP 시스템 내의 빅데이터 분석을 위한 비즈니스 애널리틱스는 차세대 ERP 시스템의 핵심 요소가 되었다. 비즈니스 애널리틱스의 내용은 다음과 같다.

① 비즈니스 애널리틱스는 의사결정을 위한 데이터 및 정량 분석과 광범위한 데이터 이용을 의미한다.

② 조직에서 기존의 데이터를 기초로 최적 또는 현실적인 의사결정을 위한 모델링을 이용하도록 지원해 준다.

③ 질의 및 보고와 같은 기본적인 분석 기술과 예측 모델링 같은 수학적으로 정교한 수준의 분석을 지원한다.

④ 과거 데이터 분석뿐만 아니라 이를 통한 새로운 통찰력 제안과 미래 사업을 위한 시나리오를 제공한다.

⑤ 구조화된 데이터(Structured Data)와 비구조화된 데이터(Unstructured Data)를 동시에 이용한다.

- **구조화된 데이터:** 파일이나 레코드 내에 저장된 데이터로, 스프레드시트와 관계형 데이터베이스(RDBMS) 포함
- **비구조화된 데이터:** 전자메일, 문서, 소셜미디어 포스트, 오디오 파일, 비디오 영상, 센서 데이터 등

⑥ 미래 예측을 지원해 주는 데이터 패턴 분석과 예측 모델을 위한 데이터마이닝(Data Mining)을 통해 고차원 분석 기능을 포함하고 있다.

⑦ 리포트, 쿼리, 알림, 대시보드, 스코어카드뿐만 아니라 데이터마이닝 등의 예측 모델링과 같은 진보된 형태의 분석 기능도 제공한다.

기출 & 확인문제

01

다음은 조직의 효율성을 제고하기 위해 업무 흐름뿐만 아니라 전체 조직을 재구축하려는 혁신전략기법들이다. 이 중 주로 정보기술을 통해 기업경영의 핵심과 과정을 전면 개편함으로 경영성과를 향상시키려는 경영기법으로 매우 신속하고 극단적인 그리고 전면적인 혁신을 강조하는 이 기법은 무엇인가? [20년 3회]

① 지식경영
② 벤치마킹
③ 리스트럭처링
④ 리엔지니어링

02

[보기]의 괄호 안에 들어갈 용어로 맞는 것은 무엇인가? [19년 3회]

보기

ERP 도입의 성공 여부는 (　　)을(를) 통한 업무 개선이 중요하며 이것은 원가, 품질, 서비스, 속도와 같은 주요 성과측정치의 극적인 개선을 위해 업무 프로세스를 급진적으로 재설계하는 것이라고 정의할 수 있다.

① MRP
② BPR
③ CRP
④ MIS

03

다음 중 BPR의 필요성이라고 볼 수 없는 것은 무엇인가? [20년 4회]

① 경영 환경 변화에의 대응방안 모색
② 정보기술을 통한 새로운 기회의 모색
③ 기존 업무방식 고수를 위한 방안 모색
④ 조직의 복잡성 증대와 효율성 저하에 대한 대처방안 모색

04

다음 중 'Best Practice' 도입을 목적으로 ERP 패키지를 도입하여 시스템을 구축하고자 할 경우 가장 바람직하지 않은 방법은 무엇인가? [21년 1회]

① BPR과 ERP 시스템 구축을 병행하는 방법
② ERP 패키지에 맞추어 BPR을 추진하는 방법
③ 기존 업무처리에 따라 ERP 패키지를 수정하는 방법
④ BPR을 실시한 후에 이에 맞도록 ERP 시스템을 구축하는 방법

05

다음 중 ERP 구축 전에 수행되는 단계적으로 시간의 흐름에 따라 비즈니스 프로세스를 개선해 가는 점증적 방법론은 무엇인가? [20년 6회]

① BPI(Business Process Improvement)
② BPR(Business Process Re-engineering)
③ ERD(Entity Relationship Diagram)
④ MRP(Material Requirement Program)

정답 및 해설

01 경영혁신기법 중 리엔지니어링(Re-engineering)에 대한 설명이다.

02 BPR에 대한 설명이다.

03 BPR은 복잡한 조직 및 경영 기능의 효율화, 지속적인 경영 환경 변화에 대한 대응, 정보 IT 기술을 통한 새로운 기회 창출을 위해 필요하며, 기존 업무방식을 고수해서는 안 된다.

04 기존의 업무를 개선하기 위하여 ERP를 도입하는 것이며, 기존 업무처리에 따라 ERP 패키지를 수정하는 것은 아니다.

05 점증적으로 비즈니스 프로세스를 개선하는 방식은 BPI(Business Process Improvement)이다.

정답 01 ④ 02 ② 03 ③ 04 ③ 05 ①

06

다음 중 ERP에 대한 설명으로 가장 적절하지 않은 것은 무엇인가? [20년 5회]

① 경영혁신환경을 뒷받침하는 새로운 경영업무 시스템 중 하나이다.
② 기업의 전반적인 업무 과정이 컴퓨터로 연결되어 실시간 관리를 가능하게 한다.
③ 기업 내 각 영역의 업무 프로세스를 지원하고 단위별 업무처리의 강화를 추구하는 시스템이다.
④ 전통적 정보 시스템과 비교하여 보다 완벽한 형태의 통합적인 정보인프라 구축을 가능하게 해 주는 신경영혁신의 도구이다.

07

다음 중 ERP 도입의 최종 목적으로 가장 적합한 것은 무엇인가? [19년 5회]

① 해외 매출 확대
② 관리자 리더십 향상
③ 경영정보의 분권화
④ 고객만족과 이윤 극대화

08

다음 중 효과적인 ERP 교육을 위한 고려사항으로 가장 적절하지 않은 것은 무엇인가? [20년 5회]

① 다양한 교육도구를 이용하라.
② 교육에 충분한 시간을 배정하라.
③ 비즈니스 프로세스가 아닌 트랜잭션에 초점을 맞춰라.
④ 조직 차원의 변화관리 활동을 잘 이해하도록 교육을 강화하라.

09

ERP 도입을 고려할 때의 선택기준으로 적절하지 않은 것은? [21년 2회]

① 자사에 맞는 패키지를 선정한다.
② 경영진이 확고한 의지를 가지고 진행한다.
③ 현업 중심의 프로젝트를 진행한다.
④ 업무 효율성 향상이 중요하므로 수익성 개선은 고려하지 않는다.

10

다음 중 ERP의 장점 및 효과에 대한 설명으로 가장 적절하지 않은 것은 무엇인가? [19년 5회]

① ERP는 다양한 산업에 대한 최적의 업무관행인 베스트 프랙틱스(Best Practices)를 담고 있다.

② ERP 시스템 구축 후 업무 재설계(BPR)를 수행하여 ERP 도입의 구축 성과를 극대화할 수 있다.

③ ERP는 모든 기업의 업무 프로세스를 개별 부서원들이 분산처리하면서도 동시에 중앙에서 개별 기능들을 통합적으로 관리할 수 있다.

④ 차세대 ERP는 인공지능 및 빅데이터 분석 기술과의 융합으로 선제적 예측과 실시간 의사결정 지원이 가능하다.

11

다음 중 ERP의 도입 목적에 해당한다고 볼 수 없는 것은 무엇인가? [20년 3회]

① 재고관리 능력의 향상

② 시스템 표준화를 통한 데이터 일관성 유지

③ 폐쇄형 정보 시스템 구성으로 자율성, 유연성 극대화

④ 클라이언트/서버 컴퓨팅 구현으로 시스템 성능 최적화

정답 및 해설

06 ERP는 단위별 업무처리가 아닌 기업 내 모든 업무를 통합적으로 관리하도록 도와주는 전사적 자원관리 시스템이다.

07 ERP 도입의 최종 목적은 고객만족과 이윤 극대화 실현에 있다.

08 효과적인 ERP 교육을 위하여 트랜잭션이 아닌 비즈니스 프로세스에 초점을 맞춘다.

09 ERP 도입의 최종 목적은 고객만족과 이윤 극대화 실현으로 수익성 개선을 고려해야 한다.

10 ERP 시스템이 구축되기 전에 업무 재설계인 BPR을 수행해야 ERP 구축 성과가 극대화될 수 있다.

11 ERP는 개방형 정보 시스템 구성으로 자율성, 유연성을 극대화한다.

정답 06 ③ 07 ④ 08 ③ 09 ④ 10 ② 11 ③

12

다음 중 ERP 시스템에 대한 투자비용에 관한 개념으로 시스템의 전체 라이프사이클(Life-cycle)을 통해 발생하는 전체 비용을 계량화하는 것을 무엇이라 하는가? [20년 1회]

① 유지 보수비용(Maintenance Cost)
② 시스템 구축비용(Construction Cost)
③ 소프트웨어 라이선스비용(Software License Cost)
④ 총소유비용(Total Cost of Ownership)

13

다음 중 ERP 아웃소싱(Outsourcing)의 장점으로 가장 적절하지 않은 것은 무엇인가?

[19년 3회]

① ERP 아웃소싱을 통해 기업이 가지고 있지 못한 지식을 획득할 수 있다.
② ERP 개발과 구축, 운영, 유지 보수에 필요한 인적 자원을 절약할 수 있다.
③ IT 아웃소싱 업체에 종속성(의존성)이 생길 수 있다.
④ ERP 자체 개발에서 발생할 수 있는 기술력 부족의 위험요소를 제거할 수 있다.

14

다음 중 ERP 성공십계명이라고 볼 수 없는 것은 무엇인가? [21년 2회]

① 사전 준비를 철저히 한다.
② 현재의 업무방식을 그대로 고수한다.
③ 단기간의 효과 위주로 구현하지 않는다.
④ 최고 경영진을 프로젝트에서 배제하지 않는다.

15

상용화 패키지에 의한 ERP 시스템 구축 시, 성공과 실패를 좌우하는 요인으로 보기 어려운 것은 다음 중 무엇인가? [19년 3회]

① 시스템 공급자와 기업 양쪽에서 참여하는 인력의 역량
② 기업 환경을 최대한 고려하여 개발할 수 있는 자체 개발인력 보유 여부
③ 제품이 보유한 기능을 기업의 업무 환경에 얼마만큼 잘 적용하는지에 대한 요인
④ 사용자 입장에서 ERP 시스템을 충분히 이해하고 사용할 수 있는 반복적인 교육훈련

16

ERP의 특징 중 기술적 특징에 해당하지 않는 것은 무엇인가? [21년 1회]

① 4세대 언어(4GL) 활용
② 다국적, 다통화, 다언어 지원
③ 관계형 데이터베이스(RDBMS) 채택
④ 객체 지향 기술(Object Oriented Technology) 사용

17

다음 내용 중 ERP의 특징으로 가장 적합한 것은 무엇인가? [21년 1회]

① 투명경영의 수단으로 활용
② 조직 구성원의 업무 수준 평준화
③ 담당 부서 업무의 전문성 및 정보의 비공개
④ 중복 업무의 허용 및 실시간 정보처리 체계 구축

정답 및 해설

12 총소유비용(Total Cost of Ownership)에 대한 설명이다.

13 ERP 아웃소싱을 통해 IT 아웃소싱 업체에 종속성(의존성)이 생기는 것은 아니며, 이것은 장점이 아닌 단점에 해당한다.

14 ERP의 성공적인 도입을 위하여 현재의 업무방식만을 그대로 고수해서는 안 된다.

15 도입하려는 기업의 상황에 맞는 패키지를 선택하는 것이 중요하며, 자체 개발인력을 보유하여 기업에서 자체 개발을 할 필요는 없다.

16 다국적, 다통화, 다언어 지원은 ERP의 기능적 특징에 해당한다.

17 ② 조직 구성원의 업무 수준 향상
③ 담당 부서 업무의 전문성 및 정보의 공개
④ 중복 업무의 비허용 및 실시간 정보처리 체계 구축

정답 12 ④ 13 ③ 14 ② 15 ② 16 ② 17 ①

18

다음 중 ERP 구축 절차를 바르게 나타낸 것은 무엇인가? [19년 1회]

① 분석 → 설계 → 구현 → 구축
② 설계 → 분석 → 구축 → 구현
③ 설계 → 구현 → 분석 → 구축
④ 분석 → 설계 → 구축 → 구현

19

다음 중 ERP의 발전과정으로 가장 적절한 것은 무엇인가? [19년 4회]

① MRP Ⅱ → MRP Ⅰ → ERP → 확장형 ERP
② ERP → 확장형 ERP → MRP Ⅰ → MRP Ⅱ
③ MRP Ⅰ → ERP → 확장형 ERP → MRP Ⅱ
④ MRP Ⅰ → MRP Ⅱ → ERP → 확장형 ERP

20

다음 중 e-Business 지원 시스템을 구성하는 단위 시스템에 해당되지 <u>않는</u> 것은 무엇인가? [20년 1회]

① 성과측정관리(BSC)
② EC(전자상거래) 시스템
③ 의사결정지원시스템(DSS)
④ 고객관계관리(CRM) 시스템

21

다음 [보기]의 괄호 안에 들어갈 용어로 맞는 것은 무엇인가? [20년 1회]

보기

확장된 ERP 시스템 내의 (　　)모듈은 공급자부터 소비자까지 이어지는 물류, 자재, 제품, 서비스, 정보의 흐름 전반에 걸쳐 계획하고 관리함으로써 수요와 공급의 일치를 최적으로 운영하고 관리하는 활동이다.

① ERP(Enterprise Resource Planning)
② SCM(Supply Chain Management)
③ CRM(Customer Relationship Management)
④ KMS(Knowledge Management System)

22

ERP 시스템의 프로세스, 화면, 필드, 그리고 보고서 등 거의 모든 부분을 기업의 요구사항에 맞춰 구현하는 방법을 무엇이라 하는가? [20년 4회]

① 정규화(Normalization)
② 트랜잭션(Transaction)
③ 컨피규레이션(Configuration)
④ 커스터마이제이션(Customization)

23

다음 중 클라우드 서비스 기반 ERP와 관련된 설명으로 가장 적절하지 않은 것은 무엇인가? [19년 4회]

① ERP 구축에 필요한 IT 인프라 자원을 클라우드 서비스로 빌려 쓰는 형태를 IaaS라고 한다.
② ERP 소프트웨어 개발을 위한 플랫폼을 클라우드 서비스로 제공받는 것을 PaaS라고 한다.
③ PaaS에는 데이터베이스 클라우드 서비스와 스토리지 클라우드 서비스가 있다.
④ 기업의 핵심 애플리케이션인 ERP, CRM 솔루션 등의 소프트웨어를 클라우드 서비스를 통해 제공받는 것을 SaaS라고 한다.

정답 및 해설

18 ERP의 구축 절차는 '분석 → 설계 → 구축 → 구현'이다.

19 ERP의 발전과정은 'MRP I → MRP II → ERP → 확장형 ERP'이다.

20 성과측정관리(BSC)는 SEM(전략적 기업 경영) 시스템의 단위 시스템이다.

21 확장된 ERP 시스템 내의 SCM 모듈에 대한 설명이다.

22 커스터마이제이션(Customization)에 대한 설명이다.

23 IaaS에는 데이터베이스 클라우드 서비스와 스토리지 클라우드 서비스가 있다.

정답 18 ④ 19 ④ 20 ① 21 ② 22 ④ 23 ③

24

다음 중 클라우드 ERP와 관련된 설명으로 가장 적절하지 않은 것은 무엇인가? [21년 1회]

① 클라우드를 통해 ERP 도입에 관한 진입 장벽을 높일 수 있다.
② IaaS 및 PaaS를 활용한 ERP를 하이브리드 클라우드 ERP라고 한다.
③ 서비스형 소프트웨어 형태의 클라우드로 ERP을 제공하는 것을 SaaS ERP라고 한다.
④ 클라우드 ERP는 고객의 요구에 따라 필요한 기능을 선택·적용한 맞춤형 구성이 가능하다.

25

다음 중 ERP와 인공지능(AI), 빅데이터(Big Data), 사물인터넷(IoT) 등 혁신기술과의 관계에 대한 설명으로 가장 적절하지 않은 것은 무엇인가? [20년 3회]

① 현재 ERP는 기업 내 각 영역의 업무 프로세스를 지원하고 단위별 업무처리의 강화를 추구하는 시스템으로 발전하고 있다.
② 제조업에서는 빅데이터 분석기술을 기반으로 생산자동화를 구현하고 ERP와 연계하여 생산계획의 선제적 예측과 실시간 의사결정이 가능하다.
③ 현재 ERP는 인공지능 및 빅데이터 분석기술과의 융합으로 전략 경영 등의 분석 도구를 추가하여 상위 계층의 의사결정을 지원할 수 있는 지능형 시스템으로 발전하고 있다.
④ ERP에서 생성되고 축적된 빅데이터를 활용하여 기업의 새로운 업무 개척이 가능해지고, 비즈니스 간 융합을 지원하는 시스템으로 확대가 가능하다.

정답 및 해설

24 인터넷에 접속하기만 하면 언제 어디서나 개방적으로 ERP를 사용할 수 있으므로, 클라우드를 통해 ERP 도입에 관한 진입 장벽을 낮출 수 있다.

25 ERP는 단위별 업무처리가 아닌 통합적 업무처리를 강화하는 시스템으로 발전하고 있다.

정답 24 ① 25 ①

능력 때문에 성공한 사람보다
끈기 때문에 성공한 사람이 더 많습니다.

– 조정민, 『인생은 선물이다』, 두란노

PART

02

생산이론

NCS능력단위 요소

- 생산계획수립 0204010301_16v2
- 공급망수요계획 0204010403_16v2
- 공급망공급계획 0204010404_16v2
- 공정설계 0204010302_16v2
- 작업계획수립 0204010304_16v2
- 공정개선 0204010310_16v2
- 자재관리전략수립 0204010201_14v1
- 공급망전략수립 0204010402_16v2
- 구매전략수립 0204010101_14v1
- 품질정보관리 0204020102_14v1
- 품질경영시스템인증관리 0204020116_16v1

CHAPTER 01

생산계획 및 통제

1 생산을 위한 기초정보 및 생산 시스템 일반

1. 생산성

(1) 정의

① 생산이란 노동력이나 기계 생산요소 등의 투입물을 유·무형의 산출물로 변환시킴으로써 효용을 산출하는 과정으로, 생산성은 투입된 자원에 비해 산출된 생산량이 어느 정도인지 가늠하는 척도이다.

② 노동 생산성, 기계 생산성, 자본 생산성 등이 있다.

$$생산성 = \frac{산출량(Output)}{투입량(Input)}$$

TIP 생산 및 운영관리의 목표는 품질(Q), 원가(C), 납기(D), 유연성(F)이다.

(2) 측정

생산성의 측정은 부분 생산성, 다요소 생산성, 총요소 생산성 등으로 측정할 수 있다.

① 부분 생산성(Partial Productivity): 단일의 투입요소로 측정

② 다요소 생산성(Multifactor Productivity): 하나 이상의 투입요소로 측정

③ 총요소 생산성(Total Productivity): 모든 투입요소로 측정

(3) 척도

생산성 척도는 주로 측정 목표에 따라 다르게 선택된다. 부분 생산성에 의한 측정 목표가 노동 생산성이라면 노동력이 주된 투입 척도가 되며, 측정 목표가 기계 생산성이라면 기계 작동이 주된 투입 척도가 된다.

① 노동 생산성의 척도: 노동 시간당 산출량, 교대 횟수당 산출량, 교대조별 산출량, 노동 시간당 부가가치, 노동 시간당 산출물의 화폐 가치

② 기계 생산성의 척도: 기계 작동 시간당 산출량, 기계 작동 시간당 산출물의 화폐 가치

③ 자본 생산성의 척도: 투자된 화폐 단위당 산출량, 투자된 화폐 단위당 산출물의 화폐 가치

④ 에너지 생산성의 척도: 전력 사용 시간당 산출량, 전력 사용 단위당 산출물의 화폐 가치

개념확인문제

인형 공장에서 4명의 작업자가 2대의 기계에서 8시간 동안 1,600개의 인형을 만들었다.

[1] 노동 생산성을 구하시오.

해설

노동 생산성: $\frac{\text{산출량}}{\text{투입량}} = \frac{\text{제품 생산량}}{\text{노동시간}} = \frac{1,600\text{개}}{4\text{명} \times 8\text{시간}} = 50\text{개/시간}$

[2] 기계 생산성을 구하시오.

해설

기계 생산성: $\frac{\text{산출량}}{\text{투입량}} = \frac{\text{제품 생산량}}{\text{기계 작동시간}} = \frac{1,600\text{개}}{2\text{대} \times 8\text{시간}} = 100\text{개/시간}$

5시간 동안 100개를 생산하던 공장에서 4시간 동안 100개를 생산하는 것으로 공정이 개선되었다면 생산성은 몇 % 향상되었는지 구하시오.

해설

• 5시간 동안 100개를 생산할 때의 생산성: $\frac{100\text{개}}{5\text{시간}} = 20\text{개/시간}$

• 4시간 동안 100개를 생산할 때의 생산성: $\frac{100\text{개}}{4\text{시간}} = 25\text{개/시간}$

∴ 생산성이 20에서 25가 되어 생산성 차이가 '25 − 20 = 5'이므로 생산성은 25%($= \frac{5}{20} \times 100$) 향상되었다.

2. 자재 명세서(BOM; Bill of Material)

(1) 정의

① 완제품 1단위를 생산하기 위해 필요한 재료, 부품, 반제품 등의 품목, 규격, 소요량 등에 대한 명세서이다.

② 특정 제품이 어떤 부품들로 구성되어 만들어지는지에 대한 정보를 나타내며, BOM에서 가장 기본이 되는 정보는 '제품 구조 정보'라고 할 수 있다.

③ 주생산계획(MPS)과 연계하여 하위 품목의 구매 및 생산 일정을 수립하는 데 활용된다.

④ 제품의 설계사양, 제품원가 산정, 자재 불출 목록표 생성, 특정 품목을 만드는데 필요한 부품 정보 구매 및 생산 일정 수립 등에 활용된다.

(2) 종류

종류	내용
Engineering BOM	• 설계 부서에서 주로 사용하는 BOM으로 설계의 편의성이 반영된다. • 기능 중심의 제품 설계에 사용된다.

Manufacturing BOM 또는 Production BOM	• 생산관리 부서 및 생산 현장에서 주로 사용되는 BOM으로 제조공정 및 조립공정의 순서를 반영한다. • MRP 시스템에서 사용되는 BOM이다.
Planning BOM	생산관리 부서 및 판매, 마케팅 부서 등에서 사용되며, 생산계획이나 기준 일정계획에서 사용된다.
Modular BOM	• 방대한 양의 BOM 데이터를 관리하고, 주생산계획(MPS)을 수립할 때에도 효과적인 BOM으로 옵션(Option)과 공통 부품들로 구성된다. • 최종 제품의 옵션이 다양한 경우에 BOM 데이터를 효과적으로 관리하는 데 활용할 수 있다. • Assemble-To-Order 형태의 생산 전략을 취하는 기업체에서 주로 사용하며, 불필요한 관리 및 계획, 노력을 줄일 수 있다.
Percentage BOM	Planning BOM의 일종으로 제품군을 구성하는 제품 또는 제품을 구성하는 부품의 양을 백분율로 표현한 BOM이다.
Inverted BOM	일반적인 BOM은 여러 종류의 부품들을 조립하여 단일의 상위 부품이나 제품을 만드는 형태인 반면, 화학이나 제철과 같은 산업에서는 단일 부품에서 여러 종류의 최종 제품을 만든다. 이처럼 Inverted BOM은 나무가 뒤집힌 형태인 역삼각형 형태이다.
Common Parts BOM	제품이나 제품군에 공통적으로 사용되는 부품들을 모아 놓은 BOM을 뜻하며, 이러한 BOM의 최상위 ITEM은 가상의 ITEM Number를 갖는다.
Phantom BOM	• 조립공정에서 일시적으로 생성되었다가 사라지며, 실제로는 보관 장소에 존재하지 않는 품목이나 조립의 순서를 나타내기 위해 사용한다. • MRP 전개 시 '조달 기간(Lead Time) = 0'을 사용한다.
Multilevel BOM	BOM 정보를 디스플레이하는 방법에 따른 이름으로, 대개의 BOM 정보는 모품목(Parent)과 자품목(Child)의 관계만을 보여 주는데, Multilevel BOM은 자품목의 자품목까지 필요한 만큼의 BOM 정보를 표현해 놓은 것이다.
Indented BOM	BOM을 보고서 형태로 출력할 때 Multilevel BOM을 표현하는 방법으로, 모품목의 하위 자품목을 옆으로 한 칸씩 밀어서 들여쓰기하는 BOM이다.

(3) BOM을 이용한 부품 소요량 계산

BOM에서의 제품 구조는 모품목과 자품목의 상호 관계를 계층적으로 나타내며, 최상위 완제품의 계층을 수준 0으로 설정하고, 그 아래는 차례로 수준 1, 2,··· 등으로 구분하여 모품목에 대한 자품목의 구성 관계를 나타낸다. 각 수준의 품목 옆의 '(　)'는 상위 품목(모품목) 1단위에 필요한 자품목의 소요수량을 나타낸다.

개념확인문제

제품 A를 생산할 경우의 제품 구조도는 다음과 같다. 제품 A를 10개 생산할 경우, 각 품목의 필요 소요량을 구하시오.

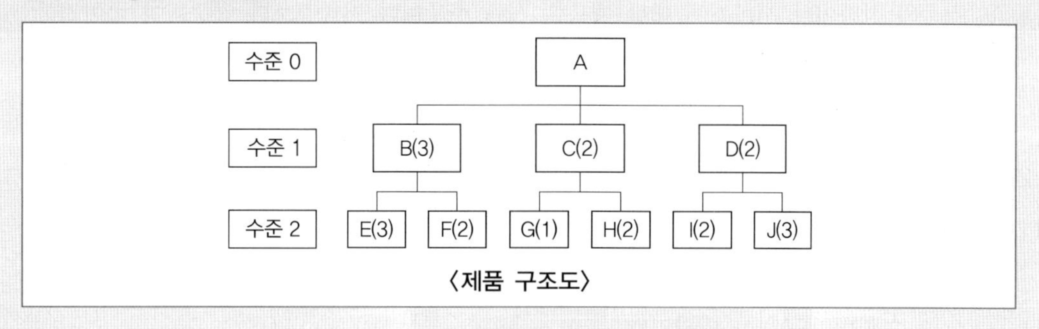

〈제품 구조도〉

해설

- 수준 0 A: 10개
- 수준 1 B(3): 모품목 A 생산에 B 3개가 필요 ⇒ 10(A)개 × 3개 = 30개
  수준 2 E(3): 모품목 B 생산에 E 3개가 필요 ⇒ 30(B)개 × 3개 = 90개
  수준 2 F(2): 모품목 B 생산에 F 2개가 필요 ⇒ 30(B)개 × 2개 = 60개
- 수준 1 C(2): 모품목 A 생산에 C 2개가 필요 ⇒ 10(A)개 × 2개 = 20개
  수준 2 G(1): 모품목 C 생산에 G 1개가 필요 ⇒ 20(C)개 × 1개 = 20개
  수준 2 H(2): 모품목 C 생산에 H 2개가 필요 ⇒ 20(C)개 × 2개 = 40개
- 수준 1 D(2): 모품목 A 생산에 D 2개가 필요 ⇒ 10(A)개 × 2개 = 20개
  수준 2 I(2): 모품목 D 생산에 I 2개가 필요 ⇒ 20(D)개 × 2개 = 40개
  수준 2 J(3): 모품목 D 생산에 J 3개가 필요 ⇒ 20(D)개 × 3개 = 60개

2 수요예측

1. 수요예측의 개념과 원칙

(1) 개념

재화나 서비스에 대하여 일정 기간 동안에 발생할 가능성이 있는 모든 수요의 크기를 추정하는 것을 수요예측이라고 하며, 잠재 수요와 유효 수요를 모두 포함한다.

① **잠재 수요**: 상품이나 서비스 등의 필요성이나 욕구는 있으나 구매 능력이 갖추어지지 않아 아직 소비로 결부되지 못하는 수요이다.

② **유효 수요**: 실질적으로 구매할 수 있거나 구체적인 구매 계획이 있는 경우의 수요로 구매력이 있는 수요이다.

(2) 원칙

① 예측 오차의 발생 확률은 예측하는 기간의 길이에 비례한다. 예측 기간이 길수록 예견되지 않은 사건의 영향을 받을 가능성이 크므로 예측 오차의 발생 확률이 높아지고, 이에 따라 예측의 적중률은 낮아진다.

② 일반적으로 영속성이 있는 상품이나 서비스 등은 경기 변동 등 여러 가지 요인의 영향으로 수요가 변하며, 예측 오차가 발생할 확률이 높으므로 영속성이 없는 상품이나 서비스보다 정확한 예측을 하기 어렵다.
③ 기존의 상품이나 서비스에 대한 예측은 신규 상품이나 서비스보다 적중률이 높아진다.
④ 수요가 안정적인 기간의 예측은 불안정한 기간에 비해 적중률이 높아진다.
⑤ 수요예측은 완벽할 수 없으며, 수많은 요인들로 인해 항상 예측 오차가 생길 수 있다.

2. 수요예측기법

(1) 정성적 수요예측(주관적)

① **시장조사법**: 시장의 상황에 대한 자료를 설문지, 인터뷰 등을 이용하여 수집하고 이를 바탕으로 수요를 예측하는 방법이다.
② **패널동의법**: 패널을 구성하여 자유로운 의견을 수집하고 이를 활용하여 수요를 예측하는 방법이다.
③ **중역의견법**: 중역들의 의견을 바탕으로 수요를 예측하는 방법이다.
④ **판매원 의견종합(합성)법**: 각 지역 담당 판매원들이 제시하는 해당 지역에 대한 수요예측치를 모아 전체 수요를 예측하는 방법이다.
⑤ **수명주기 유추법**: 신제품이 개발될 경우 과거의 자료가 부족하므로 유사한 기존 제품의 수명주기상의 수요를 바탕으로 신제품의 수요를 예측하는 방법이다.
⑥ **델파이분석법**: 문제에 대한 여러 전문가들의 의견을 수집한 다음 이 의견들을 요약·정리한 뒤 다시 전문가들에게 배부하여 일반적인 합의가 이루어질 때까지 반복적으로 서로의 아이디어에 대해 논평하게 하는 방법으로, 주로 신제품 개발, 시장 전략 등을 위한 장기 예측이나 기술 예측에 적합한 방법이다.
- **장점**: 과거 자료 등의 예측 자료가 없어도 예측이 가능하다.
- **단점**: 창의력에 대한 자극이 없으며, 시간과 비용이 많이 든다.

(2) 정량적 수요예측(객관적)

① **시계열분석법**: 과거 수요 관찰치가 가지는 일정한 패턴을 파악하고 이러한 패턴을 예측기법에 적용함으로써 미래의 수요를 추정하며, 과거의 수요 패턴이 미래에도 지속될 것이라는 가정에 기초한다. 추세 변동, 순환 변동, 계절 변동, 불규칙 변동 등을 고려한다.
- **단순이동평균법**: 최근의 일정 기간에 대해 시계열의 단순 평균을 계산하여 예측치로 사용한다.
  - 가중치가 매기간에 대하여 동일하다.
  - 기간 수(N)가 커지면 안정적인 예측치가 된다.
  - 경영자는 평균에 사용될 과거의 기간 수(N)를 결정한다.
- **가중이동평균법**: 최근의 일정 기간에 대해 기간마다 가중치를 달리하여 예측치로 사용한다.
  - 최근의 자료일수록 더 많은 가중치를 준다. 예 최근 자료부터 0.4, 0.3, 0.2, 0.1의 순서
  - 가중치의 합은 1이다. 예 $0.4 + 0.3 + 0.2 + 0.1 = 1$

개념확인문제

다음 자료를 바탕으로 6월의 수요예측치를 구하시오.

월	1월	2월	3월	4월	5월
수요	110개	100개	110개	130개	120개

[1] 4기간 단순이동평균법으로 구하시오.

해설

4기간이므로 6월의 최근 4개월인 2월 ~ 5월의 평균을 구한다.

6월의 수요예측치: $\frac{100개 + 110개 + 130개 + 120개}{4} = 115개$

TIP 최근의 자료를 바탕으로 평균치를 구하므로 3기간을 구하는 문제이면 3월 ~ 5월의 평균치를 구한다.

[2] 가중치 0.4, 0.3, 0.2, 0.1을 이용한 가중이동평균법으로 구하시오.

해설

가중치는 최근의 자료부터 순서대로 0.4, 0.3, 0.2, 0.1이다.
6월의 수요예측치: (120개 × 0.4) + (130개 × 0.3) + (110개 × 0.2) + (100개 × 0.1) = 119개

- **지수평활법**: 일정 기간의 평균을 이용하는 이동평균법과는 달리 주어진 모든 판매량 자료를 이용하며 기간에 따라 가중치를 두어 평균을 계산하고 추세를 통해 미래 수요를 예측하는 것으로, 가중이동평균법을 발전시킨 기법이다.
  - 과거로 거슬러 올라갈수록 가중치가 감소하게 되어 결과적으로 최근의 값에 큰 가중치를 부여하게 되는 기법이다.
  - **평활상수** α: $0 \leq \alpha \leq 1$(α가 커짐에 따라 최근의 변동을 더 많이 고려함)

수요예측치 = 전기의 실제값 × 평활상수 α + 전기의 예측치 × (1 − 평활상수 α)

개념확인문제

제품 A의 연간 판매량을 평활상수 0.3으로 지수평활법에 의해 예측하고자 한다. 전기의 예측치가 10,000이고, 실제값이 12,000이라고 할 때, 다음 기의 수요예측치를 구하시오.

해설

(12,000 × 0.3) + {10,000 × (1 − 0.3)} = 10,600

- **분해법**: 과거의 판매 자료가 갖고 있는 변화를 추세 변동, 주기 변동, 계절 변동, 불규칙 변동으로 구분하여 각각을 예측하고 이를 다시 결합하여 미래 수요를 예측하는 방법이다.
  - 계절성이 있는 소비재의 경우 많이 사용한다.
  - 많은 기간의 과거 자료가 필요한 예측기법이다.

- ARIMA: 판매 자료 간의 상관관계를 바탕으로 상관요인과 이동평균요인으로 구분하여 미래 수요를 예측하는 방법이다.
  - 상관요인: 현재 판매량에 몇 달 전의 판매량이 영향을 미쳤는지를 파악하는 것이다.
  - 이동평균요인: 예측치와 실제치 간에 어떤 상관관계가 생기는지를 추정하는 것이다.
- 확산 모형: 제품수명주기 이론을 바탕으로 제품이 확산되는 과정을 혁신 효과와 모방 효과로 구분하여 추정하고 이를 통해 미래 수요를 예측하는 방법이다.
  - 모형의 변형이 용이하며 시장 환경 변화가 많은 경우에 적합한 모형을 쉽게 개발할 수 있다.
  - 과거 판매량 자료가 없는 신제품의 수요예측에 주로 활용되며 외국의 사례 등을 통해 수요를 예측한다.

② 인과모형분석법: 수요에 영향을 미치는 요인을 찾아내고 그 요인과 수요의 관계를 분석하여 수요를 예측하는 방법이다.

- 회귀분석: 상품이나 서비스의 수요와 그 수요에 크게 영향을 미칠 것이라고 생각되는 요인과의 관계를 상관 분석을 통해 산포도나 상관 계수 등으로 밝히고 그 관계를 선형 모형으로 만들어 미래 수요를 예측하는 방법으로, 3년 이상의 장기 수요예측에 적합하다.
  - 단순회귀분석, 다중회귀분석

TIP 수요예측기법의 정성적 방법과 정량적 방법을 구분할 수 있어야 한다.

3. 제품의 수명주기(Life-Cycle)에 따른 수요예측 기법과 특징

(1) 제품의 수명주기

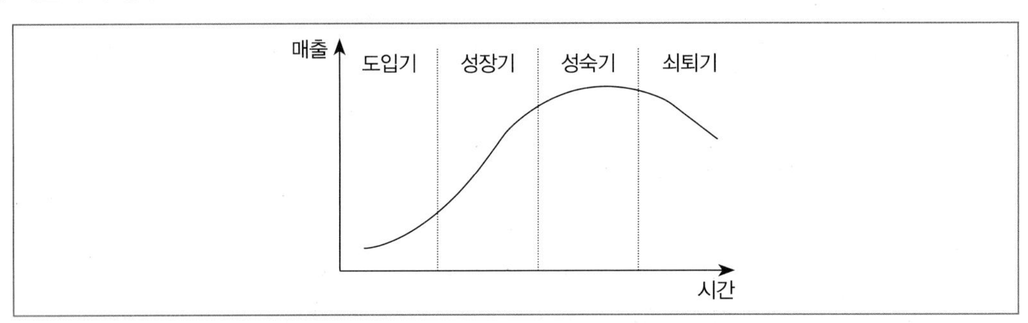

(2) 수명주기에 적합한 수요예측기법

① 도입기: 정성적 기법(델파이분석법, 시장조사법, 패널동의법 등)

② 성장기: 추세분석법, 구매의도 조사법(트렌드를 고려할 수 있는 기법)

③ 성숙기: 이동평균법, 지수평활법

④ 쇠퇴기: 트렌드/정성적 기법

(3) 수명주기의 특징

주기	특징
도입기(Introduction)	• 신제품이 시장에 처음으로 등장하여 잠재 고객들의 관심을 끌고 구매를 자극해야 하는 단계 • R&D, 제품과 공정 설계(비용, 일정 관리) • Supplier 고려, Supply Chain Network의 설계 • 제품 판매량이 적음 • 매출 증가율이 낮음
성장기(Growth)	• 신제품의 매출액이 증가하기 시작하는 단계 • 예측(Forecasting) 오차 및 시간과 비용의 최소화 • Capacity Level 결정(전략적) • 수요와 매출이 증가함
성숙기(Maturity)	• 매출액이 증가하거나 안정된 상태를 유지하는 단계 • 경쟁 기업의 대거 등장으로 인해 기업 간 경쟁의 강도가 높아짐 • 제품과 기술의 혁신(Innovation)의 필요 • 비용과 품질 면에서의 경쟁력 확보
쇠퇴기(Decline)	• 수요가 지속적으로 감소하는 단계 • 단종이 타 제품군에 어떻게 영향을 주는지 조사 후 생산 규모 축소 및 철수를 전략적으로 판단 • 대체 제품 등장

4. 예측의 7단계

① 예측의 목적과 용도 결정
② 예측 대상 품목과 단위 결정
③ 예측 기간의 선정
④ 적합한 예측기법의 선정
⑤ 필요한 자료의 수집
⑥ 예측의 시행
⑦ 예측치에 대한 검증(타당성, 정확성)

5. 채찍 효과(Bullwhip Effect)

(1) 개념

① 고객의 수요가 소매상, 도매상, 제조업체 방향으로 전달될수록 각 단계별 수요의 변동성이 증가하는 현상이다. 즉, 소비자들의 주문이 조금 늘어나면 소매상들은 주문을 조금 더 많이 하고, 도매상들은 아주 많이 주문하며, 제조업체는 엄청난 양을 생산하게 된다는 것이다.
② 소비자로부터 시작된 작은 변화가 소매상과 도매상을 거쳐 제조업체로 넘어오면서 공급망상에서 수요 정보가 상당히 확대되고 왜곡되는 현상으로 전체 공급망상에서 수익성이 낮아진다.

(2) 현상

① **수요 왜곡:** 소매점의 소비자 수요보다 소매 – 도매 – 제조업체로 이어지는 공급망의 주문 현상이 더 큰 규모의 수요 변화를 유도하는 현상
② **변화 확산:** 공급망을 따라 주문량이 증대되는 현상

(3) 요인

① 개별 기업 관점에서의 주문, 과도한 발주, 불규칙적인 주문량과 판매량, 배치주문방식
② 잦은 수요예측 변경, 가격 변동, 리드타임 증가

(4) 채찍 효과를 줄이기 위한 방안

① 공급망상의 목표와 인센티브 조정
② 정보의 정확성 향상으로 불확실성 제거
③ 운영 효율성의 증대
④ 변동 폭의 감소
⑤ 리드타임 감소
⑥ 전략적 파트너십
⑦ 가격 전략 수립

3 생산 시스템

1. 생산 시스템의 기본 구조

① 생산 목표의 달성을 위해 각종 자원을 효율적으로 결합하여 제품이나 서비스를 만들어 내는 과정을 생산 시스템이라고 한다.
② 생산 시스템은 원자재, 자본 등의 투입물을 변환 과정을 거쳐 제품, 서비스와 같은 산출물로 만드는 구조를 가지고 있다.

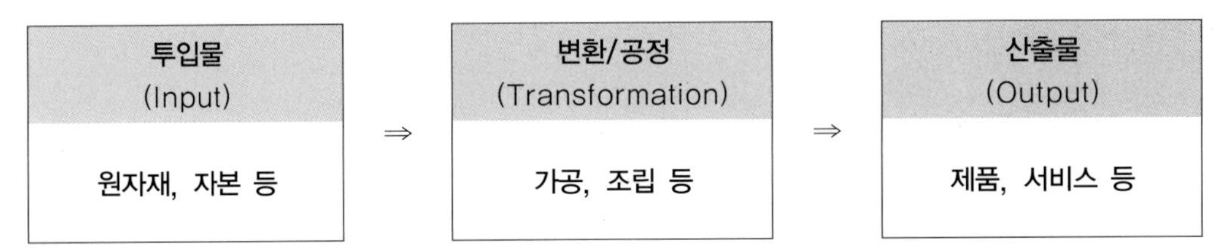

2. 다양한 생산 시스템

(1) 생산방식에 의한 분류

① 프로젝트 생산(Project Shop)
- 건물이나 교량, 선박, 예술품, 영화 제작 등 주요 산출물 한 단위를 상당한 기간에 걸쳐 생산하는 방식으로 일반적으로 리드타임이 길다.
- 제품은 고정되어 있고 자재 투입 및 생산공정이 시기별로 변경되어 제조보다는 구축의 개념이 더 강하여 설비나 작업자가 이동한다.
- 일정한 기간 내에 지정된 인도물을 생산하므로 납기관리가 중요하다.
- 일반적으로 대규모의 비반복적인 생산활동에 적용되며, 일회성을 갖는다.
- 제품 구조 중심의 BOM을 만들 수는 있으나 한 번만 사용되므로 MRP를 적용하는 것은

비효율적이다.

• 일정관리는 각 행위의 전후 관계, 소요 기간을 활용한 전통적 스케줄링방식인 PERT/CPM을 주로 사용한다.

② 개별 생산(Job Shop)

• 항공기, 가구, 기계 장비 등 주문자의 요구에 의한 생산방식이다.
• 소량생산이 이루어지므로 공장의 설비 배치가 유동적이다.
• 여러 종류의 부품을 가공해야 하므로 범용 설비가 사용된다.
• 작업 대상물이 필요한 작업장으로만 이동되며 제품이나 생산량의 변경이 비교적 용이하나 재공 재고가 많다(공장 내의 많은 물자 이송량, 높은 유연성).
• 숙련공에 의존하는 경우가 많고 공정별 기계 배치의 특징을 갖는다.

③ 연속 생산(Continuous Production) 또는 반복 생산

• 자동차, 카메라, 컴퓨터 등의 제품을 생산하는 방식으로 대량으로 생산되며 많은 양의 데이터를 처리하고 시간을 단축시키는 MRP가 적용된다(소품종 대량생산에 적합함).
• 생산 시스템이 자동화되어 있으며, 이러한 공정을 이용하는 산업을 장치 산업이라고 한다(전용기계).
• 효율성 측면에서는 장점이 있지만, 유연성은 매우 떨어진다.
• 공정관리가 비교적 단순하며 공장 내의 물자 이송량이 적다.

④ 흐름 생산(Flow Shop)

• 액체, 기체, 분말 성질을 가진 석유, 화학, 가스, 주류, 철강 등의 제품에 적용된다.
• 원자재가 파이프라인을 통해 공정으로 이동되고, 각 공정의 옵션에 따라 몇 가지의 제품을 생산하는 방식이다.
• 반복생산보다 더 많은 자동화가 이루어져 작업자의 손을 많이 거치지 않는다.
• 특수 기계의 생산 라인, 전용기계, 낮은 유연성, 적은 물자 이송량이 특징이다.

⑤ 셀 생산: 시작 공정부터 마지막 공정까지의 전체 공정을 한 명의 작업자가 작업하는 생산 방식이다.

(2) 생산 흐름에 의한 분류(연속 생산과 불연속 생산(단속 생산)의 비교)

구분	연속 생산	불연속 생산(단속 생산)
단위당 생산 원가	낮음	높음
설비	전용 설비(특수 목적)	범용 설비(다목적)
품종 및 생산량	소품종 대량생산	다품종 소량생산
생산방식	예측 생산	주문 생산
배치방식	제품별 배치	공정별 배치
생산 시기	사전 생산	사후 생산
생산 속도	빠름	느림
설비 투자액	많음	적음
노동 숙련도	낮음	높음

(3) 제조 전략에 의한 분류

제조 프로세스의 어느 지점에서 고객의 주문과 제조 프로세스가 일치하는지에 대한 분류이다.

① Make－To－Stock(MTS)
- 완제품 재고를 보유하여 고객의 주문에 따라 공급한다.
- 대부분의 공산품이 해당하며, 저가품에 적합한 전략이다.
- 재고, 생산능력, 서비스의 균형 등을 고려하여 생산자가 제품의 방향을 결정한다(수요예측, 계획 생산).
- 소품종 대량생산이므로 옵션이 적으며, 전용 설비를 사용한다.

② Assemble－To－Order(ATO)
- 반제품을 재고로 보관하고 있다가 고객의 주문에 따라 조립한 후에 제품을 공급한다.
- 자동차, 페인트와 같이 옵션의 종류가 많고 고가인 제품에 적용한다.

③ Make－To－Order(MTO)
- 고객의 주문이 확정되면 원자재를 가공하거나, 반제품의 생산 및 완제품의 조립 등을 하는 전략이다.
- 고객이 주문을 통해 사양을 결정하므로 미리 생산을 할 수 없으며, 대표적인 예로 공작기계 생산이 있다.

④ Engineer－To－Order(ETO)
- 고객의 주문에 따라 설계부터 자재 구입, 제조, 조립을 하는 전략이다.
- 항공기, 비행기, 선박, 금형 등에 사용된다.
- 리드타임(제작 기간)이 제일 길다.

TIP 생산 시스템의 리드타임 비교
Make－To－Stock < Assemble－To－Order < Make－To－Order < Engineer－To－Order

4 총괄생산계획(APP; Aggregate Production Planning)

1. 개념

① 총괄생산계획의 본질은 기업이 수요나 주문의 시간적·수량적 요건을 만족시키기 위해 생산 시스템의 능력을 전체의 입장에서 파악하여 조정해 나가는 계획이라고 할 수 있다.

② 약 1년에 걸친 계획 대상 기간 동안 변화하는 수요를 가장 경제적으로 충족시킬 수 있도록 기업의 전반적인 생산율 수준, 고용 수준, 하청 수준, 재고 수준 등을 결정하는 중기의 생산능력 계획이며, 계획 기간 중의 수요를 충족시키기 위한 수급조절계획의 성격을 가지고 있다.

③ 총괄생산계획의 목적은 생산 시스템과 재고 시스템의 결합에 의하여 기업 전체의 생산 최적화를 도모하는 데 있다. 따라서 전체 최적화를 위해서는 생산 시스템과 재고 시스템의 두 부문을 동시에 고려한 생산 및 재고 시스템을 수립하여야 한다.

④ 총괄생산계획, 주생산계획, 자재소요계획, 일정계획의 과정으로 생산계획이 진행되며, 총괄생산계획의 기법으로는 도시법, 수리적 기법, 탐색결정기법 등이 있다.

2. 수립 절차

총괄 수요의 예측 → 생산능력의 조정 → 전략 대안의 결정 → 생산 기간별 수요 배정

3. 전략

① 고용 수준 변동, 생산율 조정, 재고 수준 조정, 하청의 네 가지 전략을 바탕으로 생산-재고 시스템을 위한 총괄생산계획을 수립해야 한다. 수요 변동에 대비하여 이 네 가지 전략 변수들을 적절하게 사용할 수 있다.

② 총괄생산계획과 관련하여 기업이 사용할 수 있는 전략
- 수요의 변동에 따라 노동력의 규모, 잔업, 유휴시간 등을 조정한다.
- 관련 범위가 전사적이므로 관련 부문 간의 협조와 조정을 통해 형성되고 집행되어야 한다.

전략	세부 방법	대응비용	장·단점
고용 수준 변동	수요가 늘면 부족 인원 고용	신규 인원 채용에 따른 광고·채용·훈련비	인력 부족 시 양질의 기능공 채용이 어려움
	수요가 줄면 잉여 인원 해고	해고비용, 퇴직 수당	퇴직 시 사기 저하로 능률 저하
생산율 조정	수요가 늘면 조업시간 증가	잔업 수당	잔업이 있으면 보전시간 감소
	수요가 줄면 조업시간 감소	조업 단축, 유휴에 따른 유휴비용	조업 단축으로 보전시간 증가
재고 수준 조정	• 수요 증가에 대비 재고 유지 • 재고 부족 시 주문 대기(납기 지연)	• 재고 유지비 • 납기 지연으로 인한 손실	• 서비스업에서는 서비스 비축을 할 수 없으므로 인원이나 시설을 늘림 • 기회손실이 큼
	과잉 재고 시 판매 촉진	판촉비용	과잉 재고의 처리
하청	생산능력 부족 시 하청	하청비용	하청회사의 품질 및 일정 관리의 어려움
	생산 및 하청능력 부족 시 설비 확장	설비 투자비용	수요가 떨어질 때 유휴 설비비용 발생

5 기준생산계획(MPS; Master Production Scheduling)

1. 개념

① 기준생산계획(MPS)은 총괄생산계획을 수립한 뒤 이를 기준으로 보다 구체적으로 각 제품에 대한 생산 시기와 수량을 수립하는 생산계획이다.

② 적정 재고 수준 유지, 생산 준비 시간 단축, 생산 원가 절감을 위해 완제품의 납기와 부품의 조달 기간을 세밀하게 분석하여 일정을 효과적으로 수립하여야 한다.

③ 기준생산계획(MPS)은 판매의 대상이 되는 완성품 또는 중요 부품에 대한 생산계획을 수립하는 활동이다.

2. 기준생산계획(MPS)을 수립하기 위해 필요한 요소

① 기간별 수요량(수요예측치)

② 현재 재고량

③ 주문 정책 및 매개변수

3. 기준생산계획 수립 시 주문 정책

① LFL(Lot-for-Lot)

- 각 기간 동안 필요한 수요량과 같은 양을 주문하는 방식으로 기말재고가 없다.
- 주문이 필요한 각 시점에 주문량이 매번 달라지며, 주문량은 순수요량과 일치한다.

② FOQ(Fixed Order Quantity, 고정 주문량)

- 매 주문 시 고정된 주문 단위로 주문하는 방식이다.
- 케이스 단위의 포장이거나 할인을 받기 위해 또는 공정 수율을 높이기 위해 선택한다.

③ POQ(Periodic Order Quantity, 기간 주문량)

- 일정한 기간 동안 필요한 소요량을 모아서 한꺼번에 주문하는 방식이다.
- 수요가 일정하지 않을 경우, 재고가 부족하거나 초과되는 FOQ기법의 문제점을 보완하기 위해 사용한다.

④ EOQ(Economic Order Quantity, 경제적 주문량): 총재고비용이 최소가 되도록 하는 1회 주문량을 말한다.

⑤ Reorder Point System(재주문 시점): 다시 주문하는 시점까지 재고가 떨어지면 주문하는 방식이다.

4. 기준생산계획(MPS) 수립

(1) 기준생산계획표

자료를 이용하여 기말재고(I_t), 기준생산계획(MPS), 납품 가능한 수량(ATP), Lot-for-Lot(LFL) 생산에 의한 기준생산계획(MPS)을 구할 수 있다. 제품의 수요예측량과 실제 주문량의 예는 다음과 같다. 단위기간은 일반적으로 주(Week) 혹은 일(Day)을 사용하며, 계획대상기간 동안 생산능력은 고정된 것으로 가정한다.

현재고 1,500	주(Week)						
	1	2	3	4	5	6	7
수요예측량(F_t)	1,000	1,000	1,000	1,000	2,000	2,000	2,000
실제 주문량(O_t)	1,200	800	500	300	100	0	0

(2) 배치(Batch) 생산에 의한 기준생산계획(MPS)의 계산

제품의 수요예측량, 실제 주문량을 이용하여 기말재고와 기준생산계획(MPS)을 계산한다. 현재고는 1,500, 1회 생산량(Batch)의 크기는 2,400이다. 기말재고가 0보다 크거나 같으면 MPS는 0이고, 0보다 작으면 MPS는 1회 생산량인 2,400으로 한다.

현재고 1,500	주(Week)						
	1	2	3	4	5	6	7
수요예측량(F_t)	1,000	1,000	1,000	1,000	2,000	2,000	2,000
실제 주문량(O_t)	1,200	800	500	300	100	0	0
기말재고(I_t)	300	1,700	700	2,100	100	500	900
MPS		2,400		2,400		2,400	2,400

① 1주의 기말재고(I_1)와 MPS 계산

I_1 = 현재고(1,500) − 1주의 예측량(1,000)과 주문량(1,200) 중 큰 것

$= 1,500 - 1,200$

$= 300 > 0$

∴ 기말재고 300이 0보다 크므로 기준생산계획(MPS)의 수량 '$Q_1 = 0$'이다(생산계획 없음).

② 2주의 기말재고(I_2)와 MPS 계산

I_2 = 1주의 기말재고(300) − 2주의 예측량(1,000)과 주문량(800) 중 큰 것

$= 300 - 1,000$

$= -700 < 0$

∴ 기말재고 −700이 0보다 작으므로 2주의 MPS를 '$Q_2 = 2,400$'으로 수립한 후 2주의 기말재고를 재계산할 수 있다.

I_2 = 1주의 기말재고(300) + MPS(2,400) − 2주의 예측량(1,000)과 주문량(800) 중 큰 것

$= 300 + 2,400 - 1,000$

$= 1,700$

③ 3주의 기말재고(I_3)와 MPS 계산

I_3 = 2주의 기말재고(1,700) − 3주의 예측량(1,000)과 주문량(500) 중 큰 것

$= 1,700 - 1,000$

$= 700 > 0$

∴ 기말재고 700이 0보다 크므로 기준생산계획(MPS)의 수량 '$Q_3 = 0$'이다(생산계획 없음).

④ 4주의 기말재고(I_4)와 MPS 계산

I_4 = 3주의 기말재고(700) − 4주의 예측량(1,000)과 주문량(300) 중 큰 것

$= 700 - 1,000$

$= -300 < 0$

∴ 기말재고 −300이 0보다 작으므로 4주의 MPS를 '$Q_4 = 2,400$'으로 수립한 후 4주의 기말재고를 재계산할 수 있다.

I_4 = 3주의 기말재고(700) + MPS(2,400) − 4주의 예측량(1,000)과 주문량(300) 중 큰 것
= 700 + 2,400 − 1,000
= 2,100

⑤ 같은 방법으로 5주 ~ 7주의 기말재고와 MPS를 계산할 수 있다.

(3) 납품 가능한 수량(ATP; Available To Promise)의 계산

기준생산계획(MPS)을 기준으로 새로 추가되는 주문에 대한 납품 가능한 수량(ATP)은 다음과 같이 계산한다.

현재고 1,500	주(Week)						
	1	2	3	4	5	6	7
수요예측량(F_t)	1,000	1,000	1,000	1,000	2,000	2,000	2,000
실제 주문량(O_t)	1,200	800	500	300	100	0	0
기말재고(I_t)	300	1,700	700	2,100	100	500	900
MPS		2,400		2,400		2,400	2,400
ATP	300	1,100		2,000		2,400	2,400

① 1주의 ATP = 현재고(1,500) − 1주의 주문량(1,200) = 300

② 2주의 ATP = 2주의 MPS − (2주의 주문량 + 3주의 주문량)
= 2,400 − (800 + 500) = 1,100

⇒ 4주의 MPS 이전까지 2주의 계획량 MPS 2,400으로 2주와 3주의 주문량 1,300(= 800 + 500)을 해결하고 새로운 주문 1,100을 더 받을 수 있다.

③ 3주의 ATP는 2주의 ATP에 의해 해결된다.

④ 4주의 ATP = 4주의 MPS − (4주의 주문량 + 5주의 주문량)
= 2,400 − (300 + 100) = 2,000

⇒ 6주의 MPS 이전까지 4주의 계획량 MPS 2,400으로 4주와 5주의 주문량 400(= 300 + 100)을 해결하고 새로운 주문 2,000을 더 받을 수 있다.

⑤ 같은 방법으로 5주 ~ 7주의 ATP를 계산할 수 있다.

(4) Lot-for-Lot(LFL) 생산에 의한 기준생산계획(MPS)의 계산

필요한 수량과 같은 양을 만드는 생산계획으로, 기말재고가 존재하지 않는다.

현재고 1,500	주(Week)						
	1	2	3	4	5	6	7
수요예측량(F_t)	1,000	1,000	1,000	1,000	2,000	2,000	2,000
실제 주문량(O_t)	1,200	800	500	300	100	0	0
기말재고(I_t)	300	0	0	0	0	0	0
MPS		700	1,000	1,000	2,000	2,000	2,000

① 1주의 기말재고(I_1) = 현재고(1,500) − 1주의 주문량(1,200)
= 300 > 0이므로 1주의 MPS = 0

② 2주의 MPS = 2주의 예측량(1,000)과 주문량(800) 중 큰 것 − 1주의 재고(300)
= 1,000 − 300 = 700

③ 3주의 MPS = 3주의 예측량(1,000)과 주문량(500) 중 큰 것 − 2주의 재고(0)
= 1,000 − 0 = 1,000

④ 같은 방법으로 4주 ~ 7주의 MPS를 계산할 수 있다.

6 일정계획

1. 의의

① 생산계획에 따라 실제로 작업을 실시하기 위해 작업을 언제 시작할 것인지, 언제까지 완료할 것인지 등의 계획을 수립하는 것이다.

② 부품의 가공이나 제품 조립에 자재가 적기에 조달되고 지정된 시기까지 생산이 완료될 수 있도록 기계나 작업의 시간을 배정하고 일시를 결정하여 생산 일정을 계획하는 것이다.

2. 원칙

① **작업 흐름의 신속화**: 가공로트 수와 이동로트 수를 작게 하고 공정계열을 병렬화한다.

② **생산 기간의 단축**: 생산의 정체 기간을 최소로 단축시켜야 한다.

③ **작업의 안정화와 가동률의 향상**: 각 공정에 적절한 여유를 부여하여 작업의 안정화를 기해야 한다.

④ **애로공정*의 능력 증강**: 애로공정의 능력 증강으로 생산 속도를 향상시켜야 한다.

⑤ **생산활동의 동기화**: 전 공정에 걸쳐 전 작업 또는 전 공정의 작업 기간을 동기화시켜야 한다.

> 용어정리
> * 애로공정: 작업장에 능력 이상의 부하가 적용되어 전체 공정의 흐름을 막고 있는 것

7 작업의 우선순위

1. 작업의 우선순위 고려 원칙

① **납기 우선순위**: 납기가 먼저 도래하는 급박한 순서대로 작업을 진행한다.

② **선입선출법(FIFO)**: 주문을 접수한 순서대로 작업을 진행한다.

③ **최단 가공시간**: 가공에 소요되는 시간이 짧은 순서대로 작업을 진행한다.

④ **최소 공정수**: 공정수가 적은 작업 순서를 먼저 진행한다.

⑤ **최소 여유시간(납기 − 잔여 작업일수)**: 여유시간이 적은 순서대로 작업을 진행한다.

⑥ **긴급률 규칙**: 납기까지의 남은 시간을 소요되는 가공시간으로 나눈 값이 작은 순서대로 작업을 진행한다(긴급률이 작은 순서대로 작업을 진행한다).

$$\text{긴급률(CR)} = \frac{\text{잔여 납기일수}}{\text{잔여 작업일수}} = \frac{\text{납기일} - \text{현재일}}{\text{잔여 작업일수}}$$

- 긴급률(CR) > 1: 일정보다 빠른 생산이 가능하다.
- 긴급률(CR) = 1: 일정에 맞는 생산이 가능하다.
- 긴급률(CR) < 1: 작업이 긴급 촉진되어야 일정에 맞출 수 있다.

TIP 긴급률 규칙은 주문 생산 시스템에서 주로 활용한다.

개념확인문제

다음에서 각 작업의 긴급률을 계산하고, 긴급률에 의한 작업의 우선순위를 구하시오.

작업	납기일	현재일	잔여 작업일수
A	45	40	5
B	43	40	6
C	50	40	8
D	48	40	4

해설

- A의 긴급률(CR): $\frac{\text{납기일 45} - \text{현재일 40}}{\text{잔여 작업일수 5}} = \frac{5}{5} = 1$
- B의 긴급률(CR): $\frac{\text{납기일 43} - \text{현재일 40}}{\text{잔여 작업일수 6}} = \frac{3}{6} = 0.5$
- C의 긴급률(CR): $\frac{\text{납기일 50} - \text{현재일 40}}{\text{잔여 작업일수 8}} = \frac{10}{8} = 1.25$
- D의 긴급률(CR): $\frac{\text{납기일 48} - \text{현재일 40}}{\text{잔여 작업일수 4}} = \frac{8}{4} = 2$

∴ 긴급률이 작은 작업을 먼저 진행하므로 긴급률에 의한 작업의 우선순위는 B(0.5) → A(1) → C(1.25) → D(2)이다.

2. 존슨 알고리즘에 의한 작업 할당

n개의 작업을 동일한 순서로 2대의 기계로 가공하는 경우의 완료 시간을 최소화하는 작업의 우선순위를 구하는 방법이다.

① 1단계: 기계 1, 기계 2 순서대로 작업의 시간을 나열한다.

② 2단계: 기계 1, 기계 2에서 가장 짧은 작업시간을 찾는다. 그것이 기계 1에 속하면 그 작업을 제일 앞으로 보내고 기계 2에 속하면 그 작업을 제일 뒤로 보낸다.

③ 3단계: 2단계에서 순서가 결정된 작업은 제외시킨다.

④ 4단계: 나머지 작업이 제외될 때까지 2단계와 3단계를 반복한다.

개념확인문제

존슨 알고리즘을 이용하여 작업 순서를 구하시오.

작업	기계 1	기계 2
A	1	4
B	5	8
C	3	2
D	6	7
E	2	6
F	4	3

해설

- 기계 1, 기계 2에서 가장 짧은 작업시간은 1이다. 1은 기계 1의 A 작업이므로 제일 앞으로 보낸다. ⇒ (A－－－－－)
- A 작업을 제외하고 가장 짧은 작업시간은 2이다. 2는 기계 1의 E 작업과 기계 2의 C 작업에 있으므로 기계 1의 E 작업은 앞으로 보내고 기계 2의 C 작업은 뒤로 보낸다. ⇒ (A E－－－C)
- A, E, C 작업을 제외하고 가장 짧은 작업시간은 3이다. 3은 기계 2의 F 작업에 있으므로 뒤로 보낸다. 3이 속한 기계 1의 C 작업은 이미 제외했으므로 생각하지 않는다. ⇒ (A E－－F C)
- A, E, C, F 작업을 제외하고 가장 짧은 작업시간은 5이다. 5는 기계 1의 B 작업에 있으므로 앞으로 보낸다. ⇒ (A E B－F C)
- 나머지 작업인 D 작업을 빈칸에 채우면 된다. ⇒ (A E B D F C)

∴ 존슨 알고리즘을 이용하여 구한 작업 순서는 'A → E → B → D → F → C'이다.

8 프로젝트의 일정계획

1. PERT/CPM 네트워크 계획기법

PERT/CPM은 비용을 적게 사용하면서 최단 시간 내 계획을 완성하기 위한 프로젝트 일정 방법으로 작업들을 논리적으로 배열하고 관계를 도식화한다. 프로젝트를 구성하는 각 분야를 보다 세분화된 작업으로 분할하여 작업의 순서, 소요 기간, 기타 제반 사항들을 네트워크 형태로 표시함으로써 일의 순서를 계획적으로 상세하게 정리할 수 있다. 간트차트의 결점을 보완하기 위하여 개발되었으며, 일차적으로 주공정 및 여유 공정을 산출하여 중점 관리 대상인 작업을 명확히 한다. 이는 업무 수행에 따른 문제점을 예견할 수 있어 사전에 조치를 취할 수 있고 작업 상호 간의 유기적인 연관성이 명확해지므로 작업 배정 및 진도관리를 보다 정확히 할 수 있다. PERT(Program Evaluation & Review Technique, 프로그램 평가 및 검토기법)와 CPM(Critical Path Method, 임계 경로기법 또는 주경로기법)을 총괄하여 'PERT/CPM'이라고 한다. PERT는 시간적 측면만 고려하였으나 CPM은 시간과 비용 둘 다 고려한다.

(1) PERT

공사 진행을 위한 계획 작성 시 인원이나 자재의 낭비를 막고 공정 기간을 단축시키는 방법을 밝혀내는 공정관리기법이다. 건설 등과 같이 대규모 장기간 사업이나 대규모 1회 프로젝트의 일정관리에 효과적이며, 소요시간 예측이 어려운 경우에 사용한다. 총여유시간은 자유여유시간보다 같거나 크다.

(2) CPM

공장 건설이나 설비 보전에 사용되는 자금, 시간, 비용 등과 같은 자원의 효율 향상을 위해 개발된 기법이다. 프로젝트를 일정 기간 내에 완료하기 위한 최적의 스케줄 관리기법이며, 소요시간이 확실한 경우에 이용된다.

2. PERT Network의 구성요소

① ○(단계, Event, Node): 작업의 완료, 새로운 작업의 시작
② →(작업 활동, Activity): 단위 작업으로 실제로 실시하는 활동, 공정상의 각 작업
③ ⋯→(가상 활동, Dummy Activity): 작업 상호 간의 유기적인 연관성 및 작업의 분할 등 표시, 실제로 작업이 진행되는 것이 아니라 2개 이상의 작업이 행해지는 순서만 나타내는 가상의 작업으로 점선으로 표시, 시간이나 자원을 소비하지 않는 활동
④ 작업(활동) 시간: 하나의 활동을 마치는 데 소요되는 시간으로 화살표 위에 숫자로 표시
- TE(Earliest Expected Time): 각 단계에서 가장 빨리 시작할 수 있는 시간
- TL(Latest Allowable Time): 각 단계에서 가장 늦은 허용 시간

3. 활동 소요시간의 추정 – PERT/Time 3점견적법(3개의 시간 추정치의 가중 평균치를 견적)

① 낙관 시간치(t_o: Optimistic Time): 예정대로 될 경우의 최소 시간치(최상으로 진행)
② 정상 시간치(t_m: Most Likely Time): 정상인 경우의 최선의 시간치(최빈값)
③ 비관 시간치(t_p: Pessimistic Time): 예정대로 되지 않을 경우의 최대 시간치(최악으로 진행)
④ 기대 시간치(t_e: Expected Time): 일반적으로 기대되는 시간

- $t_e = \frac{t_0 + 4t_m + t_p}{6}$ (단, t_0, t_m, t_p는 β분포를 따른다)
- t_e의 분산 $\sigma^2 = (\frac{t_p - t_0}{6})^2$

4. 주공정(주경로 CP; Critical Path)의 발견

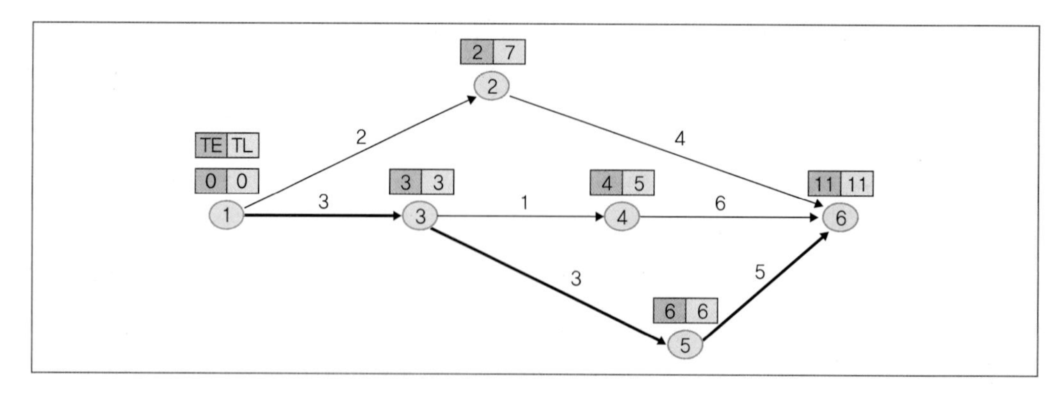

① 후속 단계 TE의 계산(전진 패스, Forward Pass)

$TE_j = TE_i + d_{i-j}$(d_{i-j}: i에서 j까지의 활동 시간)

- 단계 1에서 단계 6이 되려면 언제 완성되는지를 보여 준다.
- 이전 단계의 TE에서 후속 단계로 가는 활동시간을 더하는 전진 계산이다.
- 결합 단계의 TE는 최대치를 선택한다.

예 단계 6의 이전 단계는 단계 2, 단계 4, 단계 5이지만, 각 단계의 TE에서 단계 6으로의 활동시간을 더한 값이 큰, 단계 5에서의 11을 선택한다.

$TE_6 = TE_2 + d_{2-6} = 2 + 4 = 6$

$TE_6 = TE_4 + d_{4-6} = 4 + 6 = 10$

$TE_6 = TE_5 + d_{5-6} = 6 + 5 = 11 \Rightarrow$ 최대치 11을 선택

② 전 단계 TL의 계산(후진 패스, Backward Pass)

$TL_i = TL_j - d_{i-j}$(d_{i-j}: i에서 j까지의 활동시간)

- 단계 6이 완성되려면 단계 1을 언제 시작해야 하는지를 보여 준다.
- 후속 단계의 TL에서 이전 단계에서 오는 활동시간을 빼는 후진 계산이다.
- 분기 단계의 TL은 최소치를 선택한다.

예 단계 3의 후속 단계는 단계 4, 단계 5이지만, 각 단계의 TL에서 단계 3에서의 활동 시간을 뺀 값이 작은, 단계 5에서의 3을 선택한다.

$TL_3 = TL_4 - d_{3-4} = 5 - 1 = 4$

$TL_3 = TL_5 - d_{3-5} = 6 - 3 = 3 \Rightarrow$ 최소치 3을 선택

③ **단계 여유 S**: 최종 단계에 있어 완료 기일을 변경하지 않는 범위 내에서 각 단계에 허용할 수 있는 시간적 여유

$S = TL - TE$

- $TL - TE > 0$, 즉 $S > 0$인 **경우**: 정여유(자원의 과잉)
- $TL - TE < 0$, 즉 $S < 0$인 **경우**: 부여유(자원의 부족)
- $TL - TE = 0$, 즉 $S = 0$인 **경우**: 0여유(자원의 최적 배분)

PERT/CPM에서는 자원의 부족을 전제하지 않으므로 정상적인 문제에서 부여유는 존재하지 않는다.

④ **주공정의 발견**: 주공정은 단계 여유를 0으로 만드는 TE와 TL의 값이 같은 단계를 이으면 된다. 각 활동시간을 합한 값이 가장 긴 공정이 주공정이며, 이는 프로젝트를 완성하기 위한 가장 빠른 일정이다.

∴ 주공정은 '① − ③ − ⑤ − ⑥'이며, 기간은 11이다.

TIP 경우에 따라서 주공정은 2개 이상 존재할 수도 있다.

기출 & 확인문제

객관식

01

생산이란 생산요소(투입물)를 유형·무형의 경제재(산출물)로 변환시킴으로써 효용을 산출하는 과정이라 할 수 있다. 이러한 생산 및 운영관리의 목표라고 할 수 없는 것은 무엇인가? [19년 6회]

① 품질
② 시간(납기)
③ 원가
④ 재고 최소화

02

다음 중 생산성 측정 유형이 아닌 것은? [19년 4회]

① 전체 척도
② 부분 척도
③ 총요소 척도
④ 다요소 척도

03

생산성 측정에 있어서 부분 생산성 척도는 생산운영관리 측면에서 중요한 관심의 대상이 되고 있다. 다음 중 자본 생산성 척도에 해당하는 것은 무엇인가? [21년 1회]

① 노동 시간당 산출량
② 기계 작동 시간당 산출량
③ 투자된 화폐 단위당 산출량
④ 전력 사용 시간당 산출물의 화폐 가치

04

휴대폰 조립업체에서 A 작업장은 10명이 1일 8시간씩 작업해서 400대를 생산하였고, B 작업장은 8명이 1일 8시간씩 작업을 해서 512대를 생산했다면 B 작업장의 노동 생산성은 A 작업장에 비해 몇 배나 높은가? [21년 2회]

① 1.28배
② 1.3배
③ 1.6배
④ 1.8배

05

다음 중 Indented BOM을 옳게 설명한 것은? [20년 3회]

① 옵션과 공통부품들로 구성되는 BOM이다.
② BOM을 보고서 형태로 출력할 때에 Multilevel BOM을 표현하는 방법이다.
③ 제품군을 구성하는 제품 또는 제품을 구성하는 부품의 양을 백분율로 표현한 BOM이다.
④ 생산관리 부서 및 생산현장에서 사용되는 BOM으로 제조공정 및 조립공정의 순서를 반영한다.

정답 및 해설

01 생산 및 운영관리의 목표는 품질, 시간(납기), 원가, 유연성이다.

02 생산성 측정 유형에는 부분 생산성, 다요소 생산성, 총요소 생산성이 있다.

03 ①은 노동 생산성 척도, ②는 기계 생산성 척도, ④는 에너지 생산성 척도에 해당한다.

04
- A 작업장의 노동 생산성 $= \frac{\text{산출량}}{\text{투입량}} = \frac{\text{제품 생산량}}{\text{노동시간}} = \frac{400\text{대}}{10\text{명} \times 8\text{시간}} = 5\text{대/시간}$
- B 작업장의 노동 생산성 $= \frac{\text{산출량}}{\text{투입량}} = \frac{\text{제품 생산량}}{\text{노동시간}} = \frac{512\text{대}}{8\text{명} \times 8\text{시간}} = 8\text{대/시간}$

∴ B 작업장의 노동 생산성 8은 A 작업장의 노동 생산성인 5의 1.6배이다.

05 ①은 Modular BOM, ③은 Percentage BOM, ④는 Manufacturing BOM에 대한 설명이다.

정답 01 ④ 02 ① 03 ③ 04 ③ 05 ②

06

BOM의 종류에 대한 설명으로 잘못된 것은? [20년 4회]

① Modular BOM: Assemble-To-Order 전략에서 옵션을 중심으로 생산계획을 수립하기 위한 BOM이다.

② Planning BOM: 실제로는 존재하지 않는 품목이나 조립의 순서를 나타내기 위한 BOM이다.

③ Percentage BOM: 제품군을 구성하는 제품 또는 제품을 구성하는 부품의 양을 백분율로 표현한 BOM이다.

④ Manufacturing BOM: 생산관리 부서 및 생산 현장에서 사용되는 BOM으로 제조공정 및 조립공정의 순서를 반영한다.

07

다음 그림은 제품 X의 제품 구조 수(Product Structure Tree)를 나타낸 것이다. ( ) 안은 수량을 나타낸다. 제품 X 한 단위의 자재소요를 산출할 때 부품 D의 총소요량은 얼마인가?

[20년 6회]

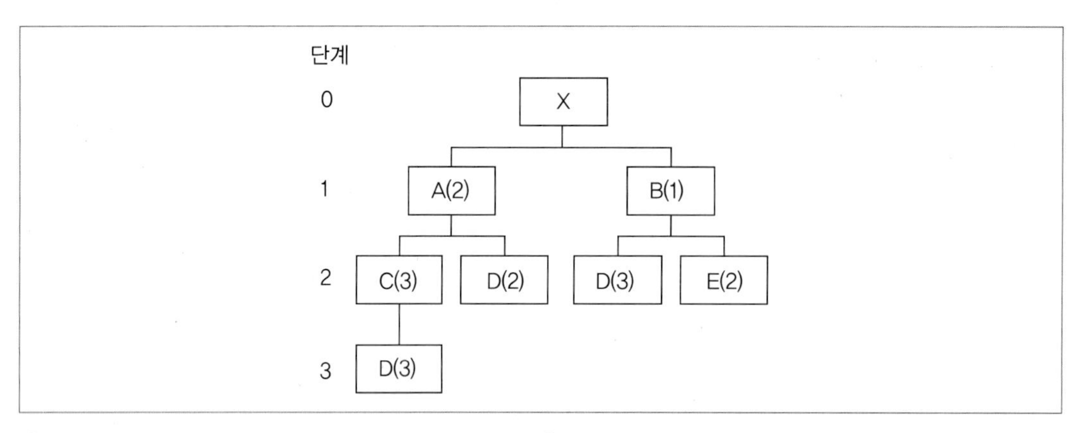

① 20　　② 24
③ 26　　④ 28

08

다음 수요예측기법 중 성격이 서로 다른 하나는? [21년 2회]

① 패널동의법　　② 판매원 의견합성법
③ 분해법　　④ 델파이법

09

(주)한국의 에어컨에 대한 지난 5월의 판매예측치 금액은 24억원이고 5월의 실제 판매금액이 32억원이었다. (주)한국의 6월의 판매예측치를 단순 지수평활법으로 계산하면 얼마인가? (지수평활계수는 0.2이다) [20년 5회]

① 24.3억원
② 25.6억원
③ 26.8억원
④ 28.4억원

정답 및 해설

06
- Planning BOM: 생산관리 부서 및 판매, 마케팅 부서 등에서 사용되며, 생산계획이나 기준 일정계획에서 사용된다.
- Phantom BOM: 실제로는 보관 장소에 존재하지 않는 품목이나 조립의 순서를 나타내기 위해 사용한다.

07
- 단계 0 X: 1개
- 단계 1 A(2): 모품목 X 생산에 A 2개가 필요 ⇒ 1(X)개 × 2개 = 2개
  B(1): 모품목 X 생산에 B 1개가 필요 ⇒ 1(X)개 × 1개 = 1개
- 단계 2 C(3): 모품목 A 생산에 C 3개가 필요 ⇒ 2(A)개 × 3개 = 6개
  D(1): 모품목 A 생산에 D 1개가 필요 ⇒ 2(A)개 × 1개 = 2개 ✔
  D(2): 모품목 B 생산에 D 2개가 필요 ⇒ 1(B)개 × 2개 = 2개 ✔
  E(2): 모품목 B 생산에 E 2개가 필요 ⇒ 1(B)개 × 2개 = 2개
- 단계 3 D(4): 모품목 C 생산에 D 4개가 필요 ⇒ 6(C)개 × 4개 = 24개 ✔

∴ 부품 D의 총소요량: 2개 + 2개 + 24개 = 28개

08
- 정성적 수요예측기법: 패널동의법, 판매원 의견합성법, 델파이법, 수명주기 유추법 등
- 정량적 수요예측기법: 분해법, 이동평균법, 지수평활법, ARIMA 등

09 6월의 판매예측치 = 전기(5월)의 실제값 × 평활상수 + 전기(5월)의 예측치 × (1 − 평활상수)
= 32억원 × 0.2 + 24억원 × (1 − 0.2) = 6.4억원 + 19.2억원 = 25.6억원

정답 06 ② 07 ④ 08 ③ 09 ②

10

다음 중 과거의 판매 자료가 갖고 있는 변화를 추세 변동, 주기 변동, 불규칙 변동으로 구분하여 각각을 예측한 후 이를 결합하여 미래 수요를 예측하는 방법으로 계절성이 있는 소비재의 경우 많이 사용하며 많은 기간의 과거 자료가 필요한 수요예측기법은 무엇인가? [19년 2회]

① 분해법
② 확산모형
③ 지수평활법
④ 이동평균법

11

전문가 집단에게 실적이나 예측데이터에 대한 설문을 여러 차례 실시하여 의견이 일치된 결과로 수요를 예측하는 방법을 사용하는 것이 적합한 제품수명주기는? [20년 3회]

① 도입기
② 성장기
③ 성숙기
④ 쇠퇴기

12

제품의 수명주기에 따른 구현 전략 중 성숙기에 해당되지 않는 것을 고르시오. [21년 2회]

① 경쟁 기업의 출현
② 생산능력의 전략적 결정
③ 기술과 제품 혁신의 필요
④ 원가와 품질의 경쟁력 확보

13

[보기]는 수요예측의 7단계를 나타낸 것이다. 다음 중 [보기]의 각 빈칸에 들어갈 내용이 적절한 것을 고르면? [19년 4회]

보기

예측의 목적과 용도 결정 – (A) – (B) – 적합한 예측기법의 선정 – (C) – (D) – 예측치의 타당성 및 정확성 검증

① A: 예측의 시행
② B: 예측 기간의 선정
③ C: 예측 대상 품목과 단위 결정
④ D: 필요한 자료의 수집

14

채찍 효과(Bullwhip Effect)에 대한 설명으로 틀린 것은? [18년 4회]

① 공급 사슬 관리의 조정활동이 잘 되지 않고 전체 공급망상에서 수익성이 높아진다.
② 소비자로부터 시작된 변화가 소매상과 도매상을 거쳐서 제조업체로 넘어오면서 그 변화가 상당히 부풀려진다.
③ 여러 단계에 걸쳐서 수요에 대한 다양한 현상이 나타나므로 공급망상에서 수요 정보를 왜곡시키는 결과를 일으킨다.
④ 소비자들이 주문을 약간 늘리면 소매상들은 주문을 조금 더 많이 하고 도매상들은 아주 많이 하며 제조사는 과잉 생산한다.

정답 및 해설

10 정량적 수요예측기법 중 분해법에 대한 설명이다.

11 전문가 집단에게 실적이나 예측데이터에 대한 설문을 여러 차례 실시하여 의견이 일치된 결과로 수요를 예측하는 방법은 델파이분석법이며, 이는 제품수명주기의 도입기에 사용하는 것이 적합하다.

12 생산능력(Capacity Level)의 전략적 결정은 제품수명주기의 성장기에 해당한다.

13 예측의 7단계 : 예측의 목적과 용도 결정 – (A) 예측 대상 품목과 단위 결정 – (B) 예측 기간의 선정 – 적합한 예측기법의 선정 – (C) 필요한 자료의 수집 – (D) 예측의 시행 – 예측치의 타당성 및 정확성 검증

14 채찍 효과로 인해 공급 사슬 관리의 조정활동이 잘 되지 않고 전체 공급망상에서 수익성이 낮아진다.

정답 10 ① 11 ① 12 ② 13 ② 14 ①

15

주문 생산방식의 적용, 범용 기계를 공정별로 배치, 유연성이 크고 숙련공을 요구하는 생산방식은 무엇인가? [20년 3회]

① Job Shop
② Flow Shop
③ Project Shop
④ Repetitive Production

16

다음 중 흐름 생산방식(Flow Shop)의 특징과 가장 거리가 먼 것은? [20년 5회]

① 개별 고객의 주문 접수 후 생산을 시작함
② 제품에 특화된 전용 설비 사용
③ 물자 이송량 작음
④ 요구사항 변경에 대응력이 낮음

17

제조 전략과 생산 시스템에 관한 설명으로 옳지 않은 것은? [21년 1회]

① Make-To-Stock 시스템은 다양한 옵션을 갖는 제품을 대량생산하는 데 적합하다.
② Assemble-To-Order 시스템은 반제품을 재고로 확보하고 고객의 주문에 따라서 제품을 조립하여 공급한다.
③ Make-To-Order 시스템에서 원자재 가공과 반제품 생산은 고객의 주문을 접수한 이후에 시작된다.
④ Engineer-To-Order 시스템은 일반적으로 리드타임이 가장 길다.

18

생산 시스템의 4가지 제조 전략을 납품 리드타임(Delivery Lead-time)이 짧은 것에서 긴 순서로 올바르게 나열한 것은? [19년 3회]

① Make-To-Stock < Make-To-Order < Assemble-To-Order < Engineer-To-Order
② Make-To-Stock < Assemble-To-Order < Make-To-Order < Engineer-To-Order
③ Make-To-Order < Make-To-Stock < Assemble-To-Order < Engineer-To-Order
④ Make-To-Order < Assemble-To-Order < Make-To-Stock < Engineer-To-Order

19

다음 중 총괄생산계획의 전략으로 볼 수 없는 것은? [20년 5회]

① 수요가 증가하면 신속하게 신설비를 도입한다.
② 수요의 변동에 따라 고용 수준의 규모를 조정한다.
③ 수요의 변동에 따라 잔업이나 유휴시간을 조정한다.
④ 생산율과 고용 수준은 일정하게 유지하고 재고 수준을 조절한다.

정답 및 해설

15 개별 생산(Job Shop)은 주문자의 요구에 의한 생산방식으로, 범용 설비 사용, 높은 유연성, 높은 숙련공 의존성, 공정별 기계 배치 등의 특징을 갖는다.

16 개별 고객의 주문 접수 후 생산을 시작하는 방식은 개별 생산방식(Job Shop)이다.

17 Make-To-Stock(MTS)은 완제품 재고를 보유하여 고객의 주문에 따라 공급하며, 소품종 대량생산이므로 옵션이 적다.

18 생산 시스템의 리드타임은 'Make-To-Stock < Assemble-To-Order < Make-To-Order < Engineer-To-Order'이다.

19 총괄생산계획은 수요의 변동에 따라 고용 수준 변동, 생산율 조정, 재고 수준 조정, 하청의 네 가지 전략을 바탕으로 수립하며 네 가지 전략을 적절하게 조정하는 것으로, 신속하게 신설비를 도입하는 것은 아니다.

정답 15 ① 16 ① 17 ① 18 ② 19 ①

20

총괄생산계획의 수립에 있어서 수요 변동에 능동적으로 대처하기 위해 여러 가지 전략을 효과적으로 운용하여야 한다. 다음 중 수요가 증가하는 경우에 대비하여 사용할 수 있는 방법으로 가장 적합하지 않은 것은? [19년 4회]

① 조업시간의 증가
② 하청 및 설비 확장
③ 비축된 재고에 대한 판매 촉진
④ 신규 채용을 통한 고용 수준의 증가

21

다음 중 기준생산계획(MPS)을 위해 필요한 요소가 아닌 것은? [21년 2회]

① 불량률
② 기간별 수요량(예측치)
③ 현재 재고량
④ 주문 정책

22

기준생산계획(Master Production Scheduling) 수립을 위한 발주정책들 중 품목을 운반하는 용기의 크기 등을 반영하여 매번 일정한 양을 주문하는 방식에 해당하는 것은? [19년 2회]

① FOQ(Fixed Order Quantity)
② LFL(Lot-for-Lot)
③ ROP(Reorder Point System)
④ POQ(Periodic Order Quantity)

23

합리적인 일정계획을 수립하기 위한 방침이 아닌 것은? [19년 2회]

① 생산 기간의 단축
② 작업의 분업화
③ 애로공정의 능력 증강
④ 생산활동의 동기화

24

작업의 우선순위 고려 원칙에 대한 설명으로 틀린 것은? [21년 1회]

① 납기 우선순위: 납기일자가 가장 급박한 순서로 작업을 진행한다.
② 선입선출법: 마무리되어야 할 작업시간이 가장 긴 작업 순서로 진행한다.
③ 긴급률: 긴급률(Critical Ratio)이 가장 적은 순서로 작업을 진행한다.
④ 최단 가공시간: 가공에 소요되는 시간이 가장 짧은 과업을 먼저 처리한다.

25

다음 표에 제시된 세 작업의 처리 순서를 긴급률(CR) 규칙으로 정한 것으로 옳은 것은? (단, 현재일은 75일이다) [20년 6회]

작업	A	B	C
납기일	80	85	90
잔여 작업일수	5	8	20

① B – A – C
② B – C – A
③ C – A – B
④ C – B – A

정답 및 해설

20 수요가 증가하는 경우에 대비하여 재고를 유지해야 하며, 비축된 재고에 대한 판매 촉진은 수요가 감소하여 재고가 과잉이 되는 경우의 대처 방법이다.

21 기준생산계획(MPS)을 수립하기 위해 필요한 요소: 기간별 수요량(수요예측치), 현재 재고량, 주문 정책 및 매개변수

22 FOQ(Fixed Order Quantity)에 대한 설명이다.

23 합리적인 일정계획을 수립하기 위한 원칙 : 작업 흐름의 신속화, 생산 기간의 단축, 작업의 안정화와 가동률의 향상, 애로공정의 능력 증강, 생산활동의 동기화

24 선입선출법(FIFO)은 작업 지시가 먼저 내려진 순서대로 작업을 진행한다.

25
- 작업 A의 긴급률 $= \dfrac{\text{납기일} - \text{현재일}}{\text{잔여 작업일수}} = \dfrac{80-75}{5} = 1$
- 작업 B의 긴급률 $= \dfrac{\text{납기일} - \text{현재일}}{\text{잔여 작업일수}} = \dfrac{85-75}{8} = 1.25$
- 작업 C의 긴급률 $= \dfrac{\text{납기일} - \text{현재일}}{\text{잔여 작업일수}} = \dfrac{90-75}{20} = 0.75$

∴ 긴급률이 작은 순서대로 작업을 진행하므로 작업의 처리 순서는 'C – A – B'이다.

정답 20 ③ 21 ① 22 ① 23 ② 24 ② 25 ③

26

작업 우선순위 결정기법 중 긴급률에 대한 설명으로 가장 옳지 않은 것은? [19년 1회]

① CR = 잔여 납기일수/잔여 작업일수

② CR 값이 작을수록 작업의 우선순위를 빠르게 한다.

③ 긴급률 규칙은 설비 이용률에 초점을 두고 개발한 방법이다.

④ 긴급률 규칙은 주문 생산 시스템에서 주로 활용된다.

27

프로젝트를 구성하는 각 분야를 보다 세분화된 작업으로 분할하여 작업의 순서, 소요 기간, 기타 제반 사항들을 네트워크 형태로 표시함으로써 일차적으로 주공정 및 여유 공정을 산출하여 중점 관리 대상 작업을 명확히 하는 방법을 무엇이라 하는가? [20년 4회]

① PERT/CPM

② 간트차트

③ 공정관리 도표

④ 작업절차표

28

PERT에 관한 설명으로 가장 거리가 먼 것은? [21년 2회]

① 총여유시간은 자유여유시간보다 크거나 같다.

② 가상 활동(Dummy Activity)은 시간이나 자원을 소비하지 않는 활동을 말한다.

③ 합병단계는 두 개 이상의 활동이 하나의 단계로 연결되는 단계를 말한다.

④ PERT는 자동차 조립 등 반복 생산 시스템에 적합한 일정관리기법이다.

29

PERT/Time의 3점견적법에 의해 기대 시간을 추정하고자 한다. 낙관 시간치가 5일, 정상 시간치가 7일, 비관 시간치가 12일일 때 기대 시간치는? [20년 3회]

① 7.0일 ② 7.5일

③ 8.0일 ④ 9.5일

30

다음은 어떤 프로젝트의 네트워크 다이어그램이다. 이 프로젝트를 완성하기 위한 가장 빠른 일정은 몇 주인가? [21년 2회]

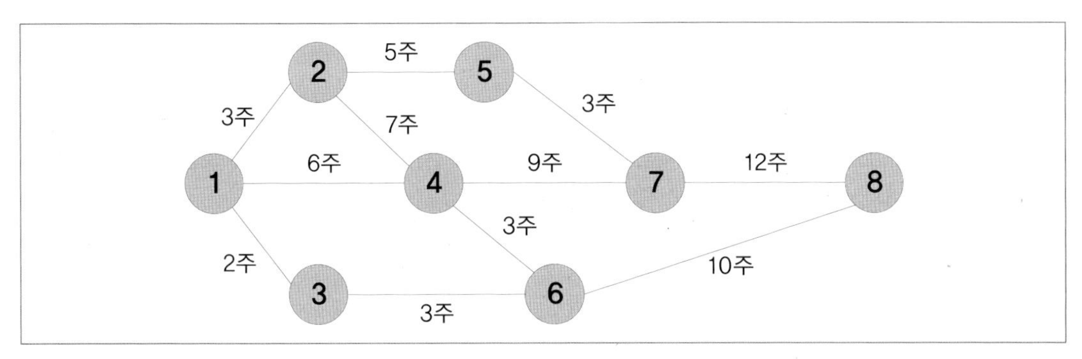

① 15주 ② 23주
③ 27주 ④ 31주

정답 및 해설

26 긴급률 규칙은 작업의 우선순위를 결정하는 방법으로 설비 이용률에 초점을 둔 방법이 아니다.

27 PERT/CPM에 대한 설명이다.

28 PERT는 건설 등과 같이 대규모 장기간 사업이나 대규모 1회 프로젝트의 일정관리에 효과적이다.

29 • t_o(낙관 시간치): 5일, t_m(정상 시간치): 7일, t_p(비관 시간치): 12일

• 기대 시간치 $t_e = \frac{t_o + 4t_m + t_p}{6} = \frac{5 + 4 \times 7 + 12}{6} = 7.5$일

30 각 활동 시간의 합이 가장 긴 공정이 주공정이며, 주공정의 활동 시간의 합이 프로젝트를 완성하기 위한 가장 빠른 일정이다.

- ① → ② → ⑤ → ⑦ → ⑧: 3 + 5 + 3 + 12 = 23
- ① → ② → ④ → ⑦ → ⑧: 3 + 7 + 9 + 12 = 31
- ① → ② → ④ → ⑥ → ⑧: 3 + 7 + 3 + 10 = 23
- ① → ③ → ⑥ → ⑧: 2 + 3 + 10 = 15
- ① → ④ → ⑦ → ⑧: 6 + 9 + 12 = 27

∴ 활동 시간의 합이 31로 가장 긴 ① → ② → ④ → ⑦ → ⑧이 주공정이며, 프로젝트를 완성하기 위한 가장 빠른 일정은 31주이다.

정답 26 ③ 27 ① 28 ④ 29 ② 30 ④

주관식

31

3가지 제품을 생산하는 기업 A의 제조 1팀에는 5명의 작업자가 주당 52시간을 근무하고 있으며, 지난주의 제품별 생산수량과 판매단가는 표와 같다. 시간당 산출액으로 측정한 제조 1팀의 지난 주 노동 생산성은? (답에는 숫자만 기입할 것. 단위: 천원/인시) [19년 6회]

제품	P1	P2	P3
생산수량(개)	130	100	150
판매단가(천원)	10.0	15.2	7.2

32

(주)한국이 지난 1년간 판매한 제품의 총 가치는 550억원, 제품의 생산과 판매를 위해 외부에서 구입한 가치는 325억원이었다. 지난해 종업원의 수가 연평균 150명이었다면, (주)한국의 종업원 1인당 부가가치 생산성은? (소수점 첫째 자리까지 숫자만 기입할 것. 단위: 억원/인)

[19년 6회]

33

BOM(Bill Of Material)**에 관한 다음 설명에서 ( )에 적합한 단어를 영문으로 쓰시오.**

[20년 6회]

> 조립공정에서 일시적으로 생성되었다가 사라지는 특성 때문에 창고에 저장되지 않고 MRP 전개 시 리드타임으로 0을 사용하는 품목의 조립순서를 나타내는 것은 ( ) BOM이다.

34

[그림]은 어떤 제품의 제품 구조를 나타내는 BOM 구성도이다. A, B, C는 반제품이며 D, E는 원재료에 해당한다. 또한 괄호 안의 숫자는 모품목 1단위 생산에 필요한 해당 품목의 소요수량을 나타낸다. 최종 제품을 10개 생산할 경우 원재료 D, E의 필요수량을 더한 값을 구하면? (답은 단위를 제외하고 숫자로만 작성하시오. 단위: 개) [19년 4회]

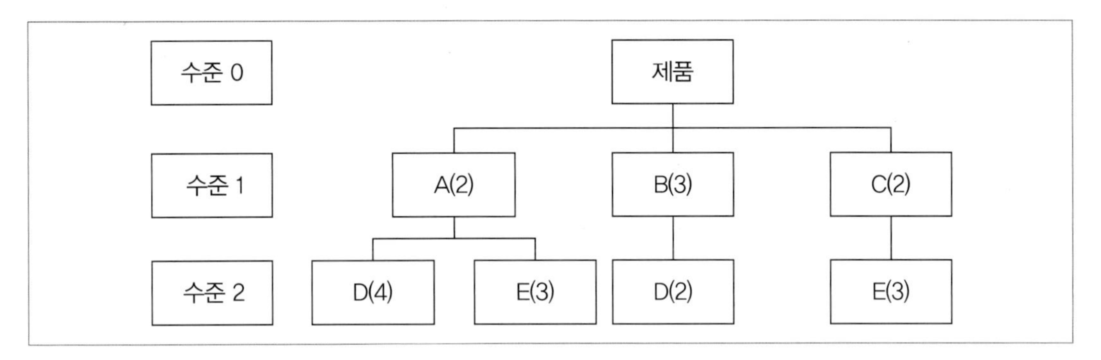

정답 및 해설

31 생산성 $= \dfrac{\text{산출량}}{\text{투입량}} = \dfrac{130 \times 10 + 100 \times 15.2 + 150 \times 7.2}{5\text{명} \times 52\text{시간}} = \dfrac{3{,}900\text{천원}}{260\text{인시}} = 15\text{천원/인시}$

32 제품의 부가가치는 판매한 제품의 총 가치 550억원에서 외부 구입한 가치 325억원을 차감한 225억원이다. 종업원 1인당 부가가치 생산성은 부가가치를 종업원 수로 나누어 구한다.

∴ 1인당 부가가치 생산성 $= \dfrac{225\text{억원}}{150\text{명}} = 1.5\text{억원/인}$

33 Phantom BOM에 대한 설명이다.

34
- 수준 0 제품: 10개
- 수준 1 A(2): 모품목 제품 생산에 A 2개가 필요 ⇒ 10(제품) × 2개 = 20개
  B(3): 모품목 제품 생산에 B 3개가 필요 ⇒ 10(제품) × 3개 = 30개
  C(2): 모품목 제품 생산에 C 2개가 필요 ⇒ 10(제품) × 2개 = 20개
- 수준 2 D(4): 모품목 A 생산에 D 4개가 필요 ⇒ 20(A) × 4개 = 80개 ✔
  E(3): 모품목 A 생산에 E 3개가 필요 ⇒ 20(A) × 3개 = 60개 ✔
  D(2): 모품목 B 생산에 D 2개가 필요 ⇒ 30(B) × 2개 = 60개 ✔
  E(3): 모품목 C 생산에 E 3개가 필요 ⇒ 20(C) × 3개 = 60개 ✔
- D의 필요수량: 80개 + 60개 = 140개, E의 필요수량 : 60개 + 60개 = 120개

∴ D의 필요수량 + E의 필요수량 = 140개 + 120개 = 260개

정답 31 15 32 1.5 33 Phantom 34 260

35

(주)ABC의 금년도 11월의 컴퓨터 판매예측치의 금액은 24억원이고, 11월의 실제 판매금액이 29억원이었다. (주)ABC의 12월의 판매예측치를 단순 지수평활법(Exponential Smoothing) **으로 계산하여 숫자로 쓰시오.** (단, 지수평활계수는 0.2이다. 정답: (　　)억원) [21년 2회]

36

제품 P의 수요는 평활상수 α = 0.2인 단순지수평활법을 사용하여 예측하며 과거 5년간의 수요예측과 실제수요 자료가 다음 표와 같다. 제품 P의 Y년 수요를 예측하고 실제수요가 244개로 집계된 경우, 6년간의 자료로 평가한 예측기법의 평균 절대오차(MAD)**를 구하시오.** (숫자만 기입할 것. 단위: 개/년) [19년 2회]

[단위: 개]

연도	Y-5	Y-4	Y-3	Y-2	Y-1
수요예측	250	252	253	253	252
실제수요	260	257	253	248	242

37

다음 [보기] 내용 중 (　　) 안에 들어갈 용어를 한글로 표기하시오. [19년 2회]

보기

생산방식에 의한 생산 시스템의 분류에서 선박 및 항공기의 건조, 건물 및 교량의 건설, 영화제작 등과 같이 독특한 제품/서비스를 창출하기 위한 대규모의 비반복적인 생산활동에서 쓰이는 생산방식을 (　　) 생산방식이라고 한다.

38

다음 [보기]에 해당하는 제조 전략의 명칭을 쓰시오(정답은 영문 약자로 쓰시오. 예: ERP).

[20년 4회]

> 보기
>
> 항공기나 선박 제조의 경우와 같이 고객의 주문이 접수된 후에 제품 설계, 자재 구매, 생산 및 조립을 시작하기 때문에 리드타임이 가장 긴 제조 전략이다.

39

(　　)은/는 End Item 또는 중요 부품에 대한 생산계획(또는 구매계획)**을 수립하는 활동으로 대개 End Item은 판매의 대상이 되는 것을 의미한다. (　　)에 들어갈 용어를 무엇이라 하는지 영문 대문자 약자로 답을 쓰시오**(예: ERP).

[20년 5회]

정답 및 해설

35 12월의 판매예측치 = 전기(11월)의 실제값 × 평활상수 + 전기(11월)의 예측치 × (1 − 평활상수)
= 29억원 × 0.2 + 24억원 × (1 − 0.2) = 5.8억원 + 19.2억원 = 25억원

36
- Y년의 수요를 예측하기 위해 전기인 Y−1년의 수요예측치와 실제수요치를 이용한다.
- Y년의 수요예측치 = 전기의 실제값 × 평활상수 + 전기의 예측치 × (1 − 평활상수)
= 242개 × 0.2 + 252개 × (1 − 0.2) = 48.4개 + 201.6개 = 250개
- 각 연도의 수요예측치와 실제수요치의 차이인 오차의 절대값을 구하여 평균을 구하면 6년간의 평균 절대오차를 구할 수 있다.
- 6년간 평균 절대오차

$$= \frac{|260-250| + |257-252| + |253-253| + |248-253| + |242-252| + |244-250|}{6} = \frac{36}{6}$$

= 6개/년

37 프로젝트 생산방식은 주요 산출물 한 단위를 상당한 기간에 걸쳐 생산하는 방식으로 일반적으로 리드타임이 길다.

38 고객의 주문에 따라 설계부터 자재 구입, 제조, 조립을 하는 전략은 Engineer−To−Order(ETO)이다.

39 기준생산계획(MPS)은 판매의 대상이 되는 완성품 또는 중요 부품에 대한 생산계획을 수립하는 활동이다.

정답 35 25　36 6　37 프로젝트　38 ETO　39 MPS

40

다음은 배치(Batch)방식으로 생산되고 안전재고가 0인 제품 A의 주별 기준생산계획(MPS)이다. 3주차에 제품 A의 납품 가능수량(Available-To-Promise; ATP)는? (숫자만 기입할 것. 단위: 개)

[21년 1회]

• 현재고 = 2,500 • 1회 생산 Batch 크기 = 1,500

주	1	2	3	4
수요예측량	1,000	700	900	800
실제주문량	1,200	800	400	300
기말재고	1,300	500	1,100	300
MPS			1,500	
ATP	500		(　　)	

41

[보기]에서 설명하는 것이 무엇인지 정확한 용어를 쓰시오(답은 한글로 작성하시오). [19년 4회]

보기

- 생산계획에 따라 실제로 작업을 실시하기 위해 작업을 언제 시작할 것인지, 언제까지 완료할 것인지 등의 계획을 수립하는 것이다.
- 부품의 가공이나 제품 조립에 자재가 적기에 조달되고 지정된 시기까지 생산이 완료될 수 있도록 기계나 작업의 시간을 배정하고 일시를 결정하여 생산 일정을 계획하는 것이다.

42

다음 표에서 현재일이 30일이라면 긴급율(CR)에 의해 작업의 우선순위를 구했을 때, 가장 우선순위로 진행해야 하는 작업의 긴급률을 숫자로 쓰시오.

[21년 2회]

작업	납기일	잔여 제조일수
A	72	6
B	60	5
C	50	4

43

활동 A의 소요시간은 낙관적 전망치 4일, 정상 전망치 7일, 비관적 전망치 10일로 추정되었다. PERT/Time 기법을 적용하는 경우 활동 A의 기대 시간은? (정답: 일) [21년 1회]

정답 및 해설

40 3주의 MPS 이전에 현재고 2,500으로 1주와 2주의 실제주문량 2,000(1,200 + 800)을 감당하며 잔여분인 500(2,500 − 2,000)은 1주의 납품 가능수량(ATP)이 된다. 또한 3주의 MPS는 1,500으로 3주와 4주의 실제주문량 700(400 + 300)을 감당하며 잔여분인 800(1,500 − 700)이 3주의 납품 가능수량(ATP)이 된다.

41 일정계획은 생산계획에 따라 실제로 작업을 실시하기 위해 작업을 언제 시작할 것인지, 언제까지 완료할 것인지 등의 계획을 수립하는 것이다.

42
- 작업 A의 긴급률 $= \dfrac{\text{납기일} - \text{현재일}}{\text{잔여 제조일수}} = \dfrac{72 - 30}{6} = 7$
- 작업 B의 긴급률 $= \dfrac{\text{납기일} - \text{현재일}}{\text{잔여 제조일수}} = \dfrac{60 - 30}{5} = 6$
- 작업 C의 긴급률 $= \dfrac{\text{납기일} - \text{현재일}}{\text{잔여 제조일수}} = \dfrac{50 - 30}{4} = 5$

∴ 긴급률이 작은 순서대로 작업을 진행하므로 작업의 우선순위는 'C − B − A'이다. 따라서 가장 우선순위로 '작업 C'를 진행하며, 긴급률은 5이다.

43
- t_o(낙관 시간치): 4일, t_m(정상 시간치): 7일, t_p(비관 시간치): 10일
- t_e(기대 시간치) $= \dfrac{t_o + 4t_m + t_p}{6} = \dfrac{4 + 4 \times 7 + 10}{6} = 7$일

정답 40 800 41 일정계획 42 5 43 7

44

제시된 공정계획표를 완성하기 위한 주공정 작업일수는 (A)일이며, 단계 3의 단계여유는 (B)일이라고 할 때, A와 B를 합한 값을 구하면? (답에는 숫자만 기입할 것) [19년 3회]

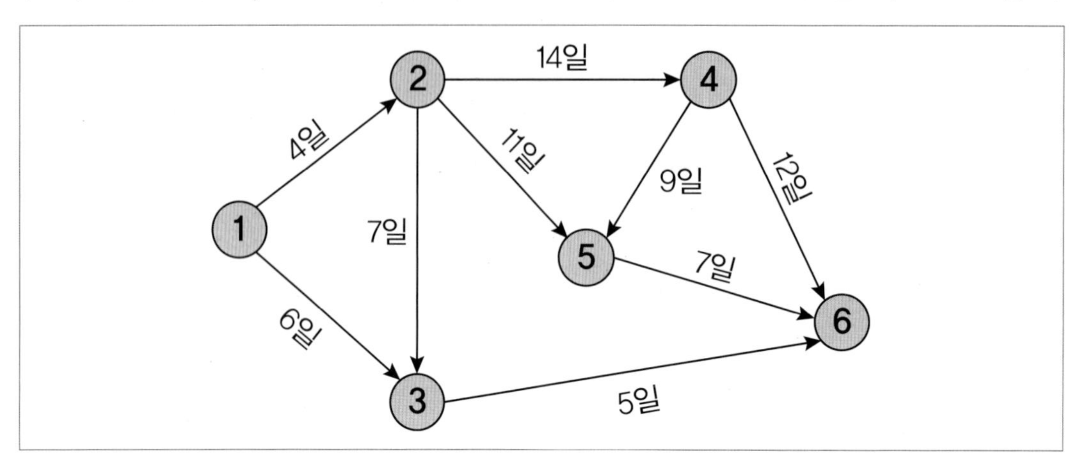

정답 및 해설

44
- ① → ② → ④ → ⑥: 4일 + 14일 + 12일 = 30일
- ① → ② → ④ → ⑤ → ⑥: 4일 + 14일 + 9일 + 7일 = 34일
- ① → ② → ⑤ → ⑥: 4일 + 11일 + 7일 = 22일
- ① → ② → ③ → ⑥: 4일 + 7일 + 5일 = 16일
- ① → ③ → ⑥: 6일 + 5일 = 11일

⇒ 활동시간의 합이 34로 가장 긴 ① → ② → ④ → ⑤ → ⑥이 주공정이다. ∴ A = 34일

- 단계 3의 단계여유를 구하기 위해서는 TE와 TL을 구해야 한다.
  - 단계 3의 TE : 단계 3의 이전 단계인 단계 2와 단계 1을 이용한다.

    $TE_3 = TE_2 + d_{2-3}$ = 4 + 7 = 11(TE_2는 TE_1의 0과 d_{1-2}의 4를 합한 4임)

    $TE_3 = TE_1 + d_{1-3}$ = 0 + 6 = 6

  ⇒ 각 단계의 TE에서 단계 3으로의 활동시간을 더한 값이 큰, 단계 2에서의 11이 단계 3의 TE이다.
  - 단계 3의 TL : 단계 3의 후속 단계인 단계 6의 TL에서 단계 3에서의 활동시간을 뺀 값인 29이다.

    $TL_3 = TL_6 - d_{3-6}$ = 34 − 5 = 29(주공정의 활동시간이 34이므로 TL_6 은 34임)

  ⇒ 단계 3의 단계여유는 $TL - TE$ = 29 − 11 = 18일이다. ∴ B = 18일

∴ A + B : 34일 + 18일 = 52일

정답 44 52

CHAPTER 02

공정관리

1 공정관리

1. 개념

① 공정관리는 일정한 품질·수량·가격의 제품을 일정한 시간 동안 가장 효율적으로 생산하기 위해 총괄 관리하는 활동이다. 협의의 생산관리인 생산 통제로 쓰이기도 한다.

② 미국 기계기사협회 ASME(American Society of Mechanical Engineers)의 정의: 공장에서 원재료부터 최종 제품에 이르기까지의 자재, 부품의 조립 및 종합 조립의 흐름을 순서 정연하게 능률적인 방법으로 계획하고, 결정된 공정(Routing)을 토대로 일정을 세워(Scheduling) 작업을 할당하여(Dispatching), 신속하게 처리하는(Expediting) 절차이다.

TIP 미국 기계기사협회가 정의한 공정관리에 품질 개선은 포함하지 않는다.

2. 목표

(1) 대내적인 목표

① 작업자의 대기 및 설비의 유휴시간을 최소화하여 설비 가동률을 향상시킨다.

② 재공품의 감소와 생산 속도 향상 및 자재 투입부터 제품 출하까지의 시간을 단축시킨다.

③ 기계 및 인력 이용률을 최대화하여 원가를 감소시킨다.

(2) 대외적인 목표

① 주문자 또는 수요자의 요건을 충족시킨다. 즉, 납기 또는 일정 기간 중에 필요로 하는 생산량의 요구 조건을 준수하기 위해 생산과정을 합리화한다.

② 주문 생산의 경우뿐만 아니라 예측 생산의 경우에도 수요자의 필요에 따라 생산을 해야 한다.

3. 기능

① **계획 기능**: 생산계획을 통칭하는 것으로, 공정계획을 행하여 작업의 순서와 방법을 결정하고, 일정계획을 통해 공정별 부하를 고려한 각 작업의 착수 시기와 완성 일자를 결정하여 납기를 유지하게 한다.

② **통제 기능**: 계획 기능에 따른 실제 과정의 지도, 조정 및 결과와 계획을 비교하고 측정, 통제하여 작업 배정, 여력(능력)관리, 진도관리를 수행한다.

③ **감사 기능**: 계획과 실행의 결과를 비교 및 검토하여 차이를 찾아내고 그 원인을 분석하여 적절한 조치를 취하여 개선해 나감으로써 생산성을 향상시킨다.

4. 공정(절차)계획(Routing)

(1) 절차계획

① 작업 개시에 앞서 능률적이며 경제적인 작업 절차를 결정하기 위한 것으로, 이에 따라서 작업 방법과 작업 순서가 정해진다.

② 작업 순서, 표준 시간, 작업 장소를 결정하고 할당하는 계획으로 리드타임, 자원의 소요량을 계산하여 원가계산의 기초자료로 활용한다.

(2) 공수계획

주어진 생산 예정표에 의해 결정된 생산량에 대하여 작업량을 구체적으로 결정하고 이것을 현재 인원과 기계 설비 능력을 고려하여 양자를 조정하는 것이다.

① 부하계획

- 부하: 일반적으로 할당된 작업
- 부하계획: 최대 작업량과 평균 작업량의 비율인 부하율을 최적으로 유지할 수 있는 작업량의 할당계획(부하율 = 평균 작업량 ÷ 최대 작업량)

② 능력계획

- 능력: 작업 수행상의 능력
- 능력계획: 부하계획과 더불어 실제 조업도와 기준 조업도와의 비율을 최적으로 유지하기 위해 현재의 인원이나 기계의 능력을 계획

(3) 일정계획

아무리 작은 시스템이라도 일정과 작업의 우선순위는 존재하며, 수많은 사람과 기계 공정이 모인 시스템일수록 일정의 중요성은 높아진다. 일정계획은 절차계획 및 공수계획에 기초를 두고 생산에 필요한 원재료, 자재, 부품 등을 조달하여 제품을 완성하기까지 수행될 모든 작업을 구체적으로 할당하고, 각 작업이 수행되어야 할 시기를 결정하는 것이다. 궁극적으로 주어진 자원과 능력으로 일정계획을 통해 생산계획 및 납기일, 생산량 등의 목표를 달성하는 데 의의가 있다.

① 대일정계획

- 종합적인 장기계획으로 주일정계획 또는 대강일정계획이라고도 함
- 납기에 따른 월별 생산량이 예정되면 기준 일정표를 수립하고 이 일정에 따른 작업 개시일과 작업시간 및 완성 기일을 지시함

② 중일정계획

- 작업 공정별 일정계획 또는 제조계획이라고도 함
- 일정계획의 기본
- 대일정계획에 준한 제작에 필요한 준비 작업인 부품별 또는 공정별 일정계획

③ 소일정계획

- 중일정계획의 일정에 따라 특정 기계나 작업자에게 할당될 작업을 결정하고, 그 작업의 개시일과 종료일을 나타냄
- 소일정계획을 통해 진도관리와 작업 분배가 이루어짐

2 공정분석

1. 개념

① 공정분석이란 원재료가 출고되면서부터 제품으로 출하될 때까지 다양한 경로에 따른 경과 시간과 이동 거리를 공정(도시)분석 기호를 이용하여 계통적으로 나타냄으로써 분석 및 검토하는 것이다.

② 무리, 낭비, 불합리를 제거하기 위하여 사용되며 공정계열의 합리화를 위한 개선 방안을 모색할 때 매우 유용한 방법이다.

③ 공정분석은 작업 대상물이 순차적으로 가공되어 완성되기까지 표준화와 관리를 위해 중요하다.

2. 목적

① 공정 자체의 개선

② 레이아웃의 개선

③ 공정 편성 및 운반 방법의 개선

3. 공정의 분류

① 가공공정(Operation): 변질, 변형, 변색, 조립, 분해 등의 과정을 거쳐 제조의 목적을 직접적으로 달성하는 공정으로 대상물을 목적에 접근시키는 유일한 상태이다.

② 운반공정(Transportation): 제품 또는 부품이 한 작업 장소에서 타 작업 장소로의 이동을 위해 발생한 작업, 이동, 하역의 상태이다. 가공을 위해 가까운 작업대에서 재료를 가져오는 과정이나 제품을 쌓아 두는 과정 등은 독립된 운반공정이 아닌 가공의 일부로 봐야 한다.

③ 검사공정(Inspection)

- 양의 검사: 수량, 중량 등의 측정
- 질적 검사: 설정된 품질표준에 대해 가공 부품의 가공 정도를 확인하는 것 또는 가공 부품을 품질·등급별로 분류하는 공정

④ 정체공정(Delay)

- 체류(지체, 대기): 제품 또는 부품이 다음 가공·조립을 위해 일시적으로 기다리는 상태
- 저장: 계획적인 보관, 다음 공정으로의 허가 없이 이동이 금지된 상태

4. 공정분석의 기호

(1) 길브레스 기호

① ◯: 가공

② ○: 운반(가공의 1/2 크기의 원으로 나타냄)

③ □: 검사

④ ▽: 저장 또는 정체

(2) ASME 기호

① ○: 가공

② ⇨: 운반

③ □: 검사

④ D: 정체

⑤ ▽: 저장

조금 더! 알아보기 **공정분석 기호**

공정 분류	기호 명칭	기호	의미
가공	가공	○	원료, 재료, 부품 또는 제품의 형상 및 품질에 변화를 주는 과정
운반	운반	⇨	원료, 재료, 부품 또는 제품의 위치에 변화를 주는 과정
검사	수량검사	□	원료, 재료, 부품 또는 제품의 양이나 개수를 측정하여 결과를 기준과 비교하는 과정
	품질검사	◇	원료, 재료, 부품 또는 제품의 품질 특성을 시험하고 결과를 기준과 비교하는 과정
정체	저장	▽	원료, 재료, 부품 또는 제품을 계획에 따라 쌓아 두는 과정
	지체(정체)	D	원료, 재료, 부품 또는 제품이 계획과는 달리 정체되어 있는 상태
보조기호	관리 구분	/\/\/\/	관리 구분 또는 책임 구분
	담당 구분	—+—	담당자 또는 작업자의 책임 구분
	생략	═╪═	공정계열의 일부 생략
	폐기	⚹	원재료, 부품 또는 제품의 일부를 폐기

〈복합기호의 예〉

◇ 안의 □	□ 안의 ◇	○ 안의 □	○ 안의 ⇨	✡	▽ 안의 ▽	● (빗금)	◎
품질검사를 주로 하며 수량검사	수량검사를 주로 하며 품질검사	가공을 주로 하며 수량검사	가공을 주로 하며 운반	작업 중의 정체	공정 간의 정체	정보기록	기록완선

복합기호에서는 큰 기호가 주로 하는 공정이다. ◇(□) 기호에서 큰 기호인 ◇(품질검사) 안에 작은 기호인 □(수량검사)가 있으므로 품질검사를 주로 하며 수량검사를 하는 것이다.

3 공수계획

1. 공수의 단위

공수란 시간 단위로 작업량을 표현한 것이다. 다음과 같이 세 가지의 단위가 있으며, 보통 인시(Man－Hour)를 가장 많이 쓴다.

① 인일(Man－Day): 인원 수 × 노동일수
② 인시(Man－Hour): 인원 수 × 노동시간
③ 인분(Man－Minute): 인원 수 × 노동시간 × 60분

TIP 인초(Man－Second), 인월(Man－Month)은 공수의 단위에 해당하지 않는다.

2. 능력 계산

(1) 인적 능력

$$C_p = M \times T \times \eta$$

C_p: 인적 능력　　M: 환산 인원　　T: 실제 가동시간　　η(eta): 가동률

① 환산 인원(M): 실제 인원에 환산계수를 곱하여 표준 능력의 인원으로 환산
② 실제 가동시간(T): 정규 휴식을 제외한 취업시간(1개월의 취업일수 × 1일 실제 가동시간)
③ 가동률(η): 전체 작업자가 실제 가동시간 중 정미작업(순수작업)을 하는 시간의 비율

$$\eta = \eta_1 \times (1 - \eta_2)$$

η: 가동률　　η_1: 출근율　　η_2: 간접 작업률(잡작업률)

(2) 기계 능력

기계 능력 = 기계대수 × 1일 실제 가동시간 × 1개월 가동일수 × 기계의 가동률

(3) 작업장 이용률 및 작업효율

- 작업장 이용 가능시간 = 교대 수 × 1교대 작업시간 × 주당 작업일수 × 기계대수
- 실제 작업시간 = 작업장 이용 가능시간 − 기계 불가동 시간
- 작업장 이용률 $= \dfrac{\text{실제 작업시간}}{\text{작업장 이용 가능시간}} \times 100$
- 작업효율 $= \dfrac{\text{작업 표준시간}}{\text{실제 작업시간}} \times 100$

개념확인문제

[1] 인적 능력 계산하기

작업장에는 남자 숙련공 5명, 미숙련공 2명, 여자 숙련공 5명이 있으며 1개월의 취업일수가 20일, 1일 실제 가동 시간은 8시간으로 하며 작업자 가동률이 90%이다. 이 작업장의 인적 능력을 구하시오(단, 인적 능력 환산계수는 남자 숙련공: 0.8, 미숙련공: 0.5, 여자 숙련공: 1이다).

해설

- M(환산 인원): (5명 × 0.8) + (2명 × 0.5) + (5명 × 1) = 10명
- T(실제 가동 시간): 20일 × 8시간 = 160시간
- η(가동률): 0.9

∴ C_p(인적 능력) = $M \times T \times \eta$ = 10명 × 160시간 × 0.9 = 1,440

[2] 가동률 계산하기

A 작업장의 직원 10명 중 8명이 출근하였고, 작업에 소요되는 간접 작업률이 10%일 때, 이 작업장의 가동률을 구하시오.

해설

직원 10명 중 8명이 출근하였으므로 출근율은 80%이다.

∴ η(가동률): η_1(출근율) × (1 − η_2(간접 작업률)) = 0.8 × (1 − 0.1) = 0.8 × 0.9 = 0.72(72%)

[3] 기계 능력 계산하기

기계대수 4대, 1개월 가동일수 20일, 1일 실제 가동 시간 8시간, 가동률 90%인 기계의 능력을 구하시오.

해설

기계 능력: 기계대수 × 1일 실제 가동 시간 × 1개월 가동일수 × 기계의 가동률 = 4대 × 8시간 × 20일 × 0.9 = 576

[4] 작업장 이용률 및 작업효율 계산하기

교대 수 : 2교대/일, 1교대 작업시간 : 8시간, 주당 작업일수 : 4일, 기계대수 : 5대, 기계 불가동시간 : 80시간, 작업 표준시간 : 210시간

해설

- 작업장 이용 가능시간 = 교대 수 × 1교대 작업시간 × 주당 작업일수 × 기계대수
  = 2교대/일 × 8시간 × 4일 × 5대 = 320시간
- 실제 작업시간 = 작업장 이용 가능시간 − 기계 불가동 시간 = 320시간 − 80시간 = 240시간
- 작업장 이용률 = $\frac{\text{실제 작업시간}}{\text{작업장 이용 가능시간}} \times 100 = \frac{240}{320} \times 100 = 75\%$
- 작업효율 = $\frac{\text{작업 표준시간}}{\text{실제 작업시간}} \times 100 = \frac{210}{240} \times 100 = 87.5\%$

3. 공수계획의 기본적 방침

① **부하와 능력의 균형화:** 특정 공정에 과도한 부하가 집중되지 않도록 조정한다.
② **가동률의 향상:** 사람 또는 기계가 유휴 상태가 되지 않도록 적절한 작업량을 할당한다.
③ **일정별 부하 변동 방지:** 일정계획과 대비하여 시간에 따라 부하의 차이가 극단적으로 되지 않도록 조정한다.
④ **적성 배치와 전문화 촉진:** 작업의 성질이 작업자의 기능 성격과 기계의 성능에 맞도록 할당한다.
⑤ **여유성:** 부하와 능력 양면에 적당한 여유를 둔다.

4. 공수체감곡선

(1) 의의

인간은 경험을 쌓아 감에 따라 작업 수행 능력이 향상되며 생산 시스템에서 생산을 반복할수록 작업 능률이 향상된다. 이를 공수체감이라고 하며, 작업의 반복에 따라 기대되는 공수체감 현상을 그래프나 수식으로 표현한 것을 공수체감곡선이라고 한다.

(2) 특징

① 일반적으로 가공공정 중 수작업이 많으면 체감률이 높다.
② 노동 집약형이 기계 집약형보다 공수체감이 더욱 빨리 일어나게 된다.
③ 작업의 성격과 선행요인, 학습 주체에 따라 다르게 나타난다.
④ 작업 주기가 짧고 단순하면 초기에 학습 향상이 나타나지만, 주기가 길고 복잡하면 오랜 시간에 걸쳐 능률 개선이 이루어진다.

(3) 학습률

작업의 반복 내지 생산량이 더해 감에 따라 노동시간이 감소되어 기대되는 능률 개선율이다. 예를 들어, 학습률 80%는 생산량이 2배가 될 때마다 평균 생산시간이 80%가 되어 20%씩 감소한다는 뜻이다.

4 간트차트(Gantt Chart)

1. 개념

간트차트는 계획된 실제 작업량을 작업 일정이나 시간으로 구분하여 가로선으로 표시함으로써, 계획된 작업량과 실제로 달성한 작업량을 동일 도표상에 표시하여 계획의 기능과 통제의 기능을 동시에 수행하는 전통적인 일정관리기법이다.

2. 사용 목적에 따른 분류

① 작업 실적의 기록을 위한 작업자 및 기계기록도표
② 작업 계획을 위한 작업할당도표
③ 진도관리를 위한 작업진도표
④ 능력 활용을 위한 작업부하도표

3. 간트차트로 알 수 있는 정보

① 각 작업의 전체 공정 시간을 알 수 있다.
② 각 작업의 완료 시간을 알 수 있다.
③ 다음 작업의 시작 시간을 알 수 있다.
④ 작업자별, 부문별 업무 성과의 상호 비교가 가능하다.

4. 단점(결점)

① 계획의 변화 또는 변경에 약하다.
② 일정계획에 있어서 정밀성을 기대하기 어려우므로 복잡하거나 대규모 공사에 적용하기 어렵다.
③ 작업 상호 간의 유기적인 관계가 명확하지 못하여 사전 예측, 사후 통제가 곤란하다.

5. 간트차트 작성을 위해 필요한 정보

① 작업 오더(작업 지시서)에 대한 목록과 현재 진행된 작업의 위치 정보
② 자재소요계획(MRP) 시스템으로부터 발행된 계획 오더에 대한 목록
③ 이용 가능한 생산능력(Capacities)에 대한 목록
④ 공정계획(Routing) 데이터로부터의 표준 시간
⑤ 각 작업의 시간을 알 수 있는 작업 목록
⑥ 작업장별 기계대수와 가동시간의 정보

6. 간트차트 작성에 사용되는 기호

작업 개시의 일자/시간	
작업 개시의 완료 예정일/시간	
예정된 작업시간	
일정 기간에 대하여 계획된 작업량	20
일정 기간까지 완료할 작업량	30
체크된 일자	V
작업 지연의 회복에 예정된 시간	
완료된 작업(굵은 선)	

5 애로공정과 라인밸런싱

1. 애로공정(Bottleneck Operation)

① 작업장에 능력 이상의 부하가 적용되어 전체 공정의 흐름을 막고 있는 것으로, 병목공정 또는 병목현상이라고도 한다.

② 생산 라인에서 작업시간이 가장 긴 공정을 말하며, 이로 인해 후공정 유휴율이 증가하게 된다.

③ 전체 공정의 흐름을 막고 있는 공정으로 전체 라인의 생산 속도를 좌우하는 작업장을 말하기도 한다.

④ 병목(Bottleneck)은 생산능력에 제약을 가하는 요인이다.

⑤ 병목공정을 관리하는 방법은 병목공정을 파악한 후 비병목공정을 병목공정의 부속공정으로 취급하여 일정을 설계하는 것이다.

⑥ 제약 이론(TOC)은 병목 작업에서 낭비되는 시간을 최소화할 수 있도록 나머지 작업들을 배치하여 시스템의 최적화를 달성하는 것이다.

2. 라인밸런싱(Line Balancing)

(1) 개념

생산 가공이나 조립 라인에서 공정 간에 균형을 이루지 못하여 상대적으로 시간이 많이 소요되는 애로공정으로 인해 공정의 유휴율이 높아지고 능률이 떨어지는 경우에 각 공정의 소요시간이 균형이 되도록 작업장이나 작업 순서를 배열하는 것이다.

(2) 라인밸런싱 효율과 라인의 불균형률 구하기

① 라인밸런싱 효율

$$\text{라인밸런싱 효율(\%)} = \frac{\text{라인의 작업시간 합계}}{\text{작업장 수} \times \text{사이클타임}(C \text{ or } t_{max})} \times 100$$

② 불균형률

$$\text{불균형률(\%)} = 100 - \text{라인밸런싱 효율(\%)}$$

개념확인문제

다음 자료를 바탕으로 병목공정, 라인밸런싱 효율, 불균형률을 구하시오.

공정	1	2	3	4
작업시간	34분	26분	36분	40분

해설

- 사이클타임(C or t_{max}): 40분(가장 긴 작업시간)
- 병목공정: 4번 공정(작업시간이 가장 긴 공정)
- 라인밸런싱 효율: $\frac{34분 + 26분 + 36분 + 40분}{작업장\ 수\ 4 \times 사이클타임\ 40분} \times 100 = \frac{136분}{160분} \times 100 = 85\%$
- 불균형률: 100 − 85% = 15%

6 JIT 생산방식과 칸반

1. JIT(Just In Time) 생산방식

(1) 개념

JIT 생산방식이란 '필요한 것을 필요할 때 필요한 만큼 생산하는 방식'으로, 재고를 모든 악의 근원이라고 본다. 따라서 재고를 없애기 위해 노력하며, 약간의 불량률도 허용하지 않는다. 또한 개선활동을 중요시하기 때문에 소요기간을 줄이고 불량률과 실수를 최소화하기 위해 끊임없는 노력을 기울이며, 생산 시 낭비제거로 원가가 절감되어 생산성이 향상된다.

(2) JIT를 실현하기 위한 11가지 개선사항

① 흐름 생산 ② 다공정 담당 ③ 칸반(Kanban)
④ 소인화 ⑤ 눈으로 보는 관리 ⑥ 평준화
⑦ 준비 교체작업 ⑧ 품질 보증 ⑨ 표준작업
⑩ 자동화 ⑪ 보건·안전

TIP 단기능공, 단공정 담당은 개선사항에 해당하지 않는다.

(3) 특징

① 마지막으로 완성되어 출고되는 제품의 양에 따라 필요한 모든 재료들이 결정되므로 생산 통제는 당기기 방식(Pull System)이다.

② 생산이 소시장 수요에 따라간다. 즉, 계획을 일 단위로 세워 생산하며, 수요 변화에 민첩하게 대응할 수 있다.

③ 생산공정이 신축성(유연성)을 요구한다. 여기서 신축성은 생산 제품을 바꿀 때 필요한 설비, 공구의 교체 등에 소요되는 시간을 짧게 하는 것을 말한다.

④ 현재 필요한 것만 만들고 더 이상은 생산하지 않으므로 큰 로트 규모가 필요 없으며 생산이 시장 수요만을 따라가기 때문에 High-Speed의 자동화는 필요하지 않다.

⑤ 적은 로트 규모를 생산하기 위해 매일 소량의 원료 혹은 부품이 필요하므로 공급자와의 밀접한 관계가 요구된다.

⑥ 다공정, 다기능공, U자형 설비 배치로 수요 변화에 따라 노동력의 유연성을 극대화할 수 있다.

조금 더! 알아보기 밀어내기 방식과 당기기 방식

- 밀어내기 방식(Push System): 계획 생산이라고 하며, 일정량을 만들어 재고를 보충하는 방식
- 당기기 방식(Pull System): 고객의 주문에 의한 생산으로 공정에서 필요한 만큼 끌어당기는 공정 인수방식

(4) JIT의 7가지 낭비

① 과잉 생산의 낭비(낭비의 뿌리)

② 재고의 낭비

③ 운반의 낭비

④ 불량의 낭비

⑤ 가공 그 자체의 낭비

⑥ 동작의 낭비

⑦ 대기의 낭비

TIP 사람의 낭비, 시간의 낭비가 보기로 자주 출제되지만 7가지 낭비에 해당하지 않으므로 주의한다.

2. 칸반(간판, Kanban)

(1) 개념

① 칸반(Kanban)은 카드나 기록을 의미하는 일본어로 Just In Time을 실현시키기 위한 일종의 정보 시스템이자 눈으로 보는 관리의 도구이다.

② 부품의 생산과 운반을 지시하거나 승인하는 카드로 결품 방지와 과잉 생산의 낭비 방지를 목적으로 사용하며, 1매의 종이에 현품표(현재 있는 물품)의 기능, 작업 지시의 기능(운반 지시의 기능, 생산 지시의 기능), 부적합품 방지 기능을 포함시킨 것이라 할 수 있다.

③ 토요타식 생산 시스템으로 필요한 시기와 수량에 맞도록 적절히 제품을 만들어서 낭비를 줄이고 좀 더 신속하고 저렴하게 생산하기 위해 사용한다.

(2) 특징

① 당기기 방식(Pull System)이며, 수요가 발생할 때에만 작업 진행

② 재고의 최소화와 낭비 배제의 철학

③ 공급 리드타임 감소

④ 모든 공정의 생산량 균형 유지

(3) 종류

① **외주품 납품 칸반**: 외주 메이커로부터의 인수 부품에 사용되는 칸반

② **공정인수 칸반**: 공정 간 부품의 인수를 위해 사용되는 칸반

③ **협의의 칸반**: 공정 내에서 작업을 하기 위해 쓰이는 일반적인 칸반

④ **신호 칸반**: 프레스 등과 같이 설비 금액이 많이 들어 준비 교체 시간이 다소 걸리는 경우, 큰 로트를 만드는 생산 지시가 필요할 때 사용하는 칸반

(4) 칸반 시스템의 운영 규칙

① 불량품은 절대로 후공정에 보내지 않는다.
② 자공정이 가지러 가는 것이 아니라 후공정이 칸반을 가지러 온다.
③ 전공정은 후공정이 인수해 간 양만큼만 생산한다.
④ 칸반은 미세 조종의 수단으로 필요한 생산량은 칸반의 수를 변경하여 조절한다.
⑤ 생산을 평준화한다.
⑥ 공정을 안정화·합리화한다.

3. 5S의 개념

5S란 JIT 생산방식을 달성하기 위한 현장 개선의 기초로 정리(SEIRI), 정돈(SEITON), 청소(SEISO), 청결(SEIKETSU), 마음가짐(SHITSUKE)의 일본어 첫 발음 'S'를 따서 5S라 불린다.

① **정리(SEIRI)**: 필요한 것과 불필요한 것을 구분하여 불필요한 것은 과감히 버린다.
② **정돈(SEITON)**: 필요한 것을 필요할 때 즉시 사용할 수 있도록 지정된 장소에 위치시키며 정위치 표시로 목적을 고려하여 놓는 방법을 표준화한다.
③ **청소(SEISO)**: 먼지, 이물질, 더러움 등을 제거해 더러움이 없는 깨끗한 상태로 만들어 기분 좋게 일할 수 있는 직장 환경을 조성하여 능률을 향상시킨다.
④ **청결(SEIKETSU)**: 먼지, 쓰레기 등 더러움이 없이 깨끗하고 산뜻한 상태를 유지한다(정리, 정돈, 청소의 3S 유지).
⑤ **마음가짐, 습관화(SHITSUKE)**: 4S(정리, 정돈, 청소, 청결)를 실시하여 사내에서 결정된 사항과 표준을 준수해 나가는 태도를 몸에 익혀 무의식 상태에서도 지킬 수 있어야 한다.

기출 & 확인문제

객관식

01

다음 중 공정관리의 대외적인 목표는? [19년 2회]

① 주문자 혹은 수요자의 요건을 충족시켜 주어야만 한다.
② 재공품의 감소와 함께 생산 속도 향상을 목적으로 해야만 한다.
③ 자재의 투입에서부터 제품이 출하되기까지의 시간을 단축시켜야만 한다.
④ 작업자의 대기나 설비의 유휴에 의한 손실시간을 감소시켜서 가동률을 향상시켜야만 한다.

02

공정관리의 기능 세 가지를 바르게 짝지은 것은 무엇인가? [20년 5회]

① 감사 기능, 계획 기능, 통제 기능
② 검토 기능, 계획 기능, 실행 기능
③ 검토 기능, 실행 기능, 통제 기능
④ 감사 기능, 검토 기능, 실행 기능

정답 및 해설

01 공정관리의 대외적인 목표는 주문자 또는 수요자의 요건을 충족하는 것으로 납기 또는 일정 기간 중에 필요로 하는 생산량의 요구 조건을 준수하기 위해 생산과정을 합리화하는 것이다. ②, ③, ④는 공정관리의 대내적인 목표이다.

02 공정관리의 기능은 계획 기능, 통제 기능, 감사 기능이 있다.

정답 01 ① 02 ①

03

절차계획에서 결정하고 할당하는 대상이 아닌 것은 무엇인가? [20년 5회]

① 작업의 순서
② 작업의 표준 시간
③ 작업 수행상의 능력
④ 각 작업이 행해질 장소

04

생산예정표에 의해 결정된 생산량에 대하여 작업량을 구체적으로 결정하고 그것을 현재 인원과 기계의 능력을 고려하여 양자를 조정하는 기능은? [21년 1회]

① 부하계획
② 공수계획
③ 능력계획
④ 일정계획

05

부하계획에 대한 내용으로 옳은 것은? [21년 2회]

① 작업의 순서와 표준 시간 그리고 각 작업이 행해질 장소를 결정하고 할당하는 것
② 기준 조업도와 실제 조업도와의 비율을 최적으로 유지하기 위해서 현재의 인원이나 기계의 능력을 계획하는 것
③ 최대 작업량과 평균 작업량의 비율을 최적으로 유지할 수 있는 작업량의 할당을 계획하는 것
④ 특정 기계 내지 작업자에게 할당될 작업을 결정하고 그 작업의 개시일과 종료일을 나타낸 것

06

다음 [보기]의 괄호 안에 해당하는 용어끼리 맞게 나열한 것은? [19년 6회]

> 보기
>
> 공정분석이란 (㉠)가 출고되면서부터 (㉡)으로 출하될 때까지 다양한 경로에 따른 (㉢)과/와 이동거리를 (㉣)기호를 이용하여 계통적으로 나타냄으로써 공정계열의 합리화를 위한 개선 방안을 모색할 때 매우 유용한 방법을 말한다.

① ㉠ – 원재료, ㉡ – 상품, ㉢ – 공정순서, ㉣ – 공정도시
② ㉠ – 원재료, ㉡ – 상품, ㉢ – 공정순서, ㉣ – 작업분석
③ ㉠ – 원재료, ㉡ – 제품, ㉢ – 경과시간, ㉣ – 공정도시
④ ㉠ – 원재료, ㉡ – 제품, ㉢ – 경과시간, ㉣ – 작업분석

07

다음 공정의 종류에 대한 설명에서 가장 적절한 것은 무엇인가? [20년 5회]

① 가공공정: 원재료, 재료, 부품, 또는 제품의 위치에 변화를 주는 과정
② 정체공정: 원재료, 재료, 부품 또는 제품을 조립하기 위해 일시적으로 기다리는 상태이다.
③ 검사공정: 원재료, 재료, 부품 또는 제품이 계획의 차질로 체류되어 있는 상태
④ 운반공정: 원재료, 재료, 부품 또는 제품의 형상 및 품질에 변화를 주는 과정

정답 및 해설

03 절차계획은 작업 순서, 표준 시간, 작업 장소를 결정하고 할당하는 계획이며, 작업 수행상의 능력은 능력계획에 해당한다.

04 공수계획에 대한 설명이며, 공수계획은 부하계획과 능력계획이 있다.

05 ①은 절차계획, ②는 능력계획, ④는 소일정계획에 대한 설명이다.

06 공정분석이란 원재료가 출고되면서부터 제품으로 출하될 때까지 다양한 경로에 따른 경과시간과 이동 거리를 공정도시 기호를 이용하여 계통적으로 나타냄으로써 공정계열의 합리화를 위한 개선 방안을 모색할 때 매우 유용한 방법이다.

07 ① 가공공정: 변질, 변형, 변색, 조립, 분해 등의 과정을 거쳐 제조의 목적을 직접적으로 달성하는 공정
③ 검사공정: 수량·중량 등의 측정인 양의 검사와 설정된 품질표준에 대해 가공 정도를 확인하는 질적 검사
④ 운반공정: 제품 또는 부품이 한 작업 장소에서 타작업 장소로의 이동을 위해 발생한 작업, 이동, 하역의 상태

정답 03 ③ 04 ② 05 ③ 06 ③ 07 ②

08

다음 설명에 해당하는 공정분석 기호는? [21년 1회]

> 제품의 품질 특성을 시험하고 그 결과를 기준과 비교하여, 로트의 합격과 불합격을 판정하는 과정을 나타낸 기호

① ◇
② ○
③ □
④ ▽

09

[그림]의 공정분석 기호에 대한 해석으로 옳은 것은? [19년 4회]

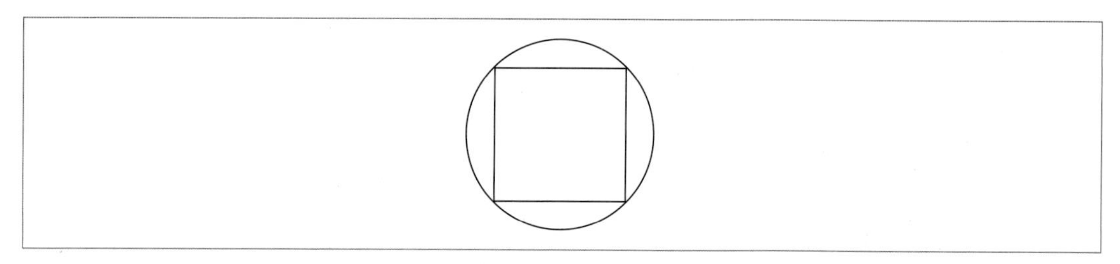

① 품질검사를 주로 하며 수량검사
② 수량검사를 주로 하며 품질검사
③ 가공을 주로 하며 수량검사
④ 가공을 주로 하며 운반

10

능력 계산에 대한 내용으로 적절하지 않은 것은? [19년 1회]

① 실제 가동시간은 간접 작업률을 고려한 정미시간을 말한다.
② 인적능력은 환산 인원, 실제 가동시간, 가동률을 곱하여 계산한다.
③ 가동률이란 전체 작업자가 실제 가동시간 중에서 정미작업을 하는 시간의 비율이다.
④ 환산인원이란 실제 인원에 환산계수를 곱하여 표준 능력의 인원으로 환산하는 것이다.

11

공수계획의 기본적 방침으로 볼 수 없는 것은? [20년 3회]

① 부하, 능력 양면에 적당한 여유를 둔다.
② 구체적으로 생산 시기와 수량을 결정한다.
③ 특정된 공정에 부하가 과도하게 집중하지 않도록 조정한다.
④ 작업의 성질이 작업자의 기능 성격과 기계의 성능에 맞도록 할당한다.

12

다음 중 공수체감곡선의 특징으로 알맞지 않은 것은? [19년 4회]

① 공수체감이란 동일 작업을 반복할수록 작업 능률이 향상되는 현상을 의미한다.
② 노동 집약형 작업보다 기계 집약형일수록 공수체감이 빨리 발생한다.
③ 보통 공정 중 수작업 비율이 높을수록 공수체감률도 높다.
④ 작업 주기가 짧고 단순한 작업일수록 공수체감이 빨리 발생한다.

정답 및 해설

08 제품의 품질 특성을 시험하고 그 결과를 기준과 비교하는 품질검사의 기호는 ◇이다.

09 복합기호에서는 큰 기호가 주로 하는 공정이다. ◎ 기호는 큰 기호인 ○(가공) 안에 작은 기호인 □(수량검사)가 있으므로 가공을 주로 하며 수량검사를 하는 것이다.

10 실제 가동시간은 정규 휴식을 제외한 취업시간으로 간접 작업률은 고려하지 않는다.

11 공수계획의 기본적 방침에는 ①, ③, ④ 외에 가동률의 향상, 일정별 부하 변동 방지가 있다. ②는 공수계획이 아닌 생산계획에 대한 설명이다.

12 노동 집약형이 기계 집약형보다 공수체감이 더욱 빨리 발생한다.

정답 08 ① 09 ③ 10 ① 11 ② 12 ②

13

'학습률 80%'에 대한 설명으로 옳은 것은? [20년 4회]

① 생산량이 늘어날 때마다 평균 생산능력이 20%씩 증가한다.
② 생산량이 늘어날 때마다 평균 생산능력이 80%씩 증가한다.
③ 생산량이 2배가 될 때마다 평균 생산시간이 20%씩 감소한다.
④ 생산량이 2배가 될 때마다 평균 생산시간이 80%씩 감소한다.

14

계획된 실제의 작업량을 작업 일정이나 시간(이정표)으로 구분하여 가로선으로 표시함으로써, 계획과 통제의 기능을 동시에 수행하는 전통적인 일정관리기법은 무엇인가? [20년 5회]

① PERT/CPM
② Line Balancing
③ Gantt Chart
④ Johnson's Algorithm

15

간트차트의 정보를 이용하여 결정할 수 있는 사항이 아닌 것은? [21년 2회]

① 각 작업의 완료 시간을 알 수 있다.
② 다음 작업의 시작 시간을 알 수 있다.
③ 각 작업의 전체 공정 시간을 알 수 있다.
④ 작업 간의 명확한 유기적인 관계를 알 수 있다.

16

다음 중 간트차트에 관한 설명이 아닌 것은? [21년 1회]

① 변화 또는 변경에 약하다.
② 일정계획에 있어서 정밀성을 기대하기 어렵다.
③ 사전 예측은 쉬우나 정확한 진도관리가 힘들다.
④ 작업 상호 간의 유기적인 관계가 명확치 못하다.

17

애로공정(Bottleneck Operation)**에 관한 설명으로 옳지 않은 것은?** [20년 6회]

① 소요시간이 가장 길고 지연이 발생하는 공정이다.
② 생산 라인의 생산 속도를 결정하는 공정이다.
③ 라인 생산에서 공정 간 소요시간 차이는 클수록 좋다.
④ 제약이론(TOC)은 애로공정의 유휴 최소화를 추구한다.

18

다음 [보기]가 설명하는 용어로 적절한 것은? [21년 1회]

보기
> 생산 가공 내지는 조립 라인에서 공정 간에 균형을 이루지 못하여 상대적으로 시간이 많이 소요되는 애로공정으로 인해 공정의 유휴율이 높아지고 능률이 떨어지는 경우에, 각 공정의 소요시간이 균형이 되도록 작업장이나 작업 순서를 배열하는 것

① Bottleneck Operation
② Fixed Position
③ Pitch Diagram
④ Line Balancing

정답 및 해설

13 학습률 80%는 생산량이 2배가 될 때마다 평균 생산시간이 80%가 되어 20%씩 감소한다는 뜻이다.

14 간트차트(Gantt Chart)에 대한 설명이다.

15 간트차트는 작업 상호 간의 유기적인 관계가 명확하지 못하다.

16 간트차트는 작업 상호 간의 유기적인 관계가 명확하지 못하여 사전 예측, 사후 통제가 곤란하며, 일정계획에 있어 정밀성을 기대하기 어렵다.

17 라인 생산에서 공정 간 소요시간의 차이가 크면 공정 간에 균형을 이루지 못하여 시간이 많이 소요되므로, 공정 간 소요시간의 차이가 크지 않을수록 좋다.

18 Line Balancing(라인밸런싱)에 대한 설명이다.

정답 13 ③ 14 ③ 15 ④ 16 ③ 17 ③ 18 ④

19

각 작업장의 작업자는 모두 1명씩이고 작업시간이 표와 같을 때, 라인의 불균형률을 구하시오(단 숫자로만 표기하시오). [19년 6회]

작업장	1	2	3	4
작업시간	36분	30분	24분	40분

① 15.25% ② 16.75%
③ 18.75% ④ 20.25%

20

재고를 모든 악의 근원으로 보고 필요한 것을 필요한 때 필요한 만큼 만드는 생산방식을 무엇이라고 하는가? [19년 6회]

① 칸반(Kanban) ② JIT(Just In Time)
③ 3정5S ④ PERT · CPM

21

토요타 생산방식에서 말하는 7가지 낭비에 해당하지 않는 것은? [20년 6회]

① 운반의 낭비 ② 재고의 낭비
③ 과잉 검사의 낭비 ④ 불량에 대한 재작업의 낭비

22

Just in Time을 실현시키기 위해 생산이 필요하다는 특정 신호에 의해 Pull 시스템으로 작업이 진행되어 낭비와 불균형을 배제하는 생산방식은 무엇인가? [20년 6회]

① Gantt Chart ② Flow Control
③ Kanban System ④ Project Scheduling

23

다음 [보기]를 보고 간판 시스템의 운영 규칙으로 잘못된 것으로만 나열한 것은? [20년 5회]

보기

A. 불량품은 절대로 후공정에 보내지 않는다.
B. 후공정이 가지러 가는 것이 아니라 전공정이 간판을 가지러 온다.
C. 전공정이 보낸 양만큼만 생산한다.
D. 생산을 평준화한다.
E. 간판은 미세 조종의 수단이다.
F. 공정을 안정화하여 합리화한다.

① A, B　　② B, C
③ C, F　　④ B, E

24

JIT 생산방식을 달성하기 위한 현장 개선의 기초인 5S 중에서 필요한 물품과 불필요한 물품을 구분하여 불필요한 물품은 처분하는 것은 무엇인가? [20년 3회]

① 정리　　② 정돈
③ 청소　　④ 청결

정답 및 해설

19 • 라인밸런싱 효율(%) $= \dfrac{\text{라인의 작업시간의 합계}}{\text{작업장 수} \times \text{사이클타임}(C \text{ or } t_{max})} \times 100$

$= \dfrac{36\text{원} + 30\text{원} + 24\text{원} + 40\text{원}}{4 \times 40\text{원}} \times 100 = 81.25\%(0.8125)$

• 불균형률(%) = 100 − 라인밸런싱 효율(%) = 100 − 81.25% = 18.75%(0.1875)

20 JIT(Just In Time)에 대한 설명이다.

21 JIT의 7가지 낭비: 과잉 생산의 낭비(낭비의 뿌리), 재고의 낭비, 운반의 낭비, 불량의 낭비, 가공 그 자체의 낭비, 동작의 낭비, 대기의 낭비

22 칸반(Kanban)은 Just In Time을 실현시키기 위한 일종의 정보 시스템이자 눈으로 보는 관리의 도구이다.

23 B. 자공정이 가지러 가는 것이 아니라 후공정이 칸반(간판)을 가지러 온다.
C. 전공정은 후공정이 인수해 간 양만큼만 생산한다.

24 필요한 물품과 불필요한 물품을 구분하여 불필요한 물품은 처분하는 것은 5S 중 정리이다.

정답 19 ③ 20 ② 21 ③ 22 ③ 23 ② 24 ①

주관식

25

공정관리의 기능 중 계획과 실행의 결과를 비교 검토하여 차이를 찾아내고 그 원인을 추구하여 적절한 조치를 취하여 개선해 나감으로써 생산성을 향상시키는 기능을 무엇이라 하는가? (한글로 기재하시오. 정답: (　　) 기능) [21년 1회]

26

다음 아래 설명의 괄호 안에 들어갈 용어는 무엇인가? (정답은 한글로 작성할 것. 정답: (　　) 계획)

[21년 2회]

> 주어진 작업량과 작업능력을 일치시키는 (　　)계획은 생산계획량을 완성하는 데 필요한 인원이나 기계의 부하를 결정하여 이를 현재 인원 및 기계의 능력과 비교해서 조정하는 역할을 한다.

27

다음 설명에 해당하는 용어를 한글로 쓰시오(정답: (　　) 계획). [19년 6회]

> 공정계획 중 최대 작업량과 평균 작업량의 비율을 최적으로 유지할 수 있는 작업량의 할당계획

28

[보기]의 설명에 해당하는 공정의 명칭을 한글로 쓰시오(정답: (　　)공정). [19년 3회]

> 보기
>
> 제조의 목적을 직접적으로 달성하는 공정으로, 그 내용은 변질, 변형, 변색, 조립, 분해로 되어 있고 대상물을 목적에 접근시키는 유일한 상태이다.

29

다음 설명을 보고 (주)한국의 가동률을 구해 숫자로 쓰시오(단위: %). [21년 1회]

(주)한국의 근로자의 출근율이 90%이고 작업에 소요되는 간접 작업률이 10%이다.

30

[보기]는 어떤 작업장에 관한 자료이다. 자료에 기초하여 해당 작업장의 지난달 인적 능력을 계산하시오(답은 단위를 제외하고 숫자로만 작성하시오. 단위: 시간). [19년 4회]

보기

- 총인원: 숙련공 5명
- 인적 능력 환산계수: 1.0
- 지난달 실제 가동시간: 100시간
- 출근율: 80%
- 간접 작업률: 10%

정답 및 해설

25 공정관리의 세 가지 기능인 계획 기능, 통제 기능, 감사 기능 중 감사 기능에 대한 설명이다.

26 주어진 생산 예정표에 의해 결정된 생산량에 대하여 작업량을 구체적으로 결정하고, 이것을 현재 인원 및 기계 설비 능력을 고려하여 양자를 조정하는 공수계획에 대한 설명이다.

27 부하계획은 최대 작업량과 평균 작업량의 비율인 부하율을 최적으로 유지할 수 있는 작업량의 할당계획이다.

28 가공공정은 제조의 목적을 직접적으로 달성하는 공정으로 대상물을 목적에 접근시키는 유일한 상태이다.

29
- η_1(출근율): 90%, η_2(간접 작업률): 10%
- η(가동률) = $\eta_1 \times (1 - \eta_2) = 0.9 \times (1 - 0.1) = 0.81$(81%)

30
- M(환산 인원) = 총인원 × 환산계수 = 숙련공 5명 × 1 = 5명
- T(실제 가동시간) = 100시간
- η(가동률) = $\eta_1 \times (1 - \eta_2) = 0.8 \times (1 - 0.1) = 0.72$

$\therefore C_p = M \times T \times \eta$ = 5명 × 100시간 × 0.72 = 360시간

정답 25 감사 26 공수 27 부하 28 가공 29 81 30 360

31

다음 상황의 작업장에 대한 이용률(Utilization)을 계산한 값은? (단위: %) [21년 1회]

- 교대 수: 2교대/일
- 1교대 작업시간: 8시간
- 주당 작업일수: 4일
- 기계대수: 5대
- 기계 불가동 시간: 40시간
- 작업 표준시간 : 480시간

32

다음 [보기]에서 (　　)안에 들어갈 용어를 쓰시오(한글로 기입할 것). [19년 1회]

보기

인간은 경험을 쌓아감에 따라 작업 수행능력이 향상되며 생산 시스템에서 생산을 반복할수록 작업 능률이 향상된다. 이를 (　　)이라 하며 작업의 반복에 따라 기대되는 (　　) 현상을 그래프나 수식으로 표현한 것을 (　　) 곡선이라고 한다.

33

[보기]의 괄호 안에 적절한 용어를 한글로 쓰시오. [20년 4회]

보기

(　　)은/는 계획된 실제의 작업량을 작업 일정이나 시간으로 견주어 가로선으로 표시함으로써, 계획과 통제의 기능을 동시에 수행하는 전통적인 일정관리기법이다. 또한, 프로젝트 작업 진행사항들을 달력에 대비시켜서 표시하는 단순한 형태의 가로막대 차트로서 간단하고 사용하기 쉬워 여러 활동의 일정계획과 통제에 널리 사용되는 기법이다.

34

다음 설명의 괄호 안에 해당하는 단어를 적어 넣으시오. [19년 5회]

라인밸런싱이란 생산 가공 내지는 조립 라인에서 공정 간에 (　　)을/를 이루지 못하여 상대적으로 시간이 많이 소요되는 애로공정으로 인하여 공정의 유휴율이 높아지고 능률이 떨어지는 경우에 각 공정의 소요시간이 (　　)이/가 되도록 작업장이나 작업 순서를 배열하는 것

35

각 작업장의 작업시간이 아래와 같을 때 불균형률을 구하시오(단, 각 작업장의 작업자는 모두 1명씩이다). **정답은 수치만 제시하시오**(정답: (　　)%). [20년 6회]

작업장	1	2	3	4
작업시간	24분	30분	26분	22분

정답 및 해설

31 • 작업장 이용 가능시간 = 교대 수 × 1교대 작업시간 × 주당 작업일수 × 기계대수
= 2교대/일 × 8시간/교대 × 4일 × 5대 = 320시간

• 실제 작업시간 = 이용 가능시간 − 기계 불가동 시간 = 320시간 − 40시간 = 280시간

$\therefore$ 작업장 이용률 $= \dfrac{\text{실제 작업시간}}{\text{이용 가능시간}} = \dfrac{280\text{시간}}{320\text{시간}} \times 100 = 87.5\%$

32 공수체감에 대한 설명이다.

33 계획의 기능과 통제의 기능을 동시에 수행하는 전통적인 일정관리기법인 간트차트에 대한 설명이다.

34 라인밸런싱이란 애로공정으로 인하여 공정의 유휴율이 높아지고 능률이 떨어지는 경우에 각 공정의 소요시간이 균형이 되도록 작업장이나 작업 순서를 배열하는 것이다.

35 • 사이클타임은 가장 긴 작업시간인 30분이며, 작업장 수는 4개이다.

• 라인밸런싱 효율(%) $= \dfrac{\text{라인의 작업시간의 합계}}{\text{작업장 수} \times \text{사이클타임}} \times 100$

$= \dfrac{24\text{분} + 30\text{분} + 26\text{분} + 22\text{분}}{4 \times 30\text{분}} \times 100 = 85\%$

• 불균형률(%) = 100 − 라인밸런싱 효율(%) = 100 − 85% = 15%

정답 31 87.5　32 공수체감　33 간트차트　34 균형　35 15

36

다음은 칸반(Kanban)방식에 대한 설명이다. (　　) 안에 들어갈 말을 영어로 기재하시오(정답: (　　) 방식).

[20년 6회]

> 수요가 발생할 경우에만 작업이 진행된다. 즉, 공정에서 필요한 만큼 끌어당기는 공정인수방식인 (　　) 방식으로 진행된다.

37

다음은 칸반(Kanban)에 대한 설명이다. 이 설명에 알맞은 간판의 명칭을 한글로 표기하시오 (정답: (　　) 칸반).

[20년 3회]

> 프레스 등과 같이 설비금액이 많이 들어 준비 교체 시간이 다소 걸리는 경우 큰 로트를 만드는 생산지시가 필요할 때 사용하는 간판

38

5S라고 불리는 기업의 관리개선활동 중 다음 설명에 해당하는 것은 무엇인지 한글로 쓰시오.

[20년 1회]

> 필요한 물품은 끄집어 낼 수 있도록 만든다. 필요한 물품을 사용빈도에 맞게 놓는 장소를 정해, 표시하여 목적을 고려한 놓는 방법을 표준화한다.

정답 및 해설

36 칸반 시스템은 수요가 발생할 때에만 작업을 진행하는 당기기 방식(Pull System)이다.

37 신호 칸반에 대한 설명이다.

38 5S 중 정돈에 대한 설명이다.

정답 36 Pull　37 신호　38 정돈

CHAPTER

03 자재소요 / 생산능력 계획

1 재고관리

1. A. J. Arrow의 재고보유 동기

① 거래 동기: 수요량을 미리 알고 있고, 시장에 있어서의 가치 체계가 시간적으로 변하지 않는 경우의 재고보유 동기이다.

② 예방 동기: 위험에 대비하기 위한 것으로, 오늘날 많은 기업의 주된 재고보유 동기이다.

③ 투기 동기: 대표적인 가격 변동을 예측하고 재고를 보유할 때의 동기이다.

2. 재고의 종류

(1) 순환재고 또는 주기재고

① 일시에 필요한 양보다 더 많이 주문하는 경우에 생기는 재고이다.

② 주문비용을 줄이거나 가격 할인 혜택을 받을 목적으로 한 번에 많은 양을 주문할 때 발생하며 다음의 재고 구매 주기까지 미사용되어 보관되는 재고이다.

(2) 안전재고

① 기업의 운영에서 발생할 수 있는 여러 가지 불확실한 상황(조달 기간의 불확실, 생산의 불확실, 수요량의 불확실 등)에 대처하기 위해 미리 확보하고 있는 재고이다.

② 품절 및 미납 주문을 예방하고 납기 준수와 고객 서비스 향상을 위해 필요하나, 재고 유지비의 부담이 크므로 재고를 적정 수준으로 유지할 필요가 있다.

③ 서비스 수준과 안전재고는 비례한다.

④ 수요와 공급 및 리드타임 등의 변동성이 작을수록 안전재고의 필요성은 감소한다.

(3) 예상재고 또는 비축재고

계절적인 수요의 변화, 가격의 변화, 파업 등을 예상하고 대비하기 위한 재고이다.

(4) 수송재고 또는 파이프라인재고

① 유통 과정 중에 있는 제품이나 생산 중인 재공품이다.

② 수입품과 같이 수송 기간이 긴 재고, 정유회사의 수송용 파이프로 이동 중인 재고 등을 말한다.

3. 재고의 기본적 기능

① 생산과 판매활동의 시간적 분리를 가능하게 한다.

② 생산계획을 가능하게 한다.

③ 생산체제의 시간적, 공간적 융통성을 준다.

4. 재고 관련 비용의 분류

(1) 구매/발주비용(주문비용)

① 주문과 관련된 비용 예 신용장 개설비용, 통신료
② 가격 및 거래처 조사비용 예 물가 조사비, 거래처 신용조회비용
③ 물품 수송비, 하역비용, 입고비용, 검사·시험비, 통관료

(2) 생산준비비용

① 생산공정의 변경이나 기계·공구의 교체 등으로 인한 비용
② 준비 시간 중의 기계 유휴비용
③ 준비 요원의 직접 노무비·사무 처리비·공구비용 등

(3) 재고유지비용

① **자본비용**: 재고 자산에 투입된 자금의 금리
② **보관비용**: 창고의 임대료, 유지 경비, 보관료, 재고 관련 보험료, 세금
③ **재고감손비용**: 보관 중 도난·파손·변질·진부화 등으로 인한 손실

TIP 각 재고유지비용의 내용을 구분할 수 있어야 한다.

조금 더! 알아보기 ABC 재고관리

자재의 중요도나 가치를 중심으로 자재의 품목을 분류해서 자재의 구매나 재고관리에 통계적 방법을 적용하여 중점적으로 관리하는 방식

5. 경제적 주문량(EOQ; Economic Order Quantity)

(1) 개념

① 재고 관련 비용인 주문비용과 재고유지비용의 합을 최소화하기 위한 1회 주문량이다.
② 주문비용, 재고유지비용 간의 관계를 이용하여 가장 합리적인 주문량을 결정하는 재고관리 기법이다.

(2) 기본 가정(일정, 단일)

① 단일 품목에 대하여 적용된다.
② 수요율이 일정하고 연간 수요량은 확정적이다.
③ 조달 기간은 일정하다.
④ 주문량은 조달 기간이 지나면 전량 일시에 입고되며 재고 부족은 없다.
⑤ 단위당 구입 가격은 발주량에 상관없이 일정하며 대량 구매에 따른 가격 할인 또한 없다.
⑥ 연간 자재 사용량이 일정하고 연속적이다.
⑦ 단위당 재고유지비용과 1회 주문비용은 항상 일정하다.

(3) 경제적 주문량 구하기

$$\text{경제적 주문량 } Q^* = \sqrt{\frac{2DC_p}{C_h}} = \sqrt{\frac{2DC_p}{P \times i}},\ \text{주문 횟수} = \frac{D}{Q^*}$$

- D: 연간 수요량
- C_p: 1회 주문비용
- C_h: 연간 단위당 재고유지비용 = 단가(P) × 연간 단위당 재고유지비율(i)

개념확인문제

어떤 부품의 연간 수요량이 200개이고, 1회 주문비용이 100원이며, 단가는 20원, 연간 단위당 재고유지비율이 0.2일 경우 경제적 주문량(EOQ)을 구하시오.

해설

D = 200개, C_p = 100원, P = 20원, i = 0.2

$$\therefore Q^* = \sqrt{\frac{2DC_p}{P \times i}} = \sqrt{\frac{2 \times 200\text{개} \times 100\text{원}}{20\text{원} \times 0.2}} = \sqrt{10{,}000} = 100\text{개}$$

(4) 경제적 주문량과 재고비용

① 연간 수요량과 주문비용이 증가하면 EOQ는 증가한다.

② 연간 단위당 재고유지비용이 증가하면 EOQ는 감소한다.

③ 주문량이 많아지면 재고유지비용과 자본비용이 증가하는 반면, 주문비용과 재고부족비용은 감소한다.

④ 경제적 주문량이 증가할수록 평균재고는 증가한다.

TIP 분자가 증가하면 EOQ는 증가하고 분모가 증가하면 EOQ는 감소한다.

6. 경제적 생산량(EPQ; Economic Production Quantity)

기업이 한 번에 어느 정도 생산하는 것이 가장 비용이 적게 드는지 계산하는 것으로, 경제적 생산량의 목표는 총비용을 최소화하면서 경제적인 생산 로트의 크기를 결정하는 것이다. 일정량의 생산이 진행되는 동안 생산되는 제품이 재고에 더해짐과 동시에 소비가 일어나서 재고가 감소하는 경우에 최적 1회 생산량을 결정하는 모형이다.

(1) 기본가정

① 생산단가는 생산량의 크기와 관계없이 일정하다.

② 재고유지비는 생산량의 크기에 정비례하여 발생한다.

③ 재고가 모두 없어지면 생산 작업은 즉시 되풀이된다.

④ 생산이 중단되면 쌓였던 재고량은 일정량씩 없어지면서 바닥이 난다.

(2) 경제적 생산량 구하기

① 경제적 생산량의 크기 Q^*

$$Q^* = \sqrt{\frac{2DC_p}{C_h(1-\frac{d}{p})}} = \sqrt{\frac{2DC_p}{P_i(1-\frac{d}{p})}}$$

② 최소 총비용 TC

$$TC = \frac{1}{2}(1-\frac{d}{p})Q^* C_h + \frac{D}{Q^*} C_p$$

③ 최적 사이클타임(생산주기) T_0

$$T_0 = \frac{Q^*}{d}$$

④ 최적 생산 기간(일) t_1

$$t_1 = \frac{Q^*}{p}$$

- D: 연간 수요량
- C_p: 생산 작업 준비비
- d: 일정 기간의 수요율
- p: 일정 기간의 생산율(단, $p > d$)
- C_h: 연간 단위당 재고유지비용 = 단가(P) × 연간 단위당 재고유지비율(i)

개념확인문제

제품을 생산하는 데 A 부품이 1년에 40,000개 사용된다. 이 부품은 자체 생산하는 품목이며, 하루에 400개를 생산할 수 있고 매일 일정한 수량을 소비한다. 이 부품의 단위당 재고유지비는 800원이며, 작업 준비비는 200원이다. 이 회사의 연간 가동일수는 200일이다.

[1] 경제적 생산량의 크기를 구하시오.

해설

연간 수요량(D) = 40,000개, 생산 작업 준비비(C_p) = 200원, 단위당 재고유지비용(C_h) = 800원, 생산율(p) = 400개

- 수요율(d) = $\frac{40,000개}{200일}$ = 200(연간 가동일수가 200일, 1년에 40,000개 사용하므로 1일 수요율은 200개)
- 경제적 생산량의 크기 $Q^* = \sqrt{\frac{2DC_p}{C_h(1-\frac{d}{p})}} = \sqrt{\frac{2 \times 40,000개 \times 200원}{800원 \times (1-\frac{200개}{400개})}} = \sqrt{40,000}$ = 200개

[2] 최소 총비용을 구하시오.

해설

$TC = \frac{1}{2}(1 - \frac{d}{p})Q^* C_h + \frac{D}{Q^*}C_p = \frac{1}{2}(1 - \frac{200개}{400개}) \times 200개 \times 800원 + \frac{40,000개}{200개} \times 200원$

$= 40,000원 + 40,000원 = 80,000원$

[3] 최적 사이클타임(생산주기)을 구하시오.

해설

$T_0 = \frac{Q^*}{d} = \frac{200}{200} = 1일$

[4] 최적 생산 기간(일)을 구하시오.

해설

$t_1 = \frac{Q^*}{p} = \frac{200개}{400개} = 0.5일$

2 자재소요계획(MRP; Material Requirement Planning)

1. 개념

① 자재소요계획(MRP)은 경제적 주문량과 주문점 산정을 기초로 하는 전통적인 재고 통제 기법의 여러 약점을 보완하기 위하여 미국 IBM사의 올릭키(J. Orlicky)에 의해 개발된 자재관리 및 재고 통제기법으로 비반복적 생산에 적합하다.

② MRP는 완제품의 생산계획에 따라 재료, 부품, 반제품 등의 종속적 수요를 갖는 자재의 소요량 및 조달 시기에 대한 관리를 통하여 주문과 생산계획을 효율적으로 처리하도록 만들어진 자재관리기법이다.

③ 완제품은 예측을 통하여 제품 수요를 판단하지만, 종속 수요를 갖는 자재는 완제품의 생산계획에 따라 수요를 정확히 파악할 수 있으며 소요 자재의 수량과 조달 시기를 고려하여 주문량과 주문 시기를 결정할 수 있다.

④ 많은 단계를 갖는 자재 명세서나 로트 크기가 큰 경우에 적절하다.

⑤ 생산소요시간 단축, 납기 준수를 통한 고객 서비스 개선, 재고 수준의 감소로 인한 재고비용 절감, 자재부족 최소화로 인한 생산공정 가동효율 향상 등의 효과가 있다.

2. MRP 시스템의 Input(입력) 요소

① MPS(기준생산계획 또는 주생산일정계획, Master Production Schedule)

② BOM(자재 명세서, Bill of Material)

③ 재고기록파일(IRF; Inventory Record File)

조금 더! 알아보기 **재고기록파일(재고기록철)**

재고의 개별 품목 각각에 대하여 상세한 정보를 나타내고 있는 재고기록철에는 리드타임, 로트 크기, 안전재고 등이 기록된다.

3. 자재소요계획(MRP) 수립하기

MRP 시스템은 주생산일정계획(MPS)으로부터 최종 품목 소요량을 구하고 그 품목과 부품의 자재 명세서(BOM)와 재고기록파일의 정보를 얻는다. 따라서 부품 소요량을 계산하고 자재가 필요할 때 도착할 수 있도록 발주 기일을 설정할 수 있다. 총소요량과 소요량은 모든 부품에 대해서 단계별로 결정된다.

TIP 순소요량 = 총소요량 − 현재고량 − 입고 예정량 + 할당재고 + 안전재고

개념확인문제

P 제품에 대한 하위 부품 A는 2개, 하위 부품 B는 1개가 필요하며, 자재 명세서(BOM)는 다음과 같다.

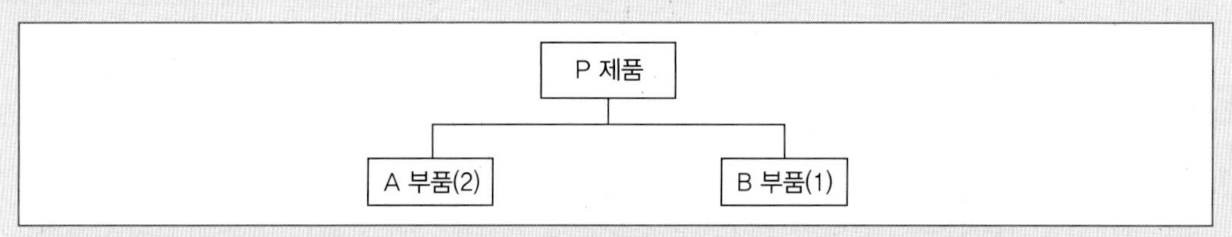

주일정계획에서 P 제품이 1주에 40개, 4주에 50개, 6주에 70개, 8주에 60개가 필요하다면 위의 자재 명세서(BOM) 정보를 이용하여 부품 A와 부품 B의 MRP를 각각 구하시오.

해설

〈P 제품 주일정계획〉

주(Week)	1	2	3	4	5	6	7	8
소요량	40			50		70		60

부품 A는 1개의 P 제품 완성에 2개가 필요하므로 주일정계획의 2배가 필요 소요량이 된다.

〈A 부품 자재계획〉 * 주문량 200, 조달 기간 2주

주(Week)	1	2	3	4	5	6	7	8
필요 소요량	80			100		140		120
입고 예정량				200		200		
기말재고 100	20	20	20	120	120	180	180	60
발주 계획량		200		200				

3주의 기말재고 20에서 4주의 필요 소요량 100을 충족할 수 없으므로 입고하여야 한다. 조달 기간이 2주이므로 2주에 미리 200개를 주문한다. 마찬가지로 5주의 기말재고 120에서 6주의 필요 소요량 140을 충족할 수 없으므로 4주에 미리 200개를 주문하여 입고한다.

〈B 부품 자재계획〉 * 주문량 100, 조달 기간 3주

주(Week)	1	2	3	4	5	6	7	8
필요 소요량	40			50		70		60
입고 예정량						→100		→100
기말재고 110	70	70	70	20	20	50	50	90
발주 계획량			100		100			

5주의 기말재고 20에서 6주의 필요 소요량 70을 충족할 수 없으므로 입고하여야 한다. 조달 기간이 3주이므로 3주에 미리 100개를 주문한다. 마찬가지로 7주의 기말재고 50에서 8주의 필요 소요량 60을 충족할 수 없으므로 5주에 미리 100개를 주문하여 입고한다.

∴ • 부품 A의 발주량: 2주 200개, 4주 200개
• 부품 B의 발주량: 3주 100개, 5주 100개

3 RCCP와 CRP

1. **개략능력요구계획**(RCCP; Rough Cut Capacity Planning)

자재소요계획(생산계획) 활동 중에서 기준생산계획(MPS)이 주어진 제조자원의 용량을 넘어서는지 아닌지를 계산하는 모듈이며, 기준생산계획과 제조자원 간의 크기를 비교하여 자원요구량을 계산해 내는 것이다.

2. **생산능력소요계획**(CRP; Capacity Requirement Planning)

① 자재소요계획(생산계획) 활동 중에서 MRP 전개에 의해 생성된 계획이 얼마만큼의 제조자원을 요구하는지를 계산하는 모듈이다.

② CRP는 기업의 현실적인 생산능력에 맞추어 자재소요계획을 수립하기 위해 작업장의 능력 소요량을 시간대별로 예측하는 기법으로, 이미 발주된 예정 입고와 발주 예정의 계획발주량을 완성하는 데 필요한 작업부하를 산정하기 위해서 이용한다.

③ 생산능력의 측면에서 MRP의 실행 가능성을 검토하여 생산계획의 수정과 보완 여부를 판단하며, MRP가 생성한 발주 계획의 타당성을 확인하는 수단이다.

④ CRP에 입력되는 자료
- 작업 공정표 정보
- 작업장 상태 정보
- MRP에서 산출된 발주 계획 정보

TIP 시험에서 RCCP는 개략능력소요계획, 총괄능력계획, CRP는 생산능력소요계획 등으로도 출제된다.

3. RCCP와 CRP의 차이

① RCCP의 주요 입력 데이터는 MPS Plan, CRP의 주요 입력 데이터는 MRP Record이다.

② MPS Plan은 최종 제품과 주요 핵심 부품에 한해 작성되기 때문에, 자원요구량을 계산하는 과정에서 CRP가 RCCP보다 정확하다.

③ CRP를 계산할 때에는 생산오더가 내려간(현장에서 작업 중인) 작업이 현장의 자원을 필요로 한다는 것도 고려해야 한다. 따라서 CRP는 RCCP보다 현실적인 자원요구량 계획을 생성할 수 있다.

TIP RCCP와 CRP의 차이를 구분할 수 있어야 한다.

4 공급망관리(SCM; Supply Chain Management)

1. 개념

① SCM은 물자, 정보 및 재정 등이 원재료 공급업체, 도매상, 소매상, 소비자로 이동되는 흐름을 통합적으로 관리하는 시스템이다.

② 공급망 내에 불필요한 낭비요소를 제거한 최적화된 시스템이며, 최종 목표는 기업 자원의 효율적인 활용을 통한 고객 가치 창출 및 경쟁 우위 달성에 있다.

2. SCM의 주요 흐름 세 가지

① **제품 흐름**: 공급자로부터 고객으로의 상품 이동, 고객의 물품 반환이나 애프터서비스 요구 등

② **정보 흐름**: 주문의 전달과 배송 상황의 갱신 등

③ **재정 흐름**: 신용 조건, 지불 계획, 위탁 판매, 권리 소유권 합의 등

3. SCM에 포함되는 사항

① 경영정보 시스템

② 공급 및 조달

③ 생산계획

④ 주문 처리

⑤ 현금 흐름

⑥ 재고관리

⑦ 창고관리

⑧ 고객관리

4. 추진 효과

① 통합적 정보 시스템 운영

② 물류비용 절감, 구매비용 절감

③ 고객만족, 시장 변화에 대한 대응력 강화

④ 생산 효율화, 업무처리시간 단축, 공급의 안정화, 재고 수준 감소
⑤ 총체적 경쟁 우위 확보

5. 기능

(1) 내재적 기능

① 공급자 네트워크에 의해 공급된 원자재 등을 변형시키는 데 사용하는 여러 프로세스
② 고객의 주문을 실제 생산 작업으로 투입하기 위한 생산 일정계획 수립

(2) 외재적 기능

① 올바른 공급자의 선정
② 공급자와 긴밀한 파트너십 유지

조금 더! 알아보기 **공급자관리재고(VMI; Vendor Managed Inventory)**

수요기업이 제공하는 품목의 수요에 관한 정보를 활용하여 공급기업이 수요기업의 원자재 재고를 관리함으로써 채찍 효과에 대응하는 SCM 기법으로 재고관리 책임이 공급자에게 있다.

기출 & 확인문제

객관식

01

다음 중 A. J. Arrow의 재고보유의 동기가 아닌 것은? [19년 4회]

① 거래 동기
② 예방 동기
③ 예상 동기
④ 투기 동기

02

다음의 내용은 재고보유의 동기 중 어디에 해당하는지 고르시오. [19년 6회]

> 수요량을 미리 알고 있으며, 시장에 있어서의 가치체계가 시간적으로 변화하지 않은 경우의 재고보유 동기이다.

① 거래 동기
② 순환 동기
③ 예방 동기
④ 투기 동기

03

재고의 종류에 관한 설명으로 옳지 않은 것은? [20년 5회]

① 비축재고는 주문비용 절감을 위해서 확보하는 재고이다.
② 안전재고는 불확실한 상황에 대비하기 위한 재고이다.
③ 파이프라인재고는 유통 과정 중에 있는 제품재고이다.
④ 재공품재고는 생산이 완료되지 않고 공정에 있는 재고이다.

04

재고관리는 적시, 적량의 재고 수준을 최소의 비용으로 유지하는 것이다. 다음 중 재고 관련 비용으로만 이루어진 것은 무엇인가? [20년 4회]

① 구매비용, 품질비용
② 품절비용, 재작업비용
③ 재고유지비용, 주문비용
④ 잔업비용, 재고유지비용

05

재고와 관련된 비용 중 재고유지비용에 해당하지 않는 것은? [20년 3회]

① 창고의 임대비용
② 재고의 진부화비용
③ 재고자산의 자본비용
④ 품목의 가격조사비용

정답 및 해설

01 A. J. Arrow의 재고보유 동기는 거래 동기, 예방 동기, 투기 동기이다.

02 A. J. Arrow의 재고보유 동기 중 거래 동기에 대한 설명이다.

03 주문비용 절감을 위해 확보하는 재고는 순환재고(주기재고)이다.

04 재고 관련 비용은 구매/발주비용(주문비용), 생산준비비용, 재고유지비용 등이 있다.

05 품목의 가격조사비용은 구매/발주비용에 해당한다.

정답 01 ③ 02 ① 03 ① 04 ③ 05 ④

06

경제적 주문량을 계산하기 위한 가정이 아닌 것은? [20년 4회]

① 연간 자재사용량이 일정하고 연속적이다.
② 단위당 구입가격은 일정하다.
③ 단위당 재고유지비용과 1회 주문비용은 항상 일정하다.
④ 다품목에 대하여 적용된다.

07

A부품의 연간 수요량이 10,000개이고 1회 주문비용이 400,000원이며, 단가는 10,000원, 연간 단위당 재고유지비율이 20%일 경우 경제적 주문량(EOQ)은 몇 개인가? [20년 3회]

① 500개
② 1,000개
③ 1,500개
④ 2,000개

08

EOQ 모형에 대한 설명으로 옳은 것은? [21년 1회]

① 수요량이 감소하면 경제적 주문량은 증가한다.
② 구매비용이 증가하면 경제적 주문량은 감소한다.
③ 재고유지비용이 감소하면 경제적 주문량은 증가한다.
④ 단위당 주문비용이 증가하면 경제적 주문량은 감소한다.

09

다음 설명에 해당하는 용어는? [20년 4회]

> 경제적 주문량과 주문점 산정을 기초로 하는 전통적인 재고 통제기법의 여러 약점을 보완하기 위하여 IBM사의 올릭키(J. Orlicky)에 의해 개발된 자재관리 및 재고 통제기법으로 소요량으로 발주량을 계산하고 제품, 반제품을 대상으로 재고 레코드 파일 및 BOM이 기준 정보가 된다.

① ERP
② MRP
③ MRP Ⅱ
④ 확장 ERP

10

다음 중 MRP에 대한 설명으로 가장 적합하지 않은 것은? [20년 5회]

① WIP에 대한 자재관리기법이다.
② 종속 수요 품목에 대한 자재관리기법이다.
③ 제품을 만드는 데 필요한 부품에 대한 자재관리기법이다.
④ 전자제품 판매처에서 판매되는 노트북에 대한 자재관리기법이다.

정답 및 해설

06 경제적 주문량(EOQ; Economic Order Quantity)은 단일 품목에 대하여 적용된다.

07 연간 수요량(D): 10,000개, 1회 주문비용(C_p): 400,000원, 단가(P): 10,000원, 연간 단위당 재고유지비율(i): 0.2(20%)

$$\therefore \text{ 경제적 주문량 } Q^* = \sqrt{\frac{2DC_p}{C_h}} = \sqrt{\frac{2DC_p}{P \times i}} = \sqrt{\frac{2 \times 10{,}000\text{개} \times 400{,}000\text{원}}{10{,}000\text{원} \times 0.2}} = 2{,}000\text{개}$$

08 경제적 주문량은 $Q^* = \sqrt{\frac{2DC_p}{C_h}}$ 이다. 따라서 수요량과 주문비용(구매비용)에 비례하고, 재고유지비용에 반비례한다.

① 수요량이 감소하면 경제적 주문량은 감소한다.
② 구매비용이 증가하면 경제적 주문량은 증가한다.
④ 단위당 주문비용이 증가하면 경제적 주문량은 증가한다.

09 비반복적 생산에 적합한 자재소요계획(MRP)에 대한 설명이다.

10 MRP는 노트북과 같은 완제품의 생산에 필요한 재료, 부품, 반제품 등의 종속적 수요를 갖는 자재의 소요량 및 조달 시기에 대한 관리를 통하여 주문과 생산계획을 효율적으로 처리하도록 만들어진 자재관리기법이다.

TIP 'WIP(Work In Process)'는 제조현장에서 공정별 생산활동을 위해 보유하고 있는 품목을 말한다.

정답 06 ④ 07 ④ 08 ③ 09 ② 10 ④

11

다음 중 MRP 시스템의 투입요소로 보기 어려운 것은 무엇인가? [20년 4회]

① Aggregate Production Plan
② Master Production Schedule
③ Inventory Record File
④ Bill Of Material

12

다음 설명에 해당하는 것은? [21년 2회]

자재소요계획(생산계획) 활동 중에서 기준생산계획이 주어진 제조자원의 용량을 넘어서는지 아닌지를 계산하는 모듈

① ATP ② ERP
③ RCCP ④ MRP

13

CRP에 필요한 자료가 아닌 것은? [20년 6회]

① 자재 명세서 ② 작업 공정표
③ 작업장 정보 ④ 발주 계획량

14

생산능력계획(CRP; Capacity Requirement Planning)에 대한 내용으로 옳지 않은 것은? [19년 6회]

① 필요한 생산능력을 산출하기 위한 주요 입력자료는 최종 제품에 대한 기준생산계획(MPS)임
② MRP 전개로 생성된 계획이 얼마만큼의 제조자원을 요구하는지를 계산하는 모듈
③ 이미 발주된 예정 입고와 발주 예정의 계획발주량을 완성하는 데 필요한 작업부하 산정에 이용됨
④ 공장의 생산능력에 맞추어 자재소요계획을 수립하기 위해 작업장의 능력소요량을 시간대별로 예측하는 기법

15

다음 중 SCM(Supply Chain Management)에 대하여 가장 잘 설명한 것은? [21년 2회]

① 필요한 것을 필요할 때 필요한 만큼 만드는 생산방식이다.

② 물자, 정보 및 재정 등이 공급자로부터 생산자에게, 도매업자에게, 그리고 소비자에게 이동함에 따라 그 진행과정을 감독하는 것이다.

③ 애로공정으로 인하여 공정의 유휴율이 높아지고, 능률이 떨어지는 경우에 각 공정의 소요시간이 균형이 되도록 작업장이나 작업 순서를 배열하는 것이다.

④ 생산예정표에 의해 결정된 생산량에 대하여 작업량을 구체적으로 결정하고 그것을 현재 보유하고 있는 사람이나 기계의 능력을 고려하여 양자를 조정하는 것이다.

16

SCM에 대한 설명으로 적절하지 않은 것은? [20년 1회]

① 공급망 내에 불필요한 낭비요소를 제거한 최적화된 시스템을 말한다.

② SCM의 최종 목표는 기업 자원의 효율적인 활용을 통한 고객가치 창출 및 경쟁 우위 달성에 있다.

③ SCM을 통해 통합적 정보 시스템을 운영할 수 있으며, 이를 위해 다소 물류 및 구매비용이 증가하게 된다.

④ 원재료 공급업체, 제조기업, 도매상, 소매상, 소비자로 이동되는 흐름을 통합적으로 관리하는 시스템을 말한다.

정답 및 해설

11 MRP 시스템의 입력요소: MPS(기준생산계획, Master Production Schedule), BOM(자재 명세서, Bill of Material), 재고기록파일(IRF; Inventory Record File)

12 기준생산계획과 제조자원 간의 크기를 비교하여 자원요구량을 계산해 내는 개략능력요구계획(RCCP)에 대한 설명이다.

13 CRP에 필요한 자료는 작업 공정표 정보, 작업장 상태 정보, MRP에서 산출된 발주 계획 정보이다.

14 CRP의 입력자료는 MRP Record이며, RCCP의 입력자료는 MPS Plan이다.

15 ①은 JIT(Just In Time), ②는 라인밸런싱(Line Balancing), ④는 공수계획에 대한 설명이다.

16 SCM을 통해 통합적 정보 시스템을 운영할 수 있으며, 물류비용과 구매비용을 절감할 수 있다.

정답 11 ① 12 ③ 13 ① 14 ① 15 ② 16 ③

17

SCM의 세 가지 주요 흐름의 하나로, [보기]의 설명에 해당하는 것은? [19년 4회]

보기

주문의 전달과 배송 상황의 갱신 등이 수반된다.

① 시간 흐름(Time Flow)
② 재정 흐름(Funds Flow)
③ 제품 흐름(Product Flow)
④ 정보 흐름(Information Flow)

18

다음 중 SCM의 추진 효과로 생각하기 어려운 것은? [20년 3회]

① 물류비용 절감
② 품질비용 절감
③ 구매비용 절감
④ 통합적 정보 시스템 운영

19

다음 [보기]에서 설명하고 있는 SCM 기법은? [21년 1회]

보기

수요기업이 제공하는 품목의 수요에 관한 정보를 활용하여 공급기업이 수요기업의 원자재 재고를 관리함으로써 채찍 효과에 대응하는 기법

① POS(Point Of Sales)
② CPFR(Collaborative Planning, Forecasting Replenishment)
③ VMI(Vendor Managed Inventory)
④ QR(Quick Response)

주관식

20

다음 설명은 A. J. Arrow의 재고보유의 동기 중 하나에 대한 내용이다. 괄호 안에 해당하는 단어를 한글로 쓰시오(정답: (   ) 동기). [19년 6회]

(   ) 동기란, 가격 변동을 예측하고 재고를 보유할 때의 동기를 말한다.

21

다음 [보기]의 설명으로 적절한 용어를 한글로 쓰시오. [21년 1회]

보기

일시에 필요한 양보다 더 많이 주문하는 경우에 생기는 재고를 말하며, 주문비용이나 생산준비비용을 줄이거나 할인 혜택을 얻을 목적으로 한꺼번에 많은 양을 주문할 때 발생함

정답 및 해설

17 SCM의 세 가지 주요 흐름 중 정보 흐름에 대한 설명이다.

18 SCM의 추진 효과: 통합적 정보 시스템 운영, 물류비용 절감, 구매비용 절감, 고객만족, 시장 변화에 대한 대응력 강화, 생산 효율화, 총체적 경쟁 우위 확보 등

19 VMI(Vendor Managed Inventory)에 대한 설명이다.

20 A. J. Arrow의 재고보유 동기 중 투기 동기에 대한 설명이다.

21 다음의 재고 구매 주기까지 미사용되어 보관되는 재고인 순환재고(주기재고)에 대한 설명이다.

정답 17 ④ 18 ② 19 ③ 20 투기 21 순환재고 또는 주기재고

22

[보기]의 설명에 해당하는 재고의 명칭을 쓰시오(정답은 한글로 작성하시오. 정답: (　　)재고).

[19년 4회]

> 보기
>
> 기업을 운영하면서 발생할 수 있는 여러 가지 불확실한 상황(조달 기간의 불확실, 생산의 불확실, 수요량의 불확실 등)에 대처하기 위해 미리 확보하고 있는 재고를 의미한다.

23

자재의 중요도나 가치를 중심으로 자재의 품목을 분류해서 자재의 구매 내지는 재고관리에 통계적 방법을 적용하여 중점적으로 관리하는 방식은? (정답은 영문으로 작성하시오. 정답: (　　) 재고관리)

[19년 1회]

24

다음 [보기]의 상황이 주어졌을 때, 경제적 주문량(EOQ)은 몇 개인지 수치만 제시하시오(정답: 개).

[20년 6회]

> 보기
>
> 부품 A의 연간 수요량이 20,000개, 1회 주문비용이 1,000원, 개당 가격이 10,000원, 연간 단위당 재고유지비율은 40%이다.

25

자재소요계획(MRP) 시스템의 입력자료들 중에서 총괄생산계획을 구체화시켜서 최종 제품의 생산시점과 수량을 결정하는 계획을 의미하는 용어를 영문 대문자로 쓰시오(예: ERP). [20년 1회]

26

자재소요량계획에서 품목별 순소요량(NR)을 계산하는 데 사용되는 자료의 명칭을 [보기]에서 골라 쓰시오.

[20년 3회]

> 순소요량 = 총소요량 − 현재고량 − 입고예정량 + (　　) + 안전재고

> 보기
>
> 단위소요량, 로트 크기, 총소요량, 할당재고

27

자재 명세서가 다음 그림과 같은 구조를 가질 때에 제품 K의 주문량은 20개이다. 부품 D의 현재고량이 85개일 때 필요한 소요량을 구하여 수치로만 제시하시오. [21년 2회]

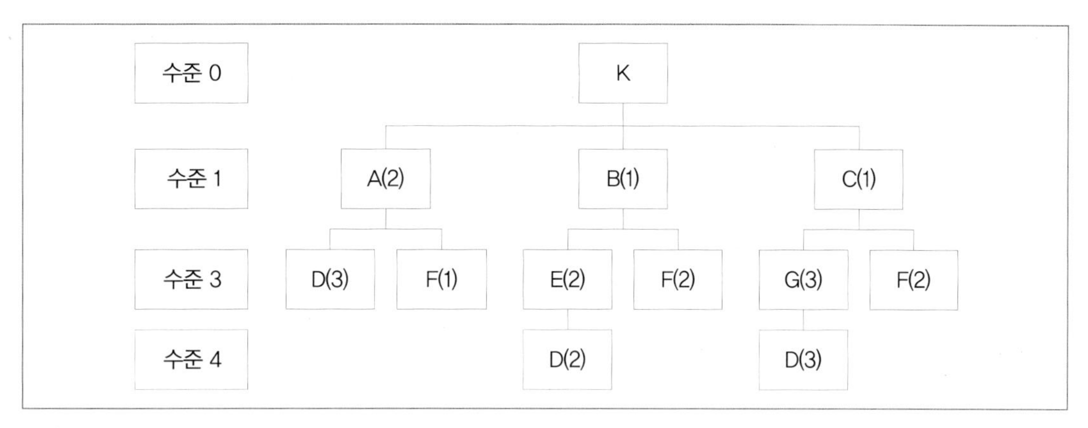

정답 및 해설

22 품절 및 미납 주문을 예방하고 납기 준수와 고객 서비스 향상을 위해 필요한 안전재고에 대한 설명이다.

23 ABC 재고관리에 대한 설명이다.

24 연간 수요량(D): 20,000개, 1회 주문비용(C_p): 1,000원, 단가(P): 10,000원, 연간단위당 재고유지비율(i): 0.4(40%)

$\therefore$ 경제적 주문량 $Q^* = \sqrt{\dfrac{2DC_p}{C_h}} = \sqrt{\dfrac{2DC_p}{P \times i}} = \sqrt{\dfrac{2 \times 20{,}000 \times 1{,}000}{10{,}000 \times 0.4}} = 100$개

25 자재소요계획(MRP)의 입력요소인 MPS, BOM, 재고기록파일 중 MPS에 대한 설명이다.

26 순소요량 = 총소요량 − 현재고량 − 입고예정량 + 할당재고 + 안전재고

27
- 수준 0 K: 20개
- 수준 1 A(2): 모품목 K 생산에 A 2개가 필요 ⇒ 20(K)개 × 2개 = 40개
  B(1): 모품목 K 생산에 B 1개가 필요 ⇒ 20(K)개 × 1개 = 20개
  C(1): 모품목 K 생산에 C 1개가 필요 ⇒ 20(K)개 × 1개 = 20개
- 수준 3 D(3): 모품목 A 생산에 D 3개가 필요 ⇒ 40(A)개 × 3개 = 120개 ✔
  F(1): 모품목 A 생산에 F 1개가 필요 ⇒ 40(A)개 × 1개 = 40개
  E(2): 모품목 B 생산에 E 2개가 필요 ⇒ 20(B)개 × 2개 = 40개
  F(2): 모품목 B 생산에 F 2개가 필요 ⇒ 20(B)개 × 2개 = 40개
  G(3): 모품목 C 생산에 G 3개가 필요 ⇒ 20(C)개 × 3개 = 60개
  F(2): 모품목 C 생산에 F 2개가 필요 ⇒ 20(C)개 × 2개 = 40개
- 수준 4 D(2): 모품목 E 생산에 D 2개가 필요 ⇒ 40(E)개 × 2개 = 80개 ✔
  D(3): 모품목 G 생산에 D 3개가 필요 ⇒ 60(G)개 × 3개 = 180개 ✔

∴ 부품 D의 총소요량은 120개 + 80개 + 180개 = 380개이며, 현재고량이 85개이므로 필요한 소요량은 380개 − 85개 = 295개이다.

정답 22 안전 23 ABC 24 100 25 MPS 26 할당재고 27 295

28

다음 설명 중 괄호 안에 공통적으로 들어가는 용어를 영문 대문자로 쓰시오(예: ERP). [21년 1회]

> (　　)의 주요 입력 데이터는 MPS Plan이지만, CRP의 주요 입력 데이터는 MRP Record이다. MPS Plan은 최종 제품과 주요 핵심 부품에 한해서 작성되기 때문에, 자원요구량을 계산하는 과정에서도 CRP가 (　　)보다 정확하게 보여줄 것이다.

29

다음 설명에서 제시하고 있는 용어는 무엇인가? (정답은 영문 대문자 약자로 쓰시오. 예: MIS)

[20년 6회]

> - 공장의 생산능력에 맞추어 자재소요계획을 수립하기 위해 작업장의 능력소요량을 시간대별로 예측하는 것
> - 이 기법은 이미 발주된 예정입고와 발주예정의 계획발주량을 완성하는 데 필요한 작업부하 산정에 이용
> - 자재소요계획 활동 중에서 MRP 전개에 의해 생성된 계획이 얼마만큼의 제조자원을 요구하는지를 계산하는 모듈

30

다음 설명에서 제시하고 있는 용어는 무엇인가? (정답은 한글로 쓰시오.) [21년 2회]

> 다음은 SCM의 기능 중 'OOO 기능'에 대한 설명이다. 우선 공급자 네트워크에 의해 공급된 원자재 등을 변형시키는 데 사용하는 여러 프로세스이며, 고객의 주문을 실제 생산 작업으로 투입하기 위한 Production Scheduling이다.

정답 및 해설

28 RCCP는 자재소요계획(생산계획) 활동 중에서 기준생산계획(MPS)이 주어진 제조자원의 용량을 넘어서는지 아닌지를 계산하는 모듈이다.

29 CRP(생산능력소요계획)에 대한 설명이다.

30 SCM의 내재적 기능에 대한 설명이다.

정답 28 RCCP 29 CRP 30 내재적

CHAPTER 04

품질관리

1 품질의 정의와 분류

1. 품질의 정의

품질은 상품, 제품이나 서비스 등의 질을 말하는 것으로 쥬란, 파이겐바움, 한국산업규격(KS)이 다양하게 정의하고 있다.

① **쥬란에 의한 정의**: 쥬란은 "품질은 곧 용도에 대한 적합성"이라고 정의하였다. 용도에 대한 적합성 개념은 모든 제품과 서비스에 보편적으로 적용할 수 있으며 제품의 필수적 요건은 그 제품을 사용하는 사람들의 요구를 충족시키는 것이기 때문이라고 하였다.

② **파이겐바움에 의한 정의**: TQC(Total Quality Control)의 주창자인 파이겐바움은 "품질이란 제품이나 서비스의 사용에서 소비자의 기대에 부응하는 마케팅, 기술, 제조 및 보전에 관한 여러 가지 특성의 전체적인 구성을 뜻한다."라고 정의하였다. 즉, 품질이란 마케터, 생산기술자, 경영자 등이 정하는 것이 아니고 소비자가 결정하는 것이라고 하였다.

③ **한국산업규격에 의한 정의**: 한국산업규격(KS A3001)은 "물품 또는 서비스가 사용 목적을 만족시키고 있는지의 여부를 결정하기 위한 평가 대상이 되는 고유 성질·성능의 전체"라고 정의하였다.

2. 품질의 분류

① **요구품질**: 소비자의 기대품질로 당연히 갖추어야 할 품질(목표품질)

② **설계품질**: 요구품질을 실현하기 위해 제품을 기획하고 그 결과를 정리하여 도면화한 품질

③ **제조품질**: 실제로 제조되어 실현되는 품질(합치의 품질), 4M의 영향을 많이 받음

④ **시장품질**: 소비자가 원하는 기간 동안 제품의 품질이 지속적으로 유지될 때 소비자가 만족하게 되는 품질(사용품질)

TIP 4M은 '작업자(Man), 설비(Machine), 재료(Material), 작업 방법(Method)'을 말하며, 제품의 품질에 영향을 미치는 요인을 분류하는 데 활용된다.

2 품질관리(QC; Quality Control)

품질관리는 기업의 경쟁력을 결정하는 핵심요소인 품질을 관리하는 것으로 소비자의 요구에 맞는 품질을 보장하고 품질 요건을 충족시키기 위한 관리 방법이다. 제품 및 서비스를 품질 요건에 맞춰 경제적으로 생산하기 위하여 수행하는 품질개발, 품질유지, 품질개량 등의 노력 및 관리를 말한다.

1. 품질관리의 발전과정

작업자 품질관리 → 직반장(감독자) 품질관리 → 검사자 품질관리 → 통계적 품질관리(SQC) → 전사적(종합적) 품질관리(TQC) → 전사적(종합적) 품질경영(TQM)

① 작업자 품질관리: 생산을 담당하고 있는 작업자가 자신의 작업물에 대한 품질을 담당
② 직반장(감독자) 품질관리: 작업자는 생산만 하고 품질검사는 감독자가 담당
③ 검사자 품질관리: 생산량 증대에 따라 감독자가 품질검사와 감독을 동시에 하기 힘들어져 품질검사만을 전담하는 검사자가 품질관리하는 방법
④ 통계적 품질관리(SQC): 생산량이 더욱 증대하여 모든 생산품에 대한 품질검사를 하는 것이 불가능해짐에 따라 샘플링에 의한 통계적 품질관리의 개념을 도입
⑤ 전사적(종합적) 품질관리(TQC): 생산부서 내의 품질담당자가 품질관리를 전담하는 형태를 벗어나, 기업 전체의 입장에서 고객이 만족할 수 있는 제품과 서비스를 위하여 모든 부서 활동을 품질 향상과 연관하여 접근하는 방법
⑥ 전사적(종합적) 품질경영(TQM): 고객의 만족을 달성하기 위한 품질의 제품을 경제적으로 생산하고 서비스할 수 있도록 기업 활동 전반의 모든 조직이 협력하여 통계적 기법은 물론 여러 활동을 통하여 품질의 개발, 유지, 개선을 수행하는 방법

2. 전사적(종합적) 품질경영(TQM; Total Quality Management)

(1) TQM의 개념

TQM은 품질을 통한 경쟁 우위 확보에 중점을 두고 고객만족, 인간성 존중, 사회에의 공헌을 중시한다. 최고 경영자의 리더십 아래 기업의 조직 및 구성원 모두가 총체적 수단을 활용하여 끊임없는 개선과 혁신에 참여하여 기업문화의 창달과 기술개발을 통해 기업의 경쟁력을 키워감으로써 장기적인 성공을 추구하는 경영체계이다. 제품 및 서비스의 품질을 향상시킴으로써 장기적인 경쟁 우위를 확보하고 기존의 조직문화와 경영관행을 재구축하는 것이다.

(2) TQM의 4가지 기본원리

① 고객중심(고객만족)
② 품질문화 형성
③ 지속적인 품질개선(공정개선)
④ 총체적 참여

3 품질관리(QC)의 7가지 도구(Tool)

품질관리(QC)의 7가지 도구로 특성요인도, 파레토도(파레토그림), 히스토그램, 층별, 산점도, 체크시트, 관리도가 있다.

1. 특성요인도

제품의 품질, 상태, 특성 등의 결과에 대하여 그 원인이 어떠한 관계로 영향을 미치게 되었는지

를 한눈에 알 수 있도록 계통적으로 정리하여 표시한 그림이다. 물고기 모양의 그림으로 생선뼈 도표(Fishbone Diagram)라고도 한다.

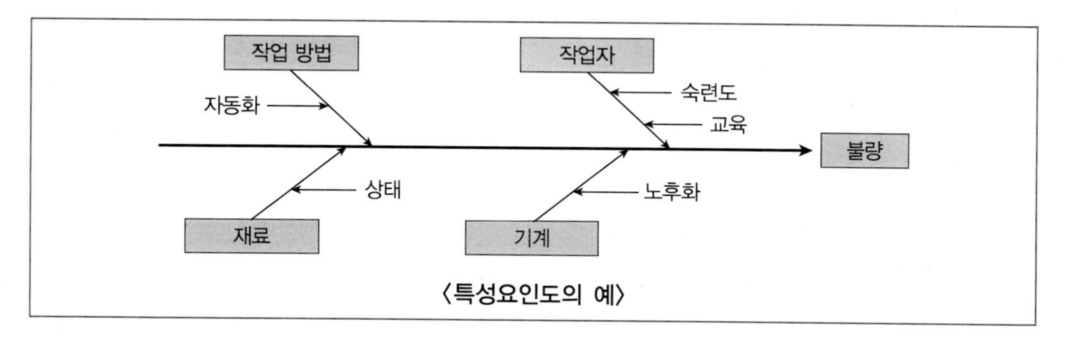

〈특성요인도의 예〉

2. 파레토도(파레토그림)

공정의 불량, 고장, 결점 등의 발생건수 혹은 손실 금액을 항목별로 분류하여 크기 순서대로 나열해 놓은 그림으로 중점관리 대상을 식별하는 데 사용한다. 문제를 유발하는 여러 가지 요인들 중 가장 중요한 요인을 추출하기 위한 기법이며, 누적그래프와 히스토그램을 합한 형태이다.

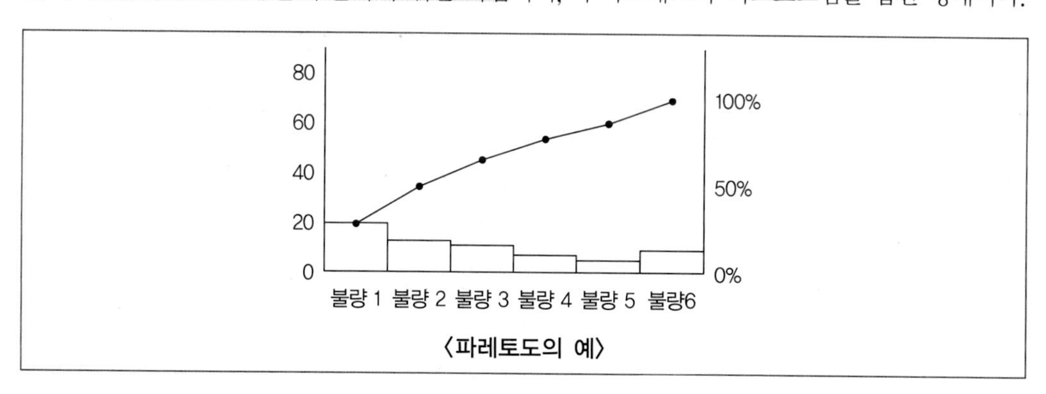

〈파레토도의 예〉

3. 히스토그램

길이, 무게, 시간, 경도, 두께 등을 측정하는 데이터(계량치)가 어떠한 분포를 하고 있는지를 알아보기 쉽게 나타낸 그림이다.

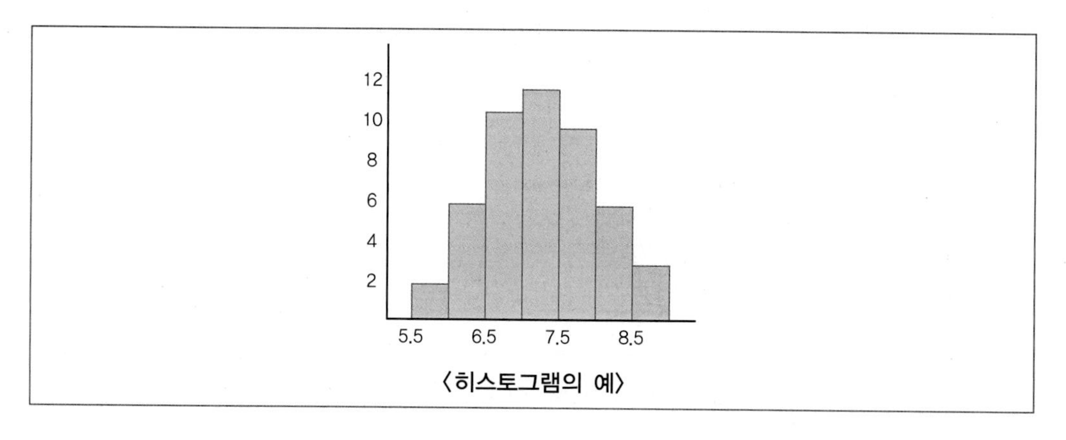

〈히스토그램의 예〉

4. 층별

불량이나 고장 등이 발생했을 때 기계별, 작업자별, 재료별, 시간별 등 각각의 자료를 요인별로 분류하여 몇 개의 층으로 나누어 불량 원인을 파악하기 위한 것이다. 예를 들어 작업자에 관하여 분석하면 조별, 숙련도별, 남녀별, 연령별 등으로 구분할 수 있다.

5. 산점도

점의 흩어진 상태를 표시함으로써 요인들의 상관관계와 경향을 파악하고 품질문제의 원인을 발견하거나 확인하여 불량이나 고장 등에 필요한 조치를 취하도록 하는 것이다. 예를 들어 불량률이 작업장의 습도와 밀접한 관계가 있다고 의심될 때 일정 기간에 관측된 습도와 불량률의 데이터를 도면상에 타점하여 두 변수 간의 상관관계를 도식화함으로써 품질문제의 원인을 발견하거나 확인할 수 있다.

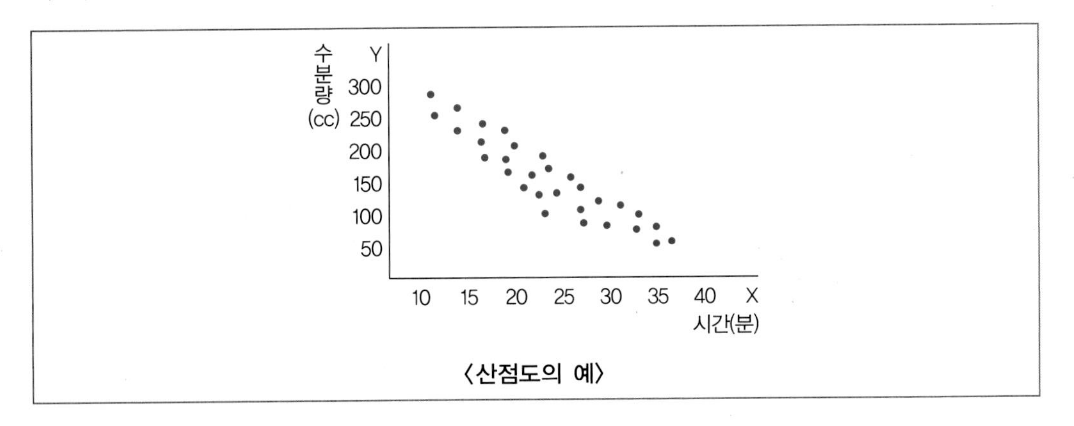

〈산점도의 예〉

6. 체크시트

불량요인 등 체크해야 하는 항목을 미리 적어 두어 간단히 기록할 수 있도록 만들어진 용지로 체크한 내역의 수량을 셀 수 있어 분류 항목별의 어디에 집중하고 있는가를 알아보기 쉽게 나타낸 것이다. 일차적인 데이터의 수집과 기록에 이용되는 양식으로 특히 원인별 불량발생건수 등 품질과 관련된 빈도조사에 많이 이용된다. 불량요인을 몇 개의 항목별로 분류하여 기록하여 살피는 용도인 기록용 체크시트와 미래에 발생할 수 있는 사고나 오차를 예방하기 위해 확인해야 할 사항을 미리 나열하여 점검하기 위한 점검용 체크시트가 있다.

구분	1일	2일	3일	4일	5일	계
불량1	//	/	/	//	//	8
불량2	/	//	///	/	////	11
불량3	/	///	/	/	///	9
불량4	///	/	///	////	/	12
계	7	7	8	8	10	40

〈기록용 체크시트의 예〉

7. 관리도

공정의 이상 유무를 조기에 파악하기 위해 사용하는 것으로, 그래프 안에서 점의 이상 여부를 판단하기 위한 중심선이나 한계선을 기입하여 관리상한선과 관리하한선을 두고 시간의 흐름에 따라 불량률의 추이를 보면서 정상구간을 벗어난 구간의 점들을 중요 문제요인으로 인식하고 관리하는 통계적 품질관리기법이다. 정상적으로 작업해도 어쩔 수 없이 발생하는 산포와 그대로 보고 넘길 수 없는 산포를 구별하여 공정의 안정상태 여부를 판단하기 위해 사용된다.

TIP 객관식은 물론 주관식에도 자주 출제되므로 품질관리(QC)의 7가지 도구 각각의 이름과 특성을 알아야 한다.

4 관리도

(1) 관리도의 원리

공정이 안정상태일 때 제품의 품질 특성은 정규분포를 나타내며 품질의 관측치가 평균값(정규분포의 중심선)을 중심으로 $\pm 3\sigma$ 내에 포함될 경우, 안정된 공정으로 간주한다. 이를 '슈하트의 3σ법'이라고 하며, $\pm 3\sigma$는 구간 내에 들어가는 비율이 99.73%임을 말한다.

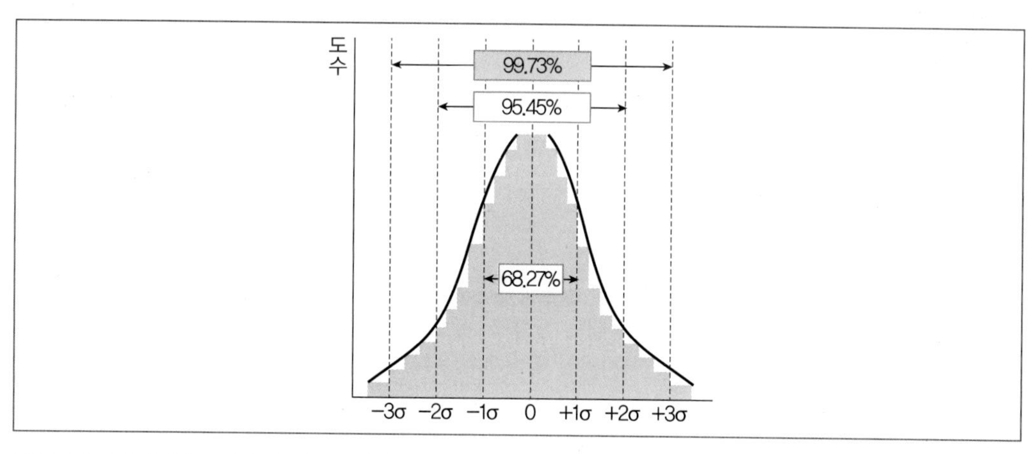

TIP 정상상태에 있는 공정의 관리도에서 정규분포를 따르는 제품 품질 특성의 평균값에 해당하는 선은 중심선이다.

(2) 관리한계

관리하고자 하는 품질 특성치의 중심치를 통계적 평균치로 하고 이 중심에서의 편차에 일정한 폭을 관리상한선과 관리하한선으로 정한 것을 관리한계라고 한다. 일반적으로 중심선의 양쪽에 그 데이터를 대표하는 모집단의 표준편차(σ)의 3배인 3σ를 사용한다.

(3) 계량치 관리도

길이, 무게, 부피, 수명, 온도, 강도 등과 같이 품질 특성이 연속적인 값을 갖는 계량치를 관리하기 위한 관리도이다. 통계적으로 정규분포와 같은 형태를 취한다. 측정기구로 측정이 가능하며 측정치 그대로를 품질 자료값으로 사용한다.

구분	내용
x **관리도** (각각의 측정치, 생데이터의 관리도)	• 데이터를 군으로 나누지 않고 각각의 측정치를 공정관리에 그대로 사용하는 관리도이다. • 데이터를 군으로 나누어도 별로 의미가 없는 경우나 정해진 공정으로부터 한 개의 측정치밖에 얻을 수 없는 경우 등에 사용한다. • 데이터의 발생 간격이 긴 공정의 관리나 데이터 측정에 시간과 비용이 많이 소요될 때 사용한다. 예 시간이 많이 소요되는 화학 분석치, 알코올농도, 1일 전력소비량 등
$\bar{x}-R$ **관리도** (평균치 $\bar{x}$와 범위 R의 관리도)	• 검출력이 좋고 사용하기 용이하여 가장 많이 쓰이는 기본적인 관리도이다. • 관리대상이 되는 항목의 길이, 무게, 강도, 성분, 산포의 변화, 수확률 등과 같이 측정치가 연속량(계량치)으로 나타나는 공정을 관리할 경우 사용한다. • 측정치 그대로를 점으로 찍지 않고 적당한 군으로 나누어 각 군의 평균치인 $\bar{x}$와 변화의 범위(공정의 변동 폭)인 R(Range)을 구한다. 예 실의 인장강도, 아스피린의 순도 등
$\tilde{x}-R$ **관리도** (메디안 $\tilde{x}$와 범위 R의 관리도)	• $\bar{x}-R$ 관리도의 $\bar{x}$ 대신에 $\tilde{x}$(메디안, 중앙값)을 사용한다. • 계산이 간단하여 플롯하기에 편리하나 $\bar{x}-R$ 관리도에 비하여 검출력이 다소 떨어진다.

(4) 계수치 관리도

불량개수, 불량률, 결점 수 등과 같이 셀 수 있는 측정치를 관리하기 위한 관리도이다. 포아송 분포와 같은 형태를 취한다.

구분	내용
p_n **관리도** (불량개수 관리도)	• 시료의 크기 n이 일정할 경우 사용한다. • 각각의 품목을 양품과 불량품으로 판정하여 시료 전체에 몇 개의 불량품이 있는지를 나타내는 불량개수로 공정을 관리할 때 사용한다. 예 전구 꼭지쇠의 불량개수, 나사의 길이 불량 등
p **관리도** (불량률 관리도)	• 시료의 크기 n이 일정하지 않을 경우 사용한다. • 계산이 복잡하여 거의 사용하지 않는다.
c **관리도** (결점 수 관리도)	품목 한 단위에서 나타나는 결점 수를 관리할 경우 사용한다. 예 책 한 쪽의 오탈자 수, TV 한 대의 납땜 불량건수, 직물의 일정한 면적 중 흠의 수, 모니터 한 대에서 발생하는 불량화소의 수 등
u **관리도** (단위당 결점 수 관리도)	시료의 크기가 여러 가지로 변할 경우 일정하지 않은 크기의 시료에서 나타나는 결점 수를 일정 단위당으로 바꾸어서 사용한다.

조금 더! 알아보기 포아송 분포

부적합 수(c) 혹은 단위당 부적합 수(u) 관리도에서 부적합 수나 단위당 부적합 수가 따르는 것으로 가정하는 통계적 확률분포이다.

5 6시그마(σ)

1. 6시그마(σ)

① 6시그마(σ)는 100만 개의 제품 중 평균적으로 3.4개의 불량만을 허용(불량률 3.4PPM 이하)하고자 하는 기업의 품질경영 전략이다. 시그마(σ)의 숫자가 커질수록 제품의 품질만족도는 증가하며 6시그마(σ)는 양품률이 99.99966%라는 것이다. 즉, 불량률 제로를 추구하는 것이나 마찬가지이다.

② 6시그마(σ)는 1980년대 모토로라에서 창안된 품질개선 전략이다. 품질 향상에 비용이 많이 드는 것이 아니라 품질 향상이 오히려 비용을 절감할 수 있다는 생각으로 갤빈 회장의 주도하에 품질개선 운동을 하였다.

③ 6시그마(σ)는 제품의 설계와 제조뿐만 아니라 사무간접, 지원 등을 포함하는 모든 종류의 프로세스에서 결함을 제거하고 목표로부터의 이탈을 최소화하여 품질혁신과 이익창출, 고객만족을 달성하고자 하는 혁신 전략으로서 결함 발생률을 6시그마(σ) 수준으로 줄이는 것이다.

2. 6시그마(σ) 관련 용어

① CTQ(Critical To Quality): 핵심적인 품질 특성

② PPM(Parts Per Million): 백만 개 제품당 불량품 수

③ DPU(Defects Per Unit): 단위당 결함 수

④ DPMO(Defects Per Million Opportunities): 백만 기회당 결함 수

3. 6시그마(σ)의 네 가지 단계(MAIC)

6시그마(σ)는 네 가지 단계로 나눌 수 있으며 측정(Measurement), 분석(Analysis), 개선(Improvement), 관리(Control)의 순서로 앞 글자를 따서 'MAIC'라고 부른다.

① 1단계 〈측정(Measurement)〉: 주요 제품 특성치(종속변수)를 선택한 후 그에 필요한 측정을 실시하여 품질수준을 조사하며, 그 결과를 공정관리 카드에 기록하고 단기 또는 장기의 공정 능력을 추정한다.

② 2단계 〈분석(Analysis)〉: 주요 제품의 특성치와 최고 수준의 타 회사 특성치를 벤치마킹하고, 차이 분석을 통하여 최고 수준의 제품이 성공적인 성능을 내기 위한 요인이 무엇인가를 조사하여 목표를 설정한다. 경우에 따라 제품 또는 공정의 재설계가 필요할 수 있다.

③ 3단계 〈개선(Improvement)〉: 여러 요인의 개선을 통해 프로세스를 최적화하고 성과를 검증하는 단계이다. 개선이 필요한 성능의 특성치를 정하고 이 특성치의 변동요인을 진단한 후 실험계획법과 같은 통계적 방법을 이용해 공정변수를 찾아 공정조건을 개선한다. 이를 통해 공정변수 간의 영향 관계를 파악하고, 공정변수의 규격을 정한다.

④ 4단계 〈관리(Control)〉: 새로운 공정조건을 표준화시키고 통계적 공정관리 방법을 통하여 그 변화를 탐지한 후 새 표준으로 공정이 안정되면 공정 능력을 재평가한다. 분석 결과에 따라 1단계, 2단계, 3단계로 다시 돌아갈 수도 있다.

TIP 6시그마의 네 가지 단계의 순서와 특징을 알아야 한다.

4. DMAIC 추진 단계

최근의 6시그마 경영혁신 활동은 제조부문과 연구부문으로 나뉘는데 제조부문은 DMAIC 방법론을, 연구부문은 DFSS(Design For Six Sigma) 방법론을 통해 프로세스를 진행한다. 제조부문의 DMAIC 방법론은 정의(Define), 측정(Measure), 분석(Analyze), 개선(Improve), 관리(Control) 단계의 앞 글자를 따서 DMAIC라고 부른다.

① **정의(Define) 단계**: 기업 전략과 소비자의 요구사항이 일치하는 활동의 목표를 정한다. CTQ(Critical To Quality) 및 현 수준의 평가를 통한 개선 영역의 확인과 테마의 우선순위를 선정하는 테마선정 단계이다.

② **측정(Measure) 단계**: 현재의 프로세스 능력과 제품의 수준 등을 측정하고 품질에 결정적인 영향을 끼치는 요소인 CTQ를 밝혀낸다. 프로젝트의 범위와 성과지표를 구체화하고, 측정시스템의 유효성 확인을 통하여 현 시그마 수준을 평가하는 단계이다.

③ **분석(Analyze) 단계**: 문제의 잠재인자 및 근본 원인을 파악하고 검증함으로써 개선의 우선순위를 명확하게 하는 단계이다.

④ **개선(Improve) 단계**: 바람직한 프로세스를 만들 수 있도록 여러 요소들을 개선하며, 개선안 도출 및 최적안 선정으로 파일럿 테스트(Pilot Test)를 실시함으로써 개선 효과를 파악하는 단계이다.

⑤ **관리(Control) 단계**: 개선 내용이 원하는 성과를 얻을 수 있도록 유지 관리를 위한 계획을 수립하고, 이를 전 사원과 업무의 확산 및 공유화로 연결시키는 단계이다.

6 품질검사

품질검사란 물품을 어떤 방법으로 측정한 결과를 판정기준과 비교하여 제품 각각의 적합·부적합품이나 로트의 합격·불합격 판정을 내리는 것이다.

1. 검사의 종류

(1) 검사공정(프로세스)에 의한 분류

① **수입검사**: 외부로부터 원재료, 반제품, 제품 등을 받아들이는 경우에 제출된 로트에 대하여 행하는 검사로 일정한 규격에 맞는지를 확인한다.

② **구입검사**: 외부에서 구입하는 경우의 검사로 구입자는 관청, 공장, 상점, 일반 대형소비자, 같은 공장 내의 소비자 등이 있다.

③ **공정검사(중간검사)**: 앞의 제조공정에서 다음 제조공정으로 이동하는 사이에 하는 검사로 다음 공정으로 불량품이 들어가는 것을 막기 위해서 한다.

④ **최종검사**: 제조공정의 최종 단계에서의 검사로 완성품에 대하여 검사한다.

⑤ **출하검사**: 제품을 출하할 때 하는 검사이다.

⑥ **기타검사**: 기타 과정에서의 검사로 입고검사, 출고검사, 인수인계검사 등이 있다.

(2) 검사 장소에 의한 분류

① 정위치검사: 검사에서 특수한 장치를 필요로 하거나 특별한 장소에서 하는 검사이다.
② 순회검사: 검사공정이 도중에 있는 것이 아니라 검사원이 적시에 현장을 순회하면서 하는 검사이다.
③ 출장검사: 외주업체에 출장하여 하는 검사이다.

(3) 검사 성질에 의한 분류

① 파괴검사
- 제품 등을 파괴하거나 가치를 떨어뜨리는 시험을 통해 검사의 목적을 달성할 수 있다.
- 파괴를 함으로써 같은 제품에 반복적으로 시험을 할 수 없다는 단점이 있다.
- 전수검사에는 불가능하며 샘플링검사를 하여야 한다.

예 전구의 수명시험, 냉장고 수명시험, 멸균시험 등

② 비파괴검사: 가치를 떨어뜨리지 않고 검사의 목적을 달성할 수 있는 검사이다.

예 전구의 점등시험, 도금판의 핀홀검사 등

(4) 검사 방법(판정대상)에 의한 분류

① 전수검사: 모든 품목을 검사하는 것이다(파괴검사에는 사용하지 않는다).
② 로트별 샘플링검사: 시료를 로트별로 샘플링하고, 샘플링한 품목을 조사하여 로트의 합격이나 불합격을 결정하는 검사이다.
③ 관리 샘플링검사: 제조공정관리, 공정검사의 조정, 검사의 체크를 목적으로 행하는 검사이다.

2. 전수검사와 샘플링검사

(1) 전수검사를 하는 경우

전수검사를 쉽게 할 수 있거나 불량품이 조금이라도 섞이면 안 되는 경우에 전수검사를 한다.

① 전수검사를 쉽게 할 수 있는 경우
- 검사비용에 비해서 검사를 통해 얻는 효과가 크며, 검사하는 데 수고와 시간이 별로 들지 않는 경우

  예 자동검사기, 전구점등시험, 간단한 게이지로 검사하는 경우 등
- 로트의 크기가 작아서 전수검사를 할 수 있거나 파괴검사가 아닌 경우

② 불량품이 조금이라도 섞이면 안 되는 경우
- 불량품이 조금이라도 섞이면 안전에 중대한 영향을 미치는 치명적인 결점의 경우

  예 브레이크 작동 시험, 고압용기의 내압시험
- 불량품이 조금이라도 섞이면 경제적 영향이 더 크게 미치는 경우

  예 보석류 등 값비싼 품목
- 불량품이 조금이라도 섞이면 다음 공정에 더 큰 손실을 가져올 경우

(2) 샘플링검사를 하는 경우

① 불량품이 어느 정도 섞여도 괜찮은 경우
② 불완전한 전수검사에 비해 신뢰성 높은 결과가 얻어지는 경우
③ 검사비용을 적게 들이는 것이 이익이 되는 경우
④ 검사항목이 많고 복잡한 경우(로트가 큰 경우)
⑤ 생산자에게 품질 향상의 자극을 주고 싶은 경우
⑥ 연속 생산물, 파괴검사 품목

(3) 품질 특성에 따른 샘플링검사의 분류

① **계수 샘플링검사**: 불량률에 의한 샘플링검사, 결점 수에 의한 샘플링검사
② **계량 샘플링검사**: 특성치에 의한 샘플링검사

조금 더! 알아보기 생산자위험

샘플링검사에서의 생산자위험이란 합격인 좋은 품질의 로트임에도 불구하고 불합격 로트의 판정을 받을 수 있는 위험의 종류로 제1종 오류의 확률이라고 한다.

7 품질비용

품질비용은 제품과 서비스 등의 품질을 관리하는 활동비용이다.

1. 예방비용

① 우선적으로 고려해야 할 비용
② 불량품 생산을 예방하여 불량이나 실패가 생기지 않게 하기 위한 비용
③ 품질계획, 품질 교육 및 훈련, 공정개선, 설계검토, 공급업자 평가비용 등

2. 평가비용

① 제품의 품질을 정식으로 평가하는 데 발생하는 비용
② 측정, 평가, 검사에 수반되어 발생하는 비용
③ 수입검사, 제품검사, 공정검사, 출하검사, 신뢰성 평가비용 등

3. 실패비용

제품의 품질이 일정한 품질수준에 미달되어 발생하는 비용을 말한다.

① **내부실패비용**: 제품의 출하 또는 서비스가 고객에게 전달되기 이전에 발생한 비용
예 스크랩비용, 수리비용, 설계변경비용, 폐기비용, 부실재고비용 등
② **외부실패비용**: 제품의 출하 또는 서비스가 고객에게 전달된 이후에 발생한 비용
예 무상수리비용, A/S자재비용, A/S부서운용비용, 클레임처리비용 등

8 통계적 공정관리(SPC; Statistical Process Control)

1. 통계적 공정관리

SPC는 TQC의 일환으로 품질규격에 합격할 수 있는 제품을 만들어 내기 위하여 통계적 방법에 의해 공정을 관리하는 방법이다. 과학적인 정보 데이터를 근거로 문제를 직시하고 해석하며 해결책이나 향상 방안을 찾아내는 것으로, 각 공정에서 품질규격에 맞는 제품을 만들어 낼 수 있는 상태로 관리해 가는 기법이다. PDCA(Plan－Do－Check－Act) 관리사이클을 통해 운영한다.

2. 통계적 공정관리의 품질 변동 원인

(1) 우연원인

① 엄격하게 제대로 관리해도 우연처럼 나타나는 원인으로 피할 수 없는 원인(통제 불가능)

② 우연원인이 생기는 경우

- 작업자 숙련도의 차이 예 미숙련 작업자
- 작업환경의 변화 예 온도와 습도 조건의 차이
- 원자재나 생산설비 등의 제반 특성이 식별하기 어려운 정도의 차이
- 종업원의 사기 등 사회나 기술적 요인

(2) 이상원인

① 피할 수 있는 원인, 묵인할 수 없는 원인(통제 가능)

② 이상원인이 생기는 경우

- 작업자의 실수나 작업조건 미준수 등 작업자의 부주의
- 불량자재의 사용, 재료의 변경
- 기계의 성능 저하 등 생산설비 이상
- 생산조건의 갑작스런 변화 등 간과할 수 없는 원인

기출 & 확인문제

객관식

01

품질의 분류에 관한 설명으로 옳은 것은? [20년 3회]

① 설계품질: 소비자 기대를 충족하기 위해 제품을 기획하고 도면화한 품질
② 시장품질: 소비자의 기대품질로 당연히 갖추어야 할 품질
③ 요구품질: 실제로 구현된 제품의 품질 특성
④ 제조품질: 제품이 지속적으로 유지되어 소비자가 만족하는 품질

02

품질관리의 발달 과정을 순서대로 바르게 나열한 것은? [20년 6회]

① TQC – SQC – TQM
② SQC – TQC – TQM
③ TQC – TQM – SQC
④ SQC – TQM – TQV

03

다음 중 TQM의 원칙과 가장 거리가 먼 것은? [20년 6회]

① 지속적인 개선
② 품질문화 형성
③ 고객중심의 사고
④ 핵심인력중심 참여

04

QC 7가지 도구 중 결과(품질, 원가, 작업기간 등)에 대하여 원인(생산요소 등)이 어떠한 관계로 영향을 미치게 되었는지를 한눈에 보아 알아볼 수 있도록 표시한 그림은 무엇인가? [21년 1회]

① 산점도
② 체크시트
③ 특성요인도
④ 히스토그램

05

두 변수 간의 상관관계를 도식화하여 보여 줌으로써 품질문제의 원인을 발견하거나 확인하는 데 이용되는 것은? [20년 3회]

① 산점도
② 체크시트
③ 특성요인도
④ 히스토그램

정답 및 해설

01 ②는 요구품질, ③은 제조품질, ④는 시장품질에 대한 설명이다.

02 품질관리의 발달 과정 : SQC(통계적 품질관리) → TQC(종합적 품질관리) → TQM(종합적 품질경영)

03 TQM의 4가지 기본원리: 고객중심(고객만족), 품질문화 형성, 지속적인 품질개선(공정개선), 총체적 참여

04 QC 7가지 도구 중 특성요인도에 대한 설명이며, 생선뼈도표라고도 한다.

05 산점도는 점의 흩어진 상태를 표시함으로써 요인들의 상관관계와 경향을 파악하고 품질문제의 원인을 발견하거나 확인하여 불량이나 고장 등에 필요한 조치를 취하도록 하는 것이다.

정답 01 ① 02 ② 03 ④ 04 ③ 05 ①

06

QC 7가지 도구 중 일차적인 데이터의 수집과 기록에 이용되는 양식으로 특히 원인별 불량발생 건수 등 품질과 관련된 빈도조사에 많이 이용되는 것은 무엇인가? [21년 2회]

① 산점도
② 파레토도
③ 체크시트
④ 특성요인도

07

측정치의 유형 중 계량치에 대한 내용으로 틀린 것은? [20년 5회]

① 연속적인 값을 갖는 측정치
② 통계적으로 정규분포와 같은 분포 형태를 취함
③ 불량품 개수나 단위당 결점 수와 같이 셀 수 있는 측정치
④ 측정기구로 측정 가능하며 측정치를 그대로 품질 자료값으로 사용

08

계량치 관리도에 의해 품질을 관리하는 것이 적절치 않은 데이터는? [20년 4회]

① 길이
② 무게
③ 결점 수
④ 강도

09

계수치 관리도 중 하나로 일정한 면적의 철판의 흠이나, 직물의 일정 면적 중 흠의 수 등 품목 한 단위에서 발생하는 결점 수를 관리하는 데 사용되는 관리도는? [21년 1회]

① p 관리도
② p_n 관리도
③ c 관리도
④ u 관리도

10

6시그마 경영에서 품질수준이 6시그마 수준에 도달한 공정의 DPMO(Defects Per Million Opportunities)는? [19년 6회]

① 0.34
② 3.40
③ 34.0
④ 340

11

다음의 설명은 일반적인 6시그마 추진 단계에서 어느 단계에 속하는가? [21년 1회]

> 새로운 공정조건을 표준화시키고, 통계적 공정관리 방법으로 그 변화를 탐지하고 새 표준으로 공정이 안정되면 공정 능력을 재평가한다.

① 분석
② 관리
③ 개선
④ 측정

정답 및 해설

06 일차적인 데이터의 수집과 기록에 이용되는 양식인 체크시트에 대한 설명이다.

07 불량개수, 불량률, 결점 수 등과 같이 셀 수 있는 측정치는 계수치이다.

08
- 계량치 관리도: 길이, 무게, 강도 등과 같이 연속적인 값을 갖는 계량치를 관리
- 계수치 관리도: 불량개수, 불량률, 결점 수 등과 같이 셀 수 있는 측정치를 관리

09 품목 한 단위에서 나타나는 결점 수를 관리할 경우 사용하는 관리도는 c 관리도이다.

10 6시그마(σ)는 100만 개의 제품 중 평균적으로 3.4개의 불량만을 허용(불량률 3.4PPM 이하)하고자 하는 기업의 품질경영 전략이다.

11 6시그마(σ)의 추진 단계 중 관리(Control) 단계에 대한 설명이다.

정답 06 ③ 07 ③ 08 ③ 09 ③ 10 ② 11 ②

12

샘플링검사에 대한 설명으로 옳지 않은 것은? [21년 2회]

① 파괴검사의 경우에는 샘플링검사가 바람직하다.
② 샘플링검사를 하는 경우에는 합격품 중에 부적합품이 혼입될 수도 있다.
③ 샘플링검사는 부적합품의 합격으로 인한 비용이 전수검사비용보다 더 작을 경우에 유리하다.
④ 검사 항목이 많거나 절차가 복잡한 경우에는 전수검사보다 샘플링검사가 불리하다.

13

샘플링검사의 특징으로 옳지 않은 것은? [19년 2회]

① 생산자에 대한 품질 향상 자극 효과가 크다.
② 검사항목이 많고 복잡한 검사에 유리하다.
③ 일반적으로 로트 크기가 작을 때 적합하다.
④ 절대로 불량이 있어서는 안 되는 경우에는 부적합하다.

14

샘플링검사에서 생산자위험이란? [20년 3회]

① 좋은 로트(럿)를 좋다고 판정할 위험
② 나쁜 로트(럿)를 좋다고 판정할 위험
③ 나쁜 로트(럿)를 나쁘다고 판정할 위험
④ 좋은 로트(럿)를 나쁘다고 판정할 위험

15

다음 중 품질비용이 아닌 것은? [21년 2회]

① 예방비용
② 평가비용
③ 실패비용
④ 부족비용

16

품질관리에 관한 내용으로 틀린 것은? [20년 1회]

① 파괴검사의 경우에는 샘플링검사가 바람직하다.
② 관리도는 공정의 상태를 해석하여 관리하기 위한 것이다.
③ 샘플링검사 결과에서 합격품 중에 불량품이 혼입될 수도 있다.
④ 품질비용 중 실패비용이 차지하는 비용이 높을수록 바람직하다.

17

공정품질의 변동요인 중 우연원인(Chance Cause)에 해당하는 것은? [19년 1회]

① 불량자재 사용
② 기계 성능 저하
③ 미숙련 작업자
④ 작업자 부주의

정답 및 해설

12 검사 항목이 많거나 절차가 복잡한 경우에는 전수검사보다 샘플링검사가 유리하다.

13 샘플링 검사는 일반적으로 로트의 크기가 클 때 적합하다.

14 샘플링검사에서의 생산자위험이란 합격인 좋은 품질의 로트임에도 불구하고 불합격 로트의 판정을 받을 수 있는 위험의 종류로 제1종 오류의 확률이라고 한다.

15 제품과 서비스 등의 품질을 관리하는 활동비용인 품질비용에는 예방비용, 평가비용, 실패비용이 있다.

16 실패비용은 제품의 품질이 일정한 품질수준에 미달되어 발생하는 비용을 말한다. 따라서 실패비용이 높을수록 바람직하지 않다.

17 불량자재 사용, 기계 성능 저하, 작업자 부주의는 이상원인으로 피할 수 있는 원인이다.

정답 12 ④ 13 ③ 14 ④ 15 ④ 16 ④ 17 ③

주관식

18

다음 [보기]의 품질에 관한 설명에서 (　　) 안에 들어갈 용어를 쓰시오. [21년 2회]

보기

한국산업규격(KS A3001)은 품질을 “물품 또는 서비스가 (　　)을/를 만족시키고 있는지의 여부를 결정하기 위한 평가 대상이 되는 고유의 성질·성능의 전체”라고 정의하고 있다.

19

다음 [보기]에 해당하는 품질의 분류를 한글로 쓰시오. [20년 5회]

보기

목표품질을 실현하기 위해서 제품을 기획하고 그 결과를 시방으로 정의한 품질

20

다음 빈칸에 알맞은 용어를 영문 대문자 약자로 답을 쓰시오(예: ERP). [20년 5회]

ISO(국제표준화기구)에서는 (　　)은/는 “품질을 중심으로 하는 모든 구성원이 참여와 고객만족을 통한 장기적 성공 지향을 기본으로 하여 조직의 모든 구성원과 사회에 이익을 제공하는 조직의 경영적 접근”이라 정의하고 있다.

21

QC 7가지 도구 중 길이, 무게, 시간 등을 측정하는 데이터(계량값)가 어떠한 분포를 하고 있는지 알아보기 쉽게 나타내는 데 사용되는 것은 무엇인지 정답을 한글로 쓰시오. [21년 1회]

22

자루에 넣어 쌓아 둔 분말 물질의 수분을 조사할 때에, 상층부는 비교적 수분이 적고 하층부는 비교적 수분이 많고 중층부는 그 중간이라는 정보를 갖고 있으면, 상층부, 중층부, 하층부로 나누어서 조사를 하는 것이 유리하다. 이처럼 QC 7가지 도구 중에서 데이터를 몇 개의 범주에 의해 구분함으로써 문제의 원인을 파악하려는 기법은 무엇인지 한글로 쓰시오. [19년 2회]

23

관리상한선(UCL)과 관리하한선(LCL)을 두고 시간의 흐름에 따라 불량률의 추이를 보면서 정상 구간을 벗어난 구간(Out Of Control)의 점들을 중요 문제요인으로 인식하고 관리하는 통계적 품질관리 수법을 무엇이라고 하는지 정답을 한글로 쓰시오. [21년 1회]

24

다음 [보기]가 설명하는 용어를 쓰시오(정답은 한글로 작성하시오). [19년 6회]

보기

정상상태에 있는 공정의 관리도에서 정규분포를 따르는 제품 품질 특성의 평균값에 해당하는 선

정답 및 해설

18 한국산업규격(KS A3001)은 품질을 "물품 또는 서비스가 사용 목적을 만족시키고 있는지의 여부를 결정하기 위한 평가 대상이 되는 고유의 성질·성능의 전체"라고 정의한다.

19 설계품질에 대한 설명이다.

20 TQM은 품질을 통한 경쟁 우위 확보에 중점을 두고 고객만족, 인간성 존중, 사회의 공헌을 중시하는 전사적 품질경영이다.

21 QC 7가지 도구 중 히스토그램에 대한 설명이다.

22 QC의 7가지 도구 중 층별은 층별 각각의 자료를 요인별로 분류하여 몇 개의 층으로 나누어 불량 원인을 파악하기 위한 것이다.

23 QC 7가지 도구 중 공정의 이상 유무를 조기에 파악하기 위해 사용하는 것은 관리도이다.

24 정상상태에 있는 공정의 관리도에서 정규분포를 따르는 제품 품질 특성의 평균값에 해당하는 선은 중심선이다.

정답 18 사용 목적 19 설계품질 20 TQM 21 히스토그램 22 층별 23 관리도 24 중심선

25

다음 [보기]의 (　　)에 들어갈 정답을 영어 알파벳으로 표기하시오(정답: (　　)관리도).

[20년 4회]

> 보기
> 불량률이란 제품을 양, 불량 혹은 합격, 불합격으로 분류할 때 불량품이 전체에서 차지하는 비율을 말한다. 관리도 중 불량률을 통제하기 위하여 사용되는 것은 (　　) 관리도이다.

26

계수치 관리도 중에 하나로 책 한 페이지의 오탈자 수처럼 품목 한 단위에서 발생하는 결점 수를 관리하는 데 사용되는 관리도는 무엇인지 영어 알파벳으로 표기하시오(정답: (　　) 관리도).

[20년 3회]

27

부적합 수(c) 혹은 단위당 부적합 수(u) 관리도에서 부적합 수나 단위당 부적합 수가 따르는 것으로 가정하는 통계적 확률분포의 이름을 쓰시오(정답: (　　) 분포).

[20년 1회]

28

다음 [보기]가 설명하는 용어를 한글로 쓰시오.

[18년 3회]

> 보기
> 제품의 설계와 제조뿐만 아니라 사무간접, 지원 등을 포함하는 모든 종류의 프로세스에서 결함을 제거하고 목표로부터의 이탈을 최소화하여 조직의 이익 창출과 함께 고객만족을 극대화하고자 하는 혁신 전략을 의미한다. 통계적 척도를 활용하여 모든 프로세스의 품질수준을 향상시켜, 불량률을 3.4PPM 이하로 하고자 하는 기업의 품질경영 전략이다.

29

검사의 성질에 따른 분류에서 전구의 점등시험, 도금판의 핀홀 검사와 같이 물품을 시험하여도 상품가치가 떨어지지 않고 검사의 목적을 달성할 수 있는 검사를 무엇이라고 하는가? (답은 한글로 적을 것. 답: (　　) 검사)

[19년 3회]

30

품질비용 중 스크랩비용, 클레임처리비용과 같이 제품의 품질수준이 기준에 미달되어 발생하는 비용을 무엇이라고 하는지 쓰시오(정답: (　　)비용). [20년 6회]

31

아래의 [보기]가 설명하는 단어를 예와 같이 영어 약자(스펠링)로 써넣으시오(예: ERP). [18년 4회]

보기

(　　)은/는 TQC의 일환으로 품질규격에 합격할 수 있는 제품을 만들어 내기 위하여 통계적 방법에 의하여 공정을 관리해 나가는 관리 방법이다. 즉, (　　)(이)란 종업원 개인의 예측이나 의견으로 어떤 사실을 보거나 판단하는 것이 아니라 과학적인 정보 데이터를 근거로 문제를 직시하고 해석하며, 해결책이나 향상 방안을 찾아내는 것을 말하므로 과학적 기본 정보 데이터와 이를 분석하여 각 공정에서 품질규격에 맞는 제품을 만들어 낼 수 있는 상태로 관리해 가는 기법이다.

정답 및 해설

25 불량률 관리도는 p 관리도이다.

26 결점 수 관리도는 c 관리도이다.

27 불량개수, 불량률, 결점 수 등과 같이 셀 수 있는 측정치를 관리하기 위한 계수치 관리도는 포아송 분포 형태를 취한다.

28 6시그마(식스시그마)에 대한 설명이다.

29 가치를 떨어뜨리지 않고 검사의 목적을 달성할 수 있는 검사는 비파괴 검사이다.

30 제품의 품질이 일정한 품질수준에 미달되어 발생하는 비용은 실패비용이다.

31 SPC는 TQC의 일환으로 품질규격에 합격할 수 있는 제품을 만들어 내기 위하여 통계적 방법에 의해 공정을 관리하는 방법이다.

정답 25 p 26 c 27 포아송 28 6 시그마(식스시그마) 29 비파괴 30 실패 31 SPC

에듀윌이
너를
지지할게

ENERGY

벽을 내려치느라 시간을 낭비하지 마라.

그 벽이 문으로 바뀔 수 있도록 노력하라.

– 가브리엘 "코코" 샤넬(Gabrielle "Coco" Chanel)

PART 03

실무 시뮬레이션

프로그램 설치 & 백데이터 복원

- [에듀윌 도서몰] – [도서자료실] – [부가학습자료]에서 다운
- PART 03 → 2022 핵심ERP 프로그램 설치
- 백데이터 파일은 반드시 압축 해제 후 복원
- 오류 발생시 플래너 뒷면의 Q&A 참고

CHAPTER 00

iCUBE 핵심ERP 프로그램 설치 방법

ERP 정보관리사 생산 1급 실무 기초 특강
QR코드를 촬영해 실무 프로그램 설치 방법을 확인하세요!
에듀윌 도서몰(http://book.eduwill.net)에서도 수강할 수 있습니다.

〈iCUBE 핵심ERP 프로그램 설치 시 유의사항〉

아래 컴퓨터 사양보다 낮은 환경에서는 2022 핵심ERP 프로그램을 설치할 수 없다.

설치 가능 OS	Microsoft Windows7 이상(Mac OS X, Linux 등 설치 불가)
CPU	Intel Core2Duo / i3 1.8Ghz 이상
Memory	3GB 이상
HDD	10GB 이상

1. 2022 iCUBE 핵심ERP 설치 방법

(1) 에듀윌 도서몰(http://book.eduwill.net)에 접속한다.

(2) 로그인 후, [도서자료실] – [부가학습자료]를 클릭한다.

(3) 카테고리를 ERP 정보관리사로 선택한 후 검색한다.

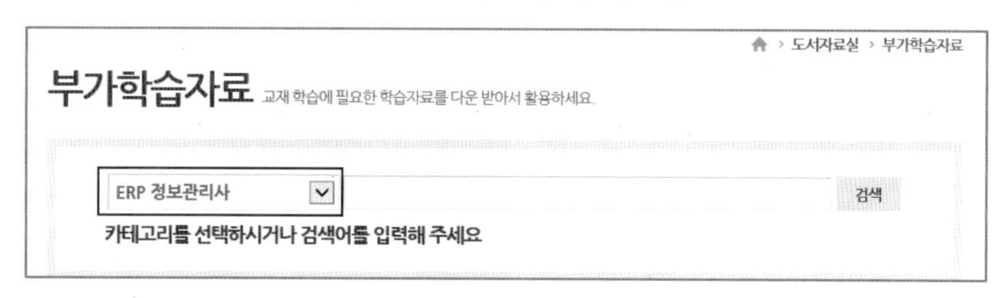

TIP 2022 버전에는 2021년 실무 백데이터가 호환이 되지 않으므로 PART 03 실무 시뮬레이션은 2022 버전, PART 04 최신 기출문제는 2021 버전을 다운로드하여 학습해야 한다.

(4) 2022 에듀윌 ERP 정보관리사 생산 1급 교재의 다운로드 버튼을 클릭한 후 iCUBE 핵심ERP 프로그램을 다운로드한다.

(5) 압축된 파일을 풀고 'CoreCubeSetup.exe'를 실행한다.

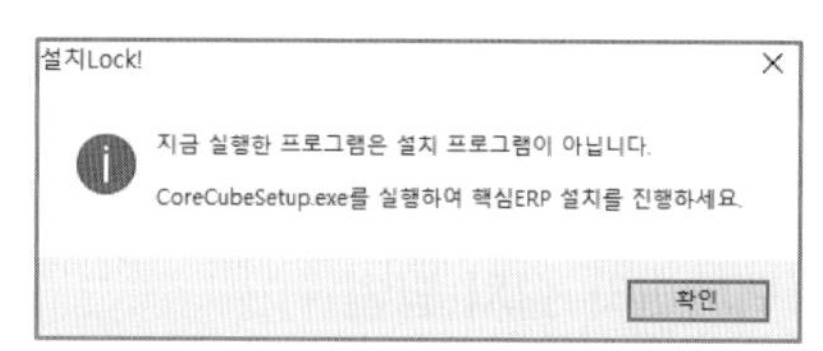

TIP [CoreCube.exe]를 실행한 경우 위와 같이 설치를 진행할 수 없다.

(6) 설치가 진행되면 '핵심ERP 설치 전 사양체크'가 실행된다.

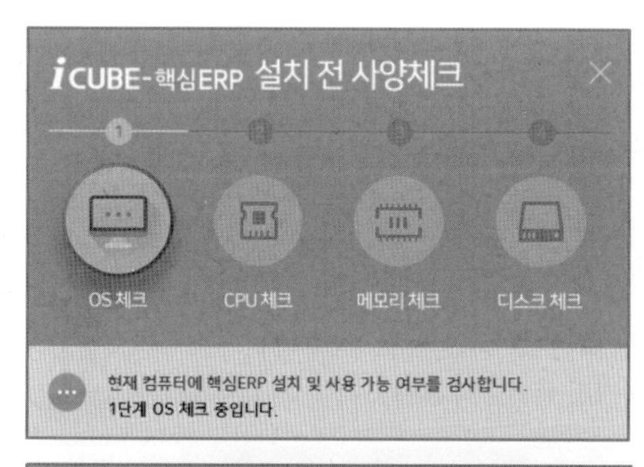

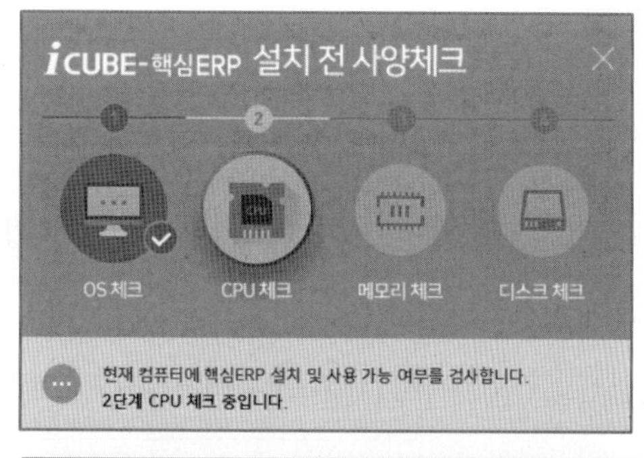

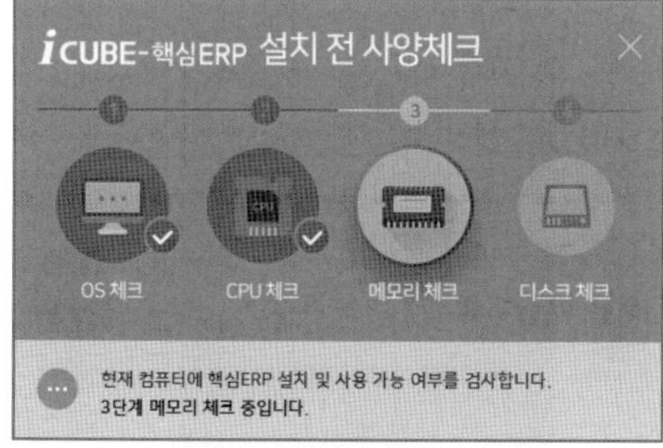

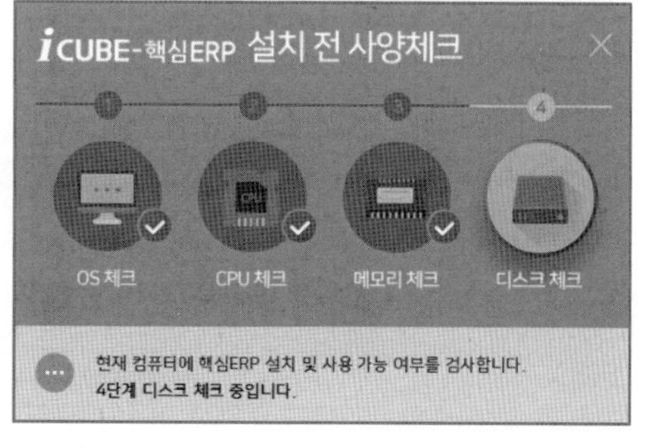

TIP 4단계에 걸쳐 현재 컴퓨터의 사양을 체크하여 핵심ERP 설치 가능 여부를 확인한다. 4단계를 모두 충족해야만 핵심ERP 프로그램의 설치가 진행된다.

(7) 설치가 완료되면 iCUBE 핵심ERP를 실행시켜 첫 화면에서 백데이터를 복원하거나 시스템관리자로 로그인한다.

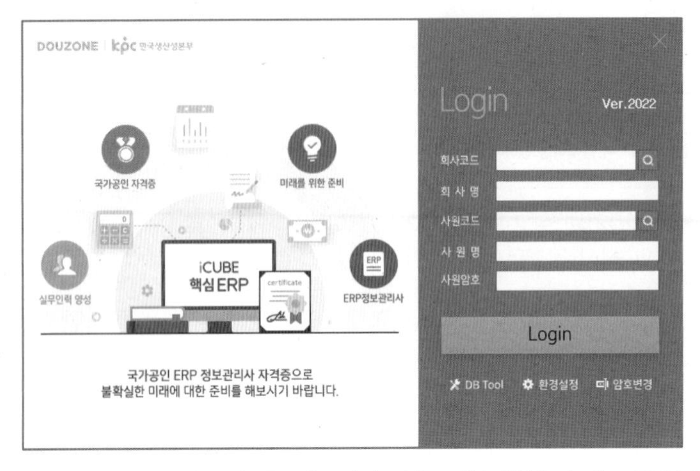

TIP 설치 중 오류 발생 시, [에듀윌 도서몰] – [도서자료실] – [부가학습자료] – ERP 정보관리사 검색 후 '핵심ERP 프로그램 설치 매뉴얼'을 다운로드받아 확인한다.

2. 2022 iCUBE 핵심ERP 백데이터 설치 방법

(1) [에듀윌 도서몰] – [도서자료실] – [부가학습자료]에서 ERP 정보관리사로 검색한다.

(2) 2022 에듀윌 ERP 정보관리사 생산 1급 교재의 다운로드 버튼을 클릭한 후 백데이터를 다운로드한다.

(3) 다운로드된 백데이터의 압축을 풀고 다음 페이지를 참고하여 백데이터를 복원한다.

3. 2022 iCUBE 핵심ERP 백데이터 사용 방법

(1) 백데이터 복원 방법

① iCUBE 핵심ERP 첫 화면에서 'DB Tool' 버튼을 클릭한다.

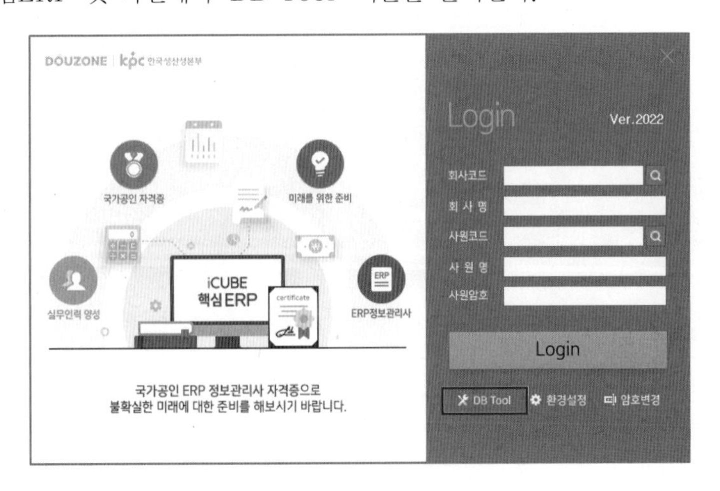

② iCUBE 핵심ERP DB TOOL 화면에서 'DB복원'을 클릭한다.

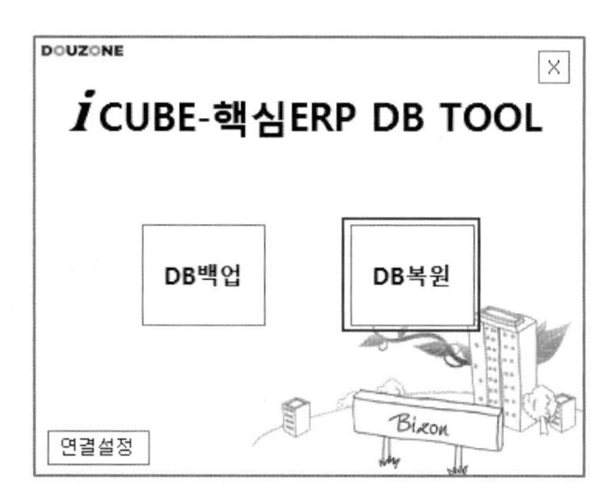

③ '기본백업폴더 복원'을 지정하여 복원하는 경우, [C:₩iCUBECORE₩iCUBECORE_DB₩BAK] 경로에 있는 백데이터가 복원된다.

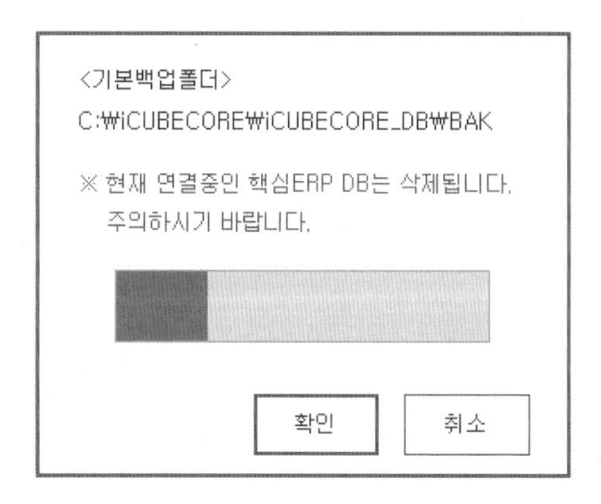

④ '다른백업폴더 복원'을 지정하여 복원하는 경우, 복원하고자 하는 폴더를 지정한 후 확인을 클릭하면 지정한 폴더에 있는 백데이터가 복원된다.

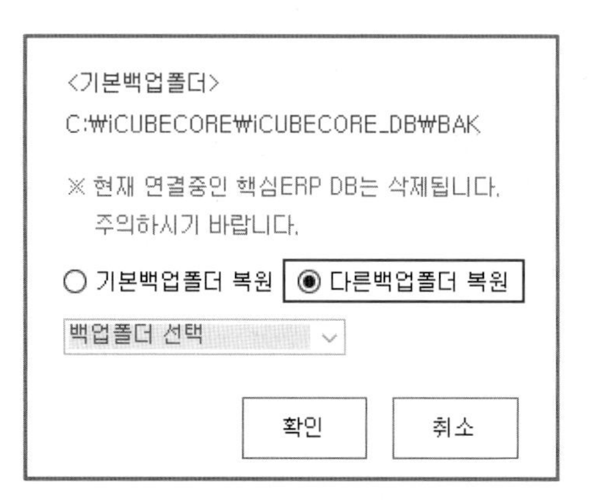

TIP 복원 시 현재 작업 중인 백데이터는 모두 삭제되므로 중요한 백데이터는 반드시 백업해 놓아야 한다.

(2) 백데이터 백업 방법

① iCUBE 핵심ERP 첫 화면에서 'DB Tool' 버튼을 클릭한다.

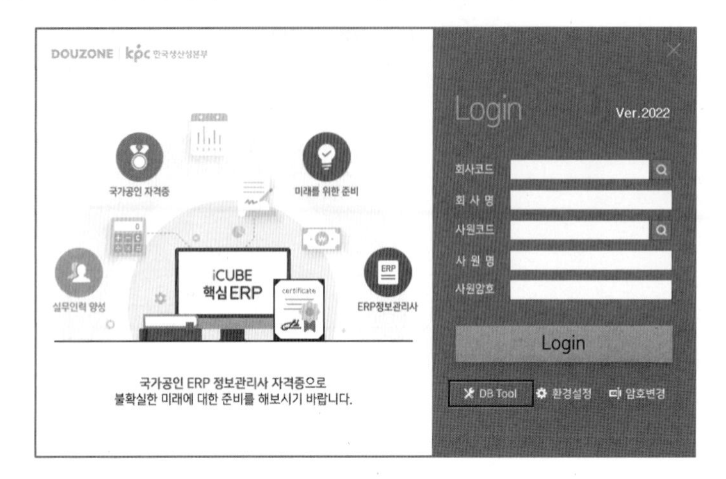

② iCUBE 핵심ERP DB TOOL 화면에서 'DB백업'을 클릭한다.

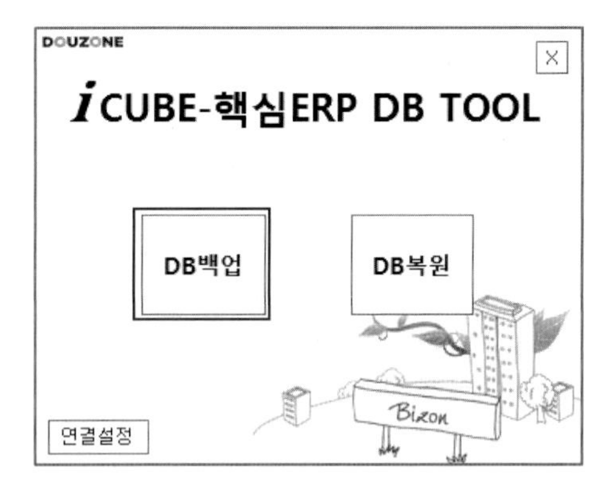

③ '기본폴더 백업'으로 백업하는 경우, [C:₩iCUBECORE₩iCUBECORE_DB₩BAK] 경로에 백업된다.

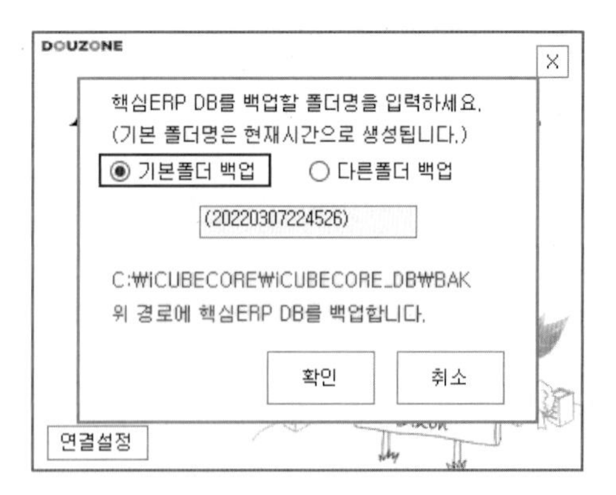

④ '다른폴더 백업'으로 백업하는 경우, '확인' 버튼을 클릭한 후 백데이터를 저장할 폴더를 직접 지정하여 백업할 수 있다.

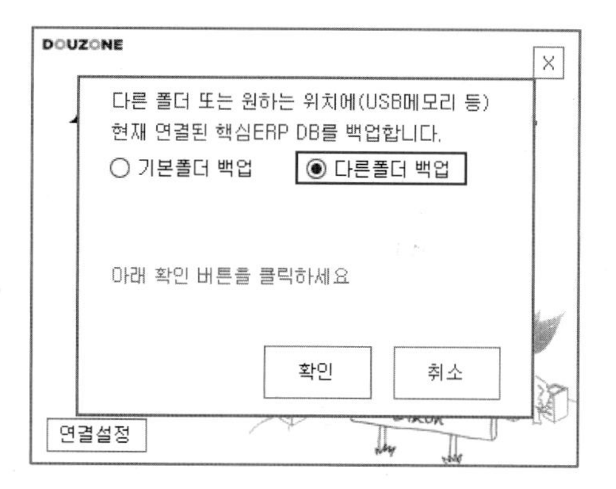

⑤ 폴더 선택 후 아래와 같이 백업 작업이 완료되면 지정한 폴더에 백데이터가 생성된 것을 확인할 수 있다.

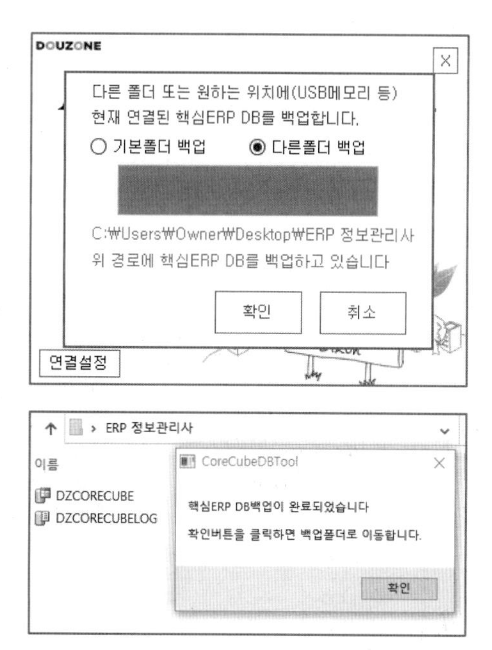

CHAPTER 01

시스템관리

[생산 1급] 실무 시뮬레이션 백데이터를 복원한 후 회사코드 '4001.2022 에듀윌 생산 1급', 사원코드 'ERP13P01.홍길동'으로 로그인하여 학습하세요(로그인 시 암호는 입력하지 않음).
※ PART 03 실무 시뮬레이션은 2022 버전 핵심ERP 프로그램을 사용하세요.

1 iCUBE 핵심ERP 시작하기

1. 백데이터 복원하기

실무 시험에 대한 이해를 높이고자 2022년 핵심ERP 프로그램에 맞추어 2022년 1회차 시험 DB를 바탕으로 재구성한 실무DB를 이용하여 연습하도록 구성하였다. 생산 1급 실무는 생산 2급 실무에서 '외주관리' 메뉴가 추가된 것이다. ERP 프로그램을 설치한 후 실행하면 처음에는 회사가 등록되어 있지 않기 때문에 하단의 'DB Tool → DB복원'을 클릭하여 2022 에듀윌 생산 1급 백데이터를 복원한다. 백데이터는 바탕화면이나 찾기 편한 위치에 저장한 후 복원하는 것이 편리하다.

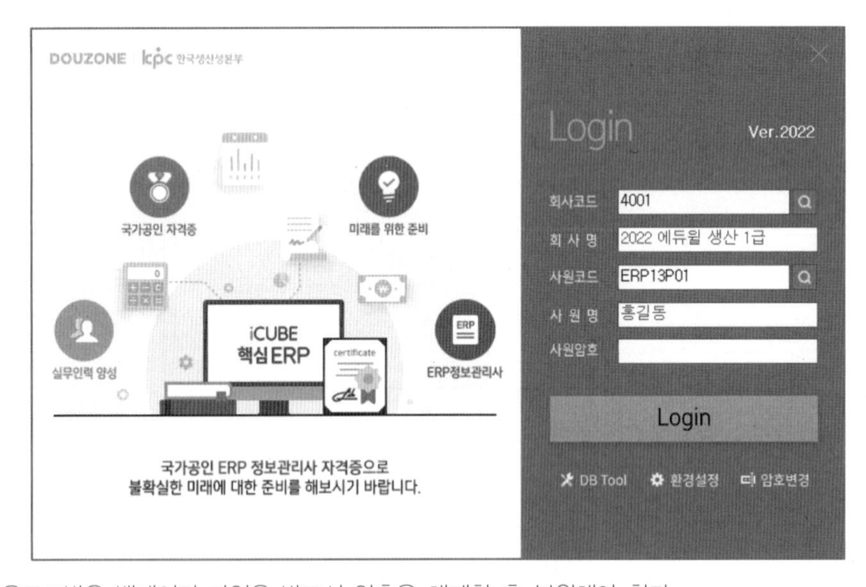

TIP 다운로드받은 백데이터 파일은 반드시 압축을 해제한 후 복원해야 한다.

2. 로그인 화면

처음에 로그인을 하면 다음과 같은 화면이 나온다. 왼쪽 하단에 시스템관리, 생산관리공통 모듈이 있으며 각 모듈을 클릭하면 하위 메뉴를 확인할 수 있다.

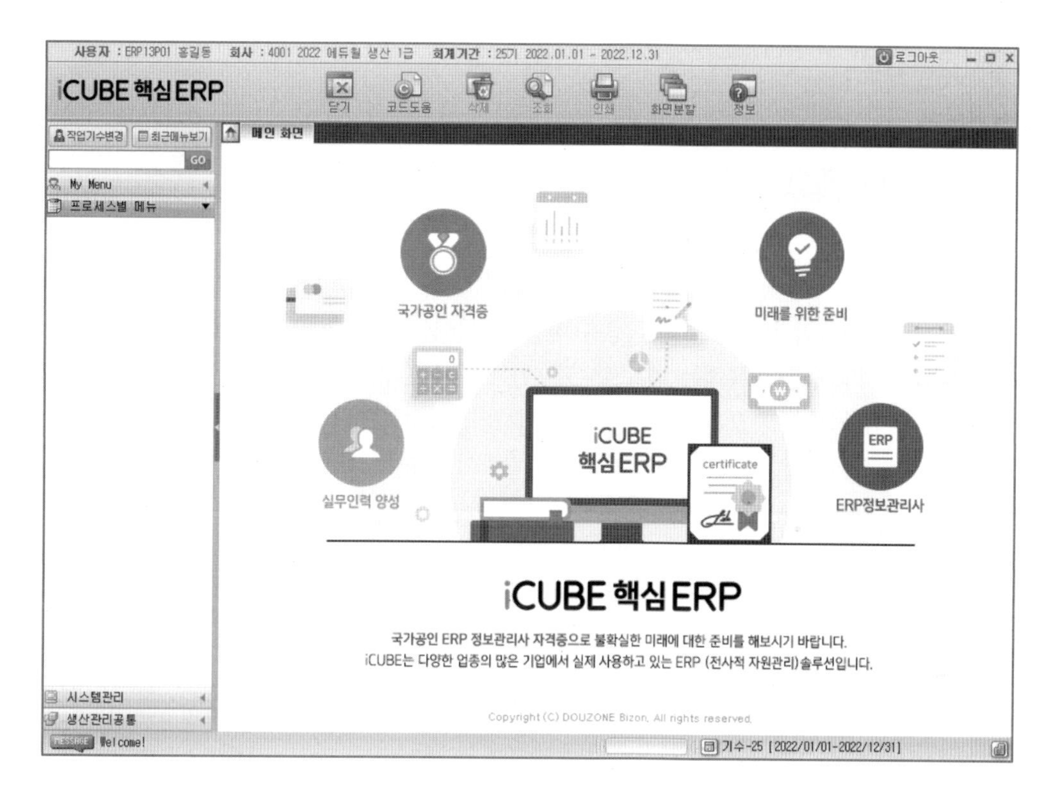

① 각 메뉴에 들어갈 때는 더블클릭을 한다.

② 시험에서는 팝업으로 메뉴가 열리기 때문에 각 메뉴를 사용한 후 메뉴를 닫아야 한다.

TIP 시험에서 여러 개의 메뉴가 열려 있으면 필요한 메뉴가 보이지 않을 수 있으므로 사용하지 않는 메뉴는 바로 종료하는 것이 좋다.

③ 노란색으로 표시되는 입력부분은 필수이므로 반드시 입력하여야 한다.

④ 상단의 입력부분을 입력한 후 키보드의 'F12'나 화면 상단의 '조회' 버튼을 누르면 조회가 되며, 'ENTER'를 계속 누르면서 내려가도 조회할 수 있다.

⑤ 시험에서는 화면 왼쪽 상단의 메뉴 검색 기능이 지원되지 않으므로 실습 시에도 사용하지 않는 것이 좋다.

시스템관리는 회사 업무를 수행함에 있어서 기초가 되는 자료를 입력하고 조회할 수 있는 모듈로 회사등록정보, 기초정보관리, 초기이월관리, 마감/데이타관리로 이루어져 있다. 각 메뉴를 더블클릭하거나 메뉴 옆의 ⊞를 클릭하면 하위 메뉴를 확인할 수 있다.

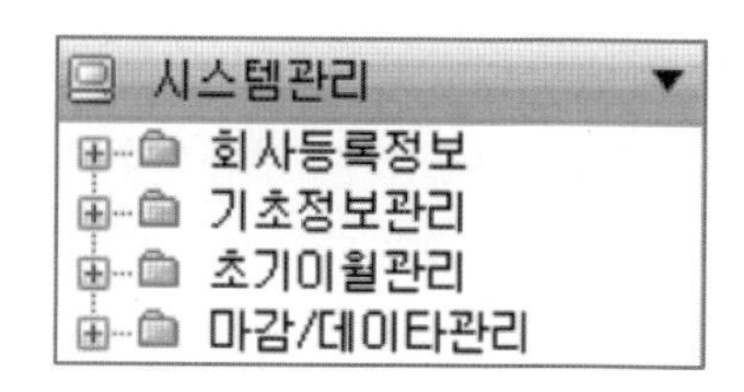

2 회사등록정보

1. 회사등록

ERP 메뉴 찾아가기

시스템관리 ▶ 회사등록정보 ▶ 회사등록

[회사등록]은 우리 회사의 사업자등록증을 바탕으로 본점의 회계연도, 사업자등록번호, 법인등록번호, 대표자성명 등을 등록하는 메뉴로, 로그인한 회사의 정보가 등록되어 있다. 화면 왼쪽에서 회사명을 선택하면 화면 오른쪽에서 선택한 회사의 정보를 조회할 수 있다. 기출문제 DB에는 여러 회사가 등록되어 있으므로 각 회사를 클릭하여 정보를 확인한다.

TIP 시험용 백데이터에서 사업자등록번호와 주민등록번호는 실제 유효한 번호가 아니므로 붉은색 글자로 표시될 수 있다. 잘못된 번호라는 뜻이므로 실제 업무에서는 주의해야 한다.

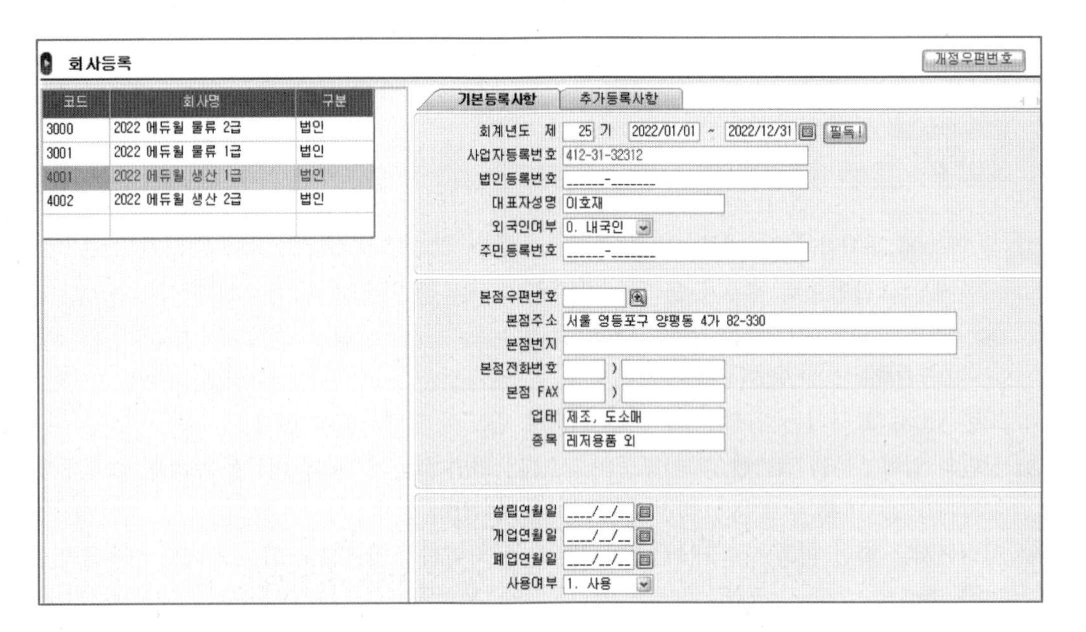

2. 사업장등록

ERP 메뉴 찾아가기

시스템관리 ▶ 회사등록정보 ▶ 사업장등록

회사에서 여러 개의 사업장을 운영하고 있는 경우 「부가가치세법」상 사업장마다 각각 사업자등록을 하여야 한다. 회사의 모든 장부는 사업장별로 조회가 이루어지며 각 사업장별로 납부(환급) 세액을 계산하여 이를 각 사업장이 속해 있는 관할 세무서장에게 신고·납부한다. 따라서 [사업장등록] 메뉴에는 각 사업장의 관할 세무서가 존재한다. 현재 백데이터에서 [사업장등록] 메뉴를 조회하면 (주)한국자전거본사, (주)한국자전거지사의 정보가 각각 등록되어 있다. 시험에는 본사와 지사가 혼용되어 출제되므로 문제를 끝까지 읽고 각 사업장을 확인한 후 풀어야 한다.

사업장등록 | 주(총괄납부)사업장등록

코드	사업장명
1000	(주)한국자전거본사
2000	(주)한국자전거지사

기본등록사항 | 신고관련사항 | 추가등록사항

사업자등록번호 121-81-56789
법인등록번호 ______-_______
대표자명 한국민
사업장우편번호
사업장주소 인천 부평구 부평동
사업장번지 129-092
전화번호 32) 2007-1233
FAX 번호)
업 태 제조 도소매
종 목 자전거제조 자전거판매
관할세무서 121 인천
개업년월일 ____/__/__
폐업년월일 ____/__/__
본점여부 0. 부
이행상황신고구분

3. 부서등록

ERP 메뉴 찾아가기

시스템관리 ▶ 회사등록정보 ▶ 부서등록

회사에서는 업무 영역에 따라 부서가 여러 개로 나누어져 있으며 이러한 부서를 등록하는 메뉴가 [부서등록]이다. 각 부서들의 총괄 업무를 부문이라고 하며, 오른쪽 상단의 '부문등록'에 부문이 등록되어 있으면 부서등록 시 부문코드와 부문명을 선택하여 등록할 수 있다. 하나의 사업장에 여러 개의 부서가 등록될 수 있지만 부서코드는 중복하여 입력할 수 없다.

TIP 부서등록 전 부문등록이 선행되어야 한다.

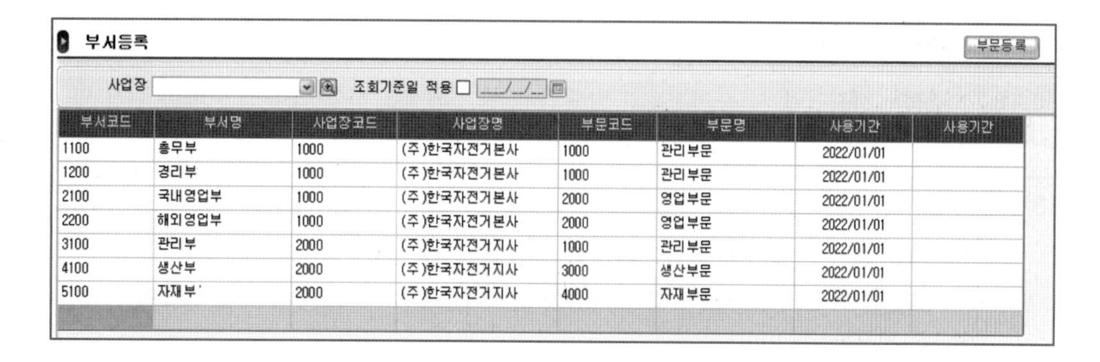

부서등록 | 부문등록

사업장 | 조회기준일 적용 □ ____/__/__

부서코드	부서명	사업장코드	사업장명	부문코드	부문명	사용기간	사용기간
1100	총무부	1000	(주)한국자전거본사	1000	관리부문	2022/01/01	
1200	경리부	1000	(주)한국자전거본사	1000	관리부문	2022/01/01	
2100	국내영업부	1000	(주)한국자전거본사	2000	영업부문	2022/01/01	
2200	해외영업부	1000	(주)한국자전거본사	2000	영업부문	2022/01/01	
3100	관리부	2000	(주)한국자전거지사	1000	관리부문	2022/01/01	
4100	생산부	2000	(주)한국자전거지사	3000	생산부문	2022/01/01	
5100	자재부	2000	(주)한국자전거지사	4000	자재부문	2022/01/01	

4. 사원등록

ERP 메뉴 찾아가기

시스템관리 ▶ 회사등록정보 ▶ 사원등록

회사의 각 사원별로 사원코드, 사원명, 입력방식, 조회권한 등을 설정할 수 있는 메뉴이다. 퇴사일은 시스템관리자만 입력할 수 있으며 퇴사일이 입력되어 있는 사원은 퇴사일 이후 시스템에 접근할 수 없다. 또한 사용자여부가 '여'로 설정되어 있는 사원만 프로그램에 접근할 수 있다. 프로그램 시작 시 사원별로 암호를 설정해야 하지만, 시험용 프로그램이므로 생략한다. 인사입력방식과 회계입력방식은 생산과 물류 모듈보다는 회계나 인사 모듈에서 주로 출제되는 내용이다.

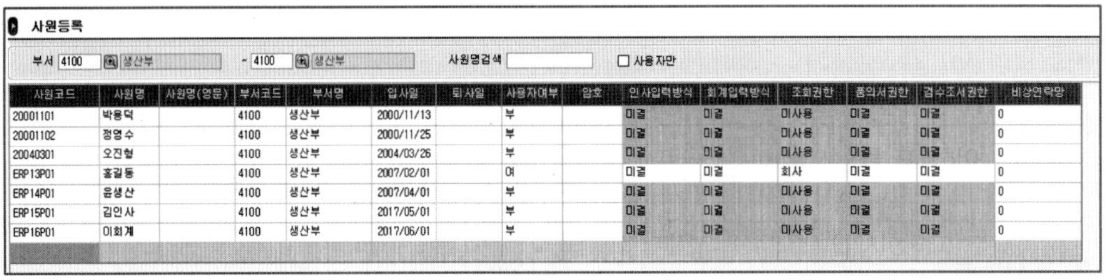

사원등록

부서 4100 생산부 ~ 4100 생산부 사원명검색 □ 사용자만

사원코드	사원명	사원명(영문)	부서코드	부서명	입사일	퇴사일	사용자여부	암호	인사입력방식	회계입력방식	조회권한	품의서권한	검수조서권한	비상연락망
20001101	박용덕		4100	생산부	2000/11/13		부		미결	미결	미사용	미결	미결	0
20001102	정영수		4100	생산부	2000/11/25		부		미결	미결	미사용	미결	미결	0
20040301	오진형		4100	생산부	2004/03/26		부		미결	미결	미사용	미결	미결	0
ERP13P01	홍길동		4100	생산부	2007/02/01		여		미결	미결	회사	미결	미결	0
ERP14P01	윤생산		4100	생산부	2007/04/01		부		미결	미결	미사용	미결	미결	0
ERP15P01	김인사		4100	생산부	2017/05/01		부		미결	미결	미사용	미결	미결	0
ERP16P01	이회계		4100	생산부	2017/06/01		부		미결	미결	미사용	미결	미결	0

(1) 인사입력방식

급여에 대해 조금 더 안정적이고 정확한 관리가 이루어질 수 있도록 급여 마감에 대한 통제권한자를 설정한다.

① [0.미결]: 급여의 통제 및 결재권한이 없다.

② [1.승인]: 급여 승인권한자만 최종 급여를 승인하며 해제할 수 있다.

(2) 회계입력방식

사원의 전표입력방식에 대한 권한을 설정한다.

① [0.미결]: 전표입력 시 미결전표가 발행되며, 승인권자의 승인이 필요하다.

② [1.승인]: 전표입력 시 승인전표가 발행되며, 전표를 수정하거나 삭제할 경우에 승인해제를 해야 한다.

③ [2.수정]: 전표입력 시 승인전표가 발행되며, 승인해제를 하지 않아도 곧바로 수정 및 삭제할 수 있다.

(3) 조회권한

① [1.회사]: 회사 전체의 내역을 입력 및 조회할 수 있다.

② [2.사업장]: 사원이 소속되어 있는 사업장의 내역만을 입력 및 조회할 수 있으며, 다른 사업장에는 접근할 수 없다.

③ [3.부서]: 사원이 소속되어 있는 부서의 내역만을 입력 및 조회할 수 있으며, 다른 부서에는 접근할 수 없다.

④ [4.사원]: 사원 본인의 내역만을 입력 및 조회할 수 있으며, 다른 사원에게는 접근할 수 없다.

5. 시스템환경설정

ERP 메뉴 찾아가기

시스템관리 ▶ 회사등록정보 ▶ 시스템환경설정

각 메뉴의 운영여부, 소수점 자리수, 사용여부 등을 선택할 수 있으며, 오른쪽 선택범위에 해당하는 내용의 번호를 유형설정에서 선택할 수 있다. 예를 들어, 조회구분 '4.물류'에서 출고의뢰운영여부의 유형설정이 '0'으로 선택되어 있다는 것은 오른쪽의 선택범위 '0.운영안함, 1.운영함' 중에서 '0.운영안함'을 선택하여 출고의뢰를 운영하지 않는다는 뜻이다. '0.부'나 '0.운영안함'으로 설정되어 있는 메뉴를 열려고 시도하면 [시스템환경설정]에서 운영여부가 '0.부' 또는 '0.운영안함'으로 선택되어 있다는 팝업창이 나오면서 메뉴를 열 수 없다. 해당 메뉴를 열어보고자 한다면 운영여부를 '1.여'나 '1.운영함'으로 설정하여 로그아웃을 한 후 다시 로그인해야 한다.

시스템환경설정

조회구분 4. 물류 환경요소

구분	코드	환경요소명	유형구분	유형설정	선택범위	비고
물류	41	출고의뢰운영여부	여부	0	0.운영안함 1.운영함	
물류	42	입고의뢰운영여부	여부	0	0.운영안함 1.운영함	
물류	44	품의등록운영여부	여부	0	0.운영안함 1.운영함	
물류	45	출고전검사운영여부	여부	0	0.운영안함 1.운영함	
물류	46	입고전검사운영여부	여부	0	0.운영안함 1.운영함	
물류	51	실적검사 운영여부	여부	1	0.운영안함 1.운영함	
물류	52	외주검사 운영여부	여부	1	0.운영안함 1.운영함	
물류	53	실적별 자재사용보고 기준	유형	2	1.자재청구기준 2.실적기준 3.지시기준	
물류	55	사원별 창고및단가입력 통제 적용 여부	여부	0	0.부 1.여	

TIP 출고의뢰나 입고의뢰는 주로 물류에서 사용하는 메뉴이다.

6. 사용자권한설정

ERP 메뉴 찾아가기

시스템관리 ▶ 회사등록정보 ▶ 사용자권한설정

사용자별로 각 모듈의 사용권한을 설정할 수 있으며, '모듈구분'에서 모듈을 선택하면 사용 가능한 메뉴를 확인할 수 있다. 메뉴 조회 시 '홍길동' 사원은 'S.시스템관리'와 'M.생산관리공통'에 대해서만 권한이 설정되어 있으며, '홍길동' 사원으로 로그인하면 왼쪽의 메뉴에서 시스템관리와 생산관리공통 모듈만 조회된다. 만약 사원에게 더 많은 모듈의 사용권한을 설정하고자 한다면 '모듈구분 선택 → 사원 선택 → MENU 선택 → 오른쪽 상단의 권한설정' 버튼을 클릭하면 된다. 권한설정을 하고 로그아웃한 후 다시 로그인하면 권한설정이 된 모듈과 메뉴를 확인할 수 있다.

3 기초정보관리

1. 일반거래처등록

ERP 메뉴 찾아가기

시스템관리 ▶ 기초정보관리 ▶ 일반거래처등록

회사의 매입처, 매출처 등의 일반거래처를 등록하는 메뉴이다. 화면의 왼쪽에는 거래처의 이름, 화면의 오른쪽에는 각 거래처의 기본등록사항과 거래등록사항 등이 입력되어 있다. 거래처 구분이 '일반'인 경우에 사업자등록번호는 노란색으로 필수 입력해야 하며, 그 외 '무역, 주민, 기타'인 경우에는 필수 입력하지 않아도 된다.

실무 연습문제 일반거래처등록

(주)한국자전거본사의 사원은 거래처의 사업자등록번호만 가지고 거래처를 찾으려고 한다. 다음 중 사업자번호가 '104-21-40013'인 거래처는 어디인가?

① (주)하나상사

② (주)형광램프

③ (주)대일전자

④ (주)중앙전자

정답 ②

사업자등록번호는 각 거래처를 클릭한 후 확인해도 되지만 오른쪽 상단의 '조건검색'을 이용해서 확인하면 편리하다. '조건검색' 창에 검색하고자 하는 사업자등록번호를 입력하고 '검색[TAB]'을 클릭하면 (주)형광램프가 조회된다.

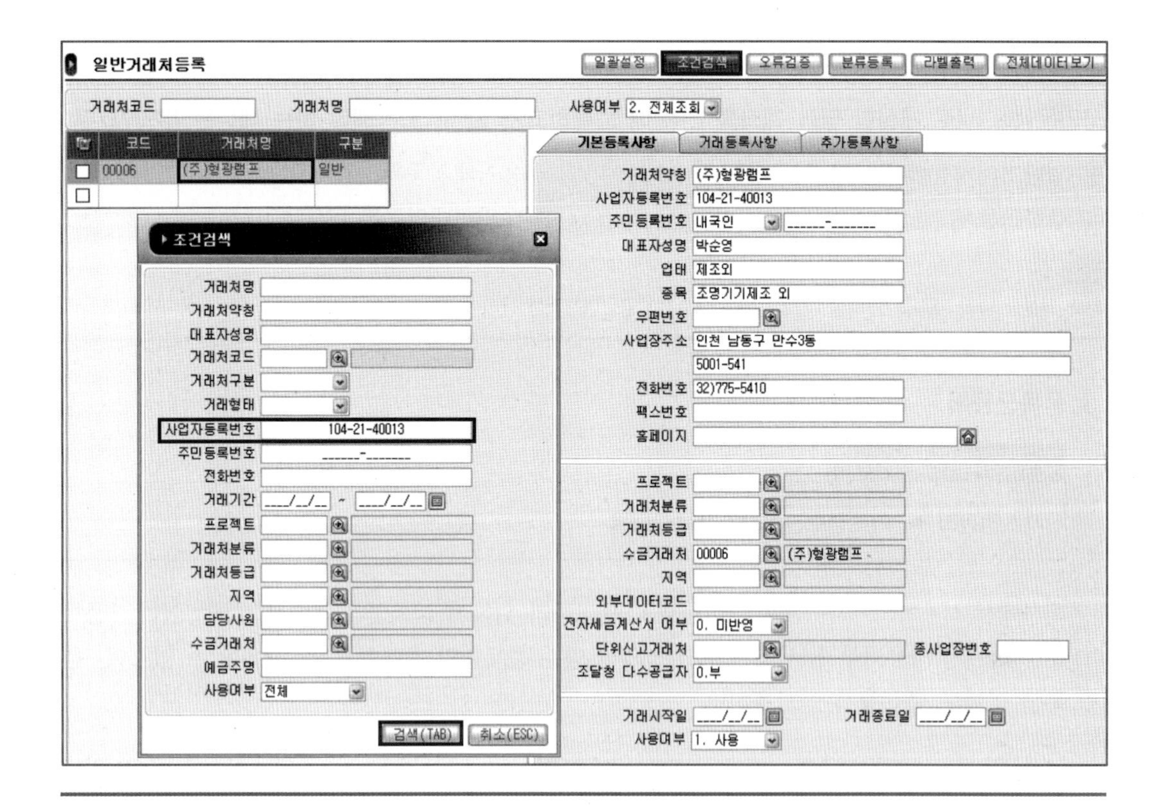

2. 금융거래처등록

ERP 메뉴 찾아가기

시스템관리 ▶ 기초정보관리 ▶ 금융거래처등록

금융기관, 정기예금, 카드사 등의 금융거래처를 등록하는 메뉴이다. 각 거래처의 내용이 오른쪽의 기본등록사항 탭과 고정자금등록 탭에 입력되어 있다.

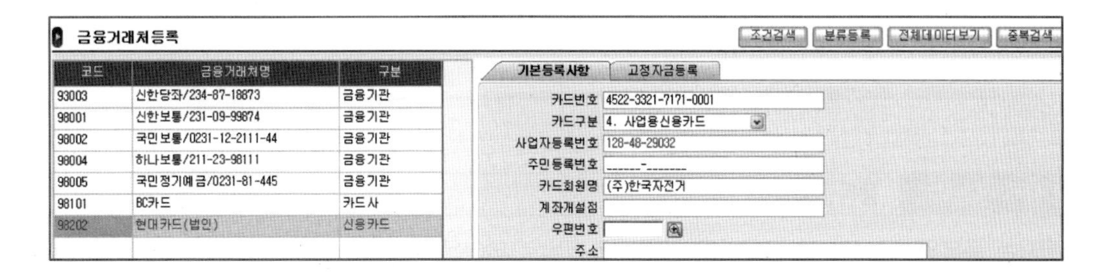

실무 연습문제 금융거래처등록

국민은행에 새로 개설한 당좌 계좌를 ERP에 등록하고자 할 때 활용해야 하는 메뉴는 무엇인가?

① 일반거래처등록
② 금융거래처등록
③ 품목군등록
④ 물류관리내역등록

정답 ②
새로 개설한 당좌 계좌를 등록할 때 활용하는 메뉴는 [금융거래처등록]이다.

3. 품목군등록

ERP 메뉴 찾아가기

시스템관리 ▶ 기초정보관리 ▶ 품목군등록

회사에서 사용하고 있는 품목을 그룹별로 관리하기 위하여 품목군을 등록하는 메뉴이다. [품목군등록]에서 사용여부가 '사용'으로 설정되어 있는 품목군만 품목등록 시 사용할 수 있으며, 품목군 없이도 품목등록이 가능하다.

품목군등록

검색조건 1. 포함문자열 품목군코드 품목군명 사용여부 전체

	품목군코드	품목군명	사용여부	품목군설명
□	F100	FRONT	사용	
□	G100	GEAR	사용	
□	H100	WHEEL	사용	
□	L100	HEAD LAMP	사용	
□	N100	WIRING	사용	
□	P100	PEDAL	사용	
□	R100	FRAME	사용	
□	S100	반조립품	사용	
□	X100	유아용	사용	
□	Y100	일반용	사용	
□	Z100	산악용	사용	
□				

실무 연습문제 품목군등록

회사는 품목을 효율적으로 관리하기 위해서 품목별로 유아용, 일반용, 산악용 등의 품목군을 지정하여 품목을 관리하고자 한다. 다음 중 어느 메뉴를 활용하여 품목군을 등록해야 하는가?

① 관리내역등록
② 품목분류(대/중/소)등록
③ 품목군등록
④ 프로젝트등록

정답 ③
새로운 품목군을 등록하는 메뉴는 [품목군등록]이다.

4. 품목등록

ERP 메뉴 찾아가기

시스템관리 ▶ 기초정보관리 ▶ 품목등록

회사에서 사용하고 있는 품목의 정보를 등록하는 메뉴이다. 생산관리와 물류관리에서 반드시 선행되어야 하는 필수입력 메뉴이며, 시험에도 가장 많이 출제된다. 화면 왼쪽에 품번과 품명이 있고, 화면 오른쪽에 MASTER/SPEC, ORDER/COST, BARCODE 정보 탭이 있어서 각 품목의 정보를 입력할 수 있다.

TIP 어떤 정보가 어느 탭에 있는지 위치를 파악하는 것이 중요하다.

(1) MASTER/SPEC 탭

① 계정구분
- [0.원재료]: 제품이나 반제품 생산에 투입되는 주요 품목
- [1.부재료]: 제품이나 반제품 생산에 투입되는 부수 품목
- [2.제품]: 기업에서 판매를 목적으로 생산하는 품목
- [4.반제품]: 완전한 제품으로는 부족하며 제품 생산에 투입하거나 독립적으로 판매 가능한 품목
- [5.상품]: 판매를 목적으로 구매하는 품목

② 조달구분
- [0.구매]: 계정구분이 원재료·부재료·상품 등으로 외부에 발주하여 구매하는 품목
- [1.생산]: 계정구분이 제품·반제품 등으로 내부에서 자재를 투입하여 생산하는 품목
- [8.Phantom]: 공정상 잠시 존재하여 구매 및 수불 행위가 발생하지 않는 품목

③ 재고단위: 재고관리 등에 사용되는 단위로, 입·출고, 재고관리, 생산·외주 시 사용되는 품목의 재고 기준단위이다.

④ 관리단위: 영업에서의 수주, 구매에서의 발주 시 사용되는 관리 기준단위이다.

⑤ 환산계수: 재고단위/관리단위로 계산할 수 있으며, F2를 누르면 식을 확인할 수 있다.

⑥ 품목군: 품목을 그룹별로 관리하는 경우에 사용한다.

⑦ LOT*여부: 품목의 입·출고나 생산 시 LOT의 사용·미사용을 결정한다.

⑧ SET품목: 2가지 이상의 품목을 묶어서 SET로 구성하는지의 여부를 결정한다.

⑨ 검사여부: 영업관리, 구매관리, 생산관리, 외주관리 등을 운영할 때 검사품목의 대상여부를 결정한다.

⑩ 사용여부: 품목의 사용여부를 결정한다.

용어정리
* LOT: 1회에 생산되는 특정 수의 단위 또는 회사에서 관리하는 공정이나 라인 등의 기준

(2) ORDER/COST 탭

① LEAD TIME: 품목의 조달 시 소요되는 기간을 의미하며, 일 단위로 설정한다.
- 조달구분이 '0.구매'인 경우: 발주에서 입고까지 소요되는 일자
- 조달구분이 '1.생산'인 경우: 작업 지시에서 생산 완료까지 소요되는 일자

② 안전재고량: 여러 가지 불확실한 상황에 대비하여 회사에서 보유하고 있는 재고량이다.

③ 표준원가: 사전원가의 개념으로, 기업이 이상적인 제조활동을 하는 경우의 원가이다.

④ 실제원가: 사후원가의 개념으로, 제품이 완성된 후에 제조를 위하여 소비되는 금액을 산출한 원가이다.

실무 연습문제 | 품목등록

[1] 다음 [보기]의 조건으로 데이터를 조회한 후 물음에 답하시오.

보기
품목군: P100.PEDAL

[보기]의 조건으로 조회된 품목 중 발주에서 입고까지 가장 많은 일자가 소요되는 품목은 무엇인가?

① 21-3001500.PEDAL(S)
② 21-3001600.PEDAL
③ 21-3001610.PEDAL (TYPE A)
④ 21-3001620.PEDAL (TYPE B)

정답 ①

발주에서 입고까지 가장 많은 일자가 소요되는 품목은 LEAD TIME이 가장 긴 품목을 의미한다. [보기]의 품목군 조건으로 조회한 후, 'ORDER/COST' 탭에서 각 품목의 LEAD TIME을 확인한다.
① 21-3001500.PEDAL(S): LEAD TIME 7 DAYS
② 21-3001600.PEDAL: LEAD TIME 1 DAYS
③ 21-3001610.PEDAL (TYPE A): LEAD TIME 1 DAYS
④ 21-3001620.PEDAL (TYPE B): LEAD TIME 1 DAYS

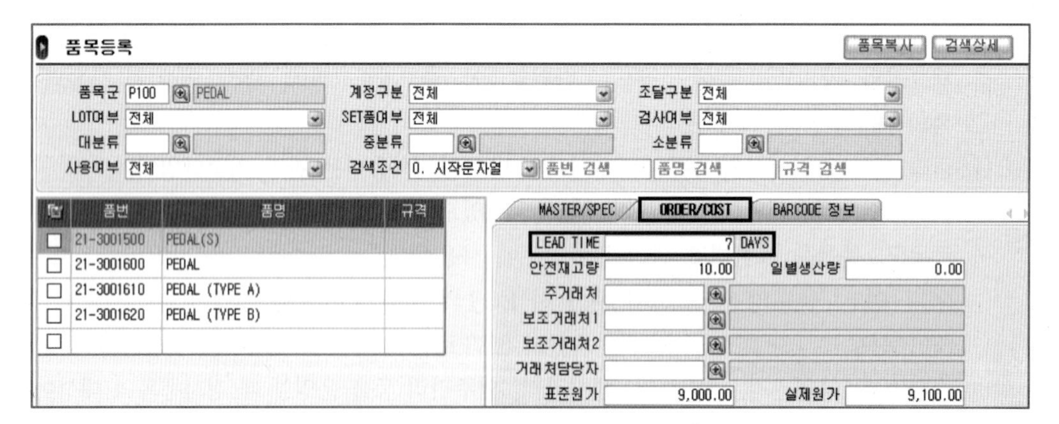

TIP LEAD TIME은 시험에 자주 출제된다. ORDER/COST 탭에서 LEAD TIME을 조회할 수 있다는 것을 반드시 기억해야 한다.

[2] 다음 중 BOM을 등록할 경우에 자품목으로 어울리지 않는 품목은 무엇인가? (단, 품목군은 입력하지 않는다)

① 21-9000200.HEAD LAMP
② 21-3001610.PEDAL (TYPE A)
③ 83-2000100.전장품 ASS'Y
④ NAX-A420.산악자전거(P-20G)

정답 ④

BOM을 등록할 경우에 자품목은 모품목을 생산하는 데 필요한 품목을 말하며 '제품'은 생산이 완성된 품목이므로 자품목으로 어울리지 않는다. 따라서 '계정구분: 2.제품'으로 조회하여 BOM 등록의 자품목으로 어울리지 않는 품목을 확인한다. 품목 NAX-A420.산악자전거(P-20G)는 제품으로 등록되어 있으므로 자품목으로 어울리지 않는다. ①, ② 품목은 계정구분 '0.원재료', ③ 품목은 계정구분 '4.반제품'에 등록되어 있어 자품목으로 어울리는 품목이다.

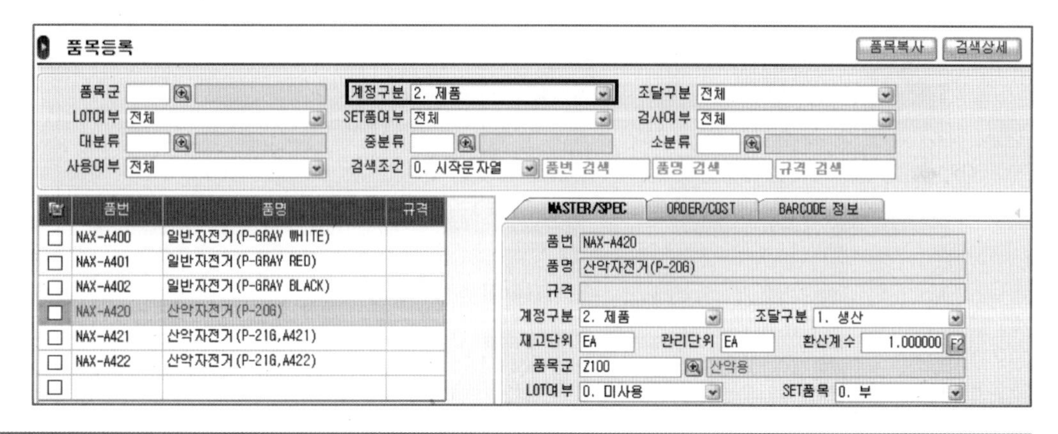

5. 창고/공정(생산)/외주공정등록

ERP 메뉴 찾아가기

시스템관리 ▶ 기초정보관리 ▶ 창고/공정(생산)/외주공정등록

사업장별로 창고/장소, 생산공정/작업장, 외주공정/작업장에 관한 정보를 등록하는 메뉴로, 각 탭마다 조회하여 등록할 수 있다. 생산관리와 물류관리를 운영하기 위해서는 창고, 공정, 작업장등록이 선행되어야 한다.

① 창고나 공정은 사업장별로 관리되므로 사업장 선택 후 각 창고나 공정을 조회 및 입력한다.
② 사업장 옆의 🔍를 누르거나 사업장란에서 'F2'를 누른 후 사업장을 선택할 수 있다.
③ 화면 상단에 창고·생산공정·외주공정을 등록하고, 창고의 장소나 생산공정의 작업장, 외주공정의 작업장은 화면 하단에 등록한다.
④ 하나의 창고나 공정에 여러 개의 장소나 작업장을 등록하여 사용할 수 있다.
⑤ 탭별로 각각 등록되어 있으므로 조회 조건을 정확하게 파악하여야 한다.

실무 연습문제 창고/공정(생산)/외주공정등록

다음 중 (주)한국자전거지사에서 외주발주등록 시 활용할 수 없는 외주작업장 코드와 외주거래처명을 고르시오.

① R201.(주)대흥정공　　② R221.(주)영동바이크

③ R241.(주)세림와이어　　④ R251.(주)형광램프

정답 ④

사업장 (주)한국자전거지사로 '외주공정/작업장' 탭에서 조회한 후 각 작업장의 사용여부를 확인한다. 'R200.외주공정'의 하단에 각 작업장이 등록되어 있으며, ④ R251.(주)형광램프의 사용여부가 '미사용'으로 외주발주등록 시 활용할 수 없는 외주작업장이다.

6. 프로젝트등록

ERP 메뉴 찾아가기

시스템관리 ▶ 기초정보관리 ▶ 프로젝트등록

특정한 행사, 프로젝트 등을 별도로 관리하고자 할 때 사용하는 메뉴이다. 상단의 '분류등록'을 클릭하면 프로젝트분류를 추가할 수 있다.

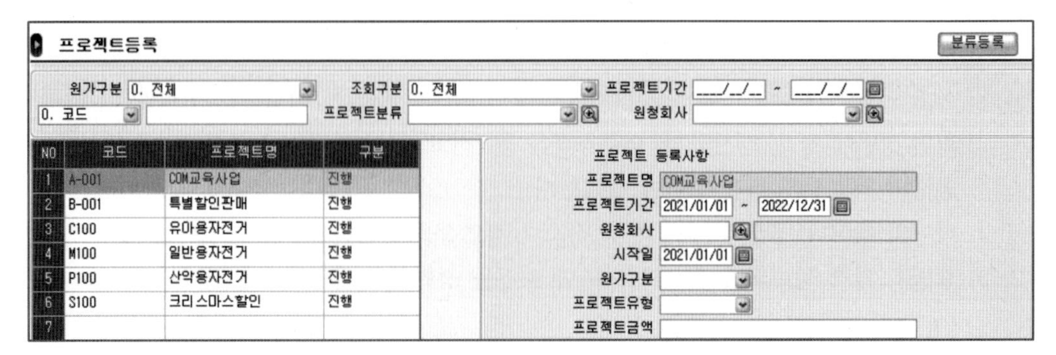

실무 연습문제 **프로젝트등록**

다음 [보기]와 같은 프로젝트분류를 추가하고자 할 때 활용해야 하는 메뉴는?

보기

프로젝트분류: LT100.상반기사업

① 프로젝트등록
② 품목등록
③ 관리내역등록
④ 물류관리내역등록

정답 ①

프로젝트분류는 [프로젝트등록] 메뉴에서 오른쪽 상단의 '분류등록'을 이용하여 등록할 수 있다.

7. 관리내역등록

ERP 메뉴 찾아가기

시스템관리 ▶ 기초정보관리 ▶ 관리내역등록

예금종류, 거래처등급 등의 관리항목을 등록해 놓은 메뉴이다. 구분이 '변경가능'인 것은 변경 및 입력이 가능하고, '변경불가능'인 것은 변경 및 입력이 불가능하다. 조회구분에는 '0.공통, 1.회계'가 있으며, 생산과 물류보다는 회계 모듈에서 주로 사용한다.

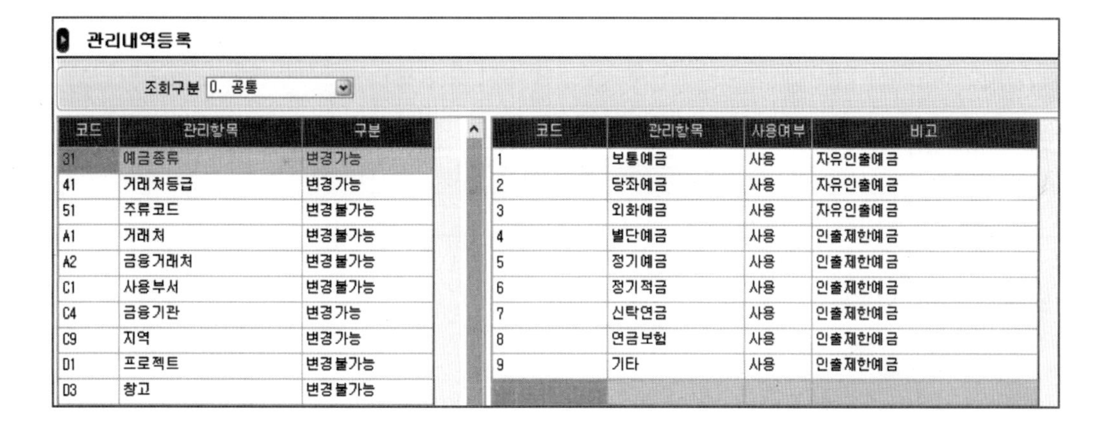
관리내역등록

조회구분 0. 공통

코드	관리항목	구분
31	예금종류	변경가능
41	거래처등급	변경가능
51	주류코드	변경불가능
A1	거래처	변경불가능
A2	금융거래처	변경불가능
C1	사용부서	변경불가능
C4	금융기관	변경가능
C9	지역	변경가능
D1	프로젝트	변경불가능
D3	창고	변경불가능

코드	관리항목	사용여부	비고
1	보통예금	사용	자유인출예금
2	당좌예금	사용	자유인출예금
3	외화예금	사용	자유인출예금
4	별단예금	사용	인출제한예금
5	정기예금	사용	인출제한예금
6	정기적금	사용	인출제한예금
7	신탁연금	사용	인출제한예금
8	연금보험	사용	인출제한예금
9	기타	사용	인출제한예금

8. 회계연결계정과목등록

ERP 메뉴 찾아가기

시스템관리 ▶ 기초정보관리 ▶ 회계연결계정과목등록

물류, 생산 등 여러 모듈에서 발생한 매입과 매출 정보에 대한 회계처리를 수행하여 자동으로 분개하기 위해 계정과목코드를 미리 등록하는 메뉴이다. 회계처리 관련 메뉴에서 전표처리를 진행하면 [회계연결계정과목등록]에 등록되어 있는 전표가 대체차변, 대체대변에 생성된다. 각 모듈에서 회계처리된 것은 미결전표로 처리되므로 회계 승인권자가 [전표승인/해제] 메뉴에서 승인을 하여야 승인전표가 된다.

실무 연습문제 **회계연결계정과목등록**

다음 [보기]의 조건으로 데이터를 조회한 후 물음에 답하시오.

보기
- 모듈: 생산관리
- 전표코드: 외주가공비

[회계처리(외주마감)]에서 전표처리를 진행하면 자동으로 생성되는 전표의 대체차변과 대체대변에 분개되는 계정과목으로 옳지 않은 것은?

① 대체차변: 외주가공비
② 대체차변: 부가세대급금
③ 대체대변: 외상매입금
④ 대체대변: 현금

정답 ④
대체대변에 분개되는 계정과목은 외상매입금이며, 현금은 분개되지 않는다.

회계연결계정과목등록 (적요옵션) (초기설정)

모듈 생산관리 전표코드 외주가공비

전표코드	전표명	순번	순번명	차대구분	계정코드	표준적요	사용여부
F1	외주가공비	101	외주가공비	대체차변	53300	외주 가공비 발생	사용
F1	외주가공비	201	부가세대급금	대체차변	13500	외주가공비부가세대급금	사용
F1	외주가공비	301	외상매입금	대체대변	25100	외상 매입금 증가	사용

9. 물류관리내역등록

ERP 메뉴 찾아가기

시스템관리 ▶ 기초정보관리 ▶ 물류관리내역등록

물류나 생산 모듈에서 사용하는 생산설비나 작업팀 등의 관리항목을 등록하고 관리하는 메뉴이다. 화면 왼쪽의 코드와 관리항목명은 시스템에서 자동으로 제공되며, 화면 오른쪽의 관리내역코드와 관리항목명은 입력 및 수정할 수 있다. 사용하지 않는 관리내역의 사용여부를 '미사용'으로 하면 [작업지시등록] 메뉴 등에서 사용할 수 없다.

실무 연습문제 물류관리내역등록

다음 [보기]의 조건으로 데이터를 조회한 후 물음에 답하시오.

보기

메뉴명: 물류관리내역등록

[작업지시등록] 메뉴에서 활용되는 관리내역이 아닌 것은?

① P1.생산설비
② P2.작업팀
③ P3.작업 SHIFT
④ TM.거래처 분류

정답 ④

[물류관리내역등록] 메뉴에 등록되어 있는 관리항목명을 확인한다. 생산설비, 작업팀, 작업 SHIFT에는 관리항목명이 등록되어 있으나, 거래처 분류에는 관리항목명이 등록되어 있지 않다. 또한 [작업지시등록] 메뉴에 입력을 해보면 생산설비, 작업팀, 작업 SHIFT는 입력할 수 있으나, 거래처 분류는 입력할 수 없다.

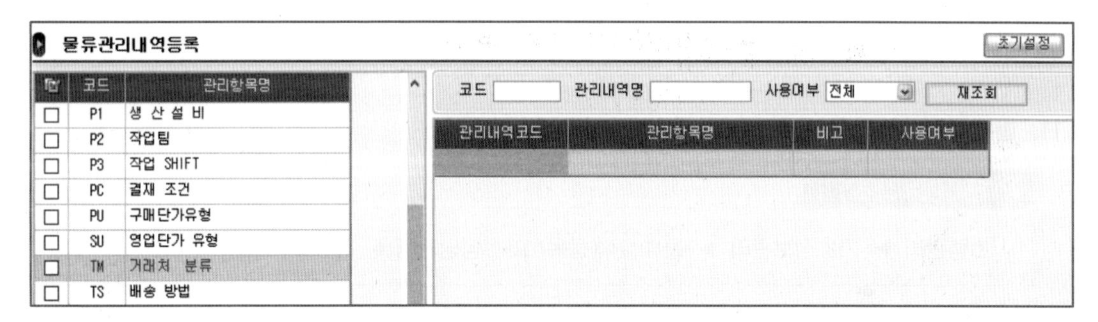

10. 물류담당자코드등록

ERP 메뉴 찾아가기

시스템관리 ▶ 기초정보관리 ▶ 물류담당자코드등록

물류나 생산 업무에서 사용하는 담당자를 등록하는 메뉴이다. 오른쪽 상단의 '담당그룹등록'을 선택한 후 담당자를 등록할 수 있으며, 담당그룹이 없어도 등록이 가능하다. 시작일과 종료일 사이의 기준일자에 유효한 담당자의 조회가 가능하다.

실무 연습문제 **물류담당자코드등록**

다음 중 2022년 3월 1일 기준으로 등록되어 있는 물류담당자코드와 코드명의 연결이 옳지 않은 것은?

① A100 - 이혜리 ② A200 - 홍길동

③ A300 - 양의지 ④ A400 - 박상미

정답 ②

기준일자 2022/03/01로 조회되는 담당자코드와 담당자코드명을 확인한다. 담당자코드 A200의 담당자코드명은 권재희이다.

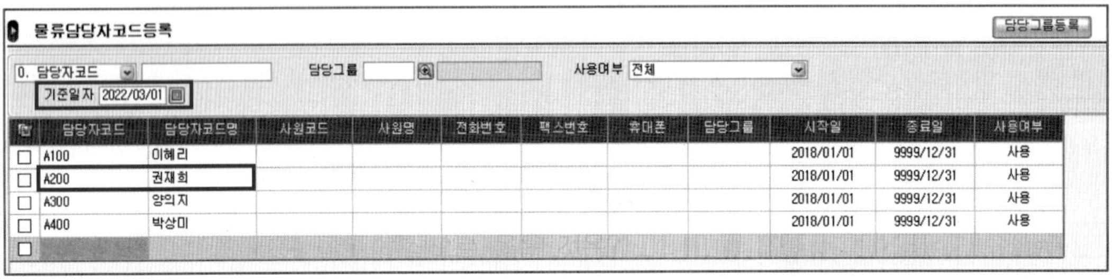

물류담당자코드등록 담당그룹등록

0. 담당자코드 담당그룹 사용여부 전체

기준일자 2022/03/01

	담당자코드	담당자코드명	사원코드	사원명	전화번호	팩스번호	휴대폰	담당그룹	시작일	종료일	사용여부
□	A100	이혜리							2018/01/01	9999/12/31	사용
□	A200	권재희							2018/01/01	9999/12/31	사용
□	A300	양의지							2018/01/01	9999/12/31	사용
□	A400	박상미							2018/01/01	9999/12/31	사용
□											

11. 물류실적(품목/고객)담당자등록

ERP 메뉴 찾아가기

시스템관리 ▶ 기초정보관리 ▶ 물류실적(품목/고객)담당자등록

[물류담당자코드등록] 메뉴에서 등록한 물류담당자를 조회하여 거래처나 품목별로 담당자를 등록하는 메뉴이다. 거래처 탭에서 거래처별로, 품목 탭에서 품목별로 담당자를 입력하며 영업담당자, 구매담당자, 외주담당자, 지역, 거래처분류 등을 입력할 수 있다. [물류실적(품목/고객)담당자등록] 메뉴에는 담당자뿐만 아니라 지역이나 거래처분류 등도 입력할 수 있으므로 [물류실적(품목/고객)담당자등록] 메뉴의 입력 사항을 확인해야 한다.

실무 연습문제 **물류실적(품목/고객)담당자등록**

다음 중 생산담당자 권재희가 담당하는 품목으로 옳지 않은 것은?

① 87-1002001.BREAK SYSTEM

② NAX-A400.일반자전거(P-GRAY WHITE)

③ NAX-A420.산악자전거(P-20G)

④ NAX-A422.산악자전거(P-21G,A422)

정답 ②

'품목' 탭에서 각 품목의 생산담당자를 확인한다. 전체로 조회해서 확인해도 되지만 생산담당자를 '권재희'로 선택하여 조회하면 한눈에 확인하기 편리하다. ② NAX-A400.일반자전거(P-GRAY WHITE)의 생산담당자는 이혜리이다.

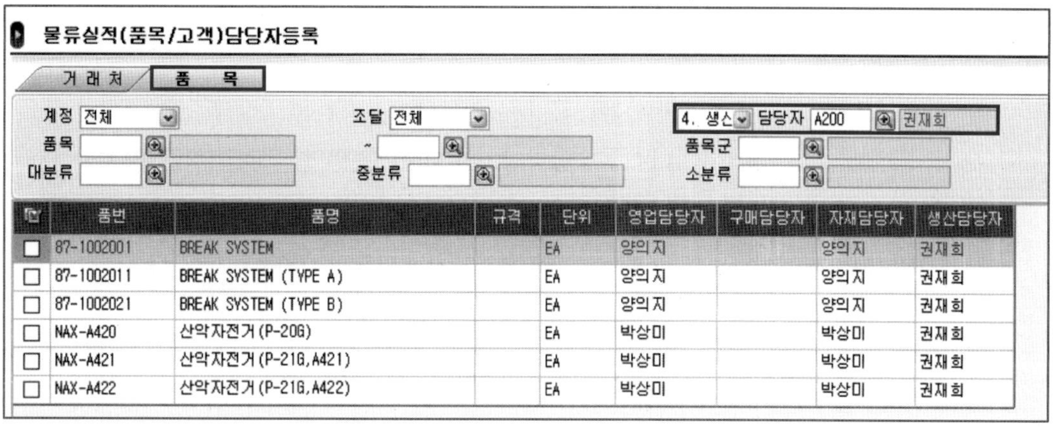

물류실적(품목/고객)담당자등록

거래처 / 품목

계정 전체 / 조달 전체 / 4. 생산 담당자 A200 권재희
품목 / ~ / 품목군
대분류 / 중분류 / 소분류

	품번	품명	규격	단위	영업담당자	구매담당자	자재담당자	생산담당자
☐	87-1002001	BREAK SYSTEM		EA	양의지		양의지	권재희
☐	87-1002011	BREAK SYSTEM (TYPE A)		EA	양의지		양의지	권재희
☐	87-1002021	BREAK SYSTEM (TYPE B)		EA	양의지		양의지	권재희
☐	NAX-A420	산악자전거(P-20G)		EA	박상미		박상미	권재희
☐	NAX-A421	산악자전거(P-21G,A421)		EA	박상미		박상미	권재희
☐	NAX-A422	산악자전거(P-21G,A422)		EA	박상미		박상미	권재희

12. 품목분류(대/중/소)등록

ERP 메뉴 찾아가기

시스템관리 ▶ 기초정보관리 ▶ 품목분류(대/중/소)등록

품목을 특성에 따라 품목군, 대분류, 중분류, 소분류별로 관리하고자 할 경우에 등록하는 메뉴이다. 품목군 설정은 [품목등록] 메뉴에서도 가능하며, [품목분류(대/중/소)등록] 메뉴에서 품목분류를 등록하면 [품목등록] 메뉴에도 동일하게 적용된다. [물류관리내역등록] 메뉴에서 품목 대분류, 품목 중분류, 품목 소분류에 등록되어 있는 내용을 사용하며, 사용여부가 '미사용'인 품목은 조회되지 않는다.

실무 연습문제 | 품목분류(대/중/소)등록

다음 [보기]의 조건으로 데이터를 조회할 때 [보기]의 소분류에 해당하지 않는 품목은?

보기

소분류: 200.중형

① 83-2000110.전장품 ASS'Y (TYPE A)

② 85-1020400.POWER TRAIN ASS'Y(MTB)

③ 87-1002021.BREAK SYSTEM (TYPE B)

④ 88-1001000.PRESS FRAME-W

정답 ③

전체로 조회한 후 소분류를 확인해도 되지만 '소분류: 200.중형'으로 조회한 후 해당 품목을 확인하는 것이 더욱 편리하다.

③ 87-1002021.BREAK SYSTEM (TYPE B)의 소분류는 '소형'이다. 소분류별 품목 확인은 [품목등록] 메뉴 또는 [품목분류(대/중/소)등록] 메뉴에서 확인할 수 있다.

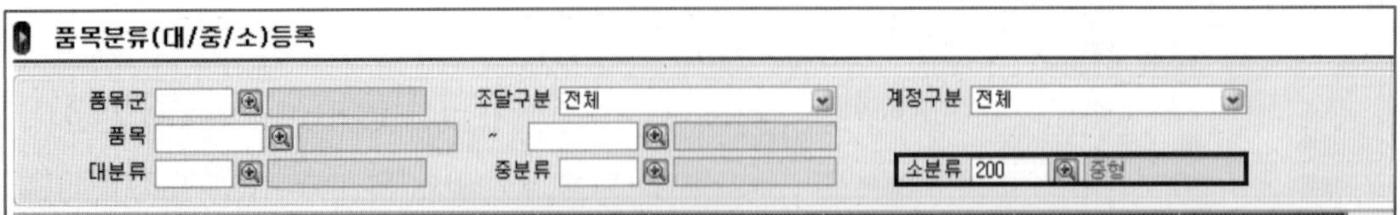

품목분류(대/중/소)등록

품목군 / 조달구분 전체 / 계정구분 전체
품목 / ~
대분류 / 중분류 / 소분류 200 중형

품번	품명	규격	단위(관리)	품목군	대분류	중분류	소분류
83-2000110	전장품 ASS'Y (TYPE A)		EA	반조립품	조립반제품	안장-보호형	중형
85-1020400	POWER TRAIN ASS'Y(MTB)		EA	반조립품	외주반제품	파이프-내관	중형
87-1002001	BREAK SYSTEM		EA	반조립품	조립반제품	파이프-내관	중형
88-1001000	PRESS FRAME-W		BOX	반조립품	외주반제품	파이프-외관	중형

13. 검사유형등록

ERP 메뉴 찾아가기

시스템관리 ▶ 기초정보관리 ▶ 검사유형등록

물류나 생산의 각 모듈에서 검사를 할 경우에 사용하는 검사유형을 등록한다. 검사구분에는 '11.구매검사, 21.외주검사, 41.공정검사, 51.출하검사'가 있다. 각 검사유형명 하단에 검사유형질문을 등록할 수 있으며, 입력필수와 선택을 구분하여 등록할 수 있다.

실무 연습문제 검사유형등록

다음 [보기]의 조건으로 데이터를 조회한 후 물음에 답하시오.

보기

검사구분: 41.공정검사

다음 중 입력필수여부가 필수인 검사유형질문이 등록되어 있는 검사유형명은 무엇인가?

① LQA.바디조립검사
② LQB.휠조립검사
③ LQC.핸들조립검사
④ LQD.자전거ASS'Y최종검사

정답 ③

'검사구분: 41.공정검사'로 조회한 후 검사유형명 하단에서 입력필수여부를 확인한다. 'LQC.핸들조립검사'에 등록되어 있는 검사유형질문 '핸들에 균열이 있진 않나요?'의 입력필수여부는 '필수'이다.

검사유형등록

검사구분 41. 공정검사 | 사용여부 | 입력필수

NO		코드	검사유형명	비고	사용여부
1	□	LQA	바디조립검사		사용
2	□	LQB	휠조립검사		사용
3	□	LQC	핸들조립검사		사용
4	□	LQD	자전거ASS'Y최종검사		사용
5	□				

	NO.	검사유형질문	비고	입력필수
□	1	핸들과 프레임에 정상적으로 결합되었나요?		선택
□	2	핸들에 균열이 있진 않나요?		필수
□	3	핸들에 손잡이 부분이 깨지진 않았나요?		선택
□				

14. SET구성품등록

ERP 메뉴 찾아가기

시스템관리 ▶ 기초정보관리 ▶ SET구성품등록

두 개 이상의 품목을 SET로 묶어서 판매하는 경우에 사용하는 메뉴이다. 화면의 상단에는 세트품을, 화면의 하단에는 세트의 구성품을 등록하여 SET로 관리할 수 있다. [품목등록] 메뉴에서 'SET품목'이 '1.여'로 되어 있는 품목이 조회된다.

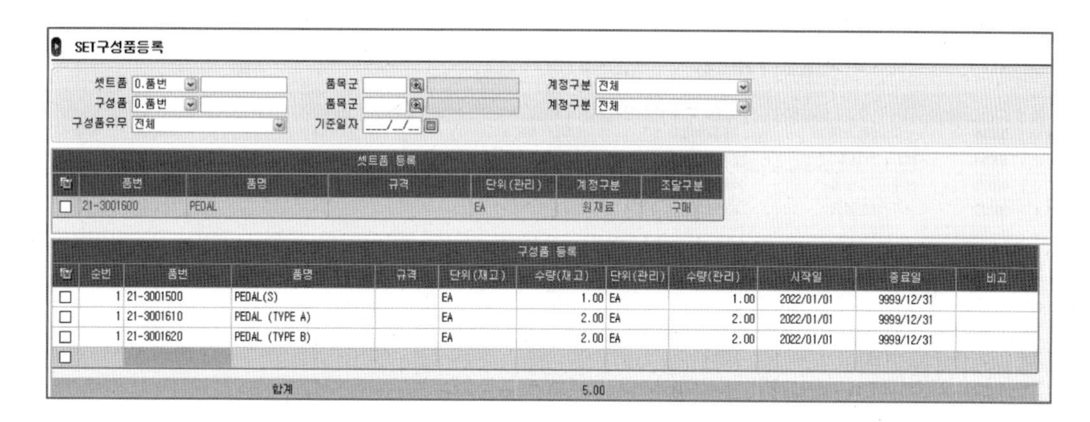

SET구성품등록

셋트품 0.품번 | 품목군 | 계정구분 전체
구성품 0.품번 | 품목군 | 계정구분 전체
구성품유무 전체 | 기준일자 ____/__/__

셋트품 등록

	품번	품명	규격	단위(관리)	계정구분	조달구분
□	21-3001600	PEDAL		EA	원재료	구매

구성품 등록

	순번	품번	품명	규격	단위(재고)	수량(재고)	단위(관리)	수량(관리)	시작일	종료일	비고
□	1	21-3001500	PEDAL(S)		EA	1.00	EA	1.00	2022/01/01	9999/12/31	
□	1	21-3001610	PEDAL (TYPE A)		EA	2.00	EA	2.00	2022/01/01	9999/12/31	
□	1	21-3001620	PEDAL (TYPE B)		EA	2.00	EA	2.00	2022/01/01	9999/12/31	
□											
			합계			5.00					

15. 고객별출력품목등록

ERP 메뉴 찾아가기

시스템관리 ▶ 기초정보관리 ▶ 고객별출력품목등록

동일한 품목에 대해 고객마다 품번, 품명, 규격 등이 다를 경우 출력품번, 출력품명, 출력규격, 단위, 출력환산계수, 사용여부 등을 고객의 요구에 따라 등록하는 메뉴이다. 거래명세서나 세금계산서 등을 발급할 때 고객에게 맞출 수 있으므로 유용하게 사용할 수 있다.

실무 연습문제 고객별출력품목등록

품목 '83-2000100.전장품 ASS'Y'는 거래처마다 출력품명을 다르게 관리하고 있다. 다스산업(주)의 출력품명으로 옳은 것은?

① HALF ASS'Y
② 전장품 PW ASS'Y
③ ASS'Y BODY
④ HOLDER ASS'Y

정답 ④

품목 '83-2000100.전장품 ASS'Y'의 하단에 등록되어 있는 다스산업(주)의 출력품명은 'HOLDER ASS'Y'이다.

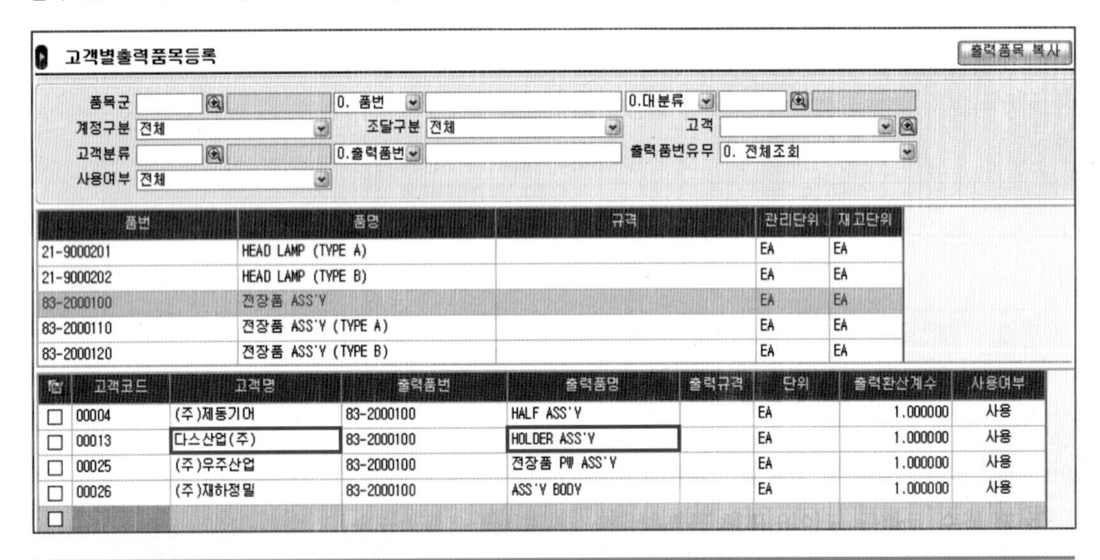

품번	품명	규격	관리단위	재고단위
21-9000201	HEAD LAMP (TYPE A)		EA	EA
21-9000202	HEAD LAMP (TYPE B)		EA	EA
83-2000100	전장품 ASS'Y		EA	EA
83-2000110	전장품 ASS'Y (TYPE A)		EA	EA
83-2000120	전장품 ASS'Y (TYPE B)		EA	EA

고객코드	고객명	출력품번	출력품명	출력규격	단위	출력환산계수	사용여부
00004	(주)제동기어	83-2000100	HALF ASS'Y		EA	1.000000	사용
00013	다스산업(주)	83-2000100	HOLDER ASS'Y		EA	1.000000	사용
00025	(주)우주산업	83-2000100	전장품 PW ASS'Y		EA	1.000000	사용
00026	(주)재하정밀	83-2000100	ASS'Y BODY		EA	1.000000	사용

4 초기이월관리

1. 회계초기이월등록

ERP 메뉴 찾아가기

시스템관리 ▶ 초기이월관리 ▶ 회계초기이월등록

주로 회계 모듈에서 사용하며, '1.재무상태표, 2.손익계산서, 3.500번대 원가, 4.600번대 원가, 5.700번대 원가'를 구분하여 입력 및 조회하는 메뉴이다. 전기의 보고서를 조회하여 이월기준일(1월 1일)로 당기 이월된 내역을 입력 및 조회할 수 있으며, 차기에는 [마감및년도이월] 메뉴를 통해 자동으로 회계 이월작업을 할 수 있다.

2. 재고이월등록

ERP 메뉴 찾아가기

시스템관리 ▶ 초기이월관리 ▶ 재고이월등록

당기 말(대상연도: 2022)의 기말 재고를 차기(이월연도: 2023)의 기초 재고로 반영하여 이월시키는 메뉴이다. 재고이월작업 후에 대상연도 재고를 수정하지 않으려면 [자재마감/통제등록] 메뉴에서 마감등록을 하여야 한다. 만약 이월작업 후 대상연도 재고의 변경이 발생하였을 경우, 대상연도의 기말 재고와 이월연도 기초 재고가 일치하도록 이월작업을 다시 하여야 한다.

5 마감/데이타관리

1. 영업마감/통제등록

ERP 메뉴 찾아가기

시스템관리 ▶ 마감/데이타관리 ▶ 영업마감/통제등록

사업장별로 영업에 관련된 판매단가, 품목코드도움창, 주문(유통) 여신 통제방법 등을 설정할 수 있는 메뉴이다.

① **판매단가**: [영업관리] – [기초정보관리] 메뉴에 품목단가와 고객별단가가 등록되어 있어야 적용된다. 견적등록이나 수주등록을 할 경우에 적용할 단가를 선택할 수 있다.

② **품목코드도움창**: 품목이 5,000건 미만인 표준코드도움과 품목이 5,000건 이상인 대용량 코드도움 중에서 선택할 수 있다.

③ **일괄마감 후 출고변경 통제**: '통제안함'을 선택하면 출고처리 수량 및 금액을 수정할 수 있으며 '통제'를 선택하면 출고처리 수량 및 금액을 통제하여 수정할 수 없다.

④ **마감일자**: 설정된 마감일자 이전으로 매출이나 매출반품 등 영업품목의 이동(수불)을 통제하여 매출마감에 제약을 받는다. 사용자가 직접 마감일자를 입력하여 저장할 수 있으며, 재고평가를 한 경우에는 마감일자가 자동으로 설정된다.

⑤ **입력통제일자**: 설정된 입력일자를 포함하여 그 이전 일로는 재고수불과 관련 없는 메뉴(발주등록 등)에 대한 입력을 통제한다.

영업마감/통제등록 저장

판매단가 ◉ 적용안함 ○ 품목단가 ○ 고객별단가 ○ 고객&품목유형별단가
○ 품목유형별단가 ○ 직전단가 ○ 통합단가

품목코드도움창 ◉ 표준코드도움(품목 5,000건 미만) ○ 대용량코드도움(품목 5,000건 이상)
전단계 적용구분 □ 관리구분 □ 실적담당자 □ 비고(DETAIL)
주문(유통) 여신통제방법 ◉ 통제안함 ○ 경고 ○ 통제
주문(유통)출고 여신통제방법 ◉ 통제안함 ○ 경고 ○ 통제
주문(유통) 승인방법 ◉ 수동승인 ○ 자동승인
일괄마감 후 출고변경 통제 ◉ 통제안함 ○ 통제
주문(유통) 여신통제 기준 ◉ 출고기준 ○ 마감기준

사업장 2000 (주)한국자전거지사
마감일자 ____/__/__
입력통제일자 0000/00/00 (유효한 일자 또는 [0000/00/00] 를 입력하십시오.)

2. 자재마감/통제등록

ERP 메뉴 찾아가기

시스템관리 ▶ 마감/데이타관리 ▶ 자재마감/통제등록

사업장별로 자재정보에 대한 구매단가, 재고평가방법, 사업장이동평가, 품목코드도움창, 재고(−) 통제여부, 마감일자, 입력통제일자 등의 정보를 설정하여 통제하는 메뉴이다.

① **구매단가**: [구매/자재관리] − [기초정보관리] 메뉴에서 품목단가와 거래처별단가가 등록되어 있어야 적용된다. 발주하여 구매할 경우에 적용할 단가를 선택할 수 있으며, 구매단가를 적용하면 발주등록 시 단가를 자동으로 반영할 수 있다.

② **재고평가방법**: 재고평가작업에서 활용되는 평가방법을 설정하는 것으로, 총평균, 이동평균, 선입선출, 후입선출 중에서 선택한다.

③ **사업장이동평가**: 사업장 간의 재고이동 시 표준원가와 사업장출고단가 중에서 재고의 단가유형을 선택한다.

④ **품목코드도움창**: 품목이 5,000건 미만인 표준코드도움과 품목이 5,000건 이상인 대용량코드도움 중에서 선택한다.

⑤ **재고(−) 통제여부**: '통제안함'을 선택하면 재고가 없어도 (−)재고를 허용하여 출고처리가 가능하고, '통제'를 선택하면 (−)재고를 허용하지 않으므로 출고처리가 불가능하다.

⑥ **일괄마감 후 입고변경 통제**: '통제안함'을 선택하면 입고처리 수량 및 금액을 수정할 수 있고, '통제'를 선택하면 입고처리 수량 및 금액을 통제하여 수정할 수 없다.

⑦ **마감일자**: 설정된 마감일자 이전으로 매입이나 매입반품 등 자재품목의 이동(수불)을 통제하여 입고 및 매입마감에 제약을 받는다. 재고평가를 한 경우에는 마감일자가 자동으로 설정되며 사용자가 직접 마감일자를 입력하여 저장할 수도 있다.

⑧ 입력통제일자: 설정된 입력일자를 포함하여 그 이전 일로는 재고수불과 관련 없는 메뉴(견적등록, 수주등록 등)에 대한 입력을 통제한다.

실무 연습문제 **자재마감/통제등록**

[자재마감/통제등록] 메뉴에서 재고평가방법으로 설정 가능한 방법이 아닌 것은?

① 총평균　　② 이동평균
③ 개별법　　④ 선입선출

정답 ③
[자재마감/통제등록] 메뉴에서 재고평가방법으로 설정 가능한 것은 총평균, 이동평균, 선입선출, 후입선출이 있으며, 개별법은 설정할 수 없다. 참고로 현재 로그인한 회사에서는 재고평가방법으로 총평균을 사용하고 있다.

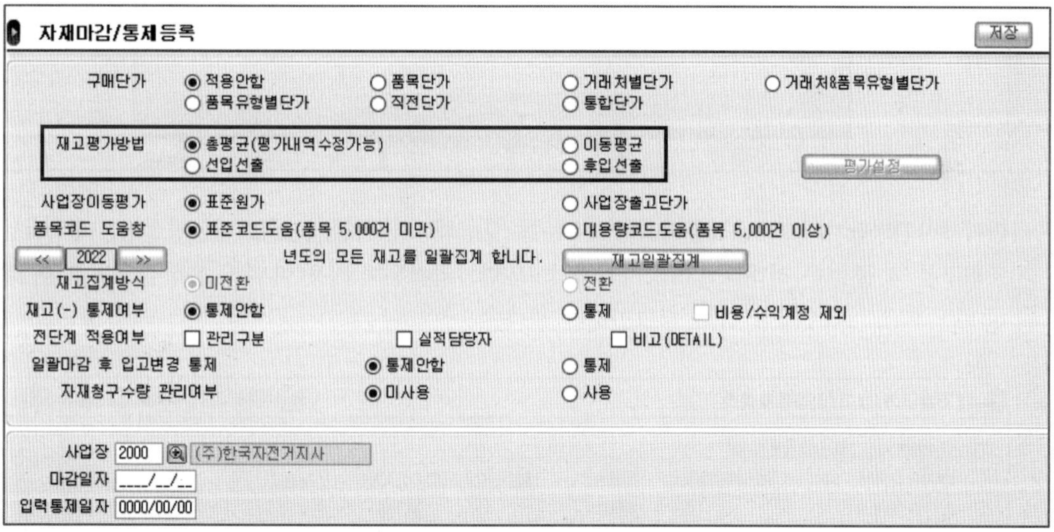

자재마감/통제등록　저장
구매단가 ◉적용안함 ○품목단가 ○거래처별단가 ○거래처&품목유형별단가 ○품목유형별단가 ○직전단가 ○통합단가
재고평가방법 ◉총평균(평가내역수정가능) ○이동평균 ○선입선출 ○후입선출　평가설정
사업장이동평가 ◉표준원가 ○사업장출고단가
품목코드 도움창 ◉표준코드도움(품목 5,000건 미만) ○대용량코드도움(품목 5,000건 이상)
<< 2022 >> 년도의 모든 재고를 일괄집계 합니다. 재고일괄집계
재고집계방식 ◉미전환 ○전환
재고(-) 통제여부 ◉통제안함 ○통제 □비용/수익계정 제외
전단계 적용여부 □관리구분 □실적담당자 □비고(DETAIL)
일괄마감 후 입고변경 통제 ◉통제안함 ○통제
자재청구수량 관리여부 ◉미사용 ○사용
사업장 2000 (주)한국자전거지사
마감일자 ____/__/__
입력통제일자 0000/00/00

3. 마감및년도이월

ERP 메뉴 찾아가기

시스템관리 ▶ 마감/데이타관리 ▶ 마감및년도이월

회계 모듈에서 주로 사용하는 메뉴이며, 당기의 재무제표 정보를 다음 연도의 초기이월데이터로 이월할 수 있는 메뉴이다. 당기의 회계처리 관련 입력 및 결산을 완료한 후에 [마감및년도이월] 메뉴에서 이월 작업을 하면, 기존 자료의 추가 입력 및 수정이 불가능하여 자료를 안전하게 보존할 수 있다.

4. 사원별단가/창고/공정통제설정

ERP 메뉴 찾아가기

시스템관리 ▶ 마감/데이타관리 ▶ 사원별단가/창고/공정통제설정

사원별로 단가통제나 창고/공정통제를 설정하는 메뉴로 [시스템관리] – [회사등록정보] – [시스템환경설정] 메뉴에서 '사원별창고및단가입력통제 적용 여부'에 '1.여'를 선택해야만 사용할 수 있다. 현재 '0.부'로 설정되어 있으므로 메뉴를 사용할 수 없다.

만약 [사원별단가/창고/공정통제설정] 메뉴를 실행하고자 한다면 [시스템환경설정] 메뉴에서 조회구분 '4.물류'를 선택하고 '55.사원별창고및단가입력통제 적용 여부'의 유형설정을 '1.여'로 변경한 후 로그아웃하여 다시 로그인해야 한다.

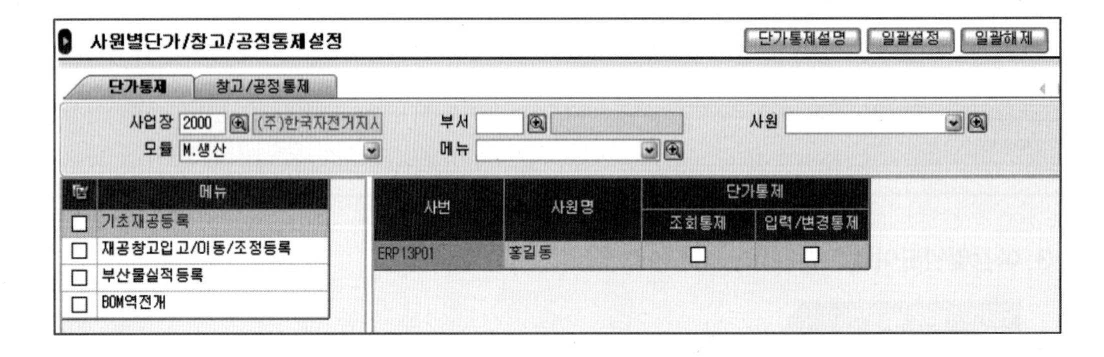

CHAPTER 02

생산관리공통

ERP 정보관리사 생산 1급 실무 기초 특강
QR코드를 촬영해 생산관리공통의 흐름을 확인하세요!
에듀윌 도서몰(http://book.eduwill.net)에서도 수강할 수 있습니다.

1 개요

생산관리공통은 생산, 재공, 외주 등과 관련된 작업을 입력 및 조회하는 모듈이다. 생산관리, 외주관리, 재공관리, 생산/외주/재공현황, 기초정보관리로 이루어져 있다.

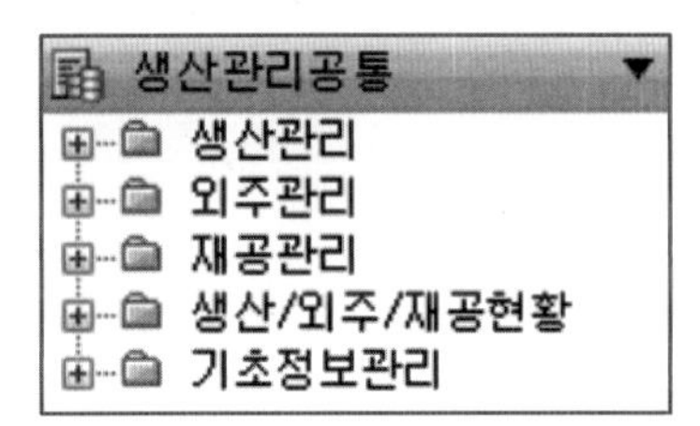

2 기초정보관리

생산계획에 의해서 작업지시가 이루어지고 원재료 투입 후 생산 및 가공공정을 거쳐 반제품이나 제품을 완성하여 창고에 입고처리하는 과정으로 생산관리가 이루어진다. 이때 BOM 등의 기초정보가 등록되어 있어야 원활한 작업을 할 수 있다.

1. BOM등록

ERP 메뉴 찾아가기

생산관리공통 ▶ 기초정보관리 ▶ BOM등록

자재 명세서(BOM; Bill Of Material)는 특정 제품이 어떤 부품으로 구성되어 있는지에 대한 정보를 보여주는 것이다. [BOM등록] 메뉴는 이러한 BOM 정보를 입력하는 메뉴로 하나의 상위품목(모품목)을 생산하는 데 필요한 하위품목(자품목)의 구성과 정미수량, LOSS(%), 필요수량, 사급구분 등을 입력한다. 등록한 BOM 내역을 기초로 하여 [작업지시확정], [소요량전개] 등의 메뉴에서 작업이 이루어진다.

예를 들어, 2022/01/01 기준으로 BREAK SYSTEM (TYPE A) 반제품을 만들기 위하여 필요한 품목과 필요수량을 BOM으로 나타내면 다음 그림과 같다. 다음의 BOM 그림에서 맨 위 LEVEL에 있는 BREAK SYSTEM (TYPE A) 품목이 모품목이며, 하위 LEVEL에 있는 품목들이 자품목이다. BOM 그림에서 자품목 괄호 안의 숫자는 각 품목의 정미수량이다.

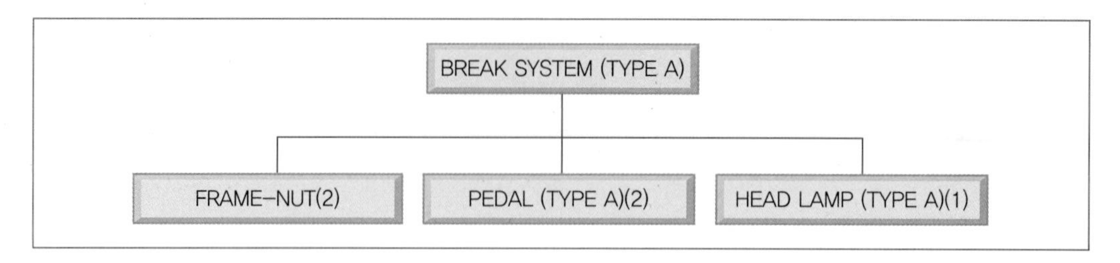

위 그림의 BOM 정보를 토대로 [BOM등록] 메뉴에 등록할 수 있다. 조회할 때는 [BOM등록] 메뉴에 모품목과 기준일자를 입력한 후 조회하면 된다.

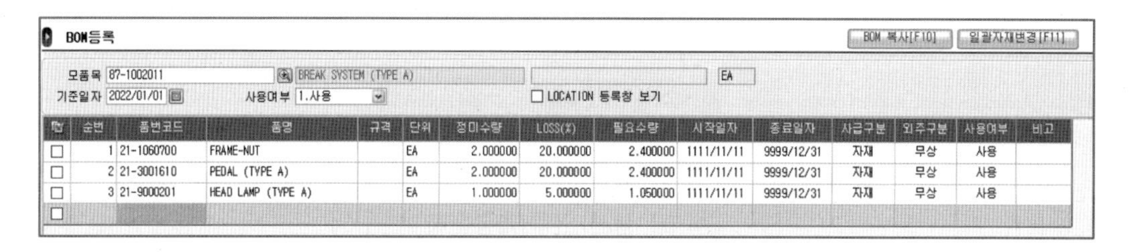
BOM등록

BOM 복사[F10] 일괄자재변경[F11]

모품목 87-1002011 BREAK SYSTEM (TYPE A) EA

기준일자 2022/01/01 사용여부 1.사용 LOCATION 등록창 보기

순번	품번코드	품명	규격	단위	정미수량	LOSS(%)	필요수량	시작일자	종료일자	사급구분	외주구분	사용여부	비고
1	21-1060700	FRAME-NUT		EA	2.000000	20.000000	2.400000	1111/11/11	9999/12/31	자재	무상	사용	
2	21-3001610	PEDAL (TYPE A)		EA	2.000000	20.000000	2.400000	1111/11/11	9999/12/31	자재	무상	사용	
3	21-9000201	HEAD LAMP (TYPE A)		EA	1.000000	5.000000	1.050000	1111/11/11	9999/12/31	자재	무상	사용	

① **정미수량**: LOSS(%)를 감안하지 않은 이론상 필요한 수량

② **LOSS(%)**: 공정 등에서 유실되는 비율

③ **필요수량**: LOSS(%)를 고려하여 실제 필요한 수량

$$필요수량 = 정미수량 \times (100 + LOSS율)/100$$

④ **사급구분**: 외주업체에 원자재를 공급하는 것(해당 품목이 사내재고이면 '0.자재', 다른 회사에서 제공받은 품목이면 '1.사급')

⑤ **외주구분**: 외주생산을 할 경우 외주처에 품목을 제공할 때 사용(유상으로 판매하는 유상사급이면 '1.유상', 무상으로 제공하는 무상사급이면 '0.무상')

실무 연습문제 BOM등록

다음 중 NAX-A420.산악자전거(P-20G)의 BOM에 대한 설명으로 옳지 않은 것은?

① 21-1070700.FRAME-티타늄은 2020/01/01부터 사용하는 자품목이다.
② 21-9000200.HEAD LAMP는 2019년의 LOSS(%)와 2020년의 LOSS(%)의 변동이 없다.
③ 87-1002001.BREAK SYSTEM은 2021년까지는 사용되었으나 2022년에는 사용되지 않는다.
④ 21-3001600.PEDAL의 외주구분은 2019년까지는 무상이었으나 2020년에는 유상으로 바뀌었다.

정답 ③

모품목 NAX-A420.산악자전거(P-20G)로 조회되는 자품목을 확인한다. 기준일자가 주어지지 않았으므로 기준일자는 입력하지 않는다. 이때 시작일자부터 종료일자까지의 기간 동안 각 품목을 사용하는 것이다.

① 순번 11에 등록된 21-1070700.FRAME-티타늄의 시작일자는 2020/01/01로 2020/01/01부터 사용하는 자품목이다.
② 순번 2와 8에 등록된 21-9000200.HEAD LAMP의 LOSS(%)는 모두 5%로 2019년과 2020년의 LOSS(%)의 변동이 없다.
③ 순번 5에 등록된 87-1002001.BREAK SYSTEM의 종료일자는 2022/12/31로 2022년까지 사용된다.
④ 순번 1에 등록된 21-3001600.PEDAL의 종료일자는 2019/12/31로 2019년까지 외주구분이 무상이었으나, 순번 7의 시작일자가 2020/01/01로 2020년에는 외주구분이 유상으로 바뀌었다.

BOM등록 [BOM 복사[F10]] [일괄자재변경[F11]]

모품목 NAX-A420 산악자전거(P-20G) EA
기준일자 ____/__/__ 사용여부 1.사용 LOCATION 등록창 보기

순번	품번코드	품명	규격	단위	정미수량	LOSS(%)	필요수량	시작일자	종료일자	사급구분	외주구분	사용여부	비고
1	21-3001600	PEDAL		EA	1.000000	10.000000	1.100000	2018/01/01	2019/12/31	자재	무상	사용	
2	21-9000200	HEAD LAMP		EA	1.000000	5.000000	1.050000	2018/01/01	2019/12/31	자재	유상	사용	
3	83-2000100	전장품 ASS'Y		EA	1.000000	10.000000	1.100000	2018/01/01	2019/12/31	자재	무상	사용	
4	85-1020400	POWER TRAIN ASS'Y(MTB)		EA	1.000000	10.000000	1.100000	2018/01/01	2019/12/31	자재	무상	사용	
5	87-1002001	BREAK SYSTEM		EA	1.000000	20.000000	1.200000	2018/01/01	2022/12/31	자재	무상	사용	
6	21-1060700	FRAME-NUT		EA	1.000000	20.000000	1.200000	2018/01/01	9999/12/31	자재	무상	사용	
7	21-3001600	PEDAL		EA	1.000000	15.000000	1.150000	2020/01/01	9999/12/31	자재	유상	사용	
8	21-9000200	HEAD LAMP		EA	1.000000	5.000000	1.050000	2020/01/01	9999/12/31	자재	무상	사용	
9	83-2000100	전장품 ASS'Y		EA	1.000000	10.000000	1.100000	2020/01/01	9999/12/31	자재	무상	사용	
10	85-1020400	POWER TRAIN ASS'Y(MTB)		EA	1.000000	15.000000	1.150000	2020/01/01	9999/12/31	자재	무상	사용	
11	21-1070700	FRAME-티타늄		EA	1.000000	15.000000	1.150000	2020/01/01	9999/12/31	자재	무상	사용	

TIP 품목의 정미수량이 1, LOSS(%)가 10이면 LOSS를 감안한 필요수량은 1.1이다. LOSS(%)가 20으로 변경되면 필요수량도 1.2로 변경된다.

2. BOM정전개

ERP 메뉴 찾아가기

생산관리공통 ▶ 기초정보관리 ▶ BOM정전개

[BOM등록] 메뉴에 입력된 내역을 전개하여 확인하기 위한 메뉴이다. BOM이 여러 LEVEL로 구성되어 있을 경우에 여러 LEVEL을 한 번에 전개하여 확인할 수 있다.

① LEVEL에 있는 ⊞를 클릭하면 하위 LEVEL의 품목을 확인할 수 있으며, ⊟를 클릭하면 하위 자품목이 숨겨진다.
② LEVEL의 붉은색 숫자는 각 LEVEL을 나타낸다.

③ LEVEL 1의 품목은 모품목을 생산하는 데 필요한 하위 품목이고, LEVEL 2의 품목은 바로 위의 LEVEL 1을 생산하기 위한 하위 품목으로 여러 LEVEL의 품목을 확인할 수 있다.
④ 상단의 'BOM 총전개'를 체크한 후 조회하면 모든 LEVEL의 품목을 한눈에 확인할 수 있다.
⑤ MULTI LEVEL BOM의 지원단계는 무한하다.

TIP 하나의 모품목에 대하여 [BOM등록]과 [BOM정전개] 메뉴에 입력된 내역이 같으므로 두 개의 메뉴를 비교하는 문제가 출제되기도 한다.

실무 연습문제 BOM정전개

다음 [보기]의 조건으로 데이터를 조회한 후 물음에 답하시오.

보기

- 모품목: NAX-A421.산악자전거(P-21G,A421)
- 기준일자: 2022/01/01
- 사용여부: 1.여
- BOM 총전개: 체크함

BOM정전개 시 LEVEL 1과 LEVEL 2에 모두 속하는 자품목으로 옳은 것은?

① 21-3001610.PEDAL (TYPE A)
② 21-1060700.FRAME-NUT
③ 87-1002011.BREAK SYSTEM (TYPE A)
④ 21-1060851.WHEEL FRONT-MTB (TYPE A)

정답 ①

[보기]의 조건으로 조회되는 자품목을 확인한다.
① 21-3001610.PEDAL (TYPE A)은 LEVEL 1과 LEVEL 2에 모두 속하는 자품목이다.

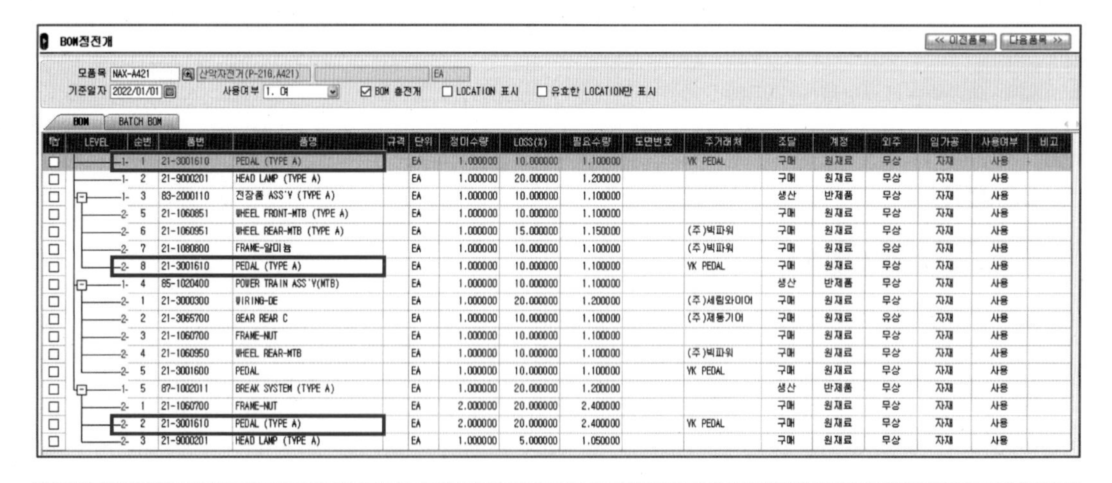

BOM정전개 << 이전품목 다음품목 >>

모품목 NAX-A421 산악자전거(P-21G,A421) EA
기준일자 2022/01/01 사용여부 1. 여 ☑ BOM 총전개 ☐ LOCATION 표시 ☐ 유효한 LOCATION만 표시

BOM | BATCH BOM

LEVEL	순번	품번	품명	규격	단위	정미수량	LOSS(%)	필요수량	도면번호	주거래처	조달	계정	외주	임가공	사용여부	비고
1	1	21-3001610	PEDAL (TYPE A)		EA	1.000000	10.000000	1.100000		YK PEDAL	구매	원재료	무상	자재	사용	
1	2	21-9000201	HEAD LAMP (TYPE A)		EA	1.000000	20.000000	1.200000			구매	원재료	무상	자재	사용	
1	3	83-2000110	전장품 ASS'Y (TYPE A)		EA	1.000000	10.000000	1.100000			생산	반제품	무상	자재	사용	
2	5	21-1060851	WHEEL FRONT-MTB (TYPE A)		EA	1.000000	10.000000	1.100000			구매	원재료	무상	자재	사용	
2	6	21-1060951	WHEEL REAR-MTB (TYPE A)		EA	1.000000	15.000000	1.150000		(주)빅파워	구매	원재료	무상	자재	사용	
2	7	21-1080800	FRAME-알미늄		EA	1.000000	10.000000	1.100000		(주)빅파워	구매	원재료	유상	자재	사용	
2	8	21-3001610	PEDAL (TYPE A)		EA	1.000000	10.000000	1.100000		YK PEDAL	구매	원재료	무상	자재	사용	
1	4	85-1020400	POWER TRAIN ASS'Y(MTB)		EA	1.000000	10.000000	1.100000			생산	반제품	무상	자재	사용	
2	1	21-3000300	WIRING-DE		EA	1.000000	20.000000	1.200000		(주)세림와이어	구매	원재료	무상	자재	사용	
2	2	21-3065700	GEAR REAR C		EA	1.000000	10.000000	1.100000		(주)제동기어	구매	원재료	유상	자재	사용	
2	3	21-1060700	FRAME-NUT		EA	1.000000	10.000000	1.100000			구매	원재료	무상	자재	사용	
2	4	21-1060950	WHEEL REAR-MTB		EA	1.000000	10.000000	1.100000		(주)빅파워	구매	원재료	무상	자재	사용	
2	5	21-3001600	PEDAL		EA	1.000000	10.000000	1.100000		YK PEDAL	구매	원재료	무상	자재	사용	
1	5	87-1002011	BREAK SYSTEM (TYPE A)		EA	1.000000	20.000000	1.200000			생산	반제품	무상	자재	사용	
2	1	21-1060700	FRAME-NUT		EA	2.000000	20.000000	2.400000			구매	원재료	무상	자재	사용	
2	2	21-3001610	PEDAL (TYPE A)		EA	2.000000	20.000000	2.400000		YK PEDAL	구매	원재료	무상	자재	사용	
2	3	21-9000201	HEAD LAMP (TYPE A)		EA	1.000000	5.000000	1.050000			구매	원재료	무상	자재	사용	

3. BOM역전개

ERP 메뉴 찾아가기

생산관리공통 ▶ 기초정보관리 ▶ BOM역전개

특정한 하나의 자품목이 제품이나 반제품 생산에 사용되는 정보를 역으로 조회하는 메뉴이다.

실무 연습문제 BOM역전개

다음 [보기]의 조건으로 데이터를 조회한 후 물음에 답하시오.

보기
- 사용여부: 1.여
- BOM 총전개: 체크함
- 기준일자: 2022/03/01

다음 중 원재료 21-9000200.HEAD LAMP를 생산에 활용하여 만들 수 있는 품목으로 옳은 것은?

① 21-3065700.GEAR REAR C
② 83-2000100.전장품 ASS'Y
③ 88-1002000.PRESS FRAME-Z
④ NAX-A422.산악자전거(P-21G,A422)

정답 ③

품목 21-9000200.HEAD LAMP를 자품목으로 하고 [보기]의 조건으로 조회한 후 하단에 전개되는 품목을 확인한다. BOM 총전개에 체크한 후 조회하면 상위의 품목까지 모두 확인할 수 있다. LEVEL 1은 주어진 자품목을 사용하여 생산하는 바로 위 단계의 품목이며, LEVEL 2는 LEVEL 1을 사용하여 생산하는 상위 단계의 품목이다.
③ 88-1002000.PRESS FRAME-Z는 LEVEL 1에 속하는 품목이다.

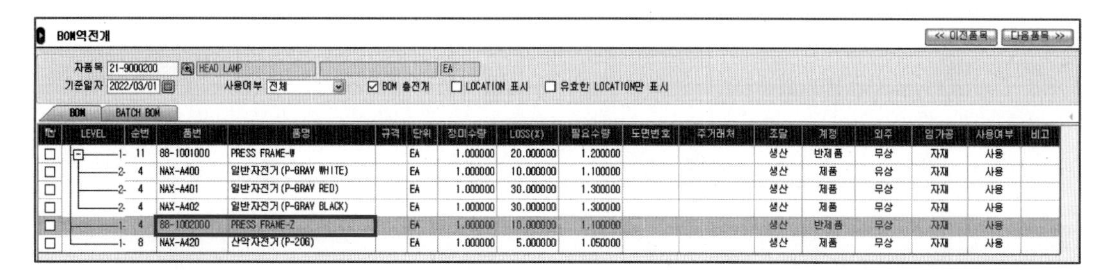

LEVEL	순번	품번	품명	규격	단위	정미수량	LOSS(%)	필요수량	도면번호	주거래처	조달	계정	외주	임가공	사용여부	비고
1-	11	88-1001000	PRESS FRAME-W		EA	1.000000	20.000000	1.200000			생산	반제품	무상	자재	사용	
2-	4	NAX-A400	일반자전거(P-GRAY WHITE)		EA	1.000000	10.000000	1.100000			생산	제품	유상	자재	사용	
2-	4	NAX-A401	일반자전거(P-GRAY RED)		EA	1.000000	30.000000	1.300000			생산	제품	무상	자재	사용	
2-	4	NAX-A402	일반자전거(P-GRAY BLACK)		EA	1.000000	30.000000	1.300000			생산	제품	무상	자재	사용	
1-	4	88-1002000	PRESS FRAME-Z		EA	1.000000	10.000000	1.100000			생산	반제품	무상	자재	사용	
1-	8	NAX-A420	산악자전거(P-20G)		EA	1.000000	5.000000	1.050000			생산	제품	무상	자재	사용	

4. 외주단가등록

ERP 메뉴 찾아가기

생산관리공통 ▶ 기초정보관리 ▶ 외주단가등록

외주단가를 등록하는 메뉴로 외주생산을 할 경우, 외주단가를 관리하여 적용하고자 할 때 사용한다. 외주공정이나 외주처별로 품목의 외주단가를 입력할 수 있으며 외주생산 등록 시 등록한 단가가 자동으로 부여되고 단가를 수정하여 입력할 수 있다. 단가를 등록하고자 하는 외주처를 선택한 후 외주단가를 입력하거나 조회할 수 있으며, 품목별 단가와 단가적용 시작일, 종료일, 사용여부를 확인할 수 있다.

실무 연습문제 외주단가등록

아래 [보기]의 조건으로 데이터를 등록한 후 물음에 답하시오.

보기

- 사업장: 2000.(주)한국자전거지사
- 외주공정: R200.외주공정
- 외주처: R211.다스산업(주)
- 단가적용비율: 95%

[보기]의 조건으로 실제원가 대비 외주단가를 일괄변경한 후 등록되는 품목별 외주단가로 옳은 것은?

① NAX-A400.일반자전거(P-GRAY WHITE): 285,000원

② NAX-A401.일반자전거(P-GRAY RED): 181,450원

③ NAX-A420.산악자전거(P-20G): 190,000원

④ NAX-A421.산악자전거(P-21G,A421): 200,500원

정답 ②

[보기]의 조건으로 조회한 후 각 품목에 체크하여 단가적용비율 95%를 입력한다. 실제원가대비에 체크한 후 '일괄변경'을 클릭하면 실제원가의 95% 금액으로 계산되어 외주단가가 등록된다.

① NAX-A400.일반자전거(P-GRAY WHITE): 181,450원

③ NAX-A420.산악자전거(P-20G): 200,450원

④ NAX-A421.산악자전거(P-21G,A421): 200,450원

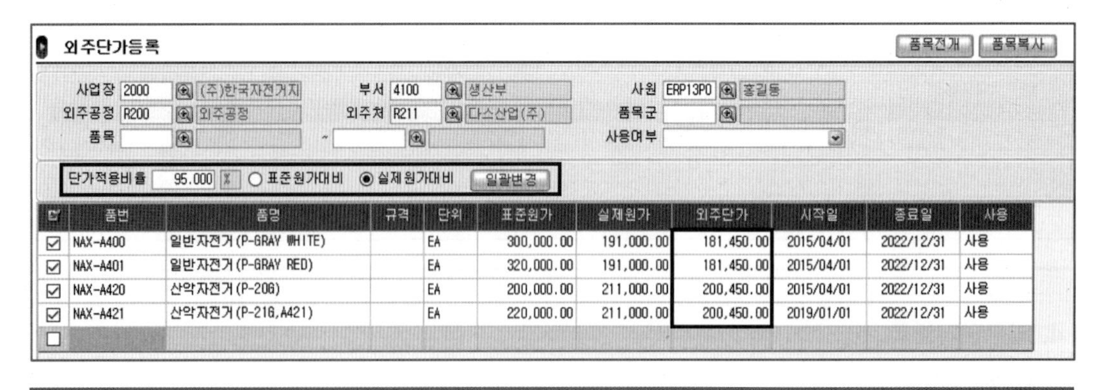

	품번	품명	규격	단위	표준원가	실제원가	외주단가	시작일	종료일	사용
☑	NAX-A400	일반자전거(P-GRAY WHITE)		EA	300,000.00	191,000.00	181,450.00	2015/04/01	2022/12/31	사용
☑	NAX-A401	일반자전거(P-GRAY RED)		EA	320,000.00	191,000.00	181,450.00	2015/04/01	2022/12/31	사용
☑	NAX-A420	산악자전거(P-20G)		EA	200,000.00	211,000.00	200,450.00	2015/04/01	2022/12/31	사용
☑	NAX-A421	산악자전거(P-21G,A421)		EA	220,000.00	211,000.00	200,450.00	2019/01/01	2022/12/31	사용
☐										

5. 불량유형등록

ERP 메뉴 찾아가기

생산관리공통 ▶ 기초정보관리 ▶ 불량유형등록

생산된 품목의 검사를 할 경우에 [생산실적검사] 메뉴에서 불량코드를 등록할 때 사용하는 메뉴이다. 생산된 품목의 품질관리 과정에서 발생하는 다양한 형태의 불량유형을 입력하고 관리할 수 있으며, 특성에 따라 불량군으로 관리할 수도 있다.

실무 연습문제 불량유형등록

생산관리에 등록된 불량유형 중 불량군과 불량유형 모두 '미사용'으로 등록되어 있는 것은?

① 조립불량: 브레이크(BREAK)불량
② 포장불량: 포장불량
③ 적재불량: 적재불량
④ 프레임균열: 프레임(FRAME)균열

정답 ④

오른쪽 상단의 '불량군등록'을 클릭한다. 사용여부가 '미사용'인 불량군명은 프레임균열이다.

불량군등록 도움창

불량군코드 / 불량군명 / 사용여부

조회 / 삭제 / 확인

불량군코드	불량군명	사용여부	불량군설명
10	조립불량	사용	
20	도색불량	사용	
30	포장불량	사용	
40	적재불량	사용	
50	프레임균열	미사용	

[불량유형등록] 메뉴에서 사용여부가 '미사용'인 불량유형명은 브레이크(BREAK)불량, 포장불량, 프레임(FRAME)균열이다. 따라서 불량군과 불량유형이 모두 '미사용'인 것은 ④ 프레임균열 – 프레임(FRAME)균열이다.

불량유형등록 / 불량군등록

불량코드 / 불량유형명 / 사용여부 / 불량군 / 불량설명

불량코드	불량유형명	불량군	사용여부	불량설명
A10	바디(BODY)불량	조립불량	사용	
B10	브레이크(BREAK)불량	조립불량	미사용	
C10	라이트(HEAD LAMP)불량	조립불량	사용	
D10	휠(WHEEL)불량	조립불량	사용	
E10	도색불량	도색불량	사용	
F10	포장불량	포장불량	미사용	
G10	적재불량	적재불량	사용	
H10	프레임(FRAME)균열	프레임균열	미사용	

3 생산관리

생산관리 모듈에서는 회사에서 생산하는 제품이나 반제품의 생산계획부터 작업지시 및 작업실적, 창고입고처리 등을 등록할 수 있다.

1. 생산계획등록

ERP 메뉴 찾아가기

생산관리공통 ▶ 생산관리 ▶ 생산계획등록

제품이나 반제품의 생산계획을 등록하는 메뉴로 화면의 왼쪽에서 일생산량을, 오른쪽에서 작업예정일과 수량을 확인할 수 있다.

TIP 일생산량과 작업예정 수량을 비교하는 문제가 자주 출제된다.

실무 연습문제 | 생산계획등록

다음 [보기]의 조건으로 데이터를 조회한 후 물음에 답하시오.

보기
- 사업장: 2000.(주)한국자전거지사
- 작업예정일: 2022/11/01 ~ 2022/11/30

일생산량을 초과하여 작업예정 수량이 등록되어 있는 품목으로 옳지 않은 것은?

① 85-1020400.POWER TRAIN ASS'Y(MTB)
② 87-1002021.BREAK SYSTEM (TYPE B)
③ 88-1002000.PRESS FRAME-Z
④ NAX-A421.산악자전거(P-21G,A421)

정답 ④

[보기]의 조건으로 조회하여 화면의 왼쪽에서 품목별 일생산량을, 오른쪽에서 작업예정일별 수량을 확인한다.
④ NAX-A421.산악자전거(P-21G,A421)의 일생산량은 170EA이며 2022/11/05의 작업예정 수량이 50EA, 2022/11/06의 작업예정 수량이 50EA + 50EA + 50EA = 150EA이므로 작업예정 수량이 일생산량을 초과하지 않는다.

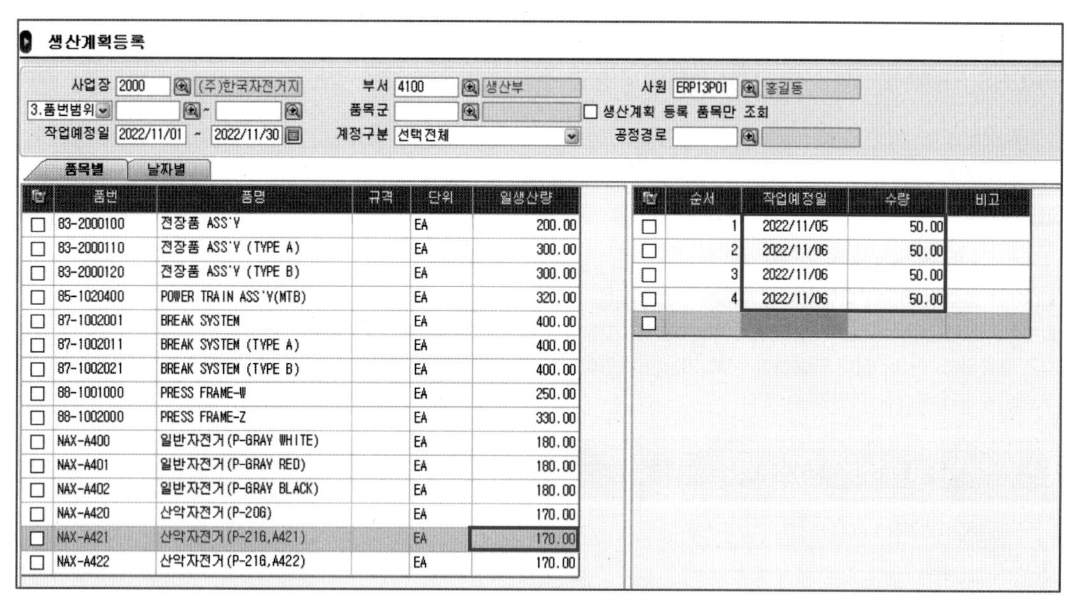

TIP 같은 날짜의 작업예정일을 여러 번 입력하여 작업예정 수량을 합계하여야 하는 문제도 출제되므로 작업예정일을 반드시 확인해야 한다.

2. 작업지시등록

ERP 메뉴 찾아가기

생산관리공통 ▶ 생산관리 ▶ 작업지시등록

생산작업지시를 등록하는 메뉴이다. 청구조회, 주문조회, 생산계획조회 등을 통하여 각 내역을 적용받아 작업지시를 등록할 수 있으며, 직접 등록할 수도 있다.

실무 연습문제 작업지시등록

다음 [보기]의 조건으로 데이터를 조회한 후 물음에 답하시오.

보기

- 사업장: 2000.(주)한국자전거지사
- 공정: L200.작업공정
- 작업장: L201.제품작업장(완제품)
- 지시기간: 2022/11/01 ~ 2022/11/30
- 계획기간: 2022/11/01 ~ 2022/11/30

[보기]의 조건에 따라 생산계획 내역을 적용받아 작업지시를 등록하려고 한다. 품목 88-1001000. PRESS FRAME-W의 작업지시 등록이 가능한 수량의 합으로 옳은 것은?

① 150EA　　② 250EA

③ 450EA　　④ 900EA

정답 ③

[보기]의 조건으로 조회한 후 오른쪽 상단의 '생산계획조회'를 클릭하여 팝업창에 계획기간을 입력하고 조회한다. 여러 품목이 섞여 있으므로 품번이나 품명으로 조회하는 것이 한눈에 확인하기 편리하다. 품목 88-1001000.PRESS FRAME-W의 계획잔량이 100EA + 150EA + 200EA = 450EA인 것을 확인할 수 있으며, 전체 품목에 체크한 후 '적용'을 클릭하면 작업지시가 등록된다. 계획잔량이 적용하여 등록 가능한 수량이므로 꼭 적용하여 등록하지 않아도 '생산계획조회 도움창'에서 등록 가능한 품목과 수량을 확인할 수 있다.

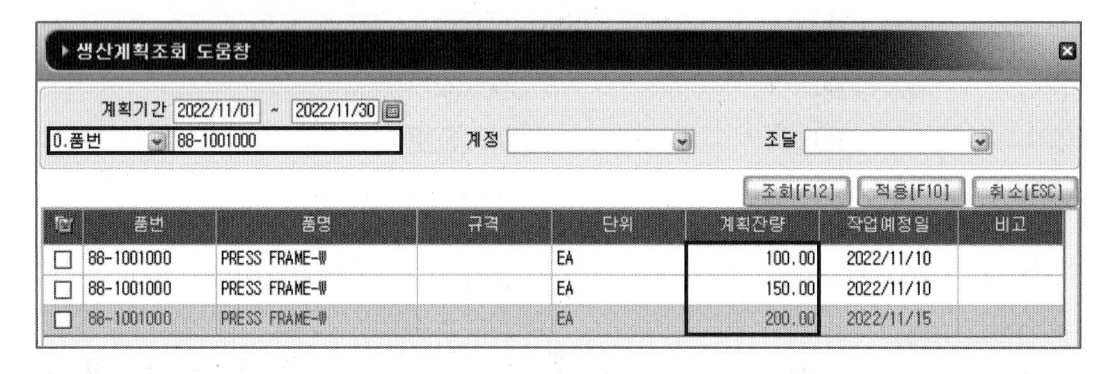

	품번	품명	규격	단위	계획잔량	작업예정일	비고
☐	88-1001000	PRESS FRAME-W		EA	100.00	2022/11/10	
☐	88-1001000	PRESS FRAME-W		EA	150.00	2022/11/10	
☐	88-1001000	PRESS FRAME-W		EA	200.00	2022/11/15	

3. 작업지시확정

ERP 메뉴 찾아가기

생산관리공통 ▶ 생산관리 ▶ 작업지시확정

[작업지시등록] 메뉴에서 등록한 내역을 확정하는 메뉴이다. '확정'은 작업 상태가 '계획'인 작업지시번호만 할 수 있다. 오른쪽 상단의 '확정'을 클릭하면 '계획' 상태인 작업지시가 '확정'으로 변경되고 생산에 필요한 품목과 수량이 화면의 하단에 적용된다. 이는 [BOM등록] 메뉴에 등록된 내역이 적용되는 것으로, 화면 상단에는 모품목이, 화면 하단에는 자품목이 나타난다. [작업지시확정] 메뉴에서 수정 및 입력이 가능하며 [BOM등록]에 등록된 내역과 비교할 수도 있다. 작업지시의 확정을 취소하려면 오른쪽 상단의 '취소'를 클릭하여 '확정'된 작업을 '계획'으로 변경해야 한다. '취소'는 이후의 작업에서 적용을 받지 않은 작업지시만 가능하다. 또한 오른쪽 상단의 '자재출고'를 이용하여 자재출고 작업을 할 수 있다.

실무 연습문제 작업지시확정

아래 [보기]의 조건으로 데이터를 입력 및 조회한 후 물음에 답하시오.

보기

- 사업장: 2000.(주)한국자전거지사
- 공정: L200.작업공정
- 작업장: L202.반제품작업장(반제품)
- 지시기간: 2022/11/01 ~ 2022/11/10
- 작업지시번호: WO2211000009
- 사용일: 2022/11/06

[보기]의 작업지시 건을 확정처리했을 때 청구되는 자재로 옳지 않은 것은?

① 21-1060700.FRAME-NUT

② 21-3001500.PEDAL(S)

③ 21-3000300.WIRING-DE

④ 21-9000201.HEAD LAMP (TYPE A)

정답 ④

[보기]의 조건으로 조회한 후 작업지시번호 WO2211000009에 체크한다. 화면 오른쪽 상단의 '확정'을 클릭한 후 사용일을 입력하고 확인을 누르면 화면 하단에 필요한 품목과 각 품목의 LOSS(%), 확정수량이 적용된다.

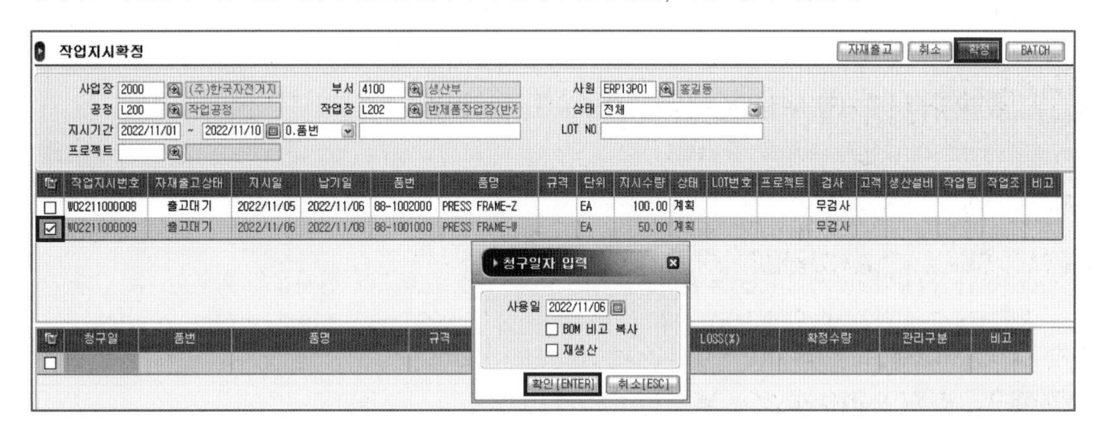

작업지시번호 WO2211000009의 상태가 '계획'에서 '확정'으로 변경되며, 화면 하단에서 확정처리된 청구자재를 확인할 수 있다. 청구자재는 [BOM등록] 메뉴에 등록되어 있는 자품목이 전개되는 것이다.

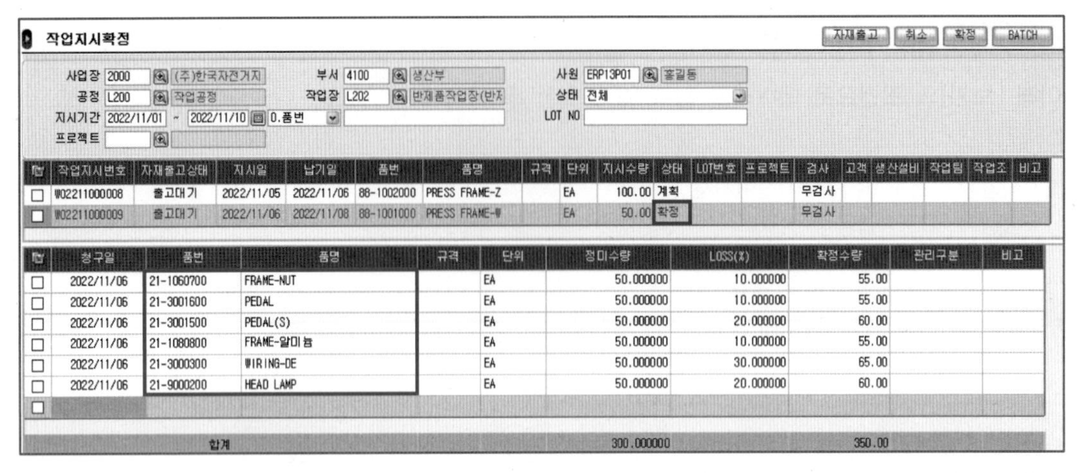

작업지시번호	자재출고상태	지시일	납기일	품번	품명	규격	단위	지시수량	상태	LOT번호	프로젝트	검사	고객	생산설비	작업팀	작업조	비고
W02211000008	출고대기	2022/11/05	2022/11/06	88-1002000	PRESS FRAME-Z		EA	100.00	계획			무검사					
W02211000009	출고대기	2022/11/06	2022/11/08	88-1001000	PRESS FRAME-W		EA	50.00	확정			무검사					

청구일	품번	품명	규격	단위	정미수량	LOSS(%)	확정수량	관리구분	비고
2022/11/06	21-1060700	FRAME-NUT		EA	50.000000	10.000000	55.00		
2022/11/06	21-3001600	PEDAL		EA	50.000000	10.000000	55.00		
2022/11/06	21-3001500	PEDAL(S)		EA	50.000000	20.000000	60.00		
2022/11/06	21-1080800	FRAME-알미늄		EA	50.000000	10.000000	55.00		
2022/11/06	21-3000300	WIRING-DE		EA	50.000000	30.000000	65.00		
2022/11/06	21-9000200	HEAD LAMP		EA	50.000000	20.000000	60.00		
합계					300.000000		350.00		

TIP 상태가 '계획'인 다른 지시번호도 '확정'으로 처리할 수 있으며 '취소'를 통하여 취소할 수도 있다. 이러한 경우에 데이터가 바뀔 수 있으며 로그아웃을 하여 'DB복원' 작업을 하면 원래의 데이터로 되돌릴 수 있다.

4. 생산자재출고

ERP 메뉴 찾아가기

생산관리공통 ▶ 생산관리 ▶ 생산자재출고

생산에 필요한 품목을 공정으로 보내기 위하여 창고에서 출고하는 메뉴이다.

① 출고창고, 출고장소에서의 재고는 감소한다.

② 공정, 작업장의 재공은 증가한다.

③ 오른쪽 상단의 '출고요청'이나 '일괄적용'을 사용하여 청구수량, 투입수량, 청구잔량을 확인할 수 있으며, 이를 통해 생산자재를 출고할 수 있다.

④ 오른쪽 상단의 '재고확인'을 통하여 화면 하단에서 현재고와 현재공을 확인할 수 있다.

⑤ 화면의 하단에서 각 품목이 적용된 지시번호와 모품목, 지시수량을 확인할 수 있다.

실무 연습문제 생산자재출고

다음 [보기]의 조건으로 데이터를 조회한 후 물음에 답하시오.

보기

- 사업장: 2000.(주)한국자전거지사
- 출고기간: 2022/11/01 ~ 2022/11/05
- 출고번호: MV2211000002

[보기]의 조건으로 조회되는 생산자재출고 건에 대한 설명으로 옳지 않은 것은?

① 부품창고_인천지점, 부품/반제품_부품장소에서 품목 21-3001600.PEDAL의 수량이 200EA 감소한다.

② 작업공정, 제품작업장(완제품)에서 품목 83-2000100.전장품 ASS'Y의 수량이 230EA 증가한다.

③ 출고된 자재들은 품목 NAX-A420.산악자전거(P-20G)를 생산하기 위한 자재이다.

④ 지시번호 WO2211000001에 대한 생산자재출고 건이다.

정답 ③

[보기]의 조건으로 조회되는 출고번호의 내역을 확인한다. 출고창고/출고장소에서는 수량이 감소하며, 공정/작업장에서는 수량이 증가한다. 또한 하단에 모품목 NAX-A400.일반자전거(P-GRAY WHITE)와 지시번호 WO2211000001이 등록되어 있으며, 하단에서 마우스 오른쪽 버튼을 클릭하여 '[생산자재출고] 이력정보'에서도 지시번호를 확인할 수 있다.

③ 출고된 자재들은 품목 NAX-A400.일반자전거(P-GRAY WHITE)를 생산하기 위한 자재이다.

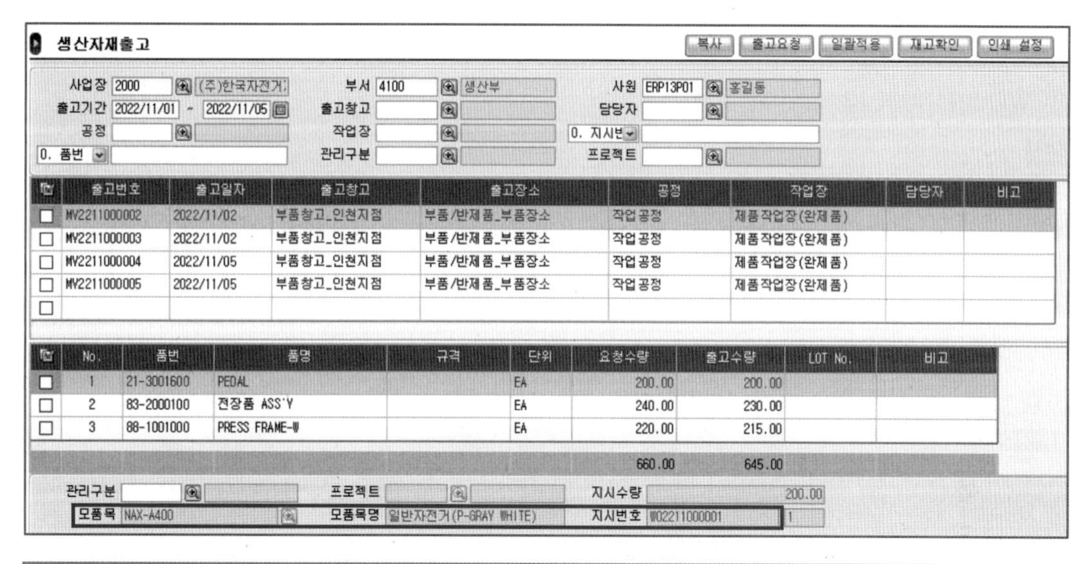
생산자재출고

복사 | 출고요청 | 일괄적용 | 재고확인 | 인쇄 설정

사업장 2000 (주)한국자전거 | 부서 4100 생산부 | 사원 ERP13P01 홍길동
출고기간 2022/11/01 ~ 2022/11/05 | 출고창고 | 담당자
공정 | 작업장 | 0. 지시번
0. 품번 | 관리구분 | 프로젝트

출고번호	출고일자	출고창고	출고장소	공정	작업장	담당자	비고
MV2211000002	2022/11/02	부품창고_인천지점	부품/반제품_부품장소	작업공정	제품작업장(완제품)		
MV2211000003	2022/11/02	부품창고_인천지점	부품/반제품_부품장소	작업공정	제품작업장(완제품)		
MV2211000004	2022/11/05	부품창고_인천지점	부품/반제품_부품장소	작업공정	제품작업장(완제품)		
MV2211000005	2022/11/05	부품창고_인천지점	부품/반제품_부품장소	작업공정	제품작업장(완제품)		

No.	품번	품명	규격	단위	요청수량	출고수량	LOT No.	비고
1	21-3001600	PEDAL		EA	200.00	200.00		
2	83-2000100	전장품 ASS'Y		EA	240.00	230.00		
3	88-1001000	PRESS FRAME-W		EA	220.00	215.00		
					660.00	645.00		

관리구분 | 프로젝트 | 지시수량 200.00
모품목 NAX-A400 | 모품목명 일반자전거(P-GRAY WHITE) | 지시번호 WO2211000001 | 1

5. 작업실적등록

ERP 메뉴 찾아가기

생산관리공통 ▶ 생산관리 ▶ 작업실적등록

생산을 완료한 경우의 작업실적을 등록하는 메뉴로, 작업 지시수량과 실적수량 및 실적잔량, 생산에 관련된 생산설비나 작업팀 등을 확인할 수 있다. 화면 상단의 작업지시번호에 대한 실적이 화면 하단에 각 실적번호로 등록되며, 실적일은 지시일 이전의 날짜로 등록할 수 없다. 작업실적을 등록한 후 오른쪽 상단의 '자재사용'을 이용하여 바로 자재사용 작업을 할 수 있다.

실무 연습문제 작업실적등록

다음 [보기]의 조건으로 데이터를 조회한 후 물음에 답하시오.

보기
- 사업장: 2000.(주)한국자전거지사
- 지시기간: 2022/11/01 ~ 2022/11/30
- 지시공정: L200.작업공정
- 지시작업장: L203.제품작업장(반제품)

디음 중 지시수량보다 실적수량이 더 많이 등록된 작업지시번호로 옳은 것은?

① WO2211000010

② WO2211000011

③ WO2211000012

④ WO2211000013

정답 ③

[보기]의 조건으로 조회한 후 각 작업지시번호의 지시수량과 실적수량을 비교한다.

③ WO2211000012의 지시수량은 80EA이고 실적수량은 90EA로 지시수량보다 실적수량이 더 많이 등록되어 있어 실적잔량이 -10EA이다.

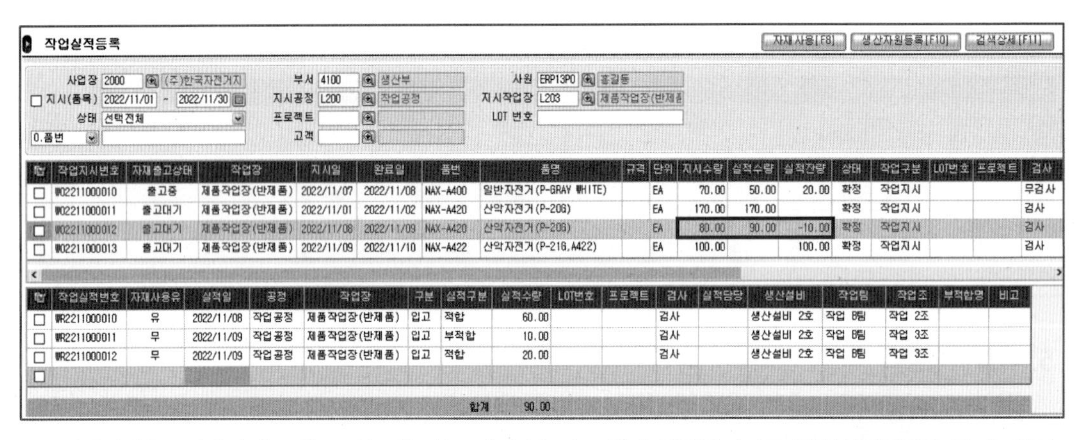

작업실적등록 | 자재사용[F8] | 생산자원등록[F10] | 검색상세[F11]

사업장 2000 (주)한국자전거지 | 부서 4100 생산부 | 사원 ERP13P0 홍길동

지시(품목) 2022/11/01 ~ 2022/11/30 | 지시공정 L200 작업공정 | 지시작업장 L203 제품작업장(반제품

상태 선택전체 | 프로젝트 | LOT 번호

0.품번 | 고객

작업지시번호	자재출고상태	작업장	지시일	완료일	품번	품명	규격	단위	지시수량	실적수량	실적잔량	상태	작업구분	LOT번호	프로젝트	검사
WO2211000010	출고중	제품작업장(반제품)	2022/11/07	2022/11/08	NAX-A400	일반자전거(P-GRAY WHITE)		EA	70.00	50.00	20.00	확정	작업지시			무검사
WO2211000011	출고대기	제품작업장(반제품)	2022/11/01	2022/11/02	NAX-A420	산악자전거(P-20G)		EA	170.00	170.00		확정	작업지시			검사
WO2211000012	출고대기	제품작업장(반제품)	2022/11/08	2022/11/09	NAX-A420	산악자전거(P-20G)		EA	80.00	90.00	-10.00	확정	작업지시			검사
WO2211000013	출고대기	제품작업장(반제품)	2022/11/09	2022/11/10	NAX-A422	산악자전거(P-21G,A422)		EA	100.00		100.00	확정	작업지시			검사

작업실적번호	자재사용유	실적일	공정	작업장	구분	실적구분	실적수량	LOT번호	프로젝트	검사	실적담당	생산설비	작업팀	작업조	부적합명	비고
WR2211000010	유	2022/11/08	작업공정	제품작업장(반제품)	입고	적합	60.00			검사		생산설비 2호	작업 B팀	작업 2조		
WR2211000011	무	2022/11/09	작업공정	제품작업장(반제품)	입고	부적합	10.00			검사		생산설비 2호	작업 B팀	작업 3조		
WR2211000012	무	2022/11/09	작업공정	제품작업장(반제품)	입고	적합	20.00			검사		생산설비 2호	작업 B팀	작업 3조		
						합계	90.00									

TIP 생산자재출고상태가 출고완료, 출고중, 출고대기 중 어느 것에 해당하더라도 작업실적등록을 할 수 있다. 즉, 생산자재출고가 선행되어야만 작업실적등록이 가능한 것은 아니다.

6. 생산자재사용등록

ERP 메뉴 찾아가기

생산관리공통 ▶ 생산관리 ▶ 생산자재사용등록

생산에 사용된 자재를 등록하는 메뉴이다. [생산자재출고] 메뉴에서 출고되어 공정에 투입된 자재들은 공정에서 생산에 사용된다. 따라서 자재를 사용등록하면 공정에서 자재를 사용한 것으로 처리되어 자재의 재공이 감소한다. 작업실적을 기준으로 사용자재를 등록하며, 사용수량은 LOSS(%)를 고려한 수량이다. 이때, 부적합인 작업실적을 포함한 생산에 사용한 모든 자재의 사용내역을 등록한다. [작업지시확정] 및 앞의 메뉴에 등록된 자재들은 '청구적용'을 통해 적용받을 수 있다.

실무 연습문제 생산자재사용등록

다음 [보기]의 조건으로 데이터를 조회한 후 물음에 답하시오.

보기

- 사업장: 2000.(주)한국자전거지사
- 구분: 1.생산
- 실적공정: L200.작업공정
- 실적작업장: L201.제품작업장(완제품)
- 실적기간: 2022/11/01 ~ 2022/11/30

(주)한국자전거지사에서는 생산실적 건에 대한 자재사용량을 관리하고 있다. 청구요청된 자재와 비교하여 잔량이 가장 많은 실적번호로 옳은 것은?

① WR2211000001
② WR2211000003
③ WR2211000005
④ WR2211000006

정답 ③

[보기]의 조건으로 조회한 후 각 작업실적번호에서 오른쪽 상단의 '청구적용[F8]'을 클릭하여 '청구 적용 도움창'의 잔량을 확인한다. 잔량은 청구요청된 자재 중 사용등록이 되지 않은 수량이며 생산자재사용등록을 할 수 있는 수량이다.

① WR2211000001: 잔량 5EA
② WR2211000003: 등록되어 있지 않음
③ WR2211000005: 잔량 2EA + 20EA = 22EA
④ WR2211000006: 잔량 1EA + 2EA = 3EA

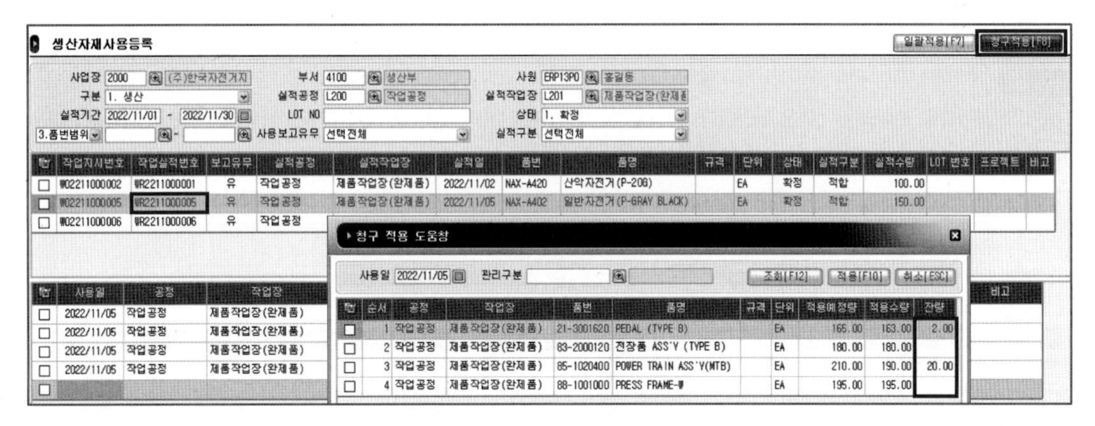

TIP 하단에서 각 품목을 클릭하면 사용수량과 하단의 청구수량을 확인할 수 있으며 이를 이용하여 사용수량과 청구수량을 비교하는 문제가 출제될 수도 있다.

7. 생산실적검사

ERP 메뉴 찾아가기

생산관리공통 ▶ 생산관리 ▶ 생산실적검사

[작업실적등록] 메뉴에서 검사구분이 '검사'인 작업의 생산실적 품목을 검사하는 메뉴이다.

① 검사결과가 불합격이면 생산품창고입고처리를 할 수 없다.

② 불합격수량을 제외한 합격수량을 생산품창고입고처리할 수 있으므로 생산품창고입고 대상 수량에 가장 결정적인 영향을 미친다.

③ 등록한 불량수량을 불합격수량으로 적용하기 위해서는 '불량수량적용'을 클릭한다.

실무 연습문제 생산실적검사

다음 [보기]의 조건으로 데이터를 조회한 후 물음에 답하시오.

보기

- 사업장: 2000.(주)한국자전거지사
- 실적일: 2022/11/01 ~ 2022/11/10
- 공정: L200.작업공정
- 작업장: L203.제품작업장(반제품)

다음 중 작업실적의 검사 내역에 대한 설명으로 옳지 않은 것은?

① WR2211000008: 100EA를 전수검사하여 3EA가 불합격처리되었다.

② WR2211000009: 검사결과 바디(BODY)불량과 도색불량이 발생하였다.

③ WR2211000010: 실적수량 60EA 중 20EA를 샘플검사하였으므로 40EA의 추가검사가 필요하다.

④ WR2211000011: 검사결과 합격률이 100%이다.

정답 ③

[보기]의 조건으로 조회되는 내역을 확인한다. 작업실적번호 WR2211000010의 검사유형은 '샘플검사'이므로 시료수 20EA만 검사하면 되며, 모든 실적수량 60EA를 검사할 필요는 없다.

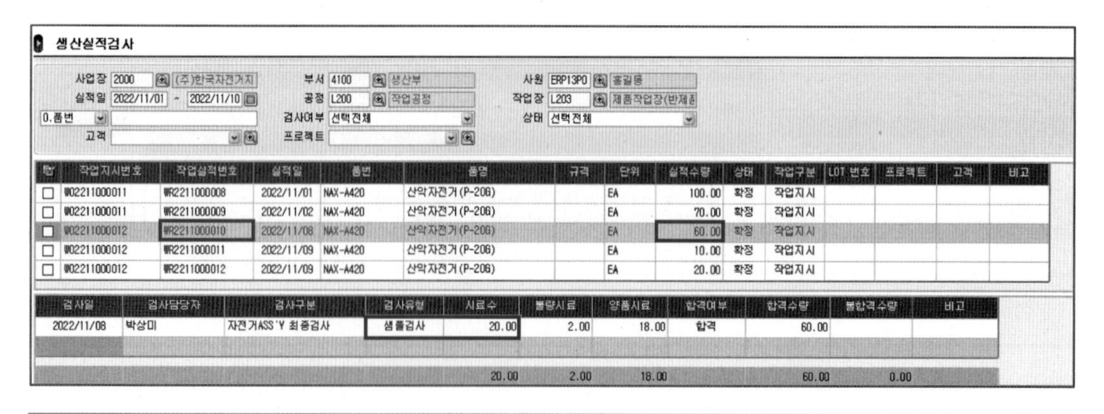

생산실적검사

사업장 2000 (주)한국자전거지 | 부서 4100 생산부 | 사원 ERP13P0 홍길동
실적일 2022/11/01 ~ 2022/11/10 | 공정 L200 작업공정 | 작업장 L203 제품작업장(반제
0.품번 | 검사여부 선택전체 | 상태 선택전체
고객 | 프로젝트

작업지시번호	작업실적번호	실적일	품번	품명	규격	단위	실적수량	상태	작업구분	LOT 번호	프로젝트	고객	비고
WO2211000011	WR2211000008	2022/11/01	NAX-A420	산악자전거(P-206)		EA	100.00	확정	작업지시				
WO2211000011	WR2211000009	2022/11/02	NAX-A420	산악자전거(P-206)		EA	70.00	확정	작업지시				
WO2211000012	WR2211000010	2022/11/08	NAX-A420	산악자전거(P-206)		EA	60.00	확정	작업지시				
WO2211000012	WR2211000011	2022/11/09	NAX-A420	산악자전거(P-206)		EA	10.00	확정	작업지시				
WO2211000012	WR2211000012	2022/11/09	NAX-A420	산악자전거(P-206)		EA	20.00	확정	작업지시				

검사일	검사담당자	검사구분	검사유형	시료수	불량시료	양품시료	합격여부	합격수량	불합격수량	비고
2022/11/08	박상미	자전거ASS'Y 최종검사	샘플검사	20.00	2.00	18.00	합격	60.00		
				20.00	2.00	18.00		60.00	0.00	

8. 생산품창고입고처리

ERP 메뉴 찾아가기

생산관리공통 ▶ 생산관리 ▶ 생산품창고입고처리

생산품을 창고에 입고처리하는 메뉴이다.

① 생산품창고입고처리를 하게 되면 입고되는 창고의 재고는 증가하고, 공정의 재공은 감소한다.

② [작업실적등록] 메뉴에서 검사구분이 '검사'로 설정되어 생산실적검사를 해야 하는 실적 건은 검사가 완료되어야 생산품창고입고를 할 수 있다.

③ 입고가능수량을 초과하여 생산품창고입고처리를 할 수 없다.

④ 입고가능수량 = 입고대상수량 − 기입고수량 − 처리수량

⑤ 실적수량을 초과하여 생산품창고입고처리를 할 수 없다.

⑥ [생산실적검사] 메뉴에서 불합격수량을 제외한 합격수량이 입고대상수량이 된다.

⑦ [작업실적등록] 메뉴 등록 시 검사구분이 '검사'이면 수동, '무검사'이면 자동으로 입고처리된다.

실무 연습문제 생산품창고입고처리

다음 [보기]의 조건으로 데이터를 조회한 후 물음에 답하시오.

보기
- 사업장: 2000.(주)한국자전거지사
- 공정: L200.작업공정
- 실적기간: 2022/11/01 ~ 2022/11/30
- 작업장: L203.제품작업장(반제품)

[보기]의 기간 동안 '제품_제품장소'로 생산품창고입고처리한 입고번호로 옳지 않은 것은?

① IW2211000005
② IW2211000009
③ IW2211000010
④ IW2211000011

정답 ③

[보기]의 조건으로 조회한 후 각 실적 건의 하단에서 입고번호와 입고장소를 확인한다. 실적번호 WR2211000011의 하단에 등록된 IW2211000010의 입고장소는 '부품/반제품_부품장소_불량'이다.

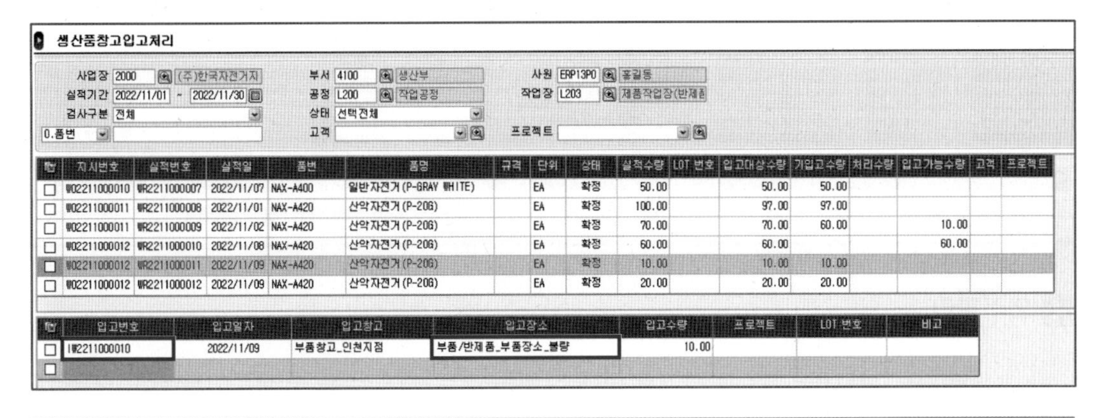
생산품창고입고처리

사업장 2000 (주)한국자전거지 | 부서 4100 생산부 | 사원 ERP13P0 홍길동
실적기간 2022/11/01 ~ 2022/11/30 | 공정 L200 작업공정 | 작업장 L203 제품작업장(반제품
검사구분 전체 | 상태 선택전체
0.품번 | 고객 | 프로젝트

지시번호	실적번호	실적일	품번	품명	규격	단위	상태	실적수량	LOT 번호	입고대상수량	기입고수량	처리수량	입고가능수량	고객	프로젝트
WO2211000010	WR2211000007	2022/11/07	NAX-A400	일반자전거(P-GRAY WHITE)		EA	확정	50.00		50.00	50.00				
WO2211000011	WR2211000008	2022/11/01	NAX-A420	산악자전거(P-20G)		EA	확정	100.00		97.00	97.00				
WO2211000011	WR2211000009	2022/11/02	NAX-A420	산악자전거(P-20G)		EA	확정	70.00		70.00	60.00		10.00		
WO2211000012	WR2211000010	2022/11/08	NAX-A420	산악자전거(P-20G)		EA	확정	60.00		60.00			60.00		
WO2211000012	WR2211000011	2022/11/09	NAX-A420	산악자전거(P-20G)		EA	확정	10.00		10.00	10.00				
WO2211000012	WR2211000012	2022/11/09	NAX-A420	산악자전거(P-20G)		EA	확정	20.00		20.00	20.00				

입고번호	입고일자	입고창고	입고장소	입고수량	프로젝트	LOT 번호	비고
IW2211000010	2022/11/09	부품창고_인천지점	부품/반제품_부품장소_불량	10.00			

9. 작업지시마감처리

ERP 메뉴 찾아가기

생산관리공통 ▶ 생산관리 ▶ 작업지시마감처리

작업지시의 잔량이 남아 있더라도 더 이상 작업을 진행하지 않을 때 사용하는 메뉴이다. 상태가 '확정'인 작업지시 건을 마감처리할 수 있으며, 상태가 '마감'이나 '계획'인 것은 마감처리할 수 없다. 또한 '확정'인 작업지시에 체크를 하면 오른쪽 상단의 '마감처리'가 활성화되어 마감처리를 할 수 있다. 마감처리가 되면 '마감' 상태가 되며, '마감취소'를 이용하여 취소할 수 있다.

실무 연습문제 작업지시마감처리

다음 [보기]의 조건으로 데이터를 조회한 후 물음에 답하시오.

보기

- 사업장: 2000.(주)한국자전거지사
- 공정: L200.작업공정
- 작업장: L201.제품작업장(완제품)
- 지시일: 2022/11/01 ~ 2022/11/30

다음 중 작업지시 마감취소를 할 수 있는 작업지시번호는 무엇인가?

① WO2211000001 ② WO2211000002
③ WO2211000003 ④ WO2211000004

정답 ①

[보기]의 조건으로 조회한 후 각 작업지시번호의 상태를 확인한다. 상태가 '마감'인 작업지시번호는 마감취소를 할 수 있으며 작업지시 건에 체크를 하면 오른쪽 상단의 '마감취소'가 활성화된다. 따라서 작업지시번호 ① WO2211000001의 상태는 '마감'으로 마감취소를 할 수 있다. ②의 상태는 '확정'으로 마감처리를 할 수 있으며 ③, ④의 상태는 '계획'으로 마감처리와 마감취소 모두 할 수 없다.

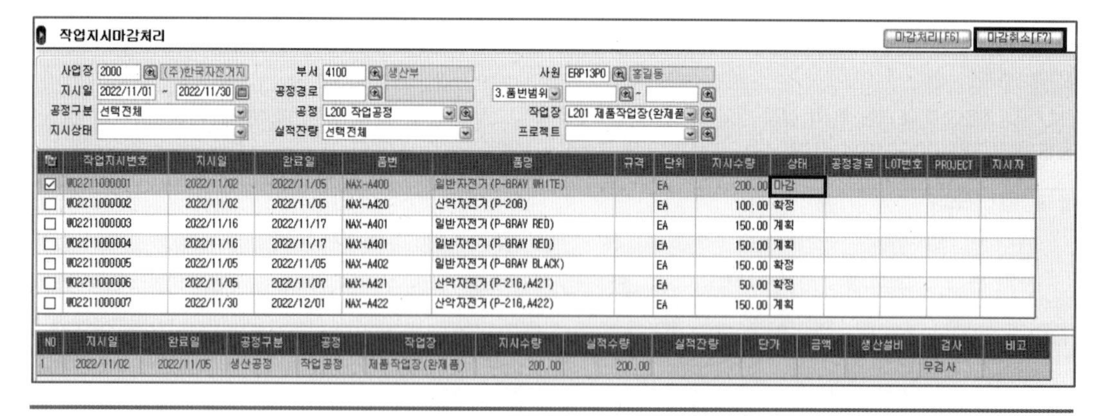

4 외주관리

회사에서 품목을 직접 생산하지 않고 다른 회사에 생산을 요청하는 것을 외주라고 한다. [외주관리] 메뉴에서는 외주발주등록, 외주자재출고, 외주마감 등을 할 수 있다.

1. 외주발주등록

ERP 메뉴 찾아가기

생산관리공통 ▶ 외주관리 ▶ 외주발주등록

외주업체에 생산을 요청할 때 외주발주를 등록하는 메뉴이다. 청구조회, 주문조회, 생산계획조회를 통하여 내역을 적용받아 등록할 수 있으며 직접 등록도 가능하다.
[생산관리공통] – [기초정보관리] – [외주단가등록]에서 외주처별 품목단가를 등록한 경우에는 외주발주등록 시 단가가 자동으로 입력되며, 직접 입력도 가능하다.

실무 연습문제 **외주발주등록**

[1] 다음 [보기]의 조건으로 데이터를 조회한 후 물음에 답하시오.

보기

- 사업장: 2000.(주)한국자전거지사
- 공정: R200.외주공정
- 외주처: R241.(주)세림와이어
- 지시기간: 2022/07/06 ~ 2022/07/20

다음 중 '청구조회' 기능을 사용하여 작업지시를 등록한 작업지시번호는 무엇인가?

① WO2207000007 ② WO2207000008
③ WO2207000009 ④ WO2207000010

정답 ②

청구, 주문, 생산계획 등을 적용하여 외주발주를 등록하였을 경우의 이력을 보기 위해서는 '[외주발주등록] 이력정보'의 이전 작업을 확인해야 한다. [보기]의 조건으로 조회한 후 각 외주지시번호에서 마우스 오른쪽 버튼을 클릭하여 '[외주발주등록] 이력정보'를 확인한다. 생산관리 및 외주관리 모듈의 각 작업은 대부분 앞의 메뉴의 작업을 적용받아 등록하므로 이전과 이후의 작업을 확인하는 경우, 이력정보를 보는 것이 편리하다.

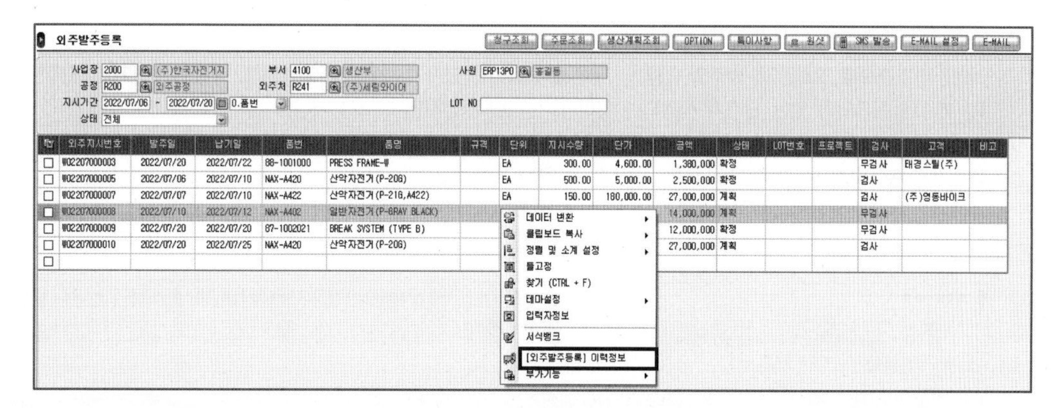

① WO2207000007: 이전 이력이 '수주등록'으로 '주문조회' 기능을 사용하여 등록
② WO2207000008: 이전 이력이 '청구등록'으로 '청구조회' 기능을 사용하여 등록
③ WO2207000009: 이전 이력이 '생산계획등록'으로 '생산계획조회' 기능을 사용하여 등록
④ WO2207000010: 이전 이력 정보가 존재하지 않아 적용받지 않고 직접 등록

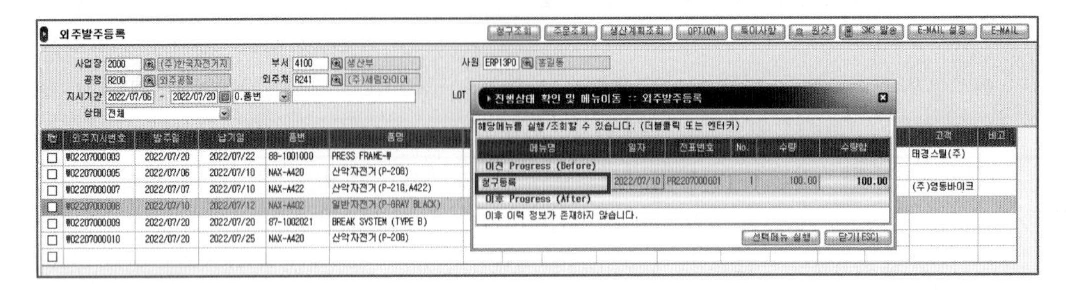

[2] 아래 [보기]의 조건으로 데이터를 입력 및 조회한 후 물음에 답하시오.

보기

- 사업장: 2000.(주)한국자전거지사
- 공정: R200.외주공정
- 외주처: R231.(주)제일물산
- 지시기간: 2022/04/10 ~ 2022/04/10

2022년 4월 10일에 외주발주등록을 진행하려고 한다. 외주단가가 가장 큰 품목은 무엇인가? (단, 납기일은 발주일과 같다)

① 83-2000100.전장품 ASS'Y
② NAX-A400.일반자전거(P-GRAY WHITE)
③ NAX-A401.일반자전거(P-GRAY RED)
④ NAX-A420.산악자전거(P-20G)

정답 ③

[보기]의 조건으로 조회한 후 발주일, 납기일, 품번을 입력하면 단가가 자동으로 등록된다. 등록되는 단가는 [외주단가등록] 메뉴에 등록되어 있는 단가가 적용되는 것이다. 단가만 확인하면 되므로 저장은 하지 않아도 된다.
① 83-2000100.전장품 ASS'Y: 단가 120,000원
② NAX-A400.일반자전거(P-GRAY WHITE): 단가 194,000원
③ NAX-A401.일반자전거(P-GRAY RED): 단가 261,000원
④ NAX-A420.산악자전거(P-20G): 단가 214,000원

2. 외주발주확정

ERP 메뉴 찾아가기

생산관리공통 ▶ 외주관리 ▶ 외주발주확정

[외주발주등록] 메뉴에서 등록한 내역을 확정하는 메뉴이다. 오른쪽 상단의 '확정'을 클릭하면 '계획' 상태인 외주발주지시가 '확정'으로 변경되며, 생산에 필요한 품목과 수량이 화면의 하단에 적용된다. 이는 [생산관리공통] – [생산관리] – [작업지시확정] 메뉴와 유사하다.

실무 연습문제 외주발주확정

아래 [보기]의 조건으로 데이터를 조회한 후 물음에 답하시오.

보기
- 사업장: 2000.(주)한국자전거지사
- 공정: R200.외주공정
- 지시기간: 2022/07/01 ~ 2022/07/05

확정처리된 외주발주 건에 대해서 모품목의 BOM 정보와 실제 청구된 자품목의 정보가 서로 다른 생산지시번호는 무엇인가?

① WO2207000001
② WO2207000002
③ WO2207000004
④ WO2207000006

정답 ③

[외주발주확정] 메뉴에서 확정처리를 한 후 하단에 청구되는 자재는 [생산관리공통] – [기초정보관리] – [BOM등록] 메뉴의 모품목에 대한 자품목의 정보와 같다. 따라서 [보기]의 조건으로 조회되는 생산지시번호 하단의 청구자재와 [BOM등록] 메뉴의 자재를 비교한다.

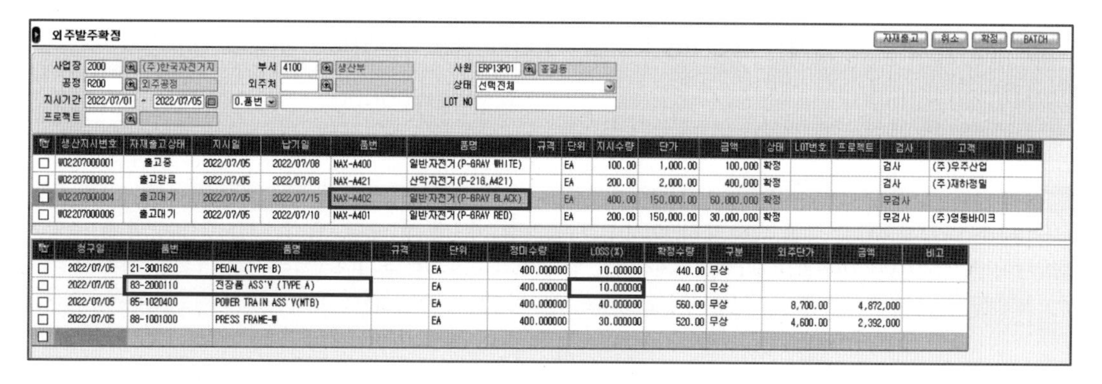
외주발주확정

자재출고 | 취소 | 확정 | BATCH

사업장 2000 (주)한국자전거지 | 부서 4100 생산부 | 사원 ERP13P01 홍길동
공정 R200 외주공정 | 외주처 | 상태 선택전체
지시기간 2022/07/01 ~ 2022/07/05 | 0.품번 | LOT NO
프로젝트

생산지시번호	자재출고상태	지시일	납기일	품번	품명	규격	단위	지시수량	단가	금액	상태	LOT번호	프로젝트	검사	고객	비고
WO2207000001	출고중	2022/07/05	2022/07/08	NAX-A400	일반자전거(P-GRAY WHITE)		EA	100.00	1,000.00	100,000	확정			검사	(주)우주산업	
WO2207000002	출고완료	2022/07/05	2022/07/08	NAX-A421	산악자전거(P-21G,A421)		EA	200.00	2,000.00	400,000	확정			검사	(주)재하정밀	
WO2207000004	출고대기	2022/07/05	2022/07/15	NAX-A402	일반자전거(P-GRAY BLACK)		EA	400.00	150,000.00	60,000,000	확정			무검사		
WO2207000006	출고대기	2022/07/05	2022/07/10	NAX-A401	일반자전거(P-GRAY RED)		EA	200.00	150,000.00	30,000,000	확정			무검사	(주)영동바이크	

청구일	품번	품명	규격	단위	정미수량	LOSS(%)	확정수량	구분	외주단가	금액	비고
2022/07/05	21-3001620	PEDAL (TYPE B)		EA	400.000000	10.000000	440.00	무상			
2022/07/05	83-2000110	전장품 ASS'Y (TYPE A)		EA	400.000000	10.000000	440.00	무상			
2022/07/05	85-1020400	POWER TRAIN ASS'Y(MTB)		EA	400.000000	40.000000	560.00	무상	8,700.00	4,872,000	
2022/07/05	88-1001000	PRESS FRAME-W		EA	400.000000	30.000000	520.00	무상	4,600.00	2,392,000	

[BOM등록] 메뉴의 모품목은 [외주발주확정] 메뉴 상단의 지시품목으로, 기준일자를 지시일로 입력하여 조회한다. [외주발주확정] 메뉴의 생산지시번호 WO2207000004의 하단 품목 83-2000110.전장품 ASS'Y (TYPE A)와 LOSS(%), [BOM등록] 메뉴의 품목 83-2000120.전장품 ASS'Y (TYPE B)와 LOSS(%)가 다르게 등록되어 있다.

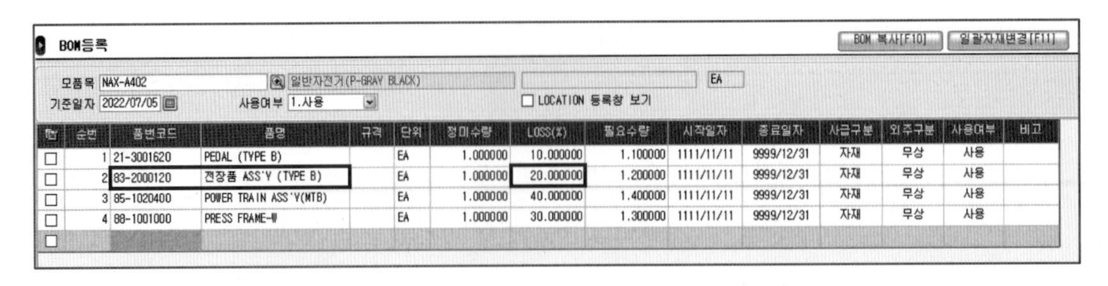

순번	품번코드	품명	규격	단위	정미수량	LOSS(%)	필요수량	시작일자	종료일자	사급구분	외주구분	사용여부	비고
1	21-3001620	PEDAL (TYPE B)		EA	1.000000	10.000000	1.100000	1111/11/11	9999/12/31	자재	무상	사용	
2	83-2000120	전장품 ASS'Y (TYPE B)		EA	1.000000	20.000000	1.200000	1111/11/11	9999/12/31	자재	무상	사용	
3	85-1020400	POWER TRAIN ASS'Y(MTB)		EA	1.000000	40.000000	1.400000	1111/11/11	9999/12/31	자재	무상	사용	
4	88-1001000	PRESS FRAME-W		EA	1.000000	30.000000	1.300000	1111/11/11	9999/12/31	자재	무상	사용	

3. 외주자재출고

ERP 메뉴 찾아가기

생산관리공통 ▶ 외주관리 ▶ 외주자재출고

외주발주한 품목의 생산을 위하여 자재를 외주공정으로 출고하는 메뉴이다. 이때 자재는 무상사급인 것만 출고된다. 유상사급인 자재는 [영업관리] – [영업관리] – [수주등록(유상사급)] 메뉴를 통하여 외주처에 판매한다. 회사의 출고창고에서 외주공정으로 자재가 출고되는 것이므로 출고창고의 재고는 감소하고, 외주공정의 재공은 증가한다.

실무 연습문제 외주자재출고

다음 [보기]의 조건으로 데이터를 조회한 후 물음에 답하시오.

보기

- 사업장: 2000.(주)한국자전거지사
- 출고기간: 2022/07/01 ~ 2022/07/31

다음 외주자재출고 건 중에서 요청수량보다 출고수량이 적은 출고번호는 무엇인가?

① MV2207000001 ② MV2207000002
③ MV2207000003 ④ MV2207000004

정답 ④

[보기]의 조건으로 조회한 후 각 출고번호의 하단에서 요청수량과 출고수량을 비교한다. ①, ②, ③은 요청수량과 출고수량이 같으나 ④ MV2207000004의 요청수량은 3,425EA, 출고수량은 3,390EA로 요청수량보다 출고수량이 적다.

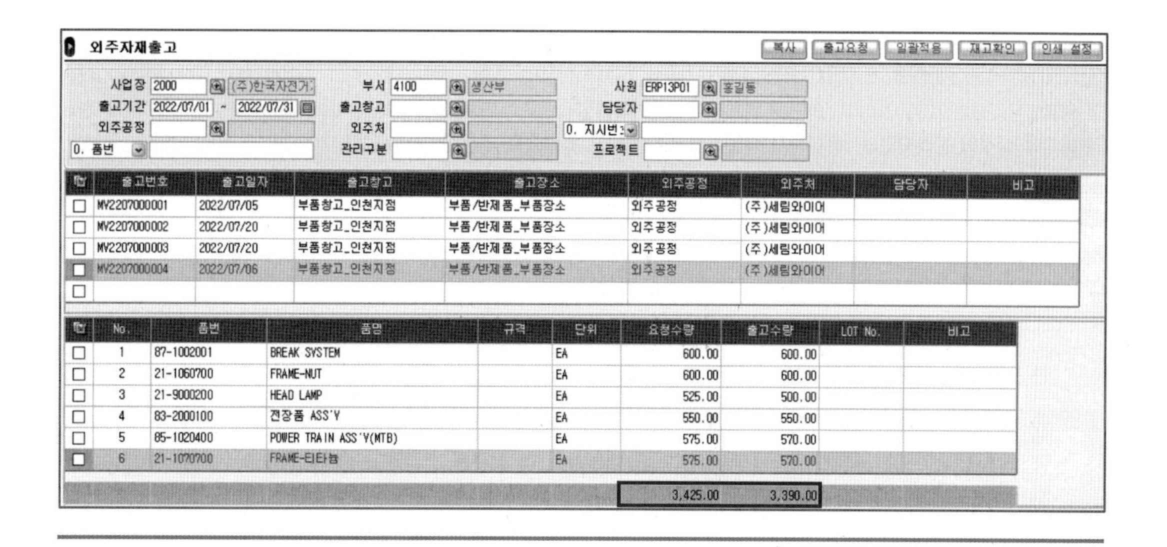
외주자재출고

복사 | 출고요청 | 일괄적용 | 재고확인 | 인쇄 설정

사업장 2000 (주)한국자전거 | 부서 4100 생산부 | 사원 ERP13P01 홍길동

출고기간 2022/07/01 ~ 2022/07/31 | 출고창고 | 담당자

외주공정 | 외주처 | 0. 지시번호

0. 품번 | 관리구분 | 프로젝트

출고번호	출고일자	출고창고	출고장소	외주공정	외주처	담당자	비고
MV2207000001	2022/07/05	부품창고_인천지점	부품/반제품_부품장소	외주공정	(주)세림와이어		
MV2207000002	2022/07/20	부품창고_인천지점	부품/반제품_부품장소	외주공정	(주)세림와이어		
MV2207000003	2022/07/20	부품창고_인천지점	부품/반제품_부품장소	외주공정	(주)세림와이어		
MV2207000004	2022/07/06	부품창고_인천지점	부품/반제품_부품장소	외주공정	(주)세림와이어		

No.	품번	품명	규격	단위	요청수량	출고수량	LOT No.	비고
1	87-1002001	BREAK SYSTEM		EA	600.00	600.00		
2	21-1060700	FRAME-NUT		EA	600.00	600.00		
3	21-9000200	HEAD LAMP		EA	525.00	500.00		
4	83-2000100	전장품 ASS'Y		EA	550.00	550.00		
5	85-1020400	POWER TRAIN ASS'Y(MTB)		EA	575.00	570.00		
6	21-1070700	FRAME-티타늄		EA	575.00	570.00		
					3,425.00	3,390.00		

4. 외주실적등록

ERP 메뉴 찾아가기

생산관리공통 ▶ 외주관리 ▶ 외주실적등록

외주처에서 생산을 완료한 경우의 실적을 등록하는 메뉴로 작업 지시수량과 실적수량 및 실적 잔량 등을 확인할 수 있다. 화면 상단의 작업지시번호에 대한 실적이 화면 하단에 각 실적번호로 등록되며, 실적일은 지시일 이전의 날짜로 등록할 수 없다. 외주실적을 등록한 후 오른쪽 상단의 '자재사용'을 클릭하여 바로 자재사용 작업을 할 수도 있다.

실무 연습문제 외주실적등록

다음 [보기]의 조건으로 데이터를 조회한 후 물음에 답하시오.

보기

- 사업장: 2000.(주)한국자전거지사
- 지시기간: 2022/07/01 ~ 2022/07/10
- 공정: R200.외주공정
- 외주처: R241.(주)세림와이어

[보기]의 조건으로 등록된 외주실적 중 완료일 이후에 실적이 등록된 작업실적번호로 옳은 것은?

① WR2207000002
② WR2207000006
③ WR2207000012
④ WO2207000005

정답 ③

[보기]의 조건으로 조회한 후 각 작업지시번호의 완료일과 하단에서 작업실적번호의 실적일을 확인한다. 작업지시번호 WO2207000005의 완료일은 2022/07/10이며, 하단에 등록되어 있는 작업실적번호 WR2207000012의 실적일은 2022/07/11로 완료일 이후에 실적이 등록되었다. 문제에서 작업실적번호를 묻고 있으므로 정답은 ③ WR2207000012이며, 작업지시번호인 ④ WO2207000005가 아님에 주의한다.

TIP 작업지시번호와 작업실적번호가 혼용되어 출제되므로 문제를 정확하게 파악하여야 한다.

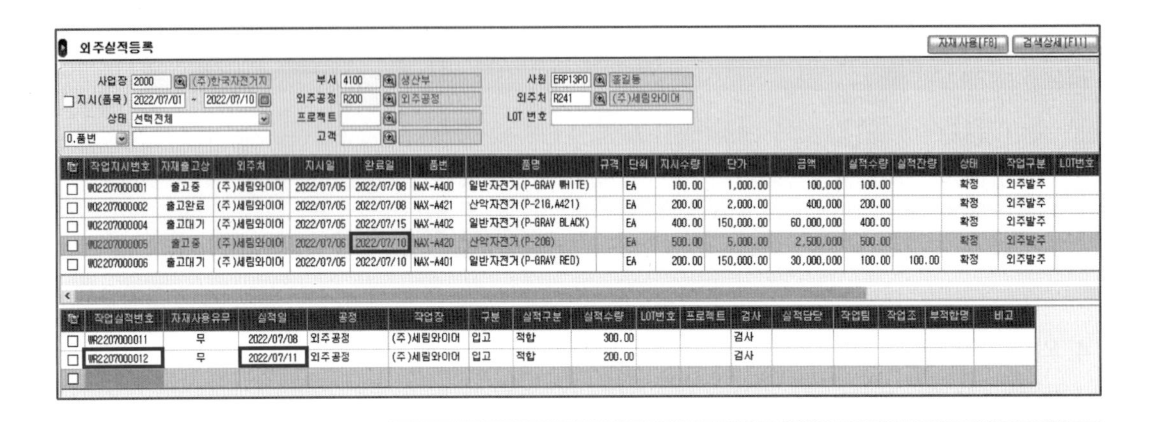

5. 외주자재사용등록

ERP 메뉴 찾아가기

생산관리공통 ▶ 외주관리 ▶ 외주자재사용등록

외주처에서 생산에 사용한 무상사급자재를 사용등록하는 메뉴이다. 외주자재출고를 통하여 출고된 자재들은 사용등록하기 전까지는 외주공정의 재공으로 인식되며, 외주자재사용등록 후 재공이 감소된다.

실무 연습문제 외주자재사용등록

아래 [보기]의 조건으로 데이터를 입력 및 조회한 후 물음에 답하시오.

보기

- 사업장: 2000.(주)한국자전거지사
- 구분: 2.외주
- 실적기간: 2022/07/10 ~ 2022/07/10

[일괄적용 값]

- 사용일자, 출고일자: 2022/07/10
- 공정/외주: R200.외주공정
- 작업장/외주처: R241.(주)세림와이어
- 출고창고: M200.부품창고_인천지점
- 출고장소: M201.부품/반제품_부품장소

[보기]의 기간에 등록된 외주실적 건에 대하여 청구된 자재를 모두 일괄적용 기능을 통해 사용처리했을 때 사용되는 자재의 총수량은?

① 900EA　　② 980EA

③ 1,030EA　　④ 1,110EA

정답 ②

[보기]의 조건으로 조회되는 실적 건에 체크한 후 오른쪽 상단의 '일괄적용[F7]'을 클릭한다. 팝업창에 [보기]의 일괄적용 값을 입력한 후 '확인[TAP]'을 누르면 외주자재가 사용등록된다.

하단에 등록되는 자재의 사용수량의 합계는 980EA이다.

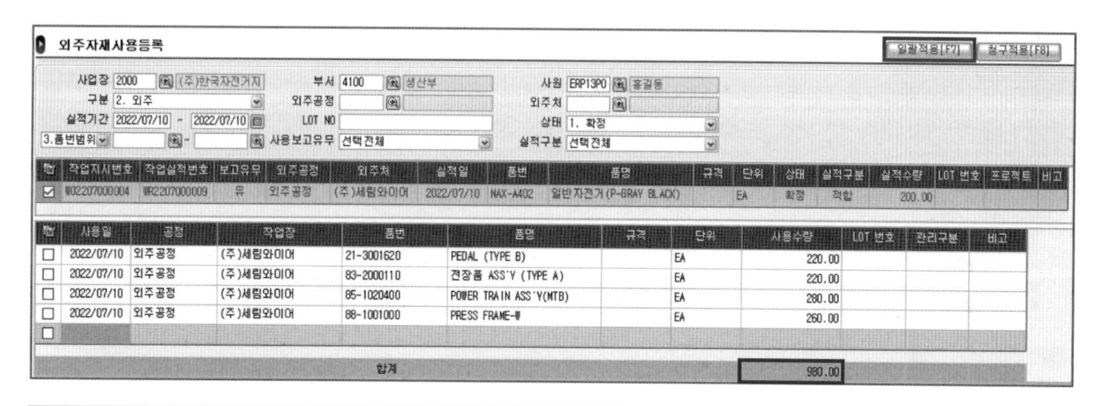

6. 외주실적검사

ERP 메뉴 찾아가기

생산관리공통 ▶ 외주관리 ▶ 외주실적검사

[외주실적등록] 메뉴에서 검사구분이 '검사'인 작업의 외주생산실적 품목을 검사하는 메뉴이다.

실무 연습문제 외주실적검사

아래 [보기]의 조건으로 데이터를 조회한 후 물음에 답하시오.

보기

- 사업장: 2000.(주)한국자전거지사
- 외주공정: R200.외주공정
- 외주처: R241.(주)세림와이어
- 실적일: 2022/07/01 ~ 2022/07/10

다음 [보기]의 조건으로 실시된 외주실적검사에서 발생한 불량명으로 옳지 않은 것은?

① 적재불량　② 라이트(HEAD LAMP)불량
③ 휠(WHEEL)불량　④ 바디(BODY)불량

정답 ③

[보기]의 조건으로 조회되는 모든 작업실적번호의 하단에 등록되어 있는 불량명을 확인한다.

③ 휠(WHEEL)불량은 발생하지 않았다.

- 작업실적번호 WR2207000001: 바디(BODY)불량, 적재불량
- 작업실적번호 WR2207000003: 바디(BODY)불량
- 작업실적번호 WR2207000011: 바디(BODY)불량, 라이트(HEAD LAMP)불량, 도색불량

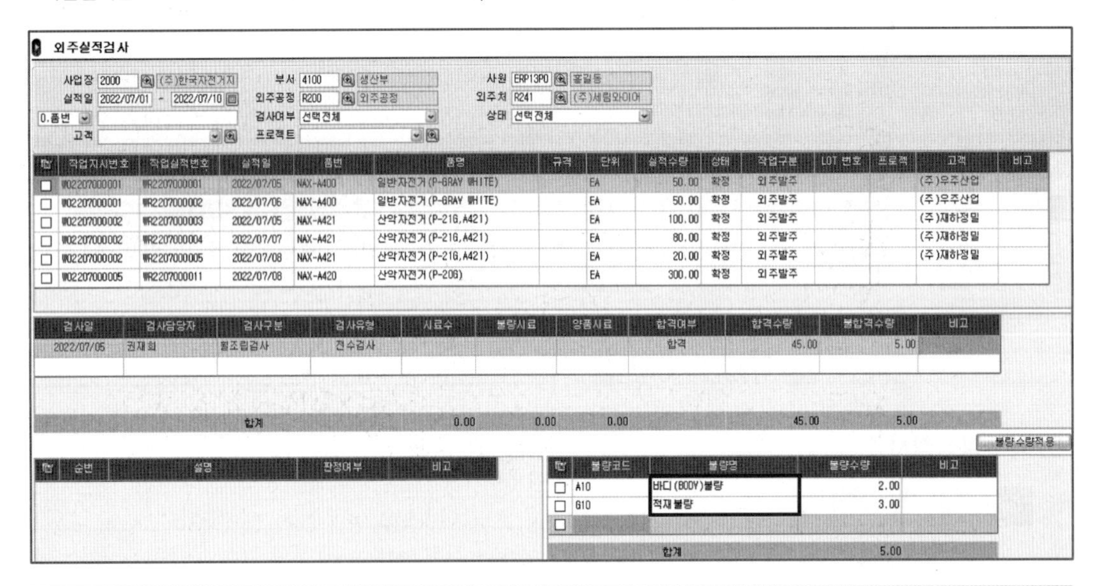

외주실적검사

사업장 2000 (주)한국자전거지 부서 4100 생산부 사원 ERP13P0 홍길동
실적일 2022/07/01 - 2022/07/10 외주공정 R200 외주공정 외주처 R241 (주)세림와이어
0.품번 검사여부 선택전체 상태 선택전체
고객 프로젝트

작업지시번호	작업실적번호	실적일	품번	품명	규격	단위	실적수량	상태	작업구분	LOT 번호	프로젝	고객	비고
W02207000001	WR2207000001	2022/07/05	NAX-A400	일반자전거(P-GRAY WHITE)		EA	50.00	확정	외주발주			(주)우주산업	
W02207000001	WR2207000002	2022/07/06	NAX-A400	일반자전거(P-GRAY WHITE)		EA	50.00	확정	외주발주			(주)우주산업	
W02207000002	WR2207000003	2022/07/05	NAX-A421	산악자전거(P-21G,A421)		EA	100.00	확정	외주발주			(주)재하정밀	
W02207000002	WR2207000004	2022/07/07	NAX-A421	산악자전거(P-21G,A421)		EA	80.00	확정	외주발주			(주)재하정밀	
W02207000002	WR2207000005	2022/07/08	NAX-A421	산악자전거(P-21G,A421)		EA	20.00	확정	외주발주			(주)재하정밀	
W02207000005	WR2207000011	2022/07/08	NAX-A420	산악자전거(P-20G)		EA	300.00	확정	외주발주				

검사일	검사담당자	검사구분	검사유형	시료수	불량시료	양품시료	합격여부	합격수량	불합격수량	비고
2022/07/05	권재희	휠조립검사	전수검사				합격	45.00	5.00	
합계				0.00	0.00	0.00		45.00	5.00	

불량수량적용

순번	설명	판정여부	비고

불량코드	불량명	불량수량	비고
A10	바디(BODY)불량	2.00	
G10	적재불량	3.00	
합계		5.00	

7. 외주마감

ERP 메뉴 찾아가기

생산관리공통 ▶ 외주관리 ▶ 외주마감

외주생산을 마감처리하는 메뉴이다. 외주작업에 문제가 없다면 외주처에 비용을 지불해야 하므로 수량과 단가 등의 정보를 입력하여 회계 모듈로 이관시킨다.

실무 연습문제 외주마감

아래 [보기]의 조건으로 데이터를 입력 및 조회한 후 물음에 답하시오.

보기
- 사업장: 2000.(주)한국자전거지사
- 마감일, 실적일: 2022/07/20 ~ 2022/07/31

(주)한국자전거지사에서는 실적적용을 이용하여 외주마감을 하려고 한다. [보기]의 조건으로 조회되는 모든 건의 외주마감을 처리하였을 때 마감되는 품목들의 합계액의 합으로 옳은 것은?

① 1,518,000원 ② 1,724,000원
③ 2,390,000원 ④ 2,629,000원

정답 ①

[보기]의 사업장, 마감일로 조회한 후 오른쪽 상단의 '실적적용[F9]'을 클릭하여 팝업창에 실적일을 입력하고 조회한다. 조회되는 모든 품목에 체크한 후 '선택적용[F10]'을 클릭하면 외주마감이 등록된다.

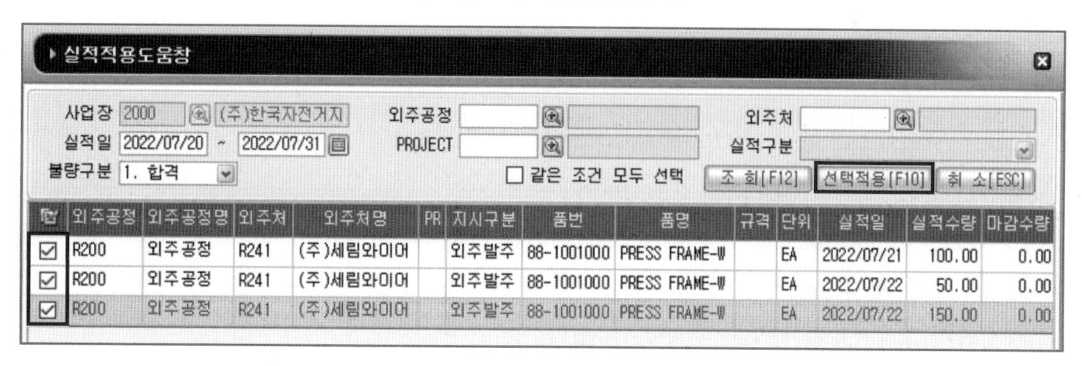

적용되는 합계액의 합은 1,518,000원이다. 이는 '실적적용도움창'의 품목과 미마감수량이 등록되는 것이며 [외주단가등록] 메뉴의 단가가 등록되어 합계액이 자동 계산되는 것이다. 합계액의 합을 확인하는 문제이므로 저장은 하지 않아도 된다.

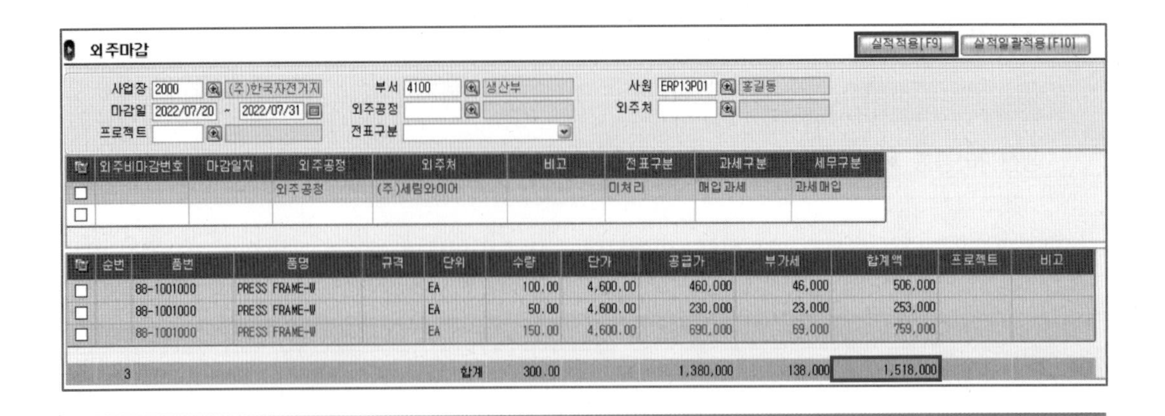

8. 회계처리(외주마감)

ERP 메뉴 찾아가기

생산관리공통 ▶ 외주관리 ▶ 회계처리(외주마감)

외주마감된 건을 회계처리하여 회계전표를 생성하는 메뉴이다. 생성된 회계전표는 미결상태로 회계 모듈로 이관되며 회계 모듈에서 승인권자가 승인을 해야만 승인전표가 생성된다.

실무 연습문제 회계처리(외주마감)

아래 [보기]의 조건으로 데이터를 입력 및 조회한 후 물음에 답하시오.

보기

- 사업장: 2000.(주)한국자전거지사
- 외주공정: R200.외주공정
- 기간: 2022/07/01 ~ 2022/07/31
- 마감번호: OC2207000004

(주)한국자전거지사에서는 [보기]의 마감 건에 대하여 전표처리 작업을 하고자 한다. 전표처리 작업을 한 후 발생되는 전표에 대한 설명으로 올바르지 않은 것은?

① 생성되는 회계전표의 금액은 수정할 수 있다.

② 회계전표가 생성되면 미결상태가 된다.

③ 생성된 회계전표의 품의내역에는 '생산관리(외주마감: OC2207000004)'가 등록된다.

④ 외주가공비 45,000,000원이 발생한다.

정답 ①

'외주마감' 탭에서 [보기]의 조건으로 조회한 후 마감번호 OC2207000004에 체크한다. 오른쪽 상단의 '전표처리'를 클릭하면 회계전표를 생성하여 전표처리 작업을 할 수 있다.

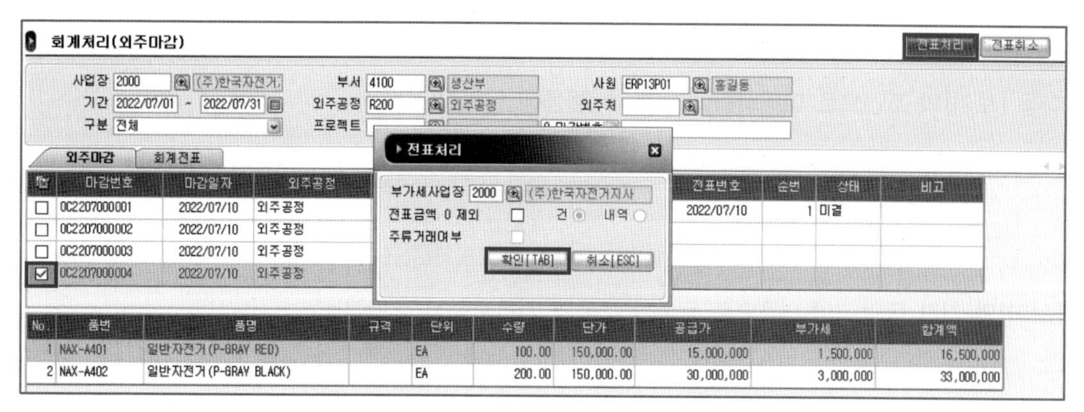

'회계전표' 탭을 조회한 후 생성된 전표를 확인한다. 마감번호 OC2207000004를 전표처리하였으므로 품의내역 '생산관리(외주마감: OC2207000004)'가 생성된 회계전표이다. 회계전표의 금액은 수정할 수 없으며 생성된 회계전표는 미결상태로 등록된다. 각 계정과목별 금액은 하단에서 확인할 수 있으며, 외주가공비 발생 금액은 45,000,000원이다.

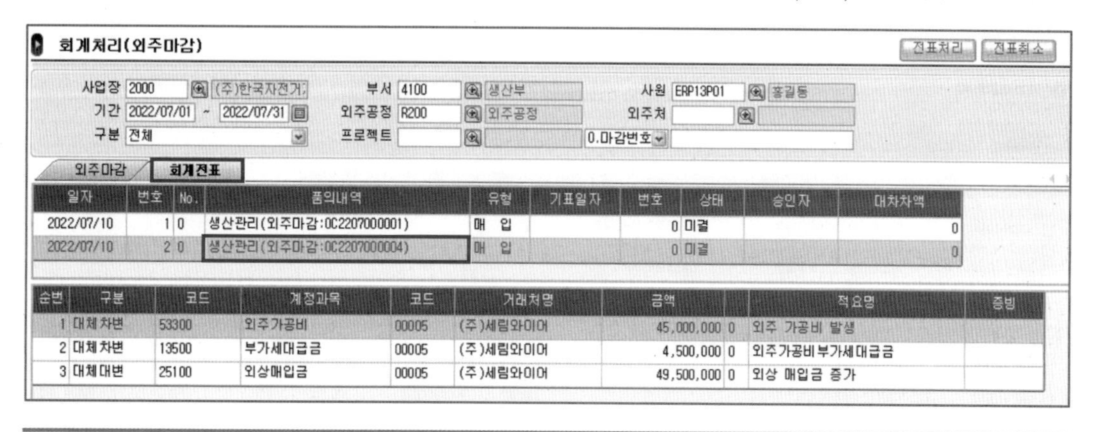

5 재공관리

1. 기초재공등록

ERP 메뉴 찾아가기

생산관리공통 ▶ 재공관리 ▶ 기초재공등록

시스템의 도입 초기 또는 기말에서 기초로 넘어가는 시기에 공정의 내부나 외주처에 남아 있는 재공의 기초수량을 입력하는 메뉴이다. [기초재공등록]으로 인하여 입력된 장소나 외주처 품목의 재공이 증가한다. [자재마감/통제등록]에 등록되어 있는 마감일자 이전으로는 수정이나 삭제가 불가능하다.

실무 연습문제 | **기초재공등록**

다음 [보기]의 조건으로 데이터를 조회한 후 물음에 답하시오.

보기

- 사업장: 2000.(주)한국자전거지사
- 작업장: L201.제품작업장(완제품)
- 공정: L200.작업공정
- 등록일: 2022/01/01 ~ 2022/01/31

[보기]의 기간 동안 기초재공으로 등록된 품목의 기초수량의 총합계는?

① 750EA
② 900EA
③ 1,500EA
④ 3,900EA

정답 ②

[보기]의 조건인 사업장, 등록일로 조회한다. 작업공정, 제품작업장(완제품)으로 등록되어 있는 등록번호는 OW2201000001이며 기초수량의 합은 900EA이다.

기초재공등록

사업장 2000 (주)한국자전거지 부서 4100 생산부 사원 ERP13P01 홍길동
등록일 2022/01/01 ~ 2022/01/31 품목군

등록번호	등록일자	공정/외주	장소/외주처	PROJECT	비고
OW2201000001	2022/01/01	작업공정	제품작업장(완제품)		
OW2201000002	2022/01/01	작업공정	반제품작업장(반제품)		
OW2201000003	2022/01/01	작업공정	제품작업장(반제품)		
OW2201000004	2022/01/01	외주공정	(주)세림와이어		

품번	품명	규격	단위	기초수량	단가	금액	작지	LOT NO	비고	EXCEL 적용
NAX-A400	일반자전거(P-GRAY WHITE)		EA	100.00	190,000.00	19,000,000				미적용
NAX-A401	일반자전거(P-GRAY RED)		EA	100.00	190,000.00	19,000,000				미적용
NAX-A402	일반자전거(P-GRAY BLACK)		EA	150.00	190,000.00	28,500,000				미적용
NAX-A420	산악자전거(P-20G)		EA	200.00	220,000.00	44,000,000				미적용
NAX-A421	산악자전거(P-21G,A421)		EA	200.00	220,000.00	44,000,000				미적용
NAX-A422	산악자전거(P-21G,A422)		EA	150.00	220,000.00	33,000,000				미적용
합계				900.00		187,500,000				

2. 재공창고입고/이동/조정등록

ERP 메뉴 찾아가기

생산관리공통 ▶ 재공관리 ▶ 재공창고입고/이동/조정등록

(1) 재공입고 탭

공정에서 사용하고 남은 재공을 창고로 입고하는 메뉴로, 출고공정/출고작업장에서 입고창고/입고장소로 입고한다. 출고공정/출고작업장의 수량은 감소하고, 입고창고/입고장소의 수량은 증가한다.

(2) 재공이동 탭

공정의 재공을 다른 공정으로 이동하는 메뉴로, 출고공정/출고작업장에서 입고공정/입고작업장으로 이동한다. 출고공정/출고작업장의 수량은 감소하고, 입고공정/입고작업장의 수량은 증가한다.

(3) 재공조정 탭

공정에 있는 재공의 실사수량과 장부상수량(전산수량)의 차이를 조정하는 메뉴이다. 품목의 손망실이나 파손 등의 이유로 발생한 수량의 차이를 등록하여 조정수량만큼 재공수량이 감소한다.

실무 연습문제 재공창고입고/이동/조정등록

다음 [보기]의 조건으로 데이터를 조회한 후 물음에 답하시오.

보기
- 사업장: 2000.(주)한국자전거지사
- 실적기간: 2022/12/01 ~ 2022/12/31
- 내용: 재고실사 중 보관불량으로 품목 NAX-A400.일반자전거(P-GRAY WHITE) 7EA가 폐기된 것을 확인하였다.

다음 중 [재공창고입고/이동/조정등록] 메뉴에서 [보기]의 내용을 반영한 수불 건으로 옳은 것은?

① WI2212000001 ② WM2212000002
③ WA2212000001 ④ WA2212000002

정답 ③

재고실사 중 보관불량으로 폐기한 품목은 '재공조정' 탭에 등록한다. '재공조정' 탭에서 [보기]의 조건으로 조회하였을 때 품번, 품명, 조정수량, 조정구분이 모두 일치하는 조정번호는 WA2212000001이다. 7EA를 보관불량으로 폐기하여 조정하였으므로 작업공정, 제품작업장(완제품)의 재공이 7EA 감소한다.

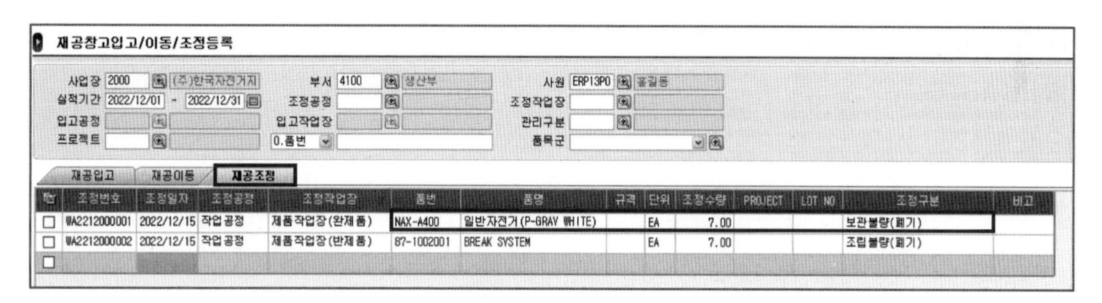

조정번호	조정일자	조정공정	조정작업장	품번	품명	규격	단위	조정수량	PROJECT	LOT NO	조정구분	비고
WA2212000001	2022/12/15	작업공정	제품작업장(완제품)	NAX-A400	일반자전거(P-GRAY WHITE)		EA	7.00			보관불량(폐기)	
WA2212000002	2022/12/15	작업공정	제품작업장(반제품)	87-1002001	BREAK SYSTEM		EA	7.00			조립불량(폐기)	

3. 부산물실적등록

ERP 메뉴 찾아가기

생산관리공통 ▶ 재공관리 ▶ 부산물실적등록

공정에서 생산한 품목의 생산실적과 더불어 부산물이 생겼을 경우에 사용하는 메뉴이며, 생산실적을 바탕으로 부산물실적을 등록한다. 부산물실적을 등록하기 위해서는 작업지시등록, 작업지시확정, 작업실적등록이 선행되어야 한다. 상태가 '마감'인 작업은 부산물을 등록할 수 없다.

실무 연습문제 **부산물실적등록**

다음 [보기]의 조건으로 데이터를 조회한 후 물음에 답하시오.

보기
- 사업장: 2000.(주)한국자전거지사
- 공정: L200.작업공정
- 작업장: L201.제품작업장(완제품)
- 실적기간: 2022/11/01 ~ 2022/11/30

작업실적번호 WR2211000001에서 부산물이 발생하여 부산물실적등록을 하였다. 이에 대한 설명으로 옳지 않은 것은?

① 품목 NAX-A420.산악자전거(P-20G)의 실적으로 인하여 발생한 부산물을 등록하였다.

② 품목 21-1030600.FRONT FORK(S) 1EA의 부산물이 발생하였다.

③ 부산물실적 품목을 입고창고 M200.부품창고_인천지점, 입고장소 M201.부품/반제품_부품장소에 입고시켰다.

④ 부산물을 이미 등록하였으므로 더 이상 부산물실적등록을 할 수 없다.

정답 ④

[보기]의 조건으로 조회한 후 작업실적번호 WR2211000001의 내역을 확인한다. 품목 NAX-A420.산악자전거(P-20G)의 실적으로 인하여 발생한 부산물 21-1030600.FRONT FORK(S) 1EA가 등록되어 있으며, 하단에서 입고창고와 입고장소를 확인할 수 있다. 또한, 상태가 '마감'인 실적번호는 부산물등록을 할 수 없으나 작업실적번호 WR2211000001의 상태는 '확정'으로 부산물실적등록을 할 수 있다.

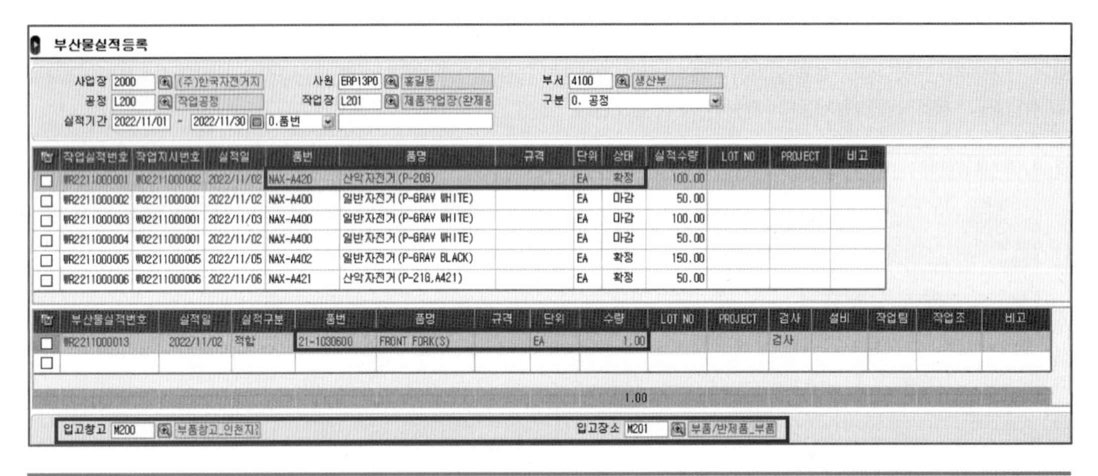

작업실적번호	작업지시번호	실적일	품번	품명	규격	단위	상태	실적수량	LOT NO	PROJECT	비고
WR2211000001	WO2211000002	2022/11/02	NAX-A420	산악자전거(P-20G)		EA	확정	100.00			
WR2211000002	WO2211000001	2022/11/02	NAX-A400	일반자전거(P-GRAY WHITE)		EA	마감	50.00			
WR2211000003	WO2211000001	2022/11/03	NAX-A400	일반자전거(P-GRAY WHITE)		EA	마감	100.00			
WR2211000004	WO2211000001	2022/11/02	NAX-A400	일반자전거(P-GRAY WHITE)		EA	마감	50.00			
WR2211000005	WO2211000005	2022/11/05	NAX-A402	일반자전거(P-GRAY BLACK)		EA	확정	150.00			
WR2211000006	WO2211000006	2022/11/06	NAX-A421	산악자전거(P-21G,A421)		EA	확정	50.00			

부산물실적번호	실적일	실적구분	품번	품명	규격	단위	수량	LOT NO	PROJECT	검사	설비	작업팀	작업조	비고
WR2211000013	2022/11/02	적합	21-1030600	FRONT FORK(S)		EA	1.00			검사				
							1.00							

6 생산/외주/재공현황

1. 작업지시/외주발주 현황

ERP 메뉴 찾아가기

생산관리공통 ▶ 생산/외주/재공현황 ▶ 작업지시/외주발주 현황

[생산관리공통] – [생산관리] – [작업지시등록]과 [생산관리공통] – [외주관리] – [외주발주등록]에서 등록한 현황을 한번에 확인하기 위한 메뉴이다. 화면 상단의 내역을 클릭하면 하단에서 지시수량, 금액, 실적수량 등을 확인할 수 있다.

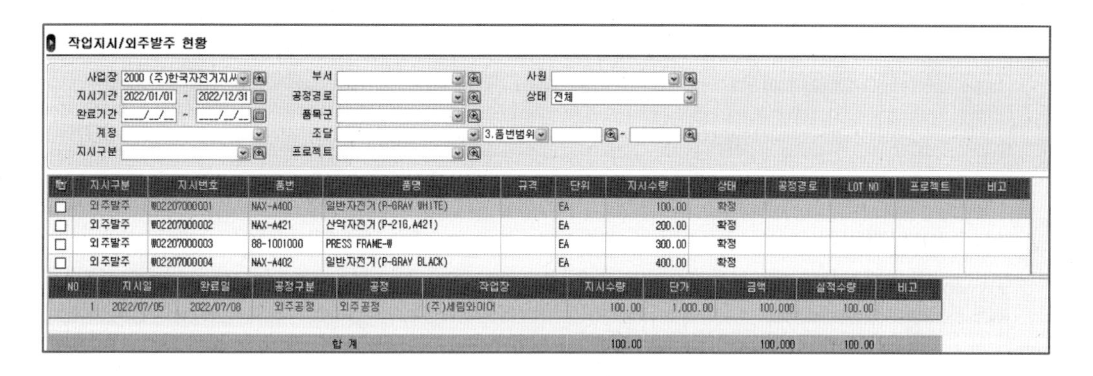

2. 수주대비지시현황

ERP 메뉴 찾아가기

생산관리공통 ▶ 생산/외주/재공현황 ▶ 수주대비지시현황

주문받은 내역(수주)에 대하여 작업 지시현황을 확인하기 위한 메뉴이다. 화면 상단에는 수주내역이, 화면 하단에는 각 수주 건에 대한 지시내역이 조회된다.

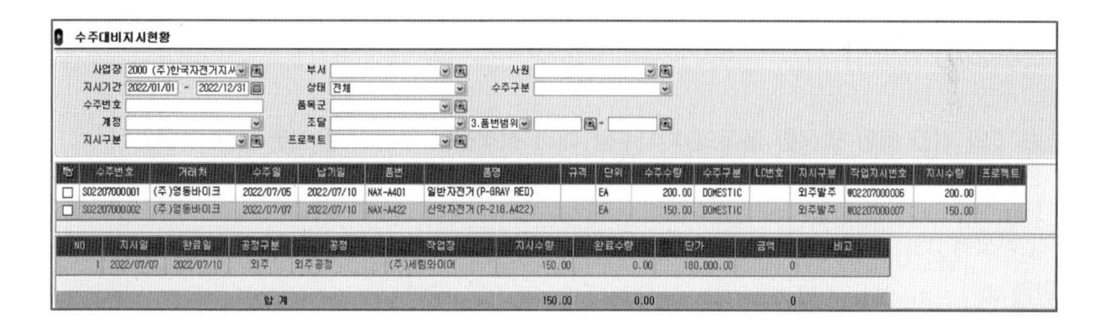

3. 청구대비지시현황

ERP 메뉴 찾아가기

생산관리공통 ▶ 생산/외주/재공현황 ▶ 청구대비지시현황

청구내역에 대하여 작업 지시현황을 확인하기 위한 메뉴이다. 화면 상단에는 청구내역이, 화면 하단에는 각 청구 건에 대한 지시내역이 조회된다.

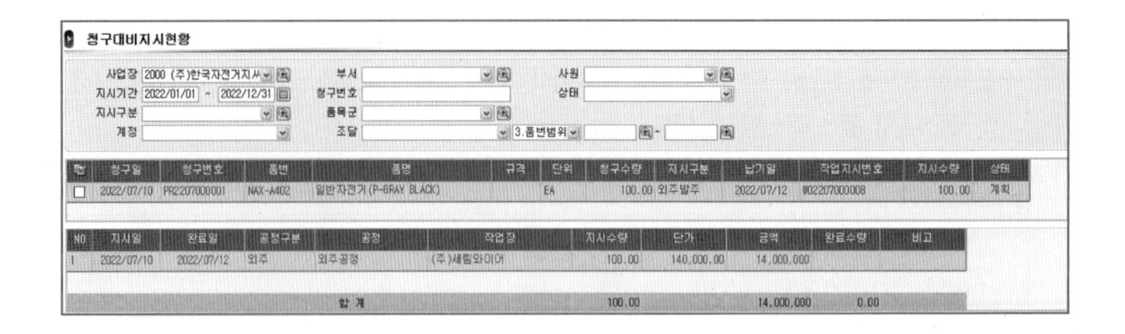

4. 지시대비실적현황

ERP 메뉴 찾아가기

생산관리공통 ▶ 생산/외주/재공현황 ▶ 지시대비실적현황

지시기간의 지시내역에 대하여 실적현황을 확인하기 위한 메뉴이다.

실무 연습문제 지시대비실적현황

다음 [보기]의 조건으로 데이터를 조회한 후 물음에 답하시오.

보기

- 사업장: 2000.(주)한국자전거지사
- 지시기간: 2022/11/01 ~ 2022/11/30
- 품목: NAX-A400.일반자전거(P-GRAY WHITE)
- 실적구분: 0.적합

[보기]의 기간 동안 발생한 품목의 지시수량 대비 실적잔량 수량의 합으로 옳은 것은?

① 10EA ② 20EA

③ 30EA ④ 40EA

정답 ②

[보기]의 조건으로 조회한 후 NAX-A400.일반자전거(P-GRAY WHITE)의 실적잔량을 확인한다. 여러 품목이 등록되어 있으므로 품번이나 품명으로 조회한 후 잔량을 확인하면 편리하다. 실적잔량의 합은 20EA이다.

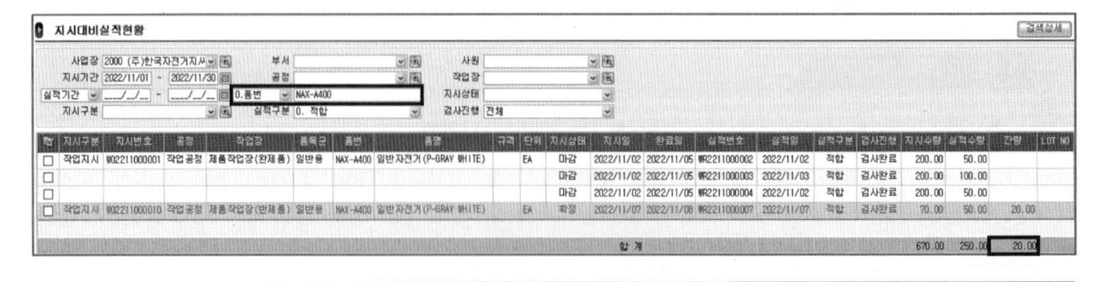

5. 자재청구대비투입/사용현황

ERP 메뉴 찾아가기

생산관리공통 ▶ 생산/외주/재공현황 ▶ 자재청구대비투입/사용현황

작업지시를 통하여 청구등록된 내역에 대하여 자재투입 및 사용현황을 확인하기 위한 메뉴이다.

실무 연습문제 자재청구대비투입/사용현황

다음 [보기]에 해당하는 지시번호 기준의 청구금액의 합과 사용금액의 합으로 옳지 않은 것은?

보기
- 사업장: 2000.(주)한국자전거지사
- 지시기간: 2022/11/01 ~ 2022/11/05

(단, 단가 OPTION의 단가설정은 조달구분 관계없이 모두 '실제원가[품목등록]'로 설정한다)

① WO2211000002 – 22,453,500원 – 22,443,000원
② WO2211000005 – 37,140,000원 – 35,976,000원
③ WO2211000006 – 12,067,500원 – 11,864,200원
④ WO2211000011 – 38,170,950원 – 38,001,200원

정답 ②

[보기]의 조건으로 조회한 후 오른쪽 상단의 '단가 OPTION[F10]'을 클릭하여 '실제원가[품목등록]'에 체크한다. 단가 OPTION의 설정에 따라 금액이 다르게 조회되므로 주의해야 한다.

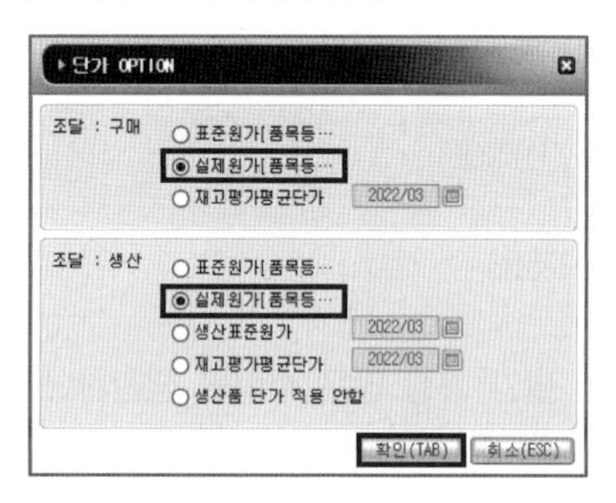

지시번호 ② WO2211000005의 하단에 등록된 청구금액의 합은 37,215,000원, 사용금액의 합은 36,048,800원이다.

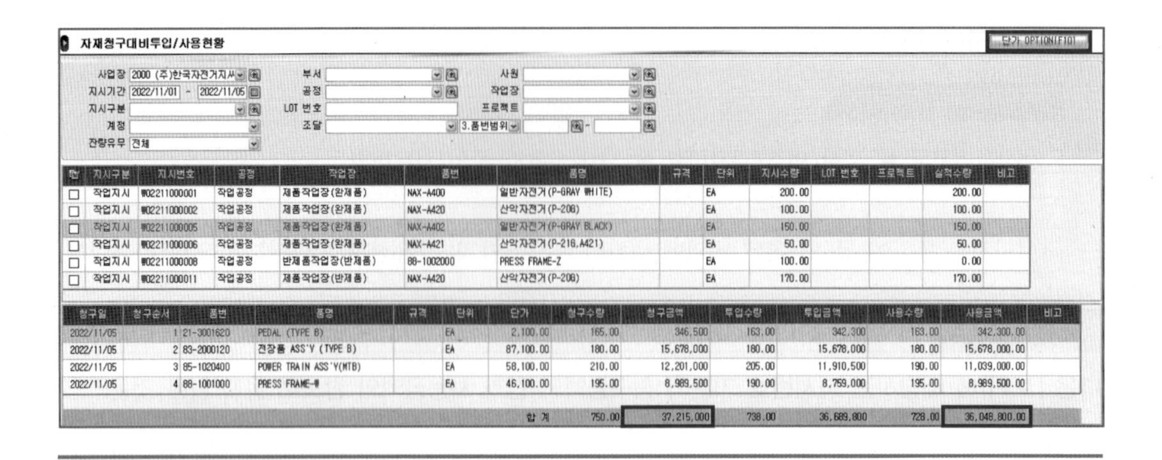

지시구분	지시번호	공정	작업장	품번	품명	규격	단위	지시수량	LOT 번호	프로젝트	실적수량	비고
작업지시	W02211000001	작업공정	제품작업장(완제품)	NAX-A400	일반자전거(P-GRAY WHITE)		EA	200.00			200.00	
작업지시	W02211000002	작업공정	제품작업장(완제품)	NAX-A420	산악자전거(P-20G)		EA	100.00			100.00	
작업지시	W02211000005	작업공정	제품작업장(완제품)	NAX-A402	일반자전거(P-GRAY BLACK)		EA	150.00			150.00	
작업지시	W02211000006	작업공정	제품작업장(완제품)	NAX-A421	산악자전거(P-21G,A421)		EA	50.00			50.00	
작업지시	W02211000008	작업공정	반제품작업장(반제품)	88-1002000	PRESS FRAME-Z		EA	100.00			0.00	
작업지시	W02211000011	작업공정	제품작업장(반제품)	NAX-A420	산악자전거(P-20G)		EA	170.00			170.00	

청구일	청구순서	품번	품명	규격	단위	단가	청구수량	청구금액	투입수량	투입금액	사용수량	사용금액	비고
2022/11/05	1	21-3001620	PEDAL (TYPE B)		EA	2,100.00	165.00	346,500	163.00	342,300	163.00	342,300.00	
2022/11/05	2	83-2000120	전장품 ASS'Y (TYPE B)		EA	87,100.00	180.00	15,678,000	180.00	15,678,000	180.00	15,678,000.00	
2022/11/05	3	85-1020400	POWER TRAIN ASS'Y(MTB)		EA	58,100.00	210.00	12,201,000	205.00	11,910,500	190.00	11,039,000.00	
2022/11/05	4	88-1001000	PRESS FRAME-W		EA	46,100.00	195.00	8,989,500	190.00	8,759,000	195.00	8,989,500.00	
						합 계	750.00	37,215,000	738.00	36,689,800	728.00	36,048,800.00	

6. 실적현황

ERP 메뉴 찾아가기

생산관리공통 ▶ 생산/외주/재공현황 ▶ 실적현황

지시기간에 대하여 작업 실적현황을 확인하기 위한 메뉴이다.

실무 연습문제 실적현황

다음 [보기]의 조건으로 데이터를 조회한 후 물음에 답하시오.

보기

- 사업장: 2000.(주)한국자전거지사
- 지시기간: 2022/11/01 ~ 2022/11/30
- 지시공정: L200.작업공정
- 지시작업장: L201.제품작업장(완제품)

(주)한국자전거지사에서 11월 한 달간 가장 많은 수량을 생산한 생산설비로 옳은 것은?

① 생산설비 1호 ② 생산설비 2호

③ 생산설비 3호 ④ 생산설비 4호

정답 ③

[보기]의 조건으로 조회한 후 각 생산설비 실적수량의 합을 확인한다. 여러 생산설비가 섞여 있으므로 각 생산설비로 조회하면 실적수량의 합을 확인하기 편리하다.

① 생산설비 1호: 150EA
② 생산설비 2호: 등록되어 있지 않음
③ 생산설비 3호: 200EA
④ 생산설비 4호: 150EA

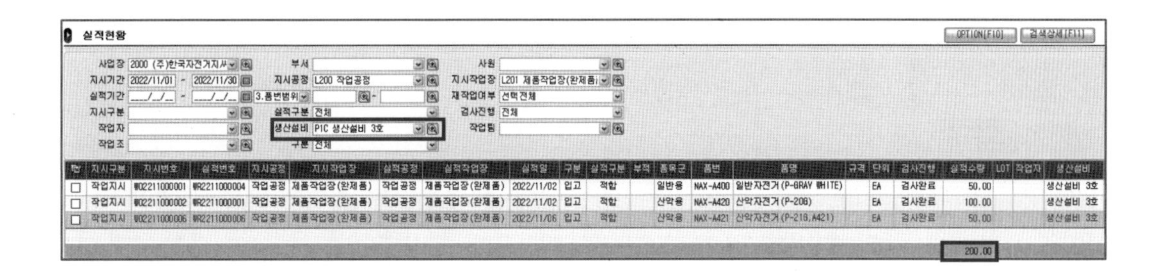

7. 생산계획대비실적현황(월별)

ERP 메뉴 찾아가기

생산관리공통 ▶ 생산/외주/재공현황 ▶ 생산계획대비실적현황(월별)

생산계획에 대하여 작업 실적현황을 월별로 확인하기 위한 메뉴이다.

실무 연습문제 생산계획대비실적현황(월별)

다음 [보기]의 조건으로 데이터를 조회한 후 물음에 답하시오.

보기

- 사업장: 2000.(주)한국자전거지사
- 해당연도: 2022년
- 계정: 2.제품
- 조회기준: 양품

다음 중 2022년에 생산계획과 실적이 모두 등록되어 있는 품목으로 옳지 않은 것은?

① NAX-A401.일반자전거(P-GRAY RED)
② NAX-A422.산악자전거(P-21G,A422)
③ NAX-A400.일반자전거(P-GRAY WHITE)
④ NAX-A420.산악자전거(P-20G)

정답 ②

[보기]의 조건에 따라 사업장, 해당연도, 계정을 입력한 후 '실적검사기준' 탭에서 조회기준을 양품으로 조회한다.
② NAX-A422.산악자전거(P-21G,A422)는 계획수량은 등록되어 있으나 실적수량은 등록되어 있지 않다.

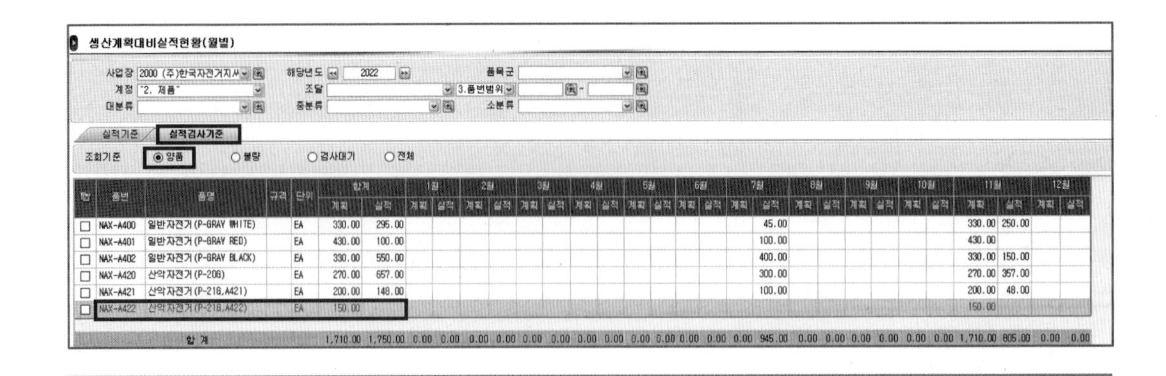

생산계획대비실적현황(월별)

사업장 2000 (주)한국자전거지사 / 해당년도 2022 / 품목군
계정 "2. 제품" / 조달 / 3.품번범위
대분류 / 중분류 / 소분류

실적기준 / 실적검사기준

조회기준 ◉ 양품 ○ 불량 ○ 검사대기 ○ 전체

품번	품명	규격	단위	합계		1월		2월		3월		4월		5월		6월		7월		8월		9월		10월		11월		12월	
				계획	실적	계획	실적	계획	실적	계획	실적	계획	실적	계획	실적	계획	실적	계획	실적	계획	실적	계획	실적	계획	실적	계획	실적	계획	실적
NAX-A400	일반자전거(P-GRAY WHITE)		EA	330.00	295.00														45.00							330.00	250.00		
NAX-A401	일반자전거(P-GRAY RED)		EA	430.00	100.00														100.00							430.00			
NAX-A402	일반자전거(P-GRAY BLACK)		EA	330.00	550.00														400.00							330.00	150.00		
NAX-A420	산악자전거(P-20G)		EA	270.00	657.00														300.00							270.00	357.00		
NAX-A421	산악자전거(P-21G,A421)		EA	200.00	148.00														100.00							200.00	48.00		
NAX-A422	산악자전거(P-21G,A422)		EA	150.00																						150.00			
합 계				1,710.00	1,750.00	0.00	0.00	0.00	0.00	0.00	0.00	0.00	0.00	0.00	0.00	0.00	0.00	0.00	945.00	0.00	0.00	0.00	0.00	0.00	0.00	1,710.00	805.00	0.00	0.00

8. 실적대비입고현황

ERP 메뉴 찾아가기

생산관리공통 ▶ 생산/외주/재공현황 ▶ 실적대비입고현황

작업실적에 대하여 작업 창고에 입고된 현황을 확인하기 위한 메뉴이다.

실무 연습문제 실적대비입고현황

다음 [보기]의 조건으로 데이터를 조회한 후 물음에 답하시오.

보기

- 사업장: 2000.(주)한국자전거지사
- 실적기간: 2022/11/01 ~ 2022/11/30
- 출고공정: L200.작업공정
- 출고작업장: L201.제품작업장(완제품)
- 입고창고: P200.제품창고_인천지점
- 입고장소: P201.제품_제품장소

[보기]의 조건으로 실적입고된 수량의 합으로 옳은 것은?

① 270EA ② 360EA

③ 478EA ④ 550EA

정답 ③

[보기]의 조건으로 조회되는 입고수량의 합은 478EA이다.

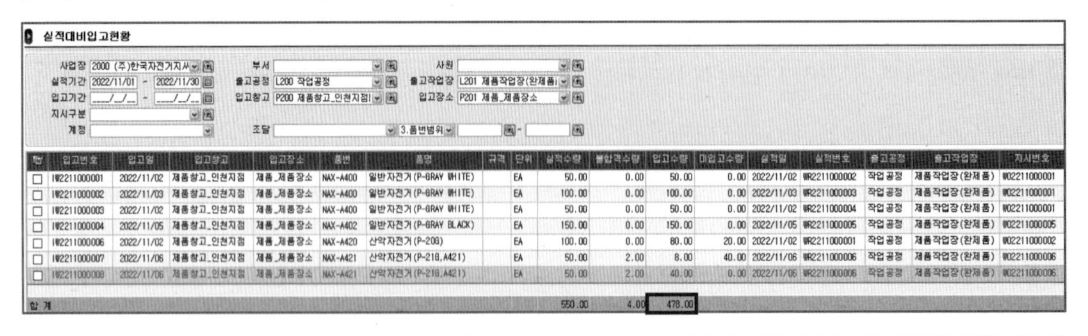

실적대비입고현황

사업장 2000 (주)한국자전거지사 / 부서 / 사원
실적기간 2022/11/01 ~ 2022/11/30 / 출고공정 L200 작업공정 / 출고작업장 L201 제품작업장(완제품)
입고기간 ____/__/__ ~ ____/__/__ / 입고창고 P200 제품창고_인천지점 / 입고장소 P201 제품_제품장소
지시구분
계정 / 조달 / 3.품번범위

입고번호	입고일	입고창고	입고장소	품번	품명	규격	단위	실적수량	불합격수량	입고수량	미입고수량	실적일	실적번호	출고공정	출고작업장	지시번호
IW2211000001	2022/11/02	제품창고_인천지점	제품_제품장소	NAX-A400	일반자전거(P-GRAY WHITE)		EA	50.00	0.00	50.00	0.00	2022/11/02	WR2211000002	작업공정	제품작업장(완제품)	WO2211000001
IW2211000002	2022/11/03	제품창고_인천지점	제품_제품장소	NAX-A400	일반자전거(P-GRAY WHITE)		EA	100.00	0.00	100.00	0.00	2022/11/03	WR2211000003	작업공정	제품작업장(완제품)	WO2211000001
IW2211000003	2022/11/02	제품창고_인천지점	제품_제품장소	NAX-A400	일반자전거(P-GRAY WHITE)		EA	50.00	0.00	50.00	0.00	2022/11/02	WR2211000004	작업공정	제품작업장(완제품)	WO2211000001
IW2211000004	2022/11/05	제품창고_인천지점	제품_제품장소	NAX-A402	일반자전거(P-GRAY BLACK)		EA	150.00	0.00	150.00	0.00	2022/11/05	WR2211000005	작업공정	제품작업장(완제품)	WO2211000005
IW2211000006	2022/11/02	제품창고_인천지점	제품_제품장소	NAX-A420	산악자전거(P-20G)		EA	100.00	0.00	80.00	20.00	2022/11/02	WR2211000001	작업공정	제품작업장(완제품)	WO2211000002
IW2211000007	2022/11/06	제품창고_인천지점	제품_제품장소	NAX-A421	산악자전거(P-21G,A421)		EA	50.00	2.00	8.00	40.00	2022/11/06	WR2211000006	작업공정	제품작업장(완제품)	WO2211000006
IW2211000008	2022/11/06	제품창고_인천지점	제품_제품장소	NAX-A421	산악자전거(P-21G,A421)		EA	50.00	2.00	40.00	0.00	2022/11/06	WR2211000006	작업공정	제품작업장(완제품)	WO2211000006
합 계								550.00	4.00	478.00						

9. **자재사용현황**(작업별)

ERP 메뉴 찾아가기

생산관리공통 ▶ 생산/외주/재공현황 ▶ 자재사용현황(작업별)

작업지시별로 자재를 사용한 현황을 확인하기 위한 메뉴이다.

자재사용현황(작업별)

사업장 2000 (주)한국자전거지사 | 부서 | 사원
사용기간 2022/11/01 ~ 2022/11/30 | 공정 | 작업장
지시기간 ___/_/_ ~ ___/_/_ | 품목군 | 지시구분
계정 | 조달 | 3.품번범위
프로젝트 | LOT 번호 | □ 사용품목 중 지시품목 제외

작업지시	사용일자	품번	품명	규격	단위	사용수량	공정	작업장	LOT No.	비고	프로젝트	실적번호
W02211000001	2022/11/02	21-3000320	WIRING-DE (TYPE B)		EA	55.00	작업공정	제품작업장(완제품)				WR2211000002
W02211000001	2022/11/02	21-3000320	WIRING-DE (TYPE B)		EA	55.00	작업공정	제품작업장(완제품)				WR2211000004
W02211000001	2022/11/02	21-3001600	PEDAL		EA	50.00	작업공정	제품작업장(완제품)				WR2211000002
W02211000001	2022/11/02	21-3001600	PEDAL		EA	50.00	작업공정	제품작업장(완제품)				WR2211000004
W02211000001	2022/11/02	83-2000100	전장품 ASS'Y		EA	60.00	작업공정	제품작업장(완제품)				WR2211000002
W02211000001	2022/11/02	83-2000100	전장품 ASS'Y		EA	60.00	작업공정	제품작업장(완제품)				WR2211000004
W02211000001	2022/11/02	85-1020400	POWER TRAIN ASS'Y(MTB)		EA	65.00	작업공정	제품작업장(완제품)				WR2211000002
W02211000001	2022/11/02	85-1020400	POWER TRAIN ASS'Y(MTB)		EA	65.00	작업공정	제품작업장(완제품)				WR2211000004
합 계						4,769.00						

10. **자재사용현황**(제품별)

ERP 메뉴 찾아가기

생산관리공통 ▶ 생산/외주/재공현황 ▶ 자재사용현황(제품별)

작업지시된 제품별로 자재를 사용한 현황을 확인하기 위한 메뉴이다.

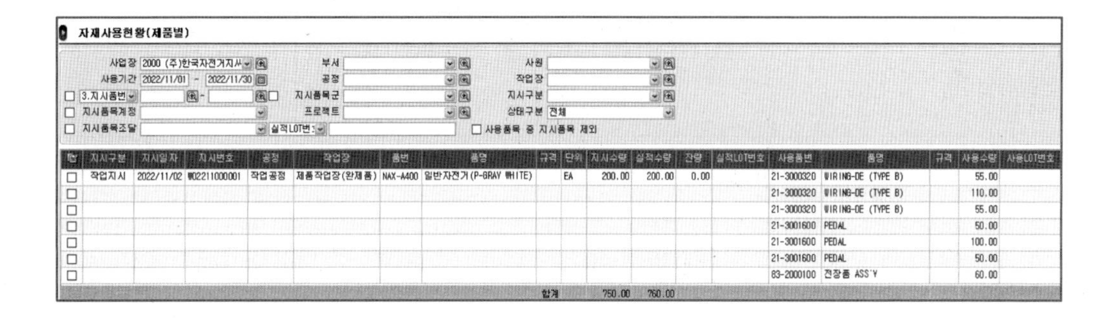

자재사용현황(제품별)

사업장 2000 (주)한국자전거지사 | 부서 | 사원
사용기간 2022/11/01 ~ 2022/11/30 | 공정 | 작업장
□ 3.지시품번 | 지시품목군 | 지시구분
□ 지시품목계정 | 프로젝트 | 상태구분 전체
□ 지시품목조달 | 실적LOT번호 | □ 사용품목 중 지시품목 제외

지시구분	지시일자	지시번호	공정	작업장	품번	품명	규격	단위	지시수량	실적수량	잔량	실적LOT번호	사용품번	품명	규격	사용수량	사용LOT번호
작업지시	2022/11/02	W02211000001	작업공정	제품작업장(완제품)	NAX-A400	일반자전거(P-GRAY WHITE)		EA	200.00	200.00	0.00		21-3000320	WIRING-DE (TYPE B)		55.00	
													21-3000320	WIRING-DE (TYPE B)		110.00	
													21-3000320	WIRING-DE (TYPE B)		55.00	
													21-3001600	PEDAL		50.00	
													21-3001600	PEDAL		100.00	
													21-3001600	PEDAL		50.00	
													83-2000100	전장품 ASS'Y		60.00	
							합계		750.00	760.00							

11. 부산물실적현황

ERP 메뉴 찾아가기

생산관리공통 ▶ 생산/외주/재공현황 ▶ 부산물실적현황

실적기간에 생성된 부산물의 실적현황을 확인하기 위한 메뉴이다.

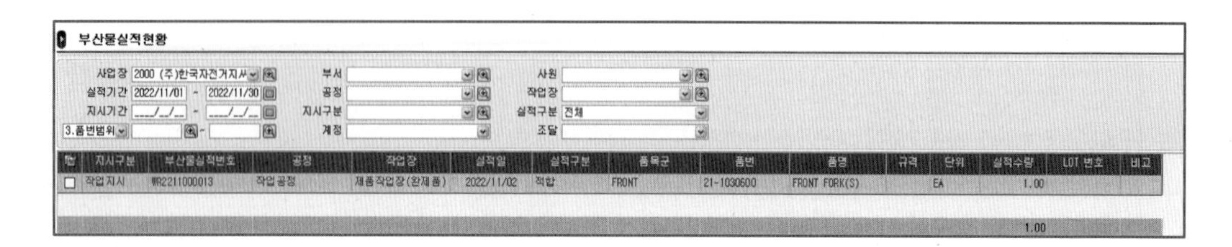

12. 품목별품질현황(전수검사)

ERP 메뉴 찾아가기

생산관리공통 ▶ 생산/외주/재공현황 ▶ 품목별품질현황(전수검사)

검사유형이 전수검사인 품목의 품질현황을 품목별로 확인하기 위한 메뉴로, 합격률과 불량률을 확인할 수 있다.

실무 연습문제 **품목별품질현황(전수검사)**

다음 [보기]에 해당하는 전품목별 불량률을 연결한 것으로 옳지 않은 것은? (단, 검사는 전수검사로 진행하였다)

보기
- 사업장: 2000.(주)한국자전거지사
- 검사기간: 2022/11/01 ~ 2022/11/30

① 바디(BODY)불량: 0.400
② 라이트(HEAD LAMP)불량: 2.000
③ 휠(WHEEL)불량: 1.200
④ 도색불량: 0.800

정답 ②
[보기]의 조건으로 조회한 후 전품목계의 불량명과 불량률을 확인한다. ② 라이트(HEAD LAMP)불량의 불량률은 0.400이다.

품목별품질현황(전수검사)

사업장 2000 (주)한국자전거지사 검사기간 2022/11/01 ~ 2022/11/30 검사자
품목군 3.품번범위 ~ 계정
조달 불량군 불량유형
대분류 중분류 소분류

품번	품명	규격	단위	검사일	검사수량	합격수량	합격률	불량명	불량수량	불량률
NAX-A421	산악자전거(P-21G,A421)		EA	2022/11/06	50.00	48.00	96.000		2.00	4.000
								라이트(HEAD LAMP)불량	1.00	2.000
								도색불량	1.00	2.000
품목계					50.00	48.00	96.000		2.00	4.000
								라이트(HEAD LAMP)불량	1.00	2.000
								도색불량	1.00	2.000
전품목계					250.00	245.00	98.000		5.00	2.000
								바디(BODY)불량	1.00	0.400
								라이트(HEAD LAMP)불량	1.00	0.400
								휠(WHEEL)불량	3.00	1.200
								도색불량	2.00	0.800
합 계					750.00	735.00			36.00	

13. **품목별품질현황**(샘플검사)

ERP 메뉴 찾아가기

생산관리공통 ▶ 생산/외주/재공현황 ▶ 품목별품질현황(샘플검사)

검사유형이 샘플검사인 품목의 품질현황을 품목별로 확인하기 위한 메뉴로, 합격률과 불량률을 확인할 수 있다.

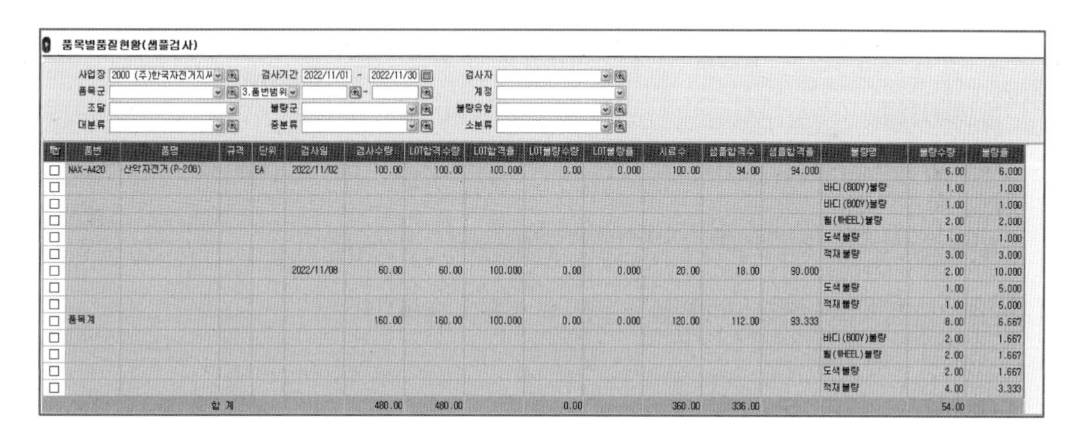

품목별품질현황(샘플검사)

사업장 2000 (주)한국자전거지사 검사기간 2022/11/01 ~ 2022/11/30 검사자
품목군 3.품번범위 ~ 계정
조달 불량군 불량유형
대분류 중분류 소분류

품번	품명	규격	단위	검사일	검사수량	LOT합격수량	LOT합격률	LOT불량수량	LOT불량률	시료수	샘플합격수	샘플합격률	불량명	불량수량	불량률
NAX-A420	산악자전거(P-20G)		EA	2022/11/02	100.00	100.00	100.000	0.00	0.000	100.00	94.00	94.000		6.00	6.000
													바디(BODY)불량	1.00	1.000
													바디(BODY)불량	1.00	1.000
													휠(WHEEL)불량	2.00	2.000
													도색불량	1.00	1.000
													적재불량	3.00	3.000
				2022/11/08	60.00	60.00	100.000	0.00	0.000	20.00	18.00	90.000		2.00	10.000
													도색불량	1.00	5.000
													적재불량	1.00	5.000
품목계					160.00	160.00	100.000	0.00	0.000	120.00	112.00	93.333		8.00	6.667
													바디(BODY)불량	2.00	1.667
													휠(WHEEL)불량	2.00	1.667
													도색불량	2.00	1.667
													적재불량	4.00	3.333
합 계					480.00	480.00		0.00		360.00	336.00			54.00	

14. **자재사용현황**(모품목별)

ERP 메뉴 찾아가기

생산관리공통 ▶ 생산/외주/재공현황 ▶ 자재사용현황(모품목별)

작업지시의 모품목별로 자재사용현황을 확인하기 위한 메뉴이다.

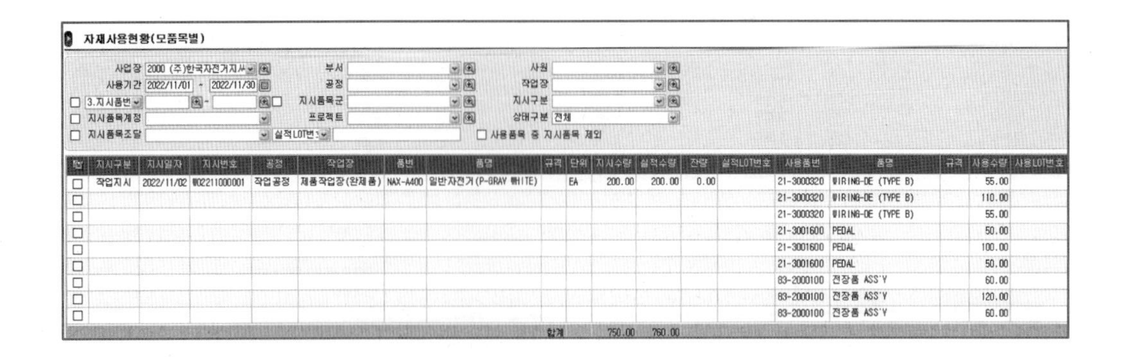

지시구분	지시일자	지시번호	공정	작업장	품번	품명	규격	단위	지시수량	실적수량	잔량	실적LOT번호	사용품번	품명	규격	사용수량	사용LOT번호
작업지시	2022/11/02	W02211000001	작업공정	제품작업장(완제품)	NAX-A400	일반자전거(P-GRAY WHITE)		EA	200.00	200.00	0.00		21-3000320	WIRING-DE (TYPE B)		55.00	
													21-3000320	WIRING-DE (TYPE B)		110.00	
													21-3000320	WIRING-DE (TYPE B)		55.00	
													21-3001600	PEDAL		50.00	
													21-3001600	PEDAL		100.00	
													21-3001600	PEDAL		50.00	
													83-2000100	전장품 ASS'Y		60.00	
													83-2000100	전장품 ASS'Y		120.00	
													83-2000100	전장품 ASS'Y		60.00	
							합계		750.00	760.00							

15. 생산일보

ERP 메뉴 찾아가기

생산관리공통 ▶ 생산/외주/재공현황 ▶ 생산일보

실적기간에 생산된 품목의 실적수량과 실적금액, 부적합금액 등을 실적기준과 실적검사기준으로 확인할 수 있는 메뉴이다.

실무 연습문제 생산일보

[1] 회사에서 생산된 모든 제품의 실적수량과 표준원가를 바탕으로 한 각 제품의 실적금액이 포함된 보고서를 작성하는 데 활용할 수 있는 메뉴로 가장 옳은 것은?

① 실적현황 ② 지시대비실적현황
③ 생산일보 ④ 생산계획대비실적현황(월별)

정답 ③
생산된 제품의 실적수량과 실적금액을 모두 확인할 수 있는 메뉴는 [생산일보]이다.

[2] 아래 [보기]의 조건으로 데이터를 조회한 후 물음에 답하시오.

보기
- 사업장: 2000.(주)한국자전거지사
- 실적기간: 2022/11/01 ~ 2022/11/30
- 구분: 0.전체
- 공정: L200.작업공정
- 수량조회기준: 0.실적입고기준
- 탭: 실적기준
- 단가 OPTION: 표준원가[품목등록]

다음 중 (주)한국자전거지사의 생산품에 대한 실적금액이 가장 큰 품목으로 옳은 것은?

① NAX-A400. 일반자전거(P-GRAY WHITE)

② NAX-A402. 일반자전거(P-GRAY BLACK)

③ NAX-A420. 산악자전거(P-20G)

④ NAX-A421. 산악자전거(P-21G, A421)

정답 ①

[보기]의 조건으로 조회한 후 오른쪽 상단의 '단가 OPTION[F10]'을 클릭하여 '표준원가[품목등록]'를 설정한다. 단가 OPTION의 설정에 따라 금액이 달라지므로 주의해야 한다.

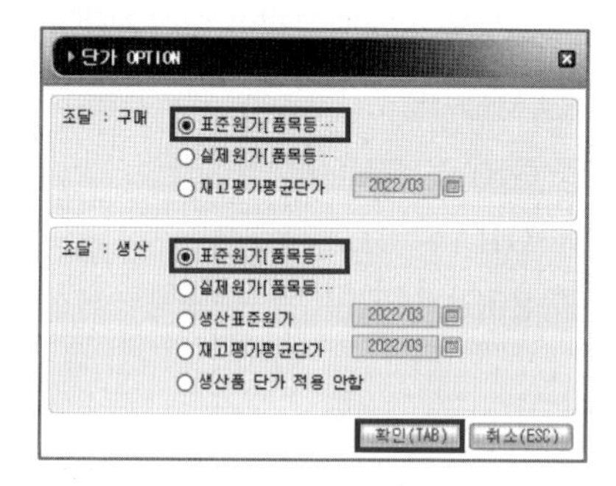

등록되는 각 품목의 실적금액을 확인한다.

① NAX-A400. 일반자전거(P-GRAY WHITE): 75,000,000원

② NAX-A402. 일반자전거(P-GRAY BLACK): 51,750,000원

③ NAX-A420. 산악자전거(P-20G): 72,000,000원

④ NAX-A421. 산악자전거(P-21G, A421): 11,000,000원

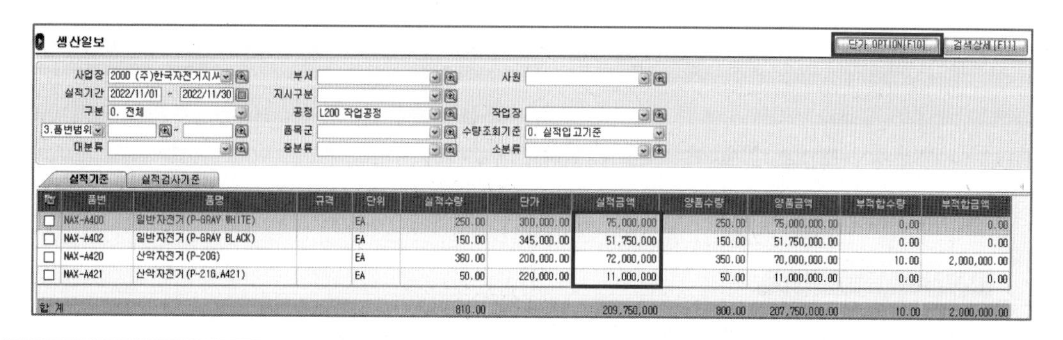

품번	품명	규격	단위	실적수량	단가	실적금액	양품수량	양품금액	부적합수량	부적합금액
NAX-A400	일반자전거(P-GRAY WHITE)		EA	250.00	300,000.00	75,000,000	250.00	75,000,000.00	0.00	0.00
NAX-A402	일반자전거(P-GRAY BLACK)		EA	150.00	345,000.00	51,750,000	150.00	51,750,000.00	0.00	0.00
NAX-A420	산악자전거(P-20G)		EA	360.00	200,000.00	72,000,000	350.00	70,000,000.00	10.00	2,000,000.00
NAX-A421	산악자전거(P-21G,A421)		EA	50.00	220,000.00	11,000,000	50.00	11,000,000.00	0.00	0.00
합 계				810.00		209,750,000	800.00	207,750,000.00	10.00	2,000,000.00

16. 생산월보

ERP 메뉴 찾아가기

생산관리공통 ▶ 생산/외주/재공현황 ▶ 생산월보

해당연도의 월별 생산품목을 실적기준과 실적검사기준으로 확인할 수 있는 메뉴이다.

실무 연습문제 **생산월보**

아래 [보기]의 조건으로 데이터를 조회한 후 물음에 답하시오.

보기

- 해당연도: 2022년
- 구분: 1.외주
- 조회기준: 부적합
- 집계기준: 입고

다음 중 (주)한국자전거지사에서 2022년 7월에 부적합 실적수량이 등록되어 있는 품목으로 옳은 것은?

① 88-1001000.PRESS FRAME-W

② NAX-A401.일반자전거(P-GRAY RED)

③ NAX-A402.일반자전거(P-GRAY BLACK)

④ NAX-A420.산악자전거(P-20G)

정답 ①

조회기준이 '부적합'인 실적수량은 '실적기준' 탭에서 확인한다. '실적기준' 탭에서 사업장 2000.(주)한국자전거지사와 [보기]의 조건으로 조회되는 품목은 ① 88-1001000.PRESS FRAME-W이며 2022년 7월에 부적합 실적수량 50EA가 있다.

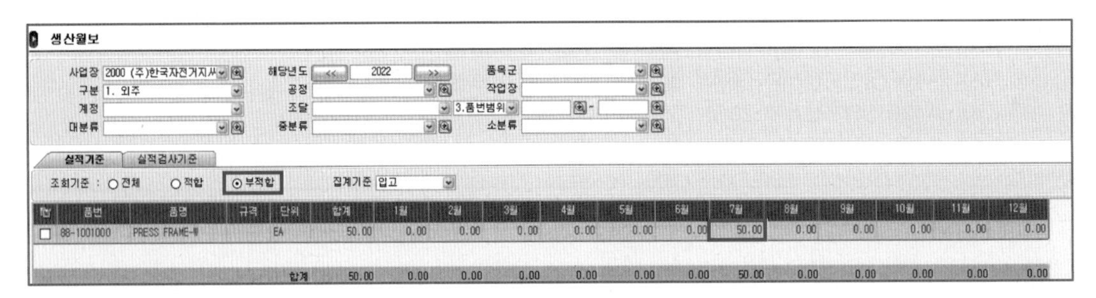
생산월보

사업장 2000 (주)한국자전거지사 해당년도 2022 품목군
구분 1. 외주 공정 작업장
계정 조달 3.품번범위
대분류 중분류 소분류

실적기준 | 실적검사기준

조회기준 : ○전체 ○적합 ⊙부적합 집계기준 입고

품번	품명	규격	단위	합계	1월	2월	3월	4월	5월	6월	7월	8월	9월	10월	11월	12월
88-1001000	PRESS FRAME-W		EA	50.00	0.00	0.00	0.00	0.00	0.00	0.00	50.00	0.00	0.00	0.00	0.00	0.00
			합계	50.00	0.00	0.00	0.00	0.00	0.00	0.00	50.00	0.00	0.00	0.00	0.00	0.00

17. **현재공현황**(전사/사업장)

ERP 메뉴 찾아가기

생산관리공통 ▶ 생산/외주/재공현황 ▶ 현재공현황(전사/사업장)

해당연도 재공 품목의 기초수량, 입고수량, 출고수량, 재공수량 등을 전사나 사업장별로 확인할 수 있는 메뉴이다. 전사 탭에서는 전체 회사 내역을 확인할 수 있으나 사업장을 선택할 수 없으며, 사업장 탭에서는 각 사업장별 내역을 확인할 수 있다.

실무 연습문제 현재공현황(전사/사업장)

2022년 (주)한국자전거지사 사업장에서 보유하고 있는 제품 중 품목 NAX-A420.산악자전거(P-20G)의 현재공수량으로 옳은 것은?

① 200EA
② 310EA
③ 402EA
④ 793EA

정답 ④

사업장이 주어졌으므로 '사업장' 탭에서 '사업장: 2000.(주)한국자전거지사, 해당연도: 2022, 계정: 2.제품'으로 조회한다. 품목 NAX-A420.산악자전거(P-20G)의 현재공수량은 793EA이다.

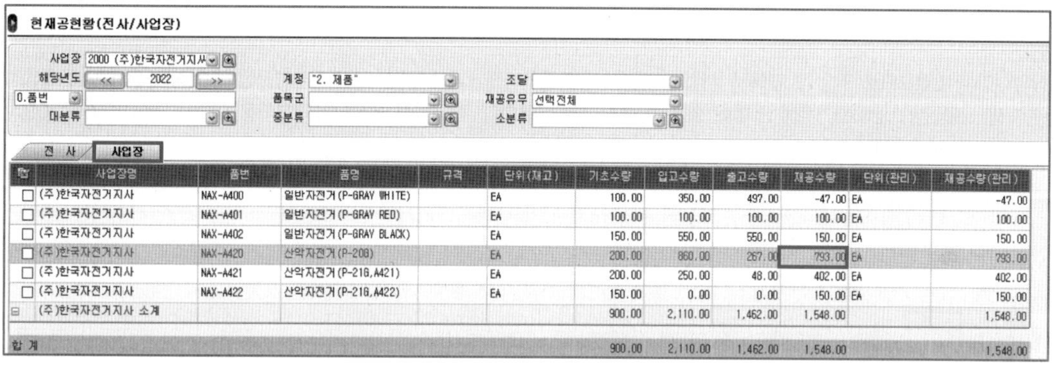

현재공현황(전사/사업장)

사업장 2000 (주)한국자전거지사
해당년도 2022 | 계정 "2. 제품" | 조달
0.품번 | 품목군 | 재공유무 선택전체
대분류 | 중분류 | 소분류

전 사 / 사업장

사업장명	품번	품명	규격	단위(재고)	기초수량	입고수량	출고수량	재공수량	단위(관리)	재공수량(관리)
(주)한국자전거지사	NAX-A400	일반자전거(P-GRAY WHITE)		EA	100.00	350.00	497.00	-47.00	EA	-47.00
(주)한국자전거지사	NAX-A401	일반자전거(P-GRAY RED)		EA	100.00	100.00	100.00	100.00	EA	100.00
(주)한국자전거지사	NAX-A402	일반자전거(P-GRAY BLACK)		EA	150.00	550.00	550.00	150.00	EA	150.00
(주)한국자전거지사	NAX-A420	산악자전거(P-20G)		EA	200.00	860.00	267.00	793.00	EA	793.00
(주)한국자전거지사	NAX-A421	산악자전거(P-21G,A421)		EA	200.00	250.00	48.00	402.00	EA	402.00
(주)한국자전거지사	NAX-A422	산악자전거(P-21G,A422)		EA	150.00	0.00	0.00	150.00	EA	150.00
(주)한국자전거지사 소계					900.00	2,110.00	1,462.00	1,548.00		1,548.00
합 계					900.00	2,110.00	1,462.00	1,548.00		1,548.00

TIP [현재공현황(전사/사업장)] 메뉴 조회 시 '응용 프로그램에서 처리되지 않은 예외가 발생했습니다.'라는 내용의 창이 뜨는 경우 '계속(C)'을 누르고 조회한다.

18. 현재공현황(공정/작업장)

ERP 메뉴 찾아가기

생산관리공통 ▶ 생산/외주/재공현황 ▶ 현재공현황(공정/작업장)

해당연도 재공 품목의 기초수량, 입고수량, 출고수량, 재공수량 등을 공정이나 작업장별로 확인할 수 있는 메뉴이다. 공정 탭에서는 공정별 내역을 확인할 수 있으나 작업장을 선택할 수 없으며, 작업장 탭에서는 각 공정의 작업장 내역을 확인할 수 있다.

실무 연습문제 현재공현황(공정/작업장)

(주)한국자전거지사에서는 공정/작업장의 품목 현황을 조사하고 있다. 작업공정/제품작업장(완제품)의 품목 중 생산하는 제품에 대한 2022년 기초수량, 입고수량, 출고수량이 각각 올바르게 나열된 것은?

① 900.00EA / 815.00EA / 592.00EA

② 507.00EA / 592.00EA / 815.00EA

③ 900.00EA / 507.00EA / 592.00EA

④ 592.00EA / 592.00EA / 815.00EA

정답 ③

작업장이 주어졌으므로 '작업장' 탭에서 '사업장: 2000.(주)한국자전거지사, 공정: L200.작업공정, 작업장: L201. 제품작업장(완제품), 해당연도: 2022, 계정: 2.제품, 조달: 1.생산'으로 조회한다. 작업공정/제품작업장(완제품)의 기초수량은 900.00EA, 입고수량은 507.00EA, 출고수량은 592.00EA이다.

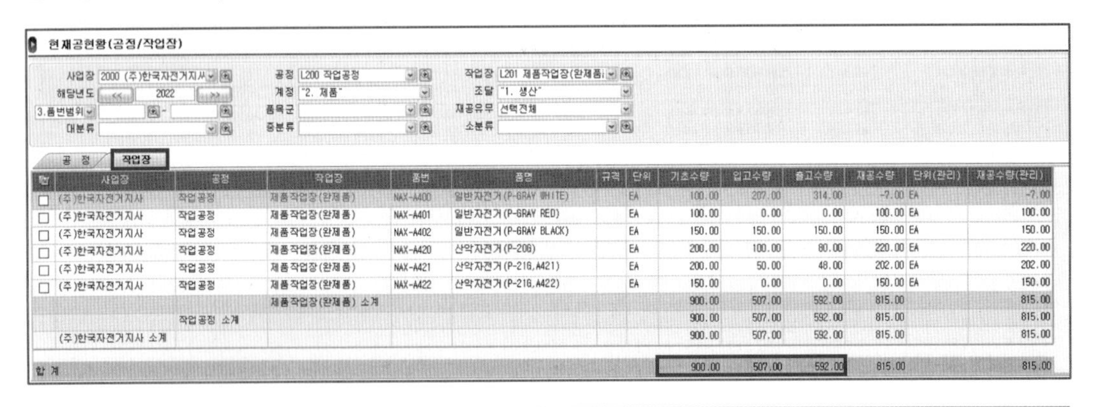
현재공현황(공정/작업장)

사업장 2000 (주)한국자전거지사 / 공정 L200 작업공정 / 작업장 L201 제품작업장(완제품)
해당년도 2022 / 계정 "2. 제품" / 조달 "1. 생산"
3.품번범위 / 품목군 / 재공유무 선택전체
대분류 / 중분류 / 소분류

공 정 / 작업장

사업장	공정	작업장	품번	품명	규격	단위	기초수량	입고수량	출고수량	재공수량	단위(관리)	재공수량(관리)
(주)한국자전거지사	작업공정	제품작업장(완제품)	NAX-A400	일반자전거(P-GRAY WHITE)		EA	100.00	207.00	314.00	-7.00	EA	-7.00
(주)한국자전거지사	작업공정	제품작업장(완제품)	NAX-A401	일반자전거(P-GRAY RED)		EA	100.00	0.00	0.00	100.00	EA	100.00
(주)한국자전거지사	작업공정	제품작업장(완제품)	NAX-A402	일반자전거(P-GRAY BLACK)		EA	150.00	150.00	150.00	150.00	EA	150.00
(주)한국자전거지사	작업공정	제품작업장(완제품)	NAX-A420	산악자전거(P-20G)		EA	200.00	100.00	80.00	220.00	EA	220.00
(주)한국자전거지사	작업공정	제품작업장(완제품)	NAX-A421	산악자전거(P-21G,A421)		EA	200.00	50.00	48.00	202.00	EA	202.00
(주)한국자전거지사	작업공정	제품작업장(완제품)	NAX-A422	산악자전거(P-21G,A422)		EA	150.00	0.00	0.00	150.00	EA	150.00
		제품작업장(완제품) 소계					900.00	507.00	592.00	815.00		815.00
	작업공정 소계						900.00	507.00	592.00	815.00		815.00
(주)한국자전거지사 소계							900.00	507.00	592.00	815.00		815.00
합 계							900.00	507.00	592.00	815.00		815.00

진정으로 적응성이 있고 끝까지 가는 사람은
평생에 거의 이루지 못할 것이 없다.

– 토니 라빈스(Tony Robbins)

PART 04

최신 기출문제

프로그램 설치 & 백데이터 복원

- [에듀윌 도서몰]–[도서자료실]–[부가학습자료]에서 다운
- PART 04 → 2021 핵심ERP 프로그램 설치
- 백데이터 파일은 반드시 압축 해제 후 복원
- 오류 발생시 플래너 뒷면의 Q&A 참고

기출문제

2022년 1회

이론

01

ERP 도입 시 고려해야 할 사항으로 가장 적절하지 않은 것은?

① 경영진의 강력한 의지
② 임직원의 전사적인 참여
③ 자사에 맞는 패키지 선정
④ 경영진 중심의 프로젝트 진행

02

ERP 구축 시 고려해야 할 사항이 아닌 것은 다음 중 무엇인가?

① 전사적 참여 유도
② 커스터마이징의 최소화
③ 의사결정권을 가진 경영진의 확고한 의지
④ IT 업체의 철저한 주도하에 프로젝트 진행

03

다음 중 ERP 구축절차의 구축단계에 해당되지 않는 것은 무엇인가?

① 모듈 조합화
② 출력물 제시
③ 패키지 설치
④ 추가 개발 또는 수정 기능 확정

04

다음 중 ERP 구축을 위한 ERP 패키지 선정 기준으로 가장 적절하지 않은 것은 무엇인가?

① 시스템 보안성
② 사용자 복잡성
③ 요구사항 부합 정도
④ 커스터마이징(Customizing) 가능 여부

05

ERP의 특징으로 가장 적절하지 않은 것은 무엇인가?

① 기능형 데이터베이스 채택
② 실시간 정보처리 체계 구축
③ 다국적, 다통화, 다언어 지원
④ 파라미터 지정에 의한 프로세스의 정의

06

BOM의 종류에 대한 설명으로 잘못된 것은?

① Modular BOM: Assemble-To-Order 전략에서 옵션을 중심으로 생산계획을 수립하기 위한 BOM이다.
② Planning BOM: 생산관리, 판매부서 등에서 생산계획, MPS 수립에 사용된다.
③ Percentage BOM: 제품군을 구성하는 제품 또는 제품을 구성하는 부품의 양을 백분율로 표현한 BOM이다.
④ Manufacturing BOM: 실제로는 존재하지 않는 품목이나 조립의 순서를 나타내기 위한 BOM이다.

07

다음의 수요예측 기법 중 제품수명주기의 도입기에 적합한 기법은 무엇인가?

① 분해법
② 델파이법
③ 이동평균법
④ 지수평활법

08

흐름 생산방식(Flow Shop)의 특징으로 옳은 것은?

① 주문에 의한 생산
② 공정별 기계 배치
③ 숙련공이 필요함
④ 특수 기계의 생산 라인

09

총괄생산계획을 보다 구체적으로 생산 시기와 수량을 수립하는 것을 무엇이라 하는가?

① MPS　　② MRP
③ MRP Ⅱ　　④ ERP

10

다음 중 합리적인 일정계획의 수립 원칙과 거리가 먼 것은?

① 가동률 100% 달성　　② 생산 기간의 단축
③ 애로공정의 능력 증강　　④ 생산활동의 동기화

11

PERT에 관한 설명으로 가장 거리가 먼 것은?

① 총여유시간은 자유여유시간보다 크거나 같다.
② PERT는 건설 등 프로젝트 산업에 적합한 일정관리기법이다.
③ 가상 활동(Dummy Activity)은 시간이나 자원을 소비하는 활동을 말한다.
④ 합병단계는 두 개 이상의 활동이 하나의 단계로 연결되는 단계를 말한다.

12

(주)한국의 에어컨에 대한 지난 7월의 판매예측치의 금액은 20억원이고 7월의 실제 판매금액이 28억원이었다. (주)한국의 8월의 판매예측치를 단순 지수평활법으로 계산하면 얼마인지 숫자로 기입하시오(지수평활계수는 0.2이다. 정답: (　　　)억원).

13

다음 표는 도매상의 청소기에 대한 월별 실제 판매량 결과이다. 가중치를 최근 순서대로 0.4, 0.3, 0.2, 0.1로 하여 7월의 실제 예측치를 구하시오.

월	판매량
3월	90
4월	75
5월	80
6월	60

14

다음 중 절차계획(Routing)에 대한 설명으로 가장 거리가 먼 것은?

① 현장에서 제품을 제조할 때 사용된다.
② 원가를 계산할 때 기초자료로 사용된다.
③ 특정 제품이 어떤 부품들로 구성되는가에 대한 데이터이다.
④ 리드타임이나 필요한 자원의 양을 계산하는 데 기초자료로 사용된다.

15

공정분석 기호 중 품질검사를 나타내는 기호는 어느 것인가?

① ○
② ▽
③ 
④ □

16

다음은 간트차트의 정보를 이용하여 결정할 수 있는 사항이 아닌 것은?

① 각 작업의 완료 시간
② 다음 작업의 시작 시간
③ 각 작업의 전체 공정 시간
④ 작업 상호 간의 유기적인 관계

17

다음에서 설명하는 용어로 적절한 것은?

> 생산가공 또는 조립 라인에서 공정 간에 균형을 이루지 못하여 상대적으로 시간이 많이 소요되는 애로공정으로 인하여 공정의 유휴율이 높아지고 능률이 떨어지는 경우에 각 공정의 소요시간이 균형이 되도록 작업장이나 작업 순서를 배열하는 것을 의미

① Fixed Position
② Line Balancing
③ Pitch Diagram
④ Bottleneck Operation

18

다음 JIT 생산방식을 실현하기 위한 11가지의 개선사항에 속하지 않는 것은?

① 다공정 담당
② 소인화
③ 원가절감
④ 자동화

19

다음 설명에서 괄호 안에 해당하는 용어를 한글로 쓰시오.

> 공정관리의 세 가지 기능 중에서 (　　　) 기능은 '생산계획을 통칭하는 것으로서 공정계획을 행하여 작업의 순서와 방법을 결정하고, 일정계획을 통해 공정별 부하를 고려한 개개 작업의 착수 시기와 완성 일자를 결정하며 납기를 유지케 함

20

다음 스마트TV를 생산하는 K 공장에서 500명의 작업자가 하루 6시간씩 총 5일간 30,000대의 스마트TV를 생산하였다. 이 K 공장의 시간당 노동 생산성은? (정답은 숫자로 기입하시오.)

21

다음의 내용에서 괄호 안에 들어갈 용어는 무엇인가? (정답은 한글로 쓰시오).

> (　　　)계획은 주어진 생산 예정표에 의해 결정된 생산량에 대해서 작업량을 구체적으로 결정하고 이것을 현 인원과 기계 설비 능력을 고려하여 양자를 조정하는 기능이다.

22

다음 중 경제적 생산량(EPQ) 모형의 가정 설명으로 가장 적합하지 않은 것은?

① 생산단가는 생산량의 크기와 관계없이 일정하다.
② 재고유지비는 생산량의 크기에 반비례하여 발생한다.
③ 재고가 모두 없어지면 즉시 생산작업이 되풀이된다.
④ 생산이 중단되면 쌓였던 재고량은 일정량씩 없어지면서 바닥이 난다.

23

다음 중 재고의 종류에 관한 설명으로 옳지 않은 것은?

① 비축재고는 주문비용 절감을 위해서 확보하는 재고이다.
② 안전재고는 불확실한 상황에 대비하기 위한 재고이다.
③ 파이프라인재고는 유통과정 중에 있는 제품재고이다.
④ 재공품재고는 생산이 완료되지 않고 공정에 있는 재고이다.

24

MRP에 대한 설명 중 틀린 것을 고르시오.

① 필요량을 산출하여 공급
② 생산계획의 수신 변경도 수용 가능
③ 공급자를 기업의 일부로 보고 장기거래
④ 비반복적 생산에 적용

25

다음 중 자재소요계획(생산계획) 활동 중에서 기준생산계획(Master Production schedule)이 주어진 제조자원의 용량을 넘어서는지 아닌지를 계산하는 모듈은?

① MPS
② MRP
③ CRP
④ RCCP

26

자재소요계획(생산계획) 활동 중에서 Material Requirement Program 전개를 통해 생성된 계획이 얼마만큼의 제조자원을 요구하는지를 계산하는 모듈은? (정답은 영문 약자로 쓰시오. 예: ERP)

27

다음 빈칸에 알맞은 단어를 한글로 쓰시오.

> SCM은 원재료를 생산 및 공급하는 업체에서 출발하여 제품이 만들어지기까지의 제품 생산단계, 제품이 최종 소비자에게 전달되는 유통단계까지의 모든 과정을 연결하고 통합한 공급망을 구축 및 관리함으로써 공급망 내에 존재하는 불확실성과 불필요한 낭비요소를 제거하여 경영 환경을 최적화한 시스템을 말한다. 이 SCM의 세 가지 주요 흐름은 제품 흐름, 재정 흐름, (　　　)이다.

28

다음 중 TQM의 기본원칙이 아닌 것은?

① 고객중심(Customer Focus)
② 총체적 참여(Total Involvement)
③ 품질문화(Quality Culture) 형성
④ 총생산적 설비보전(Total Productive Maintenance)

29

다음 [보기]의 작업은 일반적인 6시그마 추진단계에서 어느 단계에 속하는가?

보기

주요 제품 특성치(종속변수)를 선택하고, 품질수준을 조사하며, 그 결과를 공정관리 카드에 기록하고, 단기 또는 장기 공정능력을 추정한다.

① 분석(Analysis)
② 관리(Control)
③ 개선(Improvement)
④ 측정(Measurement)

30

품질관리에 관한 내용으로 틀린 것은?

① 검사항목이 적은 경우에 샘플링검사가 바람직하다.
② 관리도는 공정의 상태를 해석하여 관리하기 위한 것이다.
③ 샘플링검사 결과에서 합격품 중에 불량품이 혼입될 수도 있다.
④ 품질비용 중 예방비용이 차지하는 비율이 높을수록 바람직하다.

31

다음에서 설명하고 있는 용어는 무엇인지 영문 대문자 약자로 답을 쓰시오(예: ERP).

품질을 통한 경쟁 우위 확보에 중점을 두고 고객만족, 인간성 존중, 사회에의 공헌을 중시하며, 최고 경영자의 리더십 아래 전 종업원이 총체적 수단을 활용하여 끊임없는 개선과 혁신에 참여하는 기업문화의 창달과 기술개발을 통해 기업의 경쟁력을 키워감으로써 기업의 장기적 성공을 추구하는 경영체계이다.

32

다음 [보기]의 (　　　)에 들어갈 정답을 영어 알파벳으로 표기하시오.

보기

일정한 크기의 시료 가운데 나타나는 결점 수에 의거 공정을 관리할 때에 사용하는 것은 (　　　) 관리도이다.

실무 시뮬레이션

- 로그인 정보: 회사 - 4001.생산1급 회사A, 사원 - ERP13P01.홍길동
- 실무 시뮬레이션 문제는 핵심ERP의 실기 메뉴를 활용하여 문제에 답하시오.
- 본 회차의 기출문제 백데이터는 2021 버전의 핵심ERP 프로그램에서 복원하시오.

01

아래 [보기]의 조건으로 데이터를 조회한 후 물음에 답하시오.

보기
- 품목군: S100.반조립품
- 조달구분: 1.생산

다음 [보기]의 조건에 해당하는 품목에 대한 설명으로 옳지 않은 것은?

① 품목 83-2000100.전장품 ASS'Y의 실제원가는 97,000원이다.
② 품목 88-1001000.PRESS FRAME-W의 일별생산량은 250이다.
③ 품목 87-1002001.BREAK SYSTEM의 표준원가와 실제원가는 같다.
④ 품목 81-1001000.BODY-알미늄(GRAY-WHITE)의 주거래처는 00001.(주)대흥정공이다.

02

아래 [보기]의 조건으로 데이터를 조회한 후 물음에 답하시오.

보기
- 영업담당자: A200.권재희
- 구매담당자: A400.박상미
- 외주담당자: A300.양의지

다음 중 [보기]의 조건에 해당하는 거래처명으로 옳은 것은?

① (주)빅파워
② (주)대흥정공
③ (주)제일물산
④ (주)하나상사

03

아래 [보기]의 조건으로 데이터를 조회한 후 물음에 답하시오.

> 보기
> - 품목군: S100.반조립품
> - 조달구분: 1.생산
> - 계정구분: 4.반제품

[보기] 조건의 품목에 대하여 대분류, 중분류, 소분류에 대한 정보로 옳지 않은 것은?

① 품목: 83-2000110.전장품 ASS'Y (TYPE A) - 대분류: TYPE A, 중분류: WHITE, 소분류: 중형

② 품목: 87-1002011.BREAK SYSTEM (TYPE A) - 대분류: TYPE A, 중분류: WHITE, 소분류: 소형

③ 품목: 88-1002020.PRESS FRAME-Z (TYPE B) - 대분류: TYPE B, 중분류: BLACK, 소분류: 소형

④ 품목: 88-1001020.PRESS FRAME-W (TYPE B) - 대분류: TYPE B, 중분류: BLACK, 소분류: 중형

04

아래 [보기]의 조건으로 데이터를 조회한 후 물음에 답하시오.

> 보기
> - 모품목: 88-1001020.PRESS FRAME-W (TYPE B)
> - 기준일자: 2022/01/01
> - 사용여부: 1.여
> - BOM 총전개: 체크함

(주)한국자전거지사 홍길동 사원은 [보기]의 모품목에 대한 자품목을 확인하고 있다. 다음 [보기]의 모품목에 대한 자품목 중 1 LEVEL, 2 LEVEL에 모두 사용되고 있는 자품목으로 옳은 것은?

① 21-1060720.FRAME-NUT (TYPE B)

② 21-9000202.HEAD LAMP (TYPE B)

③ 21-1030620.FRONT FORK (TYPE SB)

④ 87-1002021.BREAK SYSTEM (TYPE B)

05

아래 [보기]의 조건으로 데이터를 조회한 후 물음에 답하시오.

보기

- 사업장: 2000.(주)한국자전거지사
- 외주공정: R200.외주공정
- 외주처: R241.(주)세림와이어
- 단가적용비율: 75%

[보기]의 조건으로 실제원가대비 외주단가를 일괄변경한 후의 품목별 외주단가로 옳지 않은 것은?

① 83-2000100.전장품 ASS'Y: 72,750원
② 87-1002001.BREAK SYSTEM: 41,825원
③ 88-1001000.PRESS FRAME-W: 34,575원
④ 85-1020400.POWER TRAIN ASS'Y(MTB): 43,575원

06

아래 [보기]의 조건으로 데이터를 조회한 후 물음에 답하시오.

보기

- 사업장: 2000.(주)한국자전거지사
- 생산계획 등록 품목만 조회: 체크함
- 작업예정일: 2021/12/05 ~ 2021/12/11
- 계정구분: 4.반제품

[보기]의 조건으로 등록된 생산계획에 대한 설명으로 옳지 않은 것은?

① 품목 83-2000100.전장품 ASS'Y의 생산계획수량의 합이 가장 적다.
② 품목 88-1002000.PRESS FRAME-Z의 일생산량이 계획된 품목들 중 가장 많다.
③ 품목 87-1002001.BREAK SYSTEM은 2021년 12월 10일에 생산계획된 내역이 없다.
④ 품목 88-1001000.PRESS FRAME-W는 2021년 12월 08일 일생산량을 초과하여 계획되었다.

07

아래 [보기]의 조건으로 데이터를 조회한 후 물음에 답하시오.

보기
- 사업장: 2000.(주)한국자전거지사
- 공정: L300.작업공정(도색)
- 지시기간: 2021/12/12 ~ 2021/12/18

다음 [보기]의 조건에 해당하는 작업지시 내역 중 작업장별 지시수량의 합이 가장 많은 작업장으로 옳은 것은?

① L212.반제품작업장(휠)
② L301.제품작업장(도색)
③ L302.반제품작업장(도색)
④ L211.반제품작업장(바디)

08

아래 [보기]의 조건으로 데이터를 조회한 후 물음에 답하시오.

보기
- 사업장: 2000.(주)한국자전거지사
- 공정: L200.작업공정
- 작업장: L205.반품작업장
- 지시기간: 2021/12/19 ~ 2021/12/25

다음 [보기] 조건의 작업지시확정 내역 중 BOM등록의 자재 명세서와 다른 품목으로 청구된 품목으로 옳은 것은?

① 83-2000100.전장품 ASS'Y
② 87-1002001.BREAK SYSTEM
③ 88-1002000.PRESS FRAME-Z
④ 81-1001000.BODY-알미늄(GRAY-WHITE)

09

아래 [보기]의 조건으로 데이터를 조회한 후 물음에 답하시오.

보기
- 사업장: 2000.(주)한국자전거지사
- 출고기간: 2021/12/26 ~ 2021/12/31
- 청구기간: 2021/12/26 ~ 2021/12/31
- 청구공정: L200.작업공정
- 청구작업장: L201.제품작업장(완제품)

(주)한국자전거지사 홍길동 사원은 생산자재출고 시 출고요청 기능을 이용하여 자재를 출고하고 있다. 다음 중 청구잔량의 합이 가장 많이 남아 있는 품목으로 옳은 것은?

① 21-3001610.PEDAL (TYPE A)
② 83-2000110.전장품 ASS'Y (TYPE A)
③ 87-1002011.BREAK SYSTEM (TYPE A)
④ 85-1020410.POWER TRAIN ASS'Y(MTB, TYPE A)

10

아래 [보기]의 조건으로 데이터를 조회한 후 물음에 답하시오.

보기
- 사업장: 2000.(주)한국자전거지사
- 지시기간: 2022/01/01 ~ 2022/01/08
- 지시공정: L200.작업공정
- 지시작업장: L204.반제품작업장(완제품)

[보기] 조건에 해당하는 작업실적 내역에 대하여 실적수량의 합이 가장 많이 발생한 생산설비로 옳은 것은?

① P1A.생산설비 1호
② P1B.생산설비 2호
③ P1C.생산설비 3호
④ P1D.생산설비 4호

11

아래 [보기]의 조건으로 데이터를 조회한 후 물음에 답하시오.

보기
- 사업장: 2000.(주)한국자전거지사
- 구분: 1.생산
- 실적공정: L300.작업공정(도색)
- 실적작업장: L212.반제품작업장(휠)
- 실적기간: 2022/01/09 ~ 2022/01/15
- 상태: 1.확정

다음 [보기] 조건에 대한 자재사용 내역 중 적용수량의 합이 적용예정수량의 합보다 더 많이 사용되어진 작업실적번호로 옳은 것은?

① WR2201000011
② WR2201000012
③ WR2201000013
④ WR2201000014

12

아래 [보기]의 조건으로 데이터를 조회한 후 물음에 답하시오.

보기
- 사업장: 2000.(주)한국자전거지사
- 실적일: 2022/01/16 ~ 2022/01/22
- 공정: L300.작업공정(도색)
- 작업장: L301.제품작업장(도색)

다음 [보기]의 조건으로 등록된 생산실적검사 내역에 대한 설명으로 옳지 않은 것은?

① 작업실적번호 WR2201000016의 검사유형은 샘플검사이며 시료 수는 50EA이다.
② 작업실적번호 WR2201000015의 불합격수량의 불량명은 도색불량과 바디(BODY)불량이다.
③ 작업실적번호 WR2201000018의 검사구분은 자전거ASS'Y최종검사이며 합격여부는 불합격이다.
④ 작업실적번호 WR2201000017의 검사담당자는 권재희이며 실적수량과 검사에 대한 합격수량이 같다.

13

아래 [보기]의 조건으로 데이터를 조회한 후 물음에 답하시오.

보기
- 사업장: 2000.(주)한국자전거지사
- 실적기간: 2021/12/01 ~ 2021/12/11
- 공정: L300.작업공정(도색)
- 작업장: L212.반제품작업장(휠)

(주)한국자전거지사 홍길동 사원은 생산품창고 입고처리 시 생산실적검사를 진행한 실적 내역에 대하여 직접 입고처리를 등록하고 있다. 다음 [보기] 조건의 실적번호 중 생산실적검사를 진행한 실적번호로 옳게 짝지어진 것은?

① WR2112000001, WR2112000002
② WR2112000002, WR2112000003
③ WR2112000003, WR2112000004
④ WR2112000001, WR2112000003

14

아래 [보기]의 조건으로 데이터를 조회한 후 물음에 답하시오.

보기
- 사업장: 2000.(주)한국자전거지사
- 지시일: 2021/12/19 ~ 2021/12/25
- 공정: L300.작업공정(도색)
- 작업장: L301.제품작업장(도색)

다음 [보기] 조건의 작업지시번호 중 마감처리가 가능하며, 실적잔량이 가장 많이 남아 있는 작업지시번호로 옳은 것은?

① WO2112000028
② WO2112000029
③ WO2112000030
④ WO2112000033

15

아래 [보기]의 조건으로 데이터를 조회한 후 물음에 답하시오.

보기

- 사업장: 2000.(주)한국자전거지사
- 해당년도: 2021
- 구분: 0.공정
- 공정: L200.작업공정
- 조달: 1.생산
- 조회기준: 적합
- 집계기준: 입고

(주)한국자전거지사 홍길동 사원은 2021년 1월 한 달간, 실적기준의 생산품목에 대하여 실적수량이 가장 많이 발생한 품목을 확인하고 있다. 다음 중 실적수량이 가장 많은 품목으로 옳은 것은?

① 83-2000100.전장품 ASS'Y
② NAX-A420.산악자전거(P-20G)
③ NAX-A400.일반자전거(P-GRAY WHITE)
④ 85-1020410.POWER TRAIN ASS'Y(MTB, TYPE A)

16

아래 [보기]의 조건으로 데이터를 조회한 후 물음에 답하시오.

보기

- 사업장: 2000.(주)한국자전거지사
- 공정: L200.작업공정
- 해당년도: 2022
- 계정: 0.원재료
- 재공유무: 1.유

다음 [보기] 조건에 해당하는 재공 품목 중 품목 21-1070700.FRAME-티타늄의 재공수량을 가장 적게 보유하고 있는 작업장으로 옳은 것은?

① L201.제품작업장(완제품)
② L203.제품작업장(반제품)
③ L202.반제품작업장(반제품)
④ L204.반제품작업장(완제품)

17

아래 [보기]의 조건으로 데이터를 조회한 후 물음에 답하시오.

보기

- 사업장: 2000.(주)한국자전거지사
- 공정: R200.외주공정
- 지시기간: 2021/12/01 ~ 2021/12/04
- 발주일: 2021/12/03
- 납기일: 2021/12/03

(주)한국자전거지사 홍길동 사원은 반제품 88-1001000.PRESS FRAME-W 품목에 대하여 외주발주등록을 진행하려고 한다. 다음 중 외주발주등록 시 반제품 88-1001000.PRESS FRAME-W에 대한 외주단가가 가장 낮은 단가로 적용되는 외주처로 옳은 것은?

① R211.다스산업(주)
② R201.(주)대흥정공
③ R231.(주)제일물산
④ R221.(주)영동바이크

18

아래 [보기]의 조건으로 데이터를 조회한 후 물음에 답하시오.

보기

- 사업장: 2000.(주)한국자전거지사
- 공정: R200.외주공정
- 외주처: R221.(주)영동바이크
- 지시기간: 2021/12/05 ~ 2021/12/11
- 사용일: 2021/12/10

[보기] 조건의 외주발주 내역에 대하여 확정처리를 진행한 후, 생산지시번호별 청구한 자재에 대한 설명으로 옳지 않은 것은?

① 생산지시번호 WO2112000034의 청구자재들은 모두 무상 자재이다.
② 생산지시번호 WO2112000037의 청구자재들의 정미수량과 확정수량은 모두 같다.
③ 생산지시번호 WO2112000036의 청구자재 중 83-2000100.전장품 ASS'Y는 반제품 계정이다.
④ 생산지시번호 WO2112000035의 청구자재 중 외주단가가 가장 큰 품목은 85-1020400.POWER TRAIN ASS'Y(MTB)이다.

19

아래 [보기]의 조건으로 데이터를 조회한 후 물음에 답하시오.

보기

- 사업장: 2000.(주)한국자전거지사
- 출고기간: 2021/12/12 ~ 2021/12/18
- 청구기간: 2021/12/12 ~ 2021/12/18
- 청구공정: R200.외주공정
- 청구작업장: R231.(주)제일물산
- 출고일자: 2021/12/15
- 출고창고: M200.부품창고_인천지점
- 출고장소: M201.부품/반제품_부품장소

[보기] 조건으로 일괄적용 기능을 이용한 외주자재출고 시 모품목정보로 옳지 않은 것은?

① NAX-A421.산악자전거(P-21G,A421)

② NAX-A422.산악자전거(P-21G,A422)

③ NAX-A401.일반자전거(P-GRAY RED)

④ NAX-A402.일반자전거(P-GRAY BLACK)

20

아래 [보기]의 조건으로 데이터를 조회한 후 물음에 답하시오.

보기

- 사업장: 2000.(주)한국자전거지사
- 지시(품목): 2021/12/19 ~ 2021/12/25
- 외주공정: R200.외주공정
- 외주처: R211.다스산업(주)

다음 [보기] 조건에 해당하는 외주실적 내역에 대한 설명으로 옳지 않은 것은?

① 모든 실적 건에 대하여 작업 2조는 실적구분이 부적합인 실적에 대하여서만 등록되었다.

② 실적구분이 적합인 실적수량의 합보다 부적합인 실적수량의 합이 더 많이 발생한 작업지시번호는 WO2112000045이다.

③ 작업실적에 대한 실적담당자로는 이혜리, 양의지, 박상미가 등록되었으며, 권재희는 실적담당자로 등록되지 않았다.

④ 실적구분이 적합인 경우 입고창고/입고장소는 M200.부품창고_인천지점/M201.부품/반제품_부품장소이며, 부적합인 경우 입고창고/입고장소는 P200.제품창고_인천지점/P209.제품_제품장소_불량으로 처리되었다.

21

아래 [보기]의 조건으로 데이터를 조회한 후 물음에 답하시오.

보기

- 사업장: 2000.(주)한국자전거지사
- 구분: 2.외주
- 외주공정: R200.외주공정
- 외주처: R221.(주)영동바이크
- 실적기간: 2021/12/26 ~ 2021/12/31
- 상태: 1.확정
- 사용일: 2021/12/31
- 공정/외주: R200.외주공정
- 작업장/외주처: R221.(주)영동바이크
- 출고창고: M200.부품창고_인천지점
- 출고장소: M201.부품/반제품_부품장소

[보기] 조건으로 일괄적용 기능을 이용하여 외주자재사용등록 시 사용수량의 합이 가장 적은 작업실적번호로 옳은 것은?

① WR2112000021　　② WR2112000022

③ WR2112000023　　④ WR2112000024

22

아래 [보기]의 조건으로 데이터를 조회한 후 물음에 답하시오.

보기

- 사업장: 2000.(주)한국자전거지사
- 마감일: 2022/01/01 ~ 2022/01/08
- 외주공정: R200.외주공정
- 실적일: 2022/01/01 ~ 2022/01/08
- 마감일자: 2022/01/08
- 과세구분: 0.매입과세
- 세무구분: 21.과세매입
- 외주단가 등록의 단가 적용: 체크 안 함

[보기] 조건으로 외주마감처리를 실적일괄적용 기능을 이용하여 마감처리 후, 마감되는 공급가의 합이 가장 작은 외주처로 옳은 것은?

① R201.(주)대흥정공　　② R231.(주)제일물산

③ R221.(주)영동바이크　　④ R241.(주)세림와이어

23

아래 [보기]의 조건으로 데이터를 조회한 후 물음에 답하시오.

보기

- 사업장: 2000.(주)한국자전거지사
- 기간: 2022/01/09 ~ 2022/01/15
- 외주공정: R200.외주공정
- 외주처: R211.다스산업(주)
- 부가세사업장: 2000.(주)한국자전거지사

[보기] 조건의 외주마감 내역에 대하여 전표처리를 진행한 후, 외상매입금이 가장 많이 발생한 외주 마감번호로 옳은 것은?

① OC2201000005

② OC2201000006

③ OC2201000007

④ OC2201000008

24

아래 [보기]의 조건으로 데이터를 조회한 후 물음에 답하시오.

보기

- 사업장: 2000.(주)한국자전거지사
- 지시기간: 2022/01/16 ~ 2022/01/22
- 공정: R200.외주공정
- 작업장: R231.(주)제일물산
- 단가 OPTION: 조달구분 구매, 생산 모두 실제원가[품목등록] 체크함

[보기] 조건의 자재청구 내역에 대한 투입금액의 합보다 사용금액의 합이 더 많이 발생한 지시번호로 옳은 것은?

① WO2201000031

② WO2201000032

③ WO2201000033

④ WO2201000034

25

아래 [보기]의 조건으로 데이터를 조회한 후 물음에 답하시오.

보기

- 사업장: 2000.(주)한국자전거지사
- 검사기간: 2022/01/16 ~ 2022/01/22
- 계정: 4.반제품

(주)한국자전거지사 홍길동 사원은 품목별 품질에 대한 전수검사 내역을 분석 중이다. 다음 [보기] 조건에 해당하는 품목들 중 전수검사에 대한 합격률이 가장 높은 품목으로 옳은 것은?

① 83-2000100.전장품 ASS'Y

② 87-1002001.BREAK SYSTEM

③ 88-1002000.PRESS FRAME-Z

④ 88-1001000.PRESS FRAME-W

기출
문제

2021년 6회

이론

01

경영 환경 변화에 대한 대응방안 및 정보기술을 통한 새로운 기회 창출을 위해 기업경영의 핵심과 과정을 전면 개편함으로써 경영성과를 향상시키기 위한 경영기법은 무엇인가?

① MRP(Material Requirement Program)
② MBO(Management By Objectives)
③ JIT(Just In Time)
④ BPR(Business Process Re-engineering)

02

다음 중 ERP의 기능적 특징으로 적절하지 않은 것은?

① 선진 프로세스의 내장
② 기업의 투명경영 수단으로 활용
③ 객체 지향 기술의 사용
④ 실시간 정보처리 체계 구축

03

ERP의 의미에 대하여 기업의 경영활동과 연계하여 볼 때 다음 중 가장 적절하지 않은 설명은?

① 산업별 Best Practice를 내재화하여 업무 프로세스 혁신을 지원할 수 있다.
② 기업 경영활동에 대한 시스템을 통합적으로 구축함으로써 생산성을 극대화시킨다.
③ 기업 내의 모든 인적, 물적 자원을 효율적으로 관리하여 기업의 경쟁력을 강화시켜주는 역할을 한다.
④ ERP는 패키지화되어 있어서 신기술을 도입하여 적용시키는 것은 어렵다.

04

다음 중 ERP 도입의 최종 목적으로 가장 적합한 것은 무엇인가?

① 조직문화 혁신
② 경영혁신의 수단
③ 고객만족과 이윤 극대화
④ 기업 내부의 정보인프라 구축

05

다음 중 ERP의 발전과정으로 가장 적절한 것은 무엇인가?

① MRP Ⅱ → MRP Ⅰ → ERP → 확장형 ERP
② ERP → 확장형 ERP → MRP Ⅰ → MRP Ⅱ
③ MRP Ⅰ → ERP → 확장형 ERP → MRP Ⅱ
④ MRP Ⅰ → MRP Ⅱ → ERP → 확장형 ERP

06

휴대폰 조립업체 A는 (m – 1)월에 총 200시간을 작업해서 400대, m월에는 총 300시간을 작업해서 600대를 생산했다. (m – 1)월을 기준으로 측정한 m월의 생산성 지수는?

① 1.00
② 1.25
③ 1.50
④ 2.00

07

아래 내용을 읽고 틀린 것을 고르시오.

① Percentage BOM: 제품군을 구성하는 제품 또는 제품을 구성하는 부품의 양을 정수로 표현하는 것이 아니라, 백분율로 표현한 것
② Invert BOM: 화학이나 제철과 같은 산업에서 적은 종류 또는 단일한 부품을 가공하여 여러 종류의 최종 제품을 만들며, 이를 역삼각형 형태로 표현한 것
③ Common Parts BOM: 제품 또는 제품군에 공통적으로 부품들을 모아놓은 BOM을 뜻하며, 이러한 BOM의 최상위 Item은 가상의 Item Number를 가짐
④ Modular BOM: 제조공정 및 조립공정의 순서를 반영하여 E-BOM을 변형하여 만든 것

08

다음 수요예측기법 중 성격이 서로 다른 하나는?

① 지수평활법
② 시장실험법
③ 패널동의법
④ 판매원 의견합성법

09

Job Shop 생산방식의 특징에 관한 설명으로 적절하지 않은 것은?

① 소량생산이 이루어지고 공정 순서에 따라서 작업물이 이동한다.
② 기계 장비, 가구와 같이 주문자의 요구를 반영한 사양의 제품을 생산한다.
③ 각 작업장에는 유사한 종류의 범용 장비들이 배치된다.
④ 석유, 화학, 가스, 음료수, 주류, 철강 등의 제품에 적용된다.

10

다음 중 총괄생산계획에 관한 설명으로 가장 거리가 먼 것은?

① 총괄생산계획은 중기생산계획이다.
② 총괄생산계획은 자재소요계획(MRP)의 입력자료로 활용된다.
③ 총괄생산계획의 수립 대상은 개별 제품이 아니라 제품 그룹이다.
④ 관련 범위가 전사적이므로 관련 부문 간의 협조와 조정을 통해 형성되고 집행되어야 한다.

11

작업의 우선순위 고려원칙에 대한 설명으로 잘못된 것은?

① 납기 우선순위: 납기일자가 가장 급박한 순서로 작업을 진행한다.
② FIFO: 마무리되어야 할 작업시간이 가장 긴 작업 순서로 진행한다.
③ 긴급률: 긴급률(Critical Ratio)이 가장 작은 순서로 작업을 진행한다.
④ 최단 가공시간: 가공에 소요되는 시간이 가장 짧은 과업을 먼저 처리한다.

12

(주)가나다의 금년도 11월의 컴퓨터 판매예측치의 금액은 24억원이고 11월의 실제 판매금액이 29억원이었다. (주)가나다의 12월의 판매예측치를 단순 지수평활법(Exponential Smoothing) **으로 계산하면 몇 억원인지 숫자로 쓰시오**(단, 지수평활계수는 0.2이다).

13

다음 표에 제시된 세 작업의 처리 순서를 긴급률(CR) **규칙 순서대로 작업을 쓰시오**(단, 현재일은 70일).

작업	A	B	C
납기일	95	80	100
잔여 작업일수	5	10	20

14

다음 중 공정관리의 기능이 아닌 것은?

① 실시 기능
② 계획 기능
③ 통제 기능
④ 작업 기능

15

다음 중 특정 제품을 만드는 데 필요한 공정 순서를 정의하는 것으로, 어떤 장소(Work Center 또는 기계)**에서 가공할 것인지, 그리고 이러한 공정을 수행하기 위해 필요한 셋업시간과 단위품목의 생산에 소요되는 시간**(Run Time)**은 얼마나 소요되는지에 대한 정보를 유지하고 있는 것을 무엇이라고 하는가?**

① Routing
② Work Center Data
③ Production Plan
④ Master Production Scheduling

16

다음 공정분석 기호 중 가공을 나타내는 기호는 어느 것인가?

① ◇ ② ▽
③ ○ ④ □

17

가장 오래되고 보편화된 일정계획기법의 하나로, 하나의 생산 일정을 나타내는 수평 라인과 예정된 시간에 대한 실제 작업시간을 나타내는 수평 라인을 통하여 어떤 프로젝트가 현재 작업되고 있으며, 주어진 시간에 어떤 단계에 있는지 보여주는 것은?

① PERT/CPM ② Gantt Chart
③ Project Scheduling ④ Operation Splitting

18

다음 중 칸반 시스템(Kanban System)에 대한 설명으로 옳지 않은 것은?

① 토요타식 생산 시스템의 서브 시스템이다.
② 생산이 필요하다는 특정 신호에 의해 Pull System으로 작업이 진행된다.
③ 작업을 할 수 있는 여력이 있다면 수요가 발생하지 않아도 작업을 진행한다.
④ 칸반이란 '카드'나 '기록'을 의미하는 일본말로, 부품의 생산과 운반을 지시하거나 승인하는 카드(증표)를 말한다.

19

다음 괄호 안에 공통적으로 들어가는 낱말을 한글로 쓰시오.

( )분석은 원재료가 출고되면서부터 제품으로 출하될 때까지 다양한 경로에 따른 경과시간과 이동거리를 ( )도시 기호를 이용하여 계통적으로 나타냄으로써 ( )계열의 합리화를 위한 개선 방안을 모색할 때 매우 유용한 방법이다.

20

다음 K 작업장 작업원의 출근율이 80%이고 작업에 소요되는 간접작업의 비율은 20%라고 한다면 이 작업장의 가동률은 얼마인가? (숫자로 쓰시오. 정답: (　　　)%)

21

5S라고 불리는 기업의 관리개선활동 중 다음 설명에 해당하는 것은 무엇인지 한글로 답을 쓰시오.

필요한 물품은 즉시 끄집어 낼 수 있도록 만든다. 필요한 물품을 사용빈도에 맞게 놓는 장소를 정해 표시한 것으로, 목적을 놓는 방법을 표준화한다.

22

다음 중 수요량을 미리 알고 있으며, 시장에 있어서의 가치 체계가 시간적으로 변화하지 않는 경우의 재고보유 동기는?

① 거래 동기　　② 안전 동기
③ 예방 동기　　④ 투기 동기

23

경제적 주문량을 계산하기 위한 가정이 아닌 것은?

① 연간 자재 사용량이 일정하고 연속적이다.
② 단위당 구입 가격은 일정하다.
③ 단위당 재고유지비용과 1회 주문비용은 일정하지 않다.
④ 단일 품목에 대하여 적용된다.

24

EOQ 모형에 대한 설명으로 옳은 것은?

① 구매비용이 증가하면 경제적 주문량은 감소한다.
② 수요량이 감소하면 경제적 주문량은 증가한다.
③ 단위당 주문비용이 증가하면 경제적 주문량은 감소한다.
④ 재고유지비용이 감소하면 경제적 주문량은 증가한다.

25

다음 중 총괄생산계획 및 확정 수주를 바탕으로 보통 1주일 단위로 구체화된 생산계획을 말하며 MRP 시스템의 투입요소인 것은?

① Continuous Replenishment Program
② Master Production Scheduling
③ Bill of Material
④ Rough-Cut Capacity Plan

26

다음 설명의 상황이 주어졌을 때, Economic Order Quantity는 몇 개인지 수치만 제시하시오.

> 부품 K사의 연간 수요량이 5,000개, 1회 주문비용이 40원, 개당 가격이 2,000원, 연간 단위당 재고 유지비율은 50%이다.

27

다음 설명에서 제시하고 있는 용어를 영어 대문자 약자로 쓰시오(예: MIS).

> 물자, 정보 및 재정 등이 공급자로부터 생산자, 도매업자, 소매상인, 그리고 소비자에게 이동함에 따라 그 진행 과정을 감독하는 것

28

품질의 분류에 관한 설명으로 틀린 것은?

① 설계품질: 소비자 기대를 충족하기 위해 제품을 기획하고 도면화한 품질
② 요구품질: 소비자의 기대품질로 당연히 갖추어야 할 품질
③ 제조품질: 실제로 구현된 제품의 품질특성
④ 생산품질: 제품이 지속적으로 유지되어 소비자가 만족하는 품질

29

다음 설명 중 TQM(Total Quality Management)에 대한 설명이 아닌 것은?

① 생산자 중심
② 설계 서비스 중시
③ 총체적 참여
④ 지속적인 개선

30

QC의 7가지 도구 중 결과(품질, 원가 등의 제품의 특성)에 대하여 원인(생산요소 등)이 어떠한 관계로 영향을 미치게 되었는지를 한눈에 보아 알아볼 수 있도록 표시한 그림을 무엇이라 하는지 고르시오

① 특성요인도
② 파레토도
③ 히스토그램
④ 산점도

31

다음 [보기]의 (   )에 들어갈 정답을 영어 알파벳으로 표기하시오.

보기

불량률이란 제품을 양, 불량 혹은 합격, 불합격으로 분류할 때 불량품이 전체에서 차지하는 비율을 말한다. 관리도 중 이러한 불량률을 통제하기 위하여 사용되는 것은 (   ) 관리도이다.

32

다음 [보기]를 읽고 (   )에 해당되는 용어를 쓰시오.

보기

재료, 반제품 또는 제품을 받아들이는 경우 제출된 로트에 대하여 행하는 검사로 원자재가 일정한 규격에 맞는지를 확인하며, 이를 (   )검사라고 한다.

실무 시뮬레이션

- 로그인 정보: 회사 - 4004.생산1급 회사B, 사원 - ERP13P01.홍길동
- 실무 시뮬레이션 문제는 핵심ERP의 실기메뉴를 활용하여 문제에 답하시오.
- 본 회차의 기출문제 백데이터는 2021 버전의 핵심ERP 프로그램에서 복원하시오.

01

아래 [보기]의 조건으로 데이터를 조회한 후 물음에 답하시오.

보기
- 계정구분: 0.원재료
- FRONT FORK (TYPE SB): 폭 10, 길이 15, 높이 10 밀도 5
- FRAME-NUT (TYPE B): 폭 13, 길이 7, 높이 7, 밀도 4
- WHEEL FRONT-MTB (TYPE B): 폭 15, 길이 5, 높이 20, 밀도 5
- WHEEL REAL-MTB (TYPE B): 폭 8, 길이 20, 높이 15, 밀도 2

다음 중 [보기] 조건의 폭, 길이, 높이, 밀도를 입력 후 부피, 중량, 면적을 계산하여 총합이 가장 큰 품명을 고르시오.

① FRONT FORK (TYPE SB)
② WHEEL FRONT-MTB (TYPE B)
③ WHEEL REAL-MTB (TYPE B)
④ FRAME-NUT (TYPE B)

02

다음 2021년 11월 30일 기준 현재 진행하고 있는 프로젝트들 중에서 금액이 가장 큰 프로젝트명을 고르시오.

① COM교육사업
② 특별할인판매
③ 유아용자전거
④ 일반용자전거

03

(주)한국자전거지사에서 상품을 구매하여 SET품 등록을 하고 관리항목이 동일한 것들을 모아 A SET 그룹을 만들려고 하고 있다. 다음 중 A SET 그룹에 들어갈 수 없는 품명을 고르시오.

① PRESS FRAME-Z (TYPE B)

② PRESS FRAME-W (TYPE B)

③ BREAK SYSTEM (TYPE B)

④ POWER TRAIN ASS'Y(MTB, TYPE B)

04

아래 [보기]의 조건으로 데이터를 조회한 후 물음에 답하시오.

보기

- 영업담당자: 오진형
- 구매담당자: 김종욱
- 자재담당자: 박용덕
- 생산담당자: 정영수

다음 중 [보기]의 조건에 해당하는 품명으로 옳은 것은?

① BREAK SYSTEM

② BREAK SYSTEM (TYPE A)

③ 일반자전거(P-GRAY WHITE)

④ 산악자전거(P-21G,A422)

05

아래 [보기]의 조건으로 데이터를 조회한 후 물음에 답하시오.

보기
- 모품목: NAX-A401.일반자전거(P-GRAY RED)
- 모품목: NAX-A420.산악자전거(P-20G)
- 모품목: NAX-A400.일반자전거(P-GRAY WHITE)
- 모품목: NAX-A421.산악자전거(P-21G,A421)
- 기준일자: 2021/11/25

다음 [보기] 조건들 중 BOM 정보가 잘못 입력되어 있는 품목(자품목이 모품목이 되고 모품목이 자품목으로 되는 품목)**을 고르시오.**

① NAX-A401.일반자전거(P-GRAY RED)
② NAX-A420.산악자전거(P-20G)
③ NAX-A400.일반자전거(P-GRAY WHITE)
④ NAX-A421.산악자전거(P-21G,A421)

06

아래 [보기]의 조건으로 데이터를 조회한 후 물음에 답하시오.

보기
- 사업장: 2000.(주)한국자전거지사
- 작업예정일: 2021/11/01 ~ 2021/11/07
- 계정구분: 4.반제품

다음 [보기]의 조건에 해당하는 생산계획 내역 중 품목별 일생산량을 초과하는 작업예정일을 연결한 것으로 옳은 것은?

① BODY-알미늄(GRAY-WHITE) - 2021/11/03
② 전장품 ASS'Y (TYPE A) - 2021/11/06
③ PRESS FRAME-W - 2021/11/06
④ BREAK SYSTEM - 2021/11/07

07

아래 [보기]의 조건으로 데이터를 조회한 후 물음에 답하시오.

보기

- 사업장: 2000.(주)한국자전거지사
- 공정: L200.작업공정
- 작업장: L201.제품작업장
- 지시기간: 2021/11/07 ~ 2021/11/13

다음 [보기]의 조건으로 등록된 작업지시 내역 중 [주문조회] 기능을 사용하여 작업지시를 등록한 작업지시번호로 옳은 것은?

① WO2111000001
② WO2111000002
③ WO2111000003
④ WO2111000004

08

아래 [보기]의 조건으로 데이터를 조회한 후 물음에 답하시오.

보기

- 사업장: 2000.(주)한국자전거지사
- 공정: L200.작업공정
- 작업장: L201.제품작업장
- 지시기간: 2021/11/07 ~ 2021/11/08

(주)한국자전거지사 홍길동 사원은 작업지시확정 후 청구한 자재품목을 변경하였다. 다음 중 BOM등록 정보와 다르게 자재청구된 품명을 고르시오.

① FRONT FORK (TYPE SA)
② 산악자전거(P-21G,A421)
③ 산악자전거(P-21G,A422)
④ 전장품 ASS'Y (TYPE A)

09

아래 [보기]의 조건으로 데이터를 조회한 후 물음에 답하시오.

보기
- 사업장: 2000.(주)한국자전거지사
- 출고기간: 2021/11/12 ~ 2021/11/12

(주)한국자전거지사 홍길동 사원은 생산자재에 대하여 출고처리 시 [일괄적용] 기능을 이용하여 자재출고를 처리하고 있다. 다음 중 [보기]의 조건으로 자재출고된 88-1001010.PRESS FRAME-W (TYPE A)의 출고수량의 합으로 옳은 것은?

① 370EA
② 380EA
③ 480EA
④ 490EA

10

아래 [보기]의 조건으로 데이터를 조회한 후 물음에 답하시오.

보기
- 사업장: 2000.(주)한국자전거지사
- 지시기간: 2021/11/15 ~ 2021/11/18
- 지시공정: L200.작업공정
- 지시작업장: L201.제품작업장

[보기] 조건에 해당하는 작업실적 내역 중 실적수량의 합이 가장 많은 실적담당자로 옳은 것은?

① 김종욱
② 이종현
③ 박용덕
④ 정영수

11

아래 [보기]의 조건으로 데이터를 조회한 후 물음에 답하시오.

보기
- 사업장: 2000.(주)한국자전거지사
- 실적일: 2021/11/16 ~ 2021/11/16
- 공정: L200.작업공정
- 작업장: L201.제품작업장

[보기]의 조건에 해당하는 생산실적검사 내역에 대하여 불합격수량이 가장 많은 작업실적번호를 고르시오.

① WR2111000004
② WR2111000005
③ WR2111000006
④ WR2111000007

12

아래 [보기]의 조건으로 데이터를 조회한 후 물음에 답하시오.

보기
- 사업장: 2000.(주)한국자전거지사
- 실적일: 2021/11/16 ~ 2021/11/17
- 공정: L200.작업공정
- 작업장: L201.제품작업장

[보기]의 조건으로 등록된 생산품창고입고처리 내역에 대한 설명으로 옳은 것은?

① 입고가능수량을 초과하여 입고수량을 입력할 수 있다.
② NAX-A420.산악자전거(P-20G)의 기입고수량 합은 310EA이다.
③ NAX-A402.일반자전거(P-GRAY BLACK) 품목의 실적수량 합과 입고대상수량 합의 차이는 생산실적검사의 불합격수량 때문이다.
④ NAX-A420.산악자전거(P-20G) 중 WR2111000012 실적번호 실적수량이 가장 적다.

13

아래 [보기]의 조건으로 데이터를 조회한 후 물음에 답하시오.

보기

- 사업장: 2000.(주)한국자전거지사
- 공정: R200.외주공정
- 외주처: R271.(주)하나상사
- 지시기간: 2021/11/01 ~ 2021/11/30
- 수주기간: 2021/11/01 ~ 2021/11/30
- 발주일: 2021/11/15

(주)한국자전거지사 홍길동 사원은 주문 건에 대하여 납기일이 2021/11/30인 건들을 외주발주 등록을 한 후 금액을 회계팀에 청구할 예정이다. [보기]의 조건으로 외주발주등록 시 금액의 총합으로 옳은 것을 고르시오.

① 37,350,000원
② 37,250,000원
③ 38,250,000원
④ 38,350,000원

14

아래 [보기]의 조건으로 데이터를 조회한 후 물음에 답하시오.

보기

- 사업장: 2000.(주)한국자전거지사
- 공정: R200.외주공정
- 외주처: R201.(주)대흥정공
- 지시기간: 2021/11/01 ~ 2021/11/30

다음 [보기]의 조건에 해당하는 외주발주확정 내역에 대한 설명으로 옳은 것을 고르시오.

① 외주발주 총 금액이 가장 큰 생산지시번호는 WO2111000025이다.
② 지시수량이 가장 큰 생산지시번호는 WO2111000026이다.
③ LOSS(%) 합이 가장 적은 생산지시번호는 WO2111000027이다.
④ 유상 자재를 포함하고 있는 생산지시번호는 WO2111000028이다.

15

아래 [보기]의 조건으로 데이터를 조회한 후 물음에 답하시오.

보기

- 사업장: 2000.(주)한국자전거지사
- 출고기간: 2021/11/01 ~ 2021/11/30
- 청구기간: 2021/11/01 ~ 2021/11/30
- 외주공정: R200.외주공정
- 외주처: R201.(주)대흥정공

(주)한국자전거지사 홍길동 사원은 외주자재출고 시 [출고요청] 기능을 이용하여 자재를 출고처리하고 있다. 다음 중 [보기]의 기간으로 조회 후 출고요청을 추가로 적용할 때 청구잔량이 가장 많이 남아 있는 품목으로 옳은 것은?

① CYCLE-2010.HELMET 2010 시리즈
② 88-1001020.PRESS FRAME-W (TYPE B)
③ 21-9000200.HEAD LAMP
④ 83-2000120.전장품 ASS'Y (TYPE B)

16

아래 [보기]의 조건으로 데이터를 조회한 후 물음에 답하시오.

보기

- 사업장: 2000.(주)한국자전거지사
- 지시(품목) : 2021/11/01 ~ 2021/11/30
- 외주공정: R200.외주공정
- 외주처: R201.(주)대흥정공

(주)한국자전거지사는 외주실적 품목에 대하여 실적등록 시 입고창고와 입고장소를 [C200.반제품창고_인천지점], [C201.반제품_양품장소]로 입고처리를 하고 있다. 다음 중 입고창고와 입고장소를 잘못 입고처리한 작업실적번호로 옳은 것은?

① WR2111000017　　② WR2111000018
③ WR2111000019　　④ WR2111000020

17

아래 [보기]의 조건으로 데이터를 조회한 후 물음에 답하시오.

보기
- 사업장: 2000.(주)한국자전거지사
- 구분: 2.외주
- 외주공정: R200.외주공정
- 외주처: R201.(주)대흥정공
- 실적기간: 2021/11/20 ~ 2021/11/20
- 상태: 1.확정

다음 중 [보기] 조건에 해당하는 외주실적에 대하여 사용수량의 합이 가장 많은 품명으로 옳은 것은?

① 일반자전거(P-GRAY WHITE)
② 일반자전거(P-GRAY BLACK)
③ 산악자전거(P-20G)
④ 산악자전거(P-21G,A422)

18

아래 [보기]의 조건으로 데이터를 조회한 후 물음에 답하시오.

보기
- 사업장: 2000.(주)한국자전거지사
- 마감일: 2021/11/20 ~ 2021/11/20
- 외주공정: R200.외주공정
- 외주처: R251.(주)형광램프
- 실적일: 2021/11/18
- HELMET 2010 시리즈 단가: 7,500
- HELMET 2012 시리즈 단가: 6,490
- HELMET 2013 시리즈 단가: 5,900
- HELMET 2014 시리즈 단가: 6,700

홍길동 사원은 2021년 11월 20일 외주마감을 처리하려고 하고 있다. [보기]의 조건으로 실적적용 버튼을 사용하여 외주마감을 하였을 때 합계액이 가장 적은 품명으로 옳은 것은?

① HELMET 2010 시리즈
② HELMET 2012 시리즈
③ HELMET 2013 시리즈
④ HELMET 2014 시리즈

19

아래 [보기]의 조건으로 데이터를 조회한 후 물음에 답하시오.

보기
- 사업장: 2000.(주)한국자전거지사
- 기간: 2021/11/30 ~ 2021/11/30
- 부가세사업장: 2000.(주)한국자전거지사
- 전표금액 0 제외 여부: 체크 안 함
- 주류거래 여부: 체크 안 함

다음 [보기] 조건의 외주마감 건들에 대해 전표처리된 마감번호별 부가세대급금을 연결한 것으로 옳지 않은 것은?

① OC2111000003 - 169,400원
② OC2111000004 - 214,500원
③ OC2111000005 - 137,000원
④ OC2111000006 - 183,600원

20

(주)한국자전거지사 홍길동 사원은 지시대비실적현황으로 실적수량을 확인하고 있다. 다음 중 11월 한 달 동안 실적수량의 합이 가장 큰 품명을 고르시오.

① 일반자전거(P-GRAY BLACK)
② 산악자전거(P-20G)
③ 산악자전거(P-21G,A421)
④ 산악자전거(P-21G,A422)

21

(주)한국자전거지사 홍길동 사원은 매달 말일에 자재청구투입금액 및 사용금액을 확인하여 상부에 제출하고 있다. 다음 지시번호 중 21년 11월 한 달 동안 작업공정의 제품작업장에 있는 품목들의 투입금액 총합을 조달구분 모두 실제원가 기준으로 확인하였을 때, 가장 많은 투입금액을 투입시킨 지시번호 건을 고르시오.

① WO2111000005
② WO2111000006
③ WO2111000007
④ WO2111000008

22

아래 [보기]의 조건으로 데이터를 조회한 후 물음에 답하시오.

보기
- 사업장: 2000.(주)한국자전거지사
- 지시기간: 2021/11/01 ~ 2021/11/30

(주)한국자전거지사 홍길동 사원은 외주작업장 및 지사작업장을 확인하여 매월 실적을 확인하고 있다. 다음 중 실적작업장 중 가장 많은 생산실적을 처리한 작업장을 고르시오.

① (주)대흥정공
② (주)세림와이어
③ (주)형광램프
④ 제품작업장

23

(주)한국자전거지사 홍길동 사원은 2021년 11월 한 달간 사용한 자재를 정리하고 있다. 다음 중 품목별로 사용한 총자재수량이 가장 많이 사용된 품명을 고르시오.

① PEDAL
② PEDAL (TYPE A)
③ HEAD LAMP
④ POWER TRAIN ASS'Y(MTB)

24

(주)한국자전거지사 홍길동 사원은 생산일보를 통해 양품금액을 확인하려고 한다. 21년 11월 한 달간 실제원가를 토대로 한 실적기준 양품금액 총합으로 옳은 것을 고르시오.

① 797,600,000원
② 819,560,000원
③ 902,600,000원
④ 990,560,000원

25

(주)한국자전거지사에서는 (주)제일물산에 대해 전체품목 외주단가 비율을 실제원가기준 150% 상승시킨 외주단가를 반영하고자 한다. 단가를 일괄변경한 후 품목별 외주단가로 옳은 것은?

① BODY-알미늄(GRAY-WHITE): 31,500원
② 전장품 ASS'Y: 130,850원
③ POWER TRAIN ASS'Y(MTB): 9,000원
④ BREAK SYSTEM: 77,500원

기출
문제

2021년 5회

이론

01

다음 중 성공적인 ERP 구축의 지침으로 가장 적합하지 않은 것은 무엇인가?

① 현재의 업무방식만을 고수해서는 안 된다.

② IT 중심으로만 프로젝트를 추진해서는 안 된다.

③ 기업 업무 프로세스별로 추진해서는 안 된다.

④ 기존 업무에 대한 고정관념에서 ERP 시스템을 보면 안 된다.

02

다음 중 ERP 도입 전략으로 ERP 자체 개발 방법에 비해 ERP 패키지를 선택하는 방법의 장점으로 가장 적절하지 않은 것은 무엇인가?

① 검증된 방법론 적용으로 구현 기간의 최소화가 가능하다.

② 검증된 기술과 기능으로 위험 부담을 최소화할 수 있다.

③ 시스템의 수정과 유지 보수가 지속적으로 이루어질 수 있다.

④ 향상된 기능과 최신의 정보기술이 적용된 버전(Version)으로 업그레이드(Upgrade)가 가능하다.

03

다음 중 ERP의 기능적 특징으로 볼 수 없는 것은 무엇인가?

① 투명경영의 수단으로 활용

② 단일국적, 단일통화, 단일언어 지원

③ 경영정보 제공 및 경영조기경보 체계 구축

④ 중복 업무의 배제 및 실시간 정보처리 체계 구축

04

BPR(Business Process Re-Engineering)이 필요한 이유로 가장 적절하지 않은 것은?

① 복잡한 조직 및 경영 기능의 효율화
② 지속적인 경영 환경 변화에 대한 대응
③ 정보 IT 기술을 통한 새로운 기회 창출
④ 정보보호를 위한 닫혀 있는 업무환경 확보

05

다음 중 차세대 ERP의 비즈니스 애널리틱스(Business Analytics)에 관한 설명으로 가장 적절하지 않은 것은 무엇인가?

① 비즈니스 애널리틱스는 구조화된 데이터(Structured Data)만을 활용한다.
② ERP 시스템 내의 방대한 데이터 분석을 위한 비즈니스 애널리틱스가 ERP의 핵심요소가 되었다.
③ 비즈니스 애널리틱스는 질의 및 보고와 같은 기본적 분석기술과 예측 모델링과 같은 수학적으로 정교한 수준의 분석을 지원한다.
④ 비즈니스 애널리틱스는 리포트, 쿼리, 대시보드, 스코어카드뿐만 아니라 예측 모델링과 같은 진보된 형태의 분석 기능도 제공한다.

06

진공청소기를 만드는 공장에서 3대의 기계에서 8시간 동안 240개의 진공청소기를 만들었는데, 공정을 개선하여 2대의 기계에서 10시간 동안 260개의 진공청소기를 만들었다면 시간당 기계 생산성은 몇 % 향상되었는가?

① 18.5%
② 22.5%
③ 28.5%
④ 30.0%

07

다음 수요계측기법 중 정량적 예측기법이 아닌 것은?

① 이동평균법
② 지수평활법
③ ARIMA
④ 패널동의법

08

제품의 수명주기가 성숙기일 경우 적합한 수요예측 기법은?

① Trend를 고려할 수 있는 기법
② 이동평균법, 지수평활법
③ Delphi 방법, 전문가 의견법 등
④ Trend/정성적 기법

09

건물이나 교량, 배 등 장소의 제한을 받으며, 제품은 고정되어 있고 자재 투입 및 생산공정이 시기별로 변경되는 경우 적용되는 생산방식은 다음 중 무엇인가?

① 연속 생산방식
② 잡샵 생산방식
③ 흐름 생산방식
④ 프로젝트 생산방식

10

Job Shop 생산방식의 특징에 관한 설명으로 적절하지 않은 것은?

① 대량생산이 이루어지고 공정 순서에 따라서 작업물이 이동한다.
② 기계 장비, 가구와 같이 주문자의 요구를 반영한 사양의 제품을 생산한다.
③ 각 작업장에는 유사한 종류의 범용 장비들이 배치된다.
④ 작업 소요 기간(Lead Time)이 길고 생산 및 재고관리가 복잡하고 어렵다.

11

다음 내용을 읽고 설명이 틀린 것을 고르시오.

① LFL: 각 기간 동안 필요한 소요량과 같은 양을 주문하는 방식으로 주문량이 순소요량과 일치한다.
② EOQ: 매번 동일한 양을 주문하는 방법으로 공급자로부터 항상 일정한 양만큼 공급받는 경우에 사용된다.
③ Reorder Point System: 재고가 일정 수준에 이르면 주문하는 방법이다.
④ POQ: 재고량에 대한 조사를 주기적으로 하고 필요한 양만큼 주문하는 방법으로 일정 기간을 설정하여 그 기간 내에 요구하는 소요량을 주문하는 방법이다.

12

다음 설명을 읽고 빈칸에 적절한 용어를 한글로 쓰시오

> 소비자들이 주문을 약간 늘리면 소매상들은 주문을 조금 더 많이 하고 도매상들은 아주 많이 하며 제조업체는 엄청난 양을 생산한다는 것이다. 다시 말하면 소비자로부터 시작된 변화가 소매상과 도매상을 거쳐서 제조업체로 넘어오면서 그 변화가 상당히 부풀려지며, 공급망상에서 수요정보를 왜곡시키는 결과를 (　　　) 효과라고 한다.

13

(　　　)은/는 총괄생산 계획을 보다 구체적으로 생산 시기와 수량을 수립하는 것이다. 이것은 End Item 또는 중요 부품에 대한 생산계획(또는 구매계획)**을 수립하는 활동으로 대개 End Item은 판매의 대상이 되는 것을 의미한다. (　　　)에 들어갈 용어를 무엇이라 하는지 영문 대문자 약자로 답을 쓰시오**(예: ERP).

14

다음 중 공정관리의 기능이 아닌 것은?

① 통제 기능
② 감사 기능
③ 조직 기능
④ 계획 기능

15

다음 중 부하계획에 대한 설명으로 옳은 것은?

① 기준 조업도와 실제 조업도와의 비율을 최적으로 유지하기 위해서 현유 능력을 계획하는 것
② 작업의 순서, 표준 시간, 각 작업이 행해질 장소를 결정하고 할당하는 것
③ 최대 작업량과 평균 작업량의 비율을 최적으로 유지할 수 있는 작업량의 할당을 계획하는 것
④ 특정 기계 내지 작업자에게 할당될 작업을 결정하고 그 작업의 개시일과 종료일을 나타내는 것

16

다음 공정의 분류에 대한 설명은 어떠한 공정에 대한 설명인가?

제조의 목적을 직접적으로 달성하는 공정으로 그 내용은 변질, 변형, 변색, 조립, 분해로 되어 있고 대상물을 목적에 접근시키는 유일한 상태

① Operation
② Transportation
③ Delay
④ Inspection

17

다음 중 공수계획의 기본적 방침으로 볼 수 없는 것은?

① 부하, 능력 양면에 적당한 여유를 둠
② 구체적으로 생산 시기와 수량을 결정함
③ 특정된 공정에 부하가 과도하게 집중하지 않도록 조정함
④ 작업의 성질이 작업자의 기능 성격과 기계의 성능에 맞도록 할당함

18

작업장에 Capacity 이상의 부하가 적용되어 전체 공정의 흐름을 막고 있는 것을 말하는 것은?

① Critical Path
② Buffer Stock
③ Crash Cost
④ Bottleneck

19

다음 설명에 대한 용어는 무엇인가? (한글로 기재하시오)

American Society of Mechanical Engineers에서는 공장에 있어서 원재료로부터 최종 제품에 이르기까지의 자재, 부품의 조립 및 종합 조립의 흐름을 순서 정연하게 능률적인 방법으로 계획하고, 공정을 결정하고, 일정을 세워, 작업을 할당하고, 신속하게 처리하는 절차라고 정의하고 있음

20

A작업장 작업원의 출근율이 80%이고 작업에 소요되는 간접작업의 비율은 10%라고 한다면 이 작업장의 가동률은 얼마인가? (숫자로 쓰시오. 정답: (   )%)

21

다음 설명에 적절한 용어를 한글로 쓰시오.

> 계획된 실제의 작업량을 작업 일정이나 시간으로 견주어 가로선으로 표시함으로써, 계획과 통제의 기능을 동시에 수행하는 전통적인 일정관리기법이다.

22

재고와 관련된 비용 중 재고유지비용에 해당하지 않는 것은?

① 품목의 가격조사비용
② 재고자산의 자본비용
③ 재고의 진부화비용
④ 창고의 임대비용

23

다음 설명에 해당하는 용어는?

> 경제적 주문량과 주문점 산정을 기초로 하는 전통적인 재고통제기법의 여러 약점을 보완하기 위하여 IBM사의 올릭키(J. Orlicky)에 의해 개발된 자재관리 및 재고통제기법으로 소요량으로 발주량을 계산하고 제품, 반제품을 대상으로 재고 레코드 파일 및 BOM이 기준 정보가 된다.

① MRP
② ERP
③ 확장 ERP
④ MRP Ⅱ

24

다음 설명에 해당하는 것은?

> Material Requirement Planning 활동 중에서 기준생산계획이 주어진 제조자원의 용량을 넘어서는지 아닌지를 계산하는 모듈임

① 개략능력요구계획
② 자원요구량계획
③ 자재소요계획
④ 주생산일정계획

25

다음 중 Supply Chain Management에 대한 설명으로 적절하지 않은 것은?

① 공급망 내에 불필요한 낭비요소를 제거한 최적화된 시스템
② Supply Chain Management를 통해 통합적 정보 시스템을 운영할 수 있으며, 이를 위해 물류 및 구매비용이 다소 증가
③ Supply Chain Management의 최종 목표는 기업 자원의 효율적인 활용을 통한 고객 가치 창출 및 경쟁 우위 달성
④ 원재료 공급업체, 제조기업, 도매상, 소매상, 소비자로 이동되는 흐름을 통합적으로 관리하는 시스템

26

다음은 K 부품의 연간 수요량이 8,000개이고 1회 주문비용이 20,000원이며 단가가 400원, 그리고 연간 단위당 재고 유지비율이 0.2일 경우에 EOQ는 얼마인지 구하시오(정답: (   )개).

27

다음 [보기]를 읽고 이 공장의 작업효율을 구하시오(단, 소수점 둘째 자리에서 반올림하시오. 정답: (   )).

보기

- 기계 수: 10대
- 1일 교대 수: 2교대
- 1주간 기계 비가동 시간: 30시간
- 1교대 작업시간: 6시간
- 1주 작업시간: 4일
- 작업 표준시간: 250시간

28

다음 중 설계품질에 대한 옳은 설명을 고르시오.

① 요구품질을 실현하기 위해 제품을 기획하고 그 결과를 시방으로 정리하여 도면화한 품질
② 소비자의 기대품질로 "당연히 있어야 할 품질이다"의 목표품질
③ 실제로 제조된 품질특성으로 "실현되는 품질"의 합치의 품질
④ 소비자가 원하는 기간 동안 제품의 품질이 지속적으로 유지될 때 소비자가 만족하게 되는 품질

29

다음 중 TQM의 4대 기본원칙이 아닌 것은 무엇인가?

① 기업중심
② 총체적 참여
③ 품질문화 형성
④ 지속적인 개선

30

QC 7가지 도구 중 일차적인 데이터의 수집과 기록에 이용되는 양식으로 특히 원인별 불량발생 건수 등 품질과 관련된 빈도조사에 많이 이용되는 것은 무엇인가?

① 체크시트(Checksheet)
② 파레토도(Pareto Chart)
③ 산점도(Scatter Diagram)
④ 특성요인도(Cause-and-effect Diagram)

31

QC 7가지 도구 중 길이, 무게, 시간, 경도 등을 측정하는 데이터(계량치)가 어떠한 분포를 하고 있는지를 한눈에 알아보기 쉽게 나타낸 그래프를 무엇이라 하는지 정답을 한글로 쓰시오.

32

아래 [보기]를 읽고 6시그마의 품질혁신단계인 MAIC(1, 2 , 3, 4단계) 중 어느 단계에 해당하는지 그 단계의 숫자를 나타내시오(예: 1단계).

보기

새로운 공정 조건을 표준화시키고 통계적 공정관리 방법으로 그 변화를 탐지하고 새 표준으로 공정이 안정되면 공정 능력을 재평가한다. 이러한 사후 분석 결과에 따라 필요하면 1, 2단계 또는 3단계로 다시 돌아갈 수도 있다.

실무 시뮬레이션

- 로그인 정보: 회사 – 4001.생산1급 회사A, 사원 – ERP13P01.홍길동
- 실무 시뮬레이션 문제는 핵심ERP의 실기메뉴를 활용하여 문제에 답하시오.
- 본 회차의 기출문제 백데이터는 2021 버전의 핵심ERP 프로그램에서 복원하시오.

01

아래 [보기]의 조건으로 데이터를 조회한 후 물음에 답하시오.

보기
- 조달구분: 1.생산

[보기]의 품목에 대한 설명으로 옳지 않은 것은?

① 품목 88-1001000.PRESS FRAME-W의 안전재고량은 20이다.
② 품목 NAX-A420.산악자전거(P-20G)의 검사여부는 무검사이다.
③ 품목 87-1002001.BREAK SYSTEM의 LEAD TIME은 10DAYS이다.
④ 품목 NAX-A401.일반자전거(P-GRAY RED)의 LOT 여부는 사용이다.

02

아래 [보기]의 조건으로 데이터를 조회한 후 물음에 답하시오.

보기
- 사업장: 2000.(주)한국자전거지사

[보기]의 사업장에 대한 외주공정/작업장의 설명으로 옳지 않은 것은?

① R200.외주공정의 작업장코드 R251은 사용여부가 미사용이다.
② R200.외주공정의 외주거래처에는 00009.(주)영동바이크가 있다.
③ R300.외주공정(2 Part)의 작업장에는 적합여부가 부적합인 작업장이 있다.
④ R300.외주공정(2 Part)의 작업장명 STEEL OEM은 태경스틸(주)가 외주거래처이다.

03

아래 [보기]의 조건으로 데이터를 조회한 후 물음에 답하시오.

보기

- 영업담당자: 권재희
- 구매담당자: 박상미
- 외주담당자: 양의지

[보기]의 조건에 해당하는 거래처로 옳은 것은?

① 00003.(주)빅파워
② 00001.(주)대흥정공
③ 00002.(주)하나상사
④ 00013.다스산업(주)

04

아래 [보기]의 조건으로 데이터를 조회한 후 물음에 답하시오.

보기

- 모품목: NAX-A420.산악자전거(P-20G)
- 기준일자: 2021/07/01
- 사용여부: 1.사용

[보기] 조건의 자재 명세서에 대한 설명으로 옳지 않은 것은?

① 품목 21-3001600.PEDAL의 필요수량은 2EA이다.
② 품목 21-1070700.FRAME-티타늄의 LOSS(%)가 가장 많다.
③ 품목 83-2000100.전장품 ASS'Y는 계정구분이 원재료이다.
④ 품목 85-1020400.POWER TRAIN ASS'Y(MTB)의 주거래처는 (주)하나상사이다.

05

아래 [보기]의 조건으로 데이터를 조회한 후 물음에 답하시오.

보기
- 사업장: 2000.(주)한국자전거지사
- 외주공정: R200.외주공정
- 외주처: R241.(주)세림와이어
- 단가적용비율: 85%

[보기]의 조건으로 표준원가대비 외주단가를 일괄변경한 후 품목별 외주단가로 옳지 않은 것은?

① 83-2000100.전장품 ASS'Y: 73,950원
② 87-1002001.BREAK SYSTEM: 46,750원
③ 88-1001000.PRESS FRAME-W: 39,100원
④ 85-1020400.POWER TRAIN ASS'Y(MTB): 49,800원

06

아래 [보기]의 조건으로 데이터를 조회한 후 물음에 답하시오.

보기
- 사업장: 2000.(주)한국자전거지사
- 생산계획 등록 품목만 조회: 체크함
- 작업예정일: 2021/07/01 ~ 2021/07/10
- 계정구분: 4.반제품

다음 [보기]의 조건으로 등록된 생산계획에 대한 설명으로 옳은 것은?

① 품목 87-1002001.BREAK SYSTEM의 일생산량이 가장 적다.
② 품목 83-2000100.전장품 ASS'Y의 총 생산계획수량이 가장 많다.
③ 품목 88-1002000.PRESS FRAME-Z는 2021년 07월 08일 일생산량을 초과하여 계획되었다.
④ 품목 81-1001000.BODY-알미늄(GRAY-WHITE)는 2021년 07월 09일에 생산계획된 내역이 없다.

07

아래 [보기]의 조건으로 데이터를 조회한 후 물음에 답하시오.

보기
- 사업장: 2000.(주)한국자전거지사
- 공정: L200.작업공정
- 작업장: L201.제품작업장(완제품)
- 지시기간: 2021/07/11 ~ 2021/07/17

(주)한국자전거지사 홍길동 사원은 작업지시등록 시 생산계획조회 기능을 이용하여 작업지시를 등록한다. 다음 중 생산계획조회 기능을 이용하지 않고 직접 입력한 작업지시번호로 옳은 것은?

① WO2107000001
② WO2107000002
③ WO2107000003
④ WO2107000004

08

아래 [보기]의 조건으로 데이터를 조회한 후 물음에 답하시오.

보기
- 사업장: 2000.(주)한국자전거지사
- 공정: L200.작업공정
- 작업장: L205.반품작업장
- 지시기간: 2021/07/18 ~ 2021/07/24

다음 [보기] 조건의 작업지시확정 내역 중 BOM등록의 자재 내역과 다른 품목으로 청구요청된 작업지시번호로 옳은 것은?

① WO2107000005
② WO2107000006
③ WO2107000007
④ WO2107000008

09

아래 [보기]의 조건으로 데이터를 조회한 후 물음에 답하시오.

보기

- 사업장: 2000.(주)한국자전거지사
- 출고기간: 2021/07/25 ~ 2021/07/31
- 청구기간: 2021/07/25 ~ 2021/07/31
- 청구공정: L200.작업공정
- 청구작업장: L204.반제품작업장(완제품)
- 출고일자: 2021/07/30
- 출고창고: M200.부품창고_인천지점
- 출고장소: M201.부품/반제품_부품장소

(주)한국자전거지사 홍길동 사원은 생산자재출고 시 일괄적용 기능을 이용하여 출고처리를 하고 있다. [보기]의 조건으로 생산자재출고처리 시 품목 21-1080800.FRAME-알미늄의 출고수량의 합으로 옳은 것은?

① 110EA　　② 155EA
③ 175EA　　④ 190EA

10

아래 [보기]의 조건으로 데이터를 조회한 후 물음에 답하시오.

보기

- 사업장: 2000.(주)한국자전거지사
- 지시기간: 2021/08/01 ~ 2021/08/07
- 지시공정: L200.작업공정
- 지시작업장: L201.제품작업장(완제품)

[보기] 조건에 해당하는 작업실적 내역 중 실적수량의 합이 가장 많은 작업팀으로 옳은 것은?

① P2A.작업 A팀　　② P2B.작업 B팀
③ P2C.작업 C팀　　④ P2D.작업 D팀

11

아래 [보기]의 조건으로 데이터를 조회한 후 물음에 답하시오.

보기

- 사업장: 2000.(주)한국자전거지사
- 구분: 1.생산
- 실적공정: L200.작업공정
- 실적작업장: L205.반품작업장
- 실적기간: 2021/08/15 ~ 2021/08/21
- 상태: 1.확정

[보기] 조건의 반제품에 대한 자재사용 내역 중 적용수량의 합이 적용예정량의 합보다 더 많은 자재가 사용된 작업실적번호로 옳은 것은?

① WR2108000016
② WR2108000017
③ WR2108000018
④ WR2108000019

12

아래 [보기]의 조건으로 데이터를 조회한 후 물음에 답하시오.

보기

- 사업장: 2000.(주)한국자전거지사
- 실적일: 2021/08/15 ~ 2021/08/21
- 공정: L200.작업공정
- 작업장: L202.반제품작업장(반제품)

[보기] 조건으로 등록된 생산실적검사에 대한 설명으로 옳지 않은 것은?

① 작업실적번호 WR2108000020의 검사유형은 전수검사이다.
② 작업실적번호 WR2108000021의 검사구분은 핸들조립검사이다.
③ 작업실적번호 WR2108000022의 불량사유는 E10.도색불량이다.
④ 작업실적번호 WR2108000023의 시료 수는 48PCS이며 불량시료는 2PCS이다.

13

아래 [보기]의 조건으로 데이터를 조회한 후 물음에 답하시오.

보기
- 사업장: 2000.(주)한국자전거지사
- 실적기간: 2021/08/22 ~ 2021/08/28
- 공정: L300.작업공정(도색)
- 작업장: L301.제품작업장(도색)

[보기] 조건의 생산품 창고입고처리 내역에 대한 설명으로 옳지 않은 것은?

① 실적번호 WR2108000024는 생산실적검사를 진행하였다.
② 품목 NAX-A420.산악자전거(P-20G)의 입고가능수량이 가장 많이 남아 있다.
③ 입고번호 IW2108000022의 입고창고/입고장소는 제품창고_인천지점/제품_제품장소이다.
④ 실적번호 WR2108000026의 입고가능수량은 기입고수량에서 입고대상수량을 감안한 수량이다.

14

아래 [보기]의 조건으로 데이터를 조회한 후 물음에 답하시오.

보기
- 사업장: 2000.(주)한국자전거지사
- 지시일: 2021/08/29 ~ 2021/08/31
- 공정구분: 1.생산
- 공정: L300.작업공정(도색)
- 작업장: L302.반제품작업장(도색)

다음 [보기] 조건에 해당하는 작업지시번호 중 마감처리가 가능한 작업지시번호로 옳은 것은?

① WO2108000021
② WO2108000022
③ WO2108000023
④ WO2108000024

15

아래 [보기]의 조건으로 데이터를 조회한 후 물음에 답하시오.

보기

- 사업장: 2000.(주)한국자전거지사
- 지시기간: 2021/09/01 ~ 2021/09/04
- 지시공정: L300.작업공정(도색)
- 지시작업장: L301.제품작업장(도색)

[보기]의 조건에 해당하는 작업실적 내역에 대하여 실적수량의 합이 가장 많은 작업자로 옳은 것은?

① A100.이혜리　② A200.권재희
③ A300.양의지　④ A400.박상미

16

아래 [보기]의 조건으로 데이터를 조회한 후 물음에 답하시오.

보기

- 사업장: 2000.(주)한국자전거지사
- 해당년도: 2021
- 조회기간: 전체

(주)한국자전거지사 홍길동 사원은 2021년 9월 한 달간 실적기준으로 생산된 제품 중 계획 대비 실적이 가장 많은 품목을 확인하고 있다. 다음 중 계획 대비 실적수량이 가장 많은 품목으로 옳은 것은?

① NAX-A421.산악자전거(P-21G,A421)
② NAX-A401.일반자전거(P-GRAY RED)
③ NAX-A402.일반자전거(P-GRAY BLACK)
④ NAX-A400.일반자전거(P-GRAY WHITE)

17

아래 [보기]의 조건으로 데이터를 조회한 후 물음에 답하시오.

보기
- 사업장: 2000.(주)한국자전거지사
- 공정: R200.외주공정
- 외주처: R211.다스산업(주)
- 지시기간: 2021/07/01 ~ 2021/07/10

다음 [보기]의 조건에 대한 외주발주 내역 중 외주단가보다 더 큰 단가가 적용된 외주지시번호로 옳은 것은?

① WO2107000026
② WO2107000027
③ WO2107000028
④ WO2107000029

18

아래 [보기]의 조건으로 데이터를 조회한 후 물음에 답하시오.

보기
- 사업장: 2000.(주)한국자전거지사
- 공정: R200.외주공정
- 외주처: R201.(주)대흥정공
- 지시기간: 2021/07/11 ~ 2021/07/17
- 사용일: 2021/07/15

[보기]의 조건에 해당하는 외주발주 내역에 대하여 확정처리를 진행한 후 청구한 자재에 대한 설명으로 옳지 <u>않은</u> 것은?

① 품목 21-3001600.PEDAL의 확정수량이 가장 많다.
② 품목 21-9000200.HEAD LAMP는 LOT 여부가 사용이다.
③ 품목 21-1070700.FRAME-티타늄의 LOSS(%)가 가장 높다.
④ 품목 85-1020400.POWER TRAIN ASS'Y(MTB)는 무상 자재이다.

19

아래 [보기]의 조건으로 데이터를 조회한 후 물음에 답하시오.

보기
- 사업장: 2000.(주)한국자전거지사
- 출고기간: 2021/07/18 ~ 2021/07/24
- 청구기간: 2021/07/18 ~ 2021/07/24

(주)한국자전거지사 홍길동 사원은 외주자재출고 시 출고요청 기능을 이용하여 자재를 출고하고 있다. 다음 중 청구잔량이 가장 많은 품목으로 옳은 것은?

① 21-9000200.HEAD LAMP
② 83-2000100.전장품 ASS'Y
③ 21-1070700.FRAME-티타늄
④ 85-1020400.POWER TRAIN ASS'Y(MTB)

20

아래 [보기]의 조건으로 데이터를 조회한 후 물음에 답하시오.

보기
- 사업장: 2000.(주)한국자전거지사
- 지시(품목): 2021/07/25 ~ 2021/07/31
- 외주공정: R200.외주공정
- 외주처: R211.다스산업(주)

[보기]의 조건에 해당하는 외주실적 내역에 대한 설명으로 옳지 않은 것은?

① 작업실적번호 WR2107000002의 실적구분은 적합이다.
② 작업실적번호 WR2107000001의 자재사용유무는 '무'이다.
③ 실적수량이 가장 많은 작업실적번호는 WR2107000004이다.
④ 외주실적에 대한 검사를 진행하여야 하는 작업실적번호는 WR2107000003이다.

21

아래 [보기]의 조건으로 데이터를 조회한 후 물음에 답하시오.

보기

- 사업장: 2000.(주)한국자전거지사
- 구분: 2.외주
- 외주공정: R200.외주공정
- 외주처: R211.다스산업(주)
- 실적기간: 2021/08/01 ~ 2021/08/07

[보기] 조건에 해당하는 외주자재사용 내역에 대하여 사용수량의 합이 가장 많은 작업실적번호로 옳은 것은?

① WR2108000028
② WR2108000029
③ WR2108000030
④ WR2108000031

22

아래 [보기]의 조건으로 데이터를 조회한 후 물음에 답하시오.

보기

- 사업장: 2000.(주)한국자전거지사
- 마감일: 2021/08/08 ~ 2021/08/14
- 외주공정: R200.외주공정
- 실적일: 2021/08/08 ~ 2021/08/14
- 마감일자: 2021/08/14
- 과세구분: 0.매입과세
- 세무구분: 21.과세매입
- 외주단가 등록의 단가 적용: 체크 안 함

(주)한국자전거지사 홍길동 사원은 외주마감 시 실적일괄적용 기능을 이용하여 마감처리를 한다. 다음 중 외주마감처리 시 공급가에 대한 금액이 가장 적은 외주처로 옳은 것은?

① (주)대흥정공
② (주)제일물산
③ (주)세림와이어
④ (주)영동바이크

23

아래 [보기]의 조건으로 데이터를 조회한 후 물음에 답하시오.

보기

- 사업장: 2000.(주)한국자전거지사
- 기간: 2021/08/15 ~ 2021/08/21
- 부가세사업장: 2000.(주)한국자전거지사

[보기]의 조건에 해당하는 외주마감 내역에 대하여 회계처리 시 외주가공비에 대한 금액이 가장 많은 마감번호로 옳은 것은?

① OC2108000005
② OC2108000006
③ OC2108000007
④ OC2108000008

24

아래 [보기]의 조건으로 데이터를 조회한 후 물음에 답하시오.

보기

- 사업장: 2000.(주)한국자전거지사
- 사용기간: 2021/08/22 ~ 2021/08/28
- 공정: R200.외주공정
- 작업장: R241.(주)세림와이어

[보기]의 조건에 해당하는 제품별 자재사용 내역에 대하여 사용수량의 합이 가장 적은 지시번호로 옳은 것은?

① WO2108000037
② WO2108000038
③ WO2108000039
④ WO2108000040

25

아래 [보기]의 조건으로 데이터를 조회한 후 물음에 답하시오.

보기

- 사업장: 2000.(주)한국자전거지사
- 공정: R200.외주공정
- 해당년도: 2021

[보기] 조건에 해당하는 재공품 중 품목 83-2000100.전장품 ASS'Y의 재공수량이 가장 많은 작업장명으로 옳은 것은?

① (주)대흥정공
② 다스산업(주)
③ (주)영동바이크
④ (주)세림와이어

기출
문제

2021년 4회

이론

01

다음 중 ERP 구축 시 고려해야 할 사항이 아닌 것은 무엇인가?

① 전사적 참여 유도
② 커스터마이징의 최소화
③ 의사결정권을 가진 경영진의 확고한 의지
④ IT 업체의 철저한 주도하에 프로젝트 진행

02

다음 내용 중 ERP의 특징으로 가장 적합한 것은 무엇인가?

① 투명경영수단으로 활용
② 조직 구성원의 업무 수준의 평준화
③ 담당 부서 업무의 전문성 및 정보의 비공개
④ 중복 업무의 허용 및 실시간 정보처리 체계 구축

03

다음 중 BPR의 필요성이라고 볼 수 없는 것은 무엇인가?

① 경영 환경 변화에의 대응방안 모색
② 정보기술을 통한 새로운 기회의 모색
③ 기존 업무방식 고수를 위한 방안 모색
④ 조직의 복잡성 증대와 효율성 저하에 대한 대처방안 모색

04

다음 중 ERP 구축 절차를 바르게 나타낸 것은 무엇인가?

① 분석 → 설계 → 구현 → 구축
② 설계 → 분석 → 구축 → 구현
③ 설계 → 구현 → 분석 → 구축
④ 분석 → 설계 → 구축 → 구현

05

다음 중 ERP와 인공지능(AI), 빅데이터(Big Data), 사물인터넷(IoT) 등 혁신기술과의 관계에 대한 설명으로 가장 적절하지 않은 것은 무엇인가?

① 현재 ERP는 기업 내 각 영역의 업무 프로세스를 지원하고 단위별 업무처리의 강화를 추구하는 시스템으로 발전하고 있다.
② 제조업에서는 빅데이터 분석 기술을 기반으로 생산 자동화를 구현하고 ERP와 연계하여 생산계획의 선제적 예측과 실시간 의사결정이 가능하다.
③ 현재 ERP는 인공지능 및 빅데이터 분석 기술과의 융합으로 전략 경영 등의 분석 도구를 추가하여 상위 계층의 의사결정을 지원할 수 있는 지능형 시스템으로 발전하고 있다.
④ ERP에서 생성되고 축적된 빅데이터를 활용하여 기업의 새로운 업무 개척이 가능해지고, 비즈니스 간 융합을 지원하는 시스템으로 확대가 가능하다.

06

선풍기를 만드는 공장에서 2명의 작업자가 8시간의 작업시간을 들여 256대의 선풍기를 만들면 이 공장의 시간당 노동 생산성은 얼마인가?

① 8
② 16
③ 32
④ 64

07

다음 수요예측기법 중 정량적 예측기법은 무엇인가?

① 패널동의법
② 이동평균법
③ 수명주기 유추법
④ 판매원 의견합성법

08

(주)KNC의 금년도 4월의 S/W 판매예측치의 금액은 50억원이고 4월의 실제 판매금액이 55억원이었다. (주)KNC의 5월의 판매예측치를 단순 지수평활법(Exponential Smoothing)**으로 계산하면 몇 억원인지 숫자로 쓰시오.** (지수평활계수는 0.2이다)

① 50억원 ② 51억원
③ 52억원 ④ 53억원

09

주문 생산방식의 적용, 범용기계를 공정별로 배치, 유연성이 크고 숙련공을 요구하는 생산방식은 무엇인가?

① Flow Shop ② Job Shop
③ Repetitive Production ④ Project Shop

10

기준생산계획(MPS) **수립에 필요한 요소가 아닌 것은?**

① 수요예측 ② 현재고량
③ 주문정책 ④ BOM

11

다음 중 합리적인 일정계획의 수립 원칙과 거리가 먼 것은?

① 공정 간 사이클타임 평준화 ② 애로공정의 능력을 증강
③ 생산활동의 동기화 추구 ④ 장비 가동률 100% 달성

12

아래 설명을 읽고 그 설명에 해당하는 적절한 용어를 한글로 쓰시오.

유통 경로상의 공급자들은 규칙적인 주문량과 판매량 등의 경험으로 소비자들의 주문이 약간 늘면 소매상들은 소비자의 주문 증가량 이상으로 도매상에게 주문을 하고, 도매상 역시 그 이상으로 주문하여 제조업체는 결국 엄청난 양을 생산한다. 이로 인해 소비자로부터 시작된 변화가 소매상과 도매상을 거쳐 제조업체로 넘어오면서 상당량이 부풀려진다.

13

다음 네트워크를 보고 단계 7의 TE을 계산한 값을 쓰시오.

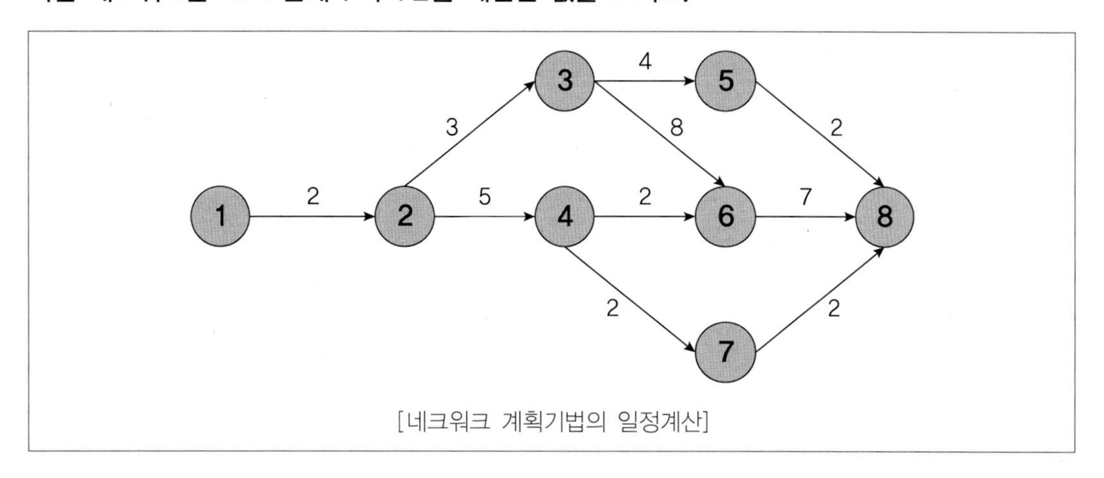

[네크워크 계획기법의 일정계산]

14

다음 공정관리의 정의의 내용에 포함되지 <u>않는</u> 항목은?

① Dispatching
② Inspecting
③ Routing
④ Scheduling

15

절차계획(Routing)에서 다루어지는 주요한 결정사항으로 보기 <u>어려운</u> 것은?

① 각 작업의 실시 장소 및 경로
② 생산하려는 품종, 수량 및 납기
③ 각 작업의 소요시간 내지 표준 시간
④ 생산에 필요한 작업의 내용 및 방법

16

기본 공정분석 기호에서 원료, 재료, 부품 또는 제품의 형상 및 품질에 변화를 주는 과정을 나타내는 기호는 무엇인가?

① 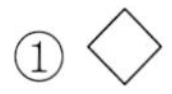
② 
③ 
④ □

17

다음 중 간트차트를 완성하기 위해 필요한 정보가 아닌 것은?

① 각 작업에 소요되는 비용 List
② 작업장별 기계대수와 가동시간 정보
③ 각 작업의 시간을 알 수 있는 작업 List
④ 작업 오더에 대한 List와 현재 진행된 작업의 위치 정보

18

애로공정(Bottleneck Operation)**에 관한 설명으로 옳지 않은 것은?**

① 소요시간이 가장 길고 지연이 발생하는 공정이다.
② 라인 생산에서 공정 간 소요시간 차이는 클수록 좋다.
③ 제약이론(TOC)는 애로공정의 유휴 최소화를 추구한다.
④ 전체 라인의 생산 라인의 생산 속도를 결정하는 공정이다.

19

다음 설명과 같은 상황에서 가동률을 구하시오(정답: (   )%).

A 작업장의 작업원의 출근율이 78%이고 작업에 소요되는 간접 작업률은 50%이다.

20

각 작업장의 작업시간이 아래와 같을 때, 라인밸런싱의 효율은 얼마(단위: %)**인지 숫자로 쓰시오**(단, 각 작업장의 작업자는 모두 1명이다).

작업장	1	2	3	4
작업시간	5분	8분	5분	6분

21

다음 설명에 대한 용어는 무엇인가? (한글로 기재하시오. 정답: (   ) 간판)

간판의 종류 중 프레스 등과 같이 설비 금액이 많이 들어 준비 교체 시간이 다소 걸리는 경우 큰 로트를 만드는 생산지시가 필요할 때 사용하는 간판이다.

22

재고의 종류에 관한 설명으로 맞지 않은 것은?

① 재공품재고는 생산이 완료되지 않고 공정에 있는 재고이다.

② 안전재고는 불확실한 상황에 대비하기 위한 재고이다.

③ 파이프라인재고는 유통 과정 중에 있는 제품 재고이다.

④ 비축재고는 주문비용 절감을 위해서 확보하는 재고이다.

23

EOQ 모형에 관한 설명으로 옳은 것은?

① 재고유지비용이 감소하면 경제적 주문량은 증가한다.

② 구매비용이 증가하면 경제적 주문량은 감소한다.

③ 수요량이 감소하면 경제적 주문량은 증가한다.

④ 단위당 주문비용이 증가하면 경제적 주문량은 감소한다.

24

CRP에 필요한 자료로 옳지 않은 것은?

① 작업장 정보

② 작업 공정표

③ 자재 명세서

④ 발주 계획량

25

공급 사슬의 세 가지 흐름에 해당되지 않는 것은?

① 시간의 흐름 ② 제품의 흐름
③ 재정의 흐름 ④ 정보의 흐름

26

MRP에 의해 생성된 생산주문을 이용하여 각 기간 중에 각 작업장에서 필요한 인적 자원 및 기계의 소요량을 계산하는 모듈은?(영어 대문자 약자로 쓰시오. 예: ERP)

27

Material Requirement Planning 시스템의 입력 자료들 중에서 총괄생산계획을 구체화 시켜서 최종 제품의 생산 시점과 수량을 결정하는 계획을 의미하는 용어를 영문 대문자로 쓰시오(예: MIS).

28

품질관리의 발달 과정을 순서대로 바르게 나열한 것은?

① SQC - TQM - TQV ② TQC - TQM - SQC
③ SQC - TQC - TQM ④ TQC - SQC - TQM

29

측정치의 유형 중 계량치에 대한 내용으로 <u>틀린</u> 것은?

① 데이터가 연속적인 값을 갖는 측정치
② 통계적으로 정규분포와 같은 분포형태를 취함
③ 불량품 개수나 단위당 결점 수와 같이 셀 수 있는 측정치
④ 측정기구로 측정 가능하며 측정치를 그대로 품질 자료값으로 사용

30

샘플링검사에 대한 설명으로 옳지 <u>않은</u> 것은?

① 파괴검사의 경우에는 샘플링검사가 바람직하다.
② 샘플링검사를 하는 경우에는 합격품 중에 부적합품이 혼입되지 않는다.
③ 검사의 항목이 많거나 절차가 복잡한 경우에는 샘플링검사가 유리하다.
④ 샘플링검사는 부적합품의 합격으로 인한 비용이 전수검사비용보다 더 작을 경우에 유리한 검사방식이다.

31

QC 7가지 도구 중에서 길이, 무게, 시간, 경도 등을 측정하는 데이터가 어떠한 분포를 하고 있는가를 알아보기 쉽게 나타낸 그래프를 무엇이라 하는지 한글로 쓰시오.

32

관리상한선(UCL)과 관리하한선(LCL)을 두고 시간의 흐름에 따라 불량률의 추이를 보면서 측정치가 상하 관리한계 안에 있으면 공정은 안정상태에 있는 것으로 간주하고 정상구간을 벗어난 구간(Out Of Control)의 점들을 중요 문제요인으로 인식하고 관리하는 통계적 품질관리수법을 무엇이라고 하는지 정답을 한글로 쓰시오.

실무 시뮬레이션

- 로그인 정보: 회사 – 4004.생산1급 회사B, 사원 – ERP13P01.홍길동
- 실무 시뮬레이션 문제는 핵심ERP의 실기메뉴를 활용하여 문제에 답하시오.
- 본 회차의 기출문제 백데이터는 2021 버전의 핵심ERP 프로그램에서 복원하시오.

01

아래 [보기]의 조건으로 데이터를 조회한 후 물음에 답하시오.

보기
- 계정구분: 2.제품

[보기]의 조건에 해당하는 품목에 대한 설명으로 옳지 않은 것은?

① LEAD TIME이 가장 긴 품목은 NAX-A421.산악자전거(P-21G,A421)이다.
② 일별생산량이 가장 적은 품목은 NAX-A422.산악자전거(P-21G,A422)이다.
③ 검사여부가 검사인 품목은 NAX-A402.일반자전거(P-GRAY BLACK)뿐이다.
④ 품목 NAX-A401.일반자전거(P-GRAY RED)의 재고단위와 관리단위는 다르다.

02

아래 [보기]의 조건으로 데이터를 조회한 후 물음에 답하시오.

보기
- 거래처분류: 3000.외주거래처
- 영업담당자: 2000.이종현
- 외주담당자: 5000.오진형
- 지역: A2.경기

[보기]의 조건에 해당하는 거래처 정보로 옳은 것은?

① 00006.(주)형광램프
② 00013.다스산업(주)
③ 00022.한돈형공(주)
④ 00005.(주)세림와이어

03

아래 [보기]의 조건으로 데이터를 조회한 후 물음에 답하시오.

> 보기
> - 사업장: 2000.(주)한국자전거지사

[보기]의 조건에 해당하는 창고/공정(생산)/외주공정등록에 대한 설명으로 옳지 <u>않은</u> 것은?

① R200.외주공정의 외주거래처에는 00002.(주)하나상사가 있다.
② O200.외주위탁창고의 O202.부적합장소의 가용재고여부는 '부'이다.
③ L200.작업공정의 L404.재조립작업장에 대한 사용여부는 '미사용'이다.
④ C200.반제품창고_인천지점의 C202.반제품_불량장소의 적합여부는 '부적합'이다.

04

아래 [보기]의 조건으로 데이터를 조회한 후 물음에 답하시오.

> 보기
> - 모품목: NAX-A420.산악자전거(P-20G)
> - 기준일자: 2021/06/01
> - 사용여부: 1.사용

[보기]의 모품목 NAX-A420.산악자전거(P-20G)의 자재 명세서에 대한 설명으로 옳지 <u>않은</u> 것은?

① 자품목 21-3001600.PEDAL의 주거래처는 'YK PEDAL'이다.
② 자품목 83-2000100.전장품 ASS'Y의 외주구분은 '유상'이다.
③ 자품목 21-9000200.HEAD LAMP의 조달구분은 '구매'이다.
④ 자품목 87-1002001.BREAK SYSTEM의 계정구분은 '원재료'이다.

05

아래 [보기]의 조건으로 데이터를 조회한 후 물음에 답하시오.

보기
- 사업장: 2000.(주)한국자전거지사
- 외주공정: R200.외주공정
- 외주처: R201.(주)대흥정공
- 단가적용비율: 96

[보기] 조건으로 실제원가대비 외주단가를 일괄변경한 후 품목별 외주단가가 가장 큰 품목으로 옳은 것은?

① 83-2000100.전장품 ASS'Y
② 87-1002001.BREAK SYSTEM
③ 88-1002000.PRESS FRAME-Z
④ 88-1001000.PRESS FRAME-W

06

아래 [보기]의 조건으로 데이터를 조회한 후 물음에 답하시오.

보기
- 사업장: 2000.(주)한국자전거지사
- 작업예정일: 2021/06/01 ~ 2021/06/05
- 계정구분: 2.제품

[보기] 조건의 생산계획 내역에 대하여 품목별 일생산량을 초과하여 생산계획된 품목과 작업예정일로 옳은 것은?

① NAX-A420.산악자전거(P-20G) - 2021/06/05
② NAX-A401.일반자전거(P-GRAY RED) - 2021/06/02
③ NAX-A400.일반자전거(P-GRAY WHITE) - 2021/06/04
④ NAX-A402.일반자전거(P-GRAY BLACK) - 2021/06/01

07

아래 [보기]의 조건으로 데이터를 조회한 후 물음에 답하시오.

보기
- 사업장: 2000.(주)한국자전거지사
- 공정: L200.작업공정
- 작업장: L202.반제품작업장
- 지시기간: 2021/06/06 ~ 2021/06/12
- 계획기간: 2021/06/06 ~ 2021/06/12

(주)한국자전거지사 홍길동 사원은 반제품에 대한 작업지시를 등록할 때 생산계획조회 기능을 이용하여 작업지시를 등록하고 있다. 다음 중 계획잔량의 합이 가장 많이 남아 있는 품목으로 옳은 것은?

① 83-2000100.전장품 ASS'Y
② 87-1002001.BREAK SYSTEM
③ 88-1001000.PRESS FRAME-W
④ 88-1002000.PRESS FRAME-Z

08

아래 [보기]의 조건으로 데이터를 조회한 후 물음에 답하시오.

보기
- 사업장: 2000.(주)한국자전거지사
- 공정: L200.작업공정
- 작업장: L201.제품작업장
- 지시기간: 2021/06/13 ~ 2021/06/19

다음 [보기] 조건의 작업지시확정 내역 중 BOM등록의 자재와 다른 품목으로 청구된 품목이 존재하는 작업지시번호로 옳은 것은?

① WO2106000001
② WO2106000002
③ WO2106000004
④ WO2106000005

09

아래 [보기]의 조건으로 데이터를 조회한 후 물음에 답하시오.

보기
- 사업장: 2000.(주)한국자전거지사
- 출고기간: 2021/06/20 ~ 2021/06/26
- 청구기간: 2021/06/20 ~ 2021/06/26

[보기] 조건으로 생산자재출고 시 출고요청 기능을 조회 후 88-1001000.PRESS FRAME -W의 청구잔량의 합으로 옳은 것은?

① 460EA
② 580EA
③ 640EA
④ 790EA

10

아래 [보기]의 조건으로 데이터를 조회한 후 물음에 답하시오.

보기
- 사업장: 2000.(주)한국자전거지사
- 지시(품목): 2021/06/27 ~ 2021/06/30
- 지시공정: L300.작업공정(도색)
- 지시작업장: L301.제품작업장(도색)

다음 [보기] 조건의 작업지시번호에 대한 작업실적 내역 중 실적구분이 '부적합'인 실적수량의 합이 '적합'인 실적수량의 합보다 더 많이 발생한 작업지시번호로 옳은 것은?

① WO2106000009
② WO2106000010
③ WO2106000011
④ WO2106000012

11

아래 [보기]의 조건으로 데이터를 조회한 후 물음에 답하시오.

보기

- 사업장: 2000.(주)한국자전거지사
- 구분: 1.생산
- 실적공정: L200.작업공정
- 실적작업장: L201.제품작업장
- 실적기간: 2021/07/01 ~ 2021/07/03
- 상태: 1.확정

(주)한국자전거지사 홍길동 사원은 생산품에 사용된 자재에 대하여 사용등록 시 청구적용 기능을 이용하여 등록을 하고 있다. 다음 [보기]의 조건에 해당하는 작업실적번호 중 잔량의 합이 가장 많이 남아 있는 작업실적번호로 옳은 것은?

① WR2107000001
② WR2107000002
③ WR2107000003
④ WR2107000004

12

아래 [보기]의 조건으로 데이터를 조회한 후 물음에 답하시오.

보기

- 사업장: 2000.(주)한국자전거지사
- 실적일: 2021/07/04 ~ 2021/07/10
- 공정: L200.작업공정
- 작업장: L202.반제품작업장

[보기] 조건의 생산실적검사 내역에 대한 설명으로 옳지 않은 것은?

① 검사담당자로는 박용덕, 오진형, 이종현 3명의 담당자가 검사를 진행하였다.
② 합격여부가 합격으로 판정을 받은 작업실적번호들은 불합격수량이 모두 0이다.
③ 검사에 대한 불합격수량이 발생한 불량코드와 불량명으로는 Z10.조립 불량만 있다.
④ 전수검사를 진행한 작업실적번호는 WR2107000006이며, 나머지 실적번호는 샘플검사를 진행하였다.

13

아래 [보기]의 조건으로 데이터를 조회한 후 물음에 답하시오.

보기

- 사업장: 2000.(주)한국자전거지사
- 실적기간: 2021/07/11 ~ 2021/07/17
- 공정: L200.작업공정
- 작업장: L303.재생산작업장(도색)

[보기] 조건의 생산품 창고입고처리 내역에 대하여 직접 입력하지 않고, 작업실적등록 시 자동으로 입고처리가 된 입고번호로 옳은 것은?

① IW2107000006
② IW2107000007
③ IW2107000008
④ IW2107000009

14

아래 [보기]의 조건으로 데이터를 조회한 후 물음에 답하시오.

보기

- 사업장: 2000.(주)한국자전거지사
- 지시일: 2021/07/18 ~ 2021/07/24
- 공정: L300.작업공정(도색)
- 작업장: L302.반제품작업장(도색)

다음 [보기] 조건의 작업지시번호 중 마감취소를 할 수 없는 작업지시번호로 옳은 것은?

① WO2107000013
② WO2107000014
③ WO2107000015
④ WO2107000016

15

아래 [보기]의 조건으로 데이터를 조회한 후 물음에 답하시오.

보기
- 사업장: 2000.(주)한국자전거지사
- 해당년도: 2021
- 구분: 0.공정
- 계정: 2.제품
- 조회기준: 전체
- 집계기준: 입고

(주)한국자전거지사 홍길동 사원은 2021년 7월 한 달간 실적기준의 제품에 대하여 가장 많이 생산된 품목을 확인하고 있다. 다음 중 가장 많이 생산된 품목으로 옳은 것은?

① NAX-A421.산악자전거(P-21G,A421)
② NAX-A422.산악자전거(P-21G,A422)
③ NAX-A401.일반자전거(P-GRAY RED)
④ NAX-A402.일반자전거(P-GRAY BLACK)

16

아래 [보기]의 조건으로 데이터를 조회한 후 물음에 답하시오.

보기
- 사업장: 2000.(주)한국자전거지사
- 공정: L200.작업공정
- 작업장: L202.반제품작업장
- 해당년도: 2021
- 계정: 0.원재료

[보기] 조건에 해당하는 현재공 품목에 대하여 재공수량이 가장 많이 남아 있는 원재료 품목으로 옳은 것은?

① 21-1070700.FRAME-티타늄
② 21-1030600.FRONT FORK(S)
③ 21-1060850.WHEEL FRONT-MTB
④ 21-1060852.WHEEL FRONT-MTB (TYPE B)

17

아래 [보기]의 조건으로 데이터를 조회한 후 물음에 답하시오.

보기

- 사업장: 2000.(주)한국자전거지사
- 공정: R200.외주공정
- 외주처: R221.(주)영동바이크
- 지시기간: 2021/06/01 ~ 2021/06/05

[보기] 조건으로 등록된 외주발주 내역에 대하여 정해진 외주단가보다 더 높은 단가로 등록된 품목으로 옳은 것은?

① NAX-A421.산악자전거(P-21G,A421)

② NAX-A422.산악자전거(P-21G,A422)

③ NAX-A401.일반자전거(P-GRAY RED)

④ NAX-A402.일반자전거(P-GRAY BLACK)

18

아래 [보기]의 조건으로 데이터를 조회한 후 물음에 답하시오.

보기

- 사업장: 2000.(주)한국자전거지사
- 공정: R200.외주공정
- 외주처: R271.(주)하나상사
- 지시기간: 2021/06/06 ~ 2021/06/12
- 사용일: 2021/06/07

[보기] 조건의 생산지시번호 WO2106000018을 확정처리한 후, 청구한 자재에 대한 설명으로 옳지 않은 것은?

① 품목 21-3001610.PEDAL (TYPE A)는 무상 자재이다.

② 품목 83-2000110.전장품 ASS'Y (TYPE A)는 반제품이다.

③ 품목 88-1001010.PRESS FRAME-W (TYPE A)은 LOT 품목이다.

④ 품목 85-1020410.POWER TRAIN ASS'Y(MTB, TYPE A)의 확정수량이 가장 많다.

19

아래 [보기]의 조건으로 데이터를 조회한 후 물음에 답하시오.

보기
- 사업장: 2000.(주)한국자전거지사
- 출고기간: 2021/06/13 ~ 2021/06/19
- 청구기간: 2021/06/13 ~ 2021/06/19

(주)한국자전거지사 홍길동 사원은 외주자재출고 시 출고요청 기능을 이용하여 자재를 출고처리 하고 있다. 다음 중 청구잔량의 합이 가장 많이 남아 있는 품목으로 옳은 것은?

① 21-3001500.PEDAL(S)
② 21-9000200.HEAD LAMP
③ 21-1060700.FRAME-NUT
④ 21-1030600.FRONT FORK(S)

20

아래 [보기]의 조건으로 데이터를 조회한 후 물음에 답하시오.

보기
- 사업장: 2000.(주)한국자전거지사
- 지시(품목): 2021/06/20 ~ 2021/06/26
- 외주공정: R200.외주공정
- 외주처: R211.다스산업(주)

[보기] 조건의 외주실적에 대하여, 재작업여부가 '1.여'인 작업실적번호로 옳은 것은?

① WR2106000016
② WR2106000017
③ WR2106000018
④ WR2106000019

21

아래 [보기]의 조건으로 데이터를 조회한 후 물음에 답하시오.

보기

- 사업장: 2000.(주)한국자전거지사
- 구분: 2.외주
- 외주공정: R200.외주공정
- 외주처: R251.(주)형광램프
- 실적기간: 2021/06/27 ~ 2021/06/30
- 상태: 1.확정

다음 [보기]에 해당하는 외주자재사용 내역 중 적용예정량보다 더 많이 사용된 작업실적번호와 품목으로 옳은 것은?

① WR2106000022 - 21-1070700.FRAME-티타늄
② WR2106000020 - 88-1001000.PRESS FRAME-W
③ WR2106000021 - 21-9000210.HEAD LAMP (LED TYPE)
④ WR2106000023 - 87-1002021.BREAK SYSTEM (TYPE B)

22

아래 [보기]의 조건으로 데이터를 조회한 후 물음에 답하시오.

보기

- 사업장: 2000.(주)한국자전거지사
- 마감일: 2021/07/01 ~ 2021/07/03

[검색조건]
- 외주공정: R200.외주공정
- 실적일: 2021/07/01 ~ 2021/07/03
- 불량구분: 선택전체
- 실적구분: 선택전체

[일괄적용값]
- 마감일자: 2021/07/03
- 과세구분: 0.매입과세
- 세무구분: 21.과세매입
- 외주단가 등록의 단가 적용: 체크 안 함

[보기] 조건으로 외주마감처리를 실적일괄적용 기능을 이용하여 마감처리 후, 마감되는 단가가 가장 낮은 외주처로 옳은 것은?

① (주)제일물산
② (주)하나상사
③ (주)형광램프
④ (주)세림와이어

23

아래 [보기]의 조건으로 데이터를 조회한 후 물음에 답하시오.

보기
- 사업장: 2000.(주)한국자전거지사
- 기간: 2021/07/04 ~ 2021/07/10
- 부가세사업장: 2000.(주)한국자전거지사

[보기] 조건의 외주마감 내역에 대하여 전표처리를 한 후, 외주마감번호별 부가세대급금으로 옳지 않은 것은?

① OC2107000005 - 140,000
② OC2107000006 - 225,000
③ OC2107000007 - 880,000
④ OC2107000008 - 350,000

24

아래 [보기]의 조건으로 데이터를 조회한 후 물음에 답하시오.

보기
- 사업장: 2000.(주)한국자전거지사
- 지시기간: 2021/07/11 ~ 2021/07/17
- 공정: R200.외주공정
- 작업장: R221.(주)영동바이크
- 단가 OPTION: 조달구분 구매, 생산 모두 실제원가[품목등록] 체크함

다음 [보기] 조건에 해당하는 지시번호 중 투입금액의 합보다 사용금액의 합이 더 많이 발생한 지시번호로 옳은 것은?

① WO2107000026
② WO2107000027
③ WO2107000028
④ WO2107000029

25

아래 [보기]의 조건으로 데이터를 조회한 후 물음에 답하시오.

보기

- 사업장: 2000.(주)한국자전거지사
- 해당년도: 2021
- 계정: 2.제품
- 실적기준 – 조회기간: 전체

(주)한국자전거지사 홍길동 사원은 2021년 7월 제품 계정에 대한 생산계획 대비 실적현황을 분석 중이다. 다음 중 계획수량보다 실적수량이 더 많이 발생한 품목으로 옳은 것은?

① NAX-A420.산악자전거(P-20G)
② NAX-A422.산악자전거(P-21G,A422)
③ NAX-A401.일반자전거(P-GRAY RED)
④ NAX-A402.일반자전거(P-GRAY BLACK)

기출문제

2021년 3회

이론

01

다음 중 ERP와 CRM 간의 관계에 대한 설명으로 가장 적절하지 않은 것은 무엇인가?

① ERP와 CRM 간의 통합으로 비즈니스 프로세스의 투명성과 효율성을 확보할 수 있다.
② ERP 시스템은 비즈니스 프로세스를 지원하는 백오피스 시스템(Back-Office System)이다.
③ CRM 시스템은 기업의 고객대응활동을 지원하는 프런트오피스 시스템(Front-Office System)이다.
④ CRM 시스템은 조직 내의 인적 자원들이 축적하고 있는 개별적인 지식을 체계화하고 공유하기 위한 정보 시스템으로 ERP 시스템의 비즈니스 프로세스를 지원한다.

02

다음 중 ERP 구축 시 컨설턴트를 고용함으로써 얻는 장점으로 가장 적절하지 않은 것은 무엇인가?

① 프로젝트 주도권이 컨설턴트에게 넘어갈 수 있다.
② 숙달된 소프트웨어 구축방법론으로 실패를 최소화할 수 있다.
③ ERP 기능과 관련된 필수적인 지식을 기업에 전달할 수 있다.
④ 컨설턴트는 편견이 없고 목적 지향적이기 때문에 최적의 패키지를 선정하는 데 도움이 된다.

03

클라우드 서비스 사업자가 클라우드 컴퓨팅 서버에 ERP 소프트웨어를 제공하고, 사용자가 원격으로 접속해 ERP 소프트웨어를 활용하는 서비스를 무엇이라 하는가?

① IaaS(Infrastructure as a Service)
② PaaS(Platform as a Service)
③ SaaS(Software as a Service)
④ DaaS(Desktop as a Service)

04

ERP 구축절차 중 TFT 결성, 현재 시스템 문제 파악, 경영 전략 및 비전 도출 등을 하는 단계는 무엇인가?

① 구축단계
② 구현단계
③ 분석단계
④ 설계단계

05

다음 중 ERP에 대한 설명으로 가장 적절하지 않은 것은?

① ERP는 기능 및 일 중심의 업무처리방식을 취하고 있다.
② ERP는 개방적이고, 확장적이며, 유연한 시스템 구조를 가지고 있다.
③ ERP 패키지는 어느 한 시스템에 입력하면 전체적으로 자동 반영되어 통합 운영이 가능한 시스템이다.
④ 최신의 IT 기술을 활용하여 생산, 판매, 인사, 회계 등 기업 내 모든 업무를 통합적으로 관리하도록 도와주는 전사적 자원관리 시스템이다.

06

생산계획(Production Planning)에 대한 설명 중에서 잘못된 것은?

① 생산계획은 제품군에 대한 생산계획을 수립하는 활동이다.
② 생산계획의 수립에 반영되는 요소들은 모든 기업이 동일하다.
③ 주어진 기간 동안에 각 기간별의 생산량 또는 외주량을 결정하는 것이다.
④ 하위 제품에 대한 생산계획 수립은 대개 기준생산계획(MPS)의 대상이 된다.

07

생산관리 부서 및 생산 현장에서 사용되는 BOM으로 제조 공정 및 조립공정의 순서를 반영하여 E-BOM을 변형하여 만들어지며, 또한 Item이 재고로 저장될 것인지 여부와도 밀접한 관련을 갖고 있는 BOM은 무엇인가?

① Modular BOM
② Engineering BOM
③ Manufacturing BOM
④ Percentage BOM

08

제품수명주기상 도입기에 주로 사용하는 예측기법으로 볼 수 있는 것은?

① 델파이법, 패널동의법, 판매원 의견합성법
② 이동평균법, 지수평활법, 수명주기 유추법
③ 델파이법, 이동평균법, 지수평활법
④ 회귀분석, 분해법, 확산모형

09

총괄계획의 수립에 있어서 고려하여야 할 변수들은 변화하는 수요에 어떻게 대처할 것인가에 따라 고찰하여야 한다. 총괄생산계획의 전략으로 볼 수 없는 것은?

① 고용 수준의 변동
② 하청
③ 재고 수준의 조정
④ 자재 품질 향상

10

다음 내용을 읽고 기준생산계획(MPS; Master Production Scheduling)의 주문정책에 대한 설명 중 틀린 것을 고르시오.

① Lot for Lot: 필요한 만큼 생산 및 구매하며, 재고를 최소화하는 방법
② Economic Order Quantity: 주문비용과 재고유지비용 간의 관계를 이용하여 가장 합리적인 주문량을 결정하는 방법
③ Reorder Point System: 해당 품목별로 미래의 수요를 고려하여 사전에 결정한 최대 재고 수준까지 정기적으로 미리 정해놓은 일정한 간격마다 발주하는 방식
④ Fixed Order Quantity: 매번 동일한 양을 주문하는 방법으로 공급자로부터 항상 일정한 양만큼 공급받는 경우

11

프로젝트 일정계획 및 통제를 위한 관리기법으로, 프로젝트를 구성하는 각 분야를 보다 세분화된 작업으로 분할하여 작업의 순서, 소요기간, 기타 제반 사항들을 네트워크 형태로 표시함으로써 일차적으로 주공정 및 여유공정을 산출하여 중점관리 대상 작업을 명확히 하는 방법을 무엇이라 하는가?

① PERT/CPM
② 간트차트
③ 공정관리 도표
④ 작업절차표

12

다음 표에서 현재일이 5일이면 긴급율(CR)에 의해 작업의 우선순위를 구했을 때, 가장 우선순위로 진행해야 하는 작업의 긴급률을 반올림하여 소수점 첫째 자리까지 나타내시오.

작업	납기일	잔여 제조일수
가	25	5
나	30	8
다	17	4
라	10	7

13

다음 그림은 제품 X의 제품 구조 수(Product Structure Tree)를 나타낸 것이다. ( ) 안은 수량을 나타낸다. 제품 X 한 단위의 자재소요를 산출할 때 부품 D의 총소요량은 얼마인지 숫자로 쓰시오.

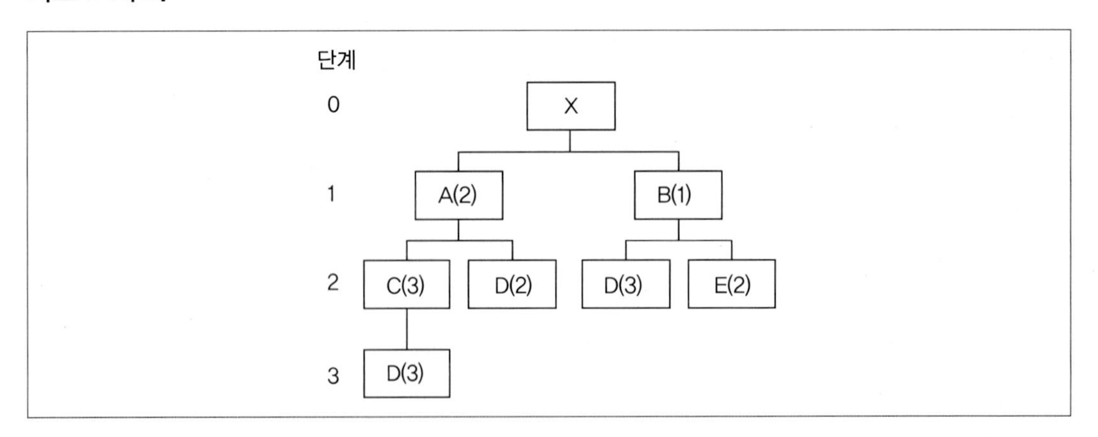

14

특정 제품을 만드는 데 필요한 공정순서를 정의하는 것으로 작업의 순서, 표준 시간, 각 작업이 행해질 장소를 결정하고 할당하고, 리드타임 및 자원양을 계산하고 원가계산 시 기초 자료로 활용되는 것은 무엇인가?

① 절차계획(Routing)
② 작업장자료(Work Center Data)
③ 생산계획(Production Plan)
④ 기준생산계획(Master Production Scheduling)

15

다음 설명에 대한 공정의 분류는 어떤 공정을 설명하고 있는가?

체류는 제품이나 부품이 다음의 가공·조립을 하기 위해 일시적으로 기다리는 상태이다. 저장은 계획적인 보관이며, 다음의 가공·조립으로 허가 없이 이동하는 것이 금지되어 있는 상태를 의미한다.

① Operation
② Transportation
③ Delay
④ Inspection

16

공정분석 기호 중 저장을 나타내는 기호는 어느 것인가?

① ○
② ▽

④ □

17

간트차트의 결점이 아닌 것은?

① 변화 또는 변경에 약한 편이다.
② 일정계획에 있어 정밀성을 기대하기 어려운 편이다.
③ 작업 상호 간의 유기적인 관계가 명확하지 못한 편이다.
④ Routing 데이터로부터의 표준 시간을 알 수 없는 편이다.

18

도요타식 생산 시스템의 서브 시스템 중의 하나로, 생산이 필요하다는 특정 신호에 의해 Pull 시스템으로 작업이 진행되어 낭비와 불균형을 배제하는 생산방식은 무엇인가?

① 공수계획　　② 간트차트
③ 애로공정　　④ 칸반 시스템

19

다음 [보기]의 내용을 참조하여 작업효율(Efficiency)을 계산하면 몇 %인가?

보기

- 교대 수: 3교대/일
- 주당 작업일수: 6일
- 기계 불가동 시간/주: 40시간
- 1교대 작업시간: 8시간
- 기계대수: 10대
- 작업 표준시간: 560시간

20

다음 상황의 작업장에 대한 이용률(Utilization)을 계산한 값은? (정답: (　　　)%)

교대 수: 4교대/일, 1교대 작업시간: 4시간, 주당 작업일수: 6일, 기계대수: 5대, 기계 불가동 시간: 96시간, 작업 표준시간: 480시간

21

5S라고 불리는 기업의 관리 개선 활동 중 다음 설명에 해당하는 것은 무엇인가? (한글로 정답 기입)

필요한 물품은 끄집어 낼 수 있도록 만든다. 필요한 물품을 사용 빈도에 맞게 놓는 장소를 정해, 표시하여 목적을 고려한 놓는 방법을 표준화한다.

22

재고의 종류에 포함되지 않는 것은?

① 순환재고
② 안전재고
③ 예방재고
④ 예상재고

23

EOQ(Economic Order Quantity) 모형의 가정이 아닌 것을 고르시오.

① 구매량에 관계없이 단위당 구입가격은 일정하다.
② 수요량과 조달 기간이 확정적이다.
③ 재고유지비는 구매량의 증가와 관계없다.
④ 단일 품목을 대상으로 하며, 재고 부족은 없다.

24

MRP(Material Requirement Planning) 산출을 위한 입력요소가 아닌 것은?

① MPS(Master Production Scheduling)
② BOM(Bill Of Material)
③ IRF(Inventory Record File)
④ EPQ(Economic Production Quantity)

25

공급망관리(SCM)에 대한 설명으로 적절하지 않은 것은?

① 공급망 내의 불필요한 낭비요소를 제거함으로써 최적화를 추구한다.
② SCM은 한 기업체 내부에서 수행되는 업무의 기능적 최적화를 달성하기 위한 도구이다.
③ SCM의 최종 목표는 기업 자원의 효율적인 활용을 통한 고객 가치 창출 및 경쟁 우위 달성에 있다.
④ 공급업체, 제조기업, 도매상, 소매상, 소비자 간 물자, 재정 및 정보의 흐름을 통합적으로 관리하는 시스템을 말한다.

26

다음 설명에서 제시하고 있는 용어는 무엇인가? (정답은 영문 대문자 약자로 쓰시오. 예: MIS)

> 자재소요계획(생산계획) 활동 중에서 기준생산계획(MPS)이 주어진 제조자원의 용량을 넘어서는지 않는지를 계산하는 모듈이다. 즉, 기준생산계획과 제조자원 간의 크기를 비교하여 자원요구량을 계산해 내는 것이다.

27

다음 설명에서 빈칸에 알맞은 단어를 한글로 쓰시오.

> SCM은 원재료를 생산 및 공급하는 업체에서 출발하여 제품이 만들어지기까지의 제품 생산단계, 제품이 최종 소비자에게 전달되는 유통단계까지의 모든 과정을 연결하고 통합한 공급망을 구축 및 관리함으로써 공급망 내에 존재하는 불확실성과 불필요한 낭비요소를 제거하여 경영 환경을 최적화한 시스템을 말한다. 이 SCM의 세 가지 주요 흐름은 제품 흐름, 정보 흐름, (　　　)이다.

28

품질의 분류에 대한 설명 중 틀린 것을 고르시오.

① 요구품질: 고객의 요구를 정확하고 객관적으로 파악하여 고객의 입장에서 평가하는 것이 중요하다.

② 설계품질: 요구품질을 실현하기 위해 제품을 기획하고 그 결과를 상세히 정리하여 도면화한 품질이다.

③ 시장품질: 소비자가 원하는 기간 동안 제품의 품질이 지속적으로 유지될 때 소비자가 만족하는 품질이다.

④ 제조품질: 실제로 제조된 품질로, 4M(Money, Method, Machine, Material)에 많은 영향을 받는다.

29

QC의 7가지 도구 중 결과(품질, 원가 등의 제품의 특성)에 대하여 원인(생산요소 등)이 어떠한 관계로 영향을 미치게 되었는지를 한눈에 보아 알아볼 수 있도록 표시한 그림을 무엇이라 하는가?

① 산점도
② 파레토도
③ 특성요인도
④ 층별

30

통계적 품질관리에 대한 설명 중 틀린 것을 고르시오.

① 관리 샘플링검사: 제조공정관리, 공정검사의 조정, 검사의 체크를 목적으로 행하는 검사
② 자주검사: 작업자 자신이 스스로 하는 검사
③ 무검사: 제품의 품질을 간접적으로 보증해 주는 방법
④ 로트별 샘플링검사: 물품 전체를 대상으로 로트별로 나누어 그중 일부 로트를 선택하여 그 로트를 모두 검사하는 것

31

불량률이 작업장의 습도와 밀접한 관계가 있다고 의심될 때 일정 기간에 관측된 습도와 불량률의 데이터를 도면상에 타점하여 두 변수 간의 상관관계를 도식화하여 품질문제의 원인을 발견하거나 확인할 수 있다. 이처럼 QC 7가지 도구 중에서 두 변수 간의 상관관계를 도식화하여 보여주어 품질문제의 원인을 발견하거나 확인하는 데 사용되는 것은 무엇인지 한글로 쓰시오.

32

다음 (　　　) 안에 들어갈 용어를 영어 알파벳으로 쓰시오.

불량률이란 제품을 양(良), 불량(不良)으로 양분할 때 불량품이 전체에서 차지하는 비율을 말한다. 관리도 중 (　　　) 관리도는 불량률을 통제하기 위하여 사용되는 것이다.

실무 시뮬레이션

- 로그인 정보: 회사 – 4001.생산1급 회사A, 사원 – ERP13P01.홍길동
- 실무 시뮬레이션 문제는 핵심ERP의 실기메뉴를 활용하여 문제에 답하시오.
- 본 회차의 기출문제 백데이터는 2021 버전의 핵심ERP 프로그램에서 복원하시오.

01

아래 [보기]의 조건으로 데이터를 조회한 후 물음에 답하시오.

보기

- 계정구분: 원재료
- LEAD TIME: 5 DAYS
- 일별생산량: 300

[보기]의 조건에 해당하는 품목으로 옳은 것은?

① 21-1060700.FRAME-NUT
② 21-1070700.FRAME-티타늄
③ 21-1080800.FRAME-알미늄
④ 21-3065700.GEAR REAR C

02

아래 [보기]의 조건으로 데이터를 조회한 후 물음에 답하시오.

보기

- 사업장: 2000.(주)한국자전거지사

(주)한국자전거지사의 창고/공정(생산)/외주공정등록에 대한 설명으로 옳지 않은 것은?

① R300.외주공정(2 Part)의 외주작업장에는 R304.SPECIAL OEM이 있다.
② L300.작업공정(도색)의 작업장 L301.제품작업장(도색)의 적합여부는 적합이다.
③ L200.작업공정의 L204.반제품작업장(완제품)의 사용여부는 미사용이다.
④ P200.제품창고_인천지점의 P209.제품_제품장소_불량 위치는 사용여부가 사용이다.

03

아래 [보기]의 조건으로 데이터를 조회한 후 물음에 답하시오.

보기
- 계정: 반제품
- 조달구분: 생산
- 영업담당자: 박상미
- 자재담당자: 양의지
- 생산담당자: 권재희

[보기]의 조건에 해당하는 품목정보로 옳은 것은?

① 85-1020420.POWER TRAIN ASS'Y(MTB, TYPE B)
② 85-1020410.POWER TRAIN ASS'Y(MTB, TYPE A)
③ 81-1001020.BODY-알미늄(GRAY-WHITE, TYPE B)
④ 81-1001010.BODY-알미늄(GRAY-WHITE, TYPE A)

04

아래 [보기]의 조건으로 데이터를 조회한 후 물음에 답하시오.

보기
- 모품목: NAX-A400.일반자전거(P-GRAY WHITE)
- 기준일자: 2021/05/29
- 사용여부: 1.사용

[보기] 조건의 BOM등록에 대한 설명으로 옳지 않은 것은?

① 품목 21-3001600.PEDAL의 주거래처는 YK PEDAL이다.
② 품목 83-2000100.전장품 ASS'Y의 계정구분은 반제품이다.
③ 품목 88-1001000.PRESS FRAME-W의 계정구분은 상품이다.
④ 품목 21-3000350.WIRING-DE(세라믹)의 주거래처는 (주)세림와이어이다.

05

아래 [보기]의 조건으로 데이터를 조회한 후 물음에 답하시오.

보기

- 자품목: 21-1060950.WHEEL REAL-MTB
- 기준일자: 2021/05/22
- 사용여부: 1.여

다음 중 자품목 21-1060950.WHEEL REAL-MTB에 대한 상위 모품목들 중에서 하나만 LEVEL이 다른 품목을 고르시오.

① 83-2000110.전장품 ASS'Y (TYPE A)

② 21-1060951.WHEEL REAL-MTB (TYPE A)

③ 88-1002010.PRESS FRAME-Z (TYPE A)

④ NAX-A400.일반자전거(P-GRAY WHITE)

06

아래 [보기]의 조건으로 데이터를 조회한 후 물음에 답하시오.

보기

- 사업장: 2000.(주)한국자전거지사
- 작업예정일: 2021/05/01 ~ 2021/05/07
- 계정구분: 4.반제품

[보기]의 조건으로 등록된 생산계획에 대한 설명으로 옳지 않은 것은?

① 품목 83-2000110.전장품 ASS'Y (TYPE A)의 총 생산계획수량은 600EA이다.

② 품목 87-1002011.BREAK SYSTEM (TYPE A)의 일생산량은 400EA이다.

③ 품목 88-1001010.PRESS FRAME-W (TYPE A)의 생산계획수량은 일생산량을 초과하였다.

④ 품목 88-1002010.PRESS FRAME-Z (TYPE A)의 생산계획수량이 가장 많다.

07

아래 [보기]의 조건으로 데이터를 조회한 후 물음에 답하시오.

보기
- 사업장: 2000.(주)한국자전거지사
- 공정: L200.작업공정
- 작업장: L201.제품작업장(완제품)
- 지시기간: 2021/05/01 ~ 2021/05/08

다음 [보기]의 조건으로 등록된 작업지시 내역 중 적용 버튼 기능을 사용하여 적용받지 않고 직접 작업지시를 등록한 작업지시번호로 옳은 것은?

① WO2005000033　② WO2005000035
③ WO2009000040　④ WO2105000001

08

아래 [보기]의 조건으로 데이터를 조회한 후 물음에 답하시오.

보기
- 사업장: 2000.(주)한국자전거지사
- 공정: L200.작업공정
- 작업장: L201.제품작업장(완제품)
- 지시기간: 2021/05/10 ~ 2021/05/10

다음 [보기] 조건의 작업지시확정 내역 중 BOM등록의 자재 명세서와 다른 품목으로 청구요청된 작업지시번호로 옳은 것은?

① WO2105000002　② WO2105000003
③ WO2105000004　④ WO2105000005

09

아래 [보기]의 조건으로 데이터를 조회한 후 물음에 답하시오.

보기
- 사업장: 2000.(주)한국자전거지사
- 출고기간: 2021/05/20 ~ 2021/05/20
- 공정: L200.작업공정
- 작업장: L201.제품작업장(완제품)

[보기] 조건으로 출고된 품목 21-3000300.WIRING-DE의 출고수량의 합으로 옳은 것은?

① 320EA
② 330EA
③ 400EA
④ 410EA

10

아래 [보기]의 조건으로 데이터를 조회한 후 물음에 답하시오.

보기
- 사업장: 2000.(주)한국자전거지사
- 지시기간: 2021/05/01 ~ 2021/05/08
- 지시공정: L200.작업공정
- 지시작업장: L201.제품작업장(완제품)

[보기] 조건에 해당하는 작업실적 내역 중 가장 많은 실적수량들의 합을 생산한 생산설비로 옳은 것은? (단, 재작업여부가 '여'인 것은 제외하고 계산)

① P1A.생산설비 1호
② P1B.생산설비 2호
③ P1C.생산설비 3호
④ P1D.생산설비 4호

11

아래 [보기]의 조건으로 데이터를 조회한 후 물음에 답하시오.

보기

- 사업장: 2000.(주)한국자전거지사
- 구분: 1.생산
- 실적공정: L200.작업공정
- 실적작업장: L201.제품작업장(완제품)
- 실적기간: 2021/05/10 ~ 2021/05/10
- 상태: 1.확정

[보기]의 조건에 대한 생산자재사용 내역 중 '청구적용' 기능을 이용하여 잔량 조회 시 잔량의 합이 가장 많이 남아 있는 작업실적번호로 옳은 것은?

① WR2105000013
② WR2105000014
③ WR2105000015
④ WR2105000016

12

아래 [보기]의 조건으로 데이터를 조회한 후 물음에 답하시오.

보기

- 사업장: 2000.(주)한국자전거지사
- 실적일: 2021/05/02 ~ 2021/05/02
- 공정: L200.작업공정
- 작업장: L201.제품작업장(완제품)

다음 [보기]의 조건으로 등록된 생산실적검사에 대한 설명 중 옳지 않은 것은?

① 검사담당자 이혜리는 바디조립검사를 진행하였다.
② 2021/05/04일 검사한 샘플검사의 불량합격수량은 10EA이다.
③ 양의지 검사담당자가 진행한 전수검사 중 불합격수량은 모두 휠(WHEEL)불량이다.
④ 권재희 검사담당자가 진행한 샘플검사는 도색 및 적재불량으로 총 15EA 불합격되었다.

13

아래 [보기]의 조건으로 데이터를 조회한 후 물음에 답하시오.

보기
- 사업장: 2000.(주)한국자전거지사
- 실적일: 2021/05/02 ~ 2021/05/02
- 공정: L200.작업공정
- 작업장: L201.제품작업장(완제품)

[보기]의 조건으로 등록된 생산품창고입고처리 내역에 대한 설명으로 옳지 않은 것은?

① 실적번호 WR2105000001의 고객은 (주)우주산업이다.

② 실적번호 WR2105000002의 입고가능수량은 15EA이다.

③ 실적번호 WR2105000007은 기입고수량은 20EA이다.

④ 실적번호 WR2105000008의 기입고수량이 가장 적다.

14

아래 [보기]의 조건으로 데이터를 조회한 후 물음에 답하시오.

보기
- 사업장: 2000.(주)한국자전거지사
- 지시기간: 2021/05/01 ~ 2021/05/31
- 지시공정: L200.작업공정
- 지시작업장: L201.제품작업장(완제품)

[보기]의 조건에 해당하는 실적 품목들 중 실적일 기준으로 가장 많은 실적수량을 생산한 날짜를 고르시오.

① 2021/05/01

② 2021/05/02

③ 2021/05/10

④ 모두 수량이 같음

15

아래 [보기]의 조건으로 데이터를 조회한 후 물음에 답하시오.

보기

- 사업장: 2000.(주)한국자전거지사
- 지시기간: 2021/05/10 ~ 2021/05/10
- 공정: L200.작업공정
- 작업장: L201.제품작업장(완제품)
- 단가 OPTION: 조달구분 구매, 생산 모두 실제원가[품목등록] 체크함

[보기]의 조건에 해당하는 지시번호 중 청구금액의 합과 투입금액의 합이 다른 지시번호를 고르시오.

① WO2105000002
② WO2105000003
③ WO2105000004
④ WO2105000005

16

아래 [보기]의 조건으로 데이터를 조회한 후 물음에 답하시오.

보기

- 사업장: 2000.(주)한국자전거지사
- 해당년도: 2021
- 구분: 0.공정
- 탭: 실적기준
- 조회기준: 전체
- 집계기준: 입고

(주)한국자전거지사의 홍길동 사원은 2021년 5월 한 달간 생산된 품목 중 가장 많이 생산된 품목을 조사 중이다. 다음 중 가장 많이 생산된 품목으로 옳은 것은?

① 83-2000100.전장품 ASS'Y
② 87-1002001.BREAK SYSTEM
③ NAX-A402.일반자전거(P-GRAY BLACK)
④ NAX-A422.산악자전거(P-21G,A422)

17

아래 [보기]의 조건으로 데이터를 조회한 후 물음에 답하시오.

보기

- 사업장: 2000.(주)한국자전거지사
- 사용기간: 2021/05/01 ~ 2021/05/31
- 공정: L200.작업공정
- 작업장: L201.제품작업장(완제품)

다음 [보기]의 조건에 해당하는 모품목별 자재사용 내역 중 자재들의 사용수량의 합이 가장 많은 지시번호를 고르시오.

① WO2005000033
② WO2005000035
③ WO2009000040
④ WO2105000003

18

아래 [보기]의 조건으로 데이터를 조회한 후 물음에 답하시오.

보기

- 사업장: 2000.(주)한국자전거지사
- 공정: R200.외주공정
- 외주처: R201.(주)대흥정공
- 지시기간: 2021/05/01 ~ 2021/05/31

다음 [보기] 조건에 해당하는 외주발주 내역 중 외주단가등록에 등록된 외주단가보다 더 작은 단가로 입력된 품번으로 옳은 것은?

① 81-1001000.BODY-알미늄(GRAY-WHITE)
② 88-1001000.PRESS FRAME-W
③ 87-1002001.BREAK SYSTEM
④ 83-2000100.전장품 ASS'Y

19

아래 [보기]의 조건으로 데이터를 조회한 후 물음에 답하시오.

보기
- 사업장: 2000.(주)한국자전거지사
- 공정: R200.외주공정
- 외주처: R201.(주)대흥정공
- 지시기간: 2021/05/01 ~ 2021/05/31

다음 [보기]의 조건에 해당하는 외주발주확정 내역 중 모품목의 자재 명세서와 다르게 자재를 청구한 생산지시번호로 옳은 것은?

① WO2105000007
② WO2105000008
③ WO2105000009
④ WO2105000010

20

아래 [보기]의 조건으로 데이터를 조회한 후 물음에 답하시오.

보기
- 사업장: 2000.(주)한국자전거지사
- 출고기간: 2021/05/01 ~ 2021/05/31

(주)한국자전거지사는 외주처로 출고될 자재에 대하여 '일괄적용' 기능을 이용하여 자재를 출고하고 있다. 다음 [보기]의 조건으로 일괄적용된 품목 21-3000300.WIRING-DE의 출고수량의 합으로 옳은 것은?

① 250EA
② 260EA
③ 270EA
④ 280EA

21

아래 [보기]의 조건으로 데이터를 조회한 후 물음에 답하시오.

보기

- 사업장: 2000.(주)한국자전거지사
- 지시(품목): 2021/05/01 ~ 2021/05/31
- 외주공정: R200.외주공정
- 외주처: R201.(주)대흥정공

다음 [보기] 조건에 해당하는 외주실적 내역 중 실적구분이 '부적합'으로 등록된 작업실적번호로 옳은 것은?

① WR2105000017
② WR2105000018
③ WR2105000019
④ WR2105000020

22

아래 [보기]의 조건으로 데이터를 조회한 후 물음에 답하시오.

보기

- 사업장: 2000.(주)한국자전거지사
- 구분: 2.외주
- 외주공정: R200.외주공정
- 외주처: R201.(주)대흥정공
- 실적기간: 2021/05/01 ~ 2021/05/31
- 상태: 1.확정

[보기] 조건에 해당하는 외주실적에 대하여 외주자재사용등록을 하려고 한다. 다음 중 [일괄적용] 기능을 이용하여 등록된 작업 건 중에서 사용수량의 합이 가장 많은 작업실적번호로 옳은 것은?

① WR2105000017
② WR2105000018
③ WR2105000019
④ WR2105000020

23

아래 [보기]의 조건으로 데이터를 조회한 후 물음에 답하시오.

보기

- 사업장: 2000.(주)한국자전거지사
- 실적기간: 2021/05/30 ~ 2021/05/30
- 조건 1: 2021년 5월 30일 외주공정의 (주)세림와이어 작업장에서 수불요청에 대하여 전달받았다.
- 조건 2: 수불요청에 대한 품목은 21-1060700.FRAME-NUT이며, B-001.특별할인판매에 대한 PROJECT에 대한 수불요청이였다.
- 조건 3: 수불요청에 대한 조정수량은 10EA이며, '고객 샘플 무상 제공'으로 인한 수불요청이였다.

[보기]의 조건으로 재공창고입고/이동/조정등록처리된 수불번호로 옳은 것은?

① WI2103000001
② WM2105000001
③ WA2103000001
④ WA2103000002

24

아래 [보기]의 조건으로 데이터를 조회한 후 물음에 답하시오.

보기

- 사업장: 2000.(주)한국자전거지사
- 지시기간: 2021/05/01 ~ 2021/05/31
- 지시구분: 외주발주
- 단가 OPTION: 조달구분 구매, 생산 모두 표준원가[품목등록] 체크함

다음 중 [보기] 조건의 자재청구 내역 중 사용금액이 가장 큰 지시번호를 고르시오.

① WO2105000007
② WO2105000008
③ WO2105000009
④ WO2105000010

25

아래 [보기]의 조건으로 데이터를 조회한 후 물음에 답하시오.

• 보기 •

- 사업장: 2000.(주)한국자전거지사
- 공정: R200.외주공정
- 작업장: R201.(주)대흥정공
- 해당년도: 2021

(주)한국자전거지사에서 작업장별로 현재공수량에 이상이 있다는 것을 확인하였다. 잘못된 수불관리로 마이너스(-) 재공에 대한 수불을 0개로 맞추려고 한다. 다음 중 가장 많은 재공수량을 조정(+)해야 하는 품목을 고르시오.

① 21-1030600.FRONT FORK(S)

② 85-1020400.POWER TRAIN ASS'Y(MTB)

③ 87-1002001.BREAK SYSTEM

④ 88-1001000.PRESS FRAME-W

끝이 좋아야 시작이 빛난다.

– 마리아노 리베라(Mariano Rivera)

여러분의 작은 소리
에듀윌은 크게 듣겠습니다.

본 교재에 대한 여러분의 목소리를 들려주세요.
공부하시면서 어려웠던 점, 궁금한 점,
칭찬하고 싶은 점, 개선할 점, 어떤 것이라도 좋습니다.

에듀윌은 여러분께서 나누어 주신 의견을
통해 끊임없이 발전하고 있습니다.

에듀윌 도서몰 book.eduwill.net
- 부가학습자료 및 정오표: 에듀윌 도서몰 → 도서자료실
- 교재 문의: 에듀윌 도서몰 → 문의하기 → 교재(내용, 출간) / 주문 및 배송

2022 에듀윌 ERP 정보관리사 생산 1급

발 행 일	2022년 4월 21일 초판
편 저 자	최주영
펴 낸 이	권대호
펴 낸 곳	(주)에듀윌
등록번호	제25100-2002-000052호
주 소	08378 서울특별시 구로구 디지털로34길 55 코오롱싸이언스밸리 2차 3층

ISBN 979-11-360-1706-2 (13320)

www.eduwill.net

대표전화 1600-6700

2022

에듀윌 ERP 정보관리사

생산 1급

정답 및 해설

eduwill

2022

에듀윌 ERP 정보관리사

생산 1급

2022

에듀윌 ERP 정보관리사

생산 1급

정답 및 해설

기출문제

정답 및 해설

2022년 1회

p.232

이론

01	④	02	④	03	③	04	②	05	①	06	④	07	②	08	④	09	①	10	①
11	③	12	21.6	13	72	14	③	15	③	16	④	17	②	18	③	19	계획		
20	2	21	공수	22	②	23	①	24	③	25	④	26	CRP	27	정보 흐름				
28	④	29	④	30	①	31	TQM	32	c										

01 ④

ERP 도입 시 경영진의 확고한 의지가 있어야 하지만 경영진 중심으로 프로젝트를 진행하는 것은 아니다. ERP 도입 시에는 현업을 중심으로 프로젝트를 진행한다.

02 ④

ERP 구축 시 IT 중심의 프로젝트로 추진하지 않도록 한다.

03 ③

패키지 설치는 ERP 구축 절차 중 설계단계에 해당한다.

04 ②

ERP 패키지 선정 기준으로는 시스템 보안성, 요구사항 부합 정도, 커스터마이징(Customizing) 가능 여부 등이 있다.

05 ①

ERP는 관계형 데이터베이스(RDBMS) 소프트웨어를 사용한다.

06 ④

- Manufacturing BOM: 생산관리 부서 및 생산 현장에서 주로 사용되는 BOM
- Phantom BOM: 실제로는 존재하지 않는 품목이나 조립의 순서를 나타내기 위한 BOM

07 ②

제품수명주기의 도입기에는 델파이법, 시장조사법 등 정성적 수요예측 기법들이 주로 쓰인다.

08 ④

- 흐름 생산(Flow Shop): 특수 기계의 생산 라인, 전용기계, 낮은 유연성, 낮은 물자 이송량 등
- 개별 생산(Job Shop): 주문에 의한 생산, 공정별 기계 배치, 높은 숙련공 의존성, 범용 설비 사용, 높은 유연성, 높은 물자 이송량 등

09 ①

기준생산계획(MPS)은 총괄생산계획을 수립한 뒤 이를 기준으로 보다 구체적으로 각 제품에 대한 생산 시기와 수량을 수립하는 생산계획이며, 판매의 대상이 되는 완성품 또는 중요 부품에 대한 생산계획을 수립하는 활동이다.

10 ①

합리적인 일정계획을 수립하기 위하여 가동률을 100% 달성하는 것이 아니라, 각 공정에 적절한 여유를 부여하여 작업의 안정화를 기해야 한다.

11 ③

가상활동(Dummy Activity)은 실제로 작업이 진행되는 것이 아니라 2개 이상의 작업이 행해지는 순서만 나타내는 가상의 작업으로 점선으로 표시하며, 시간이나 자원을 소비하지 않는 활동이다.

12 21.6

8월의 판매예측치 = 전기(7월)의 실제값 × 평활상수 + 전기(7월)의 예측치 × (1 − 평활상수)
= 28억원 × 0.2 + 20억원 × (1 − 0.2) = 5.6억원 + 16억원 = 21.6억원

13 72

- 가중치가 주어졌으므로 가중이동평균법을 이용하여 예측치를 계산한다. 가중치는 최근의 자료부터 순서대로 0.4, 0.3, 0.2, 0.1이다.
- 7월의 예측치 = (60개 × 0.4) + (80개 × 0.3) + (75개 × 0.2) + (90개 × 0.1)
= 24 + 24 + 15 + 9 = 72개

14 ③

절차계획은 작업 개시에 앞서 능률적이며 경제적인 작업 절차를 결정하기 위한 것으로 작업 순서, 표준시간, 작업 장소를 결정하고 할당하는 계획이다. ③은 BOM(자재 명세서)에 대한 설명이다.

15 ③

○: 가공, ▽: 저장, □: 수량검사

16 ④

간트차트는 작업 상호 간의 유기적인 관계가 명확하지 못하여 사전 예측, 사후 통제가 곤란하다.

17 ②

라인밸런싱(Line Balancing)에 대한 설명이다.

18 ③

JIT를 실현하기 위한 11가지 개선사항: 흐름 생산, 다공정 담당, 칸반(Kanban), 소인화, 눈으로 보는 관리, 평준화, 준비 교체작업, 품질 보증, 표준작업, 자동화, 보건·안전

19 계획

공정관리의 세 가지 기능 중 계획 기능에 대한 설명이다.

20 2

$$\text{노동 생산성} = \frac{\text{산출량}}{\text{투입량}} = \frac{30{,}000\text{대}}{500\text{명} \times 6\text{시간} \times 5\text{일}} = 2\text{대/시간}$$

21 공수

공수계획에 대한 설명으로, 공수계획에는 부하계획과 능력계획이 있다.

22 ②

경제적 생산량(EPQ) 모형의 경우, 재고유지비는 생산량의 크기에 정비례하여 발생한다고 가정한다.

23 ①

- 비축재고: 계절적인 수요의 변화, 가격의 변화, 파업 등을 예상하고 대비하기 위한 재고
- 순환재고: 주문비용 절감을 위해서 확보하는 재고

24 ③

공급자와의 밀접한 관계가 요구되어 공급자를 기업의 일부로 보고 장기거래하는 것은 JIT(Just In Time) 생산방식이다.

25 ④

기준생산계획과 제조자원 간의 크기를 비교하여 자원요구량을 계산해 내는 RCCP에 대한 설명이다.

26 CRP

기업의 현실적인 생산능력에 맞추어 자재소요계획을 수립하기 위해 작업장의 능력 소요량을 시간대별로 예측하는 기법인 CRP에 대한 설명이다.

27 정보 흐름

SCM의 세 가지 주요 흐름은 제품 흐름, 재정 흐름, 정보 흐름이다.

28 ④

TQM의 4가지 기본원칙은 고객중심(고객만족), 품질문화 형성, 지속적인 품질개선(공정개선), 총체적 참여이다.

29 ④

6시그마의 네 가지 단계 중 1단계인 측정(Measurement)에 대한 설명이다.

30 ①

검사항목이 적은 경우는 전수검사를 할 수 있으며, 검사항목이 많고 복잡한 경우는 샘플링검사를 할 수 있다.

31 TQM

제품 및 서비스의 품질을 향상시킴으로써 장기적인 경쟁 우위를 확보하고 기존의 조직문화와 경영관행을 재구축하는 TQM(Total Quality Management)에 대한 설명이다.

32 c

품목 한 단위에서 나타나는 결점 수를 관리할 경우 사용하는 c 관리도에 대한 설명이다.

실무 시뮬레이션

01	③	02	①	03	④	04	①	05	②	06	②	07	③	08	④	09	③	10	①
11	④	12	③	13	①	14	①	15	①	16	②	17	④	18	④	19	④	20	④
21	③	22	②	23	③	24	②	25	④										

01 ③

[시스템관리] – [기초정보관리] – [품목등록]

[보기]의 조건으로 조회한 후 각 품목의 'ORDER/COST' 탭에 등록되어 있는 내역을 확인한다.

③ 품목 '87-1002001.BREAK SYSTEM'의 표준원가는 55,000원, 실제원가는 55,100원으로 같지 않다.

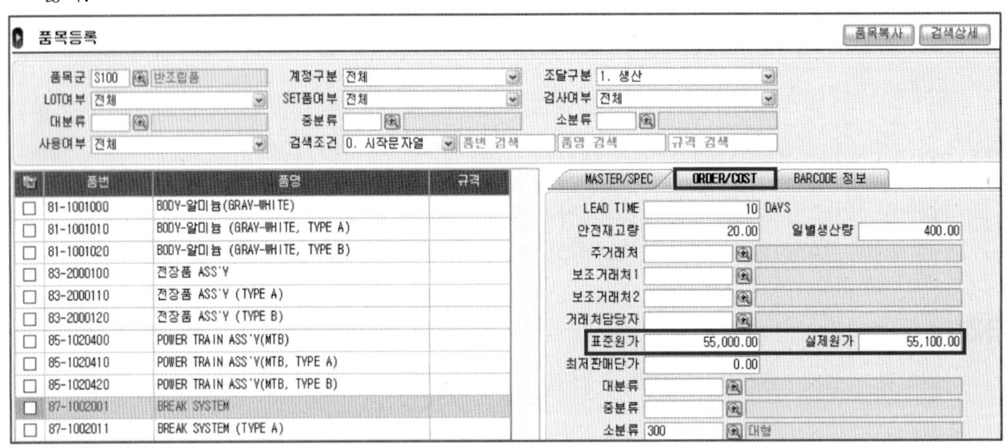

02 ①

[시스템관리] – [기초정보관리] – [물류실적(품목/고객)담당자등록]

'거래처' 탭에서 조회한 후 각 거래처의 담당자를 확인한다. [보기]의 담당자 중 하나의 담당자로 조회하면 확인하기 편리하다. [보기]의 조건에 부합하는 거래처는 (주)빅파워이다.

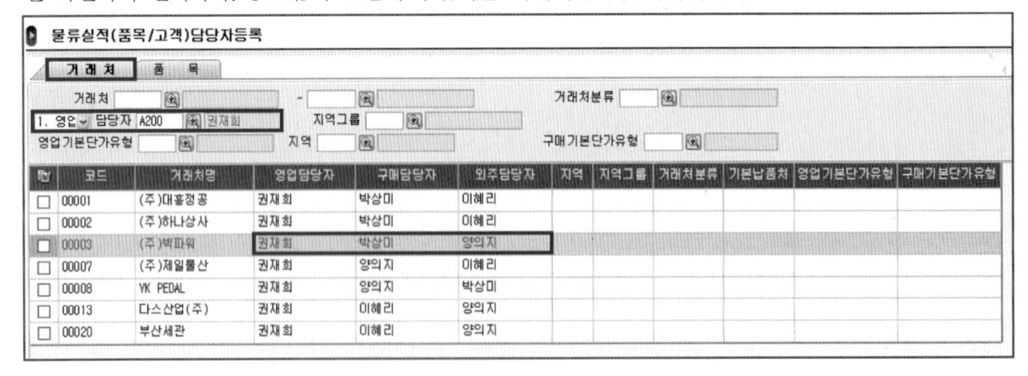

03 ④

[시스템관리] – [기초정보관리] – [품목분류(대/중/소)등록]

[보기]의 조건으로 조회한 후 각 품목의 대분류, 중분류, 소분류를 확인한다.

④ 품목: 88-1001020.PRESS FRAME-W (TYPE B) – 대분류: TYPE B, 중분류: BLACK, 소분류: 소형

품목분류(대/중/소)등록

품목군 S100 반조립품 조달구분 1. 생산 계정구분 4. 반제품
품목 ~
대분류 중분류 소분류

품번	품명	규격	단위(관리)	품목군	대분류	중분류	소분류
85-1020410	POWER TRAIN ASS'Y(MTB, TYPE A)		EA	반조립품	TYPE A	WHITE	중형
85-1020420	POWER TRAIN ASS'Y(MTB, TYPE B)		EA	반조립품	TYPE B	BLACK	중형
87-1002001	BREAK SYSTEM		EA	반조립품			대형
87-1002011	BREAK SYSTEM (TYPE A)		EA	반조립품	TYPE A	WHITE	소형
87-1002021	BREAK SYSTEM (TYPE B)		EA	반조립품	TYPE B	BLACK	중형
88-1001000	PRESS FRAME-W		BOX	반조립품			대형
88-1001010	PRESS FRAME-W (TYPE A)		BOX	반조립품	TYPE A	WHITE	소형
88-1001020	PRESS FRAME-W (TYPE B)		BOX	반조립품	TYPE B	BLACK	소형
88-1002000	PRESS FRAME-Z		PCS	반조립품			대형
88-1002010	PRESS FRAME-Z (TYPE A)		PCS	반조립품	TYPE A	WHITE	소형
88-1002020	PRESS FRAME-Z (TYPE B)		PCS	반조립품	TYPE B	BLACK	소형

04 ①

[생산관리공통] – [기초정보관리] – [BOM정전개]

[보기]의 조건으로 조회되는 품목의 LEVEL을 확인한다. 1 LEVEL, 2 LEVEL에 모두 사용되고 있는 자품목은 '21-1060720.FRAME-NUT (TYPE B)'이다.

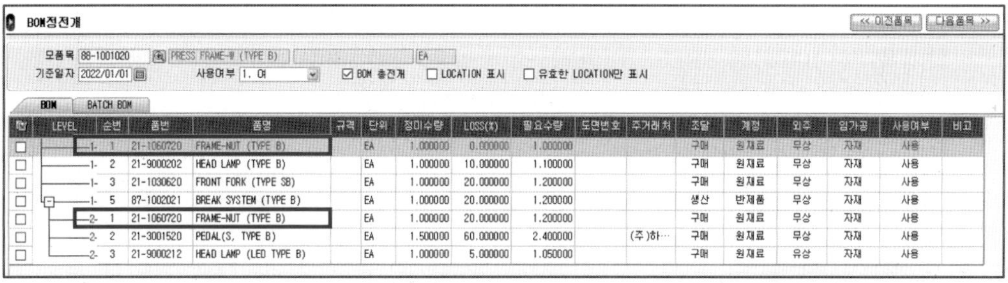

BOM정전개 << 이전품목 다음품목 >>

모품목 88-1001020 PRESS FRAME-W (TYPE B) EA
기준일자 2022/01/01 사용여부 1. 여 ☑ BOM 총전개 ☐ LOCATION 표시 ☐ 유효한 LOCATION만 표시

BOM BATCH BOM

LEVEL	순번	품번	품명	규격	단위	정미수량	LOSS(%)	필요수량	도면번호	주거래처	조달	계정	외주	임가공	사용여부	비고
1-	1	21-1060720	FRAME-NUT (TYPE B)		EA	1.000000	0.000000	1.000000			구매	원재료	무상	자재	사용	
1-	2	21-9000202	HEAD LAMP (TYPE B)		EA	1.000000	10.000000	1.100000			구매	원재료	무상	자재	사용	
1-	3	21-1030620	FRONT FORK (TYPE SB)		EA	1.000000	20.000000	1.200000			구매	원재료	무상	자재	사용	
1-	5	87-1002021	BREAK SYSTEM (TYPE B)		EA	1.000000	20.000000	1.200000			생산	반제품	무상	자재	사용	
2-	1	21-1060720	FRAME-NUT (TYPE B)		EA	1.000000	20.000000	1.200000			구매	원재료	무상	자재	사용	
2-	2	21-3001520	PEDAL(S, TYPE B)		EA	1.500000	60.000000	2.400000		(주)하…	구매	원재료	무상	자재	사용	
2-	3	21-9000212	HEAD LAMP (LED TYPE B)		EA	1.000000	5.000000	1.050000			구매	원재료	유상	자재	사용	

05 ②

[생산관리공통] – [기초정보관리] – [외주단가등록]

[보기]의 사업장, 외주공정, 외주처로 조회되는 품목에 체크한다. 단가적용비율 75%, 실제원가대비로 설정 후 '일괄변경'을 클릭하면 외주단가가 변경되어 등록된다. 등록되는 외주단가는 실제원가의 75%로 계산된 금액으로, 품목 87-1002001.BREAK SYSTEM의 외주단가는 41,325원이다.

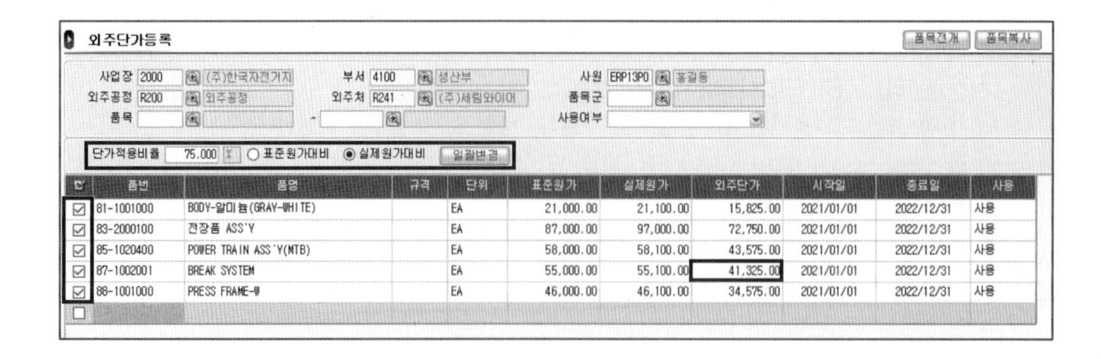

☑	품번	품명	규격	단위	표준원가	실제원가	외주단가	시작일	종료일	사용
☑	81-1001000	BODY-알미늄(GRAY-WHITE)		EA	21,000.00	21,100.00	15,825.00	2021/01/01	2022/12/31	사용
☑	83-2000100	전장품 ASS'Y		EA	87,000.00	97,000.00	72,750.00	2021/01/01	2022/12/31	사용
☑	85-1020400	POWER TRAIN ASS'Y(MTB)		EA	58,000.00	58,100.00	43,575.00	2021/01/01	2022/12/31	사용
☑	87-1002001	BREAK SYSTEM		EA	55,000.00	55,100.00	41,325.00	2021/01/01	2022/12/31	사용
☑	88-1001000	PRESS FRAME-W		EA	46,000.00	46,100.00	34,575.00	2021/01/01	2022/12/31	사용

06 ②

[생산관리공통] - [생산관리] - [생산계획등록]

[보기]의 조건으로 조회한 후 각 품목의 등록된 내역을 확인한다.

① 품목 '83-2000100.전장품 ASS'Y'의 생산계획수량의 합이 1,100EA로 가장 적다.

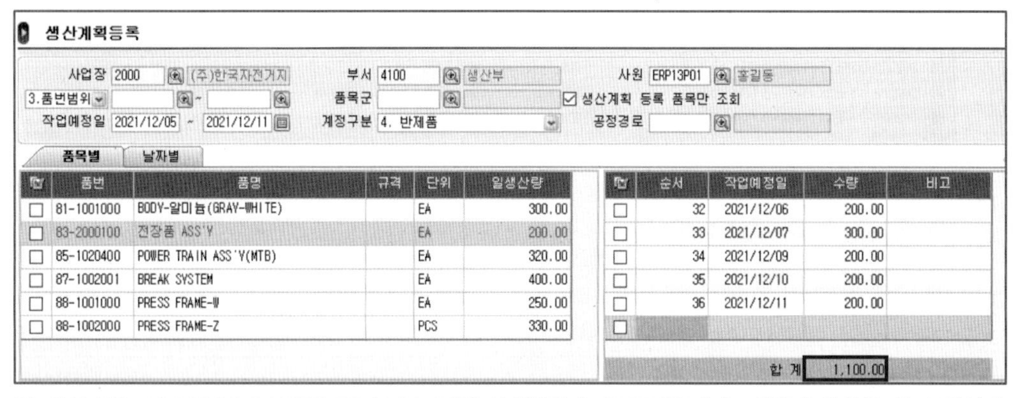

□	품번	품명	규격	단위	일생산량
□	81-1001000	BODY-알미늄(GRAY-WHITE)		EA	300.00
□	83-2000100	전장품 ASS'Y		EA	200.00
□	85-1020400	POWER TRAIN ASS'Y(MTB)		EA	320.00
□	87-1002001	BREAK SYSTEM		EA	400.00
□	88-1001000	PRESS FRAME-W		EA	250.00
□	88-1002000	PRESS FRAME-Z		PCS	330.00

□	순서	작업예정일	수량	비고
□	32	2021/12/06	200.00	
□	33	2021/12/07	300.00	
□	34	2021/12/09	200.00	
□	35	2021/12/10	200.00	
□	36	2021/12/11	200.00	
	합 계		1,100.00	

② 품목 '88-1002000.PRESS FRAME-Z'의 일생산량은 330PCS이며, 계획된 품목들 중 일생산량이 가장 많은 품목은 '87-1002001.BREAK SYSTEM'으로 400EA이다.

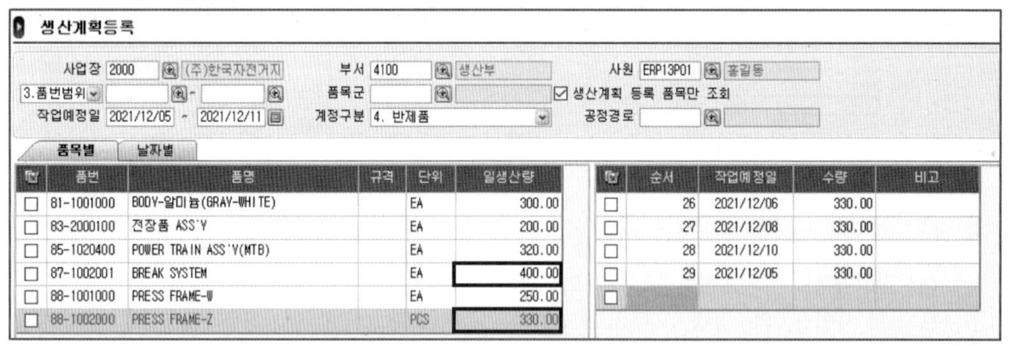

□	품번	품명	규격	단위	일생산량
□	81-1001000	BODY-알미늄(GRAY-WHITE)		EA	300.00
□	83-2000100	전장품 ASS'Y		EA	200.00
□	85-1020400	POWER TRAIN ASS'Y(MTB)		EA	320.00
□	87-1002001	BREAK SYSTEM		EA	400.00
□	88-1001000	PRESS FRAME-W		EA	250.00
□	88-1002000	PRESS FRAME-Z		PCS	330.00

□	순서	작업예정일	수량	비고
□	26	2021/12/06	330.00	
□	27	2021/12/08	330.00	
□	28	2021/12/10	330.00	
□	29	2021/12/05	330.00	

③ 품목 '87-1002001.BREAK SYSTEM'의 작업예정일에 2021년 12월 10일은 등록되어 있지 않으므로 생산계획된 내역이 없다.

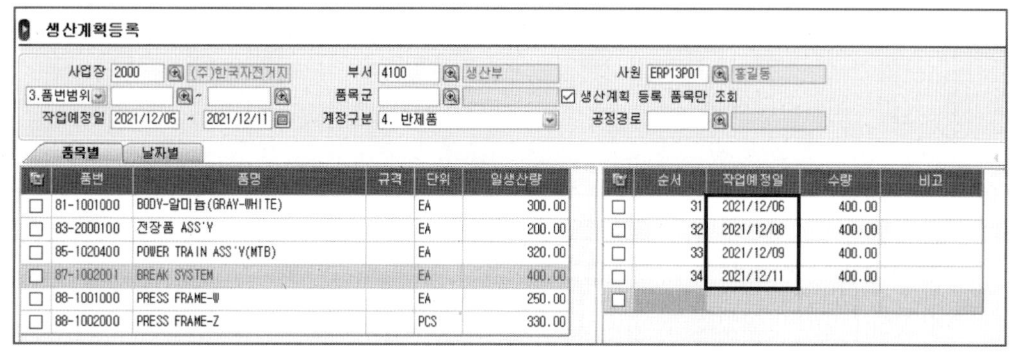

생산계획등록

사업장 2000 (주)한국자전거지 | 부서 4100 생산부 | 사원 ERP13P01 홍길동
3.품번범위 ~ | 품목군 | ☑ 생산계획 등록 품목만 조회
작업예정일 2021/12/05 ~ 2021/12/11 | 계정구분 4. 반제품 | 공정경로

품목별 | 날자별

	품번	품명	규격	단위	일생산량
□	81-1001000	BODY-알미늄(GRAY-WHITE)		EA	300.00
□	83-2000100	전장품 ASS'Y		EA	200.00
□	85-1020400	POWER TRAIN ASS'Y(MTB)		EA	320.00
□	87-1002001	BREAK SYSTEM		EA	400.00
□	88-1001000	PRESS FRAME-W		EA	250.00
□	88-1002000	PRESS FRAME-Z		PCS	330.00

	순서	작업예정일	수량	비고
□	31	2021/12/06	400.00	
□	32	2021/12/08	400.00	
□	33	2021/12/09	400.00	
□	34	2021/12/11	400.00	

④ 품목 ‘88-1001000.PRESS FRAME-W’의 일생산량은 250EA, 2021/12/08의 작업예정수량은 260EA로 일생산량을 초과하여 계획되었다.

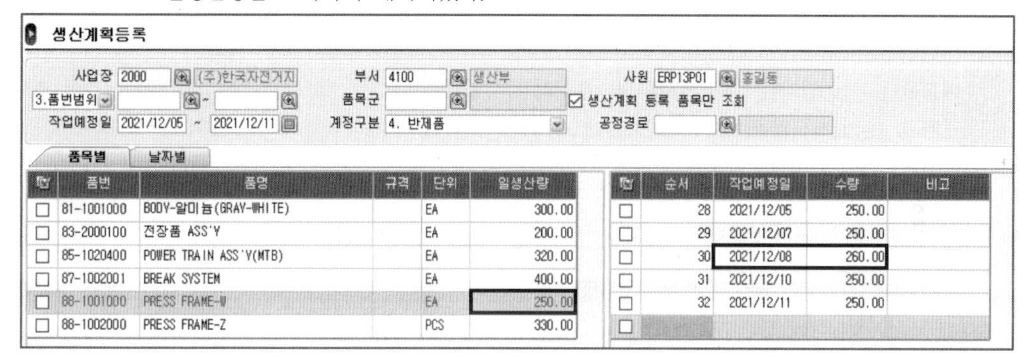

생산계획등록

사업장 2000 (주)한국자전거지 | 부서 4100 생산부 | 사원 ERP13P01 홍길동
3.품번범위 ~ | 품목군 | ☑ 생산계획 등록 품목만 조회
작업예정일 2021/12/05 ~ 2021/12/11 | 계정구분 4. 반제품 | 공정경로

품목별 | 날자별

	품번	품명	규격	단위	일생산량
□	81-1001000	BODY-알미늄(GRAY-WHITE)		EA	300.00
□	83-2000100	전장품 ASS'Y		EA	200.00
□	85-1020400	POWER TRAIN ASS'Y(MTB)		EA	320.00
□	87-1002001	BREAK SYSTEM		EA	400.00
□	88-1001000	PRESS FRAME-W		EA	250.00
□	88-1002000	PRESS FRAME-Z		PCS	330.00

	순서	작업예정일	수량	비고
□	28	2021/12/05	250.00	
□	29	2021/12/07	250.00	
□	30	2021/12/08	260.00	
□	31	2021/12/10	250.00	
□	32	2021/12/11	250.00	

07 ③

[생산관리공통] – [생산관리] – [작업지시등록]

[보기]의 조건과 각 작업장으로 조회하여 지시수량의 합을 확인한다. 작업장 ‘L302.반제품작업장(도색)’의 지시수량의 합이 480으로 가장 많다.

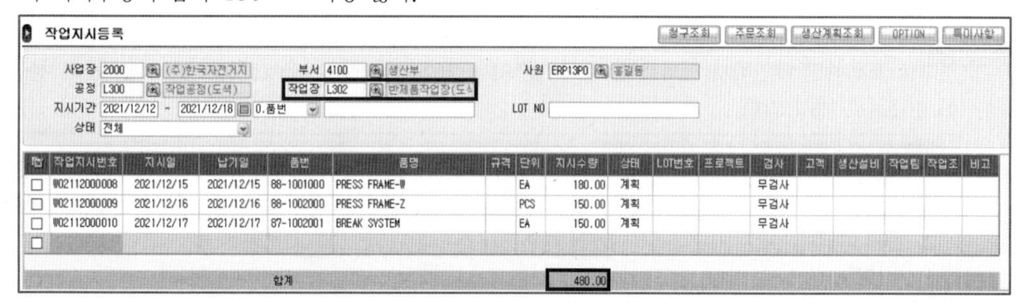

작업지시등록 | 청구조회 | 주문조회 | 생산계획조회 | OPTION | 특이사항

사업장 2000 (주)한국자전거지 | 부서 4100 생산부 | 사원 ERP13P0 홍길동
공정 L300 작업공정(도색) | 작업장 L302 반제품작업장(도색)
지시기간 2021/12/12 ~ 2021/12/18 | 0.품번 | LOT NO
상태 전체

	작업지시번호	지시일	납기일	품번	품명	규격	단위	지시수량	상태	LOT번호	프로젝트	검사	고객	생산설비	작업팀	작업조	비고
□	WO2112000008	2021/12/15	2021/12/15	88-1001000	PRESS FRAME-W		EA	180.00	계획			무검사					
□	WO2112000009	2021/12/16	2021/12/16	88-1002000	PRESS FRAME-Z		PCS	150.00	계획			무검사					
□	WO2112000010	2021/12/17	2021/12/17	87-1002001	BREAK SYSTEM		EA	150.00	계획			무검사					
	합계							480.00									

08 ④

[생산관리공통] – [생산관리] – [작업지시확정]

[보기]의 조건으로 조회한 후 각 작업지시번호 상단의 모품목과 하단에 등록되어 있는 내역을 확인한다.

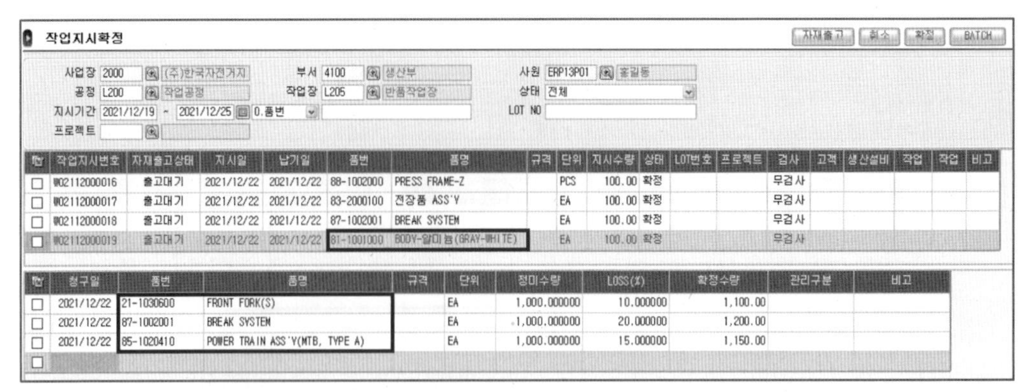
작업지시확정

사업장 2000 (주)한국자전거지 | 부서 4100 생산부 | 사원 ERP13P01 홍길동
공정 L200 작업공정 | 작업장 L205 반품작업장 | 상태 전체
지시기간 2021/12/19 ~ 2021/12/25 0.품번 | LOT NO
프로젝트

작업지시번호	자재출고상태	지시일	납기일	품번	품명	규격	단위	지시수량	상태	LOT번호	프로젝트	검사	고객	생산설비	작업	작업	비고
W02112000016	출고대기	2021/12/22	2021/12/22	88-1002000	PRESS FRAME-Z		PCS	100.00	확정			무검사					
W02112000017	출고대기	2021/12/22	2021/12/22	83-2000100	전장품 ASS'Y		EA	100.00	확정			무검사					
W02112000018	출고대기	2021/12/22	2021/12/22	87-1002001	BREAK SYSTEM		EA	100.00	확정			무검사					
W02112000019	출고대기	2021/12/22	2021/12/22	81-1001000	BODY-알미늄(GRAY-WHITE)		EA	100.00	확정			무검사					

청구일	품번	품명	규격	단위	정미수량	LOSS(%)	확정수량	관리구분	비고
2021/12/22	21-1030600	FRONT FORK(S)		EA	1,000.000000	10.000000	1,100.00		
2021/12/22	87-1002001	BREAK SYSTEM		EA	1,000.000000	20.000000	1,200.00		
2021/12/22	85-1020410	POWER TRAIN ASS'Y(MTB, TYPE A)		EA	1,000.000000	15.000000	1,150.00		

[생산관리공통] – [기초정보관리] – [BOM등록]

[작업지시확정] 메뉴에 등록되어 있는 각 작업지시번호 상단의 품목이 [BOM등록] 메뉴의 모품목이다. [BOM등록] 메뉴에서 각각의 모품목으로 조회되는 내역과 [작업지시확정] 메뉴의 하단에 청구된 내역을 비교한다. 기준일자는 [작업지시확정] 메뉴의 지시일로 한다. ①, ②, ③은 [BOM등록] 메뉴에 조회되는 내역과 [작업지시확정] 메뉴의 하단에 청구된 내역이 일치하며, ④ 81-1001000.BODY-알미늄(GRAY-WHITE)은 다르게 등록되어 있다.

BOM등록

모품목 81-1001000 BODY-알미늄(GRAY-WHITE) EA
기준일자 2021/12/22 | 사용여부 1.사용 | LOCATION 등록창 보기

순번	품번코드	품명	규격	단위	정미수량	LOSS(%)	필요수량	시작일자	종료일자	사급구분	외주구분	사용여부	비고
1	21-1030600	FRONT FORK(S)		EA	10.000000	10.000000	11.000000	2018/01/01	9999/12/31	자재	무상	사용	
2	87-1002001	BREAK SYSTEM		EA	10.000000	20.000000	12.000000	2018/01/01	9999/12/31	자재	무상	사용	
6	85-1020400	POWER TRAIN ASS'Y(MTB)		EA	10.000000	15.000000	11.500000	2018/01/01	9999/12/31	자재	무상	사용	

09 ③

[생산관리공통] – [생산관리] – [생산자재출고]

[보기]의 사업장, 출고기간으로 조회한 후 오른쪽 상단의 '출고요청'을 클릭한다. 팝업창에 청구기간, 청구공정, 청구작업장으로 조회되는 품목의 청구잔량을 확인한다. 여러 품목이 섞여있으므로 품번이나 품명으로 조회하면 확인하기 편리하다. 품목 '87-1002011.BREAK SYSTEM (TYPE A)'의 청구잔량이 90EA로 가장 많다.

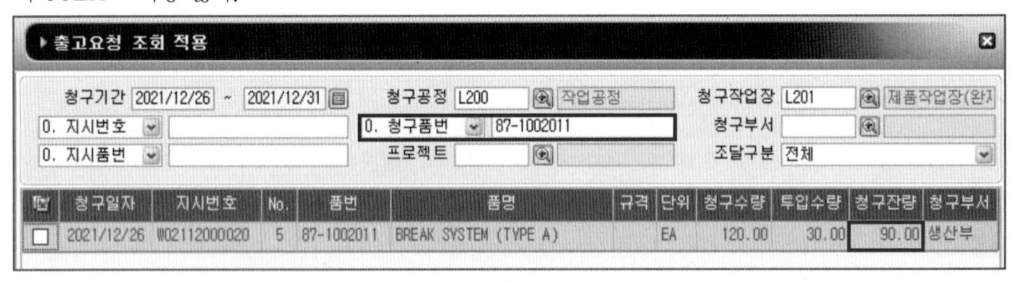
출고요청 조회 적용

청구기간 2021/12/26 ~ 2021/12/31 | 청구공정 L200 작업공정 | 청구작업장 L201 제품작업장(완제
0. 지시번호 | 0. 청구품번 87-1002011 | 청구부서
0. 지시품번 | 프로젝트 | 조달구분 전체

청구일자	지시번호	No.	품번	품명	규격	단위	청구수량	투입수량	청구잔량	청구부서
2021/12/26	W02112000020	5	87-1002011	BREAK SYSTEM (TYPE A)		EA	120.00	30.00	90.00	생산부

10 ①

[생산관리공통] – [생산/외주/재공현황] – [실적현황]

[보기]의 조건으로 조회한 후 각 생산설비의 실적수량의 합을 확인한다. 여러 생산설비가 섞여있으므로 각 생산설비로 조회하면 확인하기 편리하다. 'P1A.생산설비 1호'의 실적수량의 합이 115EA로 가장 많다.

TIP [작업실적등록] 메뉴에서도 조회가 가능하지만 각 작업지시번호 하단에 여러 생산설비가 등록되어 있어 하나하나 확인해야 하는 번거로움이 있다.

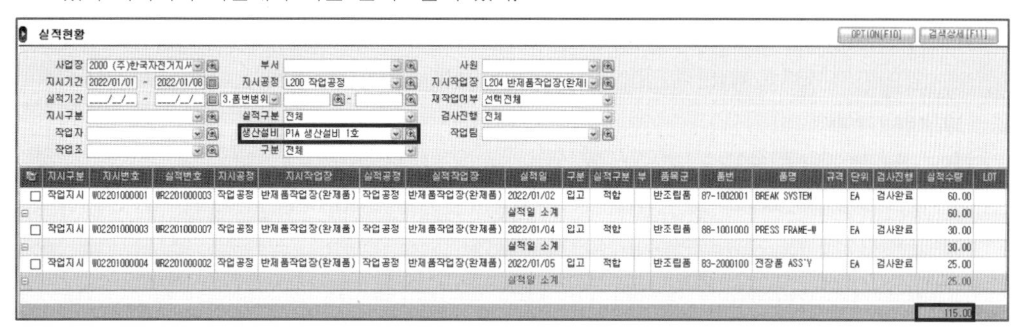

실적현황

지시구분	지시번호	실적번호	지시공정	지시작업장	실적공정	실적작업장	실적일	구분	실적구분	부	품목군	품번	품명	규격	단위	검사진행	실적수량	LOT
작업지시	W02201000001	WR2201000003	작업공정	반제품작업장(완제품)	작업공정	반제품작업장(완제품)	2022/01/02	입고	적합		반조립품	87-1002001	BREAK SYSTEM		EA	검사완료	60.00	
							실적일 소계										60.00	
작업지시	W02201000003	WR2201000007	작업공정	반제품작업장(완제품)	작업공정	반제품작업장(완제품)	2022/01/04	입고	적합		반조립품	88-1001000	PRESS FRAME-W		EA	검사완료	30.00	
							실적일 소계										30.00	
작업지시	W02201000004	WR2201000002	작업공정	반제품작업장(완제품)	작업공정	반제품작업장(완제품)	2022/01/05	입고	적합		반조립품	83-2000100	전장품 ASS'Y		EA	검사완료	25.00	
							실적일 소계										25.00	
																	115.00	

11 ④

[생산관리공통] – [생산관리] – [생산자재사용등록]

[보기]의 조건으로 조회한 후 각 작업실적번호에서 오른쪽 상단의 '청구적용[F8]'을 클릭하여 팝업창에서 적용예정량, 적용수량, 잔량을 확인한다. 작업실적번호 WR2201000014의 적용수량의 합이 적용예정량의 합보다 더 많아 잔량이 음수(–)이다.

청구 적용 도움창

사용일 2022/01/10 관리구분 조회[F12] 적용[F10] 취소[ESC]

순서	공정	작업장	품번	품명	규격	단위	적용예정량	적용수량	잔량
1	작업공정(도색)	반제품작업장(휠)	21-1060720	FRAME-NUT (TYPE B)		EA	90.00	90.00	
2	작업공정(도색)	반제품작업장(휠)	21-9000202	HEAD LAMP (TYPE B)		EA	99.00	100.00	-1.00
3	작업공정(도색)	반제품작업장(휠)	21-1030620	FRONT FORK (TYPE SB)		EA	108.00	108.00	
4	작업공정(도색)	반제품작업장(휠)	87-1002021	BREAK SYSTEM (TYPE B)		EA	108.00	108.00	
5	작업공정(도색)	반제품작업장(휠)	21-1060852	WHEEL FRONT-MTB (TYPE B)		EA	99.00	100.00	-1.00
6	작업공정(도색)	반제품작업장(휠)	21-1060952	WHEEL REAL-MTB (TYPE B)		EA	99.00	100.00	-1.00

12 ③

[생산관리공통] – [생산관리] – [생산실적검사]

[보기]의 조건으로 조회한 후 각 작업실적번호의 내역을 확인한다.

③ 작업실적번호 WR2201000018의 검사구분은 '자전거ASS'Y최종검사'이며 합격여부는 '합격'이다.

생산실적검사

사업장 2000 (주)한국자전거지 / 부서 4100 생산부 / 사원 ERP13P0 홍길동
실적일 2022/01/16 ~ 2022/01/22 / 공정 L300 작업공정(도색) / 작업장 L301 제품작업장(도색)
0.품번 / 검사여부 선택전체 / 상태 선택전체
고객 / 프로젝트

작업지시번호	작업실적번호	실적일	품번	품명	규격	단위	실적수량	상태	작업구분	LOT 번호	프로젝트	고객	비고
W02201000009	WR2201000016	2022/01/18	NAX-A402	일반자전거(P-GRAY BLACK)		EA	100.00	확정	작업지시				
W02201000010	WR2201000017	2022/01/18	NAX-A421	산악자전거(P-21G,A421)		EA	100.00	확정	작업지시				
W02201000011	WR2201000018	2022/01/18	NAX-A422	산악자전거(P-21G,A422)		EA	100.00	확정	작업지시				
W02201000012	WR2201000015	2022/01/18	NAX-A400	일반자전거(P-GRAY WHITE)		EA	100.00	확정	작업지시				

검사일	검사담당자	검사구분	검사유형	시료수	불량시료	양품시료	합격여부	합격수량	불합격수량	비고
2022/01/18	이혜리	자전거ASS'Y최종검사	샘플검사	100.00	5.00	95.00	합격	95.00	5.00	

13 ①

[생산관리공통] - [생산관리] - [생산품창고입고처리]

[보기]의 조건으로 조회한다. 실적구분 '1. 검사'로 조회하면 생산실적검사를 진행한 실적번호를 확인할 수 있으며, 실적번호 WR2112000001, WR2112000002가 조회된다.

생산품창고입고처리

사업장 2000 (주)한국자전거지 | 부서 4100 생산부 | 사원 ERP13P0 홍길동
실적기간 2021/12/01 ~ 2021/12/11 | 공정 L300 작업공정(도색) | 작업장 L212 반제품작업장(휠)
검사구분 1. 검사 | 상태 선택전체
0.품번 | 고객 | 프로젝트

지시번호	실적번호	실적일	품번	품명	규격	단위	상태	실적수량	LOT 번호	입고대상수량	기입고수량	처리수량	입고가능	고객	프로젝트
WO2112000024	WR2112000001	2021/12/05	88-1001010	PRESS FRAME-W (TYPE A)		EA	확정	100.00		100.00	100.00				
WO2112000027	WR2112000002	2021/12/08	88-1001020	PRESS FRAME-W (TYPE B)		EA	확정	120.00		20.00	20.00				

14 ①

[생산관리공통] - [생산관리] - [작업지시마감처리]

[보기]의 조건으로 조회한 후 각 작업지시번호의 상태를 확인한다. 상태가 '확정'이면 마감처리가 가능하며, '계획'이나 '마감'이면 마감처리가 불가능하다. 또한 상태가 '확정'인 작업지시에 체크를 하면 오른쪽 상단의 '마감처리[F6]'가 활성화되어 마감처리를 할 수 있다. 상태가 '확정'인 작업지시번호 중 작업지시번호 WO2112000028 하단의 실적잔량이 30EA로 가장 많다.

작업지시마감처리 　 마감처리[F6] 　 마감취소[F7]

사업장 2000 (주)한국자전거지 | 부서 4100 생산부 | 사원 ERP13P0 홍길동
지시일 2021/12/19 ~ 2021/12/25 | 공정경로 | 3.품번범위
공정구분 선택전체 | 공정 L300 작업공정(도색) | 작업장 L301 제품작업장(도색)
지시상태 | 실적잔량 선택전체 | 프로젝트

작업지시번호	지시일	완료일	품번	품명	규격	단위	지시수량	상태	공정경로	LOT번	PROJECT	지시자
WO2112000028	2021/12/20	2021/12/20	NAX-A402	일반자전거(P-GRAY BLACK)		EA	100.00	확정				
WO2112000029	2021/12/21	2021/12/21	NAX-A400	일반자전거(P-GRAY WHITE)		EA	200.00	계획				
WO2112000030	2021/12/22	2021/12/22	NAX-A420	산악자전거(P-20G)		EA	150.00	확정				
WO2112000031	2021/12/23	2021/12/23	NAX-A421	산악자전거(P-21G,A421)		EA	170.00	계획				
WO2112000032	2021/12/24	2021/12/24	NAX-A401	일반자전거(P-GRAY RED)		EA	140.00	계획				
WO2112000033	2021/12/25	2021/12/25	NAX-A422	산악자전거(P-21G,A422)		EA	100.00	확정				

NO	지시일	완료일	공정구분	공정	작업장	지시수량	실적수량	실적잔량	단가	금액	생산설비	검사	비고
1	2021/12/20	2021/12/20	생산공정	작업공정(도색)	제품작업장(도색)	100.00	70.00	30.00				무검사	

15 ①

[생산관리공통] - [생산/외주/재공현황] - [생산월보]

'실적기준' 탭에서 [보기]의 조건으로 조회한 후 각 품목의 1월 실적수량을 확인한다. 품목 '83-2000100. 전장품 ASS'Y'의 수량이 300EA로 가장 많다.

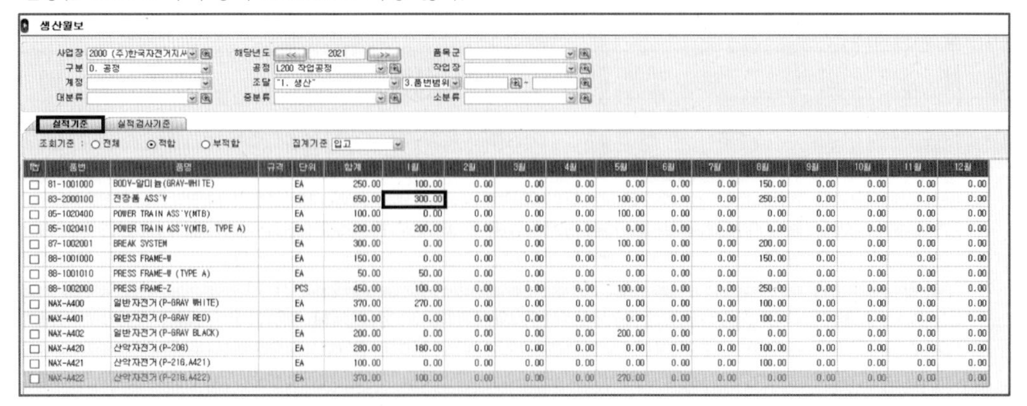
생산월보

사업장 2000 (주)한국자전거지사 | 해당년도 2021 | 품목군
구분 0. 공정 | 공정 L200 작업공정 | 작업장
계정 | 조달 "1. 생산" | 3.품번범위
대분류 | 중분류 | 소분류

실적기준 | 실적검사기준

조회기준 : ○전체 ⊙적합 ○부적합 　 집계기준 입고

품번	품명	규격	단위	합계	1월	2월	3월	4월	5월	6월	7월	8월	9월	10월	11월	12월
81-1001000	BODY-알미늄(GRAY-WHITE)		EA	250.00	100.00	0.00	0.00	0.00	0.00	0.00	0.00	150.00	0.00	0.00	0.00	0.00
83-2000100	전장품 ASS'Y		EA	650.00	300.00	0.00	0.00	0.00	100.00	0.00	0.00	250.00	0.00	0.00	0.00	0.00
85-1020400	POWER TRAIN ASS'Y(MTB)		EA	100.00	0.00	0.00	0.00	0.00	100.00	0.00	0.00	0.00	0.00	0.00	0.00	0.00
85-1020410	POWER TRAIN ASS'Y(MTB, TYPE A)		EA	200.00	200.00	0.00	0.00	0.00	0.00	0.00	0.00	0.00	0.00	0.00	0.00	0.00
87-1002001	BREAK SYSTEM		EA	300.00	0.00	0.00	0.00	0.00	100.00	0.00	0.00	200.00	0.00	0.00	0.00	0.00
88-1001000	PRESS FRAME-W		EA	150.00	0.00	0.00	0.00	0.00	0.00	0.00	0.00	150.00	0.00	0.00	0.00	0.00
88-1001010	PRESS FRAME-W (TYPE A)		EA	50.00	50.00	0.00	0.00	0.00	0.00	0.00	0.00	0.00	0.00	0.00	0.00	0.00
88-1002000	PRESS FRAME-Z		PCS	450.00	100.00	0.00	0.00	0.00	100.00	0.00	0.00	250.00	0.00	0.00	0.00	0.00
NAX-A400	일반자전거(P-GRAY WHITE)		EA	370.00	270.00	0.00	0.00	0.00	0.00	0.00	0.00	100.00	0.00	0.00	0.00	0.00
NAX-A401	일반자전거(P-GRAY RED)		EA	100.00	0.00	0.00	0.00	0.00	0.00	0.00	0.00	100.00	0.00	0.00	0.00	0.00
NAX-A402	일반자전거(P-GRAY BLACK)		EA	200.00	0.00	0.00	0.00	0.00	200.00	0.00	0.00	0.00	0.00	0.00	0.00	0.00
NAX-A420	산악자전거(P-20G)		EA	280.00	180.00	0.00	0.00	0.00	0.00	0.00	0.00	100.00	0.00	0.00	0.00	0.00
NAX-A421	산악자전거(P-21G,A421)		EA	100.00	0.00	0.00	0.00	0.00	0.00	0.00	0.00	100.00	0.00	0.00	0.00	0.00
NAX-A422	산악자전거(P-21G,A422)		EA	370.00	100.00	0.00	0.00	0.00	270.00	0.00	0.00	0.00	0.00	0.00	0.00	0.00

16 ②

[생산관리공통] – [생산/외주/재공현황] – [현재공현황(공정/작업장)]

작업장별로 품목의 재공수량을 확인하기 위하여 '작업장' 탭에서 [보기]의 조건으로 조회한다. 품목 '21-1070700, FRAME-티타늄'의 재공수량이 'L203.제품작업장(반제품)'에서 120EA로 가장 적다.

현재공현황(공정/작업장)

사업장 2000 (주)한국자전거지사 | 공정 L200 작업공정 | 작업장
해당년도 2022 | 계정 "0. 원재료" | 조달
0.품번 21-1070700 | 품목군 | 재공유무 1. 유
대분류 | 중분류 | 소분류

공 정 | 작업장

사업장	공정	작업장	품번	품명	규격	단위	기초수량	입고수량	출고수량	재공수량	단위(관리)	재공수량(관리)
(주)한국자전거지사	작업공정	제품작업장(완제품)	21-1070700	FRAME-티타늄		EA	300.00	0.00	0.00	300.00	EA	300.00
		제품작업장(완제품) 소계					300.00	0.00	0.00	300.00		300.00
(주)한국자전거지사	작업공정	반제품작업장(반제품)	21-1070700	FRAME-티타늄		EA	150.00	0.00	0.00	150.00	EA	150.00
		반제품작업장(반제품) 소계					150.00	0.00	0.00	150.00		150.00
(주)한국자전거지사	작업공정	제품작업장(반제품)	21-1070700	FRAME-티타늄		EA	120.00	0.00	0.00	120.00	EA	120.00
		제품작업장(반제품) 소계					120.00	0.00	0.00	120.00		120.00
(주)한국자전거지사	작업공정	반제품작업장(완제품)	21-1070700	FRAME-티타늄		EA	200.00	0.00	0.00	200.00	EA	200.00
		반제품작업장(완제품) 소계					200.00	0.00	0.00	200.00		200.00
	작업공정 소계						770.00	0.00	0.00	770.00		770.00
(주)한국자전거지사 소계							770.00	0.00	0.00	770.00		770.00

17 ④

[생산관리공통] – [외주관리] – [외주발주등록]

[보기]의 조건과 각 외주처로 조회한 후 발주일, 납기일, 품번을 입력하면 단가가 자동으로 등록된다. 외주처 'R221.(주)영동바이크'의 단가가 4,600원으로 가장 낮다.

① R211.다스산업(주) : 46,100원
② R201.(주)대흥정공 : 5,520원
③ R231.(주)제일물산 : 75,000원
④ R221.(주)영동바이크 : 4,600원

TIP 지시수량이 주어지지 않았으므로 외주처별로 지시사항을 입력 후 삭제해야 하는 번거로움이 있다. 따라서 [생산관리공통] – [기초정보관리] – [외주단가등록] 메뉴에서 각 외주처별로 품목의 외주단가를 조회해도 상관없다.

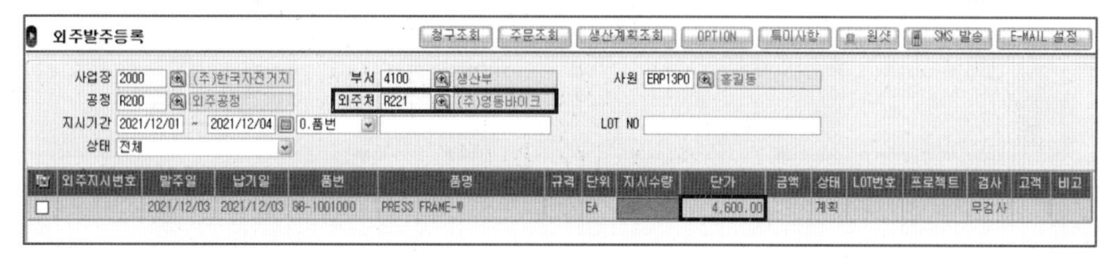
외주발주등록

청구조회 | 주문조회 | 생산계획조회 | OPTION | 특이사항 | 원샷 | SMS 발송 | E-MAIL 설정

사업장 2000 (주)한국자전거지 | 부서 4100 생산부 | 사원 ERP13P0 홍길동
공정 R200 외주공정 | 외주처 R221 (주)영동바이크
지시기간 2021/12/01 ~ 2021/12/04 | 0.품번 | LOT NO
상태 전체

외주지시번호	발주일	납기일	품번	품명	규격	단위	지시수량	단가	금액	상태	LOT번호	프로젝트	검사	고객	비고
	2021/12/03	2021/12/03	88-1001000	PRESS FRAME-W		EA		4,600.00		계획			무검사		

18 ④

[생산관리공통] – [외주관리] – [외주발주확정]

사용일을 제외한 [보기]의 조건으로 조회되는 모든 생산지시번호에 체크하여 오른쪽 상단의 '확정'을 클릭한다. 사용일을 입력 후 '확인[ENTER]'을 클릭하면 확정처리가 된다.

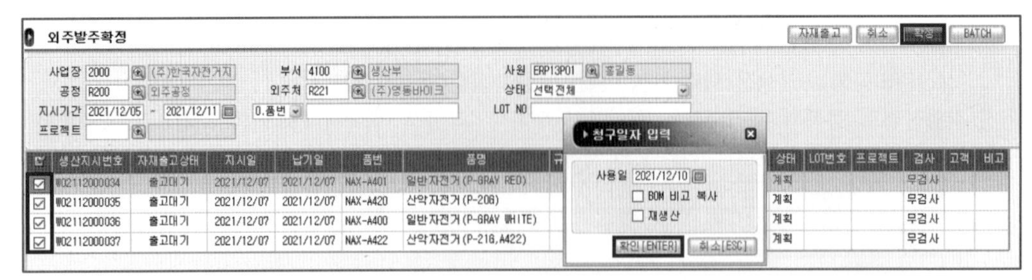

③ 생산지시번호 WO2112000036의 청구자재 중 '83-2000100.전장품 ASS'Y'에서 마우스 오른쪽 버튼을 클릭하여 '부가기능 – 품목상세정보'를 확인하면 계정 '4.반제품'을 확인할 수 있다.

④ 생산지시번호 WO2112000035의 청구자재 중 품목 '83-2000100.전장품 ASS'Y'의 외주단가가 8,700원으로 가장 크다.

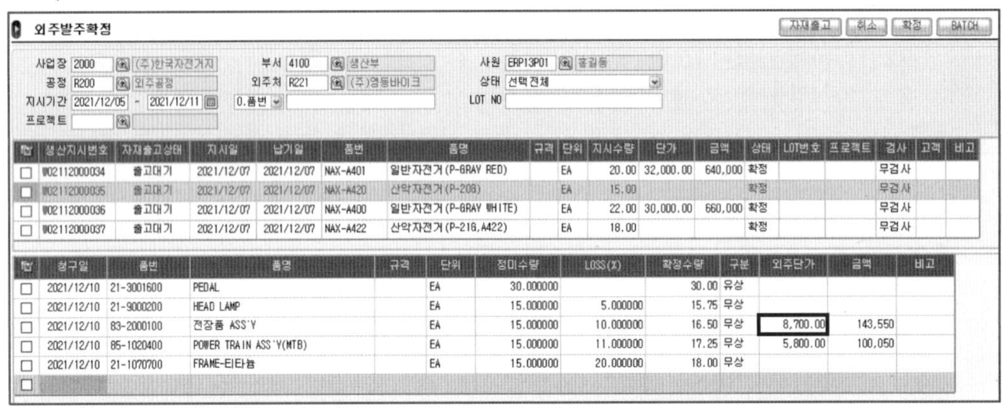

19 ④

[생산관리공통] – [외주관리] – [외주자재출고]

[보기]의 사업장과 출고기간으로 조회한 후 오른쪽 상단의 '일괄적용'을 클릭한다. 팝업창에 청구기간, 청구공정, 청구작업장을 입력 후, 조회되는 각 품목을 클릭하면 하단에서 모품목을 확인할 수 있다. 또한, 문제에서 주어진 조건으로 외주자재출고를 등록해서 확인할 수도 있다. 외주자재출고를 등록할 경우, 팝업창에 조회되는 모든 품목에 체크하여 '일괄적용'을 클릭한다.

출고일자, 출고창고, 출고장소를 입력한 후 '확인[ENTER]'을 클릭하면 외주자재출고가 등록된다.

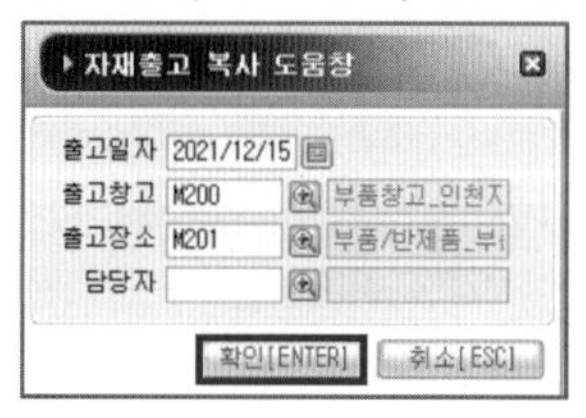

등록되는 품목을 하나하나 클릭하면 모품목을 확인할 수 있으며, 확인되는 모품목은 'NAX-A421.산악자전거(P-21G,A421), NAX-A422.산악자전거(P-21G,A422), NAX-A401.일반자전거(P-GRAY RED), NAX-A400.일반자전거(P-GRAY WHITE)'이다.

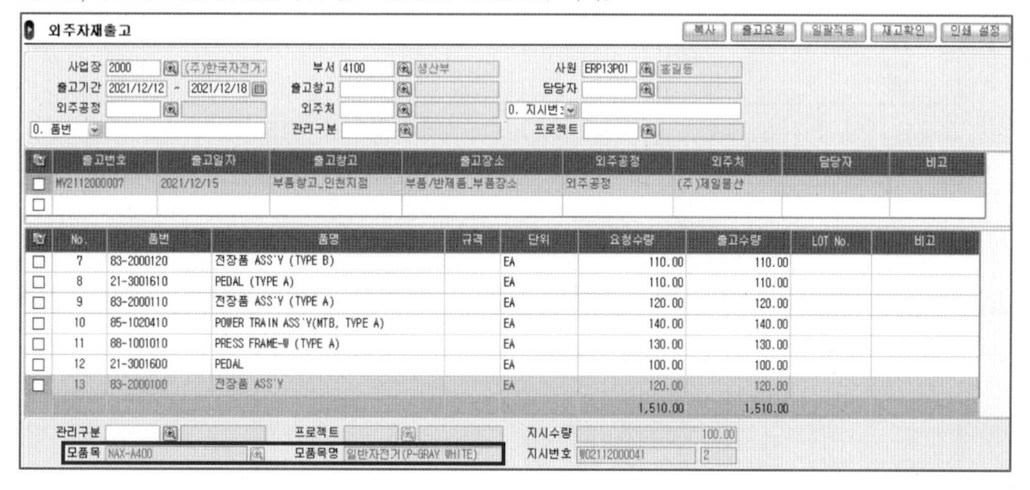

20 ④

[생산관리공통] – [외주관리] – [외주실적등록]

[보기]의 조건으로 조회되는 내역을 확인한다.

④ 각 작업실적번호를 클릭하면 하단에서 입고창고와 입고장소를 확인할 수 있다. 실적구분이 '적합'인 경우 입고창고/입고장소는 'M200.부품창고_인천지점/M201.부품/반제품_부품장소'이며, '부적합'인 경우 입고창고/입고장소는 'M200.부품창고_인천지점/M209.부품/반제품_부품장소_불량'으로 처리되었다.

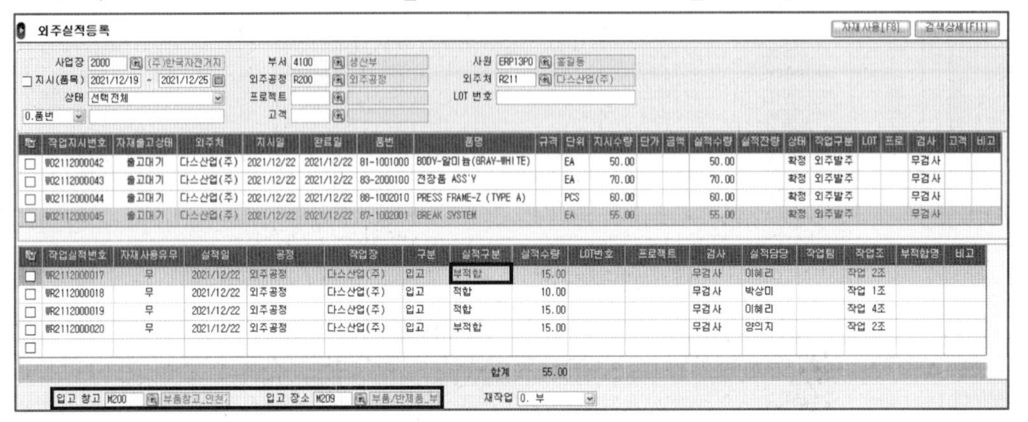

21 ③

[생산관리공통] – [외주관리] – [외주자재사용등록]

[보기]의 '사업장 ~ 상태' 조건으로 조회되는 모든 작업실적번호에 체크한 후, 오른쪽 상단의 '일괄적용[F7]'을 클릭한다. 팝업창에 [보기]의 '사용일 ~ 출고장소' 조건을 입력한 후 '확인[TAB]'을 클릭하면 사용등록이 된다.

등록된 내역 중 작업실적번호 WR2112000023의 사용수량의 합이 150EA로 가장 적다.

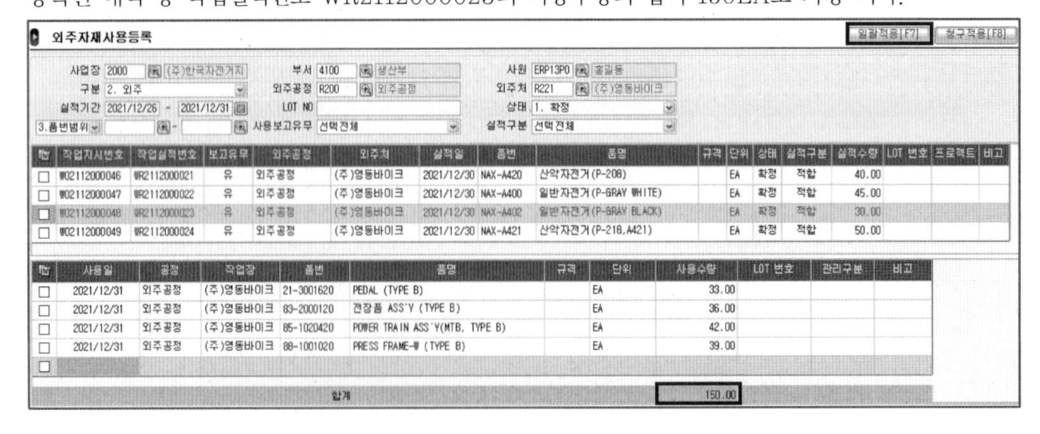

22 ②

[생산관리공통] – [외주관리] – [외주마감]

[보기]의 사업장, 마감일로 조회한 후 오른쪽 상단의 '실적일괄적용[F10]'을 클릭한다. 팝업창에 [보기]의 조건을 입력 후 '적용[F10]'을 클릭하면 외주마감이 등록된다.

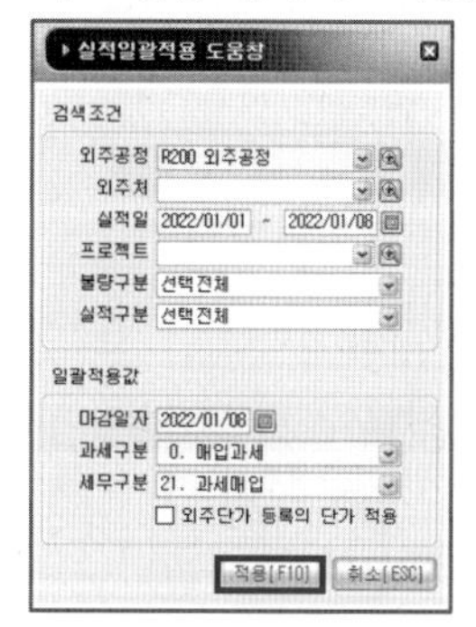

등록된 외주마감 중 외주처 'R231.(주)제일물산'의 공급가의 합계액이 3,325,000원으로 가장 작다.

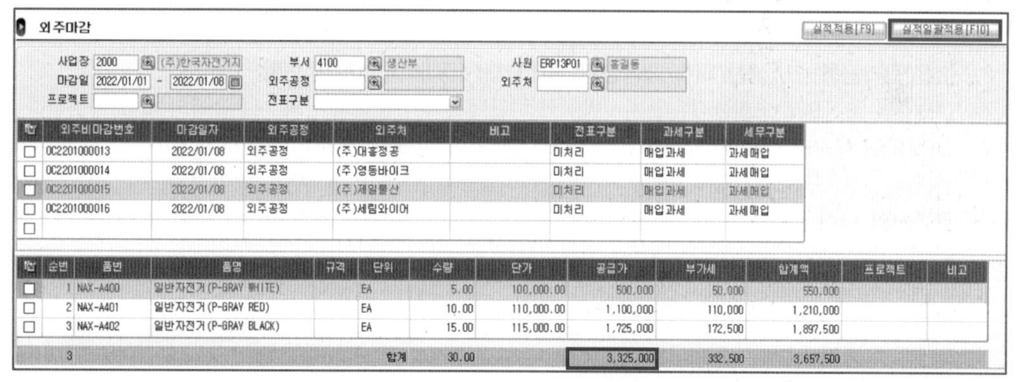

외주비마감번호	마감일자	외주공정	외주처	비고	전표구분	과세구분	세무구분
OC2201000013	2022/01/08	외주공정	(주)대흥정공		미처리	매입과세	과세매입
OC2201000014	2022/01/08	외주공정	(주)영동바이크		미처리	매입과세	과세매입
OC2201000015	2022/01/08	외주공정	(주)제일물산		미처리	매입과세	과세매입
OC2201000016	2022/01/08	외주공정	(주)세림와이어		미처리	매입과세	과세매입

순번	품번	품명	규격	단위	수량	단가	공급가	부가세	합계액	프로젝트	비고
1	NAX-A400	일반자전거(P-GRAY WHITE)		EA	5.00	100,000.00	500,000	50,000	550,000		
2	NAX-A401	일반자전거(P-GRAY RED)		EA	10.00	110,000.00	1,100,000	110,000	1,210,000		
3	NAX-A402	일반자전거(P-GRAY BLACK)		EA	15.00	115,000.00	1,725,000	172,500	1,897,500		
3				합계	30.00		3,325,000	332,500	3,657,500		

23 ③

[생산관리공통] – [외주관리] – [회계처리(외주마감)]

'외주마감' 탭에서 [보기] 조건으로 조회되는 모든 마감번호에 체크한 후, 오른쪽 상단의 '전표처리'를 클릭한다. 부가세사업장을 선택 후 '확인[TAB]'을 클릭하면 전표처리가 진행된다.

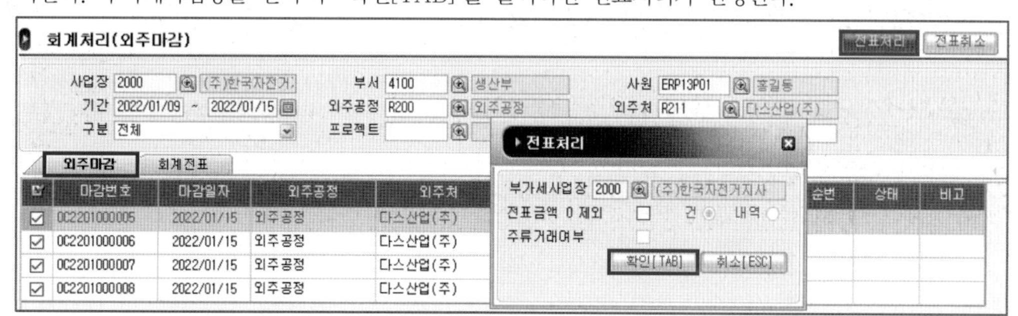

'회계전표' 탭에서 조회하면 각 외주마감번호의 전표처리 내역을 확인할 수 있다. 외주마감번호 OC2201000007의 외상매입금이 13,200,000원으로 가장 많다.

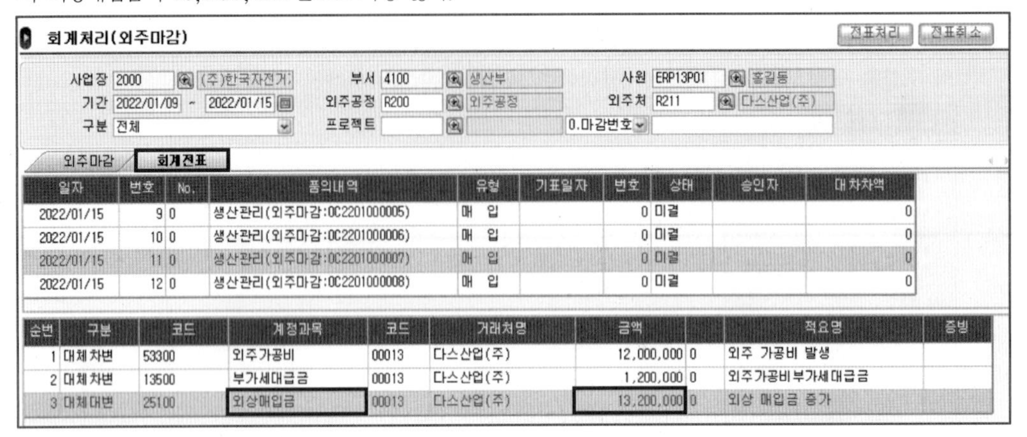

일자	번호	No.	품의내역	유형	기표일자	번호	상태	승인자	대차차액
2022/01/15	9	0	생산관리(외주마감:OC2201000005)	매 입		0	미결		0
2022/01/15	10	0	생산관리(외주마감:OC2201000006)	매 입		0	미결		0
2022/01/15	11	0	생산관리(외주마감:OC2201000007)	매 입		0	미결		0
2022/01/15	12	0	생산관리(외주마감:OC2201000008)	매 입		0	미결		0

순번	구분	코드	계정과목	코드	거래처명	금액		적요명	증빙
1	대체차변	53300	외주가공비	00013	다스산업(주)	12,000,000	0	외주 가공비 발생	
2	대체차변	13500	부가세대급금	00013	다스산업(주)	1,200,000	0	외주가공비부가세대급금	
3	대체대변	25100	외상매입금	00013	다스산업(주)	13,200,000	0	외상 매입금 증가	

24 ②

[생산관리공통] – [생산/외주/재공현황] – [자재청구대비투입/사용현황]

[보기]의 조건으로 조회한 후 각 지시번호의 하단에서 투입금액의 합과 사용금액의 합을 확인한다. '단가 OPTION'에 따라 금액이 달라질 수 있으므로 오른쪽 상단의 '단가 OPTION[F10]'을 클릭하여 '실제원가[품목등록]'으로 설정해야 한다. 지시번호 WO2201000032의 투입금액의 합이 27,291,000원, 사용금액의 합이 28,310,500원으로 투입금액의 합보다 사용금액의 합이 더 많이 발생하였다.

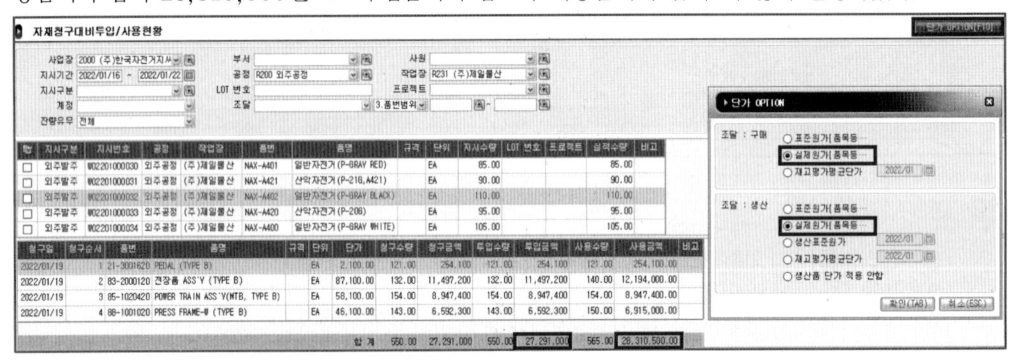

지시구분	지시번호	공정	작업장	품번	품명	규격	단위	지시수량	LOT 번호	프로젝트	실적수량	비고
외주발주	WO2201000030	외주공정	(주)제일물산	NAX-A401	일반자전거(P-GRAY RED)		EA	85.00			85.00	
외주발주	WO2201000031	외주공정	(주)제일물산	NAX-A421	산악자전거(P-21G,A421)		EA	90.00			90.00	
외주발주	WO2201000032	외주공정	(주)제일물산	NAX-A402	일반자전거(P-GRAY BLACK)		EA	110.00			110.00	
외주발주	WO2201000033	외주공정	(주)제일물산	NAX-A420	산악자전거(P-20G)		EA	95.00			95.00	
외주발주	WO2201000034	외주공정	(주)제일물산	NAX-A400	일반자전거(P-GRAY WHITE)		EA	105.00			105.00	

청구일	청구순서	품번	품명	규격	단위	단가	청구수량	청구금액	투입수량	투입금액	사용수량	사용금액	비고
2022/01/19	1	21-3001620	PEDAL (TYPE B)		EA	2,100.00	121.00	254,100	121.00	254,100	121.00	254,100.00	
2022/01/19	2	83-2000120	전장품 ASS'Y (TYPE B)		EA	87,100.00	132.00	11,497,200	132.00	11,497,200	140.00	12,194,000.00	
2022/01/19	3	85-1020420	POWER TRAIN ASS'Y(MTB, TYPE B)		EA	58,100.00	154.00	8,947,400	154.00	8,947,400	154.00	8,947,400.00	
2022/01/19	4	88-1001020	PRESS FRAME-W (TYPE B)		EA	46,100.00	143.00	6,592,300	143.00	6,592,300	150.00	6,915,000.00	
					합 계		550.00	27,291,000	550.00	27,291,000	565.00	28,310,500.00	

25 ④

[생산관리공통] – [생산/외주/재공현황] – [품목별품질현황(전수검사)]

[보기]의 조건으로 조회한 후 각 품목의 합격률을 확인한다. 품목 '88-1001000.PRESS FRAME-W'의 합격률이 85%로 가장 높다.

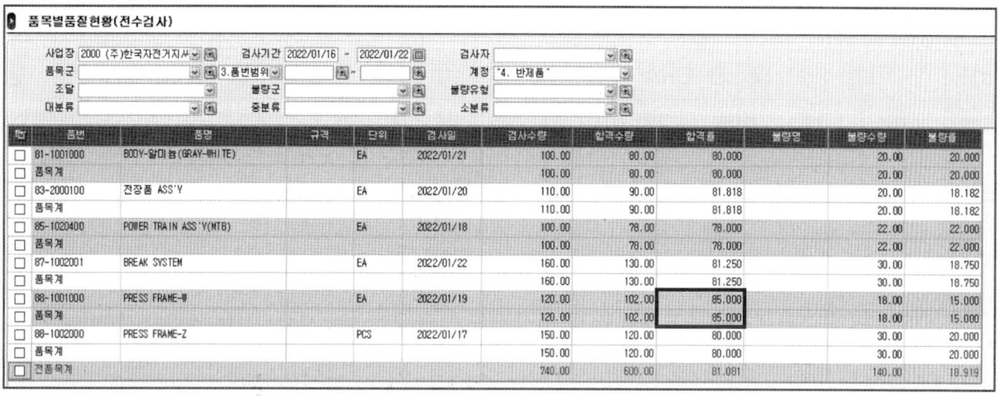

품목별품질현황(전수검사)

사업장 2000 (주)한국자전거지사 | 검사기간 2022/01/16 ~ 2022/01/22 | 검사자
품목군 | 3.품번범위 | 계정 "4. 반제품"
조달 | 불량군 | 불량유형
대분류 | 중분류 | 소분류

품번	품명	규격	단위	검사일	검사수량	합격수량	합격률	불량명	불량수량	불량률
81-1001000	BODY-알미늄(GRAY-WHITE)		EA	2022/01/21	100.00	80.00	80.000		20.00	20.000
품목계					100.00	80.00	80.000		20.00	20.000
83-2000100	전장품 ASS'Y		EA	2022/01/20	110.00	90.00	81.818		20.00	18.182
품목계					110.00	90.00	81.818		20.00	18.182
85-1020400	POWER TRAIN ASS'Y(MTB)		EA	2022/01/18	100.00	78.00	78.000		22.00	22.000
품목계					100.00	78.00	78.000		22.00	22.000
87-1002001	BREAK SYSTEM		EA	2022/01/22	160.00	130.00	81.250		30.00	18.750
품목계					160.00	130.00	81.250		30.00	18.750
88-1001000	PRESS FRAME-W		EA	2022/01/19	120.00	102.00	85.000		18.00	15.000
품목계					120.00	102.00	85.000		18.00	15.000
88-1002000	PRESS FRAME-Z		PCS	2022/01/17	150.00	120.00	80.000		30.00	20.000
품목계					150.00	120.00	80.000		30.00	20.000
전품목계					740.00	600.00	81.081		140.00	18.919

2021년 6회

p.252

이론

01	④	02	③	03	④	04	③	05	④	06	①	07	④	08	①	09	④	10	②
11	②	12	25	13	B-C-A		14	④	15	①	16	③	17	②	18	③	19	공정	
20	64		21	정돈		22	①	23	③	24	④	25	②	26	20		27	SCM	
28	④	29	①	30	①	31	p	32	수입										

01 ④

기업의 업무 프로세스를 기본적으로 다시 생각하고 급진적으로 재설계하는 것은 BPR이다.

02 ③

객체 지향 기술의 사용은 ERP의 기술적 특징에 해당한다.

03 ④

ERP는 패키지화되어 있으므로 신기술을 도입하여 적용시키는 것이 어렵지 않다.

04 ③

ERP 도입의 최종 목적은 고객만족과 이윤 극대화 실현에 있다.

05 ④

ERP의 발전과정은 'MRP Ⅰ → MRP Ⅱ → ERP → 확장형 ERP'이다.

06 ①

- $(m-1)$월의 생산성 $= \dfrac{\text{산출량}}{\text{투입량}} = \dfrac{400\text{대}}{200\text{시간}} = 2\text{대/시간}$
- m월 생산성 $= \dfrac{\text{산출량}}{\text{투입량}} = \dfrac{600\text{대}}{300\text{시간}} = 2\text{대/시간}$

$\therefore$ $(m-1)$월을 기준으로 측정한 m월의 생산성 지수 $= \dfrac{\text{m월의 생산성}}{(m-1)\text{월의 생산성}} = \dfrac{2}{2} = 1$

07 ④

- Modular BOM: 옵션(Option)과 공통 부품들로 구성되는 BOM
- Manufacturing BOM: 제조공정 및 조립공정의 순서를 반영하여 E-BOM을 변형하여 만든 것

08 ①

- 정량적 수요예측: 지수평활법, 이동평균법, ARIMA, 분해법, 인과모형분석법 등
- 정성적 수요예측: 시장실험법, 패널동의법, 판매원 의견합성법, 델파이분석법 등

09 ④

액체, 기체, 분말 성질을 가진 석유, 화학, 가스, 주류, 철강 등의 제품에 적용되는 것은 흐름 생산(Flow Shop)방식이다.

10 ②

자재소요계획(MRP)의 입력자료는 MPS(기준생산계획), BOM(자재 명세서), IRF(재고기록파일)이다.

11 ②

선입선출법(FIFO): 주문을 접수한 순서대로 작업을 진행한다.

12 25

12월의 판매예측치 = 전기(11월)의 실제값 × 평활상수 + 전기(11월)의 예측치 × (1 − 평활상수)
= 29억원 × 0.2 + 24억원 × (1 − 0.2) = 5.8억원 + 19.2억원 = 25억원

13 B − C − A

- 작업 A의 긴급률 $= \frac{\text{납기일} - \text{현재일}}{\text{잔여 작업일수}} = \frac{95 - 70}{5} = 5$
- 작업 B의 긴급률 $= \frac{\text{납기일} - \text{현재일}}{\text{잔여 작업일수}} = \frac{80 - 70}{10} = 1$
- 작업 C의 긴급률 $= \frac{\text{납기일} - \text{현재일}}{\text{잔여 작업일수}} = \frac{100 - 70}{20} = 1.5$

∴ 긴급률이 작은 순서대로 작업을 진행하므로 작업의 처리 순서는 'B − C − A'이다.

14 ④

공정관리의 기능은 계획 기능, 통제 기능, 감사 기능(실시 기능)이다.

15 ①

작업 순서, 표준 시간, 작업 장소를 결정하고 할당하는 계획은 절차계획(Routing)이다.

16 ③

◇: 품질검사, ▽: 저장, □: 수량검사

17 ②

계획된 작업량과 실제로 달성한 작업량을 동일 도표상에 표시하여 계획의 기능과 통제의 기능을 동시에 수행하는 전통적인 일정관리기법은 간트차트(Gantt Chart)이다.

18 ③

칸반 시스템은 재고의 최소화를 추구하므로 수요가 발생할 때에만 작업을 진행한다.

19 공정

공정분석이란 원재료가 출고되면서부터 제품으로 출하될 때까지 다양한 경로에 따른 경과시간과 이동 거리를 공정(도시)분석 기호를 이용하여 계통적으로 나타냄으로써 분석 및 검토하는 것이다.

20 64

가동률 = 출근율 × (1 − 간접 작업률) = 0.8 × (1 − 0.2) = 0.64(64%)

21 정돈

5S 중 정돈에 대한 설명이다.

22 ①

A. J. Arrow의 재고보유 동기 중 거래 동기에 대한 설명이다.

23 ③

단위당 재고유지비용과 1회 주문비용은 항상 일정하다.

24 ④

① 구매비용이 증가하면 경제적 주문량은 증가한다.
② 수요량이 감소하면 경제적 주문량은 감소한다.
③ 단위당 주문비용이 증가하면 경제적 주문량은 증가한다.

25 ②

총괄생산계획을 수립한 뒤 이를 기준으로 보다 구체적으로 각 제품에 대한 생산 시기와 수량을 수립하는 생산계획은 기준생산계획(MPS; Master Production Scheduling)이며, MPS는 MRP의 입력(투입)요소이다.

26 20

연간 수요량(D): 5,000개, 1회 주문비용(C_p): 40원, 단가(P): 2,000원, 연간 단위당 재고유지비율(i): 0.5(50%)

∴ 경제적 주문량 $Q^* = \sqrt{\dfrac{2DC_p}{C_h}} = \sqrt{\dfrac{2DC_p}{P \times i}} = \sqrt{\dfrac{2 \times 5{,}000 \times 40}{2{,}000 \times 0.5}} = 20$개

27 SCM

물자, 정보 및 재정 등이 원재료 공급업체, 도매상, 소매상, 소비자로 이동되는 흐름을 통합적으로 관리하는 시스템인 SCM에 대한 설명이다.

28 ④

소비자가 원하는 기간 동안 제품의 품질이 지속적으로 유지될 때 소비자가 만족하게 되는 품질은 시장품질이다.

29 ①

TQM은 생산자 중심이 아닌 고객 중심이다.

30 ①

물고기 모양의 그림으로 생선뼈 도표라고도 부르는 특성요인도에 대한 설명이다.

31 p

불량률 관리도는 p 관리도이다.

32 수입

수입검사에 대한 설명이다.

실무 시뮬레이션

01	①	02	④	03	①	04	④	05	③	06	③	07	②	08	①	09	②	10	①
11	③	12	③	13	②	14	④	15	④	16	②	17	②	18	①	19	③	20	①
21	②	22	①	23	④	24	②	25	③										

01 ①

[시스템관리] – [기초정보관리] – [품목등록]

[보기]의 계정구분으로 조회한 후 각 품목의 'MASTER/SPEC' 탭에 [보기]의 조건을 입력한다. '부피계산(F2)', '중량계산(F2)', '면적계산(F2)'을 클릭하면 부피, 중량, 면적 값을 확인할 수 있으며, 이들의 총합을 계산한다.

① FRONT FORK (TYPE SB): 부피 1,500 + 중량 7,500 + 면적 150 = 총합 9,150
② WHEEL FRONT-MTB (TYPE B); 부피 1,500 + 중량 7,500 + 면적 100 = 총합 9,100
③ WHEEL REAL-MTB (TYPE B): 부피 2,400 + 중량 4,800 + 면적 300 = 총합 7,500
④ FRAME-NUT (TYPE B): 부피 637 + 중량 2,548 + 면적 49 = 총합 3,234

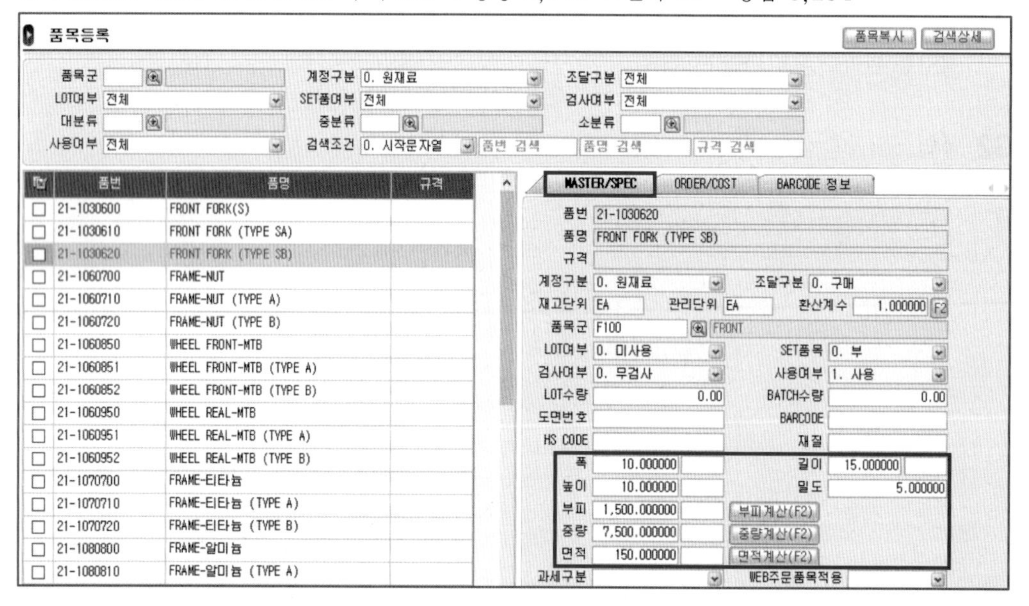

02 ④

[시스템관리] – [기초정보관리] – [프로젝트등록]

각 프로젝트에 등록되어 있는 프로젝트기간과 프로젝트금액을 확인한다. 프로젝트 '일반용자전거'의 프로젝트기간이 2021/11/01~2021/11/30으로 2021년 11월 30일 기준 현재 진행하고 있으며, 프로젝트금액이 800,000,000원으로 가장 크다.

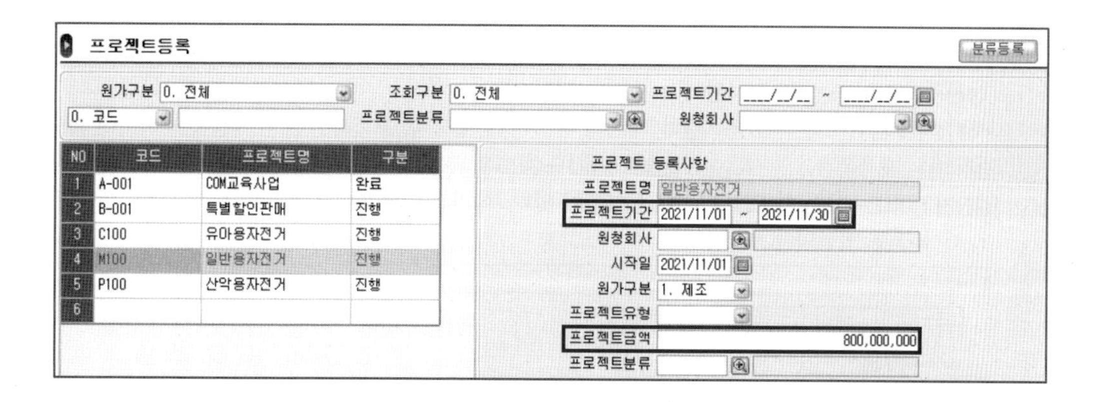

03 ①

[시스템관리] – [기초정보관리] – [SET구성품 등록]

상품을 구매하여 SET품 등록을 하였으므로 계정구분이 '상품', 조달구분이 '구매'인 품목을 확인한다. 즉 ②, ③, ④의 품목을 모아서 A SET 그룹을 만들 수 있다.

SET구성품등록

셋트품 0.품번 / 품목군 / 계정구분 전체
구성품 0.품번 / 품목군 / 계정구분 전체
구성품유무 전체 / 기준일자 ____/__/__

셋트품 등록

	품번	품명	규격	단위(관리)	계정구분	조달구분
□	85-1020420	POWER TRAIN ASS'Y(MTB, TYPE B)		EA1	상품	구매
□	87-1002021	BREAK SYSTEM (TYPE B)		EA1	상품	구매
□	88-1001020	PRESS FRAME-W (TYPE B)		BOX	상품	구매
□	88-1002020	PRESS FRAME-Z (TYPE B)		PCS1	제품	생산
□	90-9001020	FRAME COLOR-GRAY WHITE (TYPE B)		KG	제품	생산

04 ④

[시스템관리] – [기초정보관리] – [물류실적(품목/고객)담당자등록]

'품목' 탭에서 각 품목의 담당자를 확인한다. 전체를 확인해도 되지만 담당자를 지정하여 조회하면 확인하기 편리하다. [보기]의 조건에 부합하는 품목은 '산악자전거(P-21G, A422)'이다.

TIP 코드도움을 통해 담당자를 조회할 경우, 기준일이 등록되어 있는 날짜(2021/12/31)보다 이후이므로 조회가 되지 않는다. 따라서 범위를 '기준일'이 아닌 '전체'로 체크하여 조회해야 한다.

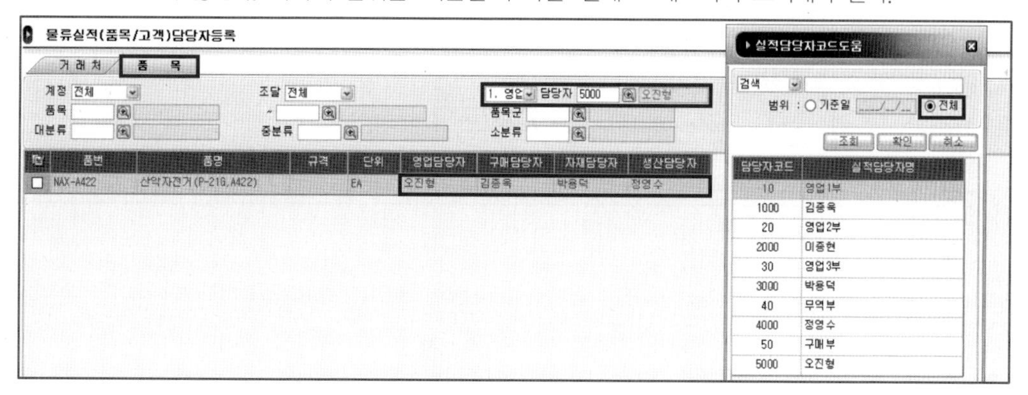

05 ③

[생산관리공통] – [기초정보관리] – [BOM정전개]

[보기]의 모품목으로 각각 조회한다. 'BOM 총전개'에 체크 후 조회하면 모든 자품목을 한번에 확인하기 편리하다. 모품목 'NAX-A400. 일반자전거(P-GRAY WHITE)'의 2 LEVEL에 자품목 'NAX-A400. 일반자전거(P-GRAY WHITE)'가 등록되어 있다. 따라서 자품목이 모품목이 되고 모품목이 자품목으로 되어 잘못 입력되어 있다.

BOM정전개

모품목 NAX-A400 일반자전거(P-GRAY WHITE) EA
기준일자 2021/11/25 사용여부 전체 ☑ BOM 총전개 ☐ LOCATION 표시 ☐ 유효한 LOCATION만 표시

BOM | BATCH BOM

LEVEL	순번	품번	품명	규격	단위	정미수량	LOSS(%)	필요수량	도면번호	주거래처	조달	계정	외주	임가공	사용여부	비고
1	5	CYCLE-2010	HELMET 2010 시리즈		PCS	1.000000	0.000000	1.000000			생산	제품	무상	자재	사용	
1	6	21-3001620	PEDAL (TYPE B)		EA	1.000000	10.000000	1.100000			구매	원재료	무상	자재	사용	
1	7	21-9000202	HEAD LAMP (TYPE B)		EA	1.000000	0.000000	1.000000			구매	원재료	무상	자재	사용	
2	1	NAX-A400	일반자전거(P-GRAY WHITE)		EA	1.000000	0.000000	1.000000			생산	제품	무상	자재	사용	
3	2	83-2000100	전장품 ASS'Y		EA	1.000000	20.000000	1.200000			생산	반제품	무상	자재	사용	
4	1	21-1060850	WHEEL FRONT-MTB		EA	1.000000	10.000000	1.100000			구매	원재료	무상	자재	사용	
4	3	21-1070700	FRAME-티타늄		EA	1.000000	20.000000	1.200000			구매	원재료	무상	자재	사용	
4	5	21-3001500	PEDAL(S)		EA	1.000000	10.000000	1.100000			구매	원재료	유상	자재	사용	
3	3	85-1020400	POWER TRAIN ASS'Y(MTB)		EA	1.000000	25.000000	1.250000			생산	반제품	유상	자재	사용	
4	1	21-3000300	WIRING-DE		EA	1.000000	50.000000	1.500000			구매	원재료	무상	자재	사용	

06 ③

[생산관리공통] – [생산관리] – [생산계획등록]

[보기]의 조건으로 조회한 후 각 품목의 일생산량과 작업예정일별 수량을 확인한다.

① BODY-알미늄(GRAY-WHITE): 작업예정일별 수량이 일생산량 300KG을 초과하지 않는다.

② 전장품 ASS'Y (TYPE A): 작업예정일 2021/11/07의 수량이 300EA로 일생산량 200EA를 초과한다.

③ PRESS FRAME-W: 작업예정일 2021/11/06의 수량이 300EA로 일생산량 250EA를 초과한다.

④ BREAK SYSTEM: 작업예정일별 수량이 일생산량 400EA를 초과하지 않는다.

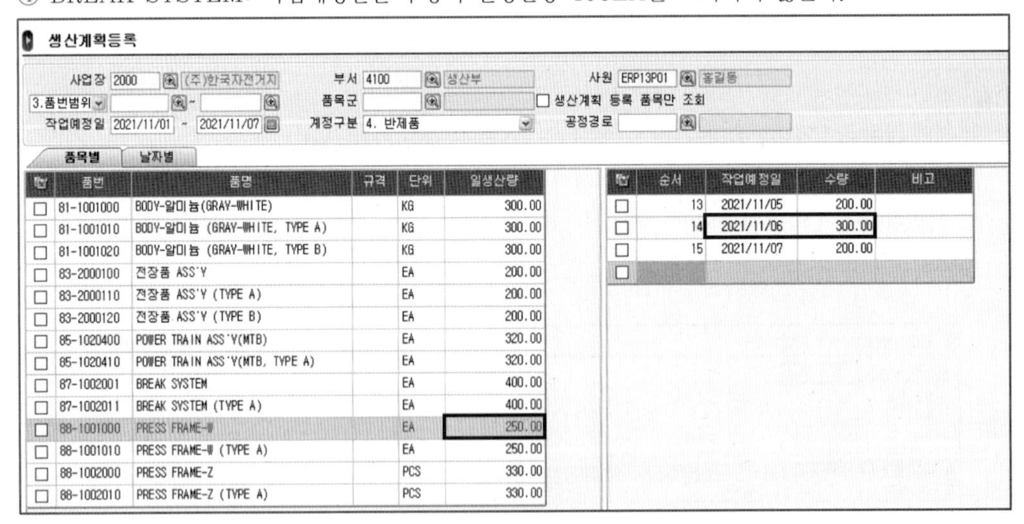
생산계획등록

사업장 2000 (주)한국자전거지 부서 4100 생산부 사원 ERP13P01 홍길동
3.품번범위 ~ 품목군 ☐ 생산계획 등록 품목만 조회
작업예정일 2021/11/01 ~ 2021/11/07 계정구분 4. 반제품 공정경로

품목별 | 날자별

품번	품명	규격	단위	일생산량
81-1001000	BODY-알미늄(GRAY-WHITE)		KG	300.00
81-1001010	BODY-알미늄 (GRAY-WHITE, TYPE A)		KG	300.00
81-1001020	BODY-알미늄 (GRAY-WHITE, TYPE B)		KG	300.00
83-2000100	전장품 ASS'Y		EA	200.00
83-2000110	전장품 ASS'Y (TYPE A)		EA	200.00
83-2000120	전장품 ASS'Y (TYPE B)		EA	200.00
85-1020400	POWER TRAIN ASS'Y(MTB)		EA	320.00
85-1020410	POWER TRAIN ASS'Y(MTB, TYPE A)		EA	320.00
87-1002001	BREAK SYSTEM		EA	400.00
87-1002011	BREAK SYSTEM (TYPE A)		EA	400.00
88-1001000	PRESS FRAME-W		EA	250.00
88-1001010	PRESS FRAME-W (TYPE A)		EA	250.00
88-1002000	PRESS FRAME-Z		PCS	330.00
88-1002010	PRESS FRAME-Z (TYPE A)		PCS	330.00

순서	작업예정일	수량	비고
13	2021/11/05	200.00	
14	2021/11/06	300.00	
15	2021/11/07	200.00	

07 ②

[생산관리공통] – [생산관리] – [작업지시등록]

[보기]의 조건으로 조회한 후 각 작업지시번호에서 마우스 오른쪽 버튼을 클릭하여 '[작업지시등록] 이력정보'를 확인한다.

① WO2111000001: 이전 이력이 등록되어 있지 않아 적용하지 않고 직접 등록한 것을 알 수 있다.
② WO2111000002: 이전 이력이 '수주등록'으로 '주문조회' 기능을 사용하여 등록한 것을 알 수 있다.
③ WO2111000003: 이전 이력이 '청구등록'으로 '청구조회' 기능을 사용하여 등록한 것을 알 수 있다.
④ WO2111000004: 이전 이력이 '생산계획등록'으로 '생산계획조회' 기능을 사용하여 등록한 것을 알 수 있다.

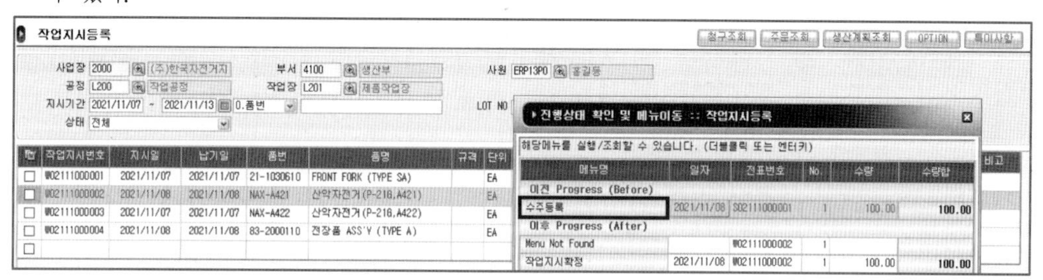

작업지시등록

사업장 2000 (주)한국자전거지 / 부서 4100 생산부 / 사원 ERP13P0 홍길동
공정 L200 작업공정 / 작업장 L201 제품작업장
지시기간 2021/11/07 ~ 2021/11/13 0.품번
상태 전체

작업지시번호	지시일	납기일	품번	품명	규격	단위
WO2111000001	2021/11/07	2021/11/07	21-1030610	FRONT FORK (TYPE SA)		EA
WO2111000002	2021/11/08	2021/11/08	NAX-A421	산악자전거(P-21G,A421)		EA
WO2111000003	2021/11/07	2021/11/07	NAX-A422	산악자전거(P-21G,A422)		EA
WO2111000004	2021/11/08	2021/11/08	83-2000110	전장품 ASS'Y (TYPE A)		EA

진행상태 확인 및 메뉴이동 :: 작업지시등록

해당메뉴를 실행/조회할 수 있습니다. (더블클릭 또는 엔터키)

메뉴명	일자	전표번호	No.	수량	수량합
이전 Progress (Before)					
수주등록	2021/11/08	SO2111000001	1	100.00	100.00
이후 Progress (After)					
Menu Not Found		WO2111000002	1		
작업지시확정	2021/11/08	WO2111000002	1	100.00	100.00

08 ①

[생산관리공통] – [생산관리] – [작업지시확정]

[보기]의 조건으로 조회한 후 각 작업지시번호 상단의 모품목과 하단에 등록되어 있는 내역을 확인한다.

작업지시확정

사업장 2000 (주)한국자전거지 / 부서 4100 생산부 / 사원 ERP13P01 홍길동
공정 L200 작업공정 / 작업장 L201 제품작업장 / 상태 전체
지시기간 2021/11/07 ~ 2021/11/08 0.품번 / LOT NO
프로젝트

작업지시번호	자재출고상태	지시일	납기일	품번	품명	규격	단위	지시수량	상태	LOT번호	프로젝트	검사	고객	생산설비	작업	작업	비고
WO2111000001	출고대기	2021/11/07	2021/11/07	21-1030610	FRONT FORK (TYPE SA)		EA	100.00	확정			무검사					
WO2111000002	출고완료	2021/11/08	2021/11/08	NAX-A421	산악자전거(P-21G,A421)		EA	100.00	확정			무검사	(주)대흥정공				
WO2111000003	출고중	2021/11/07	2021/11/07	NAX-A422	산악자전거(P-21G,A422)		EA	100.00	확정			무검사					
WO2111000004	출고중	2021/11/08	2021/11/08	83-2000110	전장품 ASS'Y (TYPE A)		EA	100.00	확정			무검사					

청구일	품번	품명	규격	단위	정미수량	LOSS(%)	확정수량	관리구분	비고
2021/10/19	21-1060850	WHEEL FRONT-MTB		EA	100.000000		100.00		
2021/10/19	21-1070700	FRAME-티타늄		EA	200.000000		200.00		
2021/10/19	21-1060952	WHEEL REAL-MTB (TYPE B)		EA	300.000000		300.00		

[생산관리공통] – [기초정보관리] – [BOM등록]

[작업지시확정] 메뉴에 등록되어 있는 각 작업지시번호 상단의 품목이 [BOM등록] 메뉴의 모품목이다. [BOM등록] 메뉴에서 각각의 모품목으로 조회되는 내역과 [작업지시확정] 메뉴의 하단에 청구된 내역을 비교한다. 기준일자는 [작업지시확정] 메뉴의 지시일로 한다.

① 작업지시번호 WO2111000001의 모품목 'FRONT FORK (TYPE SA)'는 [BOM등록] 메뉴에 등록이 되어 있지 않으므로 BOM등록 정보와 다르게 입력이 된 것을 알 수 있다.

BOM등록

모품목 21-1030610 FRONT FORK (TYPE SA) EA
기준일자 2021/11/07 / 사용여부 1.사용 / LOCATION 등록창 보기

순번	품번코드	품명	규격	단위	정미수량	LOSS(%)	필요수량	시작일자	종료일자	사급구분	외주구분	사용여부	비고

09 ②

[생산관리공통] – [생산관리] – [생산자재출고]

[보기]의 조건으로 조회되는 출고번호 하단에 출고처리되어 있는 품목의 출고수량을 확인한다. 품목 '88-1001010.PRESS FRAME-W (TYPE A)'의 출고수량의 합은 110 + 120 + 150 = 380EA이다.

생산자재출고

복사 | 출고요청 | 일괄적용 | 재고확인 | 인쇄 설정

사업장 2000 (주)한국자전거 | 부서 4100 생산부 | 사원 ERP13P01 홍길동
출고기간 2021/11/12 ~ 2021/11/12 | 출고창고 | 담당자
공정 | 작업장 | 0. 지시번
0. 품번 | 관리구분 | 프로젝트

출고번호	출고일자	출고창고	출고장소	공정	작업장	담당자	비고
MV2111000001	2021/11/12	반제품창고_인천지점	반제품_양품장소	작업공정	제품작업장		

No.	품번	품명	규격	단위	요청수량	출고수량	LOT No.	비고
4	88-1001010	PRESS FRAME-W (TYPE A)		EA	110.00	110.00		
5	21-3001620	PEDAL (TYPE B)		EA	100.00	100.00		
6	83-2000120	전장품 ASS'Y (TYPE B)		EA	120.00	120.00		
7	85-1020420	POWER TRAIN ASS'Y(MTB, TYPE B)		EA	130.00	130.00		
8	21-1030610	FRONT FORK (TYPE SA)		EA	1,200.00	1,200.00		
9	87-1002011	BREAK SYSTEM (TYPE A)		EA	1,100.00	1,100.00		
10	88-1001010	PRESS FRAME-W (TYPE A)		EA	120.00	120.00		
11	85-1020410	POWER TRAIN ASS'Y(MTB, TYPE A)		EA	1,150.00	1,150.00		
12	21-1030610	FRONT FORK (TYPE SA)		EA	1,150.00	1,150.00		
13	87-1002011	BREAK SYSTEM (TYPE A)		EA	1,050.00	1,050.00		
14	88-1001010	PRESS FRAME-W (TYPE A)		EA	150.00	150.00		
15	85-1020410	POWER TRAIN ASS'Y(MTB, TYPE A)		EA	1,100.00	1,100.00		

10 ①

[생산관리공통] – [생산/외주/재공현황] – [실적현황]

[보기]의 조건으로 조회한 후 각 작업자(실적담당자)별로 실적수량을 확인한다. 코드도움을 통해 담당자를 조회할 경우, 기준일이 등록되어 있는 날짜(2021/12/31)보다 이후이므로 조회가 되지 않는다. 따라서 범위를 '기준일'이 아닌 '전체'로 하여 조회해야 한다.

① 실적담당자 김종욱의 실적수량의 합이 270EA로 가장 많다.

TIP [작업실적등록] 메뉴에서 조회해도 되지만 [실적현황] 메뉴에서 각 작업자별로 조회하는 것이 더 편리하다.

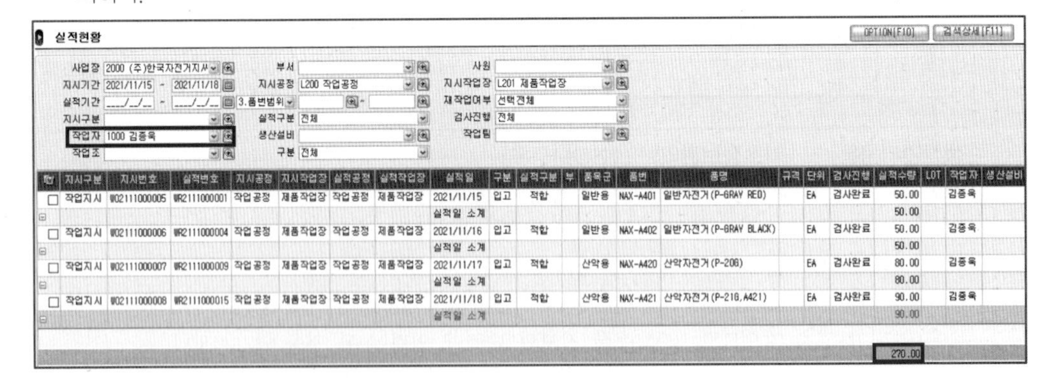

실적현황

OPTION(F10) | 검색상세(F11)

사업장 2000 (주)한국자전거지사 | 부서 | 사원
지시기간 2021/11/15 ~ 2021/11/18 | 지시공정 L200 작업공정 | 지시작업장 L201 제품작업장
실적기간 ____/__/__ ~ ____/__/__ | 3.품번범위 | 재작업여부 선택전체
지시구분 | 실적구분 전체 | 검사진행 전체
작업자 1000 김종욱 | 생산설비 | 작업팀
작업조 | 구분 전체

지시구분	지시번호	실적번호	지시공정	지시작업장	실적공정	실적작업장	실적일	구분	실적구분	부	품목군	품번	품명	규격	단위	검사진행	실적수량	LOT	작업자	생산설비
작업지시	W02111000005	WR2111000001	작업공정	제품작업장	작업공정	제품작업장	2021/11/15	입고	적합		일반용	NAX-A401	일반자전거(P-GRAY RED)		EA	검사완료	50.00		김종욱	
							실적일 소계										50.00			
작업지시	W02111000006	WR2111000004	작업공정	제품작업장	작업공정	제품작업장	2021/11/16	입고	적합		일반용	NAX-A402	일반자전거(P-GRAY BLACK)		EA	검사완료	50.00		김종욱	
							실적일 소계										50.00			
작업지시	W02111000007	WR2111000009	작업공정	제품작업장	작업공정	제품작업장	2021/11/17	입고	적합		산악용	NAX-A420	산악자전거(P-20G)		EA	검사완료	80.00		김종욱	
							실적일 소계										80.00			
작업지시	W02111000008	WR2111000015	작업공정	제품작업장	작업공정	제품작업장	2021/11/18	입고	적합		산악용	NAX-A421	산악자전거(P-21G,A421)		EA	검사완료	90.00		김종욱	
							실적일 소계										90.00			
																	270.00			

11 ③

[생산관리공통] - [생산관리] - [생산실적검사]

[보기]의 조건으로 조회한 후 각 작업실적번호의 하단에서 불합격수량을 확인한다.

③ 작업실적번호 WR2111000006의 불합격수량이 8EA로 가장 많다.

생산실적검사

사업장 2000 (주)한국자전거지 | 부서 4100 생산부 | 사원 ERP13P0 홍길동
실적일 2021/11/16 ~ 2021/11/16 | 공정 L200 작업공정 | 작업장 L201 제품작업장
0.품번 | 검사여부 선택전체 | 상태 선택전체
고객 | 프로젝트

작업지시번호	작업실적번호	실적일	품번	품명	규격	단위	실적수량	상태	작업구분	LOT 번호	프로젝트	고객	비고
W02111000006	WR2111000004	2021/11/16	NAX-A402	일반자전거(P-GRAY BLACK)		EA	50.00	확정	작업지시				
W02111000006	WR2111000005	2021/11/16	NAX-A402	일반자전거(P-GRAY BLACK)		EA	80.00	확정	작업지시				
W02111000006	WR2111000006	2021/11/16	NAX-A402	일반자전거(P-GRAY BLACK)		EA	60.00	확정	작업지시				
W02111000006	WR2111000007	2021/11/16	NAX-A402	일반자전거(P-GRAY BLACK)		EA	10.00	확정	작업지시				

검사일	검사담당자	검사구분	검사유형	시료수	불량시료	양품시료	합격여부	합격수량	불합격수량	비고
2021/11/16	박용덕	핸들조립검사	샘플검사	60.00			합격	52.00	8.00	
				60.00	0.00	0.00		52.00	8.00	

12 ③

[생산관리공통] - [생산관리] - [생산품창고입고처리]

[보기]의 조건으로 조회되는 내역을 확인한다.

① 입고가능수량을 초과하여 생산품창고입고처리를 할 수 없다.

② NAX-A420.산악자전거(P-20G)의 기입고수량 합은 40 + 80 + 30 + 60 + 90 = 300EA이다.

③ [생산실적검사] 메뉴에서 불합격수량을 제외한 합격수량이 입고대상수량이 되므로, 실적수량 합과 입고대상수량 합의 차이는 생산실적검사의 불합격수량 때문이다.

④ NAX-A420.산악자전거(P-20G) 중 WR2111000012 실적번호 실적수량이 90EA로 가장 많다.

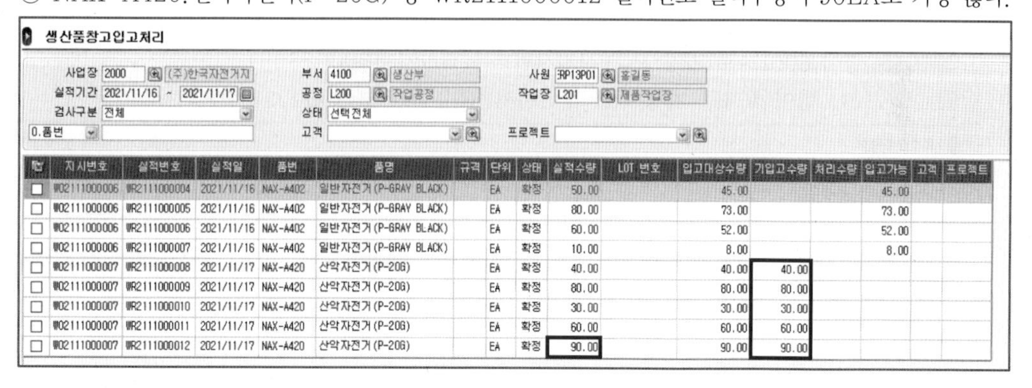
생산품창고입고처리

사업장 2000 (주)한국자전거지 | 부서 4100 생산부 | 사원 ERP13P01 홍길동
실적기간 2021/11/16 ~ 2021/11/17 | 공정 L200 작업공정 | 작업장 L201 제품작업장
검사구분 전체 | 상태 선택전체
0.품번 | 고객 | 프로젝트

지시번호	실적번호	실적일	품번	품명	규격	단위	상태	실적수량	LOT 번호	입고대상수량	기입고수량	처리수량	입고가능	고객	프로젝트
W02111000006	WR2111000004	2021/11/16	NAX-A402	일반자전거(P-GRAY BLACK)		EA	확정	50.00		45.00			45.00		
W02111000006	WR2111000005	2021/11/16	NAX-A402	일반자전거(P-GRAY BLACK)		EA	확정	80.00		73.00			73.00		
W02111000006	WR2111000006	2021/11/16	NAX-A402	일반자전거(P-GRAY BLACK)		EA	확정	60.00		52.00			52.00		
W02111000006	WR2111000007	2021/11/16	NAX-A402	일반자전거(P-GRAY BLACK)		EA	확정	10.00		8.00			8.00		
W02111000007	WR2111000008	2021/11/17	NAX-A420	산악자전거(P-20G)		EA	확정	40.00		40.00	40.00				
W02111000007	WR2111000009	2021/11/17	NAX-A420	산악자전거(P-20G)		EA	확정	80.00		80.00	80.00				
W02111000007	WR2111000010	2021/11/17	NAX-A420	산악자전거(P-20G)		EA	확정	30.00		30.00	30.00				
W02111000007	WR2111000011	2021/11/17	NAX-A420	산악자전거(P-20G)		EA	확정	60.00		60.00	60.00				
W02111000007	WR2111000012	2021/11/17	NAX-A420	산악자전거(P-20G)		EA	확정	90.00		90.00	90.00				

13 ②

[생산관리공통] - [외주관리] - [외주발주등록]

[보기]의 조건으로 조회한 후 오른쪽 상단의 '주문조회'를 클릭한 뒤, 팝업창에 수주기간, 납기일을 입력하여 조회한다. 조회되는 모든 건에 체크한 후 '적용[F10]'을 클릭하면 외주발주가 등록된다.

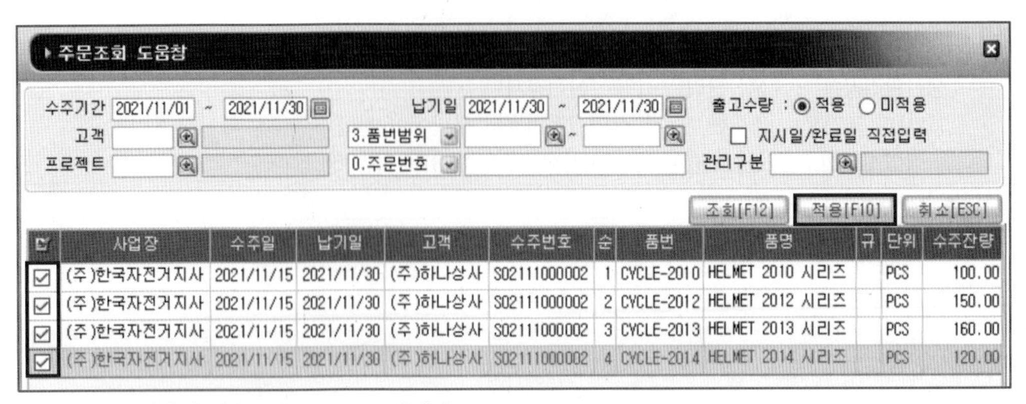
주문조회 도움창

수주기간 2021/11/01 ~ 2021/11/30 납기일 2021/11/30 ~ 2021/11/30 출고수량 : 적용 미적용
고객 3.품번범위 지시일/완료일 직접입력
프로젝트 0.주문번호 관리구분
조회[F12] 적용[F10] 취소[ESC]

사업장	수주일	납기일	고객	수주번호	순	품번	품명	규	단위	수주잔량
(주)한국자전거지사	2021/11/15	2021/11/30	(주)하나상사	S02111000002	1	CYCLE-2010	HELMET 2010 시리즈		PCS	100.00
(주)한국자전거지사	2021/11/15	2021/11/30	(주)하나상사	S02111000002	2	CYCLE-2012	HELMET 2012 시리즈		PCS	150.00
(주)한국자전거지사	2021/11/15	2021/11/30	(주)하나상사	S02111000002	3	CYCLE-2013	HELMET 2013 시리즈		PCS	160.00
(주)한국자전거지사	2021/11/15	2021/11/30	(주)하나상사	S02111000002	4	CYCLE-2014	HELMET 2014 시리즈		PCS	120.00

등록되는 금액의 총합은 37,250,000원이다.

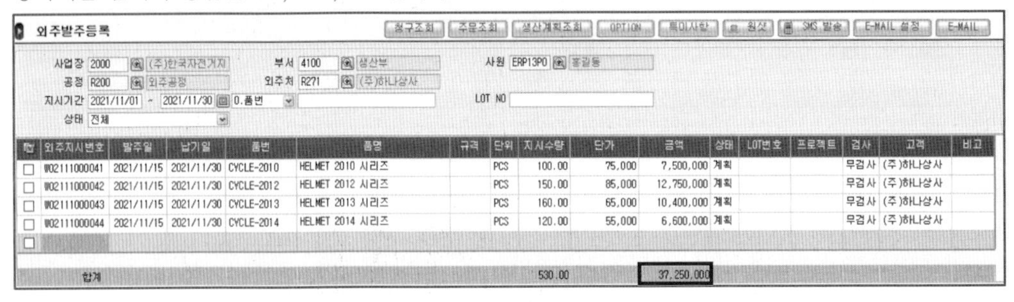
외주발주등록

사업장 2000 (주)한국자전거지 부서 4100 생산부 사원 ERP13P0 홍길동
공정 R200 외주공정 외주처 R271 (주)하나상사
지시기간 2021/11/01 ~ 2021/11/30 0.품번 LOT NO
상태 전체

외주지시번호	발주일	납기일	품번	품명	규격	단위	지시수량	단가	금액	상태	LOT번호	프로젝트	검사	고객	비고
W02111000041	2021/11/15	2021/11/30	CYCLE-2010	HELMET 2010 시리즈		PCS	100.00	75,000	7,500,000	계획			무검사	(주)하나상사	
W02111000042	2021/11/15	2021/11/30	CYCLE-2012	HELMET 2012 시리즈		PCS	150.00	85,000	12,750,000	계획			무검사	(주)하나상사	
W02111000043	2021/11/15	2021/11/30	CYCLE-2013	HELMET 2013 시리즈		PCS	160.00	65,000	10,400,000	계획			무검사	(주)하나상사	
W02111000044	2021/11/15	2021/11/30	CYCLE-2014	HELMET 2014 시리즈		PCS	120.00	55,000	6,600,000	계획			무검사	(주)하나상사	
합계							530.00		37,250,000						

14 ④

[생산관리공통] – [외주관리] – [외주발주확정]

[보기]의 조건으로 조회되는 내역을 확인한다.

① 외주발주 총 금액이 15,072,000원으로 가장 큰 생산지시번호는 WO2111000027이다.

② 지시수량이 600EA로 가장 큰 생산지시번호는 WO2111000028이다.

③ LOSS(%) 합이 60%로 가장 적은 생산지시번호는 WO2111000028이다.

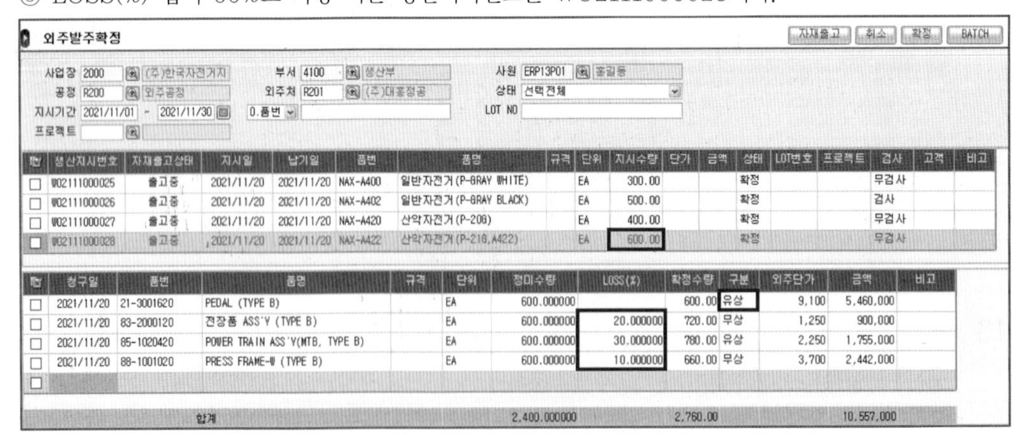
외주발주확정

사업장 2000 (주)한국자전거지 부서 4100 생산부 사원 ERP13P01 홍길동
공정 R200 외주공정 외주처 R201 (주)대흥정공 상태 선택전체
지시기간 2021/11/01 ~ 2021/11/30 0.품번 LOT NO
프로젝트

생산지시번호	자재출고상태	지시일	납기일	품번	품명	규격	단위	지시수량	단가	금액	상태	LOT번호	프로젝트	검사	고객	비고
W02111000025	출고중	2021/11/20	2021/11/20	NAX-A400	일반자전거(P-GRAY WHITE)		EA	300.00			확정			무검사		
W02111000026	출고중	2021/11/20	2021/11/20	NAX-A402	일반자전거(P-GRAY BLACK)		EA	500.00			확정			검사		
W02111000027	출고중	2021/11/20	2021/11/20	NAX-A420	산악자전거(P-20G)		EA	400.00			확정			무검사		
W02111000028	출고중	2021/11/20	2021/11/20	NAX-A422	산악자전거(P-21G,A422)		EA	600.00			확정			무검사		

청구일	품번	품명	규격	단위	정미수량	LOSS(%)	확정수량	구분	외주단가	금액	비고
2021/11/20	21-3001620	PEDAL (TYPE B)		EA	600.000000		600.00	유상	9,100	5,460,000	
2021/11/20	83-2000120	전장품 ASS'Y (TYPE B)		EA	600.000000	20.000000	720.00	무상	1,250	900,000	
2021/11/20	85-1020420	POWER TRAIN ASS'Y(MTB, TYPE B)		EA	600.000000	30.000000	780.00	유상	2,250	1,755,000	
2021/11/20	88-1001020	PRESS FRAME-W (TYPE B)		EA	600.000000	10.000000	660.00	무상	3,700	2,442,000	
합계					2,400.000000		2,760.00			10,557,000	

15 ④

[생산관리공통] – [외주관리] – [외주자재출고]

[보기]의 사업장, 출고기간으로 조회한 후 오른쪽 상단의 '출고요청'을 클릭한다. 팝업창에 [보기]의 청구기간, 외주공정, 외주처 조건을 입력 후 조회되는 품목의 청구잔량을 확인한다. 품목 '83-2000120.전장품 ASS'Y (TYPE B)'의 청구잔량이 720EA로 가장 많다.

▸ 출고요청 조회 적용

청구기간 2021/11/01 ~ 2021/11/30 | 외주공정 R200 외주공정 | 외주처 R201 (주)대홍정공
0. 지시번호 | 0. 청구품번 | 청구부서
0. 지시품번 | 프로젝트 | 조달구분 전체

조회[F12] 요청적용 닫기[ESC]

	청구일자	지시번호	No	품번	품명	규격	단위	청구수량	투입수량	청구잔량	청구부서
□	2021/11/20	W02111000025	4	CYCLE-2010	HELMET 2010 시리즈		PCS	300.00	0.00	300.00	생산부
□	2021/11/20	W02111000026	4	88-1001020	PRESS FRAME-W (TYPE B)		EA	550.00	0.00	550.00	생산부
□	2021/11/20	W02111000027	2	21-9000200	HEAD LAMP		EA	480.00	0.00	480.00	생산부
□	2021/11/20	W02111000028	2	83-2000120	전장품 ASS'Y (TYPE B)		EA	720.00	0.00	720.00	생산부

16 ②

[생산관리공통] – [외주관리] – [외주실적등록]

[보기]의 조건으로 조회한 후 각 작업지시번호 하단에 등록되어 있는 작업실적번호를 클릭한다. 각 작업실적번호의 하단에 입고창고와 입고장소가 등록되어 있으며, 작업실적번호 WR2111000018의 입고창고는 'M200.부품창고_인천지점', 입고장소는 'M201.부품/반제품_부품장소'로 잘못 입고처리하였다.

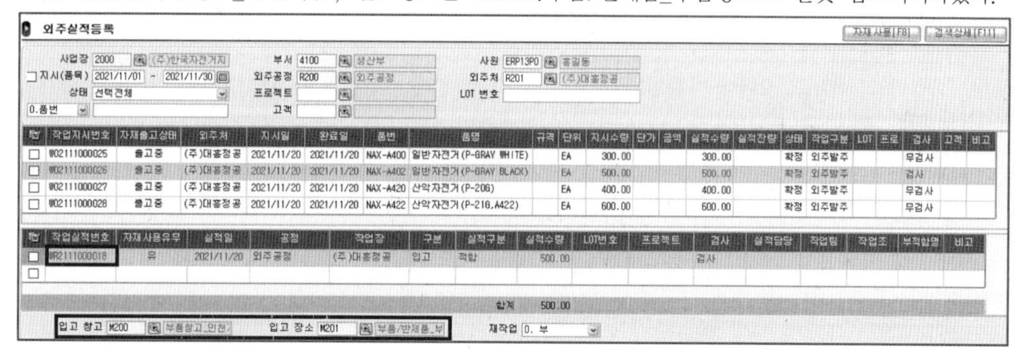

외주실적등록 자재사용[F8] 검색상세[F11]

사업장 2000 (주)한국자전거지 | 부서 4100 생산부 | 사원 ERP13P0 홍길동
지시(품목) 2021/11/01 ~ 2021/11/30 | 외주공정 R200 외주공정 | 외주처 R201 (주)대홍정공
상태 선택전체 | 프로젝트 | LOT 번호
0.품번 | 고객

	작업지시번호	자재출고상태	외주처	지시일	완료일	품번	품명	규격	단위	지시수량	단가	금액	실적수량	실적잔량	상태	작업구분	LOT	프로	검사	고객	비고
□	W02111000025	출고중	(주)대홍정공	2021/11/20	2021/11/20	NAX-A400	일반자전거(P-GRAY WHITE)		EA	300.00			300.00		확정	외주발주			무검사		
□	W02111000026	출고중	(주)대홍정공	2021/11/20	2021/11/20	NAX-A402	일반자전거(P-GRAY BLACK)		EA	500.00			500.00		확정	외주발주			검사		
□	W02111000027	출고중	(주)대홍정공	2021/11/20	2021/11/20	NAX-A420	산악자전거(P-20G)		EA	400.00			400.00		확정	외주발주			무검사		
□	W02111000028	출고중	(주)대홍정공	2021/11/20	2021/11/20	NAX-A422	산악자전거(P-21G,A422)		EA	600.00			600.00		확정	외주발주			무검사		

	작업실적번호	자재사용유무	실적일	공정	작업장	구분	실적구분	실적수량	LOT번호	프로젝트	검사	실적담당	작업팀	작업조	부적합명	비고
□	WR2111000018	유	2021/11/20	외주공정	(주)대홍정공	입고	적합	500.00			검사					
□																

합계 500.00

입고 창고 M200 부품창고_인천 | 입고 장소 M201 부품/반제품_부 | 재작업 0. 부

17 ②

[생산관리공통] – [외주관리] – [외주자재사용등록]

[보기]의 조건으로 조회한 후 각 작업실적 건의 하단에서 사용수량의 합을 확인한다. 작업실적번호 WR2111000018의 품목 'NAX-A402.일반자전거(P-GRAY BLACK)'의 사용수량의 합이 2,850으로 가장 많다.

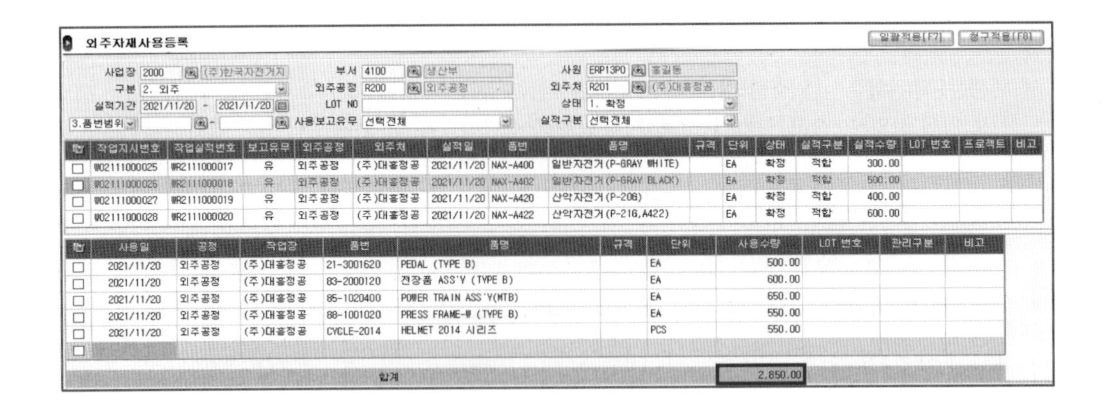

18 ①

[생산관리공통] – [외주관리] – [외주마감]

[보기]의 조건으로 조회한 후 오른쪽 상단의 '실적적용[F9]'를 클릭한다. 팝업창에 실적일을 입력한 후 조회되는 모든 품명에 체크하여 '선택적용[F10]'을 클릭하면 외주마감이 등록된다.

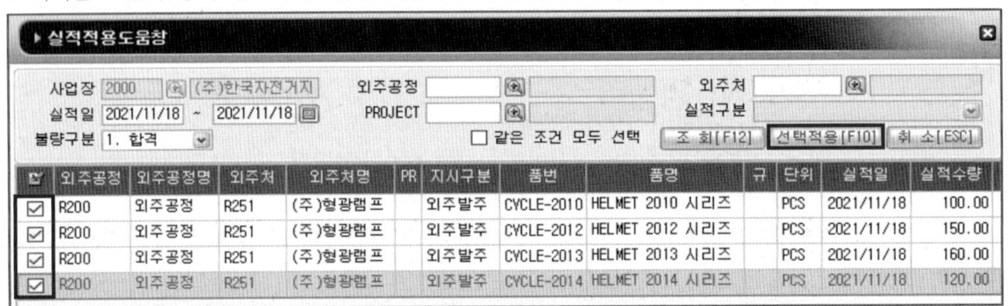

[외주마감] 메뉴의 상단에 마감일자 2021/11/20, 하단에 [보기]의 품목별 단가를 입력하면 합계액이 등록된다. 품목 'HELMET 2010 시리즈'의 합계액이 825,000원으로 가장 적다.

TIP 각 품목의 합계액을 확인하는 문제이므로 저장은 하지 않아도 상관없다.

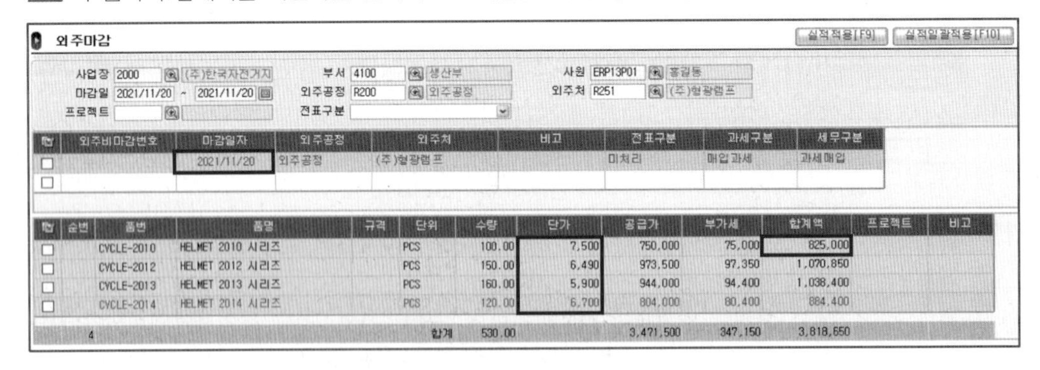

19 ③

[생산관리공통] – [외주관리] – [회계처리(외주마감)]

[보기]의 조건으로 조회한 후 '회계전표' 탭에서 각 외주마감 건의 부가세대급금을 확인한다. 조회되는 모든 외주마감 건은 이미 전표처리가 되어 있으므로 따로 전표처리할 필요는 없다. 외주마감번호 OC2111000005의 부가세대급금은 137,500원이다.

회계처리(외주마감)

전표처리 | 전표취소

사업장 2000 (주)한국자전거 | 부서 4100 생산부 | 사원 ERP13P01 홍길동
기간 2021/11/30 ~ 2021/11/30 | 외주공정 | 외주처
구분 전체 | 프로젝트 | 0.마감번호

외주마감 | 회계전표

일자	번호	No.	품의내역	유형	기표일자	번호	상태	승인자	대차차액
2021/11/30	5	0	생산관리(외주마감:OC2111000003)	매 입		0	미결		0
2021/11/30	6	0	생산관리(외주마감:OC2111000004)	매 입		0	미결		0
2021/11/30	7	0	생산관리(외주마감:OC2111000005)	매 입		0	미결		0
2021/11/30	8	0	생산관리(외주마감:OC2111000006)	매 입		0	미결		0

순번	구분	코드	계정과목	코드	거래처명	금액		적요명	증빙
1	대체차변	53300	외주가공비	00005	(주)세림와이어	1,375,000	0	외주 가공비 발생	
2	대체차변	13500	부가세대급금	00005	(주)세림와이어	137,500	0	외주가공비부가세대급금	
3	대체대변	25100	외상매입금	00005	(주)세림와이어	1,512,500	0	외상 매입금 증가	

20 ①

[생산관리공통] – [생산/외주/재공현황] – [지시대비실적현황]

'사업장 (주)한국자전거지사, 지시기간 2021/11/01~2021/11/30'으로 조회한 후 각 품목의 실적수량을 확인한다. 여러 품목이 섞여있으므로 품명으로 조회하면 확인하기 편리하다.

① 품목 '일반자전거(P-GRAY BLACK)'의 실적수량의 합이 1,030EA로 가장 크다.

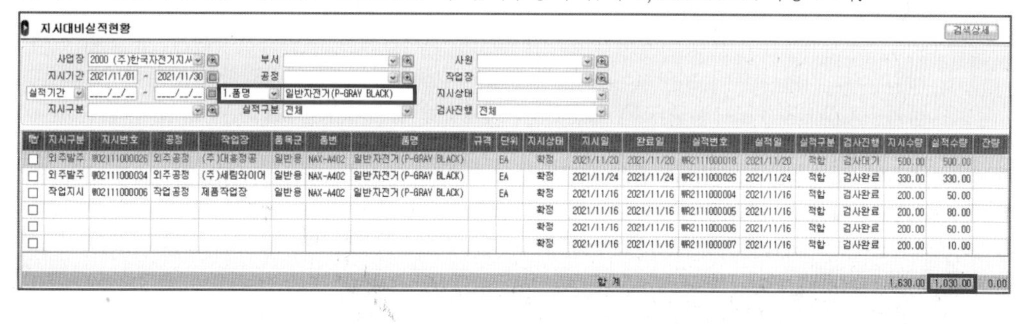

지시대비실적현황

검색상세

사업장 2000 (주)한국자전거지사 | 부서 | 사원
지시기간 2021/11/01 ~ 2021/11/30 | 공정 | 작업장
실적기간 ____/__/__ ~ ____/__/__ | 1.품명 일반자전거(P-GRAY BLACK) | 지시상태
지시구분 | 실적구분 전체 | 검사진행 전체

지시구분	지시번호	공정	작업장	품목군	품번	품명	규격	단위	지시상태	지시일	완료일	실적번호	실적일	실적구분	검사진행	지시수량	실적수량	잔량
외주발주	WO2111000026	외주공정	(주)대흥정공	일반용	NAX-A402	일반자전거(P-GRAY BLACK)		EA	확정	2021/11/20	2021/11/20	WR2111000018	2021/11/20	적합	검사대기	500.00	500.00	
외주발주	WO2111000034	외주공정	(주)세림와이어	일반용	NAX-A402	일반자전거(P-GRAY BLACK)		EA	확정	2021/11/24	2021/11/24	WR2111000026	2021/11/24	적합	검사완료	330.00	330.00	
작업지시	WO2111000006	작업공정	제품작업장	일반용	NAX-A402	일반자전거(P-GRAY BLACK)		EA	확정	2021/11/16	2021/11/16	WR2111000004	2021/11/16	적합	검사완료	200.00	50.00	
									확정	2021/11/16	2021/11/16	WR2111000005	2021/11/16	적합	검사완료	200.00	80.00	
									확정	2021/11/16	2021/11/16	WR2111000006	2021/11/16	적합	검사완료	200.00	60.00	
									확정	2021/11/16	2021/11/16	WR2111000007	2021/11/16	적합	검사완료	200.00	10.00	
합 계																1,630.00	1,030.00	0.00

21 ②

[생산관리공통] – [생산/외주/재공현황] – [자재청구대비투입/사용현황]

'사업장 (주)한국자전거지사, 지시기간 2021/11/01~2021/11/30, 공정 L200.작업공정, 작업장 L201.제품작업장'으로 조회한 후 각 지시번호의 하단에서 투입금액을 확인한다. '단가 OPTION'에 따라 금액이 달라질 수 있으므로 오른쪽 상단의 '단가 OPTION[F10]'을 클릭하여 '실제원가[품목등록]'으로 설정한다.

② 지시번호 WO2111000006의 투입금액이 105,360,000원으로 가장 많다.

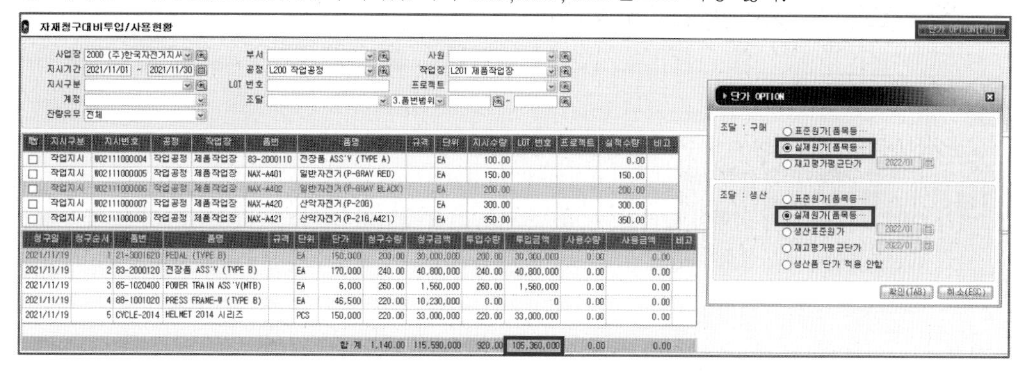

자재청구대비투입/사용현황

사업장 2000 (주)한국자전거지사 | 부서 | 사원
지시기간 2021/11/01 ~ 2021/11/30 | 공정 L200 작업공정 | 작업장 L201 제품작업장
지시구분 | LOT 번호 | 프로젝트
계정 | 조달 | 3.품번범위
잔량유무 전체

지시구분	지시번호	공정	작업장	품번	품명	규격	단위	지시수량	LOT 번호	프로젝트	실적수량	비고
작업지시	WO2111000004	작업공정	제품작업장	83-2000110	전장품 ASS'Y (TYPE A)		EA	100.00			0.00	
작업지시	WO2111000005	작업공정	제품작업장	NAX-A401	일반자전거(P-GRAY RED)		EA	150.00			150.00	
작업지시	WO2111000006	작업공정	제품작업장	NAX-A402	일반자전거(P-GRAY BLACK)		EA	200.00			200.00	
작업지시	WO2111000007	작업공정	제품작업장	NAX-A420	산악자전거(P-20G)		EA	300.00			300.00	
작업지시	WO2111000008	작업공정	제품작업장	NAX-A421	산악자전거(P-21G,A421)		EA	350.00			350.00	

청구일	청구순서	품번	품명	규격	단위	단가	청구수량	청구금액	투입수량	투입금액	사용수량	사용금액	비고
2021/11/19	1	21-3001620	PEDAL (TYPE B)		EA	150,000	200.00	30,000,000	200.00	30,000,000	0.00	0.00	
2021/11/19	2	83-2000120	전장품 ASS'Y (TYPE B)		EA	170,000	240.00	40,800,000	240.00	40,800,000	0.00	0.00	
2021/11/19	3	85-1020400	POWER TRAIN ASS'Y(MTB)		EA	6,000	260.00	1,560,000	260.00	1,560,000	0.00	0.00	
2021/11/19	4	88-1001020	PRESS FRAME-W (TYPE B)		EA	46,500	220.00	10,230,000	0.00	0	0.00	0.00	
2021/11/19	5	CYCLE-2014	HELMET 2014 시리즈		PCS	150,000	220.00	33,000,000	220.00	33,000,000	0.00	0.00	
합 계							1,140.00	115,590,000	920.00	105,360,000	0.00	0.00	

단가 OPTION

조달 : 구매
○ 표준원가[품목등록]
◉ 실제원가[품목등록]
○ 재고평가평균단가 2022/01

조달 : 생산
○ 표준원가[품목등록]
◉ 실제원가[품목등록]
○ 생산표준원가 2022/01
○ 재고평가평균단가 2022/01
○ 생산품 단가 적용 안함

확인(TAB) | 취소(ESC)

22 ①

[생산관리공통] – [생산/외주/재공현황] – [실적현황]

[보기]의 조건으로 조회한 후 각 작업장의 실적수량을 확인한다. 여러 작업장이 섞여있으므로 각 작업장으로 조회하면 확인하기 편리하다.

① '(주)대흥정공'의 실적수량이 1,800EA로 가장 많다.

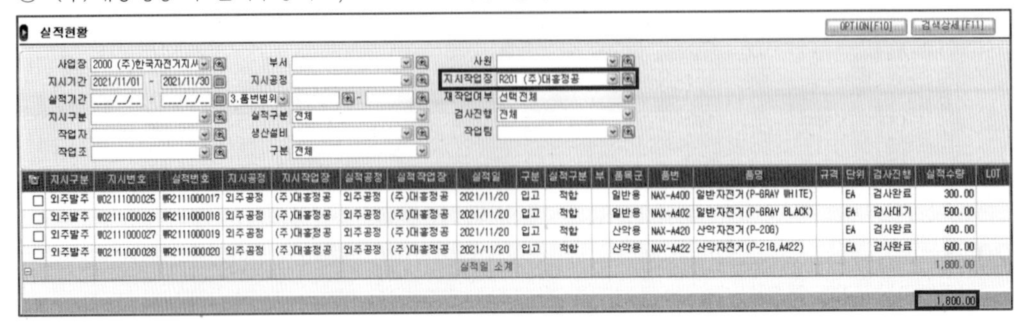

지시구분	지시번호	실적번호	지시공정	지시작업장	실적공정	실적작업장	실적일	구분	실적구분	부	품목군	품번	품명	규격	단위	검사진행	실적수량	LOT
외주발주	W02111000025	WR2111000017	외주공정	(주)대흥정공	외주공정	(주)대흥정공	2021/11/20	입고	적합		일반용	NAX-A400	일반자전거(P-GRAY WHITE)		EA	검사완료	300.00	
외주발주	W02111000026	WR2111000018	외주공정	(주)대흥정공	외주공정	(주)대흥정공	2021/11/20	입고	적합		일반용	NAX-A402	일반자전거(P-GRAY BLACK)		EA	검사대기	500.00	
외주발주	W02111000027	WR2111000019	외주공정	(주)대흥정공	외주공정	(주)대흥정공	2021/11/20	입고	적합		산악용	NAX-A420	산악자전거(P-20G)		EA	검사완료	400.00	
외주발주	W02111000028	WR2111000020	외주공정	(주)대흥정공	외주공정	(주)대흥정공	2021/11/20	입고	적합		산악용	NAX-A422	산악자전거(P-21G,A422)		EA	검사완료	600.00	
							실적일 소계										1,800.00	
																	1,800.00	

23 ④

[생산관리공통] – [생산/외주/재공현황] – [자재사용현황(작업별)]

'사업장 (주)한국자전거지사, 사용기간 2021/11/01~2021/11/30'으로 조회한 후 각 품목의 사용수량을 확인한다. 여러 품목이 섞여있으므로 각 품명으로 조회하는 것이 확인하기 편리하다.

④ 품목 'POWER TRAIN ASS'Y(MTB)'의 사용수량 합이 1,725EA로 가장 많다.

TIP 각 품명을 입력하여 조회할 경우, 조회하는 품목명이 포함된 다른 품목이 섞여 조회되므로 주의해야 한다. 예를 들어, 품목명 'PEDAL'을 조회했을 때 'PEDAL (TYPE A)', 'PEDAL (TYPE B)'의 품목이 함께 조회된다.

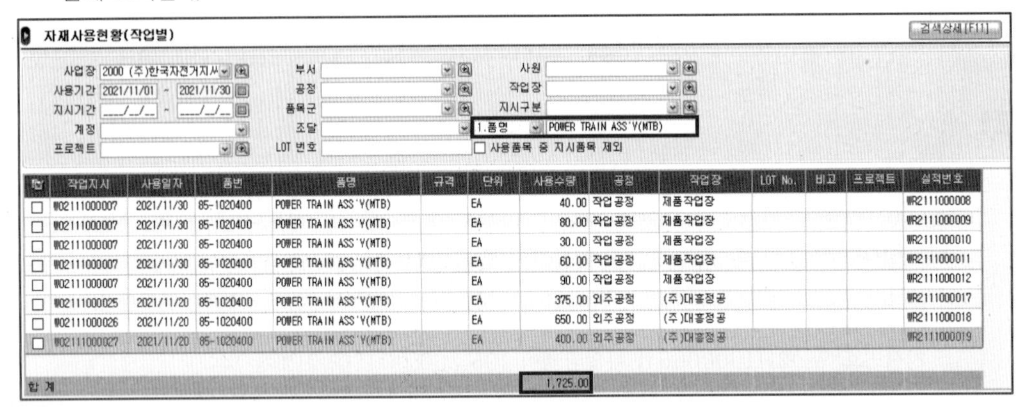

작업지시	사용일자	품번	품명	규격	단위	사용수량	공정	작업장	LOT No.	비고	프로젝트	실적번호
W02111000007	2021/11/30	85-1020400	POWER TRAIN ASS'Y(MTB)		EA	40.00	작업공정	제품작업장				WR2111000008
W02111000007	2021/11/30	85-1020400	POWER TRAIN ASS'Y(MTB)		EA	80.00	작업공정	제품작업장				WR2111000009
W02111000007	2021/11/30	85-1020400	POWER TRAIN ASS'Y(MTB)		EA	30.00	작업공정	제품작업장				WR2111000010
W02111000007	2021/11/30	85-1020400	POWER TRAIN ASS'Y(MTB)		EA	60.00	작업공정	제품작업장				WR2111000011
W02111000007	2021/11/30	85-1020400	POWER TRAIN ASS'Y(MTB)		EA	90.00	작업공정	제품작업장				WR2111000012
W02111000025	2021/11/20	85-1020400	POWER TRAIN ASS'Y(MTB)		EA	375.00	외주공정	(주)대흥정공				WR2111000017
W02111000026	2021/11/20	85-1020400	POWER TRAIN ASS'Y(MTB)		EA	650.00	외주공정	(주)대흥정공				WR2111000018
W02111000027	2021/11/20	85-1020400	POWER TRAIN ASS'Y(MTB)		EA	400.00	외주공정	(주)대흥정공				WR2111000019
합계						1,725.00						

24 ②

[생산관리공통] – [생산/외주/재공현황] – [생산일보]

'실적기준' 탭에서 '사업장 (주)한국자전거지사, 실적기간 2021/11/01~2021/11/30'으로 조회한다. '단가 OPTION'에 따라 금액이 달라질 수 있으므로 오른쪽 상단의 '단가 OPTION[F10]'을 클릭하여 '실제원가[품목등록]'으로 설정해야 한다. 2021년 11월 한 달간 양품금액의 총합은 819,560,000원이다.

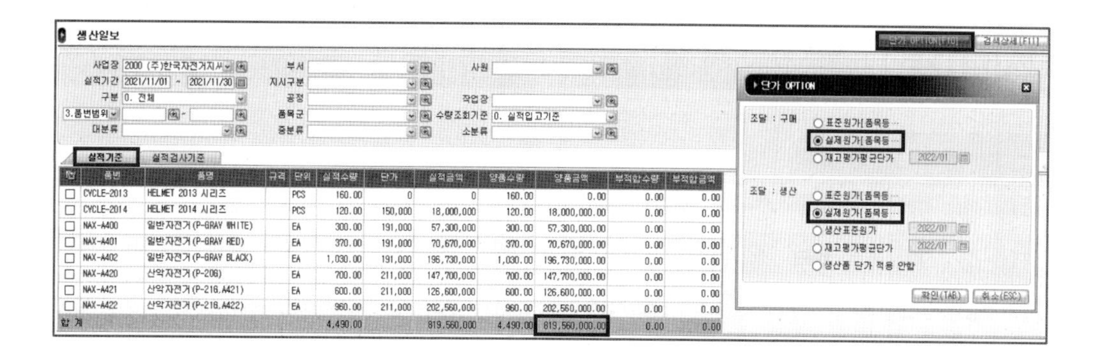

품번	품명	규격	단위	실적수량	단가	실적금액	양품수량	양품금액	부적합수량	부적합금액
CYCLE-2013	HELMET 2013 시리즈		PCS	160.00	0	0	160.00	0.00	0.00	0.00
CYCLE-2014	HELMET 2014 시리즈		PCS	120.00	150,000	18,000,000	120.00	18,000,000.00	0.00	0.00
NAX-A400	일반자전거(P-GRAY WHITE)		EA	300.00	191,000	57,300,000	300.00	57,300,000.00	0.00	0.00
NAX-A401	일반자전거(P-GRAY RED)		EA	370.00	191,000	70,670,000	370.00	70,670,000.00	0.00	0.00
NAX-A402	일반자전거(P-GRAY BLACK)		EA	1,030.00	191,000	196,730,000	1,030.00	196,730,000.00	0.00	0.00
NAX-A420	산악자전거(P-20G)		EA	700.00	211,000	147,700,000	700.00	147,700,000.00	0.00	0.00
NAX-A421	산악자전거(P-21G,A421)		EA	600.00	211,000	126,600,000	600.00	126,600,000.00	0.00	0.00
NAX-A422	산악자전거(P-21G,A422)		EA	960.00	211,000	202,560,000	960.00	202,560,000.00	0.00	0.00
합 계				4,490.00		819,560,000	4,490.00	819,560,000.00	0.00	0.00

25 ③

[생산관리공통] - [기초정보관리] - [외주단가등록]

'사업장 (주)한국자전거지사, 외주공정 R200.외주공정, 외주처 R231.(주)제일물산'으로 조회되는 품목에 체크한다. 단가적용비율 150%, 실제원가대비로 설정 후 '일괄변경'을 클릭하면 외주단가가 등록된다. 등록되는 외주단가는 실제원가의 150%로 계산된 금액이다.

① BODY-알미늄(GRAY-WHITE): 31,650원

② 전장품 ASS'Y: 130,650원

③ POWER TRAIN ASS'Y(MTB): 9,000원

④ BREAK SYSTEM: 67,500원

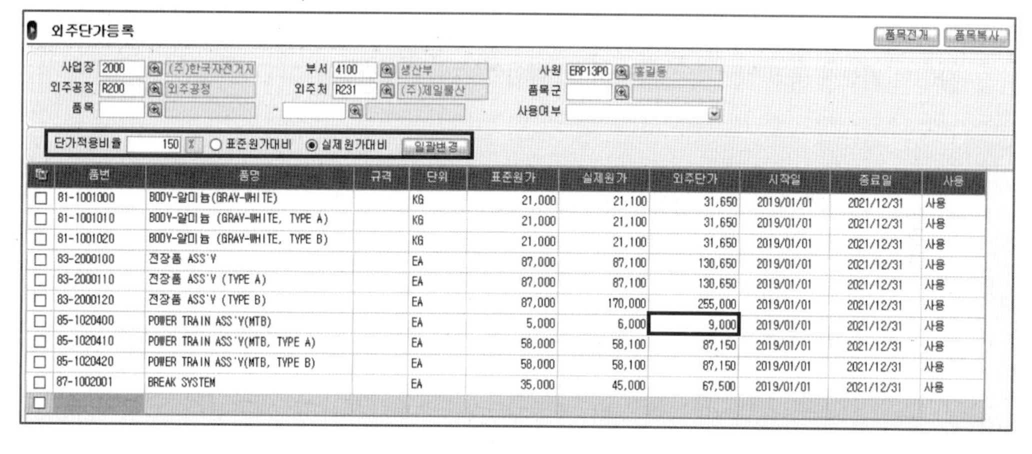

품번	품명	규격	단위	표준원가	실제원가	외주단가	시작일	종료일	사용
81-1001000	BODY-알미늄(GRAY-WHITE)		KG	21,000	21,100	31,650	2019/01/01	2021/12/31	사용
81-1001010	BODY-알미늄 (GRAY-WHITE, TYPE A)		KG	21,000	21,100	31,650	2019/01/01	2021/12/31	사용
81-1001020	BODY-알미늄 (GRAY-WHITE, TYPE B)		KG	21,000	21,100	31,650	2019/01/01	2021/12/31	사용
83-2000100	전장품 ASS'Y		EA	87,000	87,100	130,650	2019/01/01	2021/12/31	사용
83-2000110	전장품 ASS'Y (TYPE A)		EA	87,000	87,100	130,650	2019/01/01	2021/12/31	사용
83-2000120	전장품 ASS'Y (TYPE B)		EA	87,000	170,000	255,000	2019/01/01	2021/12/31	사용
85-1020400	POWER TRAIN ASS'Y(MTB)		EA	5,000	6,000	9,000	2019/01/01	2021/12/31	사용
85-1020410	POWER TRAIN ASS'Y(MTB, TYPE A)		EA	58,000	58,100	87,150	2019/01/01	2021/12/31	사용
85-1020420	POWER TRAIN ASS'Y(MTB, TYPE B)		EA	58,000	58,100	87,150	2019/01/01	2021/12/31	사용
87-1002001	BREAK SYSTEM		EA	35,000	45,000	67,500	2019/01/01	2021/12/31	사용

2021년 5회

p.271

이론

01	③	02	③	03	②	04	④	05	①	06	④	07	④	08	②	09	④	10	①
11	②	12	채찍			13	MPS			14	③	15	③	16	①	17	②	18	④
19	공정관리	20	72			21	간트차트	22	①	23	①	24	①	25	②	26	2,000		
27	55.6%	28	①	29	①	30	①	31	히스토그램			32	4단계						

01 ③

ERP는 모든 기업의 업무 프로세스를 개별 부서원들이 분산처리하면서도 동시에 중앙에서 개별 기능들을 통합적으로 관리할 수 있다.

02 ③

시스템의 수정과 유지 보수가 지속적으로 이루어질 수 있는 것은 ERP 자체 개발 방법의 장점이다.

03 ②

ERP의 기능적 특징에는 다국적, 다통화, 다언어 지원이 있다.

04 ④

ERP는 개방적이며 투명한 경영을 추구하여 열려 있는 업무환경을 확보한다.

05 ①

비즈니스 애널리틱스는 구조화된 데이터와 비구조화된 데이터를 동시에 이용한다.

06 ④

- 공정개선 전 기계 생산성 $= \frac{\text{산출량}}{\text{투입량}} = \frac{\text{제품 생산량}}{\text{기계 작동시간}} = \frac{240\text{개}}{3\text{대} \times 8\text{시간}} = 10\text{개/시간}$
- 공정개선 후 기계 생산성 $= \frac{\text{산출량}}{\text{투입량}} = \frac{\text{제품 생산량}}{\text{기계 작동시간}} = \frac{260\text{개}}{2\text{대} \times 10\text{시간}} = 13\text{개/시간}$

∴ 생산성 차이는 '13 − 10 = 3'이므로 생산성은 30%($= \frac{3}{10} \times 100$) 향상되었다.

07 ④

- 정량적 수요예측기법: 이동평균법, 지수평활법, ARIMA, 분해법, 인과모형분석법 등
- 정성적 수요예측기법: 패널동의법, 수명주기 유추법, 판매원 의견종합(합성)법, 델파이분석법 등

08 ②

제품 수명주기의 성숙기에는 이동평균법, 지수평활법 등 정량적 수요예측기법이 적합하다.

09 ④

건물이나 교량, 선박, 예술품, 영화 제작 등 주요 산출물 한 단위를 상당한 기간에 걸쳐 생산하는 방식은 프로젝트 생산방식이다.

10 ①

Job Shop 생산방식은 소량생산이 이루어지고 공정 순서에 따라서 작업물이 이동한다.

11 ②

- FOQ: 매번 동일한 양을 주문하는 방법으로 공급자로부터 항상 일정한 양만큼 공급받는 경우에 사용된다.
- EOQ: 총재고비용이 최소가 되도록 하는 1회 주문량을 말한다.

12 채찍

고객의 수요가 소매상, 도매상, 제조업체 방향으로 전달될수록 각 단계별 수요의 변동성이 증가하는 현상인 채찍 효과에 대한 설명이다.

13 MPS

판매의 대상이 되는 완성품(End Item) 또는 중요 부품에 대한 생산계획을 수립하는 활동인 기준생산계획(MPS)에 대한 설명이다.

14 ③

공정관리의 기능에는 계획 기능, 통제 기능, 감사 기능 있다.

15 ③

①은 공수계획의 능력계획, ②는 절차계획, ④는 일정계획의 소일정계획에 대한 설명이다.

16 ①

주어진 설명은 가공공정(Operation)이다.

17 ②

구체적으로 생산 시기와 수량을 결정하는 것은 생산계획이며, 공수계획은 생산 예정표에 의해 결정된 생산량에 대해 작업량을 구체적으로 결정하고 이것을 현재 보유하고 있는 사람이나 기계의 능력을 고려하여 양자를 조정하는 것이다.

18 ④

생산 라인에서 작업시간이 가장 긴 공정인 애로공정(Bottleneck Operation)에 대한 설명이다.

19 공정관리

공정관리에 대한 설명이다.

20 72

가동률 = 출근율 × (1 − 간접 작업률) = 0.8 × (1 − 0.1) = 0.72(72%)

21 간트차트

간트차트에 대한 설명으로, 간트차트를 통해서 각 작업의 전체 공정 시간, 각 작업의 완료 시간, 다음 작업의 시작 시간을 알 수 있다.

22 ①

품목의 가격조사비용은 구매/발주비용(주문비용)에 해당한다.

23 ①

종속적 수요를 갖는 자재의 소요량 및 조달 시기에 대한 관리를 통하여 주문과 생산계획을 효율적으로 처리하도록 만들어진 자재관리기법인 자재소요계획(MRP)에 대한 설명이다.

24 ①

기준생산계획과 제조자원 간의 크기를 비교하여 자원요구량을 계산해 내는 개략능력요구계획(RCCP)에 대한 설명이다.

25 ②

Supply Chain Management를 통해 통합적 정보 시스템을 운영할 수 있으며, 물류 및 구매비용이 절감된다.

26 2,000

연간 수요량(D): 8,000개, 1회 주문비용(C_p): 20,000원, 단가(P): 400원, 연간 단위당 재고유지비율(i): 0.2

∴ 경제적 주문량 $Q^* = \sqrt{\frac{2DC_p}{C_h}} = \sqrt{\frac{2DC_p}{P \times i}} = \sqrt{\frac{2 \times 8,000 \times 20,000}{400 \times 0.2}} = 2,000$개

27 55.6%

- 작업장 이용 가능시간 = 교대 수 × 1교대 작업시간 × 주당 작업일수 × 기계대수
  = 2교대/일 × 6시간 × 4일 × 10대 = 480시간
- 실제 작업시간 = 작업장 이용 가능시간 − 기계 비가동 시간 = 480시간 − 30시간 = 450시간
- 작업효율 $= \frac{\text{작업 표준시간}}{\text{실제 작업시간}} \times 100 = \frac{250}{450} \times 100 \fallingdotseq 55.6\%$

28 ①

②는 요구품질, ③은 제조품질, ④는 시장품질에 대한 설명이다.

29 ①

TQM의 4대 기본원칙: 고객중심(고객만족), 품질문화 형성, 지속적인 품질개선(공정개선), 총체적 참여

30 ①

- 파레토도: 문제를 유발하는 여러 가지 요인들 중 가장 중요한 요인을 추출하기 위한 기법
- 산점도: 점의 흩어진 상태를 표시함으로써 요인들의 상관관계와 경향을 파악하고 품질문제의 원인을 발견하거나 확인하여 불량이나 고장 등에 필요한 조치를 취하도록 하는 것
- 특성요인도: 제품의 품질, 상태, 특성 등의 결과에 대하여 그 원인이 어떠한 관계로 영향을 미치게 되었는지를 한눈에 알 수 있도록 계통적으로 정리하여 표시한 그림

31 히스토그램

QC 7가지 도구 중 히스토그램에 대한 설명이다.

32 4단계

6시그마의 네 가지 단계(MAIC) 중 4단계 '관리(Control)'에 대한 설명이다.

실무 시뮬레이션

01	②	02	③	03	①	04	③	05	④	06	④	07	②	08	④	09	③	10	③
11	①	12	④	13	④	14	②	15	①	16	③	17	②	18	②	19	③	20	④
21	②	22	①	23	①	24	②	25	④										

01 ②

[시스템관리] – [기초정보관리] – [품목등록]

[보기]의 조건으로 조회되는 품목의 내역을 확인한다. ①, ③은 'ORDER/COST' 탭, ②, ④는 'MASTER/SPEC' 탭에서 확인한다.

② 품목 'NAX-A420.산악자전거(P-20G)'의 검사여부는 '1.검사'이다.

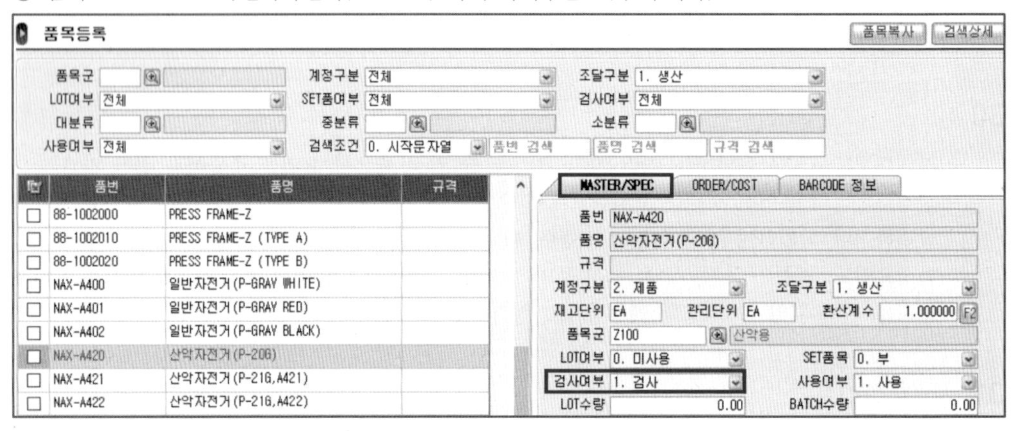

02 ③

[시스템관리] – [기초정보관리] – [창고/공정(생산)/외주공정등록]

'외주공정/작업장'에서 [보기]의 조건으로 조회되는 내역을 확인한다.

③ R300.외주공정(2 Part)의 작업장에는 적합여부가 '부적합'인 작업장이 없으며, 모두 '적합'이다.

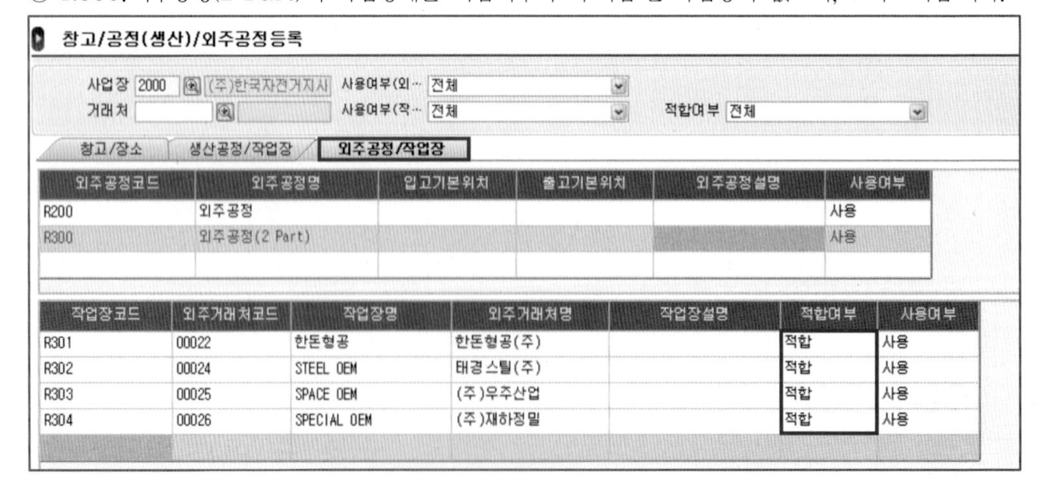

03 ①

[시스템관리] – [기초정보관리] – [물류실적(품목/고객)담당자등록]

‘거래처’ 탭에서 조회한다. 각 거래처의 담당자를 전체적으로 확인해도 되지만 하나의 담당자 조건으로 조회하면 편리하다. [보기]의 조건에 부합하는 거래처는 ‘00003.(주)빅파워’이다.

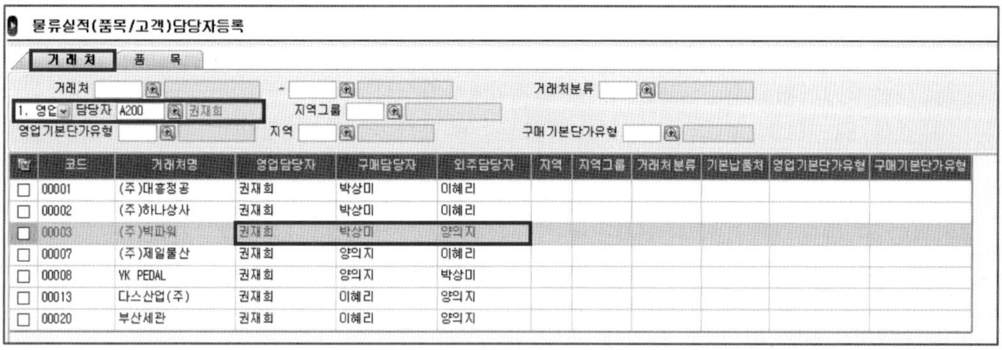

물류실적(품목/고객)담당자등록

거래처 | 품목

거래처 ~ 거래처분류
1. 영업 담당자 A200 권재희 지역그룹
영업기본단가유형 지역 구매기본단가유형

코드	거래처명	영업담당자	구매담당자	외주담당자	지역	지역그룹	거래처분류	기본납품처	영업기본단가유형	구매기본단가유형
00001	(주)대흥정공	권재희	박상미	이혜리						
00002	(주)하나상사	권재희	박상미	이혜리						
00003	(주)빅파워	권재희	박상미	양의지						
00007	(주)제일물산	권재희	양의지	이혜리						
00008	YK PEDAL	권재희	양의지	박상미						
00013	다스산업(주)	권재희	이혜리	양의지						
00020	부산세관	권재희	이혜리	양의지						

04 ③

[생산관리공통] – [기초정보관리] – [BOM등록]

[보기]의 조건으로 조회되는 내역을 확인한다.

③ 품목 83-2000100.전장품 ASS’Y는 계정구분이 ‘반제품’이다.

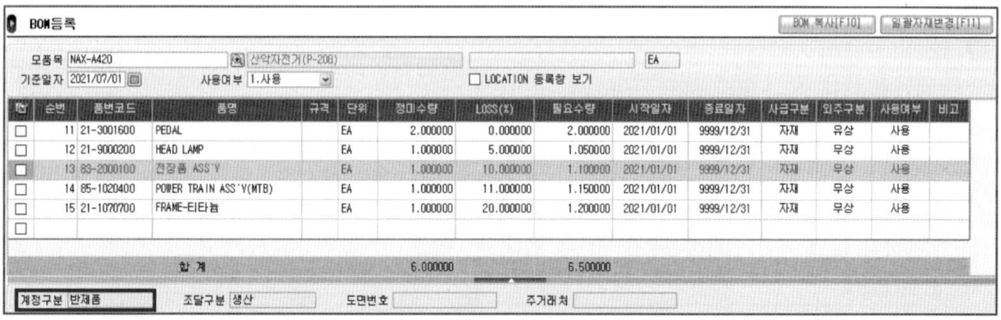

BOM등록 BOM 복사[F10] 일괄자재변경[F11]

모품목 NAX-A420 산악자전거(P-20G) EA
기준일자 2021/07/01 사용여부 1.사용 LOCATION 등록창 보기

순번	품번코드	품명	규격	단위	정미수량	LOSS(%)	필요수량	시작일자	종료일자	사급구분	외주구분	사용여부	비고
11	21-3001600	PEDAL		EA	2.000000	0.000000	2.000000	2021/01/01	9999/12/31	자재	유상	사용	
12	21-9000200	HEAD LAMP		EA	1.000000	5.000000	1.050000	2021/01/01	9999/12/31	자재	무상	사용	
13	83-2000100	전장품 ASS'Y		EA	1.000000	10.000000	1.100000	2021/01/01	9999/12/31	자재	무상	사용	
14	85-1020400	POWER TRAIN ASS'Y(MTB)		EA	1.000000	11.000000	1.150000	2021/01/01	9999/12/31	자재	무상	사용	
15	21-1070700	FRAME-티타늄		EA	1.000000	20.000000	1.200000	2021/01/01	9999/12/31	자재	무상	사용	
		합 계			6.000000		6.500000						

계정구분 반제품 조달구분 생산 도면번호 주거래처

05 ④

[생산관리공통] – [기초정보관리] – [외주단가등록]

[보기]의 조건으로 조회되는 품목에 체크한다. 단가적용비율 85%, 표준원가대비로 설정 후 ‘일괄변경’을 클릭하면 외주단가가 변경되어 등록된다.

④ 품목 ‘85-1020400.POWER TRAIN ASS’Y(MTB)’의 외주단가는 49,300원이다.

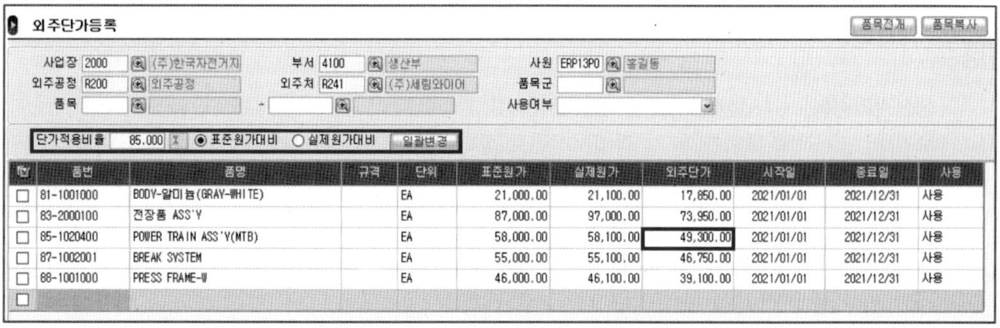

외주단가등록 품목전개 품목복사

사업장 2000 (주)한국자전거지 부서 4100 생산부 사원 ERP13P0 홍길동
외주공정 R200 외주공정 외주처 R241 (주)세림와이어 품목군
품목 ~ 사용여부

단가적용비율 85.000 % ◉ 표준원가대비 ○ 실제원가대비 일괄변경

품번	품명	규격	단위	표준원가	실제원가	외주단가	시작일	종료일	사용
81-1001000	BODY-알미늄(GRAY-WHITE)		EA	21,000.00	21,100.00	17,850.00	2021/01/01	2021/12/31	사용
83-2000100	전장품 ASS'Y		EA	87,000.00	97,000.00	73,950.00	2021/01/01	2021/12/31	사용
85-1020400	POWER TRAIN ASS'Y(MTB)		EA	58,000.00	58,100.00	49,300.00	2021/01/01	2021/12/31	사용
87-1002001	BREAK SYSTEM		EA	55,000.00	55,100.00	46,750.00	2021/01/01	2021/12/31	사용
88-1001000	PRESS FRAME-W		EA	46,000.00	46,100.00	39,100.00	2021/01/01	2021/12/31	사용

06 ④

[생산관리공통] – [생산관리] – [생산계획등록]

[보기]의 조건으로 조회 후 내역을 확인한다.

① 품목 87-1002001.BREAK SYSTEM의 일생산량이 400EA로 가장 많다.

② 품목 83-2000100.전장품 ASS'Y의 총 생산계획(작업예정)수량이 1,000EA로 가장 적다.

③ 품목 88-1002000.PRESS FRAME-Z의 일생산량은 330PCS, 2021년 07월 08일 작업예정수량은 310PCS로 일생산량을 초과하여 계획되지 않았다.

④ 품목 81-1001000.BODY-알미늄(GRAY-WHITE)의 작업예정일에 2021/07/09가 등록되어 있지 않으므로 2021년 07월 09일에 생산계획된 내역이 없다.

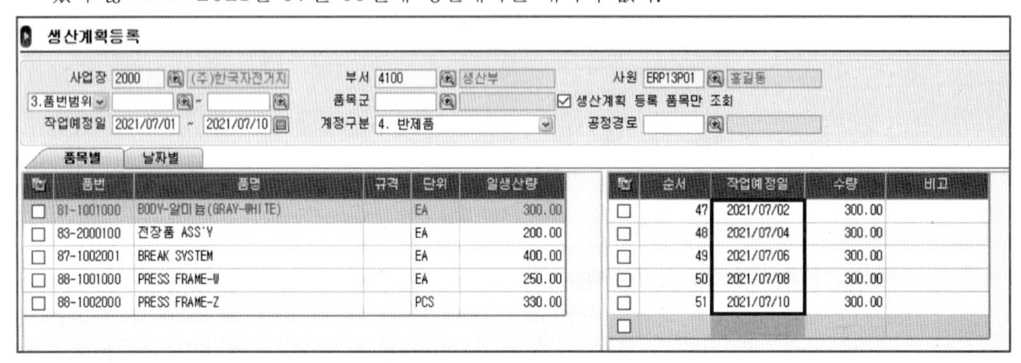
생산계획등록

사업장 2000 (주)한국자전거지 부서 4100 생산부 사원 ERP13P01 홍길동

3.품번범위 품목군 ☑ 생산계획 등록 품목만 조회

작업예정일 2021/07/01 ~ 2021/07/10 계정구분 4. 반제품 공정경로

품목별 | 날자별

품번	품명	규격	단위	일생산량
81-1001000	BODY-알미늄(GRAY-WHITE)		EA	300.00
83-2000100	전장품 ASS'Y		EA	200.00
87-1002001	BREAK SYSTEM		EA	400.00
88-1001000	PRESS FRAME-W		EA	250.00
88-1002000	PRESS FRAME-Z		PCS	330.00

순서	작업예정일	수량	비고
47	2021/07/02	300.00	
48	2021/07/04	300.00	
49	2021/07/06	300.00	
50	2021/07/08	300.00	
51	2021/07/10	300.00	

07 ②

[생산관리공통] – [생산관리] – [작업지시등록]

[보기]의 조건으로 조회한 후 각 작업지시번호에서 마우스 오른쪽 버튼을 클릭하여 '[작업지시등록] 이력정보'를 확인한다. ①, ③, ④의 이전이력은 '생산계획등록'으로 생산계획조회 기능을 이용하여 작업지시를 등록하였으며, ② WO2107000002는 이전 이력이 등록되어 있지 않으므로, 생산계획조회 기능을 이용하지 않고 직접 입력하였음을 알 수 있다.

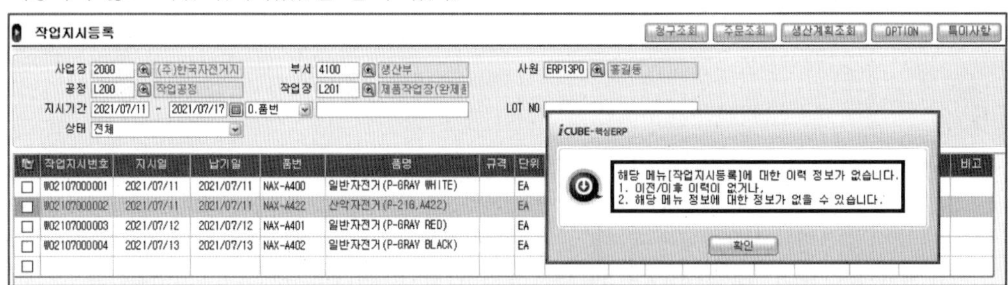
작업지시등록 청구조회 주문조회 생산계획조회 OPTION 특이사항

사업장 2000 (주)한국자전거지 부서 4100 생산부 사원 ERP13P0 홍길동

공정 L200 작업공정 작업장 L201 제품작업장(완제품)

지시기간 2021/07/11 ~ 2021/07/17 0.품번 LOT NO

상태 전체

작업지시번호	지시일	납기일	품번	품명	규격	단위
WO2107000001	2021/07/11	2021/07/11	NAX-A400	일반자전거(P-GRAY WHITE)		EA
WO2107000002	2021/07/11	2021/07/11	NAX-A422	산악자전거(P-216,A422)		EA
WO2107000003	2021/07/12	2021/07/12	NAX-A401	일반자전거(P-GRAY RED)		EA
WO2107000004	2021/07/13	2021/07/13	NAX-A402	일반자전거(P-GRAY BLACK)		EA

iCUBE-핵심ERP

해당 메뉴[작업지시등록]에 대한 이력 정보가 없습니다.
1. 이전/이후 이력이 없거나,
2. 해당 메뉴 정보에 대한 정보가 없을 수 있습니다.

확인

08 ④

[생산관리공통] – [생산관리] – [작업지시확정]

[보기]의 조건으로 조회한 후 각 작업지시번호 상단의 모품목과 하단에 등록되어 있는 내역을 확인한다.

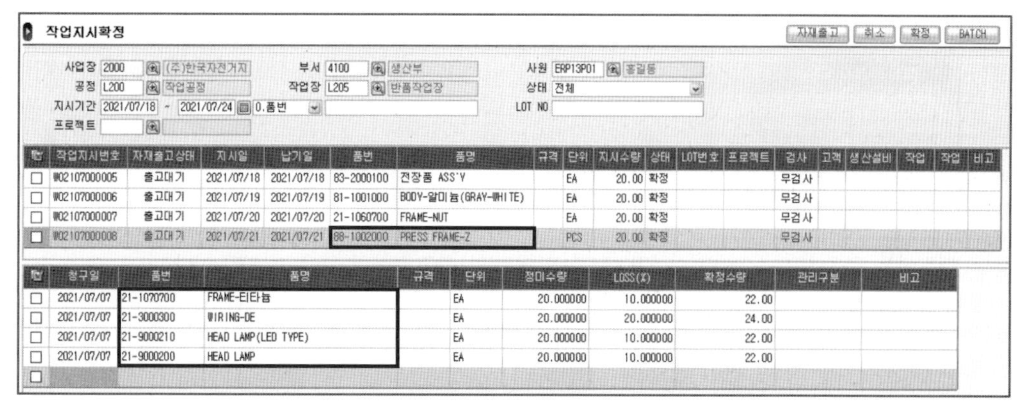

작업지시확정

자재출고 | 취소 | 확정 | BATCH

사업장 2000 (주)한국자전거지 | 부서 4100 생산부 | 사원 ERP13P01 홍길동
공정 L200 작업공정 | 작업장 L205 반품작업장 | 상태 전체
지시기간 2021/07/18 ~ 2021/07/24 0.품번 | LOT NO
프로젝트

작업지시번호	자재출고상태	지시일	납기일	품번	품명	규격	단위	지시수량	상태	LOT번호	프로젝트	검사	고객	생산설비	작업	작업	비고
WO2107000005	출고대기	2021/07/18	2021/07/18	83-2000100	전장품 ASS'Y		EA	20.00	확정			무검사					
WO2107000006	출고대기	2021/07/19	2021/07/19	81-1001000	BODY-알미늄(GRAY-WHITE)		EA	20.00	확정			무검사					
WO2107000007	출고대기	2021/07/20	2021/07/20	21-1060700	FRAME-NUT		EA	20.00	확정			무검사					
WO2107000008	출고대기	2021/07/21	2021/07/21	88-1002000	PRESS FRAME-Z		PCS	20.00	확정			무검사					

청구일	품번	품명	규격	단위	정미수량	LOSS(%)	확정수량	관리구분	비고
2021/07/07	21-1070700	FRAME-티타늄		EA	20.000000	10.000000	22.00		
2021/07/07	21-3000300	WIRING-DE		EA	20.000000	20.000000	24.00		
2021/07/07	21-9000210	HEAD LAMP(LED TYPE)		EA	20.000000	10.000000	22.00		
2021/07/07	21-9000200	HEAD LAMP		EA	20.000000	10.000000	22.00		

[생산관리공통] – [기초정보관리] – [BOM등록]

[작업지시확정] 메뉴에 등록되어 있는 각 작업지시번호 상단의 품목이 [BOM등록] 메뉴의 모품목이다. [BOM등록] 메뉴에서 각각의 모품목으로 조회되는 내역과 [작업지시확정] 메뉴의 하단에 청구된 내역을 비교한다. 기준일자는 [작업지시확정] 메뉴의 지시일로 한다. ①, ②, ③은 [BOM등록] 메뉴에 조회되는 내역과 [작업지시확정] 메뉴의 하단에 청구된 내역이 일치하며, ④ WO2107000008은 다르게 등록되어 있다.

BOM등록

BOM 복사[F10] | 일괄자재변경[F11]

모품목 88-1002000 PRESS FRAME-Z PCS
기준일자 2021/07/21 | 사용여부 1.사용 | LOCATION 등록창 보기

순번	품번코드	품명	규격	단위	정미수량	LOSS(%)	필요수량	시작일자	종료일자	사급구분	외주구분	사용여부	비고
1	21-1080800	FRAME-알미늄		EA	1.000000	10.000000	1.100000	2018/01/01	9999/12/31	자재	무상	사용	
2	21-3000300	WIRING-DE		EA	1.000000	20.000000	1.200000	2018/01/01	9999/12/31	자재	무상	사용	
3	21-9000210	HEAD LAMP(LED TYPE)		EA	1.000000	10.000000	1.100000	2018/01/01	9999/12/31	자재	무상	사용	
5	21-9000200	HEAD LAMP		EA	1.000000	10.000000	1.100000	2018/09/01	9999/12/31	자재	무상	사용	

09 ③

[생산관리공통] – [생산관리] – [생산자재출고]

[보기]의 사업장, 출고기간으로 조회한 후 오른쪽 상단의 '일괄적용'을 클릭한다. 팝업창에 청구기간, 청구공정, 청구작업장으로 조회되는 내역 중 품목 '21-1080800.FRAME-알미늄'에 체크하여 '일괄적용'을 클릭한다. 청구품목의 품번이나 품명으로 조회하면 편리하다.

품목의 청구잔량이 출고가 등록되는 수량이므로, 팝업창에서 청구잔량만을 확인해도 되지만 출고등록을 하여 정확한 출고수량을 확인해 보도록 한다.

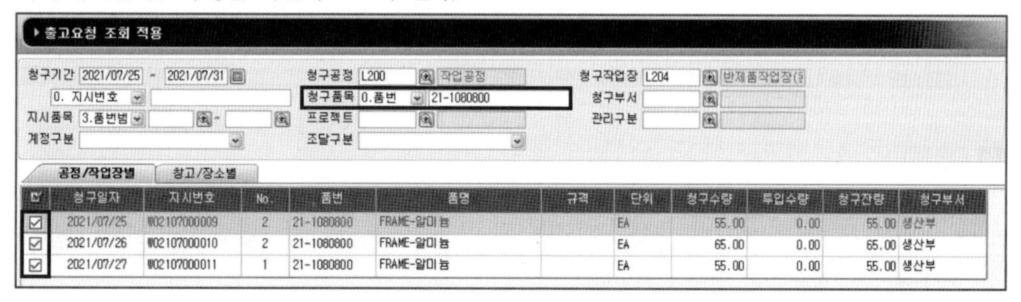

출고요청 조회 적용

청구기간 2021/07/25 ~ 2021/07/31 | 청구공정 L200 작업공정 | 청구작업장 L204 반제품작업장(
0. 지시번호 | 청구품목 0.품번 21-1080800 | 청구부서
지시품목 3.품번범 ~ | 프로젝트 | 관리구분
계정구분 | 조달구분

공정/작업장별 | 창고/장소별

청구일자	지시번호	No.	품번	품명	규격	단위	청구수량	투입수량	청구잔량	청구부서
2021/07/25	WO2107000009	2	21-1080800	FRAME-알미늄		EA	55.00	0.00	55.00	생산부
2021/07/26	WO2107000010	2	21-1080800	FRAME-알미늄		EA	65.00	0.00	65.00	생산부
2021/07/27	WO2107000011	1	21-1080800	FRAME-알미늄		EA	55.00	0.00	55.00	생산부

팝업창에 [보기]의 출고일자, 출고창고, 출고장소 등록 후 '확인[ENTER]'을 클릭하면 출고가 등록된다.

등록되는 품목 '21-1080800.FRAME-알미늄'의 출고수량의 합은 175EA이다.

생산자재출고

복사 | 출고요청 | 일괄적용 | 재고확인 | 인쇄 설정

사업장 2000 (주)한국자전거 | 부서 4100 생산부 | 사원 ERP13P01 홍길동
출고기간 2021/07/25 ~ 2021/07/31 | 출고창고 | 담당자
공정 | 작업장 | 0. 지시번
0. 품번 | 관리구분 | 프로젝트

출고번호	출고일자	출고창고	출고장소	공정	작업장	담당자	비고
MV2107000003	2021/07/30	부품창고_인천지점	부품/반제품_부품장소	작업공정	반제품작업장(완제품)		

No.	품번	품명	규격	단위	요청수량	출고수량	LOT No.	비고
1	21-1080800	FRAME-알미늄		EA	55.00	55.00		
2	21-1080800	FRAME-알미늄		EA	65.00	65.00		
3	21-1080800	FRAME-알미늄		EA	55.00	55.00		
					175.00	175.00		

10 ③

[생산관리공통] – [생산/외주/재공현황] – [실적현황]

[보기]의 조건으로 조회한 후 실적수량을 확인한다. 각 작업팀으로 조회하면 작업팀별 실적수량을 한눈에 확인하기 편리하다.

③ 'P2C.작업 C팀'의 실적수량의 합이 115EA로 가장 많다.

TIP [작업실적등록] 메뉴에서 조회해도 되지만 [실적현황] 메뉴에서 각 작업팀으로 조회하는 것이 더 편리하다.

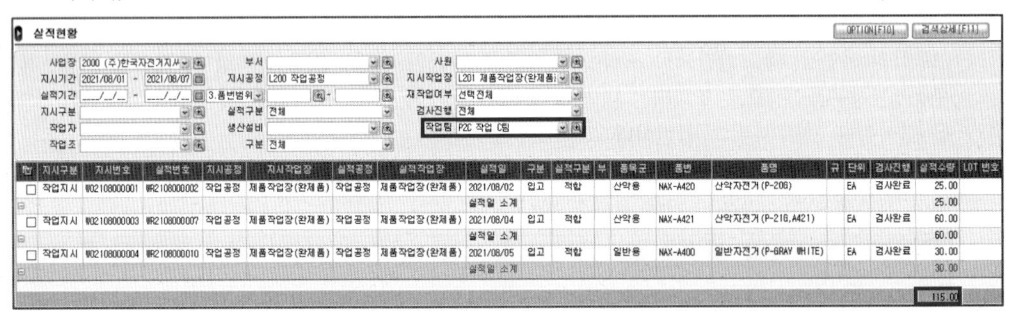

실적현황

OPTION[F10] | 검색상세[F11]

사업장 2000 (주)한국자전거지사 | 부서 | 사원
지시기간 2021/08/01 ~ 2021/08/07 | 지시공정 L200 작업공정 | 지시작업장 L201 제품작업장(완제품)
실적기간 ___/__/__ ~ ___/__/__ | 3.품번범위 | 재작업여부 선택전체
지시구분 | 실적구분 전체 | 검사진행 전체
작업자 | 생산설비 | 작업팀 P2C 작업 C팀
작업조 | 구분 전체

지시구분	지시번호	실적번호	지시공정	지시작업장	실적공정	실적작업장	실적일	구분	실적구분	부	품목군	품번	품명	규	단위	검사진행	실적수량	LOT 번호
작업지시	WO2108000001	WR2108000002	작업공정	제품작업장(완제품)	작업공정	제품작업장(완제품)	2021/08/02	입고	적합		산악용	NAX-A420	산악자전거(P-20G)		EA	검사완료	25.00	
							실적일 소계										25.00	
작업지시	WO2108000003	WR2108000007	작업공정	제품작업장(완제품)	작업공정	제품작업장(완제품)	2021/08/04	입고	적합		산악용	NAX-A421	산악자전거(P-21G,A421)		EA	검사완료	60.00	
							실적일 소계										60.00	
작업지시	WO2108000004	WR2108000010	작업공정	제품작업장(완제품)	작업공정	제품작업장(완제품)	2021/08/05	입고	적합		일반용	NAX-A400	일반자전거(P-GRAY WHITE)		EA	검사완료	30.00	
							실적일 소계										30.00	
																	115.00	

11 ①

[생산관리공통] – [생산관리] – [생산자재사용등록]

[보기]의 조건으로 조회한 후 각 작업실적번호에서 오른쪽 상단의 '청구적용[F8]'을 클릭하여 팝업창에서 적용예정량, 적용수량, 잔량을 확인한다.

① 작업실적번호 WR2108000016의 적용수량의 합이 적용예정량의 합보다 더 많아 잔량이 음수(–)이다.

▶ 청구 적용 도움창

사용일 2021/08/16 관리구분 조회[F12] 적용[F10] 취소[ESC]

순서	공정	작업장	품번	품명	규격	단위	적용예정량	적용수량	잔량
1	작업공정	반품작업장	21-1060850	WHEEL FRONT-MTB		EA	110.00	110.00	
2	작업공정	반품작업장	21-1080800	FRAME-알미늄		EA	130.00	130.00	
3	작업공정	반품작업장	21-3001600	PEDAL		EA	110.00	120.00	-10.00

12 ④

[생산관리공통] – [생산관리] – [생산실적검사]

[보기]의 조건으로 조회한 후 각 작업실적번호의 내역을 확인한다.

④ 작업실적번호 WR2108000023의 시료 수는 25PCS이며 불량시료는 2PCS이다.

생산실적검사

사업장 2000 (주)한국자전거지 부서 4100 생산부 사원 ERP13P0 홍길동
실적일 2021/08/15 ~ 2021/08/21 공정 L200 작업공정 작업장 L202 반제품작업장(반저
0.품번 검사여부 선택전체 상태 선택전체
고객 프로젝트

작업지시번호	작업실적번호	실적일	품번	품명	규격	단위	실적수량	상태	작업구분	LOT 번호	프로젝트	고객	비고
W02108000013	WR2108000020	2021/08/16	83-2000100	전장품 ASS'Y		EA	50.00	확정	작업지시				
W02108000014	WR2108000021	2021/08/17	81-1001000	BODY-알미늄(GRAY-WHITE)		EA	50.00	확정	작업지시				
W02108000015	WR2108000022	2021/08/18	88-1001000	PRESS FRAME-W		EA	50.00	확정	작업지시				
W02108000016	WR2108000023	2021/08/19	88-1002000	PRESS FRAME-Z		PCS	50.00	확정	작업지시				

검사일	검사담당자	검사구분	검사유형	시료수	불량시료	양품시료	합격여부	합격수량	불합격수량	비고
2021/08/19	박상미	바디조립검사	샘플검사	25.00	2.00	23.00	합격	48.00	2.00	

13 ④

[생산관리공통] – [생산관리] – [생산품창고입고처리]

[보기]의 조건으로 조회되는 내역을 확인한다.

① 검사구분을 '1.검사'로 조회하면 실적번호 'WR2108000024'가 조회되어 생산실적검사를 진행하였음을 알 수 있다.

② 품목 'NAX-A420.산악자전거(P-20G)'의 입고가능수량이 60EA로 가장 많이 남아 있다.

③ 입고번호 IW2108000022는 실적번호 WR2108000027의 하단에 등록되어 있으며, 입고창고/입고장소는 '제품창고_인천지점/제품_제품장소'이다.

④ 실적번호 WR2108000026의 입고가능수량 30EA는 입고대상수량 80EA에서 기입고수량 50EA를 감안한 수량이다(입고가능수량 = 입고대상수량 – 기입고수량 – 처리수량).

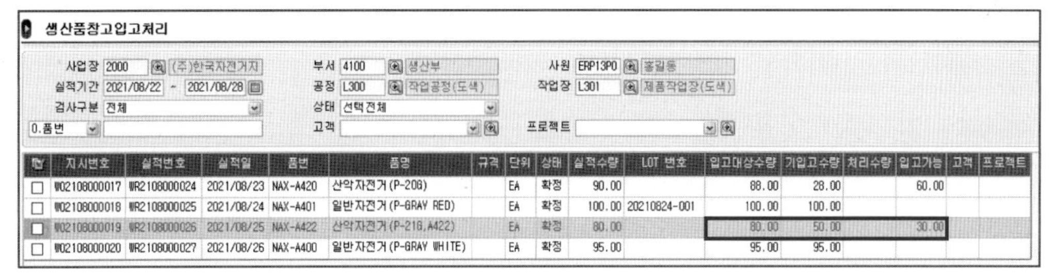

생산품창고입고처리

사업장 2000 (주)한국자전거지 부서 4100 생산부 사원 ERP13P0 홍길동
실적기간 2021/08/22 ~ 2021/08/28 공정 L300 작업공정(도색) 작업장 L301 제품작업장(도색)
검사구분 전체 상태 선택전체
0.품번 고객 프로젝트

지시번호	실적번호	실적일	품번	품명	규격	단위	상태	실적수량	LOT 번호	입고대상수량	기입고수량	처리수량	입고가능	고객	프로젝트
W02108000017	WR2108000024	2021/08/23	NAX-A420	산악자전거(P-20G)		EA	확정	90.00		88.00	28.00		60.00		
W02108000018	WR2108000025	2021/08/24	NAX-A401	일반자전거(P-GRAY RED)		EA	확정	100.00	20210824-001	100.00	100.00				
W02108000019	WR2108000026	2021/08/25	NAX-A422	산악자전거(P-21G,A422)		EA	확정	80.00		80.00	50.00		30.00		
W02108000020	WR2108000027	2021/08/26	NAX-A400	일반자전거(P-GRAY WHITE)		EA	확정	95.00		95.00	95.00				

14 ②

[생산관리공통] – [생산관리] – [작업지시마감처리]

[보기]의 조건으로 조회한 후 각 작업지시번호의 상태를 확인한다. 상태가 '확정'인 작업지시 건을 마감처리할 수 있으며, 상태가 '마감'이나 '계획'인 것은 마감처리할 수 없다. 또한 '확정'인 작업지시에 체크를 하면 오른쪽 상단의 '마감처리'가 활성화되어 마감처리를 할 수 있다.

② 작업지시번호 WO2108000022의 상태가 '확정'으로 마감처리가 가능하다.

작업지시마감처리 | 마감처리[F6] | 마감취소[F7]

사업장 2000 (주)한국자전거지 | 부서 4100 생산부 | 사원 ERP13P0 홍길동
지시일 2021/08/29 ~ 2021/08/31 | 공정경로 | 3.품번범위 ~
공정구분 선택전체 | 공정 L300 작업공정(도색) | 작업장 L302 반제품작업장(도색
지시상태 | 실적잔량 선택전체 | 프로젝트

	작업지시번호	지시일	완료일	품번	품명	규격	단위	지시수량	상태	공정경로	LOT번	PROJECT	지시자
☐	WO2108000021	2021/08/29	2021/08/29	83-2000100	전장품 ASS'Y		EA	60.00	계획				
☑	WO2108000022	2021/08/30	2021/08/30	81-1001000	BODY-알미늄(GRAY-WHITE)		EA	70.00	확정				
☐	WO2108000023	2021/08/30	2021/08/30	88-1002000	PRESS FRAME-Z		PCS	55.00	계획				
☐	WO2108000024	2021/08/31	2021/08/31	88-1001000	PRESS FRAME-W		EA	65.00	계획				

15 ①

[생산관리공통] – [생산/외주/재공현황] – [실적현황]

[보기]의 조건으로 조회한 후 실적수량을 확인한다. 각 작업자로 조회하면 작업자별로 실적수량을 한 눈에 확인하기 편리하다.

① 'A100.이혜리'의 실적수량의 합이 120EA로 가장 많다.

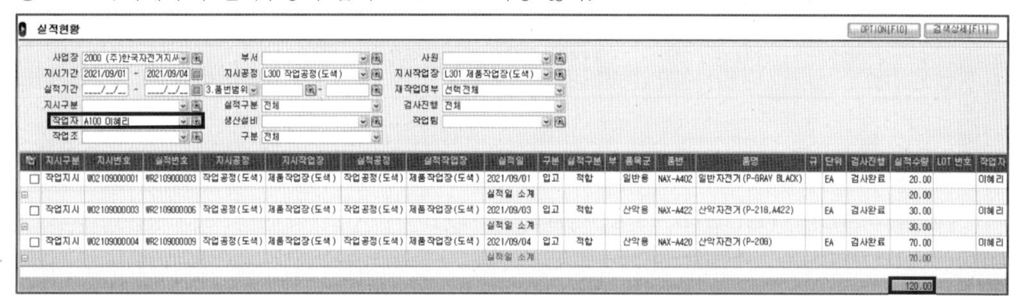

실적현황 | OPTION[F10] | 검색상세[F11]

사업장 2000 (주)한국자전거지사 | 부서 | 사원
지시기간 2021/09/01 ~ 2021/09/04 | 지시공정 L300 작업공정(도색) | 지시작업장 L301 제품작업장(도색)
실적기간 ____/__/__ ~ ____/__/__ | 3.품번범위 ~ | 재작업여부 선택전체
지시구분 | 실적구분 전체 | 검사진행 전체
작업자 A100 이혜리 | 생산설비 | 작업팀
작업조 | 구분 전체

	지시구분	지시번호	실적번호	지시공정	지시작업장	실적공정	실적작업장	실적일	구분	실적구분	부	품목군	품번	품명	규	단위	검사진행	실적수량	LOT 번호	작업자
☐	작업지시	WO2109000001	WR2109000003	작업공정(도색)	제품작업장(도색)	작업공정(도색)	제품작업장(도색)	2021/09/01	입고	적합		일반용	NAX-A402	일반자전거(P-GRAY BLACK)		EA	검사완료	20.00		이혜리
⊟								실적일 소계										20.00		
☐	작업지시	WO2109000003	WR2109000006	작업공정(도색)	제품작업장(도색)	작업공정(도색)	제품작업장(도색)	2021/09/03	입고	적합		산악용	NAX-A422	산악자전거(P-21G,A422)		EA	검사완료	30.00		이혜리
⊟								실적일 소계										30.00		
☐	작업지시	WO2109000004	WR2109000009	작업공정(도색)	제품작업장(도색)	작업공정(도색)	제품작업장(도색)	2021/09/04	입고	적합		산악용	NAX-A420	산악자전거(P-20G)		EA	검사완료	70.00		이혜리
⊟								실적일 소계										70.00		
																		120.00		

16 ③

[생산관리공통] – [생산/외주/재공현황] – [생산계획대비실적현황(월별)]

'실적기준' 탭에서 [보기]의 조건과 계정 '2.제품'으로 조회되는 품목의 2021년 9월 계획수량과 실적수량을 확인한다.

③ 품목 'NAX-A402.일반자전거(P-GRAY BLACK)'의 계획수량은 180EA, 실적수량은 300EA이며, 차이는 300 – 180 = 120EA로 계획 대비 실적수량이 가장 많다.

생산계획대비실적현황(월별)

사업장 2000 (주)한국자전거지사 / 해당년도 2021 / 품목군
계정 "2. 제품" / 조달 / 3.품번범위
대분류 / 중분류 / 소분류

실적기준 | 실적검사기준

조회기간 ○ 적합 ○ 부적합 ◉ 전체

품번	품명	규격	단위	합계 계획	합계 실적	1월 계획	1월 실적	2월 계획	2월 실적	3월 계획	3월 실적	4월 계획	4월 실적	5월 계획	5월 실적	6월 계획	6월 실적	7월 계획	7월 실적	8월 계획	8월 실적	9월 계획	9월 실적	10월 계획	10월 실적
NAX-A400	일반자전거(P-GRAY WHITE)		EA	360.00	825.00		370.00											180.00			205.00	180.00	250.00		
NAX-A401	일반자전거(P-GRAY RED)		EA	360.00	382.00													180.00			232.00	180.00	150.00		
NAX-A402	일반자전거(P-GRAY BLACK)		EA	360.00	900.00		400.00								200.00			180.00				180.00	300.00		
NAX-A420	산악자전거(P-20G)		EA	170.00	995.00		680.00														215.00	170.00	100.00		
NAX-A421	산악자전거(P-21G,A421)		EA	170.00	465.00		200.00														115.00	170.00	150.00		
NAX-A422	산악자전거(P-21G,A422)		EA	170.00	560.00		100.00								270.00						90.00	170.00	100.00		

17 ②

[생산관리공통] – [외주관리] – [외주발주등록]

[보기]의 조건으로 조회한 후 각 품목의 단가를 확인한다.

외주발주등록

청구조회 | 주문조회 | 생산계획조회 | OPTION | 특이사항 | 원샷 | SMS 발송 | E-MAIL 설정 | E-MAIL

사업장 2000 (주)한국자전거지 / 부서 4100 생산부 / 사원 ERP13P0 홍길동
공정 R200 외주공정 / 외주처 R211 다스산업(주)
지시기간 2021/07/01 ~ 2021/07/10 / 0.품번 / LOT NO
상태 전체

외주지시번호	발주일	납기일	품번	품명	규격	단위	지시수량	단가	금액	상태	LOT번호	프로젝트	검사	고객	비고
WO2107000026	2021/07/02	2021/07/02	NAX-A401	일반자전거(P-GRAY RED)		EA	1.00	250,000.00	250,000	계획			무검사		
WO2107000027	2021/07/03	2021/07/03	NAX-A420	산악자전거(P-20G)		EA	1.00	175,000.00	175,000	계획			무검사		
WO2107000029	2021/07/04	2021/07/04	NAX-A400	일반자전거(P-GRAY WHITE)		EA	1.00	210,000.00	210,000	계획			무검사		
WO2107000030	2021/07/05	2021/07/05	NAX-A421	산악자전거(P-21G,A421)		EA	1.00	180,000.00	180,000	계획			무검사		

[생산관리공통] – [기초정보관리] – [외주단가등록]

[외주발주등록] 메뉴에 등록되어 있는 품목의 단가와 [외주단가등록] 메뉴의 외주단가를 비교한다.

② 품목 'NAX-A420.산악자전거(P-20G)'의 [외주단가등록] 메뉴에 등록되어 있는 외주단가는 170,000원이며, [외주발주등록] 메뉴에 등록되어 있는 단가는 175,000원이다. 따라서 외주단가보다 더 높은 단가로 외주발주가 등록되었으며, 외주지시번호는 WO2107000027이다.

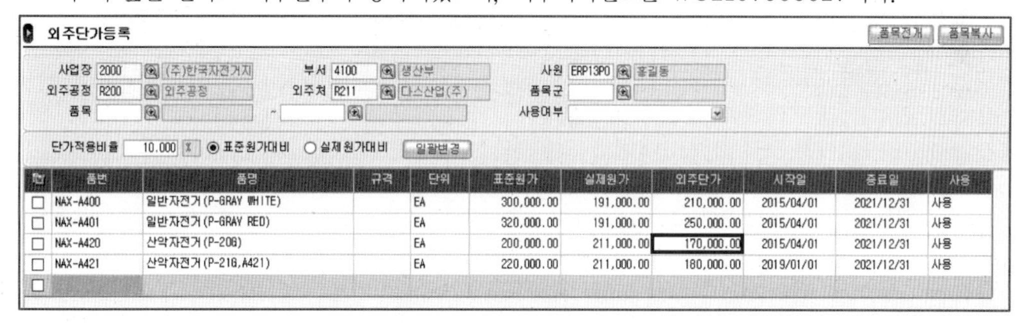

외주단가등록

품목전개 | 품목복사

사업장 2000 (주)한국자전거지 / 부서 4100 생산부 / 사원 ERP13P0 홍길동
외주공정 R200 외주공정 / 외주처 R211 다스산업(주) / 품목군
품목 ~ / 사용여부

단가적용비율 10.000 % ◉ 표준원가대비 ○ 실제원가대비 일괄변경

품번	품명	규격	단위	표준원가	실제원가	외주단가	시작일	종료일	사용
NAX-A400	일반자전거(P-GRAY WHITE)		EA	300,000.00	191,000.00	210,000.00	2015/04/01	2021/12/31	사용
NAX-A401	일반자전거(P-GRAY RED)		EA	320,000.00	191,000.00	250,000.00	2015/04/01	2021/12/31	사용
NAX-A420	산악자전거(P-20G)		EA	200,000.00	211,000.00	170,000.00	2015/04/01	2021/12/31	사용
NAX-A421	산악자전거(P-21G,A421)		EA	220,000.00	211,000.00	180,000.00	2019/01/01	2021/12/31	사용

18 ②

[생산관리공통] – [외주관리] – [외주발주확정]

[보기]의 조건으로 조회되는 생산지시번호에 체크하여 오른쪽 상단의 '확정'을 클릭한다. 사용일 입력 후 '확인[ENTER]'을 클릭하면 하단에 자재가 청구된다.

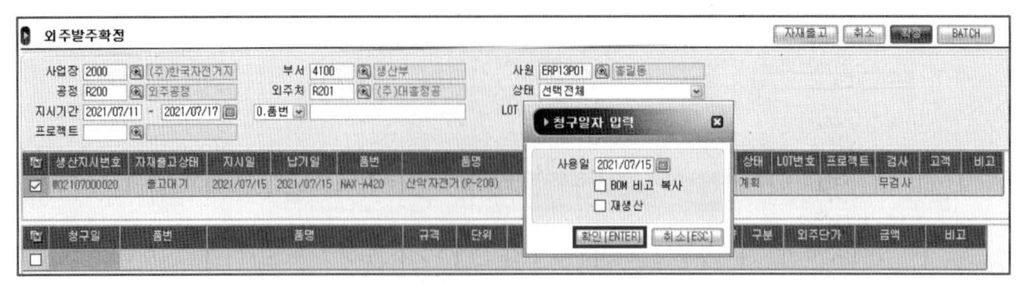

② 하단의 품목 '21-9000200.HEAD LAMP'에서 마우스 오른쪽 버튼을 클릭하고 '부가기능 – 품목상세정보'를 확인한다. 품목의 LOT 여부는 '0.미사용'이다.

19 ③

[생산관리공통] – [외주관리] – [외주자재출고]

[보기]의 조건으로 조회한 후 오른쪽 상단의 '출고요청'을 클릭한다. 팝업창에서 청구기간으로 조회되는 품목 중 '21-1070700.FRAME-티타늄'의 청구잔량이 12EA로 가장 많다.

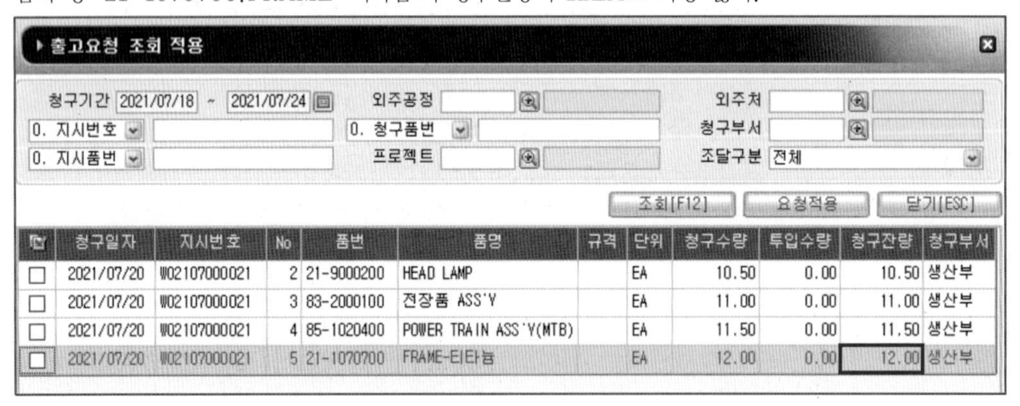

청구일자	지시번호	No	품번	품명	규격	단위	청구수량	투입수량	청구잔량	청구부서
2021/07/20	W02107000021	2	21-9000200	HEAD LAMP		EA	10.50	0.00	10.50	생산부
2021/07/20	W02107000021	3	83-2000100	전장품 ASS'Y		EA	11.00	0.00	11.00	생산부
2021/07/20	W02107000021	4	85-1020400	POWER TRAIN ASS'Y(MTB)		EA	11.50	0.00	11.50	생산부
2021/07/20	W02107000021	5	21-1070700	FRAME-티타늄		EA	12.00	0.00	12.00	생산부

20 ④

[생산관리공통] – [외주관리] – [외주실적등록]

[보기]의 조건으로 조회한 후 하단에 등록되어 있는 작업실적번호의 내역을 확인한다.

④ 작업실적번호 WR2107000003의 검사여부는 '무검사'로 외주실적에 대한 검사를 진행하지 않아도 된다.

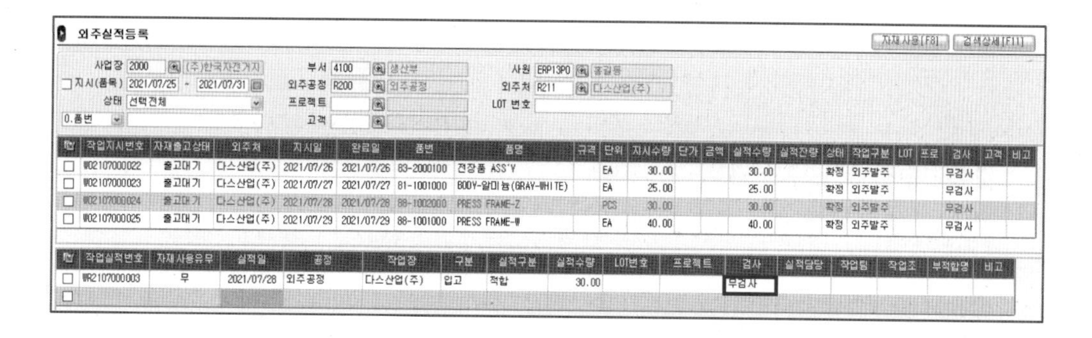

외주실적등록

자재사용[F8] 검색상세[F11]

사업장 2000 (주)한국자전거지 부서 4100 생산부 사원 ERP13P0 홍길동
지시(품목) 2021/07/25 ~ 2021/07/31 외주공정 R200 외주공정 외주처 R211 다스산업(주)
상태 선택전체 프로젝트 LOT 번호
0.품번 고객

작업지시번호	자재출고상태	외주처	지시일	완료일	품번	품명	규격	단위	지시수량	단가	금액	실적수량	실적잔량	상태	작업구분	LOT	프로	검사	고객	비고
W02107000022	출고대기	다스산업(주)	2021/07/26	2021/07/26	83-2000100	전장품 ASS'Y		EA	30.00			30.00		확정	외주발주			무검사		
W02107000023	출고대기	다스산업(주)	2021/07/27	2021/07/27	81-1001000	BODY-알미늄(GRAY-WHITE)		EA	25.00			25.00		확정	외주발주			무검사		
W02107000024	출고대기	다스산업(주)	2021/07/28	2021/07/28	88-1002000	PRESS FRAME-Z		PCS	30.00			30.00		확정	외주발주			무검사		
W02107000025	출고대기	다스산업(주)	2021/07/29	2021/07/29	88-1001000	PRESS FRAME-W		EA	40.00			40.00		확정	외주발주			무검사		

작업실적번호	자재사용유무	실적일	공정	작업장	구분	실적구분	실적수량	LOT번호	프로젝트	검사	실적담당	작업팀	작업조	부적합명	비고
WR2107000003	무	2021/07/28	외주공정	다스산업(주)	입고	적합	30.00			무검사					

21 ②

[생산관리공통] – [외주관리] – [외주자재사용등록]

[보기]의 조건으로 조회한 후 각 작업실적번호의 하단에 등록되어 있는 사용수량의 합을 확인한다.

② 작업실적번호 WR2108000029의 사용수량의 합이 68EA로 가장 많다.

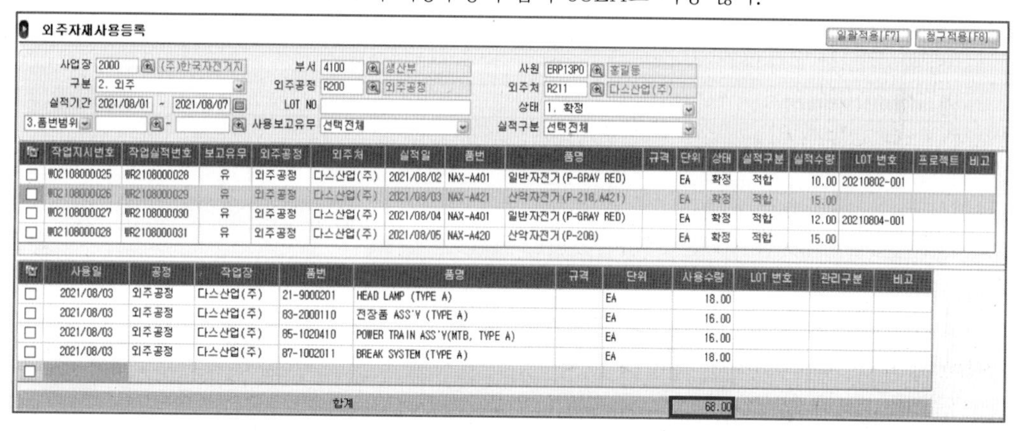

외주자재사용등록

일괄적용[F7] 청구적용[F8]

사업장 2000 (주)한국자전거지 부서 4100 생산부 사원 ERP13P0 홍길동
구분 2. 외주 외주공정 R200 외주공정 외주처 R211 다스산업(주)
실적기간 2021/08/01 ~ 2021/08/07 LOT NO 상태 1. 확정
3.품번범위 ~ 사용보고유무 선택전체 실적구분 선택전체

작업지시번호	작업실적번호	보고유무	외주공정	외주처	실적일	품번	품명	규격	단위	상태	실적구분	실적수량	LOT 번호	프로젝트	비고
W02108000025	WR2108000028	유	외주공정	다스산업(주)	2021/08/02	NAX-A401	일반자전거(P-GRAY RED)		EA	확정	적합	10.00	20210802-001		
W02108000026	WR2108000029	유	외주공정	다스산업(주)	2021/08/03	NAX-A421	산악자전거(P-21G,A421)		EA	확정	적합	15.00			
W02108000027	WR2108000030	유	외주공정	다스산업(주)	2021/08/04	NAX-A401	일반자전거(P-GRAY RED)		EA	확정	적합	12.00	20210804-001		
W02108000028	WR2108000031	유	외주공정	다스산업(주)	2021/08/05	NAX-A420	산악자전거(P-20G)		EA	확정	적합	15.00			

사용일	공정	작업장	품번	품명	규격	단위	사용수량	LOT 번호	관리구분	비고
2021/08/03	외주공정	다스산업(주)	21-9000201	HEAD LAMP (TYPE A)		EA	18.00			
2021/08/03	외주공정	다스산업(주)	83-2000110	전장품 ASS'Y (TYPE A)		EA	16.00			
2021/08/03	외주공정	다스산업(주)	85-1020410	POWER TRAIN ASS'Y(MTB, TYPE A)		EA	16.00			
2021/08/03	외주공정	다스산업(주)	87-1002011	BREAK SYSTEM (TYPE A)		EA	18.00			
합계							68.00			

22 ①

[생산관리공통] – [외주관리] – [외주마감]

사업장, 마감일로 조회한 후 오른쪽 상단의 '실적일괄적용[F10]'을 클릭한다. 팝업창에 [보기]의 조건을 입력 후 '적용[F10]'을 클릭하면 외주마감이 등록된다.

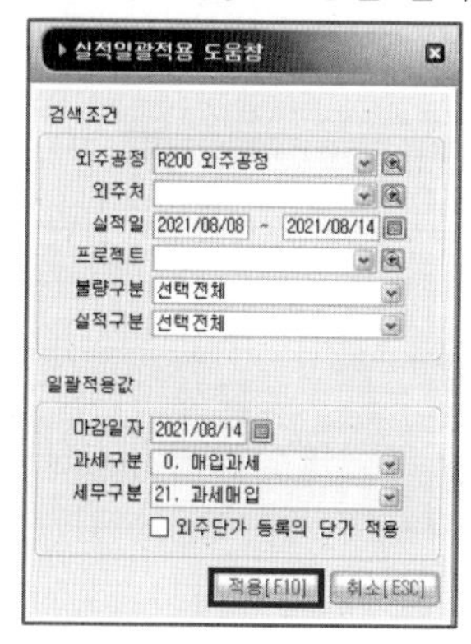

실적일괄적용 도움창

검색조건
외주공정 R200 외주공정
외주처
실적일 2021/08/08 ~ 2021/08/14
프로젝트
불량구분 선택전체
실적구분 선택전체

일괄적용값
마감일자 2021/08/14
과세구분 0. 매입과세
세무구분 21. 과세매입
외주단가 등록의 단가 적용

적용[F10] 취소[ESC]

등록된 외주처 중 (주)대흥정공의 하단의 공급가액이 500,000원으로 가장 적다.

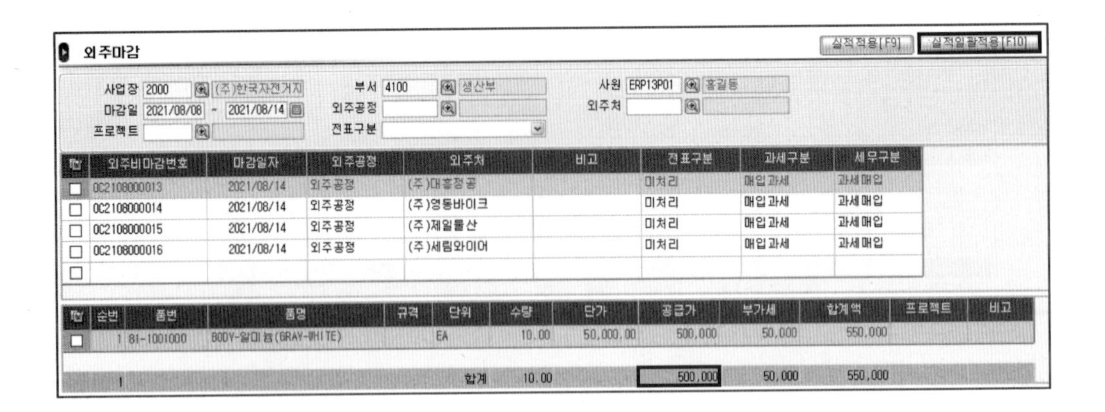

23 ①

[생산관리공통] – [외주관리] – [회계처리(외주마감)]

'외주마감' 탭에서 [보기]의 조건으로 조회되는 마감번호에 체크한 후 오른쪽 상단의 '전표처리'를 클릭하여 '확인[TAB]'한다.

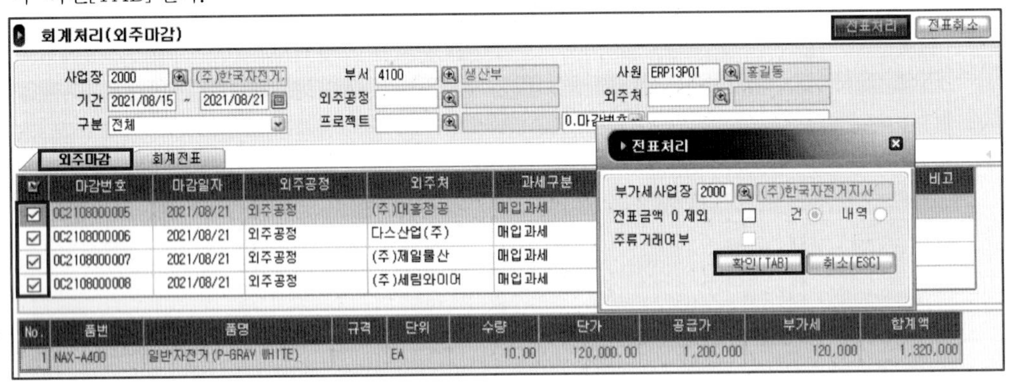

'회계전표' 탭에서 각 외주마감번호의 외주가공비를 확인한다.

① 외주마감번호 OC2108000005의 외주가공비는 1,200,000원으로 가장 많다.

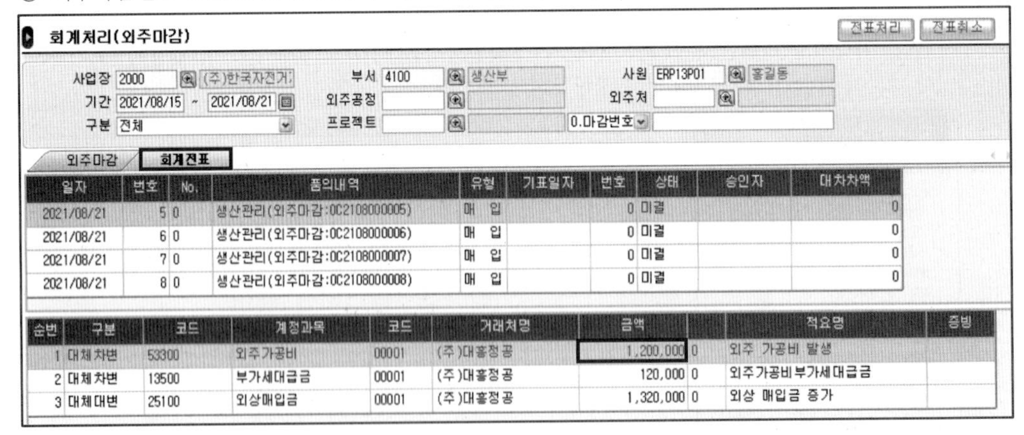

24 ②

[생산관리공통] – [생산/외주/재공현황] – [자재사용현황(제품별)]

[보기]의 조건으로 조회한 후 각 지시번호의 사용수량의 합을 확인한다.

② 지시번호 WO2108000038의 사용수량의 합이 24EA로 가장 적다.

자재사용현황(제품별)

사업장 2000 (주)한국자전거지사 / 부서 / 사원
사용기간 2021/08/22 ~ 2021/08/28 / 공정 R200 외주공정 / 작업장 R241 (주)세림와이어
3.지시품번 ~ / 지시품목군 / 지시구분
지시품목계정 / 프로젝트 / 상태구분 전체
지시품목조달 / 실적LOT번호 / 사용품목 중 지시품목 제외

지시구분	지시일자	지시번호	공정	작업장	품번	품명	규격	단위	지시수량	실적수량	잔량	실적LOT번호	사용품번	품명	규격	사용수량	사용LOT번호
외주발주	2021/08/23	W02108000037	외주공정	(주)세림와이어	81-1001000	BODY-알미늄(GRAY-WHITE)		EA	10.00	10.00	0.00		21-1030600	FRONT FORK(S)		110.00	
													85-1020400	POWER TRAIN ASS'Y(MTB)		115.00	
													87-1002001	BREAK SYSTEM		120.00	
외주발주	2021/08/24	W02108000038	외주공정	(주)세림와이어	83-2000100	전장품 ASS'Y		EA	10.00	10.00	0.00		21-1060850	WHEEL FRONT-MTB		11.00	
													21-1080800	FRAME-알미늄		13.00	
외주발주	2021/08/25	W02108000039	외주공정	(주)세림와이어	88-1001000	PRESS FRAME-W		EA	10.00	10.00	0.00		21-1080800	FRAME-알미늄		11.00	
													21-3000300	WIRING-DE		13.00	
													21-3001500	PEDAL(S)		12.00	
													21-9000200	HEAD LAMP		12.00	
외주발주	2021/08/26	W02108000040	외주공정	(주)세림와이어	88-1002000	PRESS FRAME-Z		PCS	10.00	10.00	0.00		21-1080800	FRAME-알미늄		11.00	
													21-3000300	WIRING-DE		12.00	
													21-9000200	HEAD LAMP		11.00	
외주발주	2021/08/26	W02108000040	외주공정	(주)세림와이어	88-1002000	PRESS FRAME-Z		PCS	10.00	10.00	0.00		21-9000210	HEAD LAMP(LED TYPE)		11.00	

25 ④

[생산관리공통] – [생산/외주/재공현황] – [현재공현황(공정/작업장)]

'작업장' 탭에서 [보기]의 조건으로 조회한다. 품번이나 품명으로 조회하면 작업장별로 재공수량을 한 눈에 확인할 수 있다.

④ 작업장 (주)세림와이어의 재공수량이 250EA로 가장 많다.

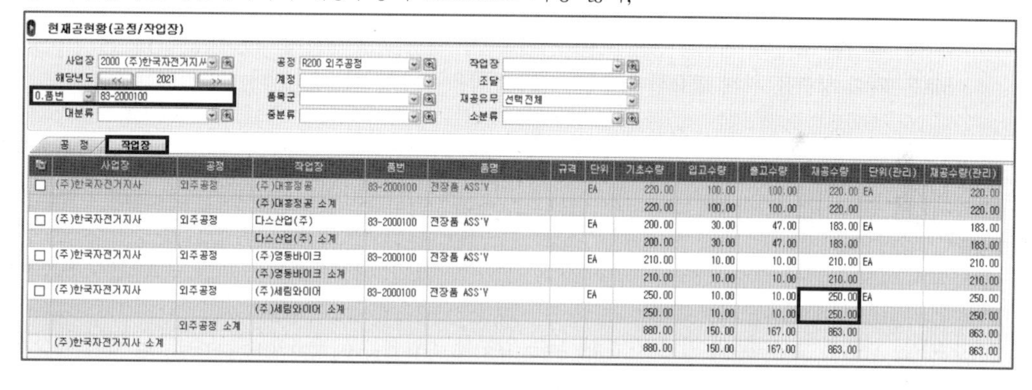

현재공현황(공정/작업장)

사업장 2000 (주)한국자전거지사 / 공정 R200 외주공정 / 작업장
해당년도 2021 / 계정 / 조달
0.품번 83-2000100 / 품목군 / 재공유무 선택전체
대분류 / 중분류 / 소분류

공정 | 작업장

사업장	공정	작업장	품번	품명	규격	단위	기초수량	입고수량	출고수량	재공수량	단위(관리)	재공수량(관리)
(주)한국자전거지사	외주공정	(주)대흥정공	83-2000100	전장품 ASS'Y		EA	220.00	100.00	100.00	220.00	EA	220.00
		(주)대흥정공 소계					220.00	100.00	100.00	220.00		220.00
(주)한국자전거지사	외주공정	다스산업(주)	83-2000100	전장품 ASS'Y		EA	200.00	30.00	47.00	183.00	EA	183.00
		다스산업(주) 소계					200.00	30.00	47.00	183.00		183.00
(주)한국자전거지사	외주공정	(주)영동바이크	83-2000100	전장품 ASS'Y		EA	210.00	10.00	10.00	210.00	EA	210.00
		(주)영동바이크 소계					210.00	10.00	10.00	210.00		210.00
(주)한국자전거지사	외주공정	(주)세림와이어	83-2000100	전장품 ASS'Y		EA	250.00	10.00	10.00	250.00	EA	250.00
		(주)세림와이어 소계					250.00	10.00	10.00	250.00		250.00
	외주공정 소계						880.00	150.00	167.00	863.00		863.00
(주)한국자전거지사 소계							880.00	150.00	167.00	863.00		863.00

2021년 4회

p.292

이론

01	④	02	①	03	③	04	④	05	①	06	②	07	②	08	②	09	②	10	④
11	④	12	채찍 효과			13	9	14	②	15	②	16	②	17	①	18	②	19	39
20	75			21	신호	22	④	23	①	24	③	25	①	26	CRP		27	MPS	
28	③	29	③	30	②	31	히스토그램			32	관리도								

01 ④

ERP 구축 시 IT 중심의 프로젝트로 추진하지 않도록 하며, 현업 중심의 프로젝트를 진행한다.

02 ①

② 조직 구성원의 업무 수준의 상향화
③ 담당 부서 업무의 전문성 및 정보의 공개
④ 중복 업무의 배제 및 실시간 정보처리 체계 구축

03 ③

BPR은 복잡한 조직 및 경영 기능의 효율화, 지속적인 경영 환경 변화에 대한 대응, 정보 IT 기술을 통한 새로운 기회 창출을 위해 필요하며, 기존 업무방식을 고수해서는 안 된다.

04 ④

ERP의 구축 절차는 '분석 → 설계 → 구축 → 구현'이다.

05 ①

ERP는 단위별 업무처리가 아닌 기업 내 모든 업무를 통합적으로 관리하도록 도와주는 전사적 자원관리 시스템이다.

06 ②

$$\text{노동 생산성} = \frac{\text{산출량}}{\text{투입량}} = \frac{\text{제품 생산량}}{\text{노동시간}} = \frac{256\text{개}}{2\text{명} \times 8\text{시간}} = 16\text{개/시간}$$

07 ②

- 정량적 수요예측기법: 이동평균법, 지수평활법, 분해법, ARIMA, 인과모형분석법 등
- 정성적 수요예측기법: 패널동의법, 수명주기 유추법, 판매원 의견합성법, 델파이분석법 등

08 ②

5월의 예측치 = 전기(4월)의 실제값 × 평활상수 + 전기(4월)의 예측치 × (1 − 평활상수)
= 55억원 × 0.2 + 50억원 × (1 − 0.2) = 11억원 + 40억원 = 51억원

09 ②

항공기, 가구, 기계 장비 등 주문자의 요구에 의한 생산방식인 개별 생산(Job Shop)에 대한 설명이다.

10 ④

기준생산계획(MPS)을 수립하기 위해서는 기간별 수요량(수요예측치), 현재 재고량, 주문 정책 및 매개변수 등의 요소가 필요하다.

11 ④

가동률 100%가 아닌 각 공정에 적절한 여유를 부여하여 작업의 안정화를 기해야 한다.

12 채찍 효과

고객의 수요가 소매상, 도매상, 제조업체 방향으로 전달될수록 각 단계별 수요의 변동성이 증가하는 현상인 채찍 효과(Bullwhip Effect)에 대한 설명이다.

13 9

TE는 후속 단계로 가는 활동시간을 더하는 전진 계산이다. 네트워크에서 단계 7까지의 경로는 '① → ② → ④ → ⑦'이며, 경로에서 화살표 위에 숫자로 표시된 각 활동시간을 더하면 된다.
∴ 활동시간의 합 = 2 + 5 + 2 = 9

14 ②

공정관리는 공장에서 원재료부터 최종 제품에 이르기까지의 자재, 부품의 조립 및 종합 조립의 흐름을 순서 정연하게 능률적인 방법으로 계획하고, 결정된 공정(Routing)을 토대로 일정을 세워(Scheduling) 작업을 할당하여(Dispatching), 신속하게 처리하는(Expediting) 절차이다.

15 ②

생산하려는 품종, 수량 및 납기는 생산계획에서 다루어지는 것으로 절차계획에 해당하지 않는다.

16 ②

원료, 재료, 부품 또는 제품의 형상 및 품질에 변화를 주는 과정은 가공이며 기호는 ○이다.
◇는 품질검사, □는 수량검사의 기호이다.

17 ①

각 작업에 소요되는 비용은 간트차트를 완성하기 위해 필요한 정보가 아니다.

18 ②

라인 생산에서 공정 간 소요시간 차이가 크면 공정 간에 균형을 이루지 못하는 애로공정으로 인해 능률이 떨어진다. 따라서 라인 생산에서 공정 간 소요시간 차이가 클수록 좋지 않다.

19 39

가동률 = 출근율 × (1 − 간접 작업률) = 0.78 × (1 − 0.5) = 0.39(39%)

20 75

- 사이클타임은 가장 긴 작업시간으로 작업장 2의 작업시간인 8분이다.
- 라인밸런싱 효율 $= \dfrac{\text{라인의 작업시간 합계}}{\text{작업장 수} \times \text{사이클타임}} \times 100 = \dfrac{5+8+5+6}{4 \times 8} \times 100 = 0.75(75\%)$

21 신호

신호 칸반(간판)에 대한 설명이다.

22 ④

순환재고(주기재고)는 주문비용 절감이나 가격 할인 혜택을 받을 목적으로 한 번에 많은 양을 주문할 때 발생하는 재고이다.

23 ①

경제적 주문량(EOQ)은 수요량과 주문비용에 비례하며, 재고유지비용에 반비례한다. 따라서, 구매비용(주문비용)이 증가하면 경제적 주문량은 증가하며, 수요량이 감소하면 경제적 주문량은 감소한다.

24 ③

CRP에 입력되는 자료: 작업 공정표 정보, 작업장 상태 정보, MRP에서 산출된 발주 계획 정보

25 ①

공급망관리(SCM)의 주요 흐름 세 가지: 제품 흐름, 정보 흐름, 재정 흐름

26 CRP

CRP는 자재소요계획(생산계획) 활동 중에서 MRP 전개에 의해 생성된 계획이 얼마만큼의 제조자원을 요구하는지를 계산하는 모듈이다.

27 MPS

MRP 시스템의 입력요소는 MPS, BOM, IRF이다. 이 중 총괄생산계획을 구체화시켜서 최종 제품의 생산 시점과 수량을 결정하는 계획은 MPS이다.

28 ③

품질관리의 발달 과정 : SQC(통계적 품질관리) → TQC(종합적 품질관리) → TQM(종합적 품질경영)

29 ③

불량품 개수나 단위당 결점 수와 같이 셀 수 있는 측정치는 계수치에 대한 내용이다.

30 ②

샘플링검사를 하는 경우 부적합품이 어느 정도 섞일 수 있으며, 전수검사를 하는 경우 부적합품이 혼입되지 않는다.

31 히스토그램

QC 7가지 도구 중 히스토그램에 대한 설명이다.

32 관리도

QC 7가지 도구 중 공정의 이상 유무를 조기에 발견하기 위해 사용하는 관리도에 대한 설명이다.

실무 시뮬레이션

01	④	02	②	03	②	04	④	05	①	06	③	07	③	08	③	09	①	10	④
11	②	12	②	13	①	14	③	15	③	16	②	17	①	18	③	19	①	20	④
21	④	22	①	23	③	24	④	25	③										

01 ④

[시스템관리] – [기초정보관리] – [품목등록]

[보기]의 조건으로 조회한다. ①, ②는 'ORDER/COST' 탭에서, ③, ④는 'MASTER/SPEC' 탭에서 확인한다.

④ 품목 NAX-A401. 일반자전거(P-GRAY RED)의 재고단위와 관리단위는 EA로 같다.

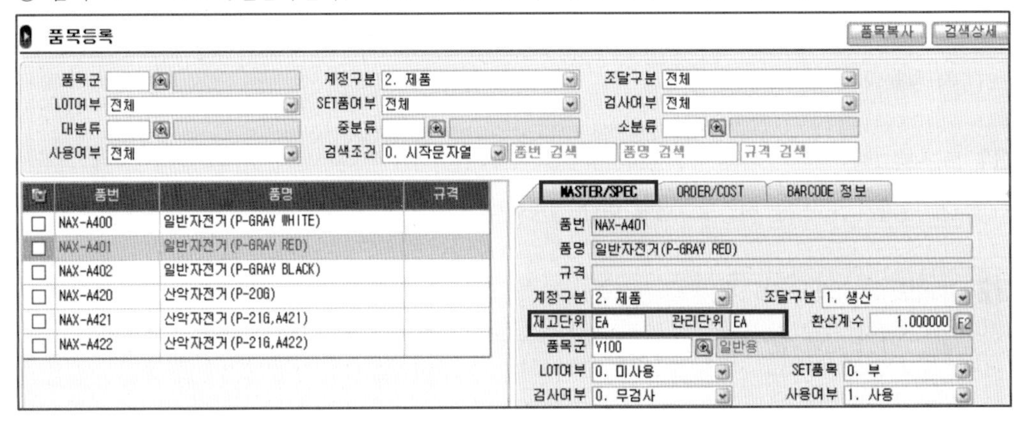

02 ②

[시스템관리] – [기초정보관리] – [물류실적(품목/고객)담당자등록]

'거래처' 탭에서 [보기]의 거래처분류와 지역 조건으로 조회한다. 조회 시 영업담당자와 외주담당자를 조건으로 설정해도 되지만, 조회되는 거래처가 2건만 있으므로 바로 확인할 수 있다. [보기]의 조건에 부합하는 거래처는 ② 00013. 다스산업(주)이다.

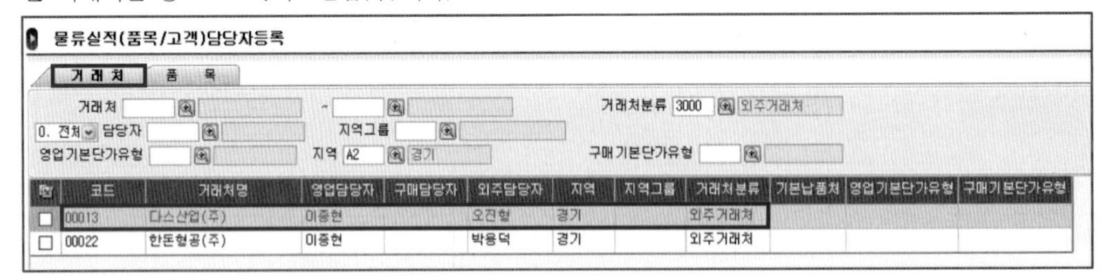

03 ②

[시스템관리] – [기초정보관리] – [창고/공정(생산)/외주공정등록]

[보기]의 조건으로 조회한다. ①은 '외주공정/작업장' 탭, ②, ④는 '창고/장소' 탭, ③은 '생산공정/작업장' 탭에서 확인한다.

② O200.외주위탁창고의 O202.부적합장소의 가용재고여부는 '여'이다.

창고/공정(생산)/외주공정등록

사업장 2000 (주)한국자전거지사 사용여부(창… 전체
거래처 사용여부(위… 전체 적합여부 전체

창고/장소 | 생산공정/작업장 | 외주공정/작업장

창고코드	창고명	입고기본위치	출고기본위치	창고설명	사용여부
C200	반제품창고_인천지점				사용
M200	부품창고_인천지점				사용
O200	외주위탁창고				사용
P200	제품창고_인천지점				사용

위치코드	위치명	위치설명	가출고코드	가출고거래처명	적합여부	가용재고여부	사용여부
0201	적합장소				적합	여	사용
0202	부적합장소				부적합	여	사용

04 ④

[생산관리공통] – [기초정보관리] – [BOM등록]

[보기]의 조건으로 조회한 후 각 품목의 내역을 확인한다.

④ 자품목 87-1002001.BREAK SYSTEM의 계정구분은 '반제품'이다.

BOM등록 BOM 복사[F10] 일괄자재변경[F11]

모품목 NAX-A420 산악자전거(P-206) EA
기준일자 2021/06/01 사용여부 1.사용 LOCATION 등록창 보기

순번	품번코드	품명	규격	단위	정미수량	LOSS(%)	필요수량	시작일자	종료일자	사급구분	외주구분	사용여부	비고
1	21-3001600	PEDAL		EA	1.000000	0.000000	1.000000	2019/01/01	2021/12/31	자재	유상	사용	
2	21-9000200	HEAD LAMP		EA	1.000000	0.000000	1.000000	2019/01/01	2021/12/31	자재	무상	사용	
3	83-2000100	전장품 ASS'Y		EA	1.000000	0.000000	1.000000	2019/01/01	2021/12/31	자재	유상	사용	
4	85-1020400	POWER TRAIN ASS'Y(MTB)		EA	1.000000	0.000000	1.000000	2019/01/01	2021/12/31	자재	무상	사용	
5	87-1002001	BREAK SYSTEM		EA	1.000000	0.000000	1.000000	2019/01/01	2021/12/31	자재	유상	사용	
		합 계			5.000000		5.000000						

계정구분 반제품 조달구분 생산 도면번호 주거래처

05 ①

[생산관리공통] – [기초정보관리] – [외주단가등록]

[보기]의 조건으로 조회되는 품목에 체크한 후, 단가적용비율 96%, 실제원가대비로 설정하여 '일괄변경'을 클릭하면 외주단가가 등록된다.

① 품목 '83-2000100.전장품 ASS'Y'의 외주단가가 83,616원으로 가장 크다.

외주단가등록 품목전개 품목복사

사업장 2000 (주)한국자전거지 부서 4100 생산부 사원 ERP13P0 홍길동
외주공정 R200 외주공정 외주처 R201 (주)대흥정공 품목군
품목 ~ 사용여부

단가적용비율 96 % ○ 표준원가대비 ◉ 실제원가대비 일괄변경

품번	품명	규격	단위	표준원가	실제원가	외주단가	시작일	종료일	사용
81-1001000	BODY-알미늄(GRAY-WHITE)		KG	21,000	21,100	20,256	2021/01/01	9999/12/31	사용
83-2000100	전장품 ASS'Y		EA	87,000	87,100	83,616	2021/01/01	9999/12/31	사용
87-1002001	BREAK SYSTEM		EA	35,000	45,000	43,200	2021/01/01	9999/12/31	사용
88-1001000	PRESS FRAME-W		EA	46,000	46,100	44,256	2021/01/01	9999/12/31	사용
88-1002000	PRESS FRAME-Z		PCS	45,500	46,500	44,640	2021/01/01	9999/12/31	사용

06 ③

[생산관리공통] – [생산관리] – [생산계획등록]

[보기]의 조건으로 조회한 후 각 품목의 일생산량과 작업예정수량을 확인한다.

③ 품목 'NAX-A400.일반자전거(P-GRAY WHITE)'의 일생산량이 180EA이고, 2021/06/04의 작업예정수량이 185EA로 일생산량을 초과하여 생산계획이 등록되었다.

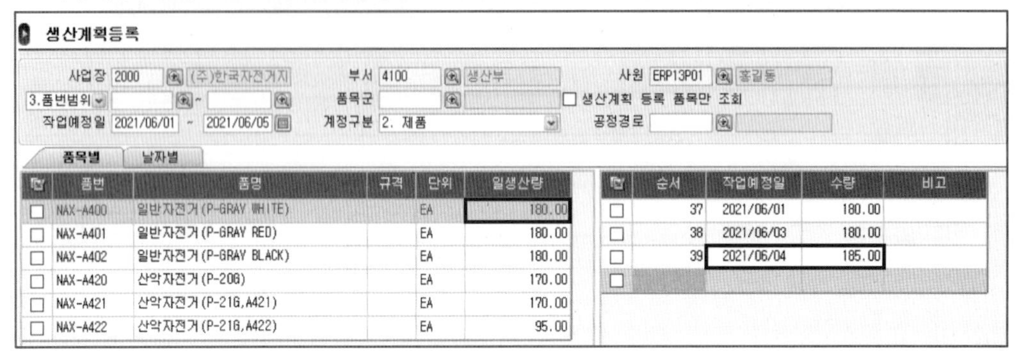

생산계획등록

사업장 2000 (주)한국자전거지 부서 4100 생산부 사원 ERP13P01 홍길동
3.품번범위 ~ 품목군 □ 생산계획 등록 품목만 조회
작업예정일 2021/06/01 ~ 2021/06/05 계정구분 2. 제품 공정경로

품목별 | 날자별

품번	품명	규격	단위	일생산량
NAX-A400	일반자전거(P-GRAY WHITE)		EA	180.00
NAX-A401	일반자전거(P-GRAY RED)		EA	180.00
NAX-A402	일반자전거(P-GRAY BLACK)		EA	180.00
NAX-A420	산악자전거(P-20G)		EA	170.00
NAX-A421	산악자전거(P-21G,A421)		EA	170.00
NAX-A422	산악자전거(P-21G,A422)		EA	95.00

순서	작업예정일	수량	비고
37	2021/06/01	180.00	
38	2021/06/03	180.00	
39	2021/06/04	185.00	

07 ③

[생산관리공통] – [생산관리] – [작업지시등록]

[보기]의 조건으로 조회한 후 오른쪽 상단의 '생산계획조회'를 클릭한다. 팝업창에서 계획기간으로 조회되는 품목의 계획잔량의 합을 확인한다.

③ 품목 '88-1001000.PRESS FRAME-W'의 계획잔량의 합이 100 + 250 = 350EA로 가장 많이 남아 있다.

생산계획조회 도움창

계획기간 2021/06/06 ~ 2021/06/12
3.품번범위 ~ 계정 조달

조회[F12] 적용[F10] 취소[ESC]

품번	품명	규격	단위	계획잔량	작업예정일	비고
83-2000100	전장품 ASS'Y		EA	90.00	2021/06/07	
83-2000100	전장품 ASS'Y		EA	100.00	2021/06/10	
87-1002001	BREAK SYSTEM		EA	100.00	2021/06/06	
87-1002001	BREAK SYSTEM		EA	50.00	2021/06/09	
87-1002001	BREAK SYSTEM		EA	80.00	2021/06/11	
88-1001000	PRESS FRAME-W		EA	100.00	2021/06/07	
88-1001000	PRESS FRAME-W		EA	250.00	2021/06/09	
88-1002000	PRESS FRAME-Z		PCS	100.00	2021/06/08	
88-1002000	PRESS FRAME-Z		PCS	100.00	2021/06/12	

08 ③

[생산관리공통] – [생산관리] – [작업지시확정]

[보기]의 조건으로 조회한 후 각 작업지시번호 상단의 모품목과 하단에 등록되어 있는 내역을 확인한다.

작업지시확정

사업장 2000 (주)한국자전거지 / 부서 4100 생산부 / 사원 ERP13P01 홍길동
공정 L200 작업공정 / 작업장 L201 제품작업장 / 상태 전체
지시기간 2021/06/13 ~ 2021/06/19 0.품번 / LOT NO
프로젝트

작업지시번호	자재출고상태	지시일	납기일	품번	품명	규격	단위	지시수량	상태	LOT번호	프로젝트	검사	고객	생산설비	작업팀	작업조	비고
WO2106000001	출고대기	2021/06/14	2021/06/14	NAX-A401	일반자전거(P-GRAY RED)		EA	150.00	확정			무검사					
WO2106000002	출고대기	2021/06/14	2021/06/14	NAX-A420	산악자전거(P-20G)		EA	200.00	확정			무검사					
WO2106000004	출고대기	2021/06/19	2021/06/19	NAX-A421	산악자전거(P-21G,A421)		EA	180.00	확정			무검사					
WO2106000005	출고대기	2021/06/19	2021/06/19	NAX-A400	일반자전거(P-GRAY WHITE)		EA	150.00	확정			무검사					

청구일	품번	품명	규격	단위	정미수량	LOSS(%)	확정수량	관리구분	비고
2021/06/19	21-3001610	PEDAL (TYPE A)		EA	180.000000		180.00		
2021/06/19	83-2000100	전장품 ASS'Y		EA	180.000000	20.000000	216.00		
2021/06/19	85-1020410	POWER TRAIN ASS'Y(MTB, TYPE A)		EA	180.000000	30.000000	234.00		
2021/06/19	88-1001010	PRESS FRAME-W (TYPE A)		EA	180.000000	10.000000	198.00		

[생산관리공통] – [기초정보관리] – [BOM등록]

[작업지시확정] 메뉴에 등록되어 있는 각 작업지시번호 상단의 품목이 [BOM등록] 메뉴의 모품목이다. [BOM등록] 메뉴에서 각각의 모품목으로 조회되는 내역과 [작업지시확정] 메뉴의 하단에 청구된 내역을 비교한다. 기준일자는 [작업지시확정] 메뉴의 지시일로 한다. ①, ②, ④는 [BOM등록] 메뉴에 조회되는 내역과 [작업지시확정] 메뉴의 하단에 청구된 내역이 일치하며, ③ WO2106000004는 다르게 등록되어 있다.

BOM등록

모품목 NAX-A421 산악자전거(P-21G,A421) EA
기준일자 2021/06/19 / 사용여부 1.사용 / LOCATION 등록창 보기

순번	품번코드	품명	규격	단위	정미수량	LOSS(%)	필요수량	시작일자	종료일자	사급구분	외주구분	사용여부	비고
1	21-3001610	PEDAL (TYPE A)		EA	1.000000	0.000000	1.000000	2019/01/01	2021/12/31	자재	무상	사용	
2	83-2000110	전장품 ASS'Y (TYPE A)		EA	1.000000	20.000000	1.200000	2019/01/01	2021/12/31	자재	무상	사용	
3	85-1020410	POWER TRAIN ASS'Y(MTB, TYPE A)		EA	1.000000	30.000000	1.300000	2019/01/01	2021/12/31	자재	무상	사용	
4	88-1001010	PRESS FRAME-W (TYPE A)		EA	1.000000	10.000000	1.100000	2019/01/01	2021/12/31	자재	무상	사용	

09 ①

[생산관리공통] – [생산관리] – [생산자재출고]

[보기]의 조건으로 조회한 후 오른쪽 상단의 '출고요청'을 클릭하여 팝업창에서 청구기간으로 조회한다. 여러 품목이 섞여 있으므로 청구품번이나 청구품명으로 조회하면 확인하기 편리하다. 품목 '88-1001000. PRESS FRAME-W'의 청구잔량의 합은 132 + 144 + 88 + 96 = 460EA이다.

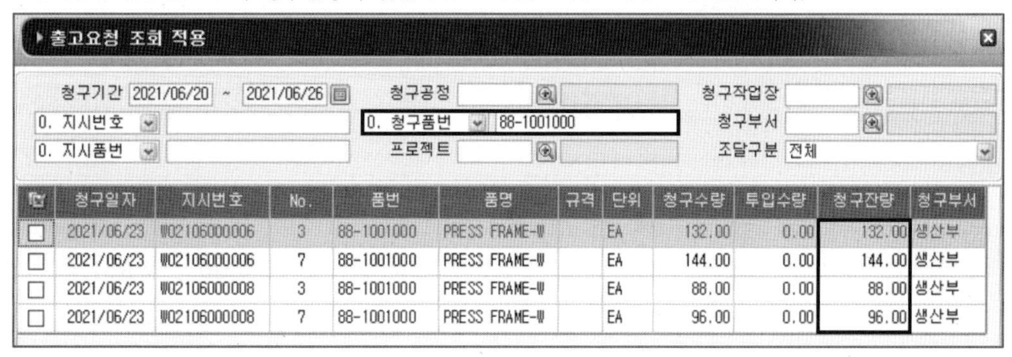

출고요청 조회 적용

청구기간 2021/06/20 ~ 2021/06/26 / 청구공정 / 청구작업장
0. 지시번호 / 0. 청구품번 88-1001000 / 청구부서
0. 지시품번 / 프로젝트 / 조달구분 전체

청구일자	지시번호	No.	품번	품명	규격	단위	청구수량	투입수량	청구잔량	청구부서
2021/06/23	WO2106000006	3	88-1001000	PRESS FRAME-W		EA	132.00	0.00	132.00	생산부
2021/06/23	WO2106000006	7	88-1001000	PRESS FRAME-W		EA	144.00	0.00	144.00	생산부
2021/06/23	WO2106000008	3	88-1001000	PRESS FRAME-W		EA	88.00	0.00	88.00	생산부
2021/06/23	WO2106000008	7	88-1001000	PRESS FRAME-W		EA	96.00	0.00	96.00	생산부

10 ④

[생산관리공통] – [생산관리] – [작업실적등록]

[보기]의 조건으로 조회한 후 각 작업지시번호의 하단에 등록되어 있는 실적구분과 실적수량을 확인한다.

④ 작업지시번호 WO2106000012의 부적합 실적수량은 10 + 50 = 60EA, 적합 실적수량은 20 + 20 = 40EA로 부적합인 실적수량의 합이 적합인 실적수량의 합보다 더 많이 발생하였다.

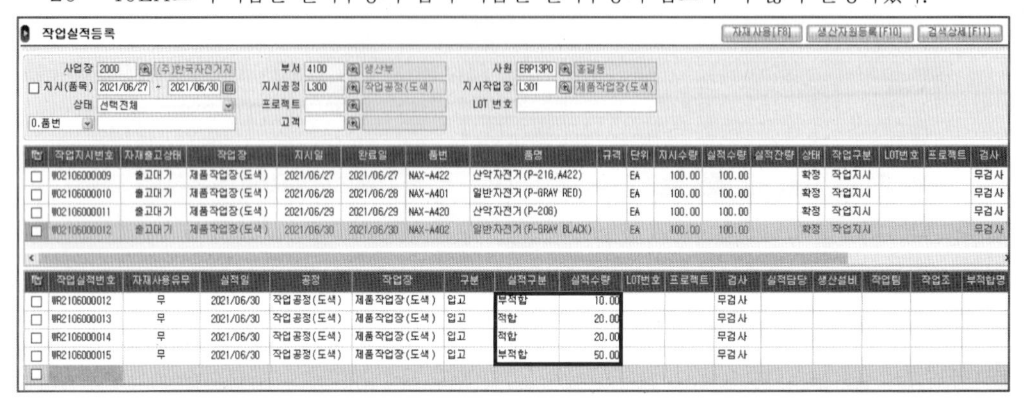

11 ②

[생산관리공통] – [생산관리] – [생산자재사용등록]

[보기]의 조건으로 조회한 후 각 작업실적번호에서 오른쪽 상단의 '청구적용[F8]'을 클릭하여 잔량을 확인한다.

② 작업실적번호 WR2107000002의 잔량의 합이 8 + 12 + 4 + 4 = 28로 가장 많다.

12 ②

[생산관리공통] – [생산관리] – [생산실적검사]

[보기]의 조건으로 조회되는 내역을 확인한다.

② 합격여부가 '합격'으로 판정을 받은 작업실적번호는 WR2107000005, WR2107000006, WR2107000008이며, 모두 불합격수량이 등록되어 있다.

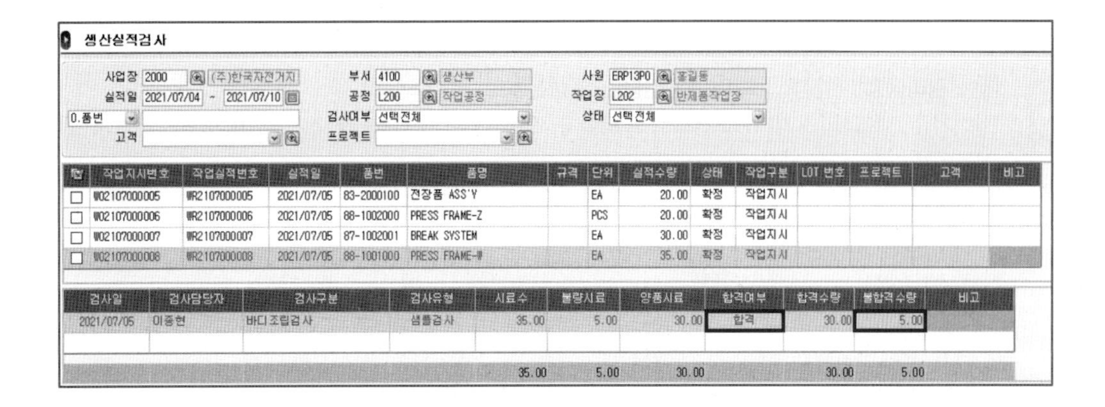

생산실적검사

사업장	2000 (주)한국자전거지	부서	4100 생산부	사원	ERP13P0 홍길동
실적일	2021/07/04 ~ 2021/07/10	공정	L200 작업공정	작업장	L202 반제품작업장
0.품번		검사여부	선택전체	상태	선택전체
고객		프로젝트			

작업지시번호	작업실적번호	실적일	품번	품명	규격	단위	실적수량	상태	작업구분	LOT 번호	프로젝트	고객	비고
WO2107000005	WR2107000005	2021/07/05	83-2000100	전장품 ASS'Y		EA	20.00	확정	작업지시				
WO2107000006	WR2107000006	2021/07/05	88-1002000	PRESS FRAME-Z		PCS	20.00	확정	작업지시				
WO2107000007	WR2107000007	2021/07/05	87-1002001	BREAK SYSTEM		EA	30.00	확정	작업지시				
WO2107000008	WR2107000008	2021/07/05	88-1001000	PRESS FRAME-W		EA	35.00	확정	작업지시				

검사일	검사담당자	검사구분	검사유형	시료수	불량시료	양품시료	합격여부	합격수량	불합격수량	비고
2021/07/05	이종현	바디조립검사	샘플검사	35.00	5.00	30.00	합격	30.00	5.00	
				35.00	5.00	30.00		30.00	5.00	

13 ①

[생산관리공통] – [생산관리] – [생산품창고입고처리]

[보기]의 조건으로 조회한다. 작업실적등록 시 검사구분이 '무검사'인 것은 생산실적검사를 거치지 않고 자동으로 창고에 입고처리된다. 따라서 검사구분 '0.무검사'로 조회되는 입고번호 IW2107000006이 자동으로 입고처리된 것이다.

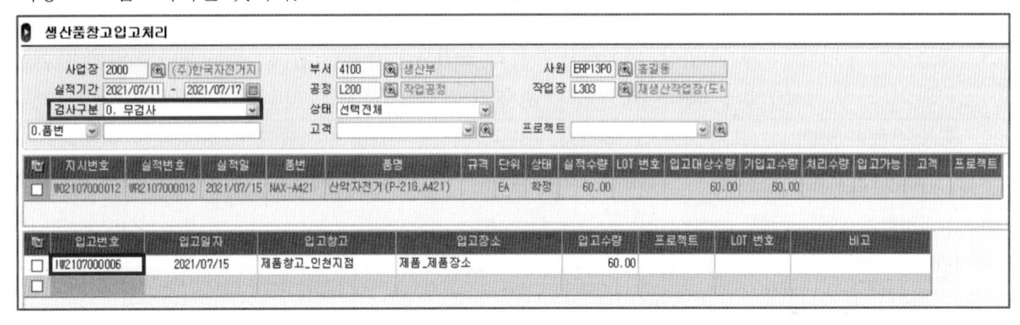

생산품창고입고처리

사업장	2000 (주)한국자전거지	부서	4100 생산부	사원	ERP13P0 홍길동
실적기간	2021/07/11 ~ 2021/07/17	공정	L200 작업공정	작업장	L303 재생산작업장(도시
검사구분	0. 무검사	상태	선택전체		
0.품번		고객		프로젝트	

지시번호	실적번호	실적일	품번	품명	규격	단위	상태	실적수량	LOT 번호	입고대상수량	기입고수량	처리수량	입고가능	고객	프로젝트
WO2107000012	WR2107000012	2021/07/15	NAX-A421	산악자전거(P-216,A421)		EA	확정	60.00		60.00	60.00				

입고번호	입고일자	입고창고	입고장소	입고수량	프로젝트	LOT 번호	비고
IW2107000006	2021/07/15	제품창고_인천지점	제품_제품장소	60.00			

14 ③

[생산관리공통] – [생산관리] – [작업지시마감처리]

[보기]의 조건으로 조회한 후 각 작업지시번호의 상태를 확인한다. 상태가 '마감'인 각 작업지시번호에 체크하면 오른쪽 상단의 '마감취소[F7]'가 활성화되는 것을 알 수 있다. 작업지시번호 WO2107000015는 상태가 '계획'으로 마감처리나 마감취소를 할 수 없다.

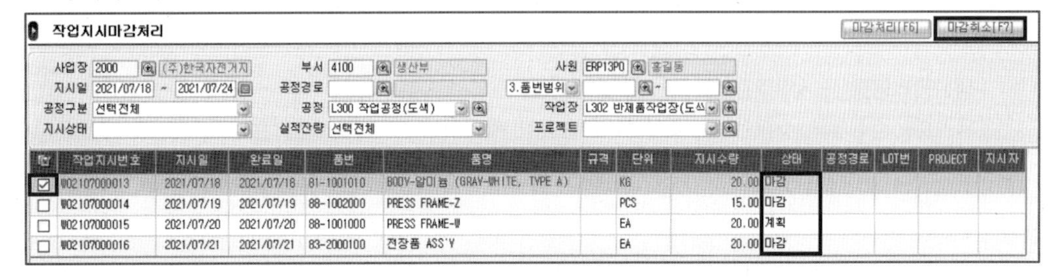

작업지시마감처리 마감처리[F6] 마감취소[F7]

사업장	2000 (주)한국자전거지	부서	4100 생산부	사원	ERP13P0 홍길동
지시일	2021/07/18 ~ 2021/07/24	공정경로		3.품번범위	~
공정구분	선택전체	공정	L300 작업공정(도색)	작업장	L302 반제품작업장(도색
지시상태		실적잔량	선택전체	프로젝트	

작업지시번호	지시일	완료일	품번	품명	규격	단위	지시수량	상태	공정경로	LOT번호	PROJECT	지시자
WO2107000013	2021/07/18	2021/07/18	81-1001010	BODY-알미늄 (GRAY-WHITE, TYPE A)		KG	20.00	마감				
WO2107000014	2021/07/19	2021/07/19	88-1002000	PRESS FRAME-Z		PCS	15.00	마감				
WO2107000015	2021/07/20	2021/07/20	88-1001000	PRESS FRAME-W		EA	20.00	계획				
WO2107000016	2021/07/21	2021/07/21	83-2000100	전장품 ASS'Y		EA	20.00	마감				

15 ③

[생산관리공통] – [생산/외주/재공현황] – [생산월보]

'실적기준' 탭에서 [보기]의 조건으로 조회한다. 2021년 7월 품목 'NAX-A401. 일반자전거(P-GRAY RED)'가 110EA로 가장 많이 생산되었다.

생산월보

품번	품명	규격	단위	합계	1월	2월	3월	4월	5월	6월	7월	8월
NAX-A400	일반자전거(P-GRAY WHITE)		EA	40.00	0.00	40.00	0.00	0.00	0.00	0.00	0.00	0.00
NAX-A401	일반자전거(P-GRAY RED)		EA	315.00	0.00	65.00	40.00	0.00	0.00	100.00	110.00	0.00
NAX-A402	일반자전거(P-GRAY BLACK)		EA	325.00	0.00	105.00	30.00	0.00	0.00	100.00	90.00	0.00
NAX-A420	산악자전거(P-20G)		EA	160.00	0.00	30.00	30.00	0.00	0.00	100.00	0.00	0.00
NAX-A421	산악자전거(P-21G,A421)		EA	155.00	0.00	25.00	40.00	0.00	0.00	0.00	90.00	0.00
NAX-A422	산악자전거(P-21G,A422)		EA	225.00	0.00	35.00	0.00	0.00	0.00	100.00	90.00	0.00

16 ②

[생산관리공통] – [생산/외주/재공현황] – [현재공현황(공정/작업장)]

작업장이 주어졌으므로 '작업장' 탭에서 [보기]의 조건으로 조회한다. ② 품목 21-1030600.FRONT FORK(S)의 재공수량이 298.75EA로 가장 많다.

현재공현황(공정/작업장)

사업장	공정	작업장	품번	품명	규격	단위	기초수량	입고수량	출고수량	재공수량	단위(관리)	재공수량(관리)
(주)한국자전거지사	작업공정	반제품작업장	21-1030600	FRONT FORK(S)		EA	350.00	0.00	51.25	298.75	EA	298.75
(주)한국자전거지사	작업공정	반제품작업장	21-1060700	FRAME-NUT		EA	460.00	15.00	333.25	141.75	EA	141.75
(주)한국자전거지사	작업공정	반제품작업장	21-1060850	WHEEL FRONT-MTB		EA	200.00	0.00	33.00	167.00	EA	167.00
(주)한국자전거지사	작업공정	반제품작업장	21-1060852	WHEEL FRONT-MTB (TYPE B)		EA	200.00	0.00	0.00	200.00	EA	200.00
(주)한국자전거지사	작업공정	반제품작업장	21-1060950	WHEEL REAL-MTB		EA	200.00	0.00	62.00	138.00	EA	138.00
(주)한국자전거지사	작업공정	반제품작업장	21-1070700	FRAME-티타늄		EA	200.00	0.00	36.00	164.00	EA	164.00
(주)한국자전거지사	작업공정	반제품작업장	21-1080800	FRAME-알미늄		EA	200.00	0.00	37.50	162.50	EA	162.50
(주)한국자전거지사	작업공정	반제품작업장	21-3000300	WIRING-DE		EA	200.00	0.00	151.00	49.00	EA	49.00
(주)한국자전거지사	작업공정	반제품작업장	21-3001500	PEDAL(S)		EA	300.00	0.00	167.00	133.00	EA1	133.00
(주)한국자전거지사	작업공정	반제품작업장	21-3001600	PEDAL		EA	240.00	0.00	126.50	113.50	EA1	113.50
(주)한국자전거지사	작업공정	반제품작업장	21-3065700	GEAR REAR C		EA	300.00	0.00	96.00	204.00	EA1	204.00
(주)한국자전거지사	작업공정	반제품작업장	21-9000200	HEAD LAMP		EA	200.00	0.00	134.25	65.75	EA	65.75
(주)한국자전거지사	작업공정	반제품작업장	21-9000210	HEAD LAMP (LED TYPE)		EA	200.00	0.00	44.00	156.00	EA	156.00

17 ①

[생산관리공통] – [외주관리] – [외주발주등록]

[보기]의 조건으로 조회한 후 각 품목의 단가를 확인한다.

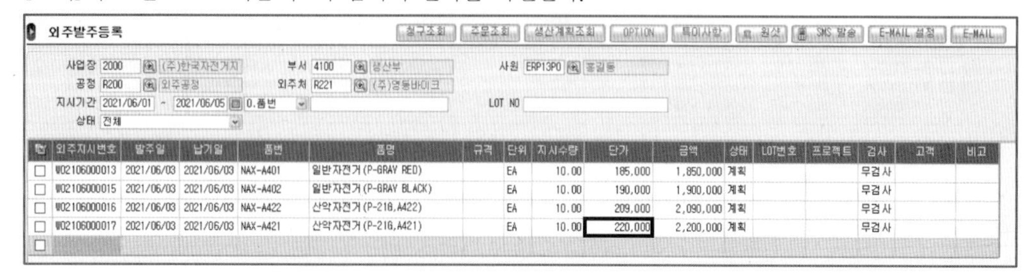

외주발주등록

외주지시번호	발주일	납기일	품번	품명	규격	단위	지시수량	단가	금액	상태	LOT번호	프로젝트	검사	고객	비고
W02106000013	2021/06/03	2021/06/03	NAX-A401	일반자전거(P-GRAY RED)		EA	10.00	185,000	1,850,000	계획			무검사		
W02106000015	2021/06/03	2021/06/03	NAX-A402	일반자전거(P-GRAY BLACK)		EA	10.00	190,000	1,900,000	계획			무검사		
W02106000016	2021/06/03	2021/06/03	NAX-A422	산악자전거(P-21G,A422)		EA	10.00	209,000	2,090,000	계획			무검사		
W02106000017	2021/06/03	2021/06/03	NAX-A421	산악자전거(P-21G,A421)		EA	10.00	220,000	2,200,000	계획			무검사		

[생산관리공통] - [기초정보관리] - [외주단가등록]

[외주발주등록] 메뉴에 등록되어 있는 품목의 단가와 [외주단가등록] 메뉴의 외주단가를 비교한다.

① 품목 'NAX-A421.산악자전거(P-21G,A421)'의 [외주단가등록] 메뉴에 등록되어 정해진 외주단가는 210,000원이며, [외주발주등록] 메뉴에 등록되어 있는 단가는 220,000원으로 정해진 외주단가보다 더 높은 단가로 외주발주가 등록되었다.

외주단가등록

품번	품명	규격	단위	표준원가	실제원가	외주단가	시작일	종료일	사용
NAX-A401	일반자전거(P-GRAY RED)		EA	190,000	191,000	185,000	2019/01/01	2021/12/31	사용
NAX-A402	일반자전거(P-GRAY BLACK)		EA	190,000	191,000	190,000	2019/01/01	2021/12/31	사용
NAX-A421	산악자전거(P-21G,A421)		EA	210,000	211,000	210,000	2019/01/01	2021/12/31	사용
NAX-A422	산악자전거(P-21G,A422)		EA	210,000	211,000	209,000	2019/01/01	2021/12/31	사용

18 ③

[생산관리공통] - [외주관리] - [외주발주확정]

[보기]의 사용일을 제외한 조건으로 조회한 후, 생산지시번호 WO2106000018에 체크한 뒤 오른쪽 상단의 '확정'을 클릭한다. 사용일을 입력 후 '확인[ENTER]'을 클릭하면 하단에 자재가 청구된다.

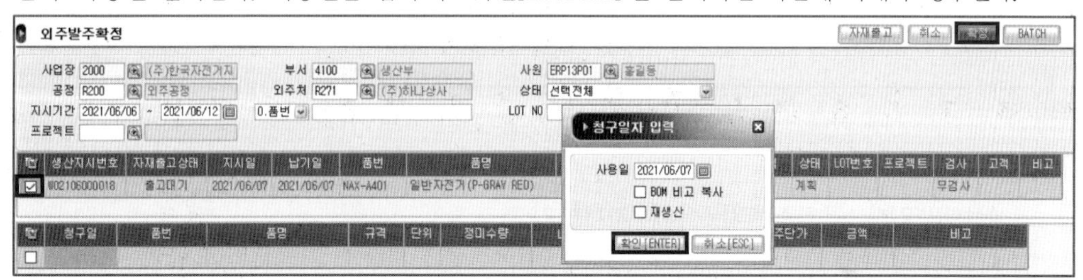

① 품목 21-3001610.PEDAL (TYPE A)는 무상 자재이다. 또한, ④ 품목 85-1020410.POWER TRAIN ASS'Y(MTB, TYPE A)는 확정수량이 13EA로 가장 많다.

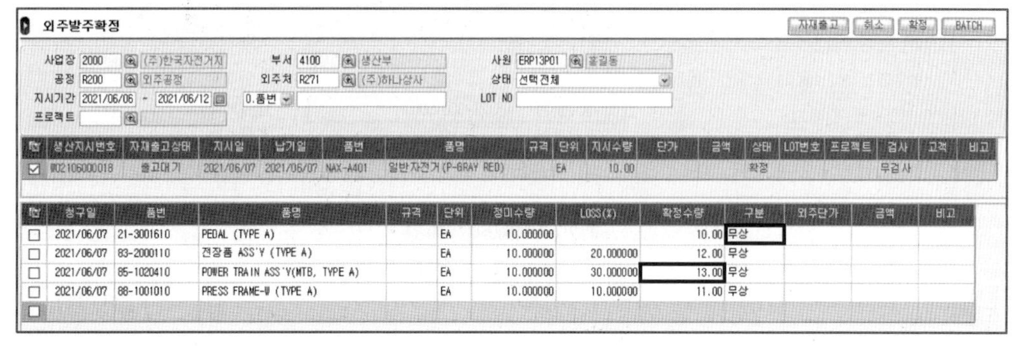

청구일	품번	품명	규격	단위	정미수량	LOSS(%)	확정수량	구분	외주단가	금액	비고
2021/06/07	21-3001610	PEDAL (TYPE A)		EA	10.000000		10.00	무상			
2021/06/07	83-2000110	전장품 ASS'Y (TYPE A)		EA	10.000000	20.000000	12.00	무상			
2021/06/07	85-1020410	POWER TRAIN ASS'Y(MTB, TYPE A)		EA	10.000000	30.000000	13.00	무상			
2021/06/07	88-1001010	PRESS FRAME-W (TYPE A)		EA	10.000000	10.000000	11.00	무상			

② 품목 '83-2000110.전장품 ASS'Y (TYPE A)'에서 마우스 오른쪽 버튼을 클릭하여 '부가기능 - 품목상세정보'를 확인하면 계정이 '반제품'인 것을 알 수 있다.

③ 품목 '88-1001010.PRESS FRAME-W (TYPE A)'에서 마우스 오른쪽 버튼을 클릭하여 '부가기능 – 품목상세정보'를 확인한다. LOT 여부가 '0.미사용'으로 LOT 품목이 아닌 것을 확인할 수 있다.

19 ①

[생산관리공통] – [외주관리] – [외주자재출고]

[보기]의 조건으로 조회한 후 오른쪽 상단의 '출고요청'을 클릭하여 청구기간으로 조회한다. 여러 품목이 섞여있으므로 청구품번이나 청구품명으로 조회하면 확인하기 편리하다.

① 품목 '21-3001500.PEDAL(S)'의 청구잔량의 합이 14 + 4 = 18EA로 가장 많다.

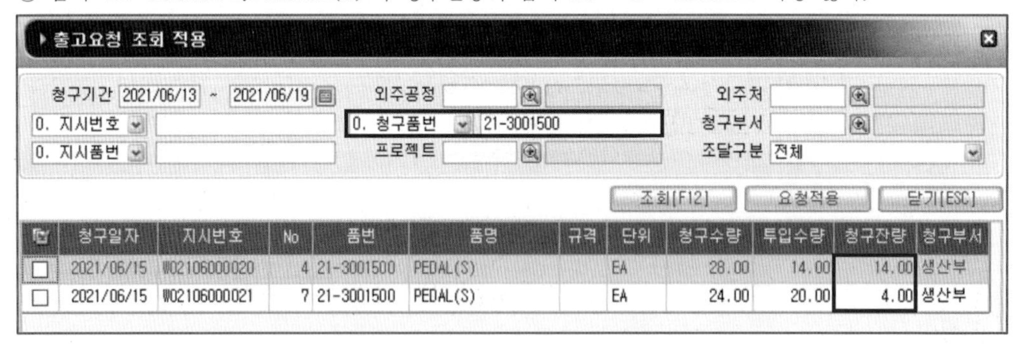

20 ④

[생산관리공통] – [외주관리] – [외주실적등록]

[보기]의 조건으로 조회한 후 각 작업지시번호 하단에 등록되어 있는 작업실적번호를 클릭하여 재작업여부를 확인한다.

④ 작업실적번호 WR2106000019의 재작업이 '1.여'로 되어 있다.

TIP [외주실적등록] 메뉴에서는 각 작업실적번호를 하나하나 클릭하여 확인해야 하나, [실적현황] 메뉴에서 재작업여부를 '1.여'로 설정하여 조회할 수도 있다.

외주실적등록 (자재사용[F8]) (검색상세[F11])

사업장 2000 (주)한국자전거지 / 부서 4100 생산부 / 사원 ERP13P0 홍길동
지시(품목) 2021/06/20 ~ 2021/06/26 / 외주공정 R200 외주공정 / 외주처 R211 다스산업(주)
상태 선택전체 / 프로젝트 / LOT 번호
0.품번 / 고객

작업지시번호	자재출고상태	외주처	지시일	완료일	품번	품명	규격	단위	지시수량	단가	금액	실적수량	실적잔량	상태	작업구분	LOT	프로	검사	고객	비고
W02106000022	출고대기	다스산업(주)	2021/06/23	2021/06/23	NAX-A400	일반자전거(P-GRAY WHITE)		EA	10.00			10.00		확정	외주발주			무검사		
W02106000023	출고대기	다스산업(주)	2021/06/23	2021/06/23	NAX-A402	일반자전거(P-GRAY BLACK)		EA	10.00			10.00		확정	외주발주			무검사		
W02106000024	출고대기	다스산업(주)	2021/06/23	2021/06/23	NAX-A421	산악자전거(P-21G,A421)		EA	10.00			10.00		확정	외주발주			무검사		
W02106000025	출고대기	다스산업(주)	2021/06/23	2021/06/23	NAX-A422	산악자전거(P-21G,A422)		EA	10.00			10.00		확정	외주발주			무검사		

작업실적번호	자재사용유무	실적일	공정	작업장	구분	실적구분	실적수량	LOT번호	프로젝트	검사	실적담당	작업팀	작업조	부적합명	비고
WR2106000019	무	2021/06/23	외주공정	다스산업(주)	입고	적합	10.00			무검사					
						합계	10.00								

입고 창고 P200 제품창고_인천 / 입고 장소 P201 제품_제품장소 / 재작업 1. 여

21 ④

[생산관리공통] - [외주관리] - [외주자재사용등록]

[보기]의 조건으로 조회한 후 각 작업실적번호에서 오른쪽 상단의 '청구적용[F8]'을 클릭한다. 팝업창에서 적용예정량, 적용수량, 잔량을 확인할 수 있으며, 작업실적번호 WR2106000023의 품목 '87-1002021.BREAK SYSTEM (TYPE B)'의 적용예정량이 15.3EA, 적용수량이 16EA로 잔량이 음수(-)가 되어 적용예정량보다 더 많이 사용된 것을 알 수 있다.

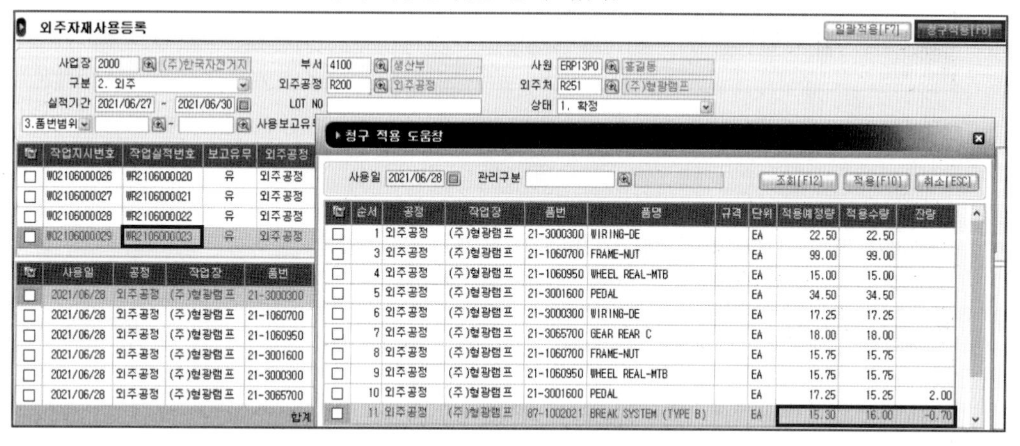
외주자재사용등록 (일괄적용[F7]) (청구적용[F8])

사업장 2000 (주)한국자전거지 / 부서 4100 생산부 / 사원 ERP13P0 홍길동
구분 2. 외주 / 외주공정 R200 외주공정 / 외주처 R251 (주)형광램프
실적기간 2021/06/27 ~ 2021/06/30 / LOT NO / 상태 1. 확정
3.품번범위 / 사용보고유무

작업지시번호	작업실적번호	보고유무	외주공정
W02106000026	WR2106000020	유	외주공정
W02106000027	WR2106000021	유	외주공정
W02106000028	WR2106000022	유	외주공정
W02106000029	WR2106000023	유	외주공정

사용일	공정	작업장	품번
2021/06/28	외주공정	(주)형광램프	21-3000300
2021/06/28	외주공정	(주)형광램프	21-1060700
2021/06/28	외주공정	(주)형광램프	21-1060950
2021/06/28	외주공정	(주)형광램프	21-3001600
2021/06/28	외주공정	(주)형광램프	21-3000300
2021/06/28	외주공정	(주)형광램프	21-3065700
			합계

청구 적용 도움창

사용일 2021/06/28 / 관리구분 (조회[F12]) (적용[F10]) (취소[ESC])

순서	공정	작업장	품번	품명	규격	단위	적용예정량	적용수량	잔량
1	외주공정	(주)형광램프	21-3000300	WIRING-DE		EA	22.50	22.50	
3	외주공정	(주)형광램프	21-1060700	FRAME-NUT		EA	99.00	99.00	
4	외주공정	(주)형광램프	21-1060950	WHEEL REAL-MTB		EA	15.00	15.00	
5	외주공정	(주)형광램프	21-3001600	PEDAL		EA	34.50	34.50	
6	외주공정	(주)형광램프	21-3000300	WIRING-DE		EA	17.25	17.25	
7	외주공정	(주)형광램프	21-3065700	GEAR REAR C		EA	18.00	18.00	
8	외주공정	(주)형광램프	21-1060700	FRAME-NUT		EA	15.75	15.75	
9	외주공정	(주)형광램프	21-1060950	WHEEL REAL-MTB		EA	15.75	15.75	
10	외주공정	(주)형광램프	21-3001600	PEDAL		EA	17.25	15.25	2.00
11	외주공정	(주)형광램프	87-1002021	BREAK SYSTEM (TYPE B)		EA	15.30	16.00	-0.70

22 ①

[생산관리공통] - [외주관리] - [외주마감]

[보기]의 사업장, 마감일 조건으로 조회한 후 오른쪽 상단의 '실적일괄적용[F10]'을 클릭한다. 팝업창에 검색조건과 일괄적용값을 입력 후 '적용[F10]'을 클릭하여 마감처리한다.

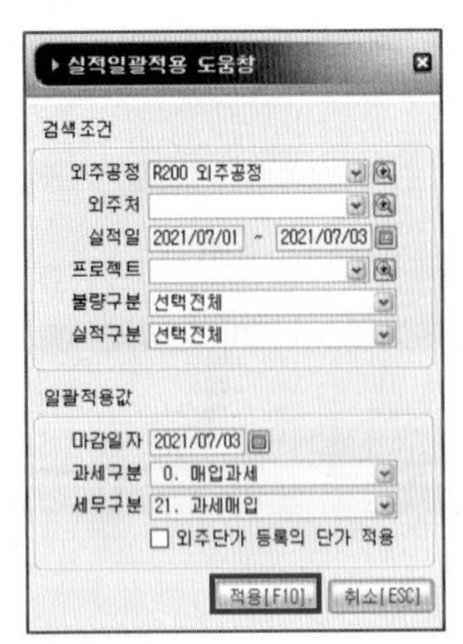

등록되는 외주처 중 (주)제일물산의 단가가 150,000원으로 가장 낮다.

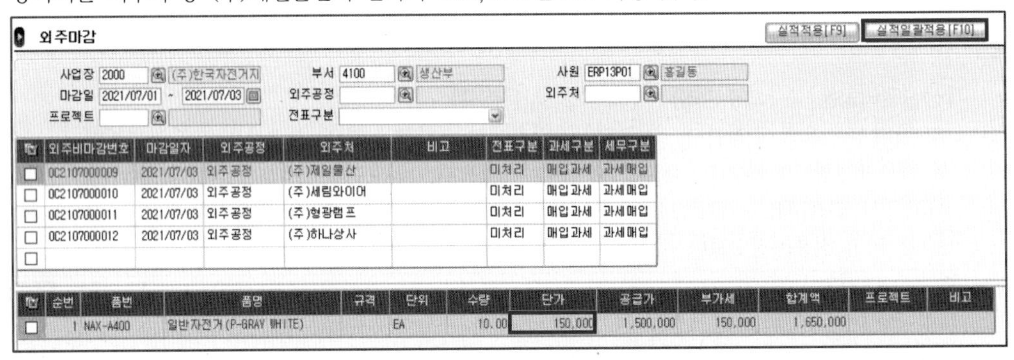

23 ③

[생산관리공통] – [외주관리] – [회계처리(외주마감)]

'외주마감' 탭에서 [보기]의 사업장, 기간 조건으로 조회되는 마감번호에 체크한다. 그리고 오른쪽 상단의 '전표처리'를 클릭하여 부가세사업장을 선택한 뒤, '확인[TAB]'을 클릭한다.

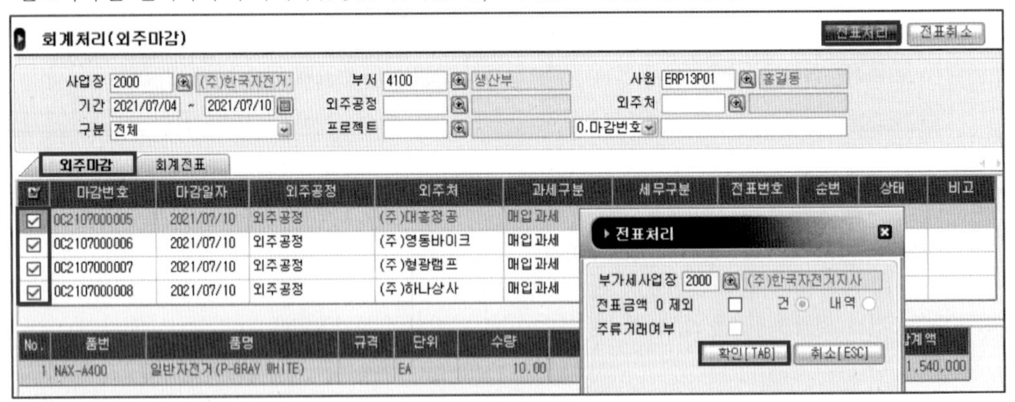

'회계전표' 탭에서 각 외주마감번호의 부가세대급금을 확인한다.

③ 외주마감번호 OC2107000007의 부가세대급금은 80,000원이다.

TIP 전표처리 후 '회계전표' 탭에 등록되는 부가세대급금은 '외주마감' 탭에 등록되어 있는 부가세이다.

회계처리(외주마감) 전표처리 전표취소

사업장 2000 (주)한국자전거 | 부서 4100 생산부 | 사원 ERP13P01 홍길동
기간 2021/07/04 ~ 2021/07/10 | 외주공정 | 외주처
구분 전체 | 프로젝트 | 0.마감번호

외주마감 | **회계전표**

일자	번호	No.	품의내역	유형	기표일자	번호	상태	승인자	대차차액
2021/07/10	5	0	생산관리(외주마감:OC2107000005)	매 입		0	미결		0
2021/07/10	6	0	생산관리(외주마감:OC2107000006)	매 입		0	미결		0
2021/07/10	7	0	생산관리(외주마감:OC2107000007)	매 입		0	미결		0
2021/07/10	8	0	생산관리(외주마감:OC2107000008)	매 입		0	미결		0

순번	구분	코드	계정과목	코드	거래처명	금액		적요명	증빙
1	대체차변	53300	외주가공비	00006	(주)형광램프	800,000	0	외주 가공비 발생	
2	대체차변	13500	부가세대급금	00006	(주)형광램프	80,000	0	외주가공비 부가세대급금	
3	대체대변	25100	외상매입금	00006	(주)형광램프	880,000	0	외상 매입금 증가	

24 ④

[생산관리공통] – [생산/외주/재공현황] – [자재청구대비투입/사용현황]

[보기]의 조건으로 조회한 후 오른쪽 상단의 '단가 OPTION[F10]'을 클릭하여 '실제원가(품목등록)'으로 설정한다.

④ 작업지시번호 WO2107000029는 투입금액의 합보다 사용금액의 합이 더 많이 발생하였다.

TIP '단가 OPTION[F10]'에 따라 금액이 달라질 수 있으므로 설정을 꼭 확인한다.

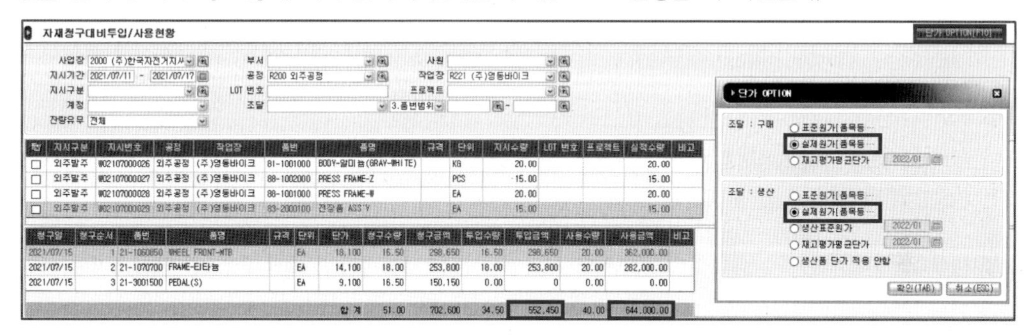

청구일	청구순서	품번	품명	규격	단위	단가	청구수량	청구금액	투입수량	투입금액	사용수량	사용금액	비고
2021/07/15	1	21-1060850	WHEEL FRONT-MTB		EA	18,100	16.50	298,650	16.50	298,650	20.00	362,000.00	
2021/07/15	2	21-1070700	FRAME-티타늄		EA	14,100	18.00	253,800	18.00	253,800	20.00	282,000.00	
2021/07/15	3	21-3001500	PEDAL(S)		EA	9,100	16.50	150,150	0.00	0	0.00	0.00	
						합 계	51.00	702,600	34.50	552,450	40.00	644,000.00	

25 ③

[생산관리공통] – [생산/외주/재공현황] – [생산계획대비실적현황(월별)]

'실적기준' 탭에서 [보기]의 조건으로 조회한다.

③ 품목 'NAX-A401.일반자전거(P-GRAY RED)'의 2021년 7월 계획수량은 100EA, 실적수량은 120EA로 계획수량보다 실적수량이 더 많이 발생하였다.

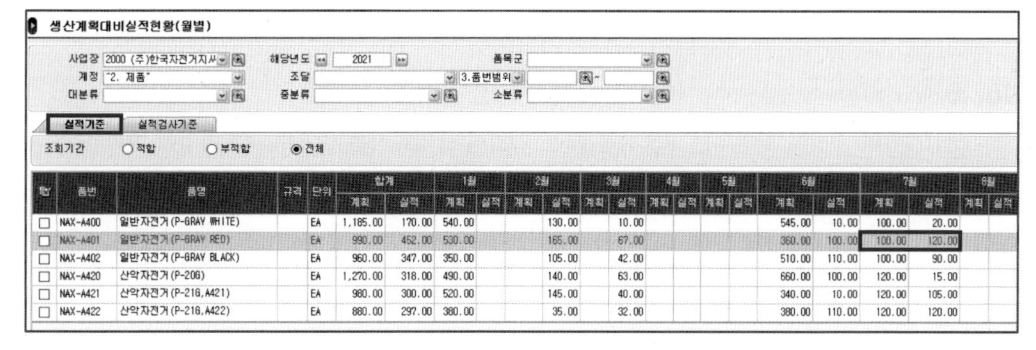

품번	품명	규격	단위	합계 계획	합계 실적	1월 계획	1월 실적	2월 계획	2월 실적	3월 계획	3월 실적	4월 계획	4월 실적	5월 계획	5월 실적	6월 계획	6월 실적	7월 계획	7월 실적	8월 계획	8월 실적
NAX-A400	일반자전거(P-GRAY WHITE)		EA	1,185.00	170.00	540.00			130.00		10.00					545.00	10.00	100.00	20.00		
NAX-A401	일반자전거(P-GRAY RED)		EA	990.00	452.00	530.00			165.00		67.00					360.00	100.00	100.00	120.00		
NAX-A402	일반자전거(P-GRAY BLACK)		EA	960.00	347.00	350.00			105.00		42.00					510.00	110.00	100.00	90.00		
NAX-A420	산악자전거(P-20G)		EA	1,270.00	318.00	490.00			140.00		63.00					660.00	100.00	120.00	15.00		
NAX-A421	산악자전거(P-21G,A421)		EA	980.00	300.00	520.00			145.00		40.00					340.00	10.00	120.00	105.00		
NAX-A422	산악자전거(P-21G,A422)		EA	880.00	297.00	380.00			35.00		32.00					380.00	110.00	120.00	120.00		

2021년 3회

p.313

이론

01	④	02	①	03	③	04	③	05	①	06	②	07	③	08	①	09	④	10	③
11	①	12	0.7		13	25		14	①	15	③	16	②	17	④	18	④	19	40
20	80		21	정돈		22	③	23	③	24	④	25	②	26	RCCP			27	재정 흐름
28	④	29	③	30	④	31	산점도		32	p									

01 ④

CRM(Customer Relationship Management)은 고객관계관리로 신규 고객 획득과 기존 고객의 유지를 중심으로 고객을 파악하고 분석하는 것이다. 조직 내의 인적 자원들이 축적하고 있는 개별적인 지식을 체계화하고 공유하기 위한 정보 시스템은 지식경영 시스템(KMS)이다.

02 ①

ERP 구축 시 전문 컨설턴트를 고용하여 기업이 가지고 있지 못한 지식을 획득할 수는 있으나 프로젝트의 주도권이 컨설턴트에게 넘어가는 것은 아니며, 이는 장점이 아닌 단점에 해당한다.

03 ③

기업의 핵심 애플리케이션인 ERP, CRM 솔루션 등의 소프트웨어를 클라우드 서비스를 통해 제공받는 SaaS(Software as a Service)에 대한 설명이다.

04 ③

ERP 구축 절차 중 분석단계에서는 AS-IS 파악, TFT 결성, 현재 시스템 문제 파악, 주요 성공요인 도출, 목표와 범위 설정, 경영 전략 및 비전 도출, 현업 요구사항 분석, 세부 추진 일정 및 계획 수립 등이 이루어진다.

05 ①

ERP는 기능 및 일 중심이 아닌 기업의 모든 업무 과정을 유기적으로 연결하여 실시간으로 통합적으로 관리하는 최신의 경영정보 시스템이다.

06 ②

생산계획의 수립에 반영되는 요소들은 모든 기업이 동일하지는 않으며, 각 기업에 따라 많은 차이가 있다.

07 ③

- Modular BOM: 방대한 양의 BOM 데이터를 관리하고, 주생산계획(MPS)을 수립할 때에도 효과적인 BOM으로 옵션(Option)과 공통 부품들로 구성된다.
- Engineering BOM: 설계 부서에서 주로 사용하는 BOM으로 설계의 편의성이 반영된다.
- Percentage BOM: Planning BOM의 일종으로 제품군을 구성하는 제품 또는 제품을 구성하는 부품의 양을 백분율로 표현한 BOM이다.

08 ①

제품수명주기상 도입기에는 델파이법, 패널동의법, 판매원 의견합성법, 시장조사법 등의 정성적 예측기법이 주로 사용된다.

09 ④

총괄생산계획은 고용 수준 변동, 생산율 조정, 재고 수준 조정, 하청의 네 가지 전략을 바탕으로 수립한다.

10 ③

- Reorder Point System(재주문 시점): 다시 주문하는 시점까지 재고가 떨어지면 주문하는 방식
- POQ(Periodic Order Quantity, 기간 주문량): 해당 품목별로 미래의 수요를 고려하여 사전에 결정한 최대 재고 수준까지 정기적으로 미리 정해놓은 일정한 간격마다 발주하는 방식

11 ①

비용을 적게 사용하면서 최단 시간 내 계획을 완성하기 위한 프로젝트 일정 방법으로 작업들을 논리적으로 배열하고 관계를 도식화하는 PERT/CPM에 대한 설명이다.

12 0.7

- 작업 가의 긴급률 $= \dfrac{\text{납기일} - \text{현재일}}{\text{잔여 제조일수}} = \dfrac{25-5}{5} = 4$
- 작업 나의 긴급률 $= \dfrac{\text{납기일} - \text{현재일}}{\text{잔여 제조일수}} = \dfrac{30-5}{8} \fallingdotseq 3.1$
- 작업 다의 긴급률 $= \dfrac{\text{납기일} - \text{현재일}}{\text{잔여 제조일수}} = \dfrac{17-5}{4} = 3$
- 작업 라의 긴급률 $= \dfrac{\text{납기일} - \text{현재일}}{\text{잔여 제조일수}} = \dfrac{10-5}{7} \fallingdotseq 0.7$

∴ 긴급률이 작은 순서대로 작업을 진행하므로 작업의 처리 순서는 '라 – 다 – 나 – 가'이다. 따라서 가장 우선순위로 '작업 라'를 진행하며, '작업 라'의 긴급률은 0.7이다.

13 25

- 단계 0 − X: 1개
- 단계 1 − A(2): 모품목 X 생산에 A 2개가 필요 ⇒ 1(X)개 × 2개 = 2개
  B(1): 모품목 X 생산에 B 1개가 필요 ⇒ 1(X)개 × 1개 = 1개
- 단계 2 − C(3): 모품목 A 생산에 C 3개가 필요 ⇒ 2(A)개 × 3개 = 6개
  D(2): 모품목 A 생산에 D 2개가 필요 ⇒ 2(A)개 × 2개 = 4개 ✔
  D(3): 모품목 B 생산에 D 3개가 필요 ⇒ 1(B)개 × 3개 = 3개 ✔
  E(2): 모품목 B 생산에 E 2개가 필요 ⇒ 1(B)개 × 2개 = 2개
- 단계 3 − D(3): 모품목 C 생산에 D 3개가 필요 ⇒ 6(C)개 × 3개 = 18개 ✔

∴ 부품 D의 총소요량: 4개 + 3개 + 18개 = 25개

14 ①

절차계획은 작업 개시에 앞서 능률적이며 경제적인 작업 절차를 결정하기 위한 것으로, 이에 따라서 작업 방법과 작업 순서가 정해진다.

15 ③

체류와 저장이 포함된 공정은 정체공정(Delay)이다.

16 ②

○: 가공, ▽: 저장, ◇: 품질검사, □: 수량검사

17 ④

간트차트 작성을 위해 공정계획(Routing) 데이터로부터의 표준 시간 정보가 필요하며, 이는 간트차트의 결점은 아니다.

18 ④

칸반 시스템은 Just In Time을 실현시키기 위한 일종의 정보 시스템이자 눈으로 보는 관리의 도구이다.

19 40

- 작업장 이용 가능시간 = 교대 수 × 1교대 작업시간 × 주당 작업일수 × 기계대수
  = 3교대/일 × 8시간 × 6일 × 10대 = 1,440시간
- 실제 작업시간 = 작업장 이용 가능시간 − 기계 불가동 시간 = 1,440시간 − 40시간 = 1,400시간
- 작업효율 $= \frac{\text{작업 표준시간}}{\text{실제 작업시간}} \times 100 = \frac{560}{1,400} \times 100 = 40\%$

20 80

- 작업장 이용 가능시간 = 교대 수 × 1교대 작업시간 × 주당 작업일수 × 기계대수
  = 4교대/일 × 4시간 × 6일 × 5대 = 480시간
- 실제 작업시간 = 작업장 이용 가능시간 − 기계 불가동 시간 = 480시간 − 96시간 = 384시간
- 작업장 이용률 = $\frac{\text{실제 작업시간}}{\text{작업장 이용 가능시간}} \times 100 = \frac{384}{480} \times 100 = 80\%$

21 정돈

5S 중 정돈에 대한 설명으로, 정돈은 필요한 것을 필요할 때 즉시 사용할 수 있도록 지정된 장소에 위치시키는 것이다.

22 ③

재고의 종류에는 순환재고(주기재고), 안전재고, 예상재고, 수송재고(파이프라인재고) 등이 있다.

23 ③

단위당 재고유지비용과 1회 주문비용은 항상 일정하며, 따라서 재고유지비는 구매량의 증가와 함께 비례적으로 증가한다.

24 ④

MRP 시스템의 입력요소: MPS(기준생산계획), BOM(자재 명세서), IRF(재고기록파일)

25 ②

SCM은 한 기업체 내부가 아닌 공급업체, 제조기업, 도매상, 소매상 등 여러 기업 간 통합의 최적화를 추구하는 것이다.

26 RCCP

RCCP(개략능력요구계획)에 대한 설명이다.

27 재정 흐름

SCM의 세 가지 주요 흐름은 제품 흐름, 정보 흐름, 재정 흐름이다.

28 ④

4M에 Money는 포함되지 않는다. 4M은 '작업자(Man), 설비(Machine), 재료(Material), 작업 방법(Method)'을 말하며, 제품의 품질에 영향을 미치는 요인을 분류하는 데 활용된다.

29 ③

특성요인도는 물고기 모양의 그림으로 생선뼈도표(Fishbone Diagram)라고도 한다.

30 ④

로트별 샘플링검사는 시료를 로트별로 샘플링하고, 샘플링한 품목을 조사하여 로트의 합격이나 불합격을 결정하는 검사이다.

31 산점도

점의 흩어진 상태를 표시함으로써 요인들의 상관관계와 경향을 파악하고 품질문제의 원인을 발견하거나 확인하여 불량이나 고장 등에 필요한 조치를 취하도록 하는 산점도에 대한 설명이다.

32 p

p 관리도는 시료의 크기 n이 일정하지 않을 경우에 사용하는 불량률 관리도이다.

실무 시뮬레이션

01	④	02	③	03	①	04	③	05	②	06	③	07	④	08	③	09	①	10	②
11	②	12	④	13	④	14	③	15	②	16	④	17	②	18	③	19	③	20	①
21	④	22	①	23	④	24	①	25	③										

01 ④

[시스템관리] – [기초정보관리] – [품목등록]

[보기]의 계정구분 '원재료'로 조회한 후 각 품목의 'ORDER/COST' 탭에서 LEAD TIME과 일별생산량을 확인한다. [보기]의 조건에 부합하는 품목은 '21-3065700.GEAR REAR C'이다.

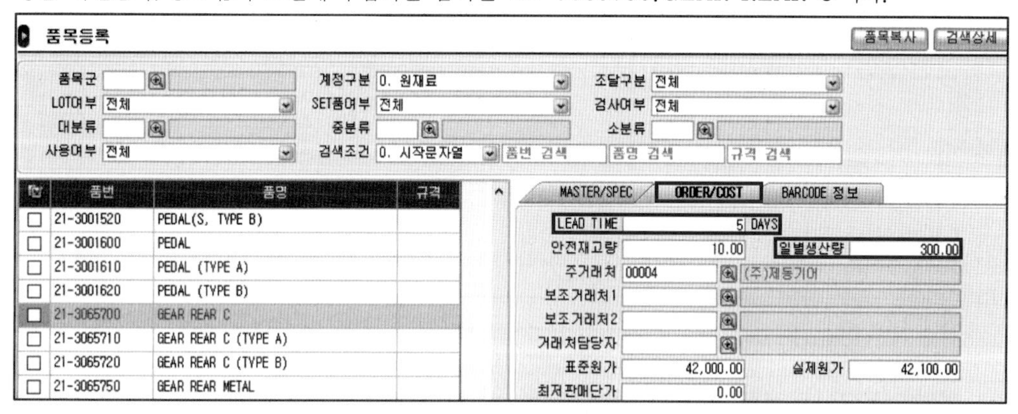

02 ③

[시스템관리] – [기초정보관리] – [창고/공정(생산)/외주공정등록]

①은 '외주공정/작업장' 탭, ②, ③은 '생산공정/작업장' 탭, ④는 '창고/장소' 탭에서 조회한다.

③ L200.작업공정의 L204.반제품작업장(완제품)의 사용여부는 '사용'이다.

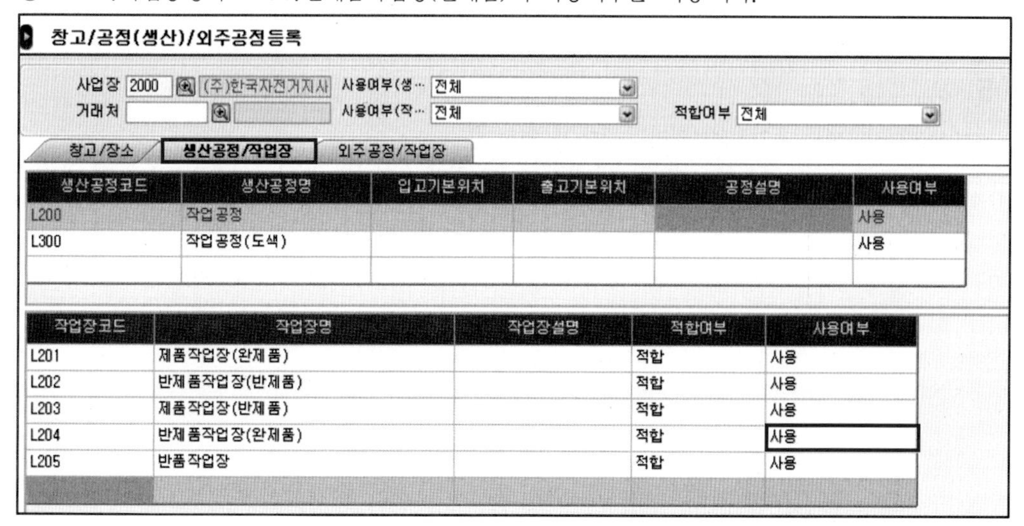

03 ①

[시스템관리] – [기초정보관리] – [물류실적(품목/고객)담당자등록]

'품목' 탭에서 [보기]의 계정과 조달구분 조건으로 조회한 후 각 품목의 담당자를 확인한다. 전체적으로 모든 품목을 확인해도 되지만 하나의 담당자를 설정하여 조회하면 쉽게 확인할 수 있다. 조건에 부합하는 품목은 '85-1020420.POWER TRAIN ASS'Y(MTB, TYPE B)'이다.

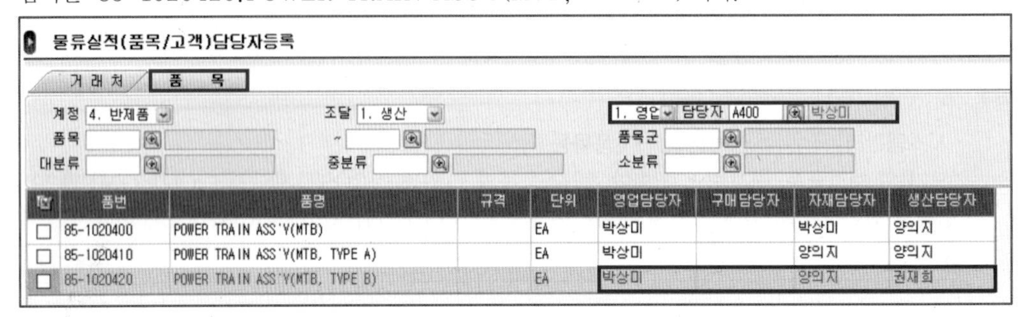

물류실적(품목/고객)담당자등록

거래처 / 품목

계정 4. 반제품 | 조달 1. 생산 | 1. 영업 담당자 A400 박상미

품목 | ~ | 품목군

대분류 | 중분류 | 소분류

품번	품명	규격	단위	영업담당자	구매담당자	자재담당자	생산담당자
85-1020400	POWER TRAIN ASS'Y(MTB)		EA	박상미		박상미	양의지
85-1020410	POWER TRAIN ASS'Y(MTB, TYPE A)		EA	박상미		양의지	양의지
85-1020420	POWER TRAIN ASS'Y(MTB, TYPE B)		EA	박상미		양의지	권재희

04 ③

[생산관리공통] – [기초정보관리] – [BOM등록]

[보기]의 조건으로 조회되는 내역을 확인한다.

③ 품목 88-1001000.PRESS FRAME-W의 계정구분은 '반제품'이다.

BOM등록 BOM 복사[F10] 일괄자재변경[F11]

모품목 NAX-A400 일반자전거(P-GRAY WHITE) EA

기준일자 2021/05/29 사용여부 1.사용 LOCATION 등록창 보기

순번	품번코드	품명	규격	단위	정미수량	LOSS(%)	필요수량	시작일자	종료일자	사급구분	외주구분	사용여부	비고
1	21-3001600	PEDAL		EA	1.000000	0.000000	1.000000	2018/01/01	2021/06/30	자재	무상	사용	
2	83-2000100	전장품 ASS'Y		EA	1.000000	20.000000	1.200000	2018/01/01	2021/06/30	자재	무상	사용	
3	85-1020400	POWER TRAIN ASS'Y(MTB)		EA	1.000000	30.000000	1.300000	2018/01/01	2021/06/30	사급	유상	사용	
4	88-1001000	PRESS FRAME-W		EA	1.000000	10.000000	1.100000	2018/01/01	2021/06/30	자재	유상	사용	
5	CYCLE-2010	HELMET 2010 시리즈		PCS	1.000000	0.000000	1.000000	2018/01/01	2021/06/30	자재	유상	사용	
6	21-3000350	WIRING-DE(세라믹)		EA	1.000000	10.000000	1.100000	2018/01/01	2021/06/30	사급	유상	사용	
		합 계			6.000000		6.700000						

계정구분 반제품 조달구분 생산 도면번호 주거래처

05 ②

[생산관리공통] – [기초정보관리] – [BOM역전개]

[보기]의 조건으로 조회한다. 'BOM 총전개'에 체크하여 조회하면 각 품목의 LEVEL을 한 번에 확인할 수 있다. ①, ③, ④는 2 LEVEL, ② 21-1060951.WHEEL REAL-MTB (TYPE A)는 1 LEVEL에 해당한다.

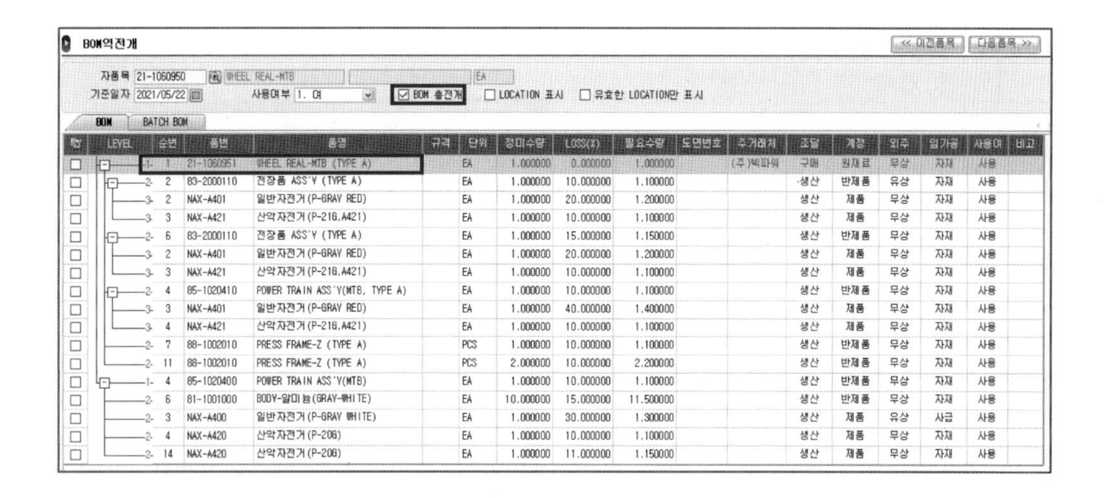

LEVEL	순번	품번	품명	규격	단위	정미수량	LOSS(%)	필요수량	도면번호	주거래처	조달	계정	외주	임가공	사용여	비고
1	1	21-1060951	WHEEL REAL-MTB (TYPE A)		EA	1.000000	0.000000	1.000000		(주)빅파워	구매	원재료	무상	자재	사용	
2	2	83-2000110	전장품 ASS'Y (TYPE A)		EA	1.000000	10.000000	1.100000			생산	반제품	유상	자재	사용	
3	2	NAX-A401	일반자전거(P-GRAY RED)		EA	1.000000	20.000000	1.200000			생산	제품	무상	자재	사용	
3	3	NAX-A421	산악자전거(P-21G,A421)		EA	1.000000	10.000000	1.100000			생산	제품	무상	자재	사용	
2	6	83-2000110	전장품 ASS'Y (TYPE A)		EA	1.000000	15.000000	1.150000			생산	반제품	무상	자재	사용	
3	2	NAX-A401	일반자전거(P-GRAY RED)		EA	1.000000	20.000000	1.200000			생산	제품	무상	자재	사용	
3	3	NAX-A421	산악자전거(P-21G,A421)		EA	1.000000	10.000000	1.100000			생산	제품	무상	자재	사용	
2	4	85-1020410	POWER TRAIN ASS'Y(MTB, TYPE A)		EA	1.000000	10.000000	1.100000			생산	반제품	무상	자재	사용	
3	3	NAX-A401	일반자전거(P-GRAY RED)		EA	1.000000	40.000000	1.400000			생산	제품	무상	자재	사용	
3	4	NAX-A421	산악자전거(P-21G,A421)		EA	1.000000	10.000000	1.100000			생산	제품	무상	자재	사용	
2	7	88-1002010	PRESS FRAME-Z (TYPE A)		PCS	1.000000	10.000000	1.100000			생산	반제품	무상	자재	사용	
2	11	88-1002010	PRESS FRAME-Z (TYPE A)		PCS	2.000000	10.000000	2.200000			생산	반제품	무상	자재	사용	
1	4	85-1020400	POWER TRAIN ASS'Y(MTB)		EA	1.000000	10.000000	1.100000			생산	반제품	무상	자재	사용	
2	6	81-1001000	BODY-알미늄(GRAY-WHITE)		EA	10.000000	15.000000	11.500000			생산	반제품	무상	자재	사용	
2	3	NAX-A400	일반자전거(P-GRAY WHITE)		EA	1.000000	30.000000	1.300000			생산	제품	유상	사급	사용	
2	4	NAX-A420	산악자전거(P-20G)		EA	1.000000	10.000000	1.100000			생산	제품	무상	자재	사용	
2	14	NAX-A420	산악자전거(P-20G)		EA	1.000000	11.000000	1.150000			생산	제품	무상	자재	사용	

06 ③

[생산관리공통] – [생산관리] – [생산계획등록]

[보기]의 조건으로 조회한 후 각 품목의 일생산량과 작업예정수량을 확인한다.

③ 품목 88-1001010.PRESS FRAME-W (TYPE A)의 일생산량은 250EA, 생산계획수량(작업예정수량)은 2021/05/02에 100EA, 2021/05/03에 50EA로 생산계획수량이 일생산량을 초과하지 않았다.

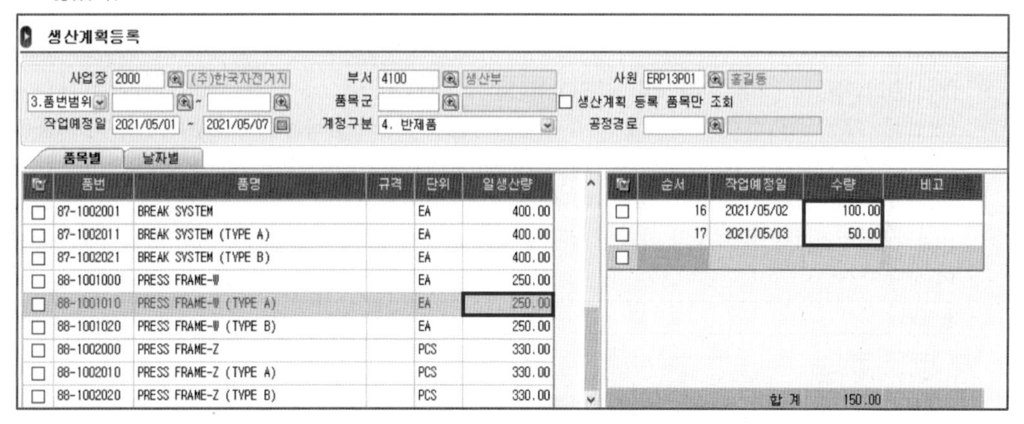

품번	품명	규격	단위	일생산량
87-1002001	BREAK SYSTEM		EA	400.00
87-1002011	BREAK SYSTEM (TYPE A)		EA	400.00
87-1002021	BREAK SYSTEM (TYPE B)		EA	400.00
88-1001000	PRESS FRAME-W		EA	250.00
88-1001010	PRESS FRAME-W (TYPE A)		EA	250.00
88-1001020	PRESS FRAME-W (TYPE B)		EA	250.00
88-1002000	PRESS FRAME-Z		PCS	330.00
88-1002010	PRESS FRAME-Z (TYPE A)		PCS	330.00
88-1002020	PRESS FRAME-Z (TYPE B)		PCS	330.00

순서	작업예정일	수량	비고
16	2021/05/02	100.00	
17	2021/05/03	50.00	
합 계		150.00	

07 ④

[생산관리공통] – [생산관리] – [작업지시등록]

[보기]의 조건으로 조회한 후 각 작업지시번호에서 마우스 오른쪽 버튼을 클릭하여 '[작업지시등록] 이력정보'를 확인한다.

① WO2005000033, ② WO2005000035: 이전 이력이 '수주등록'으로 오른쪽 상단의 '주문조회'를 이용하여 등록한 것을 알 수 있다.

③ WO2009000040: 이전 이력이 '청구등록'으로 오른쪽 상단의 '청구조회'를 이용하여 등록한 것을 알 수 있다.

④ WO2105000001: 이전 이력이 등록되지 않았으므로 직접 등록한 것을 알 수 있다.

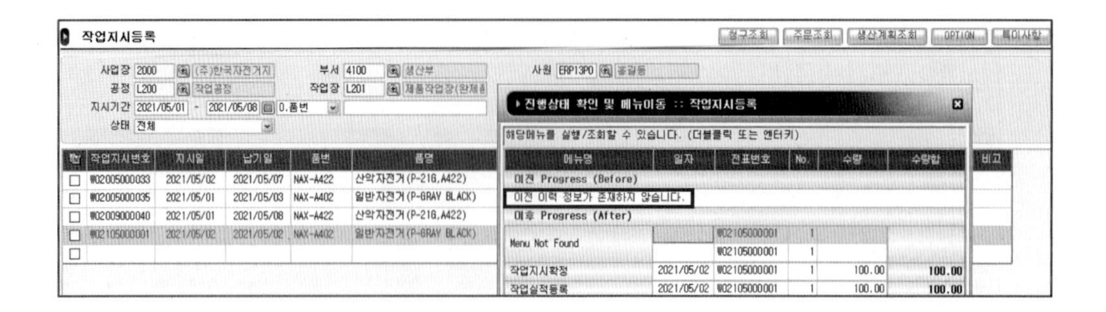

08 ③

[생산관리공통] – [생산관리] – [작업지시확정]

[보기]의 조건으로 조회한 후 각 작업지시번호 상단의 모품목과 하단에 등록되어 있는 내역을 확인한다.

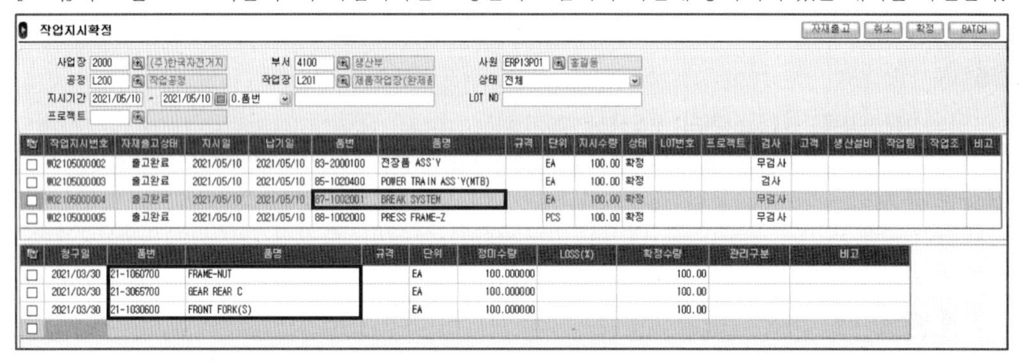

[생산관리공통] – [기초정보관리] – [BOM등록]

[작업지시확정] 메뉴에 등록되어 있는 각 작업지시번호 상단의 품목은 [BOM등록] 메뉴의 모품목이다. [BOM등록] 메뉴에서 각각의 모품목으로 조회되는 내역과 [작업지시확정] 메뉴의 하단에 청구된 내역을 비교한다. 기준일자는 [작업지시확정] 메뉴의 지시일로 한다. ①, ②, ④는 [BOM등록] 메뉴에 조회되는 내역과 [작업지시확정] 메뉴의 하단에 청구된 내역이 일치하며, ③ WO2105000004는 다르게 등록되어 있다.

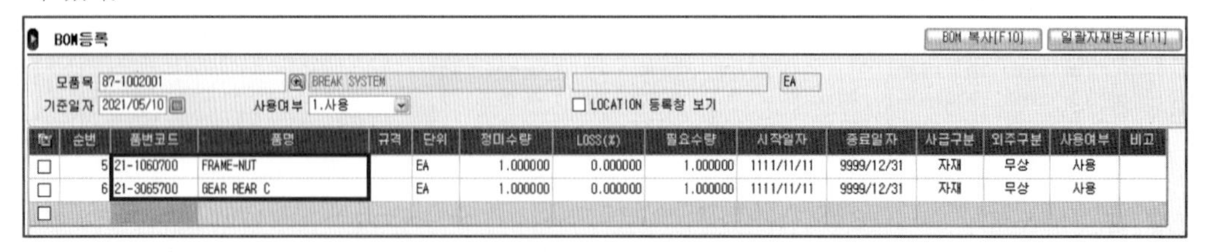

09 ①

[생산관리공통] – [생산관리] – [생산자재출고]

[보기]의 조건으로 조회한 후 하단에 출고된 품목과 출고수량을 확인한다. 품목 '21-3000300, WIRING-DE'가 여러 번 등록되어 있으므로 하나하나 확인해야 한다. 출고수량의 합은 200 + 120 = 320EA이다.

생산자재출고

복사 | 출고요청 | 일괄적용 | 재고확인 | 인쇄 설정

사업장 2000 (주)한국자전거 | 부서 4100 생산부 | 사원 ERP13P01 홍길동
출고기간 2021/05/20 ~ 2021/05/20 | 출고창고 | 담당자
공정 L200 작업공정 | 작업장 L201 제품작업장(완제 | 0. 지시번
0. 품번 | 관리구분 | 프로젝트

출고번호	출고일자	출고창고	출고장소	공정	작업장	담당자	비고
MV2103000002	2021/05/20	부품창고_인천지점	부품/반제품_부품장소	작업공정	제품작업장(완제품)		

No.	품번	품명	규격	단위	요청수량	출고수량	LOT No.	비고
1	21-1060850	WHEEL FRONT-MTB		EA	110.00	110.00		
2	21-1080800	FRAME-알미늄		EA	130.00	130.00		
3	21-3001600	PEDAL		EA	110.00	110.00		
4	21-3000300	WIRING-DE		EA	120.00	200.00		
5	21-3065700	GEAR REAR C		EA	110.00	110.00		
6	21-1060700	FRAME-NUT		EA	110.00	110.00		
7	21-1060950	WHEEL REAL-MTB		EA	110.00	110.00		
8	21-3001600	PEDAL		EA	110.00	110.00		
9	21-1060700	FRAME-NUT		EA	100.00	100.00		
10	21-3065700	GEAR REAR C		EA	100.00	100.00		
11	21-1030600	FRONT FORK(S)		EA	100.00	100.00		
12	21-1080800	FRAME-알미늄		EA	110.00	110.00		
13	21-3000300	WIRING-DE		EA	100.00	120.00		
14	21-9000210	HEAD LAMP(LED TYPE)		EA	110.00	110.00		
15	21-9000200	HEAD LAMP		EA	110.00	110.00		
					1,640.00	1,740.00		

10 ②

[생산관리공통] - [생산/외주/재공현황] - [실적현황]

[보기]의 조건으로 조회한다. 재작업여부가 '여'인 것은 제외하고 계산해야 하므로 재작업여부를 '0. 부'로 조회한다. 각 생산설비로 조회하면 실적수량을 한 눈에 확인하기 편리하다.

① P1A.생산설비 1호: 110EA

② P1B.생산설비 2호: 130EA

③ P1C.생산설비 3호: 60EA

④ P1D.생산설비 4호: 100EA

TIP [작업실적등록] 메뉴에서 조회해도 되지만 [실적현황] 메뉴에서 각 생산설비로 조회하는 것이 더 편리하다.

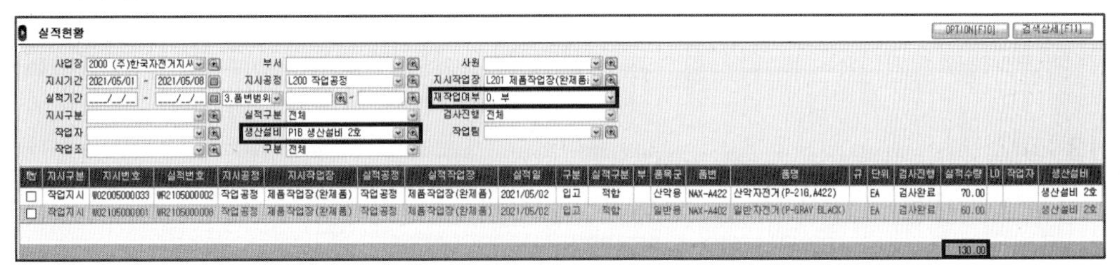

실적현황

OPTION[F10] | 검색상세[F11]

사업장 2000 (주)한국자전거지사 | 부서 | 사원
지시기간 2021/05/01 ~ 2021/05/08 | 지시공정 L200 작업공정 | 지시작업장 L201 제품작업장(완제품)
실적기간 ___/_/__ ~ ___/_/__ | 3.품번범위 | 재작업여부 0. 부
지시구분 | 실적구분 전체 | 검사진행 전체
작업자 | 생산설비 P1B 생산설비 2호 | 작업팀
작업조 | 구분 전체

지시구분	지시번호	실적번호	지시공정	지시작업장	실적공정	실적작업장	실적일	구분	실적구분	부	품목군	품번	품명	규	단위	검사진행	실적수량	LO	작업자	생산설비
작업지시	W02005000033	WR2105000002	작업공정	제품작업장(완제품)	작업공정	제품작업장(완제품)	2021/05/02	입고	적합		산악용	NAX-A422	산악자전거(P-21G,A422)		EA	검사완료	70.00			생산설비 2호
작업지시	W02105000001	WR2105000008	작업공정	제품작업장(완제품)	작업공정	제품작업장(완제품)	2021/05/02	입고	적합		일반용	NAX-A402	일반자전거(P-GRAY BLACK)		EA	검사완료	60.00			생산설비 2호
																	130.00			

11 ②

[생산관리공통] - [생산관리] - [생산자재사용등록]

[보기]의 조건으로 조회한 후 각 작업실적번호에서 오른쪽 상단의 '청구적용[F8]'을 클릭하여 잔량을 확인한다.

① WR2105000013: 50 + 60 + 30 = 140EA

② WR2105000014: 20 + 20 + 40 + 70 = 150EA

③ WR2105000015: 30 + 40 + 20 = 90EA

④ WR2105000016: 20 + 50 + 50 + 10 = 130EA

청구 적용 도움창

사용일 2021/05/10 관리구분 조회[F12] 적용[F10] 취소[ESC]

순서	공정	작업장	품번	품명	규격	단위	적용예정량	적용수량	잔량
1	작업공정	제품작업장(완제품)	21-3000300	WIRING-DE		EA	120.00	100.00	20.00
2	작업공정	제품작업장(완제품)	21-3065700	GEAR REAR C		EA	110.00	90.00	20.00
3	작업공정	제품작업장(완제품)	21-1060700	FRAME-NUT		EA	110.00	70.00	40.00
4	작업공정	제품작업장(완제품)	21-1060950	WHEEL REAL-MTB		EA	110.00	110.00	
5	작업공정	제품작업장(완제품)	21-3001600	PEDAL		EA	110.00	40.00	70.00

12 ④

[생산관리공통] – [생산관리] – [생산실적검사]

[보기]의 조건으로 조회되는 내역을 확인한다.

④ 권재희 검사담당자가 진행한 샘플검사는 작업실적번호 WR2105000002, 불량명은 도색불량과 적재불량으로 불량수량 총 10EA가 모두 불합격되었다.

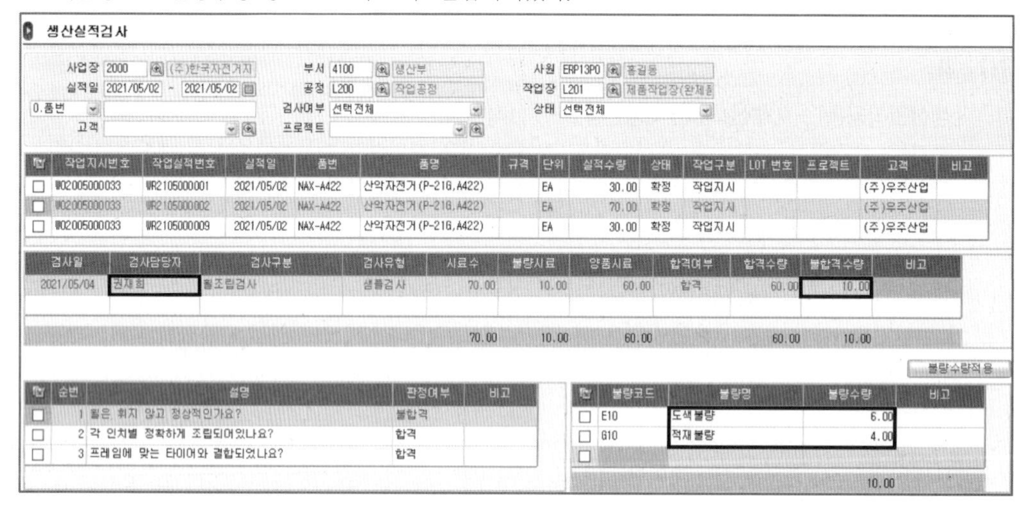

생산실적검사

사업장 2000 (주)한국자전거지 부서 4100 생산부 사원 ERP13P0 홍길동
실적일 2021/05/02 ~ 2021/05/02 공정 L200 작업공정 작업장 L201 제품작업장(완제품
0.품번 검사여부 선택전체 상태 선택전체
고객 프로젝트

작업지시번호	작업실적번호	실적일	품번	품명	규격	단위	실적수량	상태	작업구분	LOT 번호	프로젝트	고객	비고
W02005000033	WR2105000001	2021/05/02	NAX-A422	산악자전거(P-216,A422)		EA	30.00	확정	작업지시			(주)우주산업	
W02005000033	WR2105000002	2021/05/02	NAX-A422	산악자전거(P-216,A422)		EA	70.00	확정	작업지시			(주)우주산업	
W02005000033	WR2105000009	2021/05/02	NAX-A422	산악자전거(P-216,A422)		EA	30.00	확정	작업지시			(주)우주산업	

검사일	검사담당자	검사구분	검사유형	시료수	불량시료	양품시료	합격여부	합격수량	불합격수량	비고
2021/05/04	권재희	휠조립검사	샘플검사	70.00	10.00	60.00	합격	60.00	10.00	
				70.00	10.00	60.00		60.00	10.00	

불량수량적용

순번	설명	판정여부	비고
1	휠은 휘지 않고 정상적인가요?	불합격	
2	각 인치별 정확하게 조립되어있나요?	합격	
3	프레임에 맞는 타이어와 결합되었나요?	합격	

불량코드	불량명	불량수량	비고
E10	도색불량	6.00	
G10	적재불량	4.00	
		10.00	

13 ④

[생산관리공통] – [생산관리] – [생산품창고입고처리]

[보기]의 조건으로 조회되는 내역을 확인한다.

④ 실적번호 WR2105000008의 기입고수량이 60EA로 가장 많다.

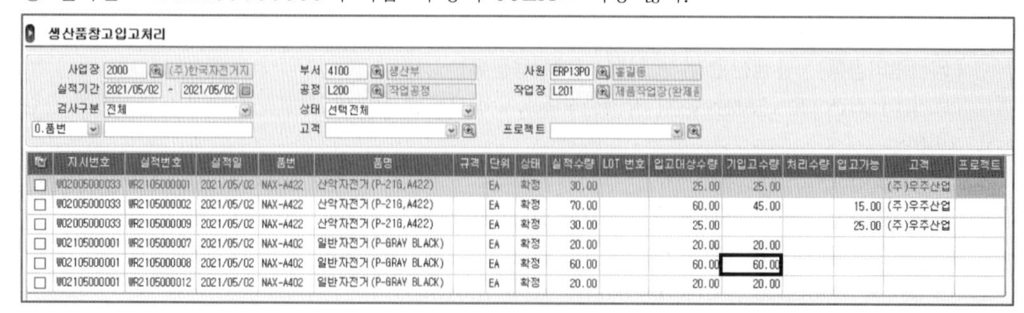

생산품창고입고처리

사업장 2000 (주)한국자전거지 부서 4100 생산부 사원 ERP13P0 홍길동
실적기간 2021/05/02 ~ 2021/05/02 공정 L200 작업공정 작업장 L201 제품작업장(완제품
검사구분 전체 상태 선택전체
0.품번 고객 프로젝트

지시번호	실적번호	실적일	품번	품명	규격	단위	상태	실적수량	LOT 번호	입고대상수량	기입고수량	처리수량	입고가능	고객	프로젝트
W02005000033	WR2105000001	2021/05/02	NAX-A422	산악자전거(P-216,A422)		EA	확정	30.00		25.00	25.00			(주)우주산업	
W02005000033	WR2105000002	2021/05/02	NAX-A422	산악자전거(P-216,A422)		EA	확정	70.00		60.00	45.00		15.00	(주)우주산업	
W02005000033	WR2105000009	2021/05/02	NAX-A422	산악자전거(P-216,A422)		EA	확정	30.00		25.00			25.00	(주)우주산업	
W02105000001	WR2105000007	2021/05/02	NAX-A402	일반자전거(P-GRAY BLACK)		EA	확정	20.00		20.00	20.00				
W02105000001	WR2105000008	2021/05/02	NAX-A402	일반자전거(P-GRAY BLACK)		EA	확정	60.00		60.00	60.00				
W02105000001	WR2105000012	2021/05/02	NAX-A402	일반자전거(P-GRAY BLACK)		EA	확정	20.00		20.00	20.00				

14 ③

[생산관리공통] – [생산/외주/재공현황] – [실적현황]

[보기]의 조건으로 조회한다. 여러 실적일이 섞여있으므로 정렬을 이용하여 실적일별 합계를 확인하면 편리하다. 등록되어 있는 실적 건에서 마우스 오른쪽 버튼을 클릭하여 '정렬 및 소계 설정 – 정렬 및 소계'를 확인한다. 실적일의 소계를 클릭하여 적용하면 실적일별로 합계를 확인할 수 있다.

2021/05/10의 실적수량이 400EA로 가장 많이 생산하였다.

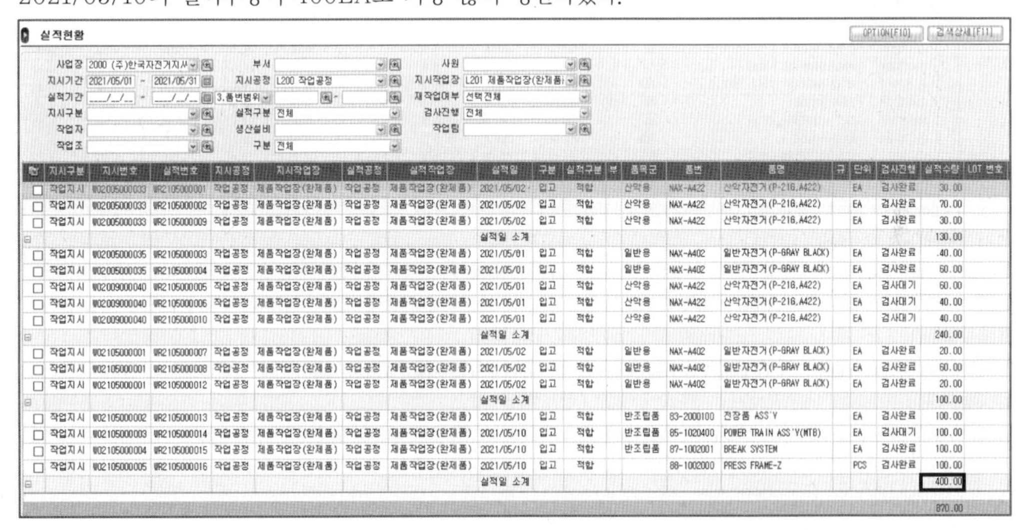

15 ②

[생산관리공통] – [생산/외주/재공현황] – [자재청구대비투입/사용현황]

[보기]의 조건으로 조회한 후 오른쪽 상단의 '단가 OPTION[F10]'을 클릭하여 조달구분 구매, 생산 모두를 '실제원가(품목등록)'으로 설정한다. ①, ③, ④는 청구금액의 합과 투입금액의 합이 같으나 ② WO2105000003은 다르다.

TIP '단가 OPTION[F10]'에 따라 금액이 달라질 수 있으므로 설정을 꼭 확인한다.

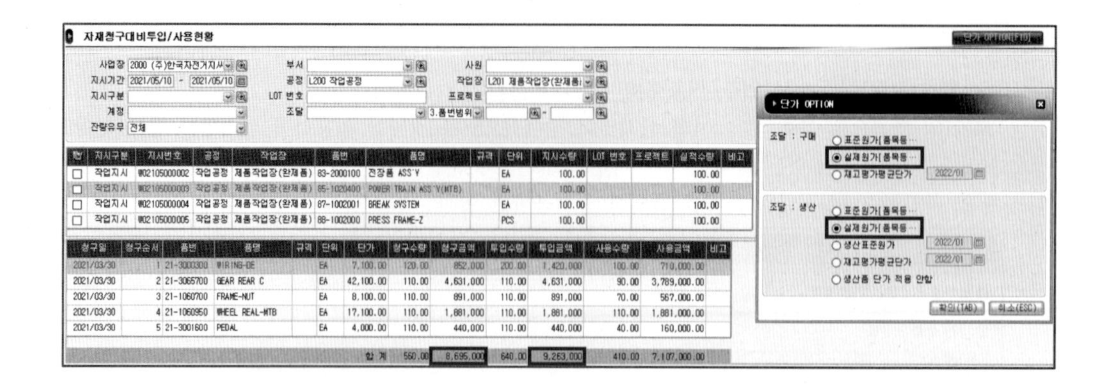

지시구분	지시번호	공정	작업장	품번	품명	규격	단위	지시수량	LOT 번호	프로젝트	실적수량	비고
작업지시	WO2105000002	작업공정	제품작업장(완제품)	83-2000100	전장품 ASS'Y		EA	100.00			100.00	
작업지시	WO2105000003	작업공정	제품작업장(완제품)	85-1020400	POWER TRAIN ASS'Y(MTB)		EA	100.00			100.00	
작업지시	WO2105000004	작업공정	제품작업장(완제품)	87-1002001	BREAK SYSTEM		EA	100.00			100.00	
작업지시	WO2105000005	작업공정	제품작업장(완제품)	88-1002000	PRESS FRAME-Z		PCS	100.00			100.00	

청구일	청구순서	품번	품명	규격	단위	단가	청구수량	청구금액	투입수량	투입금액	사용수량	사용금액	비고
2021/03/30	1	21-3000300	WIRING-DE		EA	7,100.00	120.00	852,000	200.00	1,420,000	100.00	710,000.00	
2021/03/30	2	21-3065700	GEAR REAR C		EA	42,100.00	110.00	4,631,000	110.00	4,631,000	90.00	3,789,000.00	
2021/03/30	3	21-1060700	FRAME-NUT		EA	8,100.00	110.00	891,000	110.00	891,000	70.00	567,000.00	
2021/03/30	4	21-1060950	WHEEL REAL-MTB		EA	17,100.00	110.00	1,881,000	110.00	1,881,000	110.00	1,881,000.00	
2021/03/30	5	21-3001600	PEDAL		EA	4,000.00	110.00	440,000	110.00	440,000	40.00	160,000.00	
						합 계	560.00	8,695,000	640.00	9,263,000	410.00	7,107,000.00	

16 ④

[생산관리공통] – [생산/외주/재공현황] – [생산월보]

[보기]의 조건으로 조회한다. 2021년 5월 한 달간 생산된 품목 중 'NAX-A422.산악자전거(P-21G, A422)'가 270EA로 가장 많다.

생산월보

품번	품명	규격	단위	합계	1월	2월	3월	4월	5월	6월	7월	8월	9월
81-1001000	BODY-알미늄(GRAY-WHITE)		EA	100.00	100.00	0.00	0.00	0.00	0.00	0.00	0.00	0.00	0.00
83-2000100	전장품 ASS'Y		EA	400.00	300.00	0.00	0.00	0.00	100.00	0.00	0.00	0.00	0.00
85-1020400	POWER TRAIN ASS'Y(MTB)		EA	100.00	0.00	0.00	0.00	0.00	100.00	0.00	0.00	0.00	0.00
85-1020410	POWER TRAIN ASS'Y(MTB, TYPE A)		EA	200.00	200.00	0.00	0.00	0.00	0.00	0.00	0.00	0.00	0.00
87-1002001	BREAK SYSTEM		EA	100.00	0.00	0.00	0.00	0.00	100.00	0.00	0.00	0.00	0.00
88-1001010	PRESS FRAME-W (TYPE A)		EA	50.00	50.00	0.00	0.00	0.00	0.00	0.00	0.00	0.00	0.00
88-1002000	PRESS FRAME-Z		PCS	200.00	100.00	0.00	0.00	0.00	100.00	0.00	0.00	0.00	0.00
NAX-A400	일반자전거(P-GRAY WHITE)		EA	270.00	270.00	0.00	0.00	0.00	0.00	0.00	0.00	0.00	0.00
NAX-A402	일반자전거(P-GRAY BLACK)		EA	200.00	0.00	0.00	0.00	0.00	200.00	0.00	0.00	0.00	0.00
NAX-A420	산악자전거(P-20G)		EA	180.00	180.00	0.00	0.00	0.00	0.00	0.00	0.00	0.00	0.00
NAX-A422	산악자전거(P-21G,A422)		EA	370.00	100.00	0.00	0.00	0.00	270.00	0.00	0.00	0.00	0.00
			합계	2,170.00	1,300.00	0.00	0.00	0.00	870.00	0.00	0.00	0.00	0.00

17 ②

[생산관리공통] – [생산/외주/재공현황] – [자재사용현황(모품목별)]

[보기]의 조건으로 조회한 후 각 작업지시번호의 사용수량의 합을 확인한다.

② 작업지시번호 WO2005000035의 사용수량의 합이 44 + 66 + 48 + 72 + 56 + 84 + 52 + 78 = 500EA로 가장 많다.

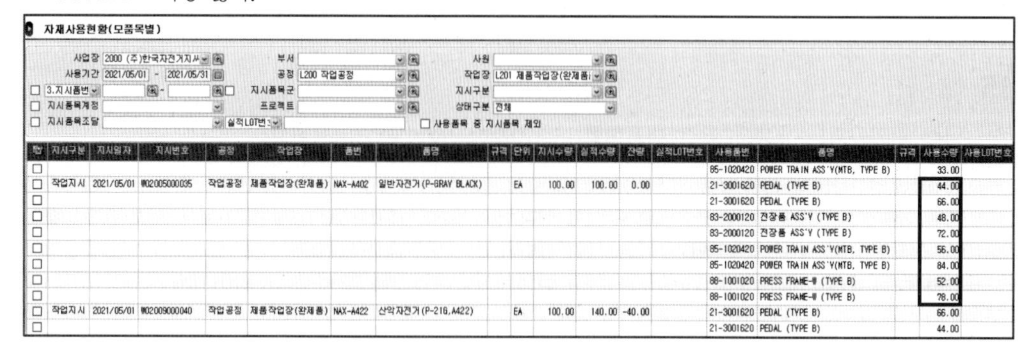

지시구분	지시일자	지시번호	공정	작업장	품번	품명	규격	단위	지시수량	실적수량	잔량	실적LOT번호	사용품번	품명	규격	사용수량	사용LOT번호
													85-1020420	POWER TRAIN ASS'Y(MTB, TYPE B)		33.00	
작업지시	2021/05/01	WO2005000035	작업공정	제품작업장(완제품)	NAX-A402	일반자전거(P-GRAY BLACK)		EA	100.00	100.00	0.00		21-3001620	PEDAL (TYPE B)		44.00	
													21-3001620	PEDAL (TYPE B)		66.00	
													83-2000120	전장품 ASS'Y (TYPE B)		48.00	
													83-2000120	전장품 ASS'Y (TYPE B)		72.00	
													85-1020420	POWER TRAIN ASS'Y(MTB, TYPE B)		56.00	
													85-1020420	POWER TRAIN ASS'Y(MTB, TYPE B)		84.00	
													88-1001020	PRESS FRAME-W (TYPE B)		52.00	
													88-1001020	PRESS FRAME-W (TYPE B)		78.00	
작업지시	2021/05/01	WO2009000040	작업공정	제품작업장(완제품)	NAX-A422	산악자전거(P-21G,A422)		EA	100.00	140.00	-40.00		21-3001620	PEDAL (TYPE B)		66.00	
													21-3001620	PEDAL (TYPE B)		44.00	

18 ③

[생산관리공통] – [외주관리] – [외주발주등록]

[보기]의 조건으로 조회한 후 각 품목의 단가를 확인한다.

외주발주등록

청구조회 | 주문조회 | 생산계획조회 | OPTION | 특이사항 | 원샷 | SMS 발송 | E-MAIL 설정 | E-MAIL

사업장 2000 (주)한국자전거지 　 부서 4100 생산부 　 사원 ERP13P0 홍길동
공정 R200 외주공정 　 외주처 R201 (주)대흥정공
지시기간 2021/05/01 ~ 2021/05/31 0.품번 　 LOT NO
상태 전체

	외주지시번호	발주일	납기일	품번	품명	규격	단위	지시수량	단가	금액	상태	LOT번호	프로젝트	검사	고객	비고
□	W02105000007	2021/05/10	2021/05/31	81-1001000	BODY-알미늄(GRAY-WHITE)		EA	100.00	2,520.00	252,000	확정			무검사		
□	W02105000008	2021/05/11	2021/05/31	83-2000100	전장품 ASS'Y		EA	100.00	10,440.00	1,044,000	확정			무검사		
□	W02105000009	2021/05/12	2021/05/31	87-1002001	BREAK SYSTEM		EA	100.00	4,600.00	460,000	확정			무검사		
□	W02105000010	2021/05/13	2021/05/31	88-1001000	PRESS FRAME-W		EA	100.00	5,520.00	552,000	확정			무검사		

[생산관리공통] – [기초정보관리] – [외주단가등록]

[외주발주등록] 메뉴에 등록되어 있는 품목의 단가와 [외주단가등록] 메뉴의 외주단가를 비교한다. ①, ②, ④는 [외주발주등록] 메뉴의 단가와 [외주단가등록] 메뉴의 외주단가가 일치하며, ③ '87-1002001. BREAK SYSTEM'의 [외주발주등록] 메뉴의 단가는 4,600원, [외주단가등록] 메뉴의 외주단가는 6,600원으로 외주단가보다 더 작은 단가로 입력되었다.

외주단가등록

품목전개 | 품목복사

사업장 2000 (주)한국자전거지 　 부서 4100 생산부 　 사원 ERP13P0 홍길동
외주공정 R200 외주공정 　 외주처 R201 (주)대흥정공 　 품목군
품목 ~ 　 사용여부

단가적용비율 10.000 % ◉ 표준원가대비 ○ 실제원가대비 일괄변경

	품번	품명	규격	단위	표준원가	실제원가	외주단가	시작일	종료일	사용
□	81-1001000	BODY-알미늄(GRAY-WHITE)		EA	21,000.00	21,100.00	2,520.00	2018/07/01	2020/12/31	사용
□	81-1001010	BODY-알미늄 (GRAY-WHITE, TYPE A)		EA	21,000.00	21,100.00	2,520.00	2018/07/01	2020/12/31	사용
□	81-1001020	BODY-알미늄 (GRAY-WHITE, TYPE B)		EA	21,000.00	21,100.00	2,520.00	2018/07/01	2020/12/31	사용
□	83-2000100	전장품 ASS'Y		EA	87,000.00	97,000.00	10,440.00	2018/07/01	2020/12/31	사용
□	83-2000110	전장품 ASS'Y (TYPE A)		EA	87,000.00	87,100.00	10,440.00	2018/07/01	2020/12/31	사용
□	83-2000120	전장품 ASS'Y (TYPE B)		EA	87,000.00	87,100.00	10,440.00	2018/07/01	2020/12/31	사용
□	87-1002001	BREAK SYSTEM		EA	55,000.00	55,100.00	6,600.00	2018/07/01	2020/12/31	사용
□	87-1002011	BREAK SYSTEM (TYPE A)		EA	55,000.00	55,100.00	6,600.00	2018/07/01	2020/12/31	사용
□	87-1002021	BREAK SYSTEM (TYPE B)		EA	55,000.00	55,100.00	6,600.00	2018/07/01	2020/12/31	사용
□	88-1001000	PRESS FRAME-W		EA	46,000.00	46,100.00	5,520.00	2018/07/01	2020/12/31	사용
□	88-1001010	PRESS FRAME-W (TYPE A)		EA	46,000.00	46,100.00	5,520.00	2018/07/01	2020/12/31	사용
□	88-1001020	PRESS FRAME-W (TYPE B)		EA	46,000.00	46,100.00	5,520.00	2018/07/01	2020/12/31	사용

19 ③

[생산관리공통] – [외주관리] – [외주발주확정]

[보기]의 조건으로 조회한 후 각 생산지시번호 상단의 모품목과 하단에 등록되어 있는 내역을 확인한다.

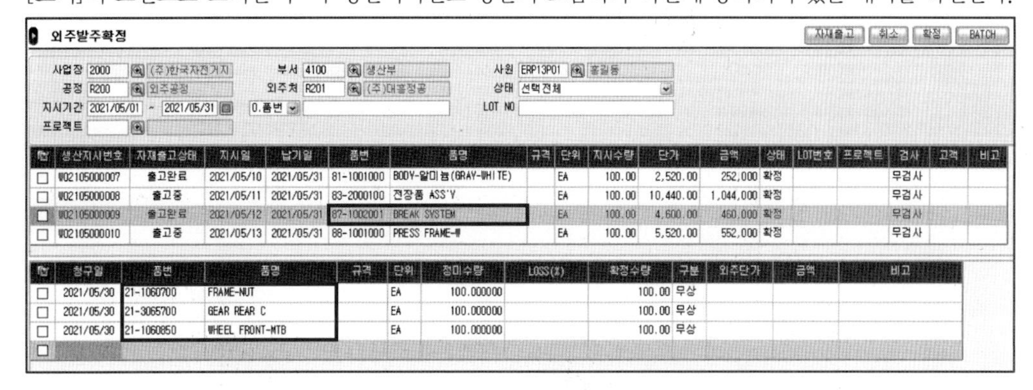

외주발주확정

자재출고 | 취소 | 확정 | BATCH

사업장 2000 (주)한국자전거지 　 부서 4100 생산부 　 사원 ERP13P01 홍길동
공정 R200 외주공정 　 외주처 R201 (주)대흥정공 　 상태 선택전체
지시기간 2021/05/01 ~ 2021/05/31 0.품번 　 LOT NO
프로젝트

	생산지시번호	자재출고상태	지시일	납기일	품번	품명	규격	단위	지시수량	단가	금액	상태	LOT번호	프로젝트	검사	고객	비고
□	W02105000007	출고완료	2021/05/10	2021/05/31	81-1001000	BODY-알미늄(GRAY-WHITE)		EA	100.00	2,520.00	252,000	확정			무검사		
□	W02105000008	출고중	2021/05/11	2021/05/31	83-2000100	전장품 ASS'Y		EA	100.00	10,440.00	1,044,000	확정			무검사		
□	W02105000009	출고완료	2021/05/12	2021/05/31	87-1002001	BREAK SYSTEM		EA	100.00	4,600.00	460,000	확정			무검사		
□	W02105000010	출고중	2021/05/13	2021/05/31	88-1001000	PRESS FRAME-W		EA	100.00	5,520.00	552,000	확정			무검사		

	청구일	품번	품명	규격	단위	정미수량	LOSS(%)	확정수량	구분	외주단가	금액	비고
□	2021/05/30	21-1060700	FRAME-NUT		EA	100.000000		100.00	무상			
□	2021/05/30	21-3065700	GEAR REAR C		EA	100.000000		100.00	무상			
□	2021/05/30	21-1060850	WHEEL FRONT-MTB		EA	100.000000		100.00	무상			

[생산관리공통] – [기초정보관리] – [BOM등록]

[외주발주확정] 메뉴에 등록되어 있는 각 생산지시번호 상단의 품목은 [BOM등록] 메뉴의 모품목이다. [BOM등록] 메뉴에서 각각의 모품목으로 조회되는 내역과 [외주발주확정] 메뉴의 하단에 청구된 내역을 비교한다. 기준일자는 [외주발주확정] 메뉴의 지시일로 한다. ①, ②, ④는 [BOM등록] 메뉴에 조회되는 내역과 [외주발주확정] 메뉴의 하단에 청구된 내역이 일치하며, ③ WO2105000009는 다르게 등록되어 있다.

BOM등록 | BOM 복사[F10] | 일괄자재변경[F11]

모품목 87-1002001 BREAK SYSTEM EA
기준일자 2021/05/12 사용여부 1.사용 LOCATION 등록창 보기

순번	품번코드	품명	규격	단위	정미수량	LOSS(%)	필요수량	시작일자	종료일자	사급구분	외주구분	사용여부	비고
5	21-1060700	FRAME-NUT		EA	1.000000	0.000000	1.000000	1111/11/11	9999/12/31	자재	무상	사용	
6	21-3065700	GEAR REAR C		EA	1.000000	0.000000	1.000000	1111/11/11	9999/12/31	자재	무상	사용	

20 ①

[생산관리공통] – [외주관리] – [외주자재출고]

[보기]의 조건으로 조회한 후 하단에 출고된 품목과 출고수량을 확인한다. '일괄적용' 기능을 이용하여 출고된 자재를 확인하는 것이므로 출고등록이 되어 있는 품목을 확인하면 된다. 품목 '21-3000300. WIRING-DE'가 여러 번 등록되어 있으므로 하나하나 확인해야 하며, 출고수량의 합은 120 + 130 = 250EA이다.

외주자재출고 | 복사 | 출고요청 | 일괄적용 | 재고확인 | 인쇄 설정

사업장 2000 (주)한국자전거 부서 4100 생산부 사원 ERP13P01 홍길동
출고기간 2021/05/01 ~ 2021/05/31 출고창고 담당자
외주공정 외주처 0. 지시번호
0. 품번 관리구분 프로젝트

출고번호	출고일자	출고창고	출고장소	외주공정	외주처	담당자	비고
MV2105000003	2021/05/30	부품창고_인천지점	부품/반제품_부품장소	외주공정	(주)대흥정공		

No.	품번	품명	규격	단위	요청수량	출고수량	LOT No.	비고
1	21-1030600	FRONT FORK(S)		EA	1,100.00	1,100.00		
2	87-1002001	BREAK SYSTEM		EA	1,200.00	1,200.00		
3	85-1020400	POWER TRAIN ASS'Y(MTB)		EA	1,150.00	1,150.00		
4	21-1060850	WHEEL FRONT-MTB		EA	110.00	110.00		
5	21-1080800	FRAME-알미늄		EA	130.00	130.00		
6	21-1060700	FRAME-NUT		EA	100.00	100.00		
7	21-3065700	GEAR REAR C		EA	100.00	100.00		
8	21-1060850	WHEEL FRONT-MTB		EA	100.00	100.00		
9	21-1060700	FRAME-NUT		EA	110.00	110.00		
10	21-3001600	PEDAL		EA	110.00	110.00		
11	21-3001500	PEDAL(S)		EA	130.00	130.00		
12	21-1080800	FRAME-알미늄		EA	110.00	110.00		
13	21-3000300	WIRING-DE		EA	120.00	120.00		
14	21-9000200	HEAD LAMP		EA	110.00	110.00		
15	21-3001500	PEDAL(S)		EA	120.00	120.00		
16	21-1080800	FRAME-알미늄		EA	110.00	110.00		
17	21-3000300	WIRING-DE		EA	130.00	130.00		
18	21-9000200	HEAD LAMP		EA	120.00	120.00		

21 ④

[생산관리공통] – [외주관리] – [외주실적등록]

[보기]의 조건으로 조회한 후 각 작업지시번호를 클릭하여 하단에 등록되어 있는 작업실적번호의 실적구분을 확인한다. 작업지시번호 WO2105000010 하단의 작업실적번호 WR2105000020의 실적구분이 '부적합'이다.

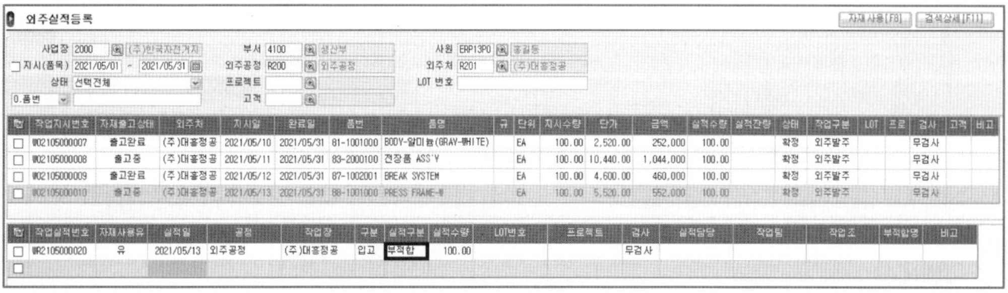

외주실적등록

자재사용[F8] 검색상세[F11]

사업장 2000 (주)한국자전거지 부서 4100 생산부 사원 ERP13P0 홍길동
지시(품목) 2021/05/01 ~ 2021/05/31 외주공정 R200 외주공정 외주처 R201 (주)대흥정공
상태 선택전체 프로젝트 LOT 번호
0.품번 고객

작업지시번호	자재출고상태	외주처	지시일	완료일	품번	품명	규	단위	지시수량	단가	금액	실적수량	실적잔량	상태	작업구분	LOT	프로	검사	고객	비고
WO2105000007	출고완료	(주)대흥정공	2021/05/10	2021/05/31	81-1001000	BODY-알미늄(GRAY-WHITE)		EA	100.00	2,520.00	252,000	100.00		확정	외주발주			무검사		
WO2105000008	출고중	(주)대흥정공	2021/05/11	2021/05/31	83-2000100	전장품 ASS'Y		EA	100.00	10,440.00	1,044,000	100.00		확정	외주발주			무검사		
WO2105000009	출고완료	(주)대흥정공	2021/05/12	2021/05/31	87-1002001	BREAK SYSTEM		EA	100.00	4,600.00	460,000	100.00		확정	외주발주			무검사		
WO2105000010	출고중	(주)대흥정공	2021/05/13	2021/05/31	88-1001000	PRESS FRAME-W		EA	100.00	5,520.00	552,000	100.00		확정	외주발주			무검사		

작업실적번호	자재사용유	실적일	공정	작업장	구분	실적구분	실적수량	LOT번호	프로젝트	검사	실적담당	작업팀	작업조	부적합명	비고
WR2105000020	유	2021/05/13	외주공정	(주)대흥정공	입고	부적합	100.00			무검사					

22 ①

[생산관리공통] – [외주관리] – [외주자재사용등록]

[보기]의 조건으로 조회한 후 각 작업실적번호의 하단에 등록되어 있는 사용수량의 합을 확인한다. 작업실적번호 WR2105000017의 사용수량의 합이 3,450EA로 가장 많다.

외주자재사용등록

일괄적용[F7] 청구적용[F8]

사업장 2000 (주)한국자전거지 부서 4100 생산부 사원 ERP13P0 홍길동
구분 2. 외주 외주공정 R200 외주공정 외주처 R201 (주)대흥정공
실적기간 2021/05/01 ~ 2021/05/31 LOT NO 상태 1. 확정
3.품번범위 ~ 사용보고유무 선택전체 실적구분 선택전체

작업지시번호	작업실적번호	보고유무	외주공정	외주처	실적일	품번	품명	규격	단위	상태	실적구분	실적수량	LOT 번호	프로젝트	비고
WO2105000007	WR2105000017	유	외주공정	(주)대흥정공	2021/05/10	81-1001000	BODY-알미늄(GRAY-WHITE)		EA	확정	적합	100.00			
WO2105000008	WR2105000018	유	외주공정	(주)대흥정공	2021/05/11	83-2000100	전장품 ASS'Y		EA	확정	적합	100.00			
WO2105000009	WR2105000019	유	외주공정	(주)대흥정공	2021/05/12	87-1002001	BREAK SYSTEM		EA	확정	적합	100.00			
WO2105000010	WR2105000020	유	외주공정	(주)대흥정공	2021/05/13	88-1001000	PRESS FRAME-W		EA	확정	부적합	100.00			

사용일	공정	작업장	품번	품명	규격	단위	사용수량	LOT 번호	관리구분	비고
2021/05/30	외주공정	(주)대흥정공	21-1030600	FRONT FORK(S)		EA	1,100.00			
2021/05/30	외주공정	(주)대흥정공	87-1002001	BREAK SYSTEM		EA	1,200.00			
2021/05/30	외주공정	(주)대흥정공	85-1020400	POWER TRAIN ASS'Y(MTB)		EA	1,150.00			
합계							3,450.00			

23 ④

[생산관리공통] – [재공관리] – [재공창고입고/이동/조정등록]

'재공조정' 탭에서 [보기]의 사업장, 실적기간의 조건으로 조회한다. 주어진 조건에 부합하는 수불번호는 WA2103000002이다.

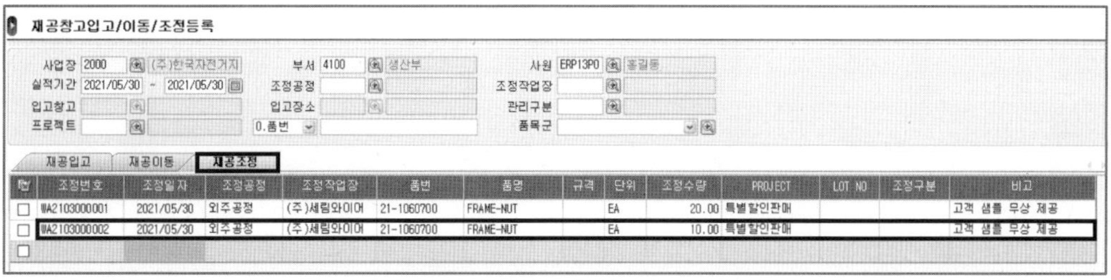

재공창고입고/이동/조정등록

사업장 2000 (주)한국자전거지 부서 4100 생산부 사원 ERP13P0 홍길동
실적기간 2021/05/30 ~ 2021/05/30 조정공정 조정작업장
입고창고 입고장소 관리구분
프로젝트 0.품번 품목군

재공입고 | 재공이동 | 재공조정

조정번호	조정일자	조정공정	조정작업장	품번	품명	규격	단위	조정수량	PROJECT	LOT NO	조정구분	비고
WA2103000001	2021/05/30	외주공정	(주)세림와이어	21-1060700	FRAME-NUT		EA	20.00	특별할인판매			고객 샘플 무상 제공
WA2103000002	2021/05/30	외주공정	(주)세림와이어	21-1060700	FRAME-NUT		EA	10.00	특별할인판매			고객 샘플 무상 제공

24 ①

[생산관리공통] - [생산/외주/재공현황] - [자재청구대비투입/사용현황]

[보기]의 조건으로 조회한 후 오른쪽 상단의 '단가 OPTION[F10]'을 클릭하여 '표준원가(품목등록)'으로 설정한다. 지시번호 WO2105000007의 사용금액이 153,600,000원으로 가장 크다.

TIP '단가 OPTION[F10]'에 따라 금액이 달라질 수 있으므로 설정을 꼭 확인한다.

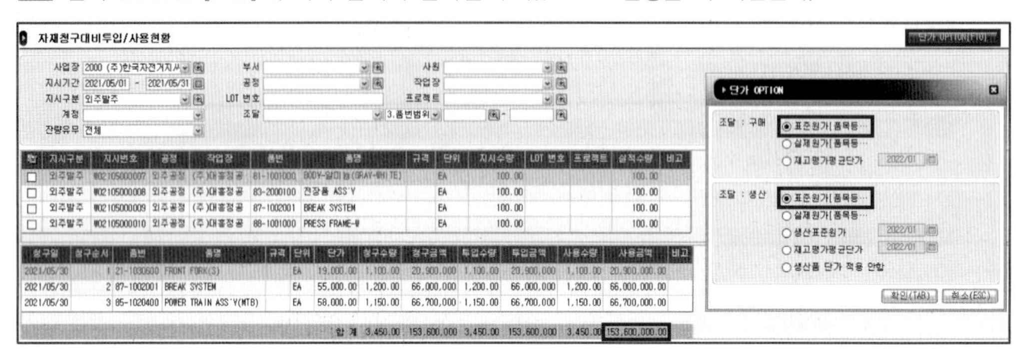

지시구분	지시번호	공정	작업장	품번	품명	규격	단위	지시수량	LOT 번호	프로젝트	실적수량	비고
외주발주	WO2105000007	외주공정	(주)대흥정공	81-1001000	BODY-알미늄(GRAY-WHITE)		EA	100.00			100.00	
외주발주	WO2105000008	외주공정	(주)대흥정공	83-2000100	전장품 ASS'Y		EA	100.00			100.00	
외주발주	WO2105000009	외주공정	(주)대흥정공	87-1002001	BREAK SYSTEM		EA	100.00			100.00	
외주발주	WO2105000010	외주공정	(주)대흥정공	88-1001000	PRESS FRAME-W		EA	100.00			100.00	

청구일	청구순서	품번	품명	규격	단위	단가	청구수량	청구금액	투입수량	투입금액	사용수량	사용금액	비고
2021/05/30	1	21-1030600	FRONT FORK(S)		EA	19,000.00	1,100.00	20,900,000	1,100.00	20,900,000	1,100.00	20,900,000.00	
2021/05/30	2	87-1002001	BREAK SYSTEM		EA	55,000.00	1,200.00	66,000,000	1,200.00	66,000,000	1,200.00	66,000,000.00	
2021/05/30	3	85-1020400	POWER TRAIN ASS'Y(MTB)		EA	58,000.00	1,150.00	66,700,000	1,150.00	66,700,000	1,150.00	66,700,000.00	
						합 계	3,450.00	153,600,000	3,450.00	153,600,000	3,450.00	153,600,000.00	

25 ③

[생산관리공통] - [생산/외주/재공현황] - [현재공현황(공정/작업장)]

작업장이 주어졌으므로 '작업장' 탭에서 [보기]의 조건으로 조회한다. 재공수량이 마이너스(-)인 품목을 0개로 맞추기 위해서는 마이너스(-) 수량만큼 플러스(+) 조정을 해야 한다. 품목 '87-1002001. BREAK SYSTEM'이 -1,200EA로 가장 많은 재공수량을 조정해야 한다.

사업장	공정	작업장	품번	품명	규격	단위	기초수량	입고수량	출고수량	재공수량	단위(관리)	재공수량(관리)
(주)한국자전거지사	외주공정	(주)대흥정공	21-1030600	FRONT FORK(S)		EA	0.00	0.00	1,100.00	-1,100.00	EA	-1,100.00
(주)한국자전거지사	외주공정	(주)대흥정공	21-1060700	FRAME-NUT		EA	0.00	0.00	210.00	-210.00	EA	-210.00
(주)한국자전거지사	외주공정	(주)대흥정공	21-1060850	WHEEL FRONT-MTB		EA	0.00	0.00	210.00	-210.00	EA	-210.00
(주)한국자전거지사	외주공정	(주)대흥정공	21-1080800	FRAME-알미늄		EA	0.00	0.00	350.00	-350.00	EA	-350.00
(주)한국자전거지사	외주공정	(주)대흥정공	21-3000300	WIRING-DE		EA	0.00	0.00	250.00	-250.00	EA	-250.00
(주)한국자전거지사	외주공정	(주)대흥정공	21-3001500	PEDAL(S)		EA	0.00	0.00	250.00	-250.00	EA	-250.00
(주)한국자전거지사	외주공정	(주)대흥정공	21-3001600	PEDAL		EA	0.00	0.00	110.00	-110.00	SET	-55.00
(주)한국자전거지사	외주공정	(주)대흥정공	21-3065700	GEAR REAR C		EA	0.00	0.00	100.00	-100.00	EA	-100.00
(주)한국자전거지사	외주공정	(주)대흥정공	21-9000200	HEAD LAMP		EA	0.00	0.00	230.00	-230.00	EA	-230.00
(주)한국자전거지사	외주공정	(주)대흥정공	81-1001000	BODY-알미늄(GRAY-WHITE)		EA	0.00	100.00	100.00	0.00	EA	0.00
(주)한국자전거지사	외주공정	(주)대흥정공	83-2000100	전장품 ASS'Y		EA	0.00	100.00	100.00	0.00	EA	0.00
(주)한국자전거지사	외주공정	(주)대흥정공	85-1020400	POWER TRAIN ASS'Y(MTB)		EA	0.00	0.00	1,150.00	-1,150.00	EA	-1,150.00
(주)한국자전거지사	외주공정	(주)대흥정공	87-1002001	BREAK SYSTEM		EA	0.00	100.00	1,300.00	-1,200.00	EA	-1,200.00
(주)한국자전거지사	외주공정	(주)대흥정공	88-1001000	PRESS FRAME-W		EA	0.00	100.00	100.00	0.00	BOX	0.00

2022

에듀윌 ERP 정보관리사

생산 1급

PART 01 경영혁신과 ERP

CHAPTER 01 경영혁신과 ERP

01. 경영혁신과 ERP

① 경영혁신: 조직의 목적을 달성하기 위하여 새로운 생각이나 방법으로 기존 업무를 다시 계획하고 실천 및 평가하는 것

② ERP: 기업 내 분산된 모든 자원을 효율적으로 통합 관리해 줄 수 있는 부서 간 전산 통합용 프로그램으로, ERP 소프트웨어가 경영혁신의 새로운 도구로 등장

02. BPR(Business Process Re-engineering)

원가, 품질, 서비스, 속도와 같은 핵심적인 부분에서 극적인 성과를 이루기 위해 기업의 업무 프로세스를 기본적으로 다시 생각하고 급진적으로 재설계하는 것

03. ERP의 목표

① 고객만족과 이윤 극대화 실현(ERP 도입의 최종 목적)

② 통합 정보 시스템 구축, 선진 비즈니스 프로세스의 도입

③ 잘못된 관행 제거, 비부가가치 업무 제거, 단순화, 표준화

④ 재고비용 절감, 납기 단축, 정보 공유, 매출액 증대

⑤ 경쟁력 강화 및 투명경영 가능

⑥ 글로벌 경쟁 체제에 적절히 대응

04. ERP의 선택 및 사용 시 유의점

① 기업 상황에 맞는 패키지 선정

② TFT(Task Force Team)는 최고의 엘리트 사원으로 구성

③ 경영진의 확고한 의지

④ 현업 중심의 프로젝트 진행

⑤ 커스터마이징 최소화

⑥ 전사적인 참여 유도

⑦ 지속적인 교육 및 워크숍 등 원활한 사용을 위한 노력

05. ERP 패키지 선택 시 장점

① 기업이 가지고 있지 못한 지식 획득
② ERP의 개발과 구축, 운영, 유지 보수에 필요한 인적 자원의 절약
③ ERP의 자체 개발 시 발생할 수 있는 기술력 부족의 위험요소 제거
④ 검증된 방법론 적용으로 구현 기간의 최소화 가능

06. ERP의 성공적인 도입을 위한 전략

① 현재의 업무방식만을 그대로 고수해서는 안 됨
② IT 중심의 프로젝트로 추진하지 않도록 함
③ 단기간의 효과 위주로 구현하면 안 됨
④ 프로젝트 멤버는 현업 중심으로 구성
⑤ 최고 경영진도 프로젝트에 적극적으로 참여

07. ERP의 기능적 특징

① 다국적, 다통화, 다언어 지원
② 중복 업무의 배제 및 실시간 정보처리 체계 구축
③ 경영정보 제공 및 경영조기경비 체계 구축

08. ERP의 기술적 특징

① 4세대 언어(4GL) 활용
② CASE Tool 기술
③ 관계형 데이터베이스(RDBMS) 소프트웨어 사용
④ 객체 지향 기술 사용
⑤ 인터넷 환경의 e-Business를 수용할 수 있는 Multi-tier 환경 구성

09. ERP의 구축 절차

분석 → 설계 → 구축 → 구현

① **분석단계**: AS-IS 파악, TFT 결성, 현재 시스템의 문제 파악 등
② **설계단계**: TO-BE 프로세스 도출, GAP 분석, 패키지 설치 및 파라미터 설정 등
③ **구축단계**: 모듈의 조합화, 추가 개발 또는 수정 기능 확정 등
④ **구현단계**: 시스템 운영, 시험 가동, 데이터 전환, 유지 보수 등

10. ERP의 발전과정

MRP I ⇨ MRP II ⇨ ERP ⇨ 확장형 ERP

① MRP I: 1970년대, 자재 소요량관리, 재고 최소화
② MRP II: 1980년대, 생산 자원관리, 원가 절감
③ ERP: 1990년대, 전사적 자원관리, 경영혁신
④ 확장형 ERP: 2000년대, 기업 간 최적화, Win-Win, 선진 정보화 기술 지원

11. 확장형 ERP

① 기존의 ERP에서 좀 더 발전된 개념으로 기존의 ERP가 기업 내부의 프로세스 최적화가 목표였다면, 확장형 ERP는 기업 외부의 프로세스까지 운영 범위를 확대한 것
② 확장형 ERP는 기본형 ERP 시스템에 e-Business 지원 시스템과 SEM 시스템을 포함

12. e-Business 지원 시스템의 단위 시스템

① 지식경영 시스템(KMS; Knowledge Management System)
② 의사결정지원 시스템(DSS; Decision Support System)
③ 경영자정보 시스템(EIS; Executive Information System)
④ 고객관계관리(CRM; Customer Relationship Management)
⑤ 전자상거래(EC; Electronic Commerce)
⑥ 공급체인관리(SCM; Supply Chain Management)

13. SEM(전략적 기업 경영) 시스템의 단위 시스템

① 성과측정관리(BSC; Balanced Score Card)
② 부가가치경영(VBM; Value-Based Management)
③ 전략계획 및 시뮬레이션(SFS; Strategy Formulation & Simulation)
④ 활동기준경영(ABM; Activity-Based Management)

14. 4차 산업혁명

인공지능(AI; Artificial Intelligence), 사물인터넷(IoT; Internet of Things), 빅데이터(Big Data), 클라우드 컴퓨팅(Cloud Computing) 등 첨단 정보 통신 기술이 경제와 사회 전반에 융합되어 혁신적인 변화가 나타나는 차세대 산업혁명

15. 클라우드 컴퓨팅(Cloud Computing)

① 인터넷 기술을 활용하여 가상화된 IT 자원을 서비스로 제공하는 컴퓨팅 기술
② 사용자가 클라우드 컴퓨팅 네트워크에 접속하여 응용 프로그램, 운영체제, 저장 장치, 유틸리티 등 필요한 IT 자원을 원하는 시점에 필요한 만큼 사용할 수 있으며 사용량에 대한 대가를 지불해야 함

16. 클라우드 컴퓨팅의 장단점

① 장점
- 사용자가 하드웨어나 소프트웨어를 직접 디바이스에 설치할 필요 없이 자신의 필요에 따라 언제든지 컴퓨팅 자원을 사용할 수 있음
- 모든 데이터와 소프트웨어가 클라우드 컴퓨팅 내부에 집중되고 이기종 장비 간의 상호 연동이 유연하기 때문에 손쉽게 다른 장비로 데이터와 소프트웨어를 이동할 수 있어 장비관리 업무와 PC 및 서버 자원 등을 줄일 수 있음
- 사용자는 서버 및 소프트웨어를 클라우드 컴퓨팅 네트워크에 접속하여 제공받을 수 있으므로 서버 및 소프트웨어를 구입할 필요가 없어 IT 투자비용이 감소함

② 단점
- 서버 공격 및 서버 손상으로 개인정보가 유출 및 유실될 수 있음
- 모든 애플리케이션을 보관할 수 없으므로 사용자가 필요로 하는 애플리케이션을 지원받지 못하거나 애플리케이션을 설치하는 데 제약이 있을 수 있음

17. 클라우드 컴퓨팅에서 제공하는 서비스

① SaaS(Software as a Service): 클라우드 컴퓨팅 서비스 사업자가 클라우드 컴퓨팅 서버에 소프트웨어를 제공하고, 사용자가 원격으로 접속해 해당 소프트웨어를 활용하는 서비스 모델
② PaaS(Platform as a Service): 사용자가 소프트웨어를 개발할 수 있는 토대를 제공해 주는 서비스 모델
③ IaaS(Infrastructure as a Service): 서버 인프라를 서비스로 제공하는 것으로, 클라우드를 통해 저장 장치 또는 컴퓨팅 능력을 인터넷을 통한 서비스 형태로 제공하는 서비스 모델. ERP 구축에 필요한 IT 인프라 자원을 클라우드 서비스로 빌려 쓰는 형태이며, 데이터 클라우드 서비스와 스토리지 클라우드 서비스는 IaaS에 속함

18. 클라우드 ERP

① 클라우드 서비스를 바탕으로 ERP 프로그램을 제공하는 것으로 전산 자원을 쉽고 빠르게 이용할 수 있도록 데이터를 인터넷과 연결된 중앙컴퓨터에 저장해서 인터넷에 접속하기만 하면 언제 어디서든지 데이터를 이용할 수 있는 ERP를 말함

② 웹(Web) 기반의 ERP에서 클라우드 기반의 ERP로 진화하고 있으며, 클라우드 ERP는 디지털 지원, 인공지능(AI) 및 기계학습, 예측 분석 등과 같은 지능형 기술을 이용하여 미래에 대비한 즉각적인 가치를 제공

19. 차세대 ERP의 비즈니스 애널리틱스(Business Analytics)

① 의사결정을 위한 데이터 및 정량 분석과 광범위한 데이터 이용을 의미

② 조직에서 기존의 데이터를 기초로 최적 또는 현실적인 의사결정을 위한 모델링을 이용하도록 지원

③ 질의 및 보고와 같은 기본적인 분석 기술과 예측 모델링과 같은 수학적으로 정교한 수준의 분석 지원

④ 과거 데이터 분석뿐만 아니라 이를 통한 새로운 통찰력 제안과 미래 사업을 위한 시나리오 제공

⑤ 구조화된 데이터와 비구조화된 데이터를 동시에 이용

⑥ 미래 예측을 지원해 주는 데이터 패턴 분석과 예측 모델을 위한 데이터마이닝(Data Mining)을 통해 고차원 분석 기능 포함

⑦ 리포트, 쿼리, 알림, 대시보드, 스코어카드뿐만 아니라 데이터마이닝 등의 예측 모델링과 같은 진보된 형태의 분석 기능도 제공

다시 짚고 넘어가기 O×문제+빈칸채우기

01 원가, 품질, 서비스, 속도와 같은 주요 성과측정치의 극적인 개선을 위해 업무 프로세스를 급진적으로 재설계하는 것은 (　　　)이다.

02 고객만족과 이윤 극대화 실현이 ERP 도입의 최종 목적이다. (O/ ×)

03 ERP 도입 시 커스터마이징을 최대화해야 한다. (O/ ×)

04 IT 중심의 프로젝트로 추진해야 ERP를 성공적으로 도입할 수 있다. (O/ ×)

05 다국적, 다통화, 다언어 지원은 ERP의 기능적 특징이다. (O/ ×)

06 ERP의 구축 절차는 '분석 → (　　　) → (　　　) → 구현'이다.

07 성과측정관리(BSC)는 e-Business 지원 시스템의 단위 시스템이다. (O/ ×)

08 (　　　)란/이란 인터넷 기술을 활용하여 가상화된 IT 자원을 서비스로 제공하는 컴퓨팅 기술이다.

09 PaaS는 사용자가 소프트웨어를 개발할 수 있는 토대를 제공해 주는 서비스 모델이다. (O/ ×)

10 차세대 ERP의 비즈니스 애널리틱스는 구조화된 데이터만을 이용한다. (O/ ×)

01. BPR 02. O 03. × 04. × 05. O 06. 설계, 구축 07. × 08. 클라우드 컴퓨팅 09. O 10. ×

03. ERP 도입 시 커스터마이징을 최소화해야 한다.
04. IT 중심의 프로젝트로 추진하지 않도록 해야 한다.
07. 성과측정관리(BSC)는 SEM(전략적 기업 경영) 시스템의 단위 시스템이다.
10. 차세대 ERP의 비즈니스 애널리틱스는 구조화된 데이터와 비구조화된 데이터를 동시에 이용한다.

PART 02

생산이론

CHAPTER 01 생산계획 및 통제

01. 생산성

투입된 자원에 비해 산출된 생산량이 어느 정도인지 가늠하는 척도

$$\text{생산성} = \frac{\text{산출량(Output)}}{\text{투입량(Input)}}$$

02. 생산성의 측정

① 부분 생산성(Partial Productivity): 단일의 투입요소로 측정
② 다요소 생산성(Multifactor Productivity): 하나 이상의 투입요소로 측정
③ 총요소 생산성(Total Productivity): 모든 투입요소로 측정

03. 생산성 척도

생산성 척도는 주로 측정 목표에 따라 다르게 선택됨. 부분 생산성에 의한 측정 목표가 노동 생산성이라면 노동력이 주된 투입 척도가 되며, 측정 목표가 기계 생산성이라면 기계 작동이 주된 투입 척도가 됨

04. 자재 명세서(BOM)

완제품 1단위를 생산하기 위해 필요한 재료, 부품, 반제품 등의 품목, 규격, 소요량 등에 대한 명세서

05. BOM의 종류

① Engineering BOM: 설계 부서에서 주로 사용
② Manufacturing BOM: 생산관리 부서 및 생산 현장, MRP 시스템에서 사용
③ Modular BOM: 옵션(Option)과 공통 부품들로 구성되며 Assemble-To-Order 형태의 생산 전략을 취하는 기업체에서 주로 사용

④ Inverted BOM: 단일 부품에서 여러 종류의 최종 제품을 만드는 현장에서 주로 사용
⑤ Common Parts BOM: 제품에 공통적으로 사용되는 부품들을 모아 놓은 BOM

06. 수요예측

재화나 서비스에 대하여 일정 기간 동안에 발생할 가능성이 있는 모든 수요의 크기를 추정하는 것으로 잠재 수요와 유효 수요를 모두 포함함

07. 정성적 수요예측(주관적)

① **시장조사법**: 시장의 상황에 대한 자료를 설문지 등을 이용하여 수집하고 수요를 예측
② **패널동의법**: 패널을 구성하여 자유로운 의견을 수집하고 이를 활용하여 수요를 예측
③ **중역의견법**: 중역들의 의견을 바탕으로 수요를 예측
④ **판매원 의견종합법**: 각 지역 판매원들의 수요예측치를 모아 전체 수요를 예측
⑤ **수명주기 유추법**: 유사한 기존 제품의 자료를 바탕으로 신제품의 수요를 예측
⑥ **델파이분석법**: 전문가들의 의견을 수집하고 서로 논평하게 하여 수요를 예측

08. 정량적 수요예측(객관적)

① **시계열분석법**: 과거의 수요 패턴이 미래에도 지속될 것이라는 가정에 기초
- 단순이동평균법, 가중이동평균법, 분해법, ARIMA, 확산 모형
- **지수평활법**: 평활상수 $0 \leq \alpha \leq 1$(α가 커짐에 따라 최근의 변동을 더 많이 고려함)

수요예측치 = 전기의 실제값 × 평활상수 α + 전기의 예측치 × (1 − 평활상수 α)

② **인과모형분석법**: 수요에 영향을 미치는 요인과 수요의 관계를 분석(회귀분석)

09. 제품의 수명주기(Life−Cycle)에 따른 수요예측 기법

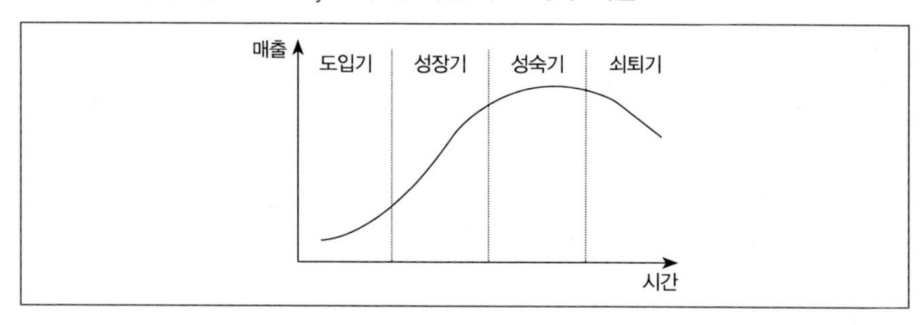

① **도입기**: 정성적 기법(델파이분석법, 시장조사법, 패널동의법 등)
② **성장기**: 추세분석법, 구매의도 조사법(트렌드를 고려할 수 있는 기법)
③ **성숙기**: 이동평균법, 지수평활법
④ **쇠퇴기**: 트렌드/정성적 기법

10. 채찍 효과(Bullwhip Effect)의 개념

① 소비자들의 주문이 조금 늘어나면 소매상들은 주문을 조금 더 많이 하고, 도매상들은 아주 많이 주문하며, 제조업체는 엄청난 양을 생산하게 됨
② 공급망상에서 수요 정보가 확대되고 왜곡되는 현상으로 전체 공급망상에서 수익성이 낮아짐

11. 채찍 효과의 요인

① 개별 기업 관점에서의 주문, 과도한 발주, 불규칙적인 주문량과 판매량, 배치주문방식
② 잦은 수요예측 변경, 가격변동, 리드타임 증가

12. 채찍 효과를 줄이기 위한 방안

① 공급망상의 목표와 인센티브 조정
② 정보의 정확성 향상으로 불확실성 제거
③ 운영 효율성의 증대
④ 변동 폭의 감소
⑤ 리드타임 감소
⑥ 전략적 파트너십
⑦ 가격 전략 수립

13. 생산 시스템

생산 목표를 달성하기 위하여 각종 자원을 효율적으로 결합하여 제품이나 서비스를 만들어 내는 과정으로 '투입물(Input) → 변환/공정(Transformation) → 산출물(Output)'의 구조를 가짐

14. 생산방식에 의한 생산 시스템의 분류

① **프로젝트 생산(Project Shop)**: 건물이나 교량, 선박 등 산출물 한 단위를 상당한 기간에 걸쳐 생산하는 방식으로 제품은 고정되어 있고, 설비나 작업자가 이동함

② 개별 생산(Job Shop): 주문에 의한 생산방식으로 소량생산, 범용 설비 사용, 공정별 기계 배치, 공장 내의 많은 물자 이송량, 높은 유연성, 높은 숙련공 의존도가 특징

③ 흐름 생산(Flow Shop): 특수 기계의 생산 라인, 전용기계, 적은 물자 이송량, 낮은 유연성

④ 연속 생산과 불연속 생산(단속 생산)의 비교

구분	연속 생산	불연속 생산(단속 생산)
설비	전용 설비(특수 목적)	범용 설비(다목적)
품종 및 생산량	소품종 대량생산	다품종 소량생산
생산방식	예측 생산	주문 생산
생산 속도	빠름	느림
노동 숙련도	낮음	높음

15. 제조 전략에 의한 생산 시스템의 분류

① Make-To-Stock(MTS)
- 완제품을 재고로 가지고 있다가 고객의 주문에 따라 공급
- 대부분의 공산품에 해당하며 저가품에 적합
- 소품종 대량생산이므로 옵션이 적으며, 전용 설비를 사용

② Assemble-To-Order(ATO)
- 반제품을 재고로 보관하고 있다가 고객의 주문에 따라 조립한 후에 제품을 공급
- 자동차, 페인트와 같이 옵션의 종류가 많고 고가인 제품에 적용

③ Make-To-Order(MTO)
- 고객의 주문이 확정되면 원자재를 가공하거나, 반제품의 생산 및 완제품의 조립 등을 하는 전략
- 고객이 주문으로 사양을 결정하므로 미리 생산을 할 수 없음

④ Engineer-To-Order(ETO)
- 고객의 주문에 따라 설계부터 자재 구입, 제조, 조립을 하는 전략
- 항공기, 선박, 금형 등에 사용
- 리드타임(제작 기간)이 제일 김

16. 총괄생산계획(APP)

약 1년에 걸친 계획 대상 기간 동안 변화하는 수요를 경제적으로 충족시킬 수 있도록 생산율 수준, 고용 수준, 하청 수준, 재고 수준 등을 결정하는 중기의 생산능력 계획

17. 총괄생산계획의 전략

고용 수준 변동, 생산율 조정, 재고 수준 조정, 하청

18. 기준생산계획(MPS)의 개념

총괄생산계획을 수립한 뒤 이를 기준으로 보다 구체적으로 각 제품에 대한 생산 시기와 수량을 수립하는 생산계획

19. 기준생산계획(MPS)을 수립하기 위해 필요한 요소

① 기간별 수요량(수요예측치)
② 현재 재고량
③ 주문 정책 및 매개변수

20. 일정계획의 원칙

① **작업 흐름의 신속화**: 가공로트 수와 이동로트 수를 적게 하고 공정계열을 병렬화
② **생산 기간의 단축**: 생산의 정체 기간을 최소로 단축
③ **작업의 안정화와 가동률의 향상**: 각 공정에 적절한 여유를 부여하여 작업의 안정화를 기함
④ **애로공정의 능력 증강**: 애로공정의 능력 증강으로 생산 속도를 향상
⑤ **생산활동의 동기화**: 전 공정에 걸쳐 전 작업 또는 전 공정의 작업 기간을 동기화시킴

21. 작업의 우선순위 고려 원칙

① **납기 우선순위**: 납기가 먼저 도래하는 순서대로 진행
② **선입선출법(FIFO)**: 주문을 접수한 순서대로 진행
③ **최단 가공시간**: 가공에 소요되는 시간이 짧은 순서대로 진행
④ **최소 공정수**: 공정수가 적은 작업 순서를 먼저 진행
⑤ **최소 여유시간(납기 − 잔여 작업일수)**: 여유시간이 짧은 순서대로 진행
⑥ **긴급률 규칙**: 긴급률이 적은 순서대로 진행

$$\text{긴급률(CR)} = \frac{\text{잔여 납기일수}}{\text{잔여 작업일수}} = \frac{\text{납기일} - \text{현재일}}{\text{잔여 작업일수}}$$

다시 짚고 넘어가기 ○×문제+빈칸채우기

01 완제품 1단위를 생산하기 위해 필요한 재료, 부품, 반제품 등의 품목, 규격, 소요량 등에 대한 명세서는 (   )이다.

02 설계 부서에서 사용하는 BOM은 (   )이다.

03 옵션(Option)과 공통 부품들로 구성되며 생산 전략 중 Assemble-To-Order 형태의 전략을 취하는 기업체에서 많이 사용하는 BOM은 (   )이다.

04 여러 전문가들의 의견을 수집한 다음 이 의견들의 합의가 이루어질 때까지 서로의 아이디어에 대해 논평하게 하는 방법은 델파이분석법이다. (○/ ×)

05 델파이분석법은 정량적 수요예측 방법이다. (○/ ×)

06 제품의 라이프사이클에서 도입기에는 정량적 기법을 많이 사용한다. (○/ ×)

07 소비자들이 주문을 약간 늘리면 소매상들은 주문을 조금 더 많이 하고, 도매상들은 아주 많이 주문하며, 제조업체는 엄청난 양을 생산하게 되는 현상을 채찍 효과라 한다. (○/ ×)

08 주문에 의한 생산, 소량생산, 범용 설비 사용, 높은 숙련공 의존도, 높은 유연성을 특징으로 하는 생산방식은 Job Shop 방식이다. (○/ ×)

09 연속 생산방식은 다품종 소량생산이며 단속 생산방식은 소품종 대량생산이다. (○/ ×)

10 반제품을 재고로 보관하고 있다가 고객의 주문에 따라 조립한 후에 제품을 공급하는 전략은 Make-To-Order이다. (○/ ×)

01. 자재 명세서(BOM) 02. Engineering BOM 03. Modular BOM 04. ○ 05. × 06. × 07. ○ 08. ○ 09. × 10. ×

05. 델파이분석법은 정성적 수요예측 방법이다.
06. 도입기에는 정성적 기법을 많이 사용한다.
09. 연속 생산방식은 소품종 대량생산이며, 단속 생산방식은 다품종 소량생산이다.
10. 반제품을 재고로 보관하고 있다가 고객의 주문에 따라 조립한 후에 제품을 공급하는 전략은 Assemble-To-Order이다.

CHAPTER 02 공정관리

01. 공정관리의 개념

일정한 품질·수량·가격의 제품을 일정한 시간 동안 가장 효율적으로 생산하기 위해 총괄 관리하는 활동

02. 공정관리의 목표

① **대내적인 목표**: 설비 가동률 향상, 재공품의 감소와 생산 속도 향상, 시간 단축
② **대외적인 목표**: 주문자 또는 수요자의 요건 충족(납기, 생산량의 요구 조건 준수)

03. 공정관리의 기능

① **계획 기능**: 생산계획을 통칭하는 것으로 작업의 순서와 방법을 결정
② **통제 기능**: 계획 기능에 따른 실제 과정의 지도, 조정 및 결과와 계획을 비교하고 측정, 통제하여 작업 배정, 진도관리 등을 수행
③ **감사 기능**: 계획과 실행의 결과를 비교 및 검토해 나감으로써 생산성 향상

04. 공정(절차)계획(Routing)

① **절차계획**: 작업 순서, 표준 시간, 작업 장소를 결정하고 할당하는 것
② **공수계획**: 주어진 생산 예정표에 의해 결정된 생산량에 대하여 작업량을 구체적으로 결정하고 이것을 현재 인원과 기계 설비 능력을 고려하여 양자를 조정하는 것
- **부하계획**: 최대 작업량과 평균 작업량의 비율인 부하율을 최적으로 유지할 수 있는 작업량의 할당계획
- **능력계획**: 부하계획과 더불어 실제 조업도와 기준 조업도와의 비율을 최적으로 유지하기 위해 현재의 인원이나 기계의 능력을 계획

③ **일정계획**: 절차계획 및 공수계획에 기초를 두고 생산에 필요한 원재료, 자재, 부품 등을 조달하여 제품을 완성하기까지 수행될 모든 작업을 구체적으로 할당하고, 각 작업이 수행되어야 할 시기를 결정하는 것
- **대일정계획**: 종합적인 장기계획으로 주일정계획 또는 대강일정계획이라고도 함
- **중일정계획**: 대일정계획에 준한 제작에 필요한 준비 작업인 부품별 또는 공정별 일정계획으로 일정계획의 기본이 됨
- **소일정계획**: 중일정계획의 일정에 따라 특정 기계나 작업자에게 할당될 작업을 결정하고 그 작업의 개시일과 종료일을 나타냄

05. 공정의 분류

① **가공공정**: 변질, 변형, 변색, 조립, 분해 등의 과정을 거쳐 제조의 목적을 직접 달성
② **운반공정**: 제품 또는 부품이 한 작업 장소에서 타 작업 장소로의 이동을 위해 발생한 작업, 이동, 하역의 상태(가공을 위해 재료를 가져오거나 쌓아 두는 과정은 운반공정이 아니라 가공의 일부임)
③ **검사공정**: 양의 검사(수량, 중량 등 측정), 질적 검사(가공 부품의 가공 정도 확인)
④ **정체공정**: 체류(다음 가공·조립까지 일시 대기), 저장(계획적인 보관)

06. 공정분석의 기호

① ○: 가공
② ⇨: 운반
③ □: 수량검사
④ ◇: 품질검사
⑤ ▽: 저장
⑥ D: 지체(정체)

07. 복합기호(큰 기호가 주로 하는 공정)

① ◇ 안에 □: 품질검사를 주로 하며 수량검사
② □ 안에 ◇: 수량검사를 주로 하며 품질검사
③ ○ 안에 □: 가공을 주로 하며 수량검사

08. 공수의 단위

① **공수**: 시간 단위로 작업량을 표현한 것
② 인일(Man−Day), 인시(Man−Hour), 인분(Man−Minute)

09. 인적 능력 계산

- $C_p = M \times T \times \eta$ (C_p: 인적 능력, M: 환산 인원, T: 실제 가동시간, η(eta): 가동률)
- $\eta = \eta_1 \times (1 - \eta_2)$ (η: 가동률, η_1: 출근율, η_2: 간접 작업률(잡작업률))

10. 공수계획의 기본적 방침

부하와 능력의 균형화, 가동률의 향상, 일정별의 부하 변동 방지, 적성 배치와 전문화 촉진, 여유성

11. 공수체감곡선의 특징

① 일반적으로 가공공정 중 수작업이 많으면 체감률이 높음
② 노동 집약형이 기계 집약형보다 공수체감이 더욱 빨리 일어남
③ 작업의 성격과 선행요인, 학습 주체에 따라 다르게 나타남
④ 작업 주기가 짧고 단순하면 초기에 학습 향상이 나타나지만, 작업 주기가 길고 복잡하면 오랜 시간에 걸쳐 능률 개선이 이루어짐

12. 간트차트(Gantt Chart)

계획된 실제 작업량을 작업 일정이나 시간으로 구분하여 가로선으로 표시함으로써 계획의 기능과 통제의 기능을 동시에 수행하는 일정관리기법

13. 간트차트로 알 수 있는 정보

① 각 작업의 전체 공정 시간
② 각 작업의 완료 시간
③ 다음 작업의 시작 시간
④ 작업자별, 부문별 업무 성과의 상호 비교

14. 간트차트의 단점(결점)

① 계획의 변화 또는 변경에 약함
② 일정계획에 있어서 정밀성을 기대하기 어려움
③ 작업 상호 간의 유기적인 관계가 명확하지 못하여 사전 예측, 사후 통제가 곤란함

15. 간트차트 작성을 위해 필요한 정보

① 작업 오더(작업 지시서)에 대한 목록과 현재 진행된 작업의 위치 정보
② 자재소요계획(MRP) 시스템으로부터 발행된 계획 오더에 대한 목록
③ 이용 가능한 생산능력(Capacities)에 대한 능력

16. 애로공정(Bottleneck Operation)

① 작업장에 능력 이상의 부하가 적용되어 전체 공정의 흐름을 막고 있는 것으로, 병목공정 또는 병목현상이라고도 함
② 작업시간이 가장 긴 공정을 말하며, 이로 인해 후공정 유휴율이 증가함

③ 전체 라인의 생산 속도를 좌우하는 작업장
④ 병목(Bottleneck)은 생산능력에 제약을 가하는 요인

17. 라인밸런싱(Line Balancing)

생산 가공이나 조립 라인에서 공정 간에 균형을 이루지 못하여 상대적으로 시간이 많이 소요되는 애로공정으로 인해 공정의 유휴율이 높아지고 능률이 떨어지는 경우에 각 공정의 소요시간이 균형이 되도록 작업장이나 작업 순서를 배열하는 것

18. 라인밸런싱 효율

$$\text{라인밸런싱 효율(\%)} = \frac{\text{라인의 작업시간 합계}}{\text{작업장 수} \times \text{사이클타임}(C \text{ or } t_{max})} \times 100$$

19. JIT(Just In Time) 생산방식

필요한 것을 필요할 때 필요한 만큼 생산하는 방식, 재고를 모든 악의 근원이라고 봄

20. JIT 생산방식의 특징

① 당기기 방식(Pull System)
② 생산이 소시장 수요에 따라가므로 계획을 일 단위로 세워 생산함
③ 생산공정이 신축성(유연성)을 요구함
④ 큰 로트 규모와 High-Speed의 자동화가 필요하지 않음
⑤ 매일 소량의 원료, 부품이 필요하므로 공급자와의 밀접한 관계가 요구됨

21. JIT의 7가지 낭비

과잉 생산의 낭비(낭비의 뿌리), 재고의 낭비, 운반의 낭비, 불량의 낭비, 가공 그 자체의 낭비, 동작의 낭비, 대기의 낭비

22. 칸반(간판, Kanban)

① Just In Time을 실현하기 위한 정보 시스템이자 눈으로 보는 관리의 도구
② 부품의 생산과 운반을 지시하거나 승인하는 카드로 결품 방지와 과잉 생산의 낭비 방지를 목적으로 사용함

23. 칸반의 특징

① 당기기 방식(Pull System), 수요 발생 시에만 진행
② 재고의 최소화, 낭비 배제의 철학
③ 공급 리드타임 감소
④ 모든 공정의 생산량 균형 유지

24. 칸반의 종류

① **외주품 납품 칸반**: 외주 메이커로부터의 인수 부품에 사용되는 칸반
② **공정인수 칸반**: 공정 간 부품의 인수를 위해 사용되는 칸반
③ **협의의 칸반**: 공정 내에서 작업을 하기 위해 쓰이는 일반적인 칸반
④ **신호 칸반**: 프레스 등과 같이 설비 금액이 많이 들어 준비 교체 시간이 다소 걸리는 경우, 큰 로트를 만드는 생산 지시가 필요할 때 사용하는 칸반

25. 5S의 개념

JIT 생산방식을 달성하기 위한 현장 개선의 기초
① **정리**: 필요한 것과 불필요한 것을 구분하여 불필요한 것은 과감히 버림
② **정돈**: 필요한 것은 필요할 때 즉시 사용할 수 있도록 지정된 장소에 위치시킴
③ **청소**: 먼지, 더러움 등을 제거해 직장·설비를 깨끗한 상태로 만듦
④ **청결**: 먼지, 쓰레기 등 더러움이 없이 깨끗한 상태를 유지함(정리, 정돈, 청소의 3S 유지)
⑤ **마음가짐, 습관화**: 4S(정리, 정돈, 청소, 청결)를 실시하여 사내에서 결정된 사항과 표준을 준수해 나가는 태도를 몸에 익힘

다시 짚고 넘어가기 ○×문제+빈칸채우기

01 공정관리의 3가지 기능은 (　　　), (　　　), (　　　)이다.

02 주어진 생산 예정표에 의해 결정된 생산량에 대해서 작업량을 구체적으로 결정하고 이것을 현재 인원과 기계 설비 능력을 고려하여 양자를 조정하는 기능을 하는 것은 (　　　)이다.

[**03**~**08**] 공정분석 기호를 쓰시오.

03 운반 (　　　)　　**04** 수량검사 (　　　)　　**05** 품질검사 (　　　)

06 가공 (　　　)　　**07** 저장 (　　　)　　**08** 정체 (　　　)

09 간트차트를 완성하기 위해 필요한 정보에는 자재소요계획(MRP) 시스템으로부터 발행된 계획 오더에 대한 목록이 있다. (○/ ×)

10 간트차트는 계획의 변화 또는 변경에 강하다. (○/ ×)

11 작업장에 능력 이상의 부하가 적용되어 전체 공정의 흐름을 막고 있는 것을 라인밸런싱이라 한다. (○/ ×)

12 필요한 것을 필요할 때 필요한 만큼 생산하는 방식은 (　　　)이다.

13 5S 중 하나로, 필요한 것과 불필요한 것을 구분하여 불필요한 것을 처분하는 것은 (　　　)이다.

01. 계획 기능, 통제 기능, 감사 기능 02. 공수계획 03. ⇨ 04. □ 05. ◇ 06. ○ 07. ▽ 08. D
09. ○ 10. × 11. × 12. JIT 생산방식 13. 정리

10. 간트차트는 계획의 변화 또는 변경에 약하다.
11. 작업장에 능력 이상의 부하가 적용되어 전체 공정의 흐름을 막고 있는 것을 애로공정이라고 한다.

CHAPTER 03 자재소요/생산능력 계획

01. A. J. Arrow의 재고보유 동기

① **거래 동기**: 수요량을 미리 알고 있고, 시장의 가치 체계가 시간적으로 변하지 않는 경우의 재고보유 동기
② **예방 동기**: 위험에 대비하기 위한 것으로, 오늘날 많은 기업의 주된 재고보유 동기
③ **투기 동기**: 대표적인 가격 변동을 예측하여 재고를 보유할 때의 동기

02. 재고의 종류

① **순환재고 또는 주기재고**: 일시에 필요한 양보다 더 많이 주문하는 경우에 생기는 재고로 주문비용을 줄이거나 가격 할인을 받을 목적으로 많은 양을 주문할 때 발생함
② **안전재고**: 여러 가지 불확실한 상황에 대처하기 위해 미리 확보하고 있는 재고로 서비스 수준과 안전재고는 비례함
③ **예상재고**: 계절적인 수요의 변화, 가격의 변화 등을 예상하고 대비하기 위한 재고
④ **수송재고 또는 파이프라인재고**: 유통 과정 중인 제품이나 생산 중에 있는 재공품으로 수입품과 같이 수송 기간이 긴 재고, 정유회사의 수송용 파이프로 이동 중인 재고 등

03. 재고 관련 비용의 분류

① **구매/발주비용**: 주문과 관련된 비용, 가격 및 거래처 조사비용, 물품 수송비 등
② **생산준비비용**: 생산공정의 변경이나 기계·공구의 교체 등으로 인한 비용, 준비 시간 중의 기계 유휴비용, 준비 요원의 직접 노무비 등
③ **재고유지비용**: 자본비용, 보관비용, 재고감손비용

04. 경제적 주문량(EOQ)

재고 관련 비용인 주문비용과 재고유지비용의 합을 최소화하기 위한 1회 주문량

경제적 주문량 $Q^* = \sqrt{\dfrac{2DC_p}{C_h}} = \sqrt{\dfrac{2DC_p}{P \times i}}$, 주문 횟수 $= \dfrac{D}{Q^*}$

- D: 연간 수요량
- C_p: 1회 주문비용
- C_h: 연간 단위당 재고유지비용 = 단가(P)×연간 단위당 재고유지비율(i)

05. 경제적 주문량(EOQ)의 기본 가정

① 단일 품목에 대하여 적용됨
② 수요율이 일정하고 연간 수요량은 확정적임
③ 조달 기간은 일정함
④ 주문량은 조달 기간이 지나면 전량 일시에 입고되며 재고 부족은 없음
⑤ 대량 구매에 따른 가격 할인 없음
⑥ 연간 자재 사용량이 일정하고 연속적임

06. 경제적 주문량과 재고비용

① 연간 수요량과 주문비용이 증가하면 EOQ는 증가
② 연간 단위당 재고유지비용이 증가하면 EOQ는 감소
③ 주문량이 많아지면 재고유지비용과 자본비용은 증가하는 반면, 주문비용과 재고부족 비용은 감소
④ 경제적 주문량이 증가할수록 평균재고는 증가

07. 자재소요계획(MRP)

재료, 부품, 반제품 등의 종속적 수요를 갖는 자재의 소요량 및 조달 시기에 대한 관리를 통하여 주문과 생산계획을 효율적으로 처리하도록 만들어진 자재관리기법

08. MRP 시스템의 Input(입력) 요소

① MPS(기준생산계획 또는 주생산일정계획)
② BOM(자재 명세서)
③ 재고기록파일(IRF)

09. 개략능력요구계획(RCCP)

① 기준생산계획(MPS)이 주어진 제조자원의 용량을 넘어서는지 아닌지를 계산하는 모듈
② 기준생산계획과 제조자원 간의 크기를 비교하여 자원요구량을 계산해 내는 것

10. 생산능력소요계획(CRP)

① MRP 전개에 의해 생성된 계획이 얼마만큼의 제조자원을 요구하는지를 계산하는 모듈
② 기업의 현실적인 생산능력에 맞추어 자재소요계획을 수립하기 위해 작업장의 능력소요량을 시간대별로 예측하는 기법

11. CRP에 입력되는 자료

① 작업 공정표 정보
② 작업장 상태 정보
③ MRP에서 산출된 발주 계획 정보

12. RCCP와 CRP의 차이

① RCCP의 입력 데이터는 MPS Plan, CRP의 입력 데이터는 MRP Record
② 자원요구량을 계산하는 과정에서 CRP가 RCCP보다 정확함
③ CRP를 계산할 때에는 생산오더가 내려간(현장에서 작업 중인) 작업이 현장의 자원을 필요로 한다는 것도 고려해야 하므로 CRP는 RCCP보다 현실적인 자원요구량 계획을 생성할 수 있음

13. 공급망관리(SCM)의 주요 흐름 세 가지

① **제품 흐름**: 공급자로부터 고객으로의 상품 이동, 고객의 애프터서비스 요구 등
② **정보 흐름**: 주문의 전달, 배송 상황의 갱신 등
③ **재정 흐름**: 신용 조건, 지불 계획, 위탁 판매 등

14. SCM의 추진 효과

① 통합적 정보 시스템 운영
② 물류비용 절감, 구매비용 절감
③ 고객만족, 시장 변화에 대한 대응력 강화
④ 생산 효율화, 업무처리시간 단축, 공급의 안정화, 재고 수준 감소
⑤ 총체적 경쟁 우위 확보

15. SCM의 내재적 기능

① 공급자 네트워크에 의해 공급된 원자재 등을 변형시키는 데 사용하는 여러 프로세스
② 고객의 주문을 실제 생산 작업으로 투입하기 위한 생산 일정계획 수립

16. SCM의 외재적 기능

① 올바른 공급자의 선정
② 공급자와 긴밀한 파트너십 유지

다시 짚고 넘어가기 ○×문제+빈칸채우기

01 A. J. Arrow의 재고보유의 동기 3가지는 (　　　), (　　　), (　　　)이다.

02 여러 가지 불확실한 상황에 대처하기 위해 미리 확보하고 있는 재고는 (　　　)이다.

03 경제적 주문량(EOQ)의 공식은 (　　　)이다.

04 MRP 시스템의 Input 요소는 MPS, (　　　), 재고기록파일이다.

05 기준생산계획(MPS)이 주어진 제조자원의 용량을 넘어서는지 아닌지를 계산하는 모듈은 (　　　)이다.

06 CRP와 RCCP 중 자원요구량을 계산하는 과정에서 (　　　)가 (　　　)보다 정확하다.

07 SCM의 3가지 주요 흐름은 제품 흐름, 정보 흐름, (　　　)이다.

08 연간 단위당 재고유지비용이 증가하면 EOQ는 감소한다. (○/ ×)

09 자재소요계획 활동 중에서 MRP 전개에 의해 생성된 계획이 얼마만큼의 제조자원을 요구하는지를 계산하는 모듈은 CRP이다. (○/ ×)

10 개별적 정보 시스템의 운영은 SCM의 추진 효과이다. (○/ ×)

정답

01. 거래 동기, 예방 동기, 투기 동기 02. 안전재고 03. $Q^* = \sqrt{\frac{2DC_p}{C_h}} = \sqrt{\frac{2DC_p}{P \times i}}$ 04. BOM(자재 명세서) 05. 개략능력요구계획(RCCP) 06. CRP, RCCP 07. 재정 흐름 08. ○ 09. ○ 10. ×

10. SCM의 추진 효과는 통합적 정보 시스템의 운영이다.

CHAPTER 04 품질관리

01. 품질의 정의

① **쥬란에 의한 정의:** 품질은 곧 용도에 대한 적합성
② **파이겐바움에 의한 정의:** 품질이란 제품이나 서비스의 사용에서 소비자의 기대에 부응하는 마케팅, 기술, 제조 및 보전에 관한 여러 가지 특성의 전체적인 구성
③ **한국산업규격(KS A3001)에 의한 정의:** 물품 또는 서비스가 사용 목적을 만족시키고 있는지의 여부를 결정하기 위한 평가 대상이 되는 고유의 성질·성능의 전체

02. 품질의 분류

① **요구품질:** 소비자의 기대품질로 당연히 갖추어야 할 품질(목표품질)
② **설계품질:** 요구품질을 실현하기 위해 제품을 기획하고 그 결과를 정리하여 도면화한 품질
③ **제조품질:** 실제로 제조되어 실현되는 품질(합치의 품질)
④ **시장품질:** 소비자가 원하는 기간 동안 제품의 품질이 지속적으로 유지될 때 소비자가 만족하게 되는 품질(사용품질)

03. 품질관리(QC)

기업의 경쟁력을 결정하는 핵심요소인 품질을 관리하는 것으로 소비자의 요구에 맞는 품질을 보장하고 품질 요건을 충족시키기 위한 관리 방법

04. 품질관리의 발전과정

작업자 품질관리 → 직반장(감독자) 품질관리 → 검사자 품질관리 → 통계적 품질관리 → 전사적(종합적) 품질관리 → 전사적(종합적) 품질경영

05. 전사적(종합적) 품질경영(TQM)

품질을 통한 경쟁 우위 확보에 중점을 두고 최고 경영자의 리더십 아래 기업의 조직 및 구성원 모두가 총체적 수단을 활용하여 끊임없는 개선과 혁신에 참여하여 기업의 경쟁력을 키워 감으로써 장기적인 성공을 추구하는 경영체계

06. TQM의 4가지 기본원리

① 고객중심(고객만족)
② 품질문화 형성
③ 지속적인 품질개선(공정개선)
④ 총체적 참여

07. 품질관리(QC)의 7가지 도구(Tool)

① **특성요인도**: 제품의 품질, 상태, 특성 등의 결과에 대하여 그 원인이 어떠한 관계로 영향을 미치게 되었는지를 한눈에 알 수 있도록 계통적으로 정리하여 표시한 그림
② **파레토도(파레토그림)**: 공정의 불량, 고장, 결점 등의 발생건수 혹은 손실 금액을 항목별로 분류하여 크기 순서대로 나열해 놓은 그림
③ **히스토그램**: 길이, 무게, 시간, 경도, 두께 등을 측정하는 데이터(계량치)가 어떠한 분포를 하고 있는지를 알아보기 쉽게 나타낸 그림
④ **층별**: 불량이나 고장 등이 발생했을 때 기계별, 작업자별, 재료별, 시간별 등 각각의 자료를 요인별로 분류하여 몇 개의 층으로 나누어 불량 원인을 파악하기 위한 것
⑤ **산점도**: 점의 흩어진 상태를 표시함으로써 요인들의 상관관계를 파악하고 품질문제의 원인을 확인하여 불량이나 고장 등에 필요한 조치를 취하도록 하는 것
⑥ **체크시트**: 불량요인 등 체크해야 하는 항목을 미리 적어 두어 간단히 기록할 수 있도록 만들어진 용지
⑦ **관리도**: 관리상한선과 관리하한선을 두고 시간의 흐름에 따라 불량률의 추이를 보면서 정상구간을 벗어난 구간의 점들을 중요 문제요인으로 인식하고 관리

08. 계량치 관리도와 계수치 관리도

① **계량치 관리도**: 연속적인 값인 계량치 관리(x 관리도, $\overline{x}-R$ 관리도, $\tilde{x}-R$ 관리도)
② **계수치 관리도**: 셀 수 있는 측정치 관리
- P_n **관리도(불량개수 관리도)**: 시료의 크기 n이 일정할 경우에 사용
- p **관리도(불량률 관리도)**: 시료의 크기 n이 일정하지 않을 경우에 사용
- c **관리도(결점 수 관리도)**: 품목 한 단위에서 나타나는 결점 수를 관리할 때 사용
- u **관리도(단위당 결점 수 관리도)**: 일정하지 않은 크기의 시료에서 나타나는 결점 수를 일정 단위당으로 바꾸어서 사용

09. 6시그마(σ)

① 6시그마는 100만 개의 제품 중 평균적으로 3.4개의 불량만을 허용(불량률 3.4PPM 이하)하고자 하는 기업의 품질경영 전략
② 제품의 설계와 제조뿐만 아니라 모든 종류의 프로세스에서 결함을 제거하고 목표로부터의 이탈을 최소화하여 품질혁신과 이익창출, 고객만족을 달성하고자 하는 혁신 전략

10. 6시그마(σ)의 네 가지 단계(MAIC)

① 1단계 〈측정(Measurement)〉: 주요 제품 특성치(종속변수)를 선택한 후 그에 필요한 측정을 실시하여 품질수준을 조사하며, 그 결과를 공정관리 카드에 기록하고 단기 또는 장기의 공정 능력을 추정함
② 2단계 〈분석(Analysis)〉: 주요 제품의 특성치와 최고 수준의 타 회사 특성치를 벤치마킹하고, 차이 분석을 통하여 최고 수준의 제품이 성공적인 성능을 내기 위한 요인이 무엇인가를 조사하여 목표를 설정함. 경우에 따라 제품 또는 공정의 재설계가 필요할 수 있음
③ 3단계 〈개선(Improvement)〉: 여러 요인의 개선을 통해 프로세스를 최적화하고 성과를 검증하는 단계로, 개선이 필요한 성능의 특성치를 정하고 이 특성치의 변동 요인을 진단한 후 실험계획법과 같은 통계적 방법을 이용해 공정변수를 찾아 공정조건을 개선함. 이를 통해 공정변수 간의 영향 관계를 파악하고, 공정변수의 규격을 정함
④ 4단계 〈관리(Control)〉: 새로운 공정조건을 표준화시키고 통계적 공정관리 방법을 통하여 그 변화를 탐지한 후 새 표준으로 공정이 안정되면 공정 능력을 재평가함. 분석 결과에 따라 1단계, 2단계, 3단계로 다시 돌아갈 수도 있음

11. 품질 검사의 종류 및 분류

① 검사 공정(프로세스)에 의한 분류: 수입검사, 구입검사, 공정검사(중간검사), 최종검사, 출하검사, 기타검사
② 검사 장소에 의한 분류: 정위치검사, 순회검사, 출장검사
③ 검사 성질에 의한 분류: 파괴검사, 비파괴검사
④ 검사 방법(판정대상)에 의한 분류: 전수검사, 로트별 샘플링검사, 관리 샘플링검사

12. 전수검사를 하는 경우

① **전수검사를 쉽게 할 수 있는 경우:** 비용에 비해 효과가 큰 경우, 로트 크기가 작은 경우 등

② **불량품이 조금이라도 섞이면 안 되는 경우:** 안전에 중대한 영향을 미치는 결정의 경우, 경제적 영향이 더 크게 미치는 경우, 다음 공정에 더 큰 손실을 가져올 경우

13. 샘플링검사를 하는 경우

① 불량품이 어느 정도 섞여도 괜찮은 경우

② 불완전한 전수검사에 비해 신뢰성 높은 결과가 얻어지는 경우

③ 적은 검사비용이 이익이 되는 경우

④ 검사항목이 많고 복잡한 경우(로트가 큰 경우)

⑤ 생산자에게 품질 향상의 자극을 주고 싶은 경우

⑥ 연속 생산물, 파괴검사 품목

14. 품질비용

① **예방비용:** 우선적으로 고려해야 할 비용으로 불량품 생산을 예방하여 불량이나 실패가 생기지 않도록 하는 비용

② **평가비용:** 제품의 품질을 정식으로 평가하는 데 발생하는 비용

③ **실패비용:** 제품의 품질이 일정한 품질수준에 미달되어 발생하는 비용

15. 통계적 공정관리(SPC)

각 공정에서 품질규격에 맞는 제품을 만들어 내기 위해 PDCA(Plan-Do-Check-Act) 관리사이클을 통해 통계적 방법으로 공정을 효율적으로 운영해 나가는 관리 방법

16. 통계적 공정관리의 품질 변동 원인

① **우연원인(통제 불가능)이 생기는 경우:** 작업자 숙련도의 차이, 작업환경의 변화, 원자재나 생산설비 등 제반 특성의 식별이 어려운 정도의 차이, 종업원의 사기 등 사회나 기술적 요인

② **이상원인(통제 가능)이 생기는 경우:** 작업자의 실수나 작업조건 미준수 등 작업자의 부주의, 불량자재의 사용, 재료의 변경, 기계의 성능 저하 등의 생산설비 이상, 생산조건의 갑작스러운 변화 등 간과할 수 없는 원인

다시 짚고 넘어가기 ○×문제+빈칸채우기

01 "물품 또는 서비스가 사용 목적을 만족시키고 있는지의 여부를 결정하기 위한 평가 대상이 되는 고유의 성질·성능의 전체"는 파이겐바움에 의한 품질관리의 정의이다. (○/ ×)

02 품질관리의 발전과정은 '작업자 품질관리 → 직반장(감독자) 품질관리 → 검사자 품질관리 → 통계적 품질관리 → ( ) → 전사적(종합적) 품질경영'이다.

03 TQM의 4가지 기본원리는 고객중심(고객만족), 품질문화 형성, 지속적인 품질개선(공정개선), 총체적 참여이다. (○/ ×)

04 길이, 무게, 시간, 경도, 두께 등을 측정하는 데이터(계량치)가 어떻게 분포되어 있는지를 알아보기 쉽게 나타낸 그림은 ( )이다.

05 품목 한 단위에서 나타나는 결점 수를 관리할 경우에 사용하는 관리도는 c 관리도이다. (○/ ×)

06 6시그마의 1단계는 분석단계로 주요 제품의 특성치와 최고 수준의 타 회사 특성치를 벤치마킹하고 차이를 분석한다. (○/ ×)

07 정위치검사, 순회검사, 출장검사는 검사를 장소에 의해 분류한 것이다. (○/ ×)

08 불량품이 조금이라도 섞이면 경제적 영향이 더 크게 미치는 경우에는 전수검사를 한다. (○/ ×)

09 제품의 품질이 일정한 품질수준에 미달되어 발생하는 비용을 평가비용이라 한다. (○/ ×)

10 통계적 공정관리는 각 공정에서 품질규격에 맞는 제품을 만들어 내기 위해 PDCA(Plan-Do-Check-Act) 관리사이클을 통해 통계적 방법으로 공정을 효율적으로 운영해 나가는 관리 방법이다. (○/ ×)

01. × 02. 전사적(종합적) 품질관리 03. ○ 04. 히스토그램 05. ○ 06. × 07. ○ 08. ○ 09. × 10. ○

01. 한국산업규격(KS A3001)에 의한 품질의 정의이다.
06. 1단계는 측정단계로 주요 제품 특성치를 선택한 후 그에 필요한 측정을 실시하여 품질수준을 조사한다.
09. 실패비용에 대한 설명이다.